WITHDRAWN
HARVARD LIBRARY
WITHDRAWN

Ägypten und Altes Testament

Band 25

ÄGYPTEN UND ALTES TESTAMENT

Studien zu Geschichte, Kultur und Religion Ägyptens
und des Alten Testaments

herausgegeben von
Manfred Görg

Band 25

1994

HARRASSOWITZ VERLAG · WIESBADEN
in Kommission

Hans Fischer

DER ÄGYPTOLOGE GEORG EBERS

EINE FALLSTUDIE ZUM PROBLEM
WISSENSCHAFT UND ÖFFENTLICHKEIT
IM 19. JAHRHUNDERT

1994

HARRASSOWITZ VERLAG · WIESBADEN
in Kommission

Die Deutsche Bibliothek - CIP-Einheitsaufnahme

Fischer, Hans:
Der Ägyptologe Georg Ebers : eine Fallstudie zum Problem
Wissenschaft und Öffentlichkeit im 19. Jahrhundert / Hans
Fischer. - Wiesbaden : Harrassowitz 1994
   (Ägypten und Altes Testament ; Bd. 25)
   Zugl.: Berlin, Freie Univ., Diss., 1993
   ISBN 3-447-03458-0
NE: GT

© 1994 MANFRED GÖRG, MÜNCHEN
Als Manuskript gedruckt. Alle Rechte vorbehalten, insbesondere die des Nachdrucks und der Übersetzung. Ohne schriftliche Genehmigung des Herausgebers ist es auch nicht gestattet, dieses urheberrechtlich geschützte Werk oder Teile daraus in einem photomechanischen, audiovisuellen oder sonstigen Verfahren zu vervielfältigen und zu verbreiten. Diese Genehmigungspflicht gilt ausdrücklich auch für die Verarbeitung, Vervielfältigung oder Verbreitung mittels Datenverarbeitungsanlagen. Printed in Germany.
ISSN 0720-9061

Druck: Druckerei & Verlag K. Urlaub GmbH, Bamberg

Ebers als deutscher Professor im Pelzmantel Bismarcks

Franz von Lenbach: Georg Ebers, 1895, Öl auf Leinwand, 108x77cm.
Im Besitz der Familie Ebers

Der traditionelle Professoren-Habitus besteht aus dem dunklen Mantel und einem breitkrempigen Hut. Sohn Hermann berichtet über die Sitzungen bei Lenbach: "Mein alter Herr war, weil wir strengen Winter hatten, in seinem mit rötlich-gelbem Marder verbrämten Pelzmantel erschienen, den Lenbach sofort für malerisch unmöglich erklärte. Er zog aus dem Hintergrund des, mit alten Gobelins und Renaissancemöbeln fürstlich ausgestatteten Ateliers, einen anderen dunkelverbrämten Mantel hervor und sagte: »Das ist ein alter Pelz vom Bismarck, da schlupfen'S amal hinein!« Meinem Vater war er viel zu weit, aber in der Farbe paßte er Lenbach und nachdem er ihn noch den großen Gelehrtenschlapphut hatte aufsetzen lassen, den er immer trug, war die Kostümierung fertig", Hermann Ebers, unveröffentlichte Erinnerungen (etwa 1940), Typoskript, Nachlaß H.Ebers, Familienbesitz.

INHALT

Vorwort XI
Inhaltliche und technische Vorbemerkungen XIII
Abkürzungsverzeichnis XV

I. EINLEITUNG

1. FORSCHUNGSÜBERSICHT. EBERS-REZEPTION 2
1.1. Rezeption der Zeitgenossen 3
1.2. Neue Arbeiten 5

2. ÄGYPTOLOGISCHES WISSENSCHAFTSVERSTÄNDNIS IN DEUTSCHLAND 11
2.1. In der 2.Hälfte des 19.Jhs.: Lepsius - Brugsch - Ebers. "Durch eine Reihe nützlicher Arbeiten die Wissenschaft zu fördern" 11
2.2. Rückblickende Beurteilungen und Einordnungen 13

II. DER PUBLIZIST

1. DIE ARTIKEL IN ZEITUNGEN UND POPULÄREN ZEITSCHRIFTEN 16
1.1. Archäologie. "Wer Aegypten lieb hat, kann den Engländern und ihrer Politik nicht freundlich gesinnt sein" 19
1.2. Landeskunde. Verständnis wecken für Ägypten. Oder: "hab' ich ... manches irrthümliche Vorurtheil abzubitten" 27
1.3. Philologie 29
1.4. Rezensionen 32
1.5. Prioritäten 35

2. DIE POPULÄRWISSENSCHAFTLICHEN WERKE 38
2.1. Der Text. "Es ist in jüngster Zeit die über Aegypten handelnde Literatur ... zu einer wahren Hochfluth angeschwollen" 38
2.1.1. Der erste Baedeker von Ägypten. Das "deutsche Handbuch für Aegypten". "Bist du im fremden Land, so muß du dich bequemen/ Der Landesart, doch brauchst du sie nicht anzunehmen" 39
2.1.2. "Aegypten in Bild und Wort". Ein "Illustrirtes Prachtwerk ersten Ranges" 43
2.1.3. Der kleine Bruder: "Cicerone durch das alte und neue Aegypten" 47
2.2. Reliefs in Umzeichnung 50
2.2.1. Die Fischfangszene aus dem Grab des Chephren-anch. Probleme der Sehweise 54
2.2.2. Der Transport einer Kolossalstatue aus dem Grab des Djehuti-hetep. Die Entwicklung adäquaten Sehens 58
2.3. Altägypten in der Historienmalerei. "Das Ganze [Gemälde] einem überraschenden, fesselnden Roman von Ebers vergleichbar" 64
2.3.1. Die Illustrationen von "Aegypten in Bild und Wort" und deren Künstler. Richter, Gentz, Keller, Makart, Gnauth und Burger 67
2.3.2. Ebers und Alma Tadema. Der Ägyptologe und der "Archäologe unter den Malern": "Er mit dem Pinsel, _ich_ mit der Feder" 79
2.3.3. Der Erfolg der Malerei vom Alten Ägypten. "Jenes gewaltige reconstruirte Volk von Despoten und Sklaven" 93

3. VERLAGE UND VERBREITUNG 96
3.1. Vom Verlag von Eduard Hallberger zur Deutschen Verlags-Anstalt 97
3.2. Die Verlage von Karl Baedeker und Wilhelm Engelmann 99
3.3. Der Bestsellerautor: Auflagen und Honorare. "Ich bin jetzt eine Henne in ihren Augen, die goldene Eier legt" 100
3.4. Preise und Leser. "Eine Weile schien es ... statistische Wahrheit zu sein, daß Ebers unser volkstümlichster ... moderner Romandichter sei" 104

III. DER GELEHRTE

1. DER STUDENT 107
1.1. Erste Berührung mit der Ägyptologie. "Göttinger Versuche und Fahrten" 107
1.2. Die Begegnung mit Lepsius und Brugsch in Berlin. "Dragoman oder Gelehrter" 109
1.3. Die Promotion in Jena. "Die Wissenschaft war jetzt meine Geliebte" 114

2. DER PROFESSOR 123
2.1. Jena 125
2.1.1. Die Habilitation 125
2.1.2. Die Lehrtätigkeit. "Ich bin von Herzen zufrieden und glücklich in meinem schönen Berufe" 132
2.1.3. Die außerordentliche Professur. "Herr Dr:Ebers hat ... sich als selbständiger gründlicher und scharfsinniger Forscher bewährt" 135
2.1.4. Die Ägyptologie in Jena 137
2.2. Leipzig 140
2.2.1. Die Berufung als a.o.Professor. "Die Frage nun, ob die Errichtung einer Professur für Aegyptologie wünschenswerth sei" 140
2.2.2. Die ordentliche Professur 145
2.2.3. Die Lehrtätigkeit und die Schüler. "Eine academische Wirksamkeit ..., welche die aller Fachgenossen ... weit überragt" 147
2.3 Beurteilung. "Es ist mir immer lehrreich gewesen, daß die spätere deutsche Ägyptologie allein auf diesem Manne beruht" 165
2.4. Akademiemitgliedschaften in Leipzig und München. Das Wörterbuchunternehmen 169

3. DER MUSEUMSMANN 177
3.1. Der "Vorsteher des großherzoglichen ethnographischen Museums" Jena 177
3.2. Die "Ägyptischen Altertümer" der Dresdner Königlichen Skulpturensammlung 180
3.3. Leipzig. Oder: Die Ästhetik eines Gipsmuseums 182
3.4. Berlin 185
3.5. Ganzheitlichkeit und Fragment. Plädoyer für Gipsabgüsse 188

4. DIE AUFSÄTZE 191
4.1. Die Beiträge für AeZ und ZDMG. "So hat es Eile mit der Veröffentlichung" 191
4.1.1. Philologisches. "Ein alter Aegypter würde gewiß kein Wort verstehen" 193
4.1.2. Denkmälerkunde 202
4.1.3. Ausgrabungen. "Wenn die Herren Alterthumsgräber doch bei den Naturforschern in die Lehre gehen wollten" 204
4.1.4. Sonstiges. Der Aufsatz über Seyffarth. "Einer unter diesen Führern auf Holzwegen" 206
4.2. Andere Zeitschriften 208

5. DIE MONOGRAPHIEN 209
5.1. Die Habilitationsschrift: "Die in lateinischer Sprache geschriebene Dissertation über die sechs und zwanzigste Herrscherreihe des ägyptischen Königshauses" 210
5.2. Die "biblischen" Schriften 214
5.2.1. "Aegypten und die Bücher Mose's". Für jeden Bibelerklärer "sehr nutzbar und verdienstlich" 214
5.2.2. "Durch Gosen zum Sinai." Der Reisebericht als wissenschaftliches Werk 219
5.3. Die Schriften zum Papyrus Ebers 223
5.3.1. "Papyros Ebers. Das hermetische Buch über die Arzeneimittel der alten Aegypter in hieratischer Schrift" 223
5.3.2. "Papyrus Ebers. Die Maasse und das Kapitel über die Augenkrankheiten". "Unsere Wissenschaft schreitet schnell vorwärts" 226
5.3.3. "Die Körperteile. Ihre Bedeutung und Namen im Altägyptischen" 229
5.4. "Der geschnitzte Holzsarg des Hatbastru im aegyptologischen Apparat der Universität zu Leipzig" 230
5.5. "Richard Lepsius. Ein Lebensbild". "Zwar mit Liebe, aber doch mit aller Objektivität" 232

5.6.	Zwei neue Bereiche der Ägyptologie	235
5.6.1.	"Antike Portraits. Die hellenistischen Bildnisse aus dem Fajjûm"	235
5.6.2.	"Sinnbildliches. Die Koptische Kunst"	237
5.7.	"Die Hieroglyphischen Schriftzeichen der Ägypter"	240
6.	**DIE ÄGYPTENREISEN**	244
6.1.	Die erste Reise. "Besser mit Arabern als unter ihnen"	245
6.2.	Die zweite Reise. Das Abschöpfen der Fettaugen	251

IV. DER DICHTER

1.	**DIE VORAUSSETZUNGEN**	261
1.1.	Literaturgeschichtliche Voraussetzungen. "Wissenschaft und Tugend"	261
1.2.	Biographische Voraussetzungen: Studium und Krankheit. Wissenschaft und Dichtung. Oder: Pflicht und Neigung?	268
1.3.	Wissenschaftsgeschichtliche Voraussetzungen. Oder: "Durch den hellenischen Vorhof ... vorbereitet nach Aegypten"	271
2.	**DIE "ÄGYPTISCHEN" ROMANE UND DIE WISSENSCHAFT**	273
2.1.	Die Handlung. "Die Scenerie der hier geschilderten Ereignisse habe ich der Wirklichkeit nachzuzeichnen versucht"	275
2.1.1.	Die Handlung der "Ägyptischen Königstochter"	276
2.1.2.	Die Handlung der "Uarda"	282
2.2.	Die Personen. Urbild (Ägypten) - Vorbild (Publikationen) - Abbild (Text und Illustrationen bei Ebers)	296
2.2.1.	Ägypter - Griechen - Perser: Die Personen der "Ägyptischen Königstochter"	297
2.2.2.	Ramses und Umgebung: Die Personen der "Uarda"	312
2.3.	Kultur- und Religionsgeschichtliches. "Es soll ... in zweiter Linie ein in kulturhistorischer Beziehung der Wahrheit möglichst nahe kommendes Bild ... gegeben werden"	322
2.3.1.	Die Saitenzeit. Oder: "Das echte Gold wahrhaften Bürgerglückes und friedlicher Wohlfahrt"	323
2.3.2.	Die Ramseszeit	335
2.3.3.	Nachdichtungen altägyptischer Texte: Hymnus, Epos und Ägyptizismen	342
2.4.	Die wissenschaftliche Aktualität. Die Ägyptologie in den Fußnoten. "Um den Verfasser den Gelehrten gegenüber zu rechtfertigen"	349
2.4.1.	Inhaltliche Anmerkungen. "Dem Text erklärend zur Seite stehen"	352
2.4.2.	Neue Erkenntnisse. "Das archäologische Detail ... treu nach den Denkmälern"	353
2.4.3.	Ägyptologische Literatur. "Den wißbegierigen Lesern einige Hilfsmittel zu eigenen Studien ... geben"	359
2.4.4.	Der Niederschlag der Lehrtätigkeit in den Anmerkungen der Romane	361
2.4.5.	Formalia	363
2.4.6.	Die Ägyptologisierung der Romane. Vom "Gerichtssaale des Hades" zum Totenbuch	365
2.5.	Die sog. Anachronismen. "Memphis in Leipzig"	368
2.5.1.	Analyse an den drei Beispielen Monotheismus, Ehesitten und Rasse	369
2.5.2.	Trivialisierung und/oder Popularisierung?	374
2.5.3.	Der christlich germanische Darsteller im Alten Ägypten. Oder: Der Ägyptologe als Historiker der bürgerlichen Gesellschaft	376
2.5.4.	Vorschlag eines differenzierten Standpunktes	378
3.	**DIE WIRKUNG AN BEISPIELEN**	380
3.1.	Resonanz in der Ägyptologie: Karl Richard Lepsius und François Chabas. Roman historique et histoire romanesque	380
3.2.	Resonanz in der Öffentlichkeit. "Sind doch die Schwächen unserer Literatur Vorzüge für den Geschmack des Publikums"	382

3.3.	Theatralisierungen	384
3.3.1.	Die "Königstochter" als Dramatisches Gedicht im Fürstlichen Hoftheater Detmold	385
3.3.2.	"Uarda" als großes Ausstattungsstück, "geschmackvoll arragirt" in Berlin	388
3.4.	Parodie. Fritz Mauthners "Blaubeeren-Isis". "Mumienmoder, Todtengraus - Maskenscherze lächeln draus"	392

V. ANHANG

1.	**LITERATURVERZEICHNIS**	396
2.	**ERGÄNZUNGEN ZUR EBERS-BIBLIOGRAPHIE**	412
3.	**ALPHABETHISCHES VERZEICHNIS DER BILDENDEN KÜNSTLER, MIT DENEN EBERS BERUFLICHE ODER PRIVATE BEZIEHUNGEN UNTERHÄLT**	416
4.	**UNIVERSITÄT LEIPZIG**	426
4.1	Verzeichnis der Lehrveranstaltungen Ebers'	426
4.2	Gliederung der Philosophischen Fakultät zum Amtsantritt von Ebers im WS 1871/72	430
4.3.	Verzeichnis der Beurlaubungen Ebers'	430
5.	**AKADEMIE**	431
5.1.	Wahlvorschlag von Ernst Kuhn für Ebers an die Kgl.Bayerische Akademie der Wissenschaften zu München	431
5.2.	Wahlvorschlag von Georg Ebers für Erman an die Kgl.Bayerische Akademie der Wissenschaften zu München	432
6.	**DICHTUNGEN**	434
6.1.	Inhaltsangabe der "Ägyptischen Königstochter"	434
6.2.	Inhaltsangabe der "Uarda"	438
6.3.	Zensurakte über "Uarda" als Theaterstück	446
6.4.	Rezension der "Uarda" des Victoria-Theaters	447

VORWORT

Die vorliegende Arbeit wurde im Sommersemester 1993 vom Fachbereich Altertumskunde der Freien Universität Berlin als Dissertation angenommen. Sie wurde für den Druck geringfügig überarbeitet. Bei der Entstehung dieser Untersuchung habe ich vielfältige Hilfe erfahren, für die ich mich an dieser Stelle bedanken möchte.

Herrn Prof.Dr.Dietrich Wildung, bei dem ich mich zuerst während meines Studiums der Ägyptologie mit Problemen der Rezeptionsgeschichte beschäftigte, danke ich vielmals für sein Interesse, mit dem er dieses Thema aufgegriffen, begleitet und gefördert hat. Ohne seine Offenheit für unübliche Fragen wäre diese Arbeit nicht möglich gewesen. Er hat den Fortgang der Arbeit stets mit hilfreichen Anregungen, methodologischen Hinweisen und kritischen Bemerkungen begleitet.

Dank gilt gleichermaßen Herrn Prof.Dr.Hartmut Eggert vom Fachbereich Germanistik für die freundliche Übernahme des Korreferats. Er hat die germanistische Seite des Randgebietes "Georg Ebers" mit interdisziplinärem Interesse vertreten.

Bei der Entdeckung und Auswertung veröffentlichter und unveröffentlichter Materialien haben mich zahlreiche Archive und Bibliotheken unterstützt. Besonders nenne ich das Archiv der Friedrich-Schiller-Universität Jena (Frau Dr.L.Arnold), das Archiv der Karl-Marx-Universität Leipzig (Frau Prof.Dr.sc.G.Schwendler), das Archiv der Bayerischen Akademie der Wissenschaften (Herr Dr.Heydenreich), das Bayerische Hauptstaatsarchiv, das Archiv der Akademie der Wissenschaften Berlin (Prof.Dr.sc.W.-F.Reinecke), die Handschriftenabteilung des Deutschen Literaturarchivs Marbach (Herr Dr. Volke und Herr Dr. Meyer), das Landesarchiv Berlin (Frau S.Preuß), das Staatsarchiv Dresden, das Brandenburgische Landeshauptarchiv Potsdam, das Archiv der Deutschen Verlagsanstalt Stuttgart (Frau M.Wetzel), die Handschriftenabteilung der Staatsbibliothek Berlin, die Lippische Landesbibliothek Detmold, die Handschriftenabteilung der Stadtbibliothek München, die Universitätsbibliothek Leipzig (Herr Dr.D.Debes), die Universitätsbibliothek München und vor allem die Bayerische Staatsbibliothek mit ihrem umfangreichen alten Buchbestand und ihrem fachkundigen Personal. Auch folgende Museen haben Auskünfte und Material geliefert: das Museum für Völkerkunde Leipzig (Dir.Dr.sc.L.Stein), das Ägyptische Museum Berlin (Dir.Dr.sc.K.-H.Priese), die Hilprecht-Sammlung Vorderasiatischer Altertümer der Universität Jena (Herr Dr.J.Ölsner) und die Gipsformerei der Staatlichen Museen Berlin. Frau Prof.Dr.E.Blumenthal, Leipzig hat in persönlichen Gesprächen und durch Literaturhinweise die Arbeit gefördert. Frau Heintze-Lepsius und Frau Charlotte Münzer, der Enkelin von U.Wilcken, bin ich für biographische Hinweise dankbar.

Bedanken möchte ich mich auch bei den Mitarbeitern des Ägyptologischen Instituts München für manche Hilfestellung, bei Dr.Regine Schulz und Martina Ullmann M.A., bei Gabriele Wenzel M.A., Ulrike Seiberling und Hanns Wenninger für Hinweise und Korrekturen, bei Kirsten Ludwig M.A. für geduldige Hilfe im Kampf gegen den Computer, bei Hubert Filser für Übersetzung der lateinischen Texte, bei Frau Dr.Sylvia Schoske und Holger Wenzel für die Beschaffung von Photos.

Ilona Bacher M.A., Barbara Kreißl M.A., Maria Pfaffinger M.A. und Dr.Günter Müller haben in langen Diskussionen Anregung, Kritik und Ermunterung erteilt, Frau Margarita Lohse M.A. hat die Druckvorlage erstellt.

Prof.Dr.Dr.Manfred Görg danke ich für die Aufnahme in die Reihe "Ägypten und Altes Testament".

Besonders danken möchte ich der Enkelin von Georg Ebers, der Tochter des jüngsten Sohnes, des Malers Hermann Ebers, Frau Antonie Ebers, die mir viele Nachrichten und Quellen, die in der Familie tradiert worden waren, zugänglich machte.

Dachau, September 1993
Hans Fischer

INHALTLICHE UND TECHNISCHE VORBEMERKUNGEN

1899 urteilt Joseph von Kopf[1], ein zur Ebers-Zeit hochberühmter und gesuchter Bildhauer, in seinen Memoiren: "seine Werke sind Kunstwerke (...). Ebers war ein großer Künstler."[2] Hier sollen Ebers' Werke - die wissenschaftlichen und die dichterischen - nicht unter das Kriterium des "bleibenden Werths"[3] gestellt werden, sondern unter das des transitorischen Werts, des Werts, den sie für die Entwicklung der Wissenschaft gehabt haben. Die "ägyptischen Romane" sollen vom Standpunkt der Ägyptologie aus betrachtet werden. Der zeitliche Abstand erlaubt, ein gerechteres Urteil zu fällen. Der freundschaftliche Verkehr, in dem Ebers mit vielen Größen des politischen, kulturellen und wissenschaftlichen Lebens seiner Zeit stand, ergibt das Bild von Ebers als eines geschätzten Mannes. Diese hohe Meinung wurde abgelöst von der Geringschätzung, ja Verachtung der nächsten Generation.

Es ist hier keine Biographie von Ebers beabsichtigt, so sehr eine solche wünschenswert wäre, da der 2.Band von Ebers' Autobiographie, der die Erwachsenenjahre behandeln sollte, nicht geschrieben wurde.[4] Diese Vorentscheidung für ein sachliches, nicht chronologisches Gliederungsprinzip bedingt partiell thematische Überschneidungen, die auch angelegt sind in Ebers' Vorliebe, ein Thema in verschiedenen Medien zu bearbeiten, als Roman, als wissenschaftliches, als populäres Werk, in einer Zeitung, Zeitschrift, in einer Vorlesung u.s.w. Wiederholungen wurden aber vermieden, da der Erkenntnisgewinn in einer Betrachtung desselben Sachverhaltes aus verschiedenen Blickwinkeln liegt. Dabei soll aber nicht der Eindruck erweckt werden, daß diese Trennung im 19.Jh. die gleiche Schärfe besaß.

Dennoch sollen einige für das Thema relevante biographische Aspekte behandelt werden: Ebers' Weg zur Ägyptologie, d.h. seine Studienzeit in Göttingen und Berlin, seine Begegnung mit Lepsius und Brugsch, die Promotion in Jena, Habilitation, Professur, Lehrtätigkeit und überhaupt Biographisches soweit es für Entstehung, Anspruch der einzelnen Werke erhellend ist und Aufschluß über Charakter und Vielseitigkeit des Menschen gibt.[5] Weiter soll auch seine Funktion als Anreger, Förderer und Berater in der bildenden Kunst eines Alma Tadema, Keller, Lenbach, Makart, Gentz u.a. betrachtet werden. Mit manchem dieser Künstler, deren Verständnis für Ägypten er weckt und fördert, die auch teilweise als Illustratoren seiner Werke, Reiseberichte und Romane arbeiten, verbindet ihn eine persönliche Freundschaft. Die angeführten biographischen Daten dienen dem Zweck, das Leben Ebers' in den Kontext seiner Zeit einzuordnen und hinter den Leistungen, die seinen Namen in der Fachwelt und der Öffentlichkeit lebendig erhalten, die Persönlichkeit des Verfassers sichtbar zu machen.

---

1 Er fertigt für die Reichen, Mächtigen und Berühmten Büsten an, allein über 15 für Kaiser Wilhelm I. 1879 entsteht eine Büste von Ebers. Ebers widmet ihm den "Serapis"(1884).

2 Kopf, Lebenserinnerungen, 502f. Am Rand meiner Ausgabe findet sich in deutscher Schrift von einem alten Leser mit Bleistift ein ebenso apodiktisches "Nein!" eingetragen.

3 Ebers über Ermans Werke in: Ebers, Wahlvorschlag für Adolf Erman, siehe 432f.

4 Eine Biographie bis zum Jahr 1878 findet sich bei Gosche, Georg Ebers, 20-57, bis 1863 in Ebers' "Geschichte meines Lebens, Bd.I" (1892), deren angekündigte Fortsetzung leider nie erschienen ist. Zum Gesamtleben: Müller, Georg Ebers, 3-26.

5 Biographische Details, etwa über das eigene verschwiegene Judentum und Ebers' ambivalentes Verhältnis zum Judentum allgemein in einer Zeit verstärkt aufkommenden Antisemitismus - etwa seine gutgläubige (?) Förderung von C.M.Seyppels deutlich antisemitischen "altägyptischen" Bildgeschichten oder Beispiele, die seinen Ruhm und Nachruhm belegen (Schiffstaufe, Straßenbenennungen, Gedenktafeln, z.B.am Nationalmuseum zu Kairo u.a.) wären Spezialuntersuchungen wert.

Eine rein hermeneutische Betrachtung der Romane war nicht beabsichtigt. Diese hätte auch poetologische Fragen des Romanverständnisses, der Erzählhaltung, des Handlungsaufbaus, der Geschlossenheit der Handlung u.s.w. einbeziehen müssen, hätte sich also auf das Gebiet der "reinen" Germanistik begeben müssen und deshalb ebenso unbefriedigende Ergebnisse hervorgebracht, wie umgekehrt germanistische Arbeiten, die Ebers als Ägyptologen beurteilen wollen. Im vorliegenden Falle wurde in Einzelfällen das Zusammenwirken und auch der Konflikt von Poesie und Wissenschaft aufgezeigt. Im allgemeinen hat Ebers jedoch einen Gegensatz von Wissenschaft und Poesie nicht gesehen, hat er doch seine Wissenschaft als Beschäftigung mit abgeschlossenen Dingen - zwar in einem Prozeß wachsender Annäherung befindlich - betrachtet und nicht als die Beschäftigung mit dem offenen Prozeß einer sich entwickelnden und fortschreitenden Materie.

Um Ebers einen angemessenen Platz anweisen zu können, müssen sowohl die wissenschaftlichen Aspekte von Georg Ebers, als auch die Teile seines umfangreichen dichterischen Gesamtwerkes, die aus seiner ägyptologischen Tätigkeit erwuchsen, herangezogen werden. Die Gesammelten Werke Ebers', 1893-1897 herausgegeben, umfassen 32 Bände. Davon enthalten 29 Bände 19 Romane und Erzählungen, dazu ein Band die Autobiographie "Geschichte meines Lebens" und zwei Bände mit dem Idyll "Eine Frage", einem Epos und drei Märchen. In der vorliegenden Arbeit sollen aus diesem umfangreichen Werk, zu dem noch der zweibändige Roman "Arachne" hinzukommt [1], zwei Werke einer eingehenderen Untersuchung unterzogen werden. Diese sind: **"Eine ägyptische Königstochter.** Historischer Roman in 3 Bänden", Erstausgabe Stuttgart 1864 und **"Uarda.** Roman aus dem alten Ägypten in 3 Bänden", Erstausgabe Stuttgart 1876, in den Gesammelten Werken in zwei Bänden erschienen. "Aegypten in Bild und Wort" steht exemplarisch auch für "Palästina in Bild und Wort", und auch die publizistische Tätigkeit konnte nur selektiv ausgewertet werden. Eine vollständige Auswertung würde zwar die statistische Materialbasis verbreitern, an den Ergebnissen jedoch nichts ändern. Die Texte der beiden Romane werden entweder nach den Erstausgaben als "Königstochter I, II, III, 1864" und "Uarda I, II, III, 1876" oder als "Königstochter I, II, 1893" und "Uarda I, II, III, 1893" nach der ersten Gesamtausgabe: Georg Ebers, Gesammelte Werke in 32 Bänden, Deutsche Verlagsanstalt Stuttgart und Leipzig 1893-1897 zitiert, wobei die "Königstochter" Band 1 und 2, "Uarda" Band 3-5 innerhalb der Gesamtausgabe sind. Die Ausführlichkeit der Zitate besonders beim Werdegang von Ebers ist notwendig, um auch die Hintergründe verständlich zu machen. Darüber hinaus sind die Dokumente fast ausnahmslos unveröffentlicht, schwer lesbar und kaum zugänglich. Unter dem Überbegriff "Anmerkung" wird zwischen Fußnote und Endnote unterschieden. Die Art der Anmerkung geht aus der unterschiedlichen Zitierweise hervor: "Ebers, Königstochter I, 1893, 93, Anm." bedeutet Anmerkung auf Seite 93 (Fußnote). Dagegen verweist "Ebers, Königstochter I, 1893, Anm.93" auf Anmerkung Nr.93 im Anmerkungsapparat am Schluß des Bandes (Endnote).

Als Schreibweise für topographische u.ä. Begriffe wurde die des Lexikons der Ägyptologie (LÄ) gewählt. Schwierigkeiten bereiten Begriffe, die heute abgewandelt gebraucht werden. Es wird dabei die alte Form beibehalten, ohne durch Anführungszeichen kenntlich gemacht zu werden, z.B. AeZ statt des heute üblichen ZÄS. Zitate erscheinen in Originalorthographie, Zeichensetzung, Abschnittseinteilung, Einrückungen u.s.w.

Die möglicherweise umständlich erscheinende Zitierweise - besonders bei Zeitungen und Zeitschriften - resultiert aus eigenen leidvollen Erfahrungen: Es erschien mir wichtig, alle verfügbaren Angaben wiederzugeben, um das Auffinden zu erleichtern, da die Zählweise sehr unterschiedlich ist, die Jahrgänge manchmal nicht mit dem Kalenderjahr übereinstimmen.[2] Die Band- und Quartalszählungen und Bindungen differieren von Bibliothek zu Bibliothek. So sind Zeitungsbeilagen teils nach Beilagennummer gesondert abgelegt, teils den entsprechenden Zeitungsausgaben beigebunden.

---

1   Arachne. Historischer Roman in zwei Bänden, Stuttgart und Leipzig 1897, später als 33. und 34.Band der Gesammelten Werke.

2   "Über Land und Meer" zählt die Jahrgänge von Oktober zu Oktober.

Um die Literaturangaben kurz zu halten, wurden "Klassiker" wie Lepsius, Denkmäler aus Aegypten und Aethiopien oder Rosellini, I Monumenti dell'Egitto e della Nubia u.s.w. nicht aufgenommen. Sind diese allgemein bekannt, so wurden sie nach den üblichen Abkürzungen des LÄ zitiert, sonst als Kurztitel. Sie finden sich nicht im Literaturverzeichnis. Das gilt auch für nicht-ägyptologische Standardwerke wie Pauly's Realenzyklopädie, Kindlers Literaturlexikon oder Thieme-Becker, Allgemeines Lexikon der bildenden Künstler. Alle anderen Werke werden in den Fußnoten nur mit Namen (Vorname nur bei Verwechslungsmöglickeit, Lepsius, M.Rainer und Karl Richard) und Kurztitel angeführt. Nicht alle Ebers-Werke waren zugänglich und konnten überprüft werden. Manche Zeitungsartikel, ja selbst Bücher und Kataloge sind verschollen. Hinzu kommen Probleme mit widersprüchlichen Angaben von Auflagen und Erstausgaben in der Sekundärliteratur.

Die Abbildungen mußten oft erheblich und unterschiedlich verkleinert werden und sind somit in dieser Hinsicht (Größenvergleich untereinander) nicht aussagekräftig.

ABKÜRZUNGSVERZEICHNIS

Ägyptologische Abkürzungen, die nach dem LÄ I, X-XXXIV verwendet werden, wurden nicht aufgenommen.

ABAW	Abhandlungen der Kgl. Bayerischen Akademie der Wissenschaften, phil.-hist. Classe
AeZ	Zeitschrift für Ägyptische Sprache und Altertumskunde (heute: ZÄS)
APAW	Abhandlungen der Kgl. Preussischen Akademie der Wissenschaften, phil.-hist. Klasse
ASGW	Abhandlungen der Kgl. Sächsischen Gesellschaft der Wissenschaften
AWBA	Archiv der Akademie der Wissenschaften Berlin
AZ	Allgemeine Zeitung
BAWA	Archiv der Bayerischen Akademie der Wissenschaften, Protokolle sammt Beilagen der königlich bayerischen Akademie der Wissenschaften. Philosophisch-philologische Classe
BHStA	Bayerisches Hauptstaatsarchiv München
BLHA	Brandenburgisches Landeshauptarchiv Potsdam - Sanssouci
BSB	Bayerische Staatsbibliothek München
Champ.Mon.	Champollion, Monuments de l'Égypte et de la Nubie
DLAM	Deutsches Literaturarchiv Marbach
EEF	Egypt Exploration Fund
KLL	Kindlers Literaturlexikon (Originalausgabe in 7 Bänden)
LAB	Landesarchiv Berlin
LÄ	Lexikon der Ägyptologie
NL	Nachlaß
pEbers	Papyrus Ebers

PEF	Palestine Exploration Fund
RE	Pauly's Realencyclopädie der classischen Altertumskunde
Ros.Mon.civ.	Rosellini, Monumenti dell'Egitto e della Nubia, Monumenti civili
Ros.Mon.del culto	Rosellini, Monumenti dell'Egitto e della Nubia, Monumenti del culto
Ros.Mon.stor.	Rosellini, Monumenti dell'Egitto e della Nubia, Monumenti storici
SBAW	Sitzungsberichte der Kgl. Bayerischen Akademie der Wissenschaften, phil.-hist. Abteilung
SBB	Staatsbibliothek zu Berlin Preussischer Kulturbesitz, Handschriftenabteilung, Nachlaß Ebers
SPAW	Sitzungsberichte der Kgl. Preussischen Akademie der Wissenschaften, phil.-hist. Abteilung (oder: Klasse)
Thieme-Becker	Thieme-Becker, Allgemeines Lexikon der bildenden Künstler
UAJ	Archiv der Friedrich-Schiller-Universität Jena
UAL	Archiv der Karl-Marx-Universität Leipzig
UBL	Universitätsbibliothek Leipzig
Wilk.Man.	Wilkinson, Manners and Customs of the Ancient Egyptians (1837)
Wilk.Man.ed.Birch	Wilkinson, Manners and Customs of the Ancient Egyptians (1878)
WwW	Dawson-Uphill, Who was who in Egyptology
ZfB	Zentralblatt für Bibliothekswesen

I. Einleitung

DURCH DIE ZEITGESCHICHTLICHEN BEZÜGE RÜCKT DIE ÄGYPTOLOGIE AUS DER ISOLATION DES ORCHIDEENFACHES MITTEN HINEIN IN DIE UMWÄLZUNGEN DES 19.JAHRHUNDERTS UND WIRD ZU EINEM EINDRUCKSVOLLEN BEISPIEL EUROPÄISCHER DIMENSIONEN DER WISSENSCHAFT.

Mit der Darstellung von Werk und Wirken des Ägyptologen Georg Ebers (1837-1898) und der Resonanz in der Öffentlichkeit soll an einem Einzelfall die Entwicklung der Ägyptologie in dieser entscheidenden Phase zu Beginn ihrer Geschichte in Deutschland aufgezeigt werden als Vorarbeit zu einer wünschenswerten Gesamtdarstellung. In der "Einführung in die Ägyptologie" von Erik Hornung aus dem Jahre 1967 heißt es lapidar: "Eine Geschichte der Ägyptologie fehlt leider bisher."[1] Daran hat sich bis heute nichts geändert.[2]

Obwohl Ebers' Wirkung durch sein dichterisches Werk weitreichender war als für einen Gelehrten üblich, ist er als Ägyptologe und Dichter in Vergessenheit geraten. Seine Romane werden nicht mehr aufgelegt, und in der Ägyptologie ist sein Name fast nur mehr im Zusammenhang mit dem nach ihm benannten Papyrus geläufig. Besonders Ebers' Schüler Erman hat die Meinung vertreten, daß die wissenschaftliche Tätigkeit Ebers' ebenso unerheblich für die Ägyptologie gewesen sei wie seine Romane ein Unglück für die Seriosität dieses Faches. Ermans Urteil hat die Meinung über Ebers und damit über seine ägyptologische Epoche geprägt und wurde bis in die Gegenwart immer wieder unbesehen übernommen. Diese Arbeit hat sich eine Nachprüfung des Urteils und die Zuweisung des angemessenen Platzes zum Ziel gesetzt.

Auch in Literatur- und Kulturgeschichten und Nachschlagewerken sollte manches korrigiert werden. Lukács nennt Ebers in seinem "Historischen Roman" einen "vulgären Popularisator einer oberflächlichen und banalen Ägyptologie"[3], Egon Fridell in einem einzigen Nebensatz einen "Erfinder eines Ägypten für höhere Töchter."[4] Friedell ist in seinen Ansichten deutlich von Erman geprägt, was aus vielen Äußerungen, nicht nur über Ebers, hervorgeht.[5] Das KLL[6] erkennt zwar die

---

1 Hornung, Einführung in die Ägyptologie, 14.

2 Unverändert übernommen in ²1984 und ³1990.

3 Lukács, Der historische Roman, 265.

4 Friedell, Kulturgeschichte Ägyptens, 312. Erman findet sich viermal, die Ebers-Schüler Meyer siebenmal und Hommel einmal erwähnt.

5 Dieses Phänomen ist besonders deutlich bei Autoren, die der Ägyptolgie ferner stehen und die sich auf das Urteil von ägyptologischen Kapazitäten, wie Erman, verlassen müssen. Vgl. auch unten die germanistische Dissertation von Rawhia Riad Abdel-Noor, in geringerem Maße - wegen der breiteren Streuung der Gewährsmänner - auch bei Elisabeth Müller.

6 Zwei Artikel über Ebers: Wolfgang Clauß, Eine ägyptische Königstochter, I, 176f. Sachliche Fehler: Das Ende der 26.Dynastie war 525 v.Chr. Die Inhaltsangabe besteht aus drei Sätzen, von denen einer falsch ist; Jörg Drews, Homo sum, III, 2129f. Sachlicher Fehler: "Homo sum" ist 1877 erschienen.

Absicht Ebers', die Ägyptologie zu popularisieren, versieht diese Absicht aber in Lukács' Tradition mit negativen Vorzeichen.

Eine seit ihren Anfängen unter Lepsius so historisch ausgerichtete Wissenschaft wie die Ägyptologie wendet erst jetzt der Erforschung ihrer eigenen Geschichte ihr Interesse zu. "Eine auf das Erkennen von Geschichte ausgerichtete geisteswissenschaftliche Disziplin wie die Kunstgeschichte und die Archäologie muß sich außer am Gegenstand ihrer Forschung auch an den in der Vergangenheit erarbeiteten Erkenntnissen, Denkmodellen und Methoden der Interpretation orientieren. Diese sind, anders als etwa in den Naturwissenschaften, keineswegs immer meßbare, unveränderliche Werte, die als Versatzstücke in die eigene Arbeit eingebaut werden können. Sie sind vielmehr auch ihrerseits durch die jeweilige geistesgeschichtliche und wissenschaftsgeschichtliche Situation bedingt."[1]

I. 1. FORSCHUNGSÜBERSICHT. DIE EBERS-REZEPTION

Wissenschaftsgeschichte und Museumsgeschichte sind eng verbunden mit der Rezeptionsgeschichte. Indem Phänomene der Ägyptenaneignung aufgezeigt werden, macht sie die Relevanz der Ägyptologie deutlich, wobei sie sich auch auch auf den "vorägyptologischen" Zeitraum, d.h. vor 1822, erstreckt. Die Ägyptenrezeption als gleichsam populäre Variante und Teilmenge der Wissenschaftsgeschichte erfreut sich heute wachsender Aufmerksamkeit und zwar nicht nur als Kuriositätenkabinett alter "Irrwege", sondern als Prozess der Annäherung. Zur Rezeptionsgeschichte von Kunstwerken gehört auch die Veröffentlichungsgeschichte, die mit zunehmender Genauigkeit und Zuverlässigkeit wachsende Annäherung an das Original erlauben sollte und bei jeder Betrachtung von (Kunst-) Werken als Bestandteil mitreflektiert werden muß, da sie Aufschluß über die Aussage gibt: "Erst der kritische Nachvollzug des durch die vergangenen 400 Jahre nicht abgerissenen Gesprächs über Denkmäler, ihre Deutung und ihren Bezug vergegenwärtigt die Ergebnisse voraufgegangener Forschung und läßt sie wirksam werden."[2]

Bei der Beurteilung Ebers' ist nun zusätzlich seine Doppelbegabung zu beachten: seine Wirksamkeiten auf den Gebieten der Literatur und Wissenschaft und deren Interferenzen.

---

1 Niemeyer, Einführung in die Archäologie, 19.
2 Niemeyer, Einführung in die Archäologie, 19.

I. 1. 1. REZEPTION DER ZEITGENOSSEN

Während die neueren ägyptologischen wissenschaftsgeschichtlichen Arbeiten Ebers meistens nur als Entdecker und Herausgeber des pEbers erwähnen[1], nimmt Ebers bei den Zeitgenossen sowohl als Dichter, als auch als Ägyptologe eine wichtigere Stellung ein. So schreibt **Brugsch** in seiner **"Aegyptologie. Abriß der Entzifferungen und Forschungen auf dem Gebiete der aegyptischen Schrift, Sprache und Alterthumskunde"**: "Die Namen von zwei damals jungen Gelehrten [Dümichen und Ebers] (...) traten seit der zweiten Hälfte der Sechziger in die Oeffentlichkeit und liessen in beiden begeisterte Anhänger der Aegyptologie erkennen, besonders nach ihren Reisen in Aegypten und Nubien, deren Denkmäler sie nach dem Beispiel ihrer Vorgänger und jeder nach bestimmten Richtungen mit höchstem Eifer durchforschten. (...) Ebers Arbeiten bewegten sich mit Vorliebe auf historischem Gebiete. Unter seinen Veröffentlichungen nimmt der von ihm in Theben erstandene (...) "Papyros Ebers" (...) eine Hauptstelle ein. Es ist außerdem bekannt, dass seine ägyptischen Romane und seine Prachtwerke über das alte und neue Ägypten nicht wenig dazu beigetragen haben, in Deutschland und im Auslande das erloschene Feuer der Theilnahme an dem alten und dem neuen Aegypten anzufachen."[2] Hier wird von einem Ägyptologen noch beides gewürdigt, Romane und wissenschaftliche Arbeit, während der Name Ebers in Brugschs Autobiographie "Mein Leben und mein Wandern" nur einmal in unspezifischem Zusammenhang vorkommt.[3]

Unter den Autoren, die sich eingehender mit Ebers befaßt haben, kann jedoch einzig **Richard Gosche**[4] durch seine Biographie und seine Tätigkeit als Literaturhistoriker und Orientalist beide Aspekte ausgewogen und kompetent beurteilen. 1887 veröffentlicht er sein Buch: **"Georg Ebers, der Forscher und Dichter"**, eine detail- und kenntnisreiche, einfühlsame, manchmal jedoch etwas hagiographische, weitausholende[5] Schrift. Der Lebenslauf gibt eine Darstellung der Entwicklung Ebers' zur Dichtung und führt erstmals den später immer wiederholten, griffigen Gegensatz von Wissenschaft und Dichtung ein, der korrespondiert mit den Phasen von Gesundheit, d.h.

---

1   Z.B.Kees, Geschichte der Ägyptologie, 11.

2   Brugsch, Die Aegyptologie. Abriß, 140. Die nächste, dritte Generation, die Brugsch nennt, besteht hauptsächlich aus Ebers' Schülern. Brugschs Einteilung der deutschen Ägyptologie: 1.Generation: Lepsius, Brugsch; 2.Generation: Eisenlohr, Dümichen, Ebers; die "jüngere Schule": Erman, Wiedemann, Lincke, Meyer, Müller, Pietschmann, Schack, Steindorff und Lemm. Brugsch, Die Aegyptologie. Abriß, 141f., 146. Im übrigen steht die Würdigung, die Brugsch den wissenschaftlichen Vorfahren und Zeitgenossen aus dem Jahre 1897 angedeihen läßt, in eklatantem Kontrast zu Ermans Rückblick auf diese Zeit.

3   Siehe unten 113 Anm.3.

4   Richard Gosche, 1824-1889. Literaturhistoriker, Orientalist und Publizist. A.o.Prof. für Literaturgeschichte in Berlin, seit 1862 Ordinarius für Semitische Sprachen in Halle und im Vorstand der DMG, liest weiterhin über allgemeine und deutsche Literaturgeschichte. Große Breitenwirkung durch Vorträge und Zeitungsartikel, die ADB nennt ihn "populär-lehrhaft", ADB XLIX, 473.

5   Die Einleitung: "Europa und der Orient" beginnt bei den Kreuzzügen.

wissenschaftlicher Arbeit und Krankheit, d.h. dichterischem Schaffen im Leben Ebers'. Obwohl keine persönliche Begegnung belegt ist, enthalten diese Ausführungen so viele Details, daß interne Informationen von Ebers anzunehmen sind, da die Autobiographie "Die Geschichte meines Lebens" erst 1893 erscheint. Es folgt eine kommentierte Besprechung der wissenschaftlichen und literarischen Werke. Gosche hält Ebers für den idealen Vertreter des Historischen Romans: "Hier [in den ägyptischen Romanen] sind der Dichter und der Forscher so vollständig Eins geworden in ihrer Thätigkeit, daß jener sich alles angeeignet hat, was dieser ihm bieten konnte."[1] Gosche lobt die immer vorzügliche psychologische Motivierung der Gestalten: "Die ungemeine Anschaulichkeit der Darstellung und die psychologische Gewalt der einzelnen Motive sind gleich groß."[2] Er greift bei Vergleichen in die höchsten Etagen zu Goethes Mignon und Egmont[3] und sieht überhaupt faustische Charaktere. Der Gegensatz zu dem weiter unten behandelten Bölsche wird deutlich in seiner Beurteilung der Zeichnung der Ebers'schen altägyptischen Menschen: "Man hat diese freie Natürlichkeit der Emfindung, mit welcher der Dichter seine Bent-Anat ausstattet, (...) getadelt, weil sie dem ägyptischen Conventionalismus widerspreche. Es ist aber Ebers' Verdienst, die unverbrüchlichen Rechte des menschlichen Herzens auch für Ägypten nachgewiesen zu haben, denn die Ägypter sind doch ein Bruchtheil der Menschheit wie jedes Volk."[4] Auch hier, schon zu Ebers' Lebzeiten, wird eine apologetische Tendenz gegen Angriffe auf den historischen Roman spürbar.

Eine ganz andere Wertung zieht **Otto Kraus**, ein offenbar militanter Katholik[5], der 1884 in der Zeitschrift "Zeitfragen des Christlichen Volkslebens" einen scharfzüngigen Artikel **"Der Professorenroman"** veröffentlicht. Neben seinem Hauptanliegen, die Unfähigkeit von Ebers, Dahn, Taylor oder Eckstein echte Christen zu zeichnen, anzuprangern, erhebt er genau den Vorwurf gegen Ebers, der als Grundlage aller weiteren Kritik immer wieder erhoben werden wird, letztmalig 1986, nahezu wortgleich in der Dissertation von Rawhia Riad Abdel-Noor:[6] "Sein [Ebers'] Zweck war aber, unter Verwendung orientalischer Coulissen und Kostüme und unter Benutzung einzelner historischer Namen Personen auftreten zu lassen, die erfüllt sind von den Grundanschauungen der Zeit und des Landes, in denen die Leser und der Autor selbst geboren sind."[7] Wie wenig er Ebers kennt, geht aus einem

---

1 Gosche, Georg Ebers, 114.

2 Gosche, Georg Ebers, 88. Auch 109 und öfters.

3 Gosche, Georg Ebers, 128, 132.

4 Gosche, Georg Ebers, 105.

5 Ironisch bietet er Ebers' "geschmackvolle Sentenzen" "rationalistischen Predigern des »Protestantenvereins«" zur Nachahmung an, Kraus, Der Professorenroman, 11. Die "windigen, pantheistischen Phrasen" in Ernst Ecksteins "Claudiern" dienen "dem Inhaber eines protestantenvereinlichen »Plauderkastens« zur Bedeckung seiner Armuth und Blöße", Kraus, Der Professorenroman, 63.

6 Siehe unten 9.

7 Kraus, Der Professorenroman, 8.

krassen Fehlurteil hervor: meint Kraus doch, daß Ebers "ein dem wirklichen Leben fremder, nur in der Bücherwelt heimischer, sonst erfahrungsarmer Gelehrter ist."[1]

Wie Kraus setzt sich auch **Wilhelm Bölsche** einzig mit dem literarischen Aspekt von Ebers' Arbeit auseinander. Sein kurzer, aber bedeutender und brillant formulierter Artikel "**An der Mumie von Georg Ebers**", 1901[2], ist der letzte, gleichsam posthume Brief eines jahrzehntelangen Briefwechsels, so formuliert der Autor es selbst. Bölsche, selbst Schriftsteller und einer der maßgeblichen Theoretiker des Naturalismus[3], hält den Weg, den Ebers' eingeschlagen hat, für falsch: Das Problem des Dichters eines historischen Romans - den Bölsche im übrigen verteidigt - ist, aus vergangenen "sozialen, ethischen oder religiösen Ideen", die dem Geschichtskundigen offenliegen - besser sogar als gegenwärtige, deren Ausgang zukünftig und daher unbekannt bleibt - Personen zu schaffen. "Aus den Ideen soll er erst die Individuen wieder schaffen - schweres Los!"[4] Im Gegensatz zu etwa Flaubert oder Kingsley hat Ebers sein besonderes Prinzip: Er legt "den ganzen Schwerpunkt auf einen inneren Gemützusammenhang zwischen Gegenwart und Vorzeit"[5], malt "mit der größten Ruhe (...) die intimsten Züge des heutigen deutschen Familienlebens in die Zeit Ramses des Großen hinein, verlegte sie an den Hof des Cambyses oder der Ptolemäer."[6] Dieses Postulat der "Kontinuität der tiefsten Gemütsveranlagung" mag bei einer wirklichen Blutsverwandtschaft noch angehen, etwa bei Freytags "Ahnen", nicht bei einem Rückgriff in zeitlich und räumlich so ferne Gegenden wie bei Ebers, der damit alles Fremde, Unheimliche (Flaubert) oder philosophische, "kämpfende Ideen" (Kingsley) unter den Teppich kehrt. Deshalb hält Bölsche Ebers' "Barbara Blomberg" mit ihren näher liegenden Schauplätzen Deutschland, Belgien und Spanien und der Zeit der Renaissance für gelungener als die ägyptischen, antikisierenden Romane.

I. 1. 2. NEUE ARBEITEN

Unter den neueren germanistischen Arbeiten versucht einzig die Dissertation von **Elisabeth Müller**, "**Georg Ebers. Ein Beitrag zum Problem des literarischen Historismus in der zweiten Hälfte des neunzehnten Jahrhunderts**" (1951)[7] den ägyptologischen Aspekten der Person und des Werks

---

1   Kraus, Der Professorenroman, 38.

2   Bölsche, An der Mumie, 117. Bölsche war mit Ebers persönlich bekannt, auch zu Gast in Tutzing und stellt Ebers' Charakter als Freund, Helfer und Berater das beste Zeugnis aus.

3   Sein dichtungstheoretisches Hauptwerk: Die naturwissenschaftlichen Grundlagen der Poesie. Prolegomena einer realistischen Ästhetik, Leipzig 1887, ist eine der Grundlagen des "Naturalismus".

4   Bölsche, An der Mumie, 119.

5   Bölsche, An der Mumie, 120.

6   Bölsche, An der Mumie, 122.

7   Müller, Georg Ebers.

gerecht zu werden. Zwar schreibt Müller, daß Ebers auch als Dichter "in erster Linie Gelehrter und akademischer Lehrer sein" wollte[1], umgekehrt geht die Arbeit auf die akademische Laufbahn nicht ein. Gerade das Spannungsverhältnis von Wissenschaft und Dichtung aber macht das "Problem des literarischen Historismus" bei Ebers aus.[2] Auch die Beschäftigung mit dem Ägyptologen, die Darstellung der wichtigeren ägyptologischen Werke - die allerdings durch ihre Kürze hinter der von Gosche zurückbleibt - die Lehrtätigkeit, die Schüler werden nur kurz oder gar nicht behandelt. Diese Abschnitte stützen sich hauptsächlich auf das Urteil von ägyptologischen Zeitgenossen und die Aussagen von Ägyptologen, die Müller befragt hat[3], und lassen das Faktische, wie Lehrveranstaltungen, Promotionen u.a. unberücksichtigt - wie überhaupt die Auswertung von Dokumenten - einige Briefe ausgenommen - weitgehend ausgespart bleibt. Viel Hermeneutisches findet sich jedoch zur Dichtung, zu Form, Stil und literarischer Einordnung. Die umfassende und um Objektivität bemühte Darstellung geht ihr Thema unkritisch-positivistisch an und beschränkt sich auf eine geistesgeschichtliche Betrachtung der Dichtungen. Verdienstvoll bleibt "Die Beurteilung von Georg Ebers. Ihre Entwicklung von seiner Zeit bis in unsere Tage."[4]

Johanna Spitalers Dissertation "**Die poetische Namengebung bei Felix Dahn, Georg Ebers, Ernst Eckstein, Adolf Hausrath (Georg Taylor), Heinrich Steinhausen**" aus dem Jahre 1946 bringt zu jedem Dichter eine Einleitung, bei Ebers sind es acht Zeilen. Dann zählt sie jeweils die Namen auf, die in den Werken ihrer Autoren vorkommen, und rubriziert sie. Bei Ebers legt sie folgendes Schema zugrunde: "Historische Personen und ihre Namen, Personennamen in den ägyptischen Romanen, Personennamen, Uebernamen, Unbenannte Personen, Namen für Tiere und Sachen, Sprechende Namen, Namensänderungen, Ortsnamen". Die folgenden fünf Seiten "Der Dichter über Namen" stellen erläuternde Zitate aus Text und Fußnoten der Werke zu den Namen zusammen: "1.Ueber historischen Namen. 2.Die Namen in den ägyptischen Romanen werden, wo sie erläutert werden, fast durchwegs übersetzt. 3.Ueber Namen in den übrigen Werken." Insgesamt umfaßt der Ebers-Teil 22 Seiten.[5] Zum Kapitel "Personennamen in den ägyptischen Romanen" heißt es: "Die ägyptischen und persischen [Namen] konnte ich nicht untersuchen. Doch ist anzunehmen, dass Ebers sie in seinen Quellen vorgebildet fand."[6] Als Ergebnis wird angeboten, daß die ägyptischen und griechischen Namen in den in Ägypten spielenden Romanen am häufigsten vorkommen, es daneben aber auch

---

[1] Müller, Georg Ebers, 103.

[2] Müller greift hier auf das Gosche-Schema: Krankheit und Dichtung gegen Gesundheit und Wissenschaft zurück.

[3] Müller, Georg Ebers, 26-39: Gespräche mit v.Bissing, Scharff, H.W.Müller und H.Stock zum Thema "Seine [Ebers] Verdienste als Ägyptologe."

[4] Müller, Georg Ebers, 156-217, darin 156-166 eine Aufzählung von Stellungnahmen von "Fachgelehrten".

[5] Spitaler, Die poetische Namengebung, 30-52.

[6] Spitaler, Die poetische Namengebung, 32f. Spitaler hat wohl nicht allzu sorgfältig gelesen, da sie "Mohar" als Eigenname betrachtet, was Ebers dagegen mehrmals in Text und Fußnoten als Titel ("Wegeführer") des Paaker erklärt. Siehe dazu: IV.2.3.3; 348.

jüdische, persische und christliche Namen gibt. Insgesamt kann die Autorin nicht klar machen, welchem über eine Aufzählung hinausgehenden Anliegen die Arbeit dienen soll.

Einen Teilaspekt des Ebers'schen Werkes betrachtet auch die 1961 erschienene Dissertation von **Saadeldin Amin el-Khadem "Georg Ebers und der spätgriechische Roman."**[1] Offensichtlich ist el-Khadem die 10 Jahre vorher entstandene Dissertation von Elisabeth Müller nicht bekannt, so daß er vieles wiederholt, was dort besser zu lesen ist.[2] Der Autor grenzt sein Untersuchungsgebiet nicht ein: Welche Ebers-Werke oder welche griechischen Werke er seiner Untersuchung zugrunde legt, muß aus den Zitaten geschlossen werden: Dabei dürfte es sich hauptsächlich um "Die Schwestern", "Eine ägyptische Königstochter", "Die Nilbraut" und "Uarda" und als Vergleiche Heliodors "Aithiopika" (Äthiopische Geschichten) und Achilleus Tatios "Kleitophonta" (Die Geschichte der Leucippe und des Klitophon) aus dem 2./3.Jh.n.Chr. gehandelt haben. Am Beispiel von Ebers möchte der Autor nun nachweisen, daß der große Einfluß, der von der "Erfindung" des Romans in der spätgriechischen Antike auf die gesamte Weltliteratur bis ins 18.Jh. ausging, auch im 19.Jh. noch nicht erloschen war. Ein kurzer biographischer Abriß[3], der zahlreiche Ungenauigkeiten enthält, sieht eine klare und stark vereinfachte Abfolge von Lebenszielen.[4] El-Khadem postuliert gemeinsame Grundthemen bei Ebers und den Griechen, steckt diese Gemeinsamkeiten jedoch so allgemein ab, daß keine zwingend erscheint. So heißt es etwa: "Jede Geschichte oder jedes »Drama« der spätgriechischen Schriftsteller besteht aus zwei Teilen: Einer Liebesfabel und einer Reisefabulistik oder einem Abenteuer. Der Hintergrund ist meistens historisch, manches Mal ganz erfunden und manches Mal den Tatsachen entsprechend. Auch die Romane Georg Ebers' bestehen aus einer Liebeserzählung, einem Abenteuer und stützen sich, dem Zeitgeist gemäß, auf historische Begebenheiten, die immer wissenschaftlich beweisbar sind (Deshalb bezeichnet man diese Romane als Professorenromane oder als die gelehrt-antiquarischen Professorenromane)."[5] Interessante Stichworte wie "Gelehrtheit", "Trivialität", "Schönheitsnorm und Charakterzeichnung", "Abenteuer" u.s.w. bleiben Schlagworte ohne Inhalt. So ist über "Treue, Tätigkeit" zu lesen: Das Hauptpaar der Griechen sind Nichtstuer, die

---

1 El-Khadem, Georg Ebers. Entstanden an der Universität Graz. Aus der Arbeit selbst geht nicht hervor, aus welchem Fach sie entstanden ist - in Frage kommen Germanistik und Klassische Philologie. Die Dissertation umfaßt 87 großzügig beschriebene Seiten einschließlich der Literaturangaben. El-Khadem hat die Dissertation zusammengefaßt in: Der Einfluß des spätgriechischen Romans auf die Werke Georg Ebers', in: Elkhadem, 6 Essays über den deutschen Roman, 31-34.

2 Etwa: 6-11: "Ebers und sein Werk." Bezeichnend ist, daß die auch stark auf Hermeneutisches eingehende Arbeit von Müller diese vom spätgriechischen Roman herkommende Tradition mit keinem Wort erwähnt.

3 Der Autor hat offensichtlich keinerlei Quellen, Briefe, Akten usw., die reichlich vorhanden sind, studiert, sondern meint lapidar:"Über sein Leben sind nicht viele Quellen vorhanden", el-Khadem, Georg Ebers, 6. Der Autor kannte offensichtlich auch den fundierten Artikel von Pietschmann in der ADB LV, 469-473, erschienen 1910 (!), nicht.

4 Z.B. meint er vom Erscheinen der "Uarda" 1876. "Von da an [sic!], war die zukünftige Gestaltung seines Lebens entschieden. Fast jedes Jahr hat fortan einen Roman aus seiner Feder gebracht", el-Khadem, Georg Ebers, 9.

5 El-Khadem, Georg Ebers, 2.

nur der Liebe leben, "auch die Ebers'schen Heldinnen beschäftigen sich mit nichts, bestenfalls sitzen sie am Spinnrad oder singen."[1] Auch die äußere Form der Romane mit ihren Abschweifungen und Einlagen kritisiert el-Khadem. Der spätgriechische und der Ebers'sche Roman sei ein "Lumpensammler" - diesen Begriff übernimmt el-Khadem von Franz Altheim, wo er sich auf den Roman als inferiorer Gattung an sich bezieht:[2] "Er nimmt alles, was ihm begegnet und macht es sich zu eigen; er fügt Sagen, Legenden, Fabeln, Zitate, Anekdoten, Sprichwörter, Verse, mythologische Geschichten und Erzählungen hinzu."[3] El-Khadem verkennt, daß hinter diesen Exkursen - er erwähnt mit keinem Wort die Ebers'schen Fußnoten - eine antiquarische Detailgenauigkeit mit Zweck und Plan steht, keine wahllose Sammelwut. Bei Ebers sind "alle Erklärungen und Erläuterungen auch wissenschaftlich vertretbar"[4], drei Zeilen tiefer ist aber von Ebers' "wissenschaftlichen und pseudowissenschaftlichen" Exkursen und Kommentaren - geeignet für den "Schulrundfunk"[5] - die Rede.

Da Beziehungen nicht automatisch Beeinflussung sind, und eine Kenntnis sich nur durch Dokumente nachweisen läßt oder durch eindeutige Übereinstimmungen, gelingt es dem Autor an keiner Stelle, mit seinen rein hermeneutischen Mitteln den gewünschten Nachweis einer Übernahme vom spätgriechischen Roman zu erbringen. Das wäre, als ob man den kretischen Stierkult aus dem ägyptischen ableiten wollte, weil die kretischen Stiere ebenso zwei Hörner, vier Beine und einen Schwanz haben wie die ägyptischen! "Wenn wir aber die spätgriechischen Schriftsteller kennengelernt haben, wissen wir, daß Ebers seine Vorbilder nachgeahmt hat, um so den realistischen Dichtern näher zu kommen."[6]

---

1 El-Khadem, Georg Ebers, 28.

2 Altheim, Roman und Dekadenz, 11: "Lumpensammler der Literatur, der es nicht verschmäht, mit dem Flitter und dem verblichenen Prunk sich herauszuputzen, dessen sich die exclusiveren und vornehmeren Gattungen längst entäußert haben."

3 El-Khadem, Georg Ebers, 69.

4 El-Khadem, Georg Ebers, 69.

5 El-Khadem, Georg Ebers, 69.

6 El-Khadem, Georg Ebers, 66. Auch in dem Aufsatz: Über das Kulturbild Ägyptens im deutschen Roman, in: 6 Essays über den deutschen Roman, wird Ebers erwähnt. Hier behandelt der Autor allerdings auf 9 Seiten "den" deutschen Roman von Philipp von Zesens "Assenat" (1670) bis Thomas Manns "Joseph und seine Brüder"(1926-42) und kommt dabei zu dem Schluß, daß wir durch ein von ihm zitiertes Gedicht des unbekannten Dichters von Freudenberg über ein ländliches ägyptisches Volksfest im 19.Jh.(n.Chr.!) mehr über "das Volk im Niltal" erfahren als durch manchen umfangreichen Roman von "den großen Meistern", el-Khadem, Georg Ebers, 9, etwa Ebers' oder Thomas Manns. Neben zahlreichen anderen Verallgemeinerungen und Unstimmigkeiten, ist dem Autor wohl entgangen, daß ein Unterschied zwischen Altägypten und dem islamisch-arabischen Ägypten der Neuzeit liegt. Den Ägyptologen wird interessieren, daß altägyptische literarische Werke wie das Zwei-Brüder-Märchen "einerseits sehr selten und andrerseits nahezu völlig unbekannt" sind und daß dieses Märchen 3200 v.Chr. geschrieben worden ist, El-Khadem, Über das Kulturbild, 14.

Die neueste germanistische Arbeit, die Dissertation von **Rawhia Riad Abdel-Noor**, "**Ägypten in der deutschen Literatur des 19.Jahrhunderts. Bogumil Goltz - Max Eyth - Georg Ebers**" (1986)[1] beschäftigt sich auf den 17 Ebers gewidmeten Seiten mit den wichtigsten germanistischen Aspekten[2]: Popularisierung der Ägyptologie und Trivialisierung des alten Ägypten in den Romanen. Da sie sich selbst offensichtlich nur oberflächlich mit der Ägyptologie beschäftigt hat[3], muß sie die Maßstäbe anderer übernehmen. So gerät sie an Ermans Memoiren, die 1929 erschienen sind, und nennt mit ihm die Popularisierung der Ägyptologie verhängsnisvoll für die Ägyptologie, ohne sich Rechenschaft abzulegen über die Wandlungen des Wissenschaftsverständnisses zwischen dem letzten Drittel des 19.Jhs., der Ebers-Zeit, und 1929, dem Zeitpunkt des Erscheinens der Erman-Memoiren und 1986, dem Erscheinen der eigenen Arbeit. Aber auch zur "Trivialisierung" findet sie keinen eigenen Standpunkt, sondern vereinfacht Bölsches Vorwurf von der Übertragung deutscher Gemütsveranlagung in altägyptische Verhältnisse: Fast ständig wird mit dem Trivialitäts-Vorwurf auf Ebers eingeschlagen.[4] Die Arbeit enthält nicht nur zahlreiche falsche Details[5], sondern ist im Ansatz falsch angelegt: Sie wird Ebers in keiner Weise gerecht, da die Autorin den grundlegenden Ratschlag: "um einer Epoche gerecht zu werden (...) müßte man fähig sein, die Brille der eigenen Zeit abzulegen"[6], zwar für Ebers bereit hält, diesen aber nicht auf ihre Arbeit anwendet. So kann das Ergebnis nur die vorgefaßte Meinung des Ansatzes bestätigen, wie es in ihrem Schlußwort zum Ebers-Kapitel zum Ausdruck kommt: "Für unseren Zusammenhang erhellt (...) deutlich genug, daß Georg Ebers nicht eigentlich ein Bild Ägyptens zeichnet, sondern vielmehr ein Bild seines eigenen Landes und seiner eigenen Zeit - noch dazu in seiner trivialsten Form - zurückprojiziert auf das alte Ägypten."[7] Darüber hinaus differenziert die Autorin (absichtlich?) nicht zwischen Altägypten und dem modernen Ägypten, sonst hätte Sie nicht Goltz' und Eyths zeitgenössische Reisebeschreibungen - Goltz war 1849 in Ägypten, Eyth 1862-1866 als Ingenieur dort beruflich tätig - mit Ebers' Ägyptenbild in der "Uarda" vergleichen können, liegen doch zwischen dem Ägypten Mohammed Alis bzw. Ismaïl Paschas und dem Ramses' II. rund 3000 Jahre. Warum hat sie nicht Ebers' Bild des modernen Ägypten aus seinem "Durch Gosen zum Sinai", erschienen 1872, hergezogen? Darin beschreibt Ebers seine Ägyptenreise in dem Jahren 1869/70.

---

1 Abdel-Noor, Ägypten in der deutschen Literatur.

2 Ein Lebenslauf, der auch hier wieder nicht fehlen darf, wiederholt genau das bekannte Schema, das uns seit Gosches "Georg Ebers" bekannt ist.

3 Als ägyptologische Werke erscheinen unter "allgemeine Literatur": Eggebrechts Katalog: "Ägypten. Faszination und Abenteuer"; unter "Historische und geistige Voraussetzungen": Blumenthals "Altes Ägypten", der Reiseführer "Ägypten" von Emma Brunner-Traut und Kees' 14 Seiten "Geschichte der Ägyptologie".

4 Nur die wichtigsten Stellen: "Trivialisierung ohnegleichen, Trivialisierung, Trivialschema" (198), "Trivialroman, Trivialdichtung" (199), "in seiner trivialsten Form" (210).

5 Auf diese Details wird in Kapitel IV der vorliegenden Arbeit eingegangen werden.

6 Abdel-Noor, Ägypten in der deutschen Literatur, 203.

7 Abdel-Noor, Ägypten in der deutschen Literatur, 210.

Alle genannten Dissertationen sind nicht in der Lage, eine ägyptologische Wertung zu leisten - sie streben dies auch kaum an - und bieten keinen Beitrag zur Einordnung von Person und Werk Ebers' in den zeitgenössischen sozialen, ökonomischen und wissenschaftsgeschichtlichen Kontext, wiederholen vielmehr mit ihrer unhistorischen Betrachtungsweise den Fehler, der auch schon der älteren Ebers-Rezeption eignet.

Ebers als Ägyptologen behandeln zwei kurze Arbeiten von Ägyptologen. **Günter Poethke**, "**Georg Ebers und Jena**" (1980)[1] beschäftigt sich mit einem Ausschnitt aus dem Werdegang von Ebers, den Jahren 1862-1870 in Jena. Dabei geht er ausführlicher auf das Verfahren der Promotion und Habilitation, leider nicht auf die beiden zugehörigen Schriften und auch nur kurz auf die Lehrtätigkeit Ebers, ein. **Elke Blumenthal** behandelt Ebers in einem Kapitel ihrer Schrift "**Altes Ägypten in Leipzig. Zur Geschichte des Ägyptischen Museums und des Ägyptologischen Instituts in Leipzig**" (1981)[2]. Diese dichte, gründliche und faktenreiche Arbeit umfaßt auf nur sieben Seiten alle Ebers-Aspekte: die akademische Laufbahn, die Lehrtätigkeit und die Schüler, die Romane und die Museumstätigkeit - allerdings dem Thema entsprechend nur auf Leipzig bezogen. Sonst finden sich in ägyptologischen Werken nur Nebensätze.[3]

---

[1] Poethke, Georg Ebers. Der Artikel umfaßt 6 Seiten.
[2] Blumenthal, Altes Ägypten. Über Ebers die Seiten 8-14.
[3] Z.B. Wreszinsky, Der Papyrus Ebers, Vorrede.

I. 2. ÄGYPTOLOGISCHES WISSENSCHAFTSVERSTÄNDNIS IN DEUTSCHLAND

I. 2. 1. IN DER 2.HÄLFTE DES 19.JHS.: LEPSIUS - BRUGSCH - EBERS.
"DURCH EINE REIHE NÜTZLICHER ARBEITEN DIE WISSENSCHAFT ZU FÖRDERN"

Naturgemäß richtet sich bei einer neuen Wissenschaft deren Augenmerk zuerst auf die Realien, die "positiven" Tatsachen, die die Fundamente legen sollen. Da die Etablierung der Ägyptologie in Deutschland mit der Blüte des historischen Positivismus zusammenfällt, ist es nicht verwunderlich, daß die Methodenentscheidung zugunsten eines unkritischen Positivismus fällt. Daneben ist jedoch die Relevanzfrage von Bedeutung: Was trägt die Ägyptologie zur Stützung anerkannter Disziplinen bei, die ägyptische Philologie und Chronologie zur Bibelwissenschaft, die ägyptische Kunstgeschichte zur Bewertung der griechischen Kunst, die ägyptische Geschichte zur allgemeinen Chronologie, d.h. "Aegyptens Stelle in der Weltgeschichte", um einen berühmten Buchtitel zu gebrauchen. Obwohl der "Positivismus" an sich eine erkenntnistheoretische und methodologische Grundhaltung ist, scheint jedoch - nicht nur bei Ebers -, daß die frühe Ägyptologie diese Entscheidung nicht bewußt traf, sondern, ohne sich mit theoretischen Fragen aufzuhalten, sich auf die Realien stürzte und nach Herzenslust kopierte, übersetzte, ausgrub und sammelte.

Einen erheblichen Teil des Aufsatzes "Ueber einige aegyptische Kunstformen und ihre Entwickelung"(1872) von **Karl Richard Lepsius** nehmen, gleichsam als Einleitung zum Thema, Gedanken ein, in denen Lepsius eine Vorläufertheorie und damit implizit die später so bedeutsame Fortschrittstheorie entwickelt. Durch die Kenntnis der Ägypter als eines der Völker, die den Griechen vorgearbeitet haben, könnten jetzt auch die Griechen in einem anderen Lichte erscheinen. Lepsius nimmt somit eine sehr ambivalente Stellung zur ägyptischen Kunst ein: gilt ihr einerseits das Interesse als Vorstufe der griechischen Kunst, so ist sie doch andererseits eigenwertige Kunst. Zeichnet die ägyptische Kunst gegenüber der griechischen Kunst doch immer ein "zähes Festhalten so primitiver Unvollkommenheit" aus[1], so strebten die Ägypter über "technische und conventionelle Kunstübung hinaus einem höheren idealeren Ziele" zu.[2] So heißt es: "Die Kunst der Griechen, welche für immer den Mittelpunkt und Maßstab für Kunstgeschichte und Kunstbetrachtung abgeben wird, sprang nicht fertig und vollkommen als ihre Zeit gekommen, aus einem dazu prädisponierten Volksgeiste hervor, so wenig wie ihre Wissenschaft oder irgend ein andrer Theil ihrer Geistesbildung."[3] Dieser Zwiespalt zwischen dem Postulat des Autochthonen und dem einer Vorläuferfunktion bleibt unentschieden: "Wenn es daher von Interesse ist in der ägyptischen Kunst eine Vorstufe der griechischen Kunst wie-

---

[1] Lepsius, Ueber einige aegyptische Kunstformen, 8.
[2] Lepsius, Ueber einige aegyptische Kunstformen, 9.
[3] Lepsius, Ueber einige aegyptische Kunstformen, 1.

derzufinden, so hat sie doch einen noch begründeteren Anspruch auf nähere Betrachtung, der in ihr selbst, in ihrem eigenen Werthe liegt."[1]

Heinrich Brugsch gibt in seiner "**Ägyptologie**"[2] (1897) im Abschnitt: "Literatur der modernen Forschung" eine aktuelle Übersicht der Leistungen der verschiedenen, auch kleineren Nationen.[3] Brugsch sieht jetzt endlich "die ausgeprägte Neigung der Aegyptologen, sich vor allem mit dem Auffinden von Königsnamen und mit dem Zusammenstellen der königlichen Stammbäume zu beschäftigen" nachlassen.[4] In seiner eifrigen Aufzählung betrachtet Brugsch mit demselben Positivismus, der die Grundlage der Forschung ist, auch die noch junge Wissenschaftsgeschichte. Es ist nur von "genügende[r] Einsicht in den Geist und in die Ueberlieferungen von Inschriften",[5] (Veröffentlichungen, Kopien, Übersetzungen) und anderen Einzelerscheinungen wie Gräbern, Mumien, Tempeln u.s.w. die Rede.[6]

Auch bei **Georg Ebers** müssen methodologische Prämissen zwischen den Zeilen gesucht werden: nirgends finden sich dezidierte Äußerungen zu diesem Thema, so daß Elisabeth Müller zuzustimmen ist: "Seltsamerweise äußert sich der Mann, der sich ausführlich mit der Geschichte des Altertums befaßt hat, (...) weder in seinen Tagebüchern noch in den zugänglichen Briefen oder in seinen sonst an Sentenzen so reichen Romanen jemals ausdrücklich und eingehend über seine Auffasung von der Geschichte."[7] Doch ist daraus die Folgerung zu ziehen, daß das Nichtvorhandensein einer Wissenschaftsreflexion eben ein Zeichen des Positivismus ist. Der Historismus sieht die Notwendigkeit einer historischen Forschung als selbstverständlich, der Ägyptologe muß nur erweisen, daß seine Disziplin eine Wissenschaft ist. Ebers ist Positivist und Rationalist. Das zeigt sich in vielen Details seiner wissenschaftlichen und poetischen Werke: bei seinen Wundererklärungen, seien es biblische oder altägyptische, bei der Deutung religiöser Vorschriften wie Reinheitsgeboten, dem Verbot von Schweinefleisch, der Beschneidung oder Mumifizierung.

---

1   Lepsius, Ueber einige aegyptische Kunstformen, 2. Diese Graecozentrie findet sich latent noch bei Breasted, Geschichte Ägyptens (dt.Ausgabe), 306, wenn von "entwicklungsfähigen Keimen" gesprochen wird und daß die Griechen Nutzen aus Ägypten gezogen haben - "hauptsächlich materieller Art" - , den das "griechische Genie für die Verwirklichung neuer, höherer Ziele zu benutzen wußte."

2   Brugsch, Die Aegyptologie. Abriß.

3   Er stellt einen Nachholbedarf Deutschlands und der USA bei der öffentlichen Förderung und eine Diskrepanz zwischen politischer und wissenschaftlicher Bedeutung bei Rußland und Österreich fest.

4   Brugsch, Die Aegyptologie. Abriß, 134.

5   Brugsch, Die Aegyptologie. Abriß, 138.

6   Natürlich ist das Kapitel seiner Überschrift entsprechend in erster Linie eine Literaturübersicht. Darin bevorzugt Brugsch aber deutlich die philologischen Werke.

7   Müller, Georg Ebers, 120.

I. 2. 2. RÜCKBLICKENDE BEURTEILUNGEN UND EINORDNUNGEN

Mit dem Wissenschaftsverständnis wandelt sich auch die Beurteilung. **Erman**, der bei Ebers sein Studium begonnen hatte und ihm viel verdankt, geht in seiner Autobiographie **"Mein Werden und mein Wirken"** im Jahre 1929 rückblickend sowohl auf die literarischen Werke wie auch die wissenschaftliche Tätigkeit von Ebers ein. Beide Bereiche stellt er gleichermaßen unter den Gesichtspunkt einer strengen Wissenschaftlichkeit.

> "Den Ruf, der der Ägyptologie in wissenschaftlichen Kreisen anhaftete, konnte es auch nicht bessern, daß sie gerade damals bei dem großen Publikum in Mode kam. Ebers hatte die Sage von der ägyptischen Prinzessin, die an den persischen Hof verheiratet wird, zu einem Romane ausgestaltet und hatte dies so geschickt gemacht, daß jedes junge Mädchen dafür schwärmte; jeder Buchhändler konnte dies Buch als eines empfehlen, das auf dem Weihnachtstische nicht fehlen dürfe. Und da dieser Roman einen so großen Erfolg hatte, folgte ihm nun jährlich ein anderer[1], und der »neue Ebers« wurde in jedem Herbste mit Spannung erwartet. Besonders groß war der Erfolg des Romans Uarda, mit dem sich Ebers schon in die Zeit Ramses' II. hinein wagte und in dem der große Dichter »Pentaur« eine besondere Rolle spielte. Dieser große Dichter war ja nun freilich nur durch ein modernes Mißgeschick zu seinem Ruhme gekommen. Man hatte auf einem Londoner Papyrus den Namen des Schülers gelesen, der das Gedicht von der Schlacht bei Kadesch für seinen Lehrer abgeschrieben hatte, und man hatte diesen Namen Pentauret einfach für den des Verfassers gehalten. So war dieser liederliche Schreiberlehrling, der kaum eine Zeile ohne Fehler abgeschrieben hat, zu einem Dichter geworden (...).
>   Durch diese Uarda, die selbst auf dem Theater dem Publikum vorgeführt wurde, wurde die Begeisterung für das alte Ägypten allgemein. Alle, die bisher von ihm nichts gewußt hatten, als daß es dort Pyramiden, Obelisken und Mumien gegeben habe, wußten jetzt von Ramses und Theben, von dem Gotte Amon und andern schönen Dingen. Daß dies der Wissenschaft direkt Segen gebracht hätte, kann man nicht behaupten, mag auch der eine oder andere Junge dadurch angeregt worden sein, sich mit dem alten Ägypten zu beschäftigen."[2]

In dieser Stellungnahme wird eine der Ebers-Zeit fremde Berührungsangst zwischen Wissenschaft und Publikum deutlich. So wie für Erman Begeisterung keine wissenschaftliche Haltung ist, so ist ihm auch eine breite Begeisterung für das alte Ägypten unheimlich, und er lehnt Ebers, Brugsch und die alte Ägyptologie als zu enthusiastisch[3], zu wenig nüchtern ab. Attribute wie schwärmerisch und (gut)gläubig dienen in Ermans Biographie immer wieder zur (Ab)Qualifizierung von alten Kollegen. So wird auch die wissenschaftliche Arbeit von Ebers kritisiert:

---

[1] Das ist doppelt falsch: Die "Königstochter" ist anfänglich kein Erfolg und braucht vier Jahre bis zur zweiten Auflage und zwischen der "Königstochter" und der "Uarda" liegen 12 Jahre.

[2] Erman, Mein Werden, 255f.

[3] "Und sein Urteil [das des Architekten Franz Pascha] wog doch schwerer als das der Enthusiasten", womit "Ebers und die ältere Ägyptologie" gemeint sind, Erman, Mein Werden, 276.

> "Auch die wissenschaftlichen Arbeiten von Ebers waren nicht so, daß sie auf ernste Gelehrte Eindruck machen konnten. In seinem Buche »Durch Gosen zum Sinai« bemühte er sich, gutgläubig der Wanderung der Israeliten nachzugehen, und als ein günstiges Geschick ihm den Papyrus mit dem großen medizinischen Buche in die Hände brachte, da beschränkte er sich darauf, der Ausgabe eine Einleitung vorzusetzen; die philologische Bearbeitung übertrug er Ludwig Stern. Dafür ließ er die Ausgabe auf das prächtigste ausstatten und gab dem Buche selbst den Namen »Papyros Ebers«."[1]

Dieses Urteil hat seine Berechtigung eher im persönlichen Temperament, als in prinzipiellen Unterschieden. Auch der universale Anspruch eines Lepsius, Mariette, Ebers und Brugsch mag zum Mißtrauen des Spezialisten Erman beigetragen haben. In der wissenschaftlichen Grundhaltung jedoch haben Erman und Ebers viel Gemeinsames. Ermans "Aegypten und aegyptisches Leben im Altertum" (1885) zeigt denselben Positivismus und Rationalismus, belegt durch Ermans Äußerungen über ägyptische Literatur und Religion. Bei einem so philologisch ausgerichteten Geist wie Erman ist sein abschätziges Urteil über die ägyptische Literatur einerseits aus seiner rationalistischen Einstellung heraus verständlich, andrerseits auch wieder unverständlich, beschäftigte er sich doch zeitlebens mit der altägyptischen Literatur. Auch Ermans Zugang zu Ägypten erfolgte über die Griechen, er hält diese den Ägyptern in jeder Hinsicht für überlegen - ausgenommen den Bereich der Kunst. Auch hält er die Ägypter für ein Volk wie jedes andere: "Die Welt war vor fünf Jahrtausenden nicht anders als sie es zu unserer Zeit ist, dieselben Gesetze, denen sie heute gehorcht, herrschten schon damals in gleicher Unerbittlichkeit."[2]

Bei der inzwischen vollzogenen Wende zur Auffassung einer zweckfreien Wissenschaft, wie sie in **Kurt Sethes "Ägyptologie. Zweck, Inhalt und Bedeutung dieser Wissenschaft und Deutschlands Anteil an ihrer Entwicklung"** ihren Ausdruck findet (1923)[3], wundert es nicht, daß Erman nun in der Propagandawirkung der Romane keinen Segen für die Wissenschaft erblicken konnte, sondern solche Modewirkung gar als schädlich für die "reine Wissenschaft" halten mußte.[4]

---

1 Erman, Mein Werden, 257.

2 Erman, Aegypten und aegyptisches Leben, 5.

3 "Man wird nun doch sagen dürfen, daß dem idealen Daseinszweck der Ägyptologie, als den wir bei allen Wissenschaften den Selbstzweck feststellen konnten, auch ein realer Daseinszweck entspricht, die Einfügung eines der ältesten und wichtigsten Glieder in die Geschichte der Menschheit und der menschlichen Kultur", Sethe, Die Ägyptologie, 39. Eine späte Erwiderung, die allerdings Sethe in keiner Weise gerecht wird: Sledzimowski, Ägyptologie, in: GM XII (1974), 43-50.

4 Ein notwendiges Übel ist die "Wissenschaftspolitik" (z.B. Förderung durch den Staat). Erman, Mein Leben, 261: "Man sieht, auch im alten Preußen durfte sich die Politik zuweilen in die Wissenschaft mischen. Aber zurück zu erfreulicheren Dingen."

Wie Ebers' Andenken und Reputation durch diesen tendenziösen Rückblick Ermans leiden sollte, zeigen moderne Arbeiten, die die 2.Hälfte des 19.Jhs. als das Zeitalter der Romantik und des Enthusiasmus[1] bezeichnen, das durch den Positivismus abgelöst worden sei. Der Positivismus auch formulierte die Absage an jeden Irrationalismus. An die Stelle der "Vorläuferidee" der Fortschrittstheorie tritt jetzt die Betonung der Eigengesetzlichkeit. Hermann Kees[2] übernimmt die Wolfsche Periodisierung: Mit dem Tod Mariettes läßt er das romantische Zeitalter der Entdeckungen im Jahre 1881 enden. Sethe benennt das Zeitalter als das der "Heroischen Ägyptologie"[3], gefolgt vom "goldenen Zeitalter" (bis 1914). Noch 1981 meint Blumenthal in schönster Erman-Diktion: Ebers gehöre zur älteren Ägyptologengeneration, "in der die Faszination durch den Gegenstand die quellenkritische Distanz zu ihm überwog und das wissenschaftliche Urteil trübte."[4]

Mit Ursula Köhler (1974)[5] haben wir diese Differenzen eher als Frage des Temperaments denn der der wissenschaftlichen Methode gesehen: "Für den jüngeren Erman waren die alten Ägypter ein reines Forschungsobjekt, zu dem er eine mehr oder minder emotionsfreie Beziehung besaß, eine Beziehung der Art, wie sie ein Chemiker etwa zu dem Inhalt seiner Reagenzgläser haben dürfte. Dagegen zeichnete sich Brugschs Haltung den Ägyptern gegenüber durch eine Fülle von Emotionen aus. Vergleichbar wäre sie mit der Haltung, die in seiner Generation von einem Erwachsenen gegenüber seinen Vorfahren erwartet wurde: Sie umschloß pietätvolle Liebe, Ehrfurcht und respektvolle Verehrung (...)."[6] Vielleicht resultiert das Verständnis für die Zeit der frühen Ägyptologie, das aus diesen Zeilen spricht, aus einer ähnlichen Konstellation der Zeitumstände: die Frage der Rechtfertigung der Geisteswissenschaften, die erregten Diskussionen der 68er Jahre hatten damals auch die Ägyptologie erreicht, kommt doch die Diskussion über Sinn und Zweck einer Wissenschaft besonders in Zeiten von Umwälzungen in Gang.[7] Gerade in unserer Zeit, in der die Existenz von ägyptologischen Instituten und Museen im In- und Ausland zur Diskussion steht, ist die Darstellung und Rückbesinnung auf die Strategien der Überzeugungsarbeit, wie sie zu Beginn der Ägyptologie geleistet wurde und die zur Einrichtung und Festigung der Institutionen dieser Wissenschaft geführt hat, von besonderer Bedeutung.

---

1 Bezeichnung bei: Wolf, Wesen und Wert der Ägyptologie (1937).
2 Hermann Kees, Geschichte der Ägyptologie.
3 Sethe, Die Ägyptologie, 40.
4 Blumenthal, Altes Ägypten, 9.
5 Köhler, Die Anfänge.
6 Köhler, Die Anfänge, 37.
7 vgl. Sethe zu Beginn der Weimarer Republik nach der Revolution.

II. DER PUBLIZIST

II. 1. DIE ARTIKEL IN DEN POPULÄREN ZEITSCHRIFTEN UND IN ZEITUNGEN

Unter populären, also den sog. unterhaltenden und belehrenden Zeitschriften, wird ein breites in sich heterogenes Spektrum verstanden, das von den illustrierten Zeitschriften bis zu den sog. "allgemein wissenschaftlichen Zeitschriften" (nicht Fachzeitschriften!) reicht. Besonders die illustrierten Zeitschriften sind eine Spezialität der 2.Hälfte des 19.Jhs. Die 1858 erstmals erscheinende illustrierte Wochenzeitschrift "Über Land und Meer"[1] wurde neben der noch heute bekannten "Gartenlaube" bald das bedeutendste Erzeugnis dieses Genres. Nicht zufällig überschrieb Dolf Sternberger das zweite Kapitel seines berühmten "Panorama oder Ansichten vom 19.Jahrhundert" (1938) mit dem Titel "Über Land und Meer".[2]

Zweck und Aufgabe der populären Zeitschriften umreißt stellvertretend das Vorwort der ersten Ausgabe von "Über Land und Meer": "Was der erfinderische, entdeckungskühne Genius unseres Jahrhunderts denkt und schafft, soll das Gemeingut der Leser werden, die mit uns auf der Höhe der Zeit bleiben wollen."[3] Die Unterhaltung soll jedoch nicht Selbstzweck sein, sondern ergänzt werden durch die Belehrung. Die illustrierten Zeitschriften gehen noch einen Schritt weiter gemäß den "doppelten Forderungen unserer Zeit." Denn "das Auge wollte das lebendige Bild vor sich sehen, Wort und Bild mußten sich verbinden, dem stolzen Geiste zu genügen, der Ost und West, Süd und Nord in einem Momente gegenwärtig hatte, dem die Fremde so vertraut wie die Heimat geworden."[4] Im selben Jahr wie die "Gartenlaube", nämlich 1853, startet Hallberger mit der "Illustrirten Welt", "ein auf den Mittelstand zugeschnittenes Journal"[5], fünf Jahre später kommt dann "Über Land und Meer" "für die höheren Stände"[6] hinzu. Erst aus diesen Zeitschriften erwächst dann die Buchproduktion des Hallberger-Verlages.

ABBILDUNG NÄCHSTE SEITE:
TITELBLATT VON "ÜBER LAND UND MEER (1863) MIT EBERS' ERSTEM "ÄGYPTISCHEM" BEITRAG: "REISEBRIEFE AUS EGYPTEN" (AUF DER "INHALTSÜBERSICHT": MITTE, ZEILE 5)

---

1 Herausgeber: Friedrich Wilhelm Hackländer; Redakteur: Edmund Zoller.

2 Das Kapitel hat die Unterabteilungen: Die Freiheit der Wüste, Langeweile und Wildheit, Reisegesellschaften, Tableau der Leidenschaften. Erst 1923 wird "Über Land und Meer" eingestellt, die "Gartenlaube" 1932, dann folgt die "Neue Gartenlaube" 1933-1943.

3 Über Land und Meer I (1858), H.1, 2 "Prospectus".

4 Über Land und Meer I (1858), H.1, 2.

5 Berner, Louis und Eduard Hallberger, 30.

6 Berner, Louis und Eduard Hallberger, 31f.

Über Land und Meer

Allgemeine Illustrirte Zeitung

herausgegeben von **F. W. Hackländer.**

Zehnter Band. — Fünfter Jahrgang. Zweites Semester. — № 37. — Stuttgart, Juni 1863.
Erscheint jeden Sonntag. Preis vierteljährlich Thlr. 1. — oder fl. 1. 45 kr. rhein.

Inhalts-Uebersicht.

Text: Auf stürmischer Fluth, Novelle von Bernd von Guseck, Schluß. — Volksfeste der Deutschen. In Bildern von Ludwig Leßler. I. Frühlingsfest. — Charlotte Birch-Pfeiffer. — Das Erdbeben von Rhodus. — Die Belagerung von Puebla. — Berliner Chronik von Ernst Kossak. — Die Alpen von Berlepsch, mit Bildern von Rittmeyer. — Notizblätter. — Tagebuch für Garten und Haus, Juni. — Die immerwährende Weltausstellung in Paris, von K. A. v. Schlechta. — Eine Büffelheerde am obern Missouri. — Kette und Einschlag, eine Erzählung aus der Zeit der Baumwollennoth in Manchester, von J. F. Smith, Fortsetzung. — Reisebriefe aus Egypten von Georg Morih. — Astronomisches Tagebuch, Juni. — Briefmappe. — Anzeigen.

Illustrationen: Charlotte Birch-Pfeiffer, nach einer Photographie, von E. Hartmann. — Die Frühlingsfeier in Norddeutschland, von L. Löffler. — Die mexikanische Expedition: Eröffnung der Laufgräben vor Puebla. — Erdbeben von Rhodus: Die Ruinen des St. Nikolausthurms. — Der Palast der permanenten Kunstausstellung in Paris. — Eine Büffelheerde am obern Missouri, von Hays. — Holzflößer in den schweizer Alpen, von E. Rittmeyer. — Kette und Einschlag: Der Handel über die Verlassenschaft. — Ansicht von Kairo.

Auf stürmischer Fluth.

Novelle von

Bernd von Guseck.

(Schluß.)

Auch der Prinz fand ein Billet vor, als er nach seinem Hotel zurückkam. Auf den ersten Blick sah er, daß es erbrochen gewesen und ohne viel Umstände wieder geschlossen war. Der Kammerdiener verstand ihn sogleich und sagte: „Ihre Durchlaucht — aus Versehen!" Dem Prinzen stieg das Blut auf, aber er gab nur ein stummes Zeichen der Zustimmung und entließ den Diener. Wagt sie es schon, meine Briefe zu erbrechen, hat er sie also gelehrt! — war sein entrüsteter Gedanke — und die Devise der flüchtig aufgehefteten Silberoblate, als er sie aufriß, fiel ihm wie ein Hohn in die Augen. À jamais! „Auf ewig!!" Das Billet, dessen Aufschrift ihn schon beunruhigt hatte, da er gleich erkannt, von wem es war, enthielt nur wenige Worte.

„Gnädiger Herr, Euer Durchlaucht haben versprochen, mir mein Bild zurückzugeben, wenn ich es wünsche — ich bitte Sie heute schon darum. Gebe Gott, daß ich nicht zu leichtgläubig gewesen bin, wie leider von jeher! Sollte es der Fall gewesen sein und Sie meine Bitte gar nicht verstehen, so sagen Sie mir das nur in zwei Zeilen. Ich werde mir dann schon selbst helfen. F. H." N.S. „Die Antwort trifft mich im Hotel Brand."

Er verstand nur, daß Fanny diese Worte geschrieben und Stephanie sie gelesen hatte! Was sie von ihrem Bilde sprach, das sie zu-

Charlotte Birch-Pfeiffer. Nach einer Photographie; von E. Hartmann. (S. 580.)

rückforderte, von ihrer Leichtgläubigkeit, war ihm ganz unverständlich — der Brief war mit der Stadtpost gekommen, die Prinzessin hatte ihn — gleichviel ob aus Versehen! — erbrochen; welche Folgerungen mußte sie daraus ziehen, wie konnte sie nach diesem verfänglichen Zeugniß noch an sein Ehrenwort glauben? Er war außer sich in diesem Gedanken, sein Zorn traf auch die Frau, die er sonst herzlich geliebt hatte und die er nun einer absichtlichen Bosheit beschuldigte. Schwache Charaktere — und Prinz Welf konnte sich keiner großen Festigkeit rühmen! — schlagen leicht von einem Extrem zum andern über. Seine erste Anwandlung war, sofort ein Gericht über den Diener zu verhängen, welcher das Billet der Prinzessin ausgehändigt hatte, dann zu ihr zu eilen, sie zur Rede zu stellen und ihr zu erklären, daß er den Inhalt so wenig verstehe als daß er nie ein Bild, wie es im Briefe erwähnt sei, besessen habe, und das Ganze nur für eine Bosheit halten könne, wenn es nicht einem verstörten Geiste entsprungen sei. Aber er verwarf diesen Gedanken. Mit Stephanie zum dritten Male zu sprechen, wo keine Verständigung möglich war, widerstrebte seinem Gefühl — und würde sie ihm geglaubt haben? Frauen denken über ein Ehrenwort anders als der Mann, welchem es wie ein Eid gilt, sie nehmen wenigstens die Möglichkeit eines geheimen Vorbehalts an. Auf den Grund des Räthsels mußte er aber kommen, und wie war das anders möglich, als wenn er Fanny aufsuchte und selbst darnach fragte? Daß er dann die Wahrheit erfuhr, mußte er, sie war treu und ehrlich, das erkannte er auch in diesem Mo-

Die meisten Artikel Ebers' finden sich in der Zeitschrift "Über Land und Meer" Eduard Hallbergers, beginnend im Jahr 1863[1], dem Jahr ihrer persönlichen Begegnung[2], mit einem natürlich "ägyptischen" Artikel.[3] Im folgenden Jahr erscheint die "Königstochter" bei Hallberger. Ebers schreibt nun regelmäßig bis 1894 mit einem weiten, nicht nur ägyptologischen Spektrum, entsprechend dem weiten Angebot der Zeitschrift: Literaturbesprechungen, Biographisches (Jubiläen, Nachrufe), über Kunst, Gedichte.

Bezeichnend für die Haltung der länder- und völkerkundlichen Zeitschriften ist der Titel der Wochenhefte von "Über Land und Meer" zur Zeit der Mitarbeit von Ebers (siehe Abb.S.17). Er zeigt auf der rechten Hälfte eine Kamel-Karawane, Pyramiden und Palmen. Ein "ägyptischer" Atlant trägt zusammen mit einem asiatischen und amerikanischen die Weltkugel. Der Vergleich mit der älteren" orientalischeren" Version[4] des Titels zeigt, daß diese Details wohl Beachtung fanden und die orientalisch-ägyptischen Züge nicht zufällig oder nur als Lay-out-Verbesserungen zu erklären sind. Unser Titel zeigt eine Austarierung und Klärung: der linke Teil ist nun eindeutig europäisch, der Orient wird nach rechts gerückt. Das eurozentrische Weltbild dokumentiert sich in der von "Amerika", "Afrika" und "Asien" gestützten Weltkugel, auf der die Europa mit der Fackel der Aufklärung thront. Afrika trägt einen dreiteiligen Lendenschurz und ein "ägyptisches" Kopftuch. Ägypten erscheint so als Vorstufe Griechenlands, d.h. Europas. Das orientalisch-ägyptische Panorama des Hintergrunds mit Kamelen, Pyramiden, Palmen kontrastiert mit dem Viadukt mit der Dampfeisenbahn. Zu dem orientalischen Teil der Zeitschrift hat Ebers in Dutzenden Artikeln maßgeblich beigetragen.

Daneben tritt die Produktion Ebers' für andere Zeitschriften wie: "Vom Fels zum Meer"; "Die Gartenlaube"; "Globus".[5] Auch im Genre der literarischen und literaturwissenschaftlichen Zeitschriften wie "Westermann's Monatsheften", "Die Gegenwart" und "Die Kunst unserer Zeit"[6] erscheinen Ebers-Artikel.

---

1   Das Datum stammt aus der Autobiographie "Die Geschichte meines Lebens", 510. In: Dichter und Verleger, o.S. nennt Ebers das Jahr 1860.

2   Darüber unten 97.

3   Ebers, Reisebriefe aus Egypten, in: Über Land und Meer, X (1863), H.37, 588-590; H.41, 643f.; H.46, 723-726.

4   Der ursprüngliche Titel erscheint noch sporadisch, etwa zur Jahrgangseröffnung. Diese ursprüngliche Fassung hatte v.l.n.r.: Eine Kuppel statt des Spitzturms links unten neben der Zitadelle; einen gestelzten Kielbogen auf dem Eingangstor der Burg links unten statt des normalen Rundbogens; das Meer setzte sich hinter einer Landzunge, auf der ein (Leucht)Turm steht (Alexandria und Pharos; daraus wird ein Kirchturm), fort; orientalische Pflanzen (Agaven?) neben dem Schäfer (jetzt statt dessen ganz links Tannen); auf dem Buch der sitzenden Frau ist deutlich der Titel "Europa" zu lesen; ein Krokodil neben der Gruppe der Tragenden; das Gebäude am rechten Rand im Palmenhain hatte Böschung, angedeuteten Rundstab und Hohlkehle.

5   Vollständige Titel: Vom Fels zum Meer. Spemann's Illustrirte Zeitschrift für das Deutsch Haus; Die Gartenlaube. Illustrirtes Familien-Blatt; Globus. Illustrirte Zeitschrift für Länder- und Völkerkunde. Chronik der Reisen und Geographische Zeitung

6   Vollständige Titel: Westermann's illustrirte deutsche Monatshefte für das gesammte geistige Leben der Gegenwart; Die Gegenwart. Wochenschrift für Litteratur, Kunst und öffentliches Leben; Die Kunst unserer Zeit. Chronik des modernen Kunstlebens.

Bei den Zeitungsartikeln liegen die Dinge etwas anders: Fast ausschließlich schreibt Ebers für die "Allgemeine Zeitung", ein bedeutendes Blatt der 2.Hälfte des 19.Jhs., und zwar für deren "Beilage", die täglich mit dem Hauptblatt erscheint.

Ebers erster Beitrag datiert 1873[1], er bringt den Artikel selbst auf der Rückreise von seiner zweiten Ägyptenreise in Augsburg in der Redaktion vorbei und schließt Freundschaft mit dem Chefredakteur Dr.Otto Braun, den er fast 20 Jahre später mit dem Artikel "Zeitbestimmungen"[2] verabschiedet. Die Zusammenarbeit mit der AZ, die inzwischen in München erscheint, geht bis zu Ebers' Tod 1898 weiter. Oft schreibt Ebers umfangreiche Rezensionen zu wissenschaftlichen Werken.[3]

Aus dem weiten Spektrum der Äußerungen Ebers' sollen die "ägyptologischen" Artikel herausgegriffen werden. Sie verwerten ägyptologische Erkenntnisse anderer und eigene. Die Auswahl beginnt mit den aktuellen Berichten zur Archäologie und über spektakuläre Funde der Zeit.

II. 1. 1. ARCHÄOLOGIE. "WER AEGYPTEN LIEB HAT, KANN DEN ENGLÄNDERN UND IHRER POLITIK NICHT FREUNDLICH GESINNT SEIN."

Dieses Motto als Überschrift der Ausführungen über die Zeitungsartikel zur Archäologie mag überraschen, doch findet sie sich als Einleitung zu Ebers' Artikel über die Naville'schen Ausgrabungen in Ägypten[4], und tatsächlich hat Ebers sich nirgends als Ägyptologe so direkt zur allgemeinen Politik geäußert wie in diesem Bereich, der Ausgrabungsprojekte, internationale Konkurrenz und konservatorische Probleme umfaßt.

Der Regierungswechsel in Ägypten 1879 von Vizekönig Ismaïl zu Tawfiq bedeutete auch für die Antikenverwaltung unter Mariette die Wende zu einem Kurs strenger Sparsamkeit: Alle Ausgrabungen wurden eingestellt. Mariette veröffentlichte daraufhin seine "Questions relatives aux nouvelles fouilles

---

1 Ebers, Papyros Ebers, in: AZ o.N. vom 24.4.1873, Beilage Nr.114, 1729f. Die ausführlichen Angaben zu den Beilagen der AZ sind nötig, um das Auffinden zu erleichtern. Es gibt "Beilagen", "Zweite Beilagen", "Außerordentliche Beilagen" und die "Handelsbeilagen".

2 Ebers, Zeitbestimmungen, in: AZ Nr.89 vom 31.3.1891, Beilage Nr.74, 1.

3 Z.B. unter dem Titel: "Altägyptische Götterlehren" (AZ o.Nr. vom 19.2.1889, Beilage Nr.50, 737f.) zu Brugschs "Religion und Mythologie der alten Aegypter. Nach den Denkmälern bearbeitet, 2.Theile, Leipzig 1885-1888 (Ebers widerspricht Brugschs Henotheismus und Pantheismus) und Victor von Strauß und Torney, Die ägyptischen Götter und Göttersagen, Heidelberg 1889.

4 Ebers, E.Naville's Ausgrabungen, in: AZ Nr.110 vom 21.4.1885, Beilage, 1609. Dieser Artikel ist auch eine Abrechnung mit dem EEF, der nach dem Vorbild des PEF gegründet wurde und hauptsächlich "biblischen" Archäologie betreiben sollte, und auch mit den Engländern, deren brutaler Ägyptenpolitik und skurriler Bibelgläubigkeit.

à faire en Égypte."[1] Die Denkschrift war an die Akademie der Wissenschaften zu Paris gerichtet. Mariette wollte damit wohl neue Finanzierungsquellen für seine Ausgrabungen erschließen, nachdem die ägyptischen versiegt waren. Ebers reagiert seinerseits darauf 1880 mit **"Vorschläge für neue Ausgrabungen in Aegypten"** in "Unsere Zeit".[2] Er begreift die Situation als Chance für die beiden Mächte, die zwar mit Frankreich an der Spitze der internationalen Ausgrabungstätigkeit stehen, nämlich Deutschland und England, jedoch in Ägypten bisher wegen einer fast monopolistischen Stellung der Franzosen, die Mariette eifersüchtig hütete, nicht zum Zuge kamen. "Die Trümmerstätten betrachtet er als seine Domänen", schreibt Ebers dazu.[3] Ebers führt die Stätten, deren Ausgrabung er für erfolgversprechend hält, geographisch geordnet "denen vor, deren Interesse ich für diese Angelegenheit zu gewinnnen wünsche und hoffe."[4] Dabei hat das Delta Priorität. Offensichtlich um die Attraktivität zu erhöhen, zählt Ebers auch jeweils prominente Fundstücke auf: Gosen mit Tanis (die 400-Jahr-Stele, das Kanopusdekret und die "Hyksossphingen"); Mendes (Mendesstele)[5]; Behbeit el-Hagar; Tel Faqus; Sa el Hagar[6]; Tell el Yahudije. Den Großraum Memphis mit Mariettes "Residenz", dem Museum von Boulaq, anerkennt Ebers als französisches Territorium; wenn noch Geld übrig sei, solle man sich Oberägypten zuwenden, z.B. Antinoë, das gerade im Begriff sei, in den Kalköfen zu verschwinden, und nach Theben-West[7] mit den zahlreichen Privatgräbern und v.a. Medinet Habu. Auch in Theben-Ost haben sich die Franzosen festgesetzt: Mariette beabsichtigt die Freilegung des Luxor-Tempels, was Ebers ebenso wünschenswert wie unmöglich scheint. Ebers appelliert an reiche Privatleute. Durch den Hinweis auf die Grabungen des Deutschen Reiches in Olympia[8] wird aber deutlich, daß er zuerst an das Mäzenatentum des Staates denkt. "Ich bleibe dabei, daß eine nach Aegypten zu sendende deutsche Ausgrabungsexpedition sich auf die Trümmerstätten im Delta beschränken sollte und höchstens noch das Westufer von Theben berücksichtigen sollte (...). Möge das große, geeinte Deutschland im Schmucke der Lorbern, die es in unseren Tagen in Krieg und Frieden erworben, den Ruhmeskranz nicht verwelken lassen, den es (...) als Förderer antiquari-

---

1   In: Revue politique et littéraire, Déc.6, 13, 1879.

2   Ebers, Vorschläge für neue Ausgrabungen, in: Unsere Zeit (1880), H. VIII, 161-173 und H. IX, 392-404.

3   Ebers, Vorschläge für neue Ausgrabungen, in: Unsere Zeit (1880), H. VIII, 165. Ebers hält Großes von Mariettes persönlichen und wissenschaftlichen Qualitäten aber: "Wer ihm aber in das Gebiet greift, als dessen Generalpächter er sich empfindet, gegen den wendet er den Stachel, hat er sich oft unleidlich und bis zur Ungerechtigkeit unempfindlich gezeigt", Ebers, Vorschläge für neue Ausgrabungen, in: Unsere Zeit (1880), H. VIII, 165. Ähnlich: Brugsch, Die Ägyptologie. Abriß, 136.

4   Ebers, Vorschläge für neue Ausgrabungen, in: Unsere Zeit (1880), H. VIII, 167.

5   Emil Brugsch hatte bei seinen Ausgrabungen im Auftrag Mariettes die moderne Lokalisierung verschwiegen, Ebers nennt sie nun als "Timey el Amdîd".

6   Saïs; von Mariette nur flüchtig besucht, durch Herodot aber als vielversprechend belegt.

7   Als Kuriosität sei angemerkt die Forderung nach der Suche nach einem Verbindungstunnel zwischen Deir el-Bahari und dem Königsgräbertal, den zuerst Lepsius postuliert hat.

8   Ebers, Vorschläge für neue Ausgrabungen, in: Unsere Zeit (1880), H. VIII, 170.

scher Bestrebungen mit Stolz zu tragen berechtigt ist."[1] Der Appell an das neue Selbstbewußtsein und der Nachholbedarf des geeinten Deutschland und seiner jungen Hauptstadt spielen eine wichtige Rolle. Dies zeigt auch der folgende Artikel.

Die durch Mariettes Tod gewandelte Lage geht aus dem Artikel in "Nord und Süd" (1885) über **"Die Freilegung des Tempels von Luxor mit einem Worte über die Verschleppung der Obelisken und ihre Aufstellung in modernen Städten"**[2] durch Maspero - Nachfolger als Museums- und Antikendirektor - hervor. Zunächst nimmt Ebers die Gelegenheit wahr, mit deutlichen Worten in eine offensichtlich in Berlin geführte Obelisken-Diskussion einzugreifen: Die aufstrebende Hauptstadt wollte in dieser Hinsicht Paris oder London nicht nachstehen. Schon früher hatte sich Ebers gegen die grassierende Obeliskenverschleppungsmanie gewandt. 1878 war die "Nadel der Kleopatra" von Alexandria nach London verbracht worden, und als die Amerikaner eben daran sind, das Pendant nach New York zu verschiffen - der Obelisk wird 1881 im Central Park aufgestellt - schreibt Ebers im Jahre 1880: Ein Obelisk wird "in einer von reichlichen und feuchten Niederschlägen heimgesuchten modernen amerikanischen oder europäischen Stadt einem schnellen Untergange preisgegeben sein und zu einer bedeutungslosen, mit ihrer Umwelt keineswegs harmonierenden Rarität herabsinken."[3] Jetzt, wo das Deutsche Reich aufholen will, bekräftigt er diese Meinung. Die Diskussion dreht sich offensichtlich um den Obelisken von Heliopolis oder um einen aus Karnak. Beide Möglichkeiten lehnt Ebers ab, da in Heliopolis "eine der ehrwürdigsten Stätten des gesammten Alterthums ihres letzten Erinnerungszeichens" beraubt würde"[4] und in Karnak wie bei jedem Tempel der Obelisk "nur am Platze seiner ersten Aufstellung rechten Sinn und Werth" hat[5]: "dort (...) waren die Obelisken am rechten Platze, waren sie unentbehrlich als sinnvolle und einem organischen Kunstwerke organisch zugehörende Glieder."[6] Ebers schließt den Exkurs mit der Feststellung: "Es [das Denkmal] von dort zu entfernen um es Zwecken dienen zu lassen, die ihm ursprünglich fremd waren, heißt wenn nicht vandalisch, so doch pietätlos und selbstsüchtig zu handeln."[7]

---

1   Ebers, Vorschläge für neue Ausgrabungen, in: Unsere Zeit (1880), H. IX, 404.

2   Ebers, Die Freilegung, in: Nord und Süd XXXIV (1885), 160-170.

3   Ebers, Der Bruder-Obelisk, in: AZ Nr.17 v.17.1.1880, Beil., 244. In einem ganz frühen Beitrag für eine illustrierte Zeitschrift, seinen "Reisebriefen aus Egypten" liefert Ebers 1863 eine Beschreibung der beiden Nadeln der Kleopatra noch in situ als "Frucht langer Betrachtung". Ebers war allerdings erstmals 1869 in Ägypten. Ebers, Reisebriefe aus Egypten, in: Über Land und Meer X (1863), 723-726.

4   Ebers, Die Freilegung, in: Nord und Süd XXXIV (1885), 163.

5   Ebers, Die Freilegung, in: Nord und Süd XXXIV (1885), 163.

6   Ebers, Die Freilegung, in: Nord und Süd XXXIV (1885), 161.

7   Ebers, Die Freilegung, in: Nord und Süd XXXIV (1885), 163.

Maspero versucht nach dem Vorbild Mariettes in Edfu, das moderne Luxor aus dem Tempel zu vertreiben. Ebers, der in persönlichen Briefen von Maspero über die Arbeit unterrichtet wird, findet auch hier deutliche Worte: "der eiserne Besen des begeisterten Alterthumsfreundes wird (...) die (...) Tempelparasiten aus dem entweihten Heiligthume fegen."[1] Der Widerstand ist heftiger, da in Luxor im Gegensatz zu Edfu einflußreiche Leute im Tempel wohnen. Eine Subscription Masperos in Frankreich und die ägyptische Regierung helfen mit Geld und gutem Willen. Die Engländer, die seit 1881 Ägypten beherrschen, zeigen sich desinteressiert. Gegen sie findet Ebers deutliche Worte, er bezeichnet ihre Okkupation als "Landplage (...). Niemals, seit dem Bestehen des Museums von Boulaq, ist so wenig für die Denkmäler und Ausgrabungen geschehen als seit der Schandtat von Alexandria[2] und der Herrschaft Albions über Aegypten."[3] Diese Aussage erhält besondere Aktualität im Hinblick auf die spätere Diskussion um den Bau des Assuanstaudammes und die Überflutung bedeutender Tempel. Ebers kündigt eine deutsche Subskription zur Unterstützung Masperos für die Befestigung des Ufers von Luxor an, damit der Tempel geschützt werden kann, sobald er freigelegt ist.

Für die auflagenstärkste und auch heute noch bekannteste Zeitschrift, die "Gartenlaube", schreibt Ebers 1886 eine Artikelserie über die spektakuläre Entdeckung der Cachette royale von Deir el-Bahari im Jahre 1881. Die "Gartenlaube" hatte ihre Leser erstmals 1884 in einem Artikel von Georg Schweinfurth über den Blumenschmuck der Mumien informiert. Die am 1.Juni 1886 erfolgende Auswicklung der Mumie Ramses' II. war Anlaß für den Aufsatz: **"Ein Friedhof ohne Gleichen und vierzig auferstandene Könige"**[4] in fünf Fortsetzungen 1886 mit zahreichen Abbildungen aus Wilk.Man., LD, Ebers, Aegypten in Bild und Wort. Ebers schreibt einleitend ausführlich über die westthebanische Topographie von Medinet Habu bis Deir el-Bahari mit ausführlicher Schilderung des Terrassentempels, der Begräbnis- und Jenseitsvorstellungen, königlicher und privater Grabdekoration, Geschichte der frühen 18.Dynastie und der weiteren bedeutenden Pharaonen des Neuen Reichs, deren Mumien später beschrieben werden. Die Schilderung des Treibens in der Nekropole lehnt sich eng an die entsprechenden Stellen der "Uarda" an. In Teil 5 kommt Ebers endlich zur Irrfahrt der Mumien, der Entdeckung der Cachette, Beschreibung von Versteck und Mumien und deren Verbringung nach Kairo. Der Schlußsatz macht das Dilemma zwischen Pietät und notwendigem Schutz vor Zerstörung, in dem sich die verantwortungsvollen Ägyptologen befanden, deutlich: "In dem neu eingerichteten Museum von Bulaq fanden die Königsleichen würdige Unterkunft. Da stehen sie jetzt als numerirte Museumsstücke, und welch seltsame Fügung des Schicksals! Dieselben Kronenträger, welche tiefe Schächte in harten Felsen getrieben hatten, um ihren sterblichen Resten ewige Ruhe zu

---

1 Ebers, Die Freilegung, in: Nord und Süd XXXIV (1885), 168.
2 Beschießung Alexandrias durch die englische Flotte 1881.
3 Ebers, Die Freilegung, in: Nord und Süd XXXIV (1885), 170.
4 Die Gartenlaube (1886), Nr.42, 748-750; Nr.43, 762-765; Nr.45, 794-797; Nr.46; 810-812; Nr.47, 829-831.

sichern und sie dem Blick und der Berührung der Ueberlebenden zu entziehen, müssen es sich nun gefallen lassen, daß ihre Mumien den neugierigen Blicken aller Welt preisgegeben werden, und daß Tausende von Fremden, deren bloße Nähe sie zu Lebzeiten verunreinigt hätte, sie mit den Händen betasten, sie öffnen und nach Willkür mit ihnen verfahren."[1]

"**Ein deutsches Institut für Orientalisten zu Kairo**"[2] ist ein äußerst geschickt angelegtes Schriftstück, in dem Ebers dem Deutschen Reichstag ein ägyptologisches Institut in Kairo schmackhaft machen will. Dieser hatte eben ein Seminar für orientalische Sprachen in Berlin bewilligt. Ebers meint zu dieser Gründung, "daß es sich nicht nur um die Förderung einer interessanten Wissenschaft, sondern um eminent praktische Dinge, die Befriedigung unabweisbar nothwendiger Bedürfnisse des Reichdienstes handelt"[3] - er denkt dabei an Dolmetscher, diplomatischen Dienst und die Handelsbeziehungen. Da man arabische Sprachen aber am besten in Ländern lernt, wo diese Sprachen lebendig sind - "Was der Studierende außerhalb des Seminars hört, wird nicht Arabisch sein, sondern gutes oder schlechtes Berliner Deutsch"[4] - hat Frankreich mit seinen Instituten in Algier und Kairo den Weg gewiesen, sowie das Deutsche Reich in Rom und Athen. Für ein deutsches Orient-Institut für Sprachen biete sich Kairo an. Fast beiläufig kommt Ebers dann auf sein Hauptanliegen: Dieses Institut würde "auch der rüstig fortschreitenden Aegyptologie unschätzbare Dienste leisten."[5] Ebers zitiert das französische Gutachten von 1881 zur Frage der französischen Gründung und schildert ausführlich die Vorteile für Arabisten, dann auch für Ägyptologen: Deutsche Ausgrabungen oder wenigstens Erwerbungen auf dem Markt würden gefördert werden, gerade jetzt seien bedeutende griechische und arabische Papyri aus dem Fajjum aufgetaucht, für deren Bearbeitung er seinen Schüler Wilcken aus Berlin vorschlägt; All das bringt Vorteile für das Berliner Museum. Das Institut soll fünf deutschen Orientalisten mit Jahresstipendium und fünf Eleven aus dem Berliner Seminar Unterkunft gewähren, mit Reiseetat, Bibliothek, Gästezimmern für Forscher ausgestattet sein und mit einem Jahresetat von 107800 Francs auskommen. Ebers vergißt auch nicht den Etatvorschlag von Maspero mit 161260 Francs, der nach einigem Tauziehen in voller Höhe bewilligt worden war, anzuführen. Ebers würde den Beitritt zum französischen Institut befürworten, wenn die Gründung Masperos Eigentum wäre, so aber ist in gegenwärtiger politischer Lage kein Zusammengehen mit Frankreich möglich. Ebers beabsichtigt aber auf dem nächsten Orientalistenkongreß in Stockholm ein Angebot für Zusammenar-

---

1 Ebers, Ein Friedhof, in: Die Gartenlaube (1886), 831. Auch über die nächste bedeutende Entdeckung, die sog. Priestercachette von Deir el-Bahari, die Grébaut 1891 machte, berichtet Ebers in zwei Beiträgen in der AZ. Diese sind jedoch nüchterne Bestandsaufnahmen, die zum größten Teil die Übersetzung eines Briefes vom 21.2.1892 von Grébaut an Maspero enthalten, der Ebers die Veröffentlichung gestattete mit einigen sachlichen Erläuterungen von Ebers. Ebers, Eine neue Entdeckung, in AZ Nr.57 v.26.2.1891, Beilage Nr.48, 1f. und Ebers, Das neuentdeckte Grab, in: AZ Nr.69 vom 10.3.1891, Beilage Nr.58, 1.

2 Ebers, Ein deutsches Institut, in: AZ Nr.143 vom 24.5.1887, Beilage, 2089-2091 und AZ Nr.144 vom 25.5.1887, Beilage, 2106-2108.

3 Ebers, Ein deutsches Institut, in: AZ Nr.143 vom 24.5.1887, Beilage, 2089.

4 Ebers, Ein deutsches Institut, in: AZ Nr.143 vom 24.5.1887, Beilage, 2089.

5 Ebers, Ein deutsches Institut, in: AZ Nr.143 vom 24.5.1887, Beilage, 2089.

beit etwa mit Österreich, Holland, der Schweiz oder Skandinavien vorzutragen. Dieser wissenschaftspolitische Aufsatz zeigt aber auch Ebers' klaren Blick für das Mögliche: "Wenn unser Vorschlag auch jetzt die Berücksichtigung, die wir ihm wünschen, nicht findet, (...) so sind wir doch fest überzeugt, daß einmal die Zeit kommen wird, in der sich außer zu Rom und Athen auch in Kairo ein wissenschaftliches Institut erheben wird, welches fleißigen deutschen Forschern dieselben günstigen Arbeitbedingungen gewährt, mit denen Frankreich seine Orientalisten schon längst beschenkte."[1] Noch hat die Ebers'sche Doppelstrategie über das Berliner Seminar einerseits, über das französische Vorbild andererseits, keinen Erfolg. 1907, genau 20 Jahre später, wird das "Kaiserlich Deutsche Institut für ägyptische Altertumskunde" in Kairo gegründet, mit dem Direktor L.Borchardt. Schon seit 1904 aber gibt es das Deutsche Haus in Theben als Geschenk Kaiser Wilhelms II.

Der Artikel von Ebers **"Maxence de Rochemonteix und die vollständige Auscopierung des Tempels von Edfu"**[2], eine Mischung aus Nachruf und Beschreibung des Tempels von Edfu, gibt Nachricht vom Vorhaben Masperos, die Abklatsche und Kopien, die der verstorbene Marquis de Rochemonteix[3] in zweijähriger Arbeit in Edfu angefertigt hatte und die sich in seinem Nachlaß und in der Bibiothèque Nationale befanden, herauszugeben.[4] Ebers will "die seinem Forschungsgebiete Fernstehenden mit dem zu früh zur Ruhe gekommenen rastlos und erfolgreich thätigen französischen Gelehrten und Masperos edlem Entschluß bekannt machen."[5]

Mit den Worten "Das Unglaubliche soll geschehen" leitet Ebers seinen **"Einspruch gegen die Zerstörung der Insel Philae"**[6] ein. Durch das seit der Mitte des 19.Jhs. rapide einsetzende Bevölkerungswachstum sah sich die ägyptische Regierung bzw. die englische Kolonialmacht gezwungen, eine Verbesserung der Wasserausnutzung der Nilüberschwemmung zu erreichen. Dazu sollte in Nubien ein großer Staudamm gebaut werden. Der Aufruf von Ebers richtet sich nun gegen das Staudammprojekt von Sir Benjamin Baker, der den Damm bei Assuan bauen will, so daß nicht nur die Insel Philae, sondern auch die Tempel von Debod, Tafa, Kalabscha, Dakke und Maharraqa versenkt werden würden. Auch gegen die Vernichtung des Lebensraums des nubischen Volkes richtet sich der Protest. Ebers wendet sich nicht gegen das Projekt an sich. Da die Studie der beiden Briten W.Willcocks (Generalinspektor der ägyptischen Wasserwerke) und W.Garstin (Unterstaatssekretär für öffentliche Bauten) aber noch drei weitere Standorte für den Damm nannte, befürwortet Ebers die

---

1 Ebers, Ein deutsches Institut, in: AZ Nr.144 vom 25.5.1887, Beilage, 2108
2 Ebers, Maxence de Rochemonteix, in: AZ Nr.154 vom 3.6.1892, Beilage Nr.129, 1f.
3 WwW ²1972, 250.
4 Der erste Band erscheint 1892 in Paris als: M.de Rochemonteix, Le Temple d'Edfou. Bei den späteren Bänden tritt Émile Chassinat als Herausgeber hinzu.
5 Ebers, Maxence de Rochemonteix, in: AZ Nr.154 vom 3.6.1892, Beilage Nr.129, 2.
6 Ebers, Einspruch gegen die Zerstörung, in: AZ Nr.176 vom 28.6.1894, Beilage Nr.146, 6.

zweitbeste Lösung eines Baus bei Kalabscha, die Philae unversehrt lassen sollte.[1] Die Befürworter des Assuan-Projekts schlagen eine Versetzung von Philae vor. Ebers sieht jedoch den "Zauber von Philae" nicht auf den Bauten allein beruhend, sondern "auch auf der Art und Weise, mit der die alten Baumeister den gegebenen Raum nutzten (...) und (...) auf der so schönen wie eigenartigen Landschaft, die sie als ein von keinem anderen zu ersetzender Rahmen umgibt. Mißklänge überall würden die köstliche Harmonie störend durchbrechen, die jetzt dem Aufenthalt auf Philae einen so unvergleichlichen Reiz verleiht."[2] Nachdem sich in England bedeutende Männer aus allen Gebieten des öffentlichen Lebens mit ihrer Unterschrift gegen das Bakersche Projekt gewandt hatten, fordert Ebers nun die deutsche Öffentlichkeit dazu auf, ihre Unterschriften an ihn zu senden.[3] Nach nur einem halben Jahr berichtet der zweite Artikel[4] vom "Erfolg" der Aktion. Das Protestschreiben, das auch Erman unterschrieben hatte, wurde über das Auswärtige Amt der ägyptischen Regierung zugeleitet, die sich, - auch die Franzosen hatten inzwischen protestiert - zu dem Kompromiß herbeiließ, den Damm 8 m niedriger zu bauen. "Das Erreichte ist immerhin erfreulich. Die Denkmäler auf Philae (...) bleiben erhalten und mit ihnen viele dem Untergang geweihte nubische Tempel. Die gefährdeten Theile des Eilands sollen durch Schutzmauern vor dem Andrang der Fluth sicher gestellt, die Umgebung Philae's und die weiter südlich gelegenen Nil-Ufer auf Kosten des Unternehmens genau untersucht und vermessen, die Gelehrten Europa's darüber befragt und einige ihrer Repräsentanten nach Aegypten berufen und dort zu Rathe gezogen werden. Das unter Wasser zu setzende Land gedenkt man diesem Schicksal erst zu unterwerfen, nachdem man sicher stellte, was es an Resten aus der Vorzeit in sich schließt und was sich davon auf seiner Oberfläche erhielt."[5] Ebers sieht aber die Gefahr, daß der jetzt reduzierte Damm durch einen weiteren ergänzt werden wird und ruft schon jetzt die Kinder und Enkel auf, "an unserer Stelle auf den Kampfplatz zu treten."[6] Die Zukunft sollte erweisen, wie Recht Ebers hatte: der Damm wurde gebaut (1898-1902), die überfluteten Teile jedoch nicht geschützt, der Damm schließlich 1912 und nochmals 1934 erhöht. Damit standen die Tempel die nächsten 60 Jahre im Wasser. Erst durch den Bau des zweiten Assuandammes wurde die Versetzung in Angriff genommen: 1974 wurde mit dem Abbruch begonnen, der Wiederaufbau an höherer Stelle wurde 1980 eröffnet, der "Zauber von Philae" ist jedoch unwiederbringlich verloren. Diese

---

1 Eine Untersuchung wert wäre die Stellung der französischen Antikendirektoren Grébaut, de Morgan und Maspero in dieser Angelegenheit.

2 Ebers, Einspruch gegen die Zerstörung, in: AZ Nr.176 vom 28.6.1894, Beilage Nr.146, 6.

3 Ebers wartet nicht nur auf Zuschriften, sondern wirbt aktiv, indem er auch seine persönlichen Beziehungen einsetzt. Die SBB bewahrt ein Antwortschreiben von Leopold, Prinz von Bayern auf, das sich offensichtlich auf die Philae-Angelegenheit bezieht. "Ihre weitere Anfrage, ob ich nicht meinen Namen unter den öffentlichen Protest setzen könnte, glaube ich dahin beantworten zu sollen, daß da ich leider weder Ägyptologe bin, noch auch Ingenieur von Fache, ich es nicht für günstig erachten kann, wenn mein Name unter den öffentlichen Protest zu stehen käme", Brief von Leopold von Bayern aus Hohenschwangau an Ebers vom 2.7[?].1894, SBB. In der Sache schließt sich Prinz Leopold jedoch dem Protest an.

4 Ebers, Die Entscheidung, in: AZ Nr.342 vom 11.12.1894, Beilage Nr.285, 1-3.

5 Ebers, Die Entscheidung, in: AZ Nr.342 vom 11.12.1894, Beilage Nr.285, 3.

6 Ebers, Die Entscheidung, in: AZ Nr.342 vom 11.12.1894, Beilage Nr.285, 3.

Diskussion zum Thema Zerstörung durch den Fortschritt wird in unserer Zeit gesteigert noch einmal geführt werden beim Bau des neuen Dammes 1960-71, und noch einmal werden die Maßnahmen eines schnellen survey durchgeführt.

Im letzten Jahrzehnt des 19.Jhs. herrschte eine rege Grabungstätigkeit in Ägypten. Doch erhoben sich immer wieder Klagen in der Öffentlichkeit, daß deutsche Namen bei den Grabungen und Publikationen fehlten. Ebers antwortet darauf in seinem Artikel **"Die Ausgrabungen in Aegypten und die deutsche Aegyptologie"**[1], in dem er dem Ausgrabungsboom in Ägypten sehr skeptisch gegenübersteht. Ebers nennt allein für die Nekropole von Memphis in Jahre 1894 20.000 Grabungen, bzw. "Schürfungen" und spricht von einer regelrechten "Raubwirtschaft"![2] Gräber werden hastig ausgeräumt, die Knochen verstreut, Ebers fordert Pietät: "Mag diese Rücksicht sentimental nennen, wer will; mir erscheint sie nur menschlich."[3] Er verweist auf den offenen Brief von Schweinfurth in der AeZ 1895, zu dem er in Sphinx I (1897) nochmals ausführlich vor den Fachgenossen Stellung nehmen wird[4], nimmt die Ausgrabungen von Petrie, de Morgan[5] und Naville ausdrücklich aus und verlangt mit Schweinfurth und Erman strenge Auslese bei der Erteilung von Genehmigungen, "volle Sicherheit für die genaueste Beobachtung und Aufnahme aller Funde - auch der unscheinbaren - und für die baldige und eingehende Veröffentlichung der Ausgrabungen."[6] Es sei an der Zeit, die vorliegenden Denkmäler zu sichten und zu dokumentieren, Ebers erinnert an seine Forderung von 1887, ein "Deutsches Institut für Orientalisten"[7] in Kairo nach dem Vorbild der "Mission archéologique française" zu errichten. Noch fehle der deutschen Ägyptologie ein solcher Kristallisationspunkt. Jedoch "sind die Deutschen es, die der ägyptologischen Forschung die Methode vorschreiben, der sie gegenwärtig folgt, und die ihr erst voll und ganz das Recht verleiht, sich eine Wissenschaft zu nennen."[8] Ebers zählt stolz die deutschen Leistungen auf dem Gebiet der Philologie mit der Entdeckung der Differenziertheit der Sprachstufen durch Erman, die Nachschlagewerke und Grammatiken (Brugsch, Erman, Stern, Steindorff), die Kulturgeschichte mit Ermans "Aegypten und aegyptisches Leben", die den diachronen Wandel auch in die Kultur einführt. Auch die Gebiete der Geographie, der Papyrologie (W.M.Müller, Wilcken), werden von Deutschen beherrscht und die bedeutendste Fachzeitschrift erscheint in Deutschland. Ebers überläßt ohne Bedauern die "Maulwurfs-

---

1 Ebers, Die Ausgrabungen, in: Deutsche Revue XX/4 (1895), 83-93.

2 Ebers, Die Ausgrabungen, in: Deutsche Revue XX/4 (1895), 92.

3 Ebers, Die Ausgrabungen, in: Deutsche Revue XX/4 (1895), 85.

4 Siehe unten 205f.

5 Über J.de Morgans Funde in Dahschur im "März dieses Jahres" berichtet Ebers, Aus Alt-Aegypten, II. in: Über Land und Meer LXXII (1894), mit Beschreibung des Schmuckes, besonders des Pektorales Sesostris' III. (zur Abb.), 942.

6 Ebers, Die Ausgrabungen, in: Deutsche Revue XX/4 (1895), 87.

7 Siehe oben 23f.

8 Ebers, Die Ausgrabungen, in: Deutsche Revue XX/4 (1895), 89.

arbeit"[1] den anderen, Publikationen von Denkmälern aus Ägypten sollen jedoch verstärkt von den Deutschen betrieben werden, damit der deutsche Ägyptologe nicht zu einem "Stubengelehrten"[2] würde. Hier ist ein erstes Abrücken von einem sammelwütigen Positivismus zu erkennen.

II. 1. 2. Landeskunde. Verständnis wecken für Ägypten. Oder: "Hab ich ... manches irrthümliche Vorurtheil abzubitten."[3]

Die ersten "ägyptischen" Artikel überhaupt sind die Serie der drei **"Reisebriefe aus Egypten"**[4] (1863) des jungen Gelehrten, der im Vorjahr im März promoviert worden war und im Mai seine Privatdozentenstelle in Jena angetreten hatte. Sicher ist dies die Frucht seiner Begegnung mit dem Verleger Eduard Hallberger im Sommer 1863 in Wildbad. Die Artikel erscheinen Juni bis August, es sind Reiseberichte in der Ich-Form: Geschildert wird die Landung in Alexandria, die Besichtigung der Stadt, die Fahrt nach Kairo, der Besuch der Pyramiden, die Feier des Weihnachtsfestes - der Erzähler bedauert, daß seine als Weihnachtsbaum aufgeputzte Pinie im Hotelzimmer weniger originell sei als Lepsius' "Weihnachtspalme" im Sarkophag des Cheops in der Sargkammer der großen Pyramide -, die Anmietung einer Dahabije und deren Ausstattung mit Vorräten, die Abfahrt gen Süden an Sylvester, der Besuch von Saqqara mit den Mastabas mit ihren lebendigen Reliefs des tägliche Lebens - leider ist Mariette nicht anwesend - und von Mitrahine. Hier brechen die Briefe ab, es bleibt unklar, warum keine Fortsetzung erscheint. Obwohl diese Briefe nur mit "Georg Moritz" gezeichnet sind und Ebers erst Jahre später Ägypten besucht, besteht doch kein Zweifel, daß sie von Ebers stammen, der sich durch originelle Gedanken oder Vergleiche, die Berufung auf Lepsius und manches ausweist, was sich noch im 1878/79 erschienenen "Ägypten in Bild und Wort", der Frucht zweier Ägyptenreisen, finden wird. Wenn man bedenkt, daß diese Reise vollständig erfunden ist, so ist schwer zu entscheiden, was mehr zu bewundern ist, die detaillierte Fabulierfreude bei der Schilderung der Reisegesellschaft[5], oder die minutiösen, zutreffenden Beschreibungen des modernen Ägypten und seiner alten und neuen Bauwerke. Es ist dies wohl ein Gegenstück zu dem eben entstandenen Roman aus dem alten Ägypten, der "Königstochter". Der Erzähler verdankt vieles den Reiseberichten von Lepsius, B.Taylor und B.Goltz, aus denen er zitiert. Nur einmal scheint dem Erzähler der Ablauf

---

1 Ebers, Die Ausgrabungen, in: Deutsche Revue XX/4 (1895), 92.

2 Ebers, Die Ausgrabungen, in: Deutsche Revue XX/4 (1895), 93.

3 Ebers, Mein Grab, in: Nord und Süd IV (1878), 30.

4 Ebers, Reisebriefe aus Egypten, in: Über Land und Meer, X (1863), H.37, 588-590; H.41, 643f.; H.46, 723-726.

5 Der Autor trifft zufällig auf der Spitze der Cheopspyramide einen Landsmann aus Berlin, mit dem er dann die Reise fortsetzt. Es handelt sich um den (fiktionalen?) Dr.Bayer, Augenarzt, der zum Studium der "epidemisch-contigösen Augenblennorrhöe" in Ägypten weile.

verwirrt worden zu sein: Zwischen den Besuchen von Serapeum und Mitrahine beschreibt er den großen Sphinx von Gizeh.

Auch in **"Der Kanal von Suez"**[1] (1865) vermischen sich Ägyptologisches und Länderkundliches. Da ist zuerst eine Beschreibung der Geschichte des Kanals von Sethos I. bis Napoleon, dann folgt eine vehemente Stellungnahme zugunsten der Neuanlage, d.h. des Fortschrittes. Bemerkenswert ist, daß Ebers wohl als erster die berühmte Abbildung der Rückkehr Sethos' I. nach Ägypten aus Karnak[2] als "Suezkanal" in die Ägyptologie einführt. Diese Darstellung benützt er als bis in tiefste Urzeiten hinabreichende Absicherung eines modernen technischen Unternehmens - der Bau des modernen Kanals war eben, nicht unumstritten und von heftigen politischen Turbulenzen begleitet, im Gange. Ebers weist die Einwände im Namen des Fortschrittes, "im Namen des der ganzen Kultur winkenden Aufschwungs"[3] zurück. Auch hier werden wieder antienglische Ressentiments spürbar. Der Ägyptologe greift in eine aktuelle, politisch brisante Diskussion ein, indem er den Fortschritt propagiert und ihn durch die Vergangenheit legitimiert: was diese begonnen (Sethos I., Ramses II., Necho), vollendet die Gegenwart: "Und diese Ansicht [vom ungeheuren Nutzen des Kanals für den Welthandel] stammt nicht etwa von gestern oder heute, sie hat vielmehr ein ebenso hohes Alter, als das erste Blatt, welches von dem Buche der Weltgeschichte bis auf uns gekommen ist."[4] Als der Aufsatz erscheint, ist der Erfolg des Unternehmens noch keineswegs gesichert. Der Kanal jedoch sollte eine Konstante in Ebers' Leben, Werk und Denken bleiben: Zeugnis seiner Graecozentrie, indem er als Gewährsmann Herodot anführt; seiner bibelwissenschaftlichen Ausrichtung, indem er die Juden Fronarbeit am Kanal leisten läßt. Auch biographisch ist Ebers mit dem Kanal verknüpft: Er wird an den Einweihungsfeierlichkeiten teilnehmen, und der Aufsatz wird von Ebers zusammen mit der "Königstochter" dem Gesuch um die Habilitation in Jena 1865 beigefügt.[5] Poetisch wird die "Rückkehrszene", auf der der altägyptische "Suezkanal" zu sehen ist, in der "Uarda" - übrigens auf Ramses II. übertragen - verarbeitet werden.

"Mein Grab in Theben" (1878)[6] ist ein Bericht von Ebers' zweiter Reise,[7] seiner Wohnung im Grab in Qurna, der Entdeckung der Amenemheb-Inschrift, in erster Linie aber ein Stimmungsbild von Land und Leuten in Theben-West: eine einfühlsame Schilderung der einfachen Menschen von Qurna, die dem flüchtigen Reisenden "mit dem rothen Buch unter dem Arm"[8] nur als lästig oder gar abstoßend

---

1 Ebers, Der Kanal, in: Über Land und Meer XIV (1865), H.51, 811-814 und H.52, 828-830.

2 Hypostyl, Nordwand außen, LD III.Bl.128 b: "Theben. Karnak. Großer Tempel. Nördliche Außenwand."

3 Ebers, Der Kanal, in: Über Land und Meer XIV (1865), 812.

4 Ebers, Der Kanal, in: Über Land und Meer XIV (1865), 811.

5 Siehe unten 127f.

6 Ebers, Mein Grab, in: Nord und Süd IV (1878), 23-41.

7 Siehe 251-260.

8 Ebers, Mein Grab, in: Nord und Süd IV (1878), 30. Die Assoziation geht wohl auf einen "Baedeker" allgemein. Der zuständige Baedeker "Ober-Ägypten und Nubien" wird erst 1891 erscheinen.

erscheinen, besonders wegen der aufdringlichen Bakschisch-Sitte, die bei vielen Reisenden das Bild des Landes negativ prägt.[1] Ebers erklärt diese Sitte wohlwollend als profanen Gruß an den Ungläubigen, dem die frommen Grüße der Muslime untereinander vorenthalten werden müssen.[2] Die Menschen von Qurna werden jedoch in jedem, der sie näher kennenlernt "wenig andere als freundliche Erinnerungen" zurücklassen.[3] Der Zeitmangel läßt dem Reisenden kaum Möglichkeit, die ägyptischen Menschen wirklich zu begreifen: "Zu vielen von ihnen bin ich in Beziehung getreten, und nun ich sie kenne, hab' ich ihnen manches irrthümliche Vorurtheil abzubitten."[4]

II. 1. 3. PHILOLOGIE

Der erste Bericht von Ebers über seinen Papyrus erscheint in einer Zeitung: **"Papyros Ebers. Das Buch vom Bereiten der Arzneien für alle Körpertheile von Personen."**[5] Der Beginn des Artikels ist von Ebers noch ohne Hilfsmittel in Ägypten auf dem Nilboot verfaßt, dann in ägyptischen und in italienischen Gasthäusern, wie Ebers betont. Es ist ein aktueller Bericht über die abenteuerlichen Umstände der Erwerbung, eine Beschreibung und Datierung - hier erkennt Ebers spontan die richtige Lesung der Kartusche des Kalenders als "Ra-Ser-Ka" (= *Dsr-Ka-Ra*; Amenophis I.), eine Lesung, die er später korrigieren wird.[6] Es folgen Gedanken über den Autor, eine Übersetzung der ersten Kolumne und eine Inhaltsangabe der folgenden Abschnitte (Innere Leiden; Krankheiten von Auge und Kopf und an den Körperteilen; Frauenleiden; Hygiene im Haus; Physiologie). Ebers spricht die Schwierigkeiten an, die die vielen unbekannten Begriffe und die fremde magische Vorstellungwelt einer Übersetzung bereiten werden. Indem "unsere weit vorgeschrittene Physiologie, Pathologie und Therapie von zum Theil höchst sonderbaren Beschreibungen und Verordnungen des priesterlichen Arztes wenig zu gewinnen haben" möchte[7], wird der Hauptgewinn in der lexikalischen Erweiterung des Ägyptischen und einem Beitrag zur Geschichte der Medizin liegen.

---

1 "Der Botaniker Prof.Paul Ascherson (...) sagt, der Ausruf »Bachschîsch« sei eine Reflexbewegung der Sprechwerkzeuge des Aegypters, welche ausgelöst werde, sobald er einen Europäer, besonders einen Engländer, zu sehen bekomme", Ebers, Mein Grab, in: Nord und Süd IV (1878), 30.

2 Ebers, Mein Grab, in: Nord und Süd IV (1878), 31.

3 Ebers, Mein Grab, in: Nord und Süd IV (1878), 36.

4 Ebers, Mein Grab, in: Nord und Süd IV (1878), 30.

5 Ebers, Papyros Ebers, in: AZ Nr.114 v.24.4.1873, Beil. 1729f.

6 Siehe unten 195f.

7 Ebers, Papyros Ebers, in: AZ Nr.114 v.24.4.1873, Beil. 1729

Im Mai erscheint eine **Notiz** in der AZ[1], die mitteilt, daß der König den Papyrus gekauft und der Leipziger Universitätsbibliothek überlassen habe. "Deutschland ist dem König von Sachsen (...) zu Dank verpflichtet, daß er diesen Schatz den gewöhnlichen Weg, der kostbaren Denkmäler des Alterthums, d.h. über das Meer nach England zu gehen, verhinderte und ihn dem Vaterland erhalten hat."[2] Erst im November wird der Artikel in der AeZ, dem Fachorgan der Ägyptologie[3] erscheinen und 1875 die zweibändige Faksimileausgabe mit Kommentar.

Der pHarris 500 (London, BM 10060) enthält das "Märchen vom verwunschenen Prinzen". Schon 1874 war eine ersten Übersetzung von Goodwin[4], 1877 eine von Maspero erschienen.[5] Da der Schluß verloren ist, interessierte das Ende, wobei beide einen tragischen Ausgang annehmen.[6] Hier nützt Ebers die Gelegenheit, sich als Ägyptologe und Erzähler zu profilieren, indem er den vorhandenen Text übersetzt und das Märchen zu Ende erzählt. In seinem Beitrag: **"Das alte ägyptische Märchen vom verwunschenen Prinzen"**[7] (1881) erkennt Ebers den für die Fortsetzung wichtigen Kernsatz: Die Frau sagt: "Siehe dein Gott hat eines von den Verhängnissen, welche dir drohen, in deine Hand gegeben, und auch (die anderen) wird er dir schenken."[8] Ebers' Fortsetzung, ebenso umfangreich wie das Erhaltene[9], ist deutlich an das Zwei-Brüder-Märchen angelehnt: Hier wie dort greifen die Götter ein, die Erschaffung einer Frau für Bata entspricht der Wiedererweckung der verstorbenen Frau des Prinzen, der Wiedererweckung des Bata die Wiedergenesung des (scheintoten) Prinzen u.s.w. Das Streben nach Geschlossenheit, das die Romane Ebers' auszeichnet, ist auch hier vorhanden: die Schicksale von Nebenpersonen und Nebenhandlungen werden zu Ende gebracht (z.B. der König von Naharina; Ende des Hundes).

---

1   o.Autor (wahrscheinlich: Ebers), Leipzig (Papyros Ebers), in: AZ Nr.127 v.7.5.1873, Beil.1940.

2   o.Autor (wahrscheinlich: Ebers), Leipzig (Papyros Ebers), in: AZ Nr.127 v.7.5.1873, Beil.1940.

3   Die Chronologie geht schon aus dem Titel dieses Aufsatzes hervor: Papyrus Ebers. Das jüngst der Leipziger Universitätsbibliothek einverleibte Buch vom »Bereiten der Arzneien für alle Körperteile von Personen«.

4   Goodwin, Translation of an Egyptian Fabulous Tale.

5   Maspero, Le Conte du Prince prédestiné. Später nochmals in: Contes Égyptiens und: Les Contes populaires. Maspero gab dem Text den gebräuchlichen Titel.

6   Maspero, Le Conte du Prince prédestiné, 260: "La fin du récit n'est pas difficile à restituer." Maspero schlägt als Fortsetzung vor: Der Prinz besiegt das Krokodil, der Hund aber erfüllt dann die Prophezeiung. Goodwin: "one cannot help guessing, that after all the faithful dog will be the cause of his death", Goodwin, Translation of an Egyptian Fabulous Tale, 351.

7   Ebers, Das alte ägyptische Märchen vom verwunschenen Prinzen. Nacherzählt und zu Ende geführt, in: Westermanns deutsche illustrirte Monatshefte LI (1881) Bd.81/82, 96-103.

8   Ebers, Das alte ägyptische Märchen, in: Westermanns deutsche illustrirte Monatshefte LI Bd.81/82, 99. Ausdrücklich als Kernaussage für die Fortsetzung bezeichnet: 100. Ebers läßt diesen Satz nach der Vernichtung des zweiten Unheils (Krokodil) von der Frau wörtlich wiederholen, 100.

9   Schon Goodwin hatte aus der Geschwindigkeit des Erzählablaufs des erhaltenen Teils auf einen etwa gleich großen Fortsetzungsteil geschlossen, der nötig wäre, die Handlung zu Ende zu führen.

Die Gattung Märchen bleibt immer ein besonderes Anliegen von Ebers. 1885 schreibt er einen Beitrag für den Sammelband: "Orientalische Märchenwelt" von Michael, C.[1]; 1890 erscheint in: "Über Land und Meer" ein Artikel über das Märchen als Erziehungsmittel und Kinderlektüre als Gegengewicht gegen die zunehmende Rationalisierung von Unterricht und Erziehung - Wissenschaft und Verstand gegen Gefühl und Herz.[2] Im selben Jahr erscheinen auch "Drei Märchen für Jung und Alt"[3] und 1890 übersetzt er **"Das altägyptische Märchen von den beiden Brüdern, ein Beitrag zur Geschichte des Volksmärchens."**[4] Der Artikel enthält eine Einleitung und dann die Übersetzung des pD'Orbiney. Das einleitende Motiv von der Verführung sieht Ebers in vielen Literaturen vorhanden, weshalb eine Beeinflussung durch die biblischen Josephs-Geschichte, die von manchen Gelehrten damals angenommen wurde, nicht gegeben sei. "Die hebräische Behandlung derselben kennt Jedermann und wer sie mit der ägyptischen vergleicht, wird uns sicherlich beipflichten, wenn wir die letztere für die schlichtere und volksthümlichere, und darum wohl auch (...) für die ältere erklären."[5] Das Bemerkenswerte an der Veröffentlichung[6], dem "heutigen Stand der Wissenschaft entsprechend"[7], etwa gegenüber Masperos "Contes Égyptiens" (1882), ist wohl eher das Erscheinen an einem populäreren Ort.

In **"Die Literatur der alten Aegypter"**[8] überträgt Ebers seine Idee, die er von der ägyptischen Kunst allgemein an verschiedenen Orten vertritt, auf die Literatur. Die Ägypter sind große Erfinder und Entdecker: "Sicherlich dankt die Welt keinem anderen Volke so viel neues wie den Aegyptern. Auf den meisten Gebieten der Kunst und des Wissens durften sie sich als Erfinder und Entdecker bewähren."[9] Doch bleiben sie auf dem - frühen - einmal erreichten Punkt stehen, was Erstarrung auf allen Gebieten bedingt. Ebers erklärt dies einerseits mit der Furcht vor Rückschritt, andererseits mit der abgeschlossenen Natur des Landes, die ewige, zyklische Abläufe beinhaltet. Dies ist Ausdruck des alten Stands der Wissenschaft, die sich jetzt allmählich daran macht, die dia- und synchrone Differenziertheit aller altägyptischen Kulturäußerungen zu entdecken und die ihre Maßstäbe immer noch aus der klassischen Antike gewinnt. In der vermeintlich widersprüchlichen Religion sieht Ebers

---

1 Pseudonym für: Marianne Wolf. Leipzig 1885. 2.Auflage 1892. Das Buch ist nicht mehr greifbar.

2 Ebers, Ein Wort für das Märchen, in: Über Land und Meer LXIV (1890), H.39, 783-86 und H.40, 811-815.

3 Die Nüsse, ein Weihnachtsmärchen; Das Elixier; Die graue Locke, Band XXI der Ges.Werke. Es handelt sich um drei Kunstmärchen, Erfindungen von Ebers.

4 Nord und Süd LIV (1890), H.160, 72-86.

5 Ebers, Das altägyptische Märchen, in: Nord und Süd LIV (1890), H.160, 74.

6 Ebers schreibt, daß er den ersten Teil des Märchens schon 1868 einmal veröffentlicht habe, Ebers, Das altägyptische Märchen, in: Nord und Süd LIV (1890), H.160, 75. Der Nachweis ist nicht gelungen - es wäre dies die erste Beschäftigung Ebers' mit dem Märchen. Der Schreiber des Zwei-Brüder-Märchens Enana tritt in Ebers' "Uarda" als Freund des Prinzen Rameri, einer der Hauptpersonen des Romans, auf.

7 Ebers, Das altägyptische Märchen, in: Nord und Süd LIV (1890), H.160, 75.

8 Ebers, Die Literatur, in: Deutsche Revue XXIV (1895), 24-34 und 141-155.

9 Ebers, Die Literatur, in: Deutsche Revue XXIV (1895), 24.

rivalisierende topographische Varianten ebenso am Werk wie diachrone Entwicklungen. Das Hauptstück der Literatur ist das Totenbuch, der Ausdruck der alles durchdringenden Religion. Ägyptische Jenseitsvorstellungen, die Ebers ausführlich referiert, bedingen eine materielle Vorsorge im Diesseits für das Weiterleben, besitzen also einen elitären Charakter, der die mittellose Mehrheit ausschließt. Die "Härte dieser Unsterblichkeitslehre"[1] trieb den gemeinen Mann später in die Arme des Christentums, das diesem genau das versprechen konnte, was die alte Religion ihm vorenthielt.

II. 1. 4. REZENSIONEN

Eine Besprechung aller Rezensionen - auch nur der ägyptologischen - wäre additiv, denn viele der rezensierten Autoren waren schon damals nicht auf der Höhe der Zeit[2] und sind samt ihrer Werke vergessen und haben nicht einmal wissenschaftsgeschichtliche Bedeutung. Deshalb scheint eine Beschränkung auf berühmte, wissenschaftsgeschichtlich bedeutende Werke heute noch bekannter Autoren wie Meyer, de Morgan, Erman, Brugsch sinnvoll. Ebers bespricht dabei Werke, die er in größeren Zusammenhang stellt (de Morgans Catalogue) oder denen er ein breiteres Publikum wünscht auch als Anreiz, das Werk zu kaufen (Erman).[3]

In "Aegyptische Kunstgeschichte"[4] bespricht Ebers die deutsche Ausgabe von Masperos "L'Archéologie Égyptienne" (1887), von G.Steindorff als "Aegyptische Kunstgeschichte", Leipzig 1889, übersetzt. Sie kann die vorzügliche, aber für einen wissbegierigen Laien zu umfangreiche Kunstgeschichte von Perrot und Chipiez aus dem Jahre 1881, Übersetzung 1882[5] und Ermans Kulturgeschichte (1885) ergänzen. "In seiner für ein größeres Publikum berechneten Kunstgeschichte aber zeigt er [Maspero] in mustergültiger Weise, wie man, ohne auch nur einen Schritt vom Pfade wissenschaftlicher Zuverlässigkeit abzuweichen, einen spröden Stoff dem gesammten Kreise der

---

1   Ebers, Die Literatur, in: Deutsche Revue XXIV (1895), 34.

2   Ebers kann hier sehr deutlich werden. Z.B. bei Ludwig Laistner, Das Räthsel der Sphinx, 2 Bde., Berlin 1889, wird rezensiert: Ebers, Das Räthsel der Sphinx, in: AZ Nr.176 vom 27.7.1890, Beilage Nr.147, 1f. Laister sieht den Ursprung von Sagen und Mythen im Alptraum. Bolko Stern, Aegyptische Culturgeschichte, Bd. I. Alterthum, Magdeburg 1896, wird rezensiert in: Ebers, Eine neue ägyptische Culturgeschichte, in: AZ o.Nr.vom 10.2.1897, Beilage Nr.32, 6. Ebers hält das Werk des Nichtägyptologen für überflüssig, da es Maspero, Meyer, Perrot-Chipiez und Erman - von dem Stern eifrig abgeschrieben hat - gibt.

3   Manche Rezensionen gehen über den Rahmen der traditionellen Buchbesprechungen hinaus, indem sie eine selbständige Darstellung des Themas, das durch das Buch vorgegeben war, darstellen. Z.B. 1892 "Die Kunst in den Athosklöstern" als Rezension von Heinrich Brockhaus' "Die Kunst der Athosklöster", Leipzig 1891, wo Ebers nach einer stimmungsvollen Beschreibung des Athos erst nach mehreren Spalten das zu rezensierende Buch erwähnt.

4   Ebers, Aegyptische Kunstgeschichte, in: AZ Nr.319 vom 17.11.1890, Beilage Nr.269, 2 f. Fachliche Rezension in: Lit.Centralbl.(1889), Sp.37 mit detaillierten Einwänden.

5   Siehe unten 152f.

Gebildeten (...) verständlich und genießbar machen kann."[1] Zur Situation der Kunstgeschichtsschreibung - inauguriert in Frankreich - in der 2.Hälfte des 19.Jhs. gibt diese Rezension interessante Hinweise. Ebers empfiehlt die deutsche, von G.Steindorff besorgte Ausgabe.

In **"Studien über die Mythologie der Aegypter"**[2], Ebers' umfangreichster Rezension, behandelt er Masperos "Études de Mythologie et d'Archéologie Égyptiennes", Paris 1893, einen Sammelband verstreuter und schwer zugänglicher Aufsätze und Monographien Masperos. Die Idee des Urmontheismus, die Ebers und die Ägyptologie noch in den 70iger Jahren vertreten hatten, ist inzwischen überholt; d.h. die idealistische Gottesauffassung, der noch Brugsch in seiner "Religion und Mythologie" (1885/88) und Strauß und Torney in "Die ägyptischen Götter und Göttersagen" (1889) - beide Werke waren von Ebers rezensiert worden[3] - gehuldigt hatte, wird abgelöst durch die Idee, daß Fetischismus und Tierkult (der sich erst später anthropomorphisiert hat) ursprünglich und grundlegend sind. Eben diese Idee hatte schon Pietschmann, ein Schüler von Ebers, als Wurzel des ägyptischen Götterglaubens postuliert. Ebers empfindet es als schmerzhaft, den "hohen Ruf der Geistestiefe und der religiösen Elevation der ägyptischen Priesterschaft"[4] zu erschüttern. Die monotheistischen Züge werden jetzt als "Lehrmeinungen späterer fortgeschrittener Schulen"[5] betrachtet. Nach diesen grundsätzlichen Ausführungen erklärt Ebers im zweiten Teil in Anlehnung an Maspero Wesen und Begriff des Ka, Masperos "le double", eine Unterteilung der Seele bei den Ägyptern ähnlich wie bei den griechischen Philosophen: "Diejenigen Existenzformen, in die wir das, was wir den unsterblichen Theil des Menschen nennen würden, bei den Aegyptern zerfallen sehen, sind, außer dem Ka, die Seele (ba), das Herz (ab), der Schatten (srit), der Leuchtende oder Lichtgeist (chu), der Name (ren) und das abayt genannte, dem Schatten nah verwandte (...) Etwas. Der Ka steht an der Spitze."[6] Ebers lobt in Maspero die Fähigkeit der Franzosen, eine schwierige Materie anregend und liebenswürdig darzustellen, so daß die Lektüre auch dem Laien Vergnügen bereitet.

1894 war der erste Band eines geplanten Monumentalwerkes, "Catalogue des monuments et inscriptions de l'Égypte antique", das J.de Morgan mit U.Bouriant, G.Legrain, G.Jéquier und A.Barsanti als Mitarbeitern und mit dem Vizekönig Abbas II. Hilmy als Mäzen herausgibt, erschienen. Es sollte

---

1   Ebers, Aegyptische Kunstgeschichte, in: AZ Nr.319 vom 17.11.1890, Beilage Nr.269, 3.

2   Ebers, Studien über die Mythologie, in: AZ Nr.184 vom 5.7.1893, Beilage Nr.152, 1-5 und AZ Nr.185 vom 6.7.1893, Beilage Nr.153, 1-4.

3   Ebers, "Altägyptische Götterlehren" in: AZ o.Nr. vom 19.2.1889, Beilage Nr.50, 737f. und AZ o.Nr. vom 20.2.1889, Beilage Nr.51, 754f. über Brugsch, Religion und Mythologie der alten Aegypter, Leipzig 1885-1888 und Victor von Strauß und Torney, Die ägyptischen Götter und Göttersagen, Heidelberg 1889. Ebers findet deutliche Worte gegen letztes: Er betont zwar, daß der Autor kein Dilettant sei, fleißig gesammelt habe, aber, "was fehlt, ist das Fundament." Ebers, Altägyptische Götterlehren, AZ o.Nr. vom 20.2.1889, Beilage Nr.51, 755.

4   Ebers, Studien über die Mythologie, in: AZ Nr.184 vom 5.7.1893, Beilage Nr.152, 2.

5   Ebers, Studien über die Mythologie, in: AZ Nr.184 vom 5.7.1893, Beilage Nr.152, 2.

6   Ebers, Studien über die Mythologie, in: AZ Nr.185 vom 6.7.1893, Beilage Nr.153, 1.

alle pharaonischen "Immobilien" von der Prähistorie bis zum Verschwinden der altägyptischen Kultur in der byzantinischen Zeit in Ägypten, Nubien, Sudan, Libyen, den Oasen und auf dem Sinai und Asien mit Plänen und Grundrissen dokumentieren. Alle Inschriften sollten kopiert, die wichtigsten als Fotos wiedergegeben werden, die Abbildungen teilweise koloriert. Ebers versteht das Unternehmen in einem größeren Zusammenhang als Wiedergutmachung: **"Wie das neue Aegypten gut macht, was es an dem alten verschuldet."**[1] Die Einleitung ist eine Klage über die Zerstörung der Denkmäler von der Antike bis in die Gegenwart. Besonders Reisende beschädigen durch Unverstand (Fackeln) und Mutwillen (Souvenirs und Einritzungen) die Denkmäler, aber auch die Natur gefährdet sie durch ungewöhnlich hohe Überschwemmungen (Kom Ombo, Karnak 1869), die Regierung durch Gleichgültigkeit und Unverstand (Philae). Als Wiedergutmachung kann das neue Werk gelten. Ebers bejaht die Notwendigkeit des Unternehmens obwohl ja von Teilen schon gültige Veröffentlichungen vorlägen (LD), da es wegen des handlichen Formats (im Gegensatz zu LD) als Reisenachschlagewerk Verwendung finden könne. Was immer noch Mensch und Natur in Ägypten zerstören mögen, "wir werden es ruhiger mit ansehen können, sobald der »Catalogue« vollendet vorliegt - das großartige Geschenk, welches das neue Aegypten, sein junger, auch höheren Interessen zugewandter Beherrscher und sein thatkräftiger Berather auf diesem Gebiete, Mr.de Morgan, dem alten darzubringen unternehmen. Möge seine Vollendung nicht an jenen »unerwarteten Hindernissen« scheitern, die nirgends leichter eintreten, als in dem an Wundern und Ueberraschungen so reichen Aegypten."[2] Daß Ebers' Befürchtung nicht unbegründet war, zeigt sich daran, daß das Unternehmen, das alles bisher Dagewesene in den Schatten gestellt hätte, nach drei Bänden im Jahre 1909 wieder eingestellt wird.

Ebers' Rezension **"Gespräch eines Lebensmüden mit seiner Seele"**[3] von Ermans Buch selben Titels, zuerst in den APAW 1896, dann im gleichen Jahr auch gesondert erschienen, gehört zu den Ebers'schen Artikeln, die den Zweck der Rezension hinter sich lassen, sich zu einer unabhängigen Bearbeitung des Themas ausweiten und den Zweck einer Werbung kaum verhehlen, da der Text als "wichtige Bereicherung der Weltliteratur (...) weit über die Kreise der Aegyptologen hinaus bekannt zu werden verdient."[4] Eine Beschreibung des pBerlin 3034, eine allgemeine Einleitung, die auch das Verdienst Ermans und seiner Schule bei der Erforschung der Sprache allgemein hervorhebt, die Antinomie von Daseins- und Festfreude[5] und Lebensverachtung, die bis ins hellenistische Alexandrien weiterwirkt. Auch hier darf der Bezug zur Bibel nicht fehlen: die Beeinflussung des biblischen Hiob bliebe noch zu untersuchen. Anläßlich der ausführlichen Inhaltsangabe des Gespräches hebt Ebers die

---

1   In: AZ Nr.88 vom 29.3.1895, Beilage Nr.74, 2-6.

2   Ebers, Wie das neue Aegypten gut macht, in: AZ Nr.88 vom 29.3.1895, Beilage Nr.74, 6.

3   Ebers, Gespräch eines Lebensmüden, in: AZ o.Nr.vom 24.8.1897, Beilage Nr.189, 1-3.

4   Ebers, Gespräch eines Lebensmüden, in: AZ o.Nr.vom 24.8.1897, Beilage Nr.189, 1.

5   Ebers zitiert hier seine Übersetzung des Harfnerlieds aus dem Grab des Neferhotep aus: Uarda II, 1893, 197f.

merkwürdig vertauschten Rollen von Leib und Seele hervor: Der Leib wünscht den Tod, der Ba rät, das Dasein zu genießen und nicht auf das Jenseits zu vertrauen. "Weltschmerz und Schopenhauers »Verneinung des Willens zum Leben« sind älter, als man gemeinhin glaubt. Wer sich genauer über das Gespräch eines Lebensmüden mit seiner Seele aus dem Jahre 2000 v.Chr. zu unterrichten wünscht, den verweisen wir auf das Erman'sche Buch. Es ist eine mustergültige Leistung".[1]

II. 1. 5. PRIORITÄTEN

Der Vergleich von Veröffentlichungen in einer wissenschaftlichen Zeitschrift, einer populären Zeitschrift und einer Zeitung zeigt die zeitlichen und inhaltlichen Prioritäten Ebers'. In der "Veröffentlichungsgeschichte" des pEbers haben die "populären" Beiträge den zeitlichen Vorrang. Ebers sieht hier wohl aufgrund der Bedeutung des Fundes von einer vorschnellen und deshalb weniger sorgfältigen Veröffentlichung als Beitrag in einer wissenschaftlichen Zeitschrift oder gar als Monographie ab. Den gleichen Weg schlägt er für die Graf'schen Mumienportraits ein: 1888 erscheint in der AZ ein Bericht von Ebers über die Entdeckung seines Freundes Theodor Graf: "Eine Gallerie antiker Portraits."[2] Dieser Bericht zieht einige andere nach sich[3], denen Ebers erneut in der AZ antwortet.[4] Bald danach muß der Graf'sche Katalog erschienen sein, der nicht mehr zugänglich ist. Ebers hat dafür wohl das Vorwort verfaßt.[5] 1893 verschafft Ebers den Graf'schen Mumienportraits eine neue Qualität, indem er den über weite Strecken unveränderten Text des AZ-Artikels als Monographie herausgibt.[6] Zuletzt greift Ebers das Thema in "Über Land und Meer" 1894 nochmals auf mit den Nummern und Abbildungen des Graf'schen (Verkaufs-) Katalogs.[7] Darin heißt es rückblickend: Theodor Graf "legte die Portraits (...) dem Verfasser dieser Zeilen (1888) zur Prüfung vor und er

---

1 Ebers, Gespräch eines Lebensmüden, in: AZ o.Nr.vom 24.8.1897, Beilage Nr.189, 3.

2 Ebers, Eine Gallerie antiker Portraits. Erster Bericht über eine jüngst entdeckte Denkmäler-Gruppe, in: AZ o.Nr. vom 15.5.1888, Beilage Nr.135, 1969-1972; AZ o.Nr. vom 16.5.1888, Beilage Nr.136, 1986-1988; AZ o.Nr.vom 17.5.1888, Beilage Nr.137, 2003f.

3 V.a. in der AZ, aber auch in der "Kölnischen Rundschau".

4 Ebers, Zur Zeitbestimmung, in: AZ o.Nr.vom 17.4.1889, Beilage Nr.107, 1f.

5 Eine englische Ausgabe aus dem Jahre 1900 ließ sich wenigstens bibliographisch nachweisen. "Catalogue of the Theodor Graf Collection, Introduction: Prof.Dr.E."

6 Ebers, Antike Portraits. Siehe dazu 235-237. Manche Passagen sind sprachlich leicht überarbeitet. Die Gliederung wird jetzt auch durch Überschriften kenntlich gemacht. Neu ist eine Zusammenfassung, die auch die neuen Grabungen Petries im Fayum 1889/90 berücksichtigt. Die Argumentation bleibt jedoch unverändert.

7 Ebers, Aus Alt-Aegypten, I. in: Über Land und Meer LXXII (1894), 923.

führte sie danach in die Wissenschaft ein."[1] Ebers betrachtete also die Portraits durch seinen Zeitungsbericht als in die Wissenschaft eingeführt!

Immer ist dabei zu bedenken, daß die Zeitungs-Beilage und verschiedene der Zeitschriften[2] zu den wissenschaftlichen Organen gerechnet wurden und auch der Information der Fachwelt dienten, womit das populär eigentlich in Anführungszeichen zu setzen wäre. Die Bedeutung und Breitenwirkung, die die AZ bzw. deren Beilage hatten, erhellt die Aussage Ebers' anläßlich seiner Besprechung von Navilles Ausgrabungen 1885: "Die wissenschaftliche Beilage der »Allgemeinen Zeitung« ist immer noch der Moniteur der deutschen Gelehrtenwelt, und darum erscheint sie uns als der rechte Platz, die Naville'schen Erwerbungen den Bibelforschern, Historikern und Geographen auf einmal zugänglich zu machen."[3] Diese Aussage läßt sich verallgemeinern: Die Beilage der AZ garantiert dem Autor einen breiteren wissenschaftlichen Kreis als eine Fachzeitschrift. Daneben garantieren die Auflagenzahlen, die sich heute zwar nicht mehr exakt feststellen lassen - sicher ist aber davon auszugehen, daß die Auflage einer Zeitung oder von Illustrierten Zeitschriften ein vielfaches der AeZ betragen hat -, einen erheblich höheren Verbreitungsgrad unter den Gebildeten und Interessierten. Bei Ebers kommt die Neigung - wie wir oben mehrfach dokumentiert haben - zu Veröffentlichungen von Aufsätzen in identischer oder leicht abgewandelter Form an verschiedenen Orten hinzu.

Ebers hat Zeit seines Lebens - von 1862, als der 25-jährige im Jahr seiner Promotion den ersten Artikel verfaßt, bis 1898, dem Todesjahr - publizistisch gewirkt. Der thematische Schwerpunkt verlagert sich jedoch zusehens von allgemeinen kulturhistorischen Themen zu solchen politisch aktueller Art: Ebers nutzt mit zunehmender Berühmtheit zunehmend die Möglichkeit, sein Gewicht, sein Ansehen, auch seine persönlichen Beziehungen in die Waagschale zu werfen und in kulturellen Fragen eindeutig Stellung zu beziehen.

Ein Zeitschriftenaufsatz kann schneller reagieren als eine Monographie, eine "populäre" Zeitschrift erscheint öfters als eine Fachzeitschrift, eine Zeitung täglich, und dabei war ein Aufsatz in einer populären Zeitschrift/Zeitung im Vorteil, notgedrungen aber oberflächlicher: Ebers schreibt seine Artikel auch auf Reisen ohne die Hilfe (s)einer Bibliothek, scheut sich aber auch nicht, solcherart entstandene Artikel als Beiträge in wissenschaftliche Zeitschriften zu geben, wie z.B. auf der 2.Ägyptenreise mit der Veröffentlichung der Amenemheb-Biographie (AeZ 1873) und der Statue des Harua (ZDMG

---

[1] Ebers, Aus Alt-Aegypten, I. in: Über Land und Meer LXXII (1894), 923. Das "er" könnte sich auch auf Graf beziehen, wenn nicht Ebers dies durch die Fußnote mit der Angabe: "Georg Ebers. Die hellenistischen Portraits aus dem Fajjum. Leipzig. W.Engelmann 1893" auf sich bezogen hätte. Die Monographie enthält nur zwei Abbildungen, der Zeitschriftenartikel die Abbildungen von 2 Portraits, 9 Gipsmasken und eine Ganzmumie mit Portrait.

[2] Etwa "Die Gegenwart" als allgemein wissenschaftliche, die "Gartenlaube" als literaturwissenschaftliche Zeitschrift.

[3] Ebers, E.Naville's Ausgrabungen, in: AZ Nr.111 vom 22.4.1885, Beilage, 1628.

1873)[1], die entsprechend fehlerhaft ausgefallen sind. Beim pEbers-Artikel der AeZ, ebenfalls 1873 erschienen, aber wichtiger für Ebers, ist er sorgfältiger verfahren.

Die griechische und lateinische Inschrift auf den Bronzekrebsen, die beim Abtransport des für New York bestimmten Obelisken in Alexandria gefunden wurden, wird Ebers von seinem "Gewährsmann Hrn.H.Giesecke aus Leipzig" aus Alexandria an seinen Urlaubsort in Nizza geschickt. Ebers macht sofort "fern meiner Bibliothek" einen Artikel daraus und sendet diesen "wenige Stunden nachdem ich sie [die Abschrift] erhalten Ihrem geschätzten Blatte", der AZ nämlich, wo sie am 17.1.1880 erscheint.[2] Hier ist der Höhepunkt an Hast erreicht. Nachdem Ebers schon Artikel in ägyptischen und italienischen Gasthäusern verfaßt hat, geht es hier nicht mehr um Monate oder Wochen, sondern um Stunden.

---

1   Siehe 193f. und 196-198.
2   Ebers, Der Bruder-Obelisk, in: AZ Nr.17 v.17.1.1880, Beilage, 244.

II. 2.   DIE POPULÄRWISSENSCHAFTLICHEN WERKE

Neben den Romanen und den Artikeln in Zeitungen und populären Zeitschriften machten die "populärwissenschaftlichen" Werke, also Werke, in denen Ebers seine bzw. allgemeine wissenschaftliche Kenntnisse einem breiten Publikum vorstellte, den Namen des Autors weit bekannt. Es handelt sich um den ersten Band des Baedeker von Ägypten, die zwei monumentalen Bände von "Aegypten in Bild und Wort" und den "Cicerone durch das alte und neue Aegypten". Für alle diese Bücher gilt, was Ebers im Vorwort des "Cicerone" schreibt: "Wohl kann er auch dem Gelehrten als Nachschlagebuch dienen, aber er ist zunächst für alle Gebildeten bestimmt, und wenn sich das erfüllt, was ich mit diesem Buch bezwecke, so wird es an manchem Familientische vorgelesen werden und den Zuhörern jedenfalls Belehrung und Anregung und hoffentlich auch Unterhaltung und Genuß gewähren."[1]

Diese Werke betreten, wie wir sehen werden, sowohl in gestalterischer als auch in wissenschaftlicher Hinsicht Neuland. Während mit dem Baedeker der deutsche Verleger dem englischen Vorbild folgte, übernahm Deutschland mit dem "Prachtwerk" die Führung.

II. 2. 1.   DER TEXT. "ES IST IN JÜNGSTER ZEIT DIE ÜBER AEGYPTEN ... HANDELNDE LITERATUR ... ZU EINER WAHREN HOCHFLUTH ANGESCHWOLLEN."

Wie das vollständige Zitat zeigt, meint es in erster Linie die Reiseliteratur: "Es ist in jüngster Zeit die über Aegypten, das alte und das neue, handelnde Literatur namentlich in England zu einer wahren Hochfluth angeschwollen und wer im Nilthale auf dem schön geebneten Touristenwege wandert, wer auf der glatten Nilstraße in einer bequem eingerichteten Dahabiye oder dem Dampfer, der als großer Wasseromnibus die Reisenden von Kairo zum ersten Katarakt und zurück führt, das Pharaonenland bereist, der darf nichts als schon vor ihm Entdecktes, Gesehenes, Beschriebenes oder Dargestelltes zu finden erwarten."[2] Ebers war sich wohl bewußt, daß er sich in die "Hochfluth" einreihen würde, trotzdem ist ihm dabei Besonderes gelungen.

---

[1] Ebers, Cicerone, XV.

[2] Ebers, Mein Grab, in: Nord und Süd IV (1878), 23.

II. 2. 1. 1. DER ERSTE BAEDEKER VON ÄGYPTEN. DAS "DEUTSCHE HANDBUCH FÜR AEGYPTEN."[1]
"BIST DU IM FREMDEN LAND, SO MUSST DU DICH BEQUEMEN /
DER LANDESART, DOCH BRAUCHST DU SIE NICHT ANZUNEHMEN."[2]

Seitdem der erste Reiseführer für Ägypten, "Murray's Handbook for Egypt and the Sudan", 1858 erschienen war[3], schwellen die Neuerscheinungen schnell zu einer bis heute ungebrochenen Flut an.[4] Allerdings schließen sich die Deutschen erst spät diesem Trend an.[5] "Murray's Handbook" wurde von dem frühen Ägyptologen J.G.Wilkinson verfaßt und Thomas Cook setzt die britische Tradition fort, indem er "The Nile: Notes for Travellers in Egypt" von Wallis Budge als das Buch auswählt, das er jedem seiner Reisenden überreicht.[6] Auch Karl und Fritz Baedeker suchen für ihren Ägypten-Reiseführer einen Fachmann. 1872 wenden sie sich an Ebers und schlagen vor, diesem eine Ägyptenreise zur Vorbereitung des Buches zu finanzieren.[7] Ebers ergreift die Gelegenheit, ist über die Abhängigkeit von den Baedekers aber wenig glücklich - er wäre lieber auf Staatskosten gereist. Noch mehr stört ihn nach der Rückkehr von der Reise die versprochene Arbeit, die ihn von der Bearbeitung seines überraschenden Fundes, des pEbers, abhält: "Es kostet mich immer Überwindung, mich von dem Papyros zum Bädecker zu wenden", schreibt er 1874 an seine Mutter.[8] So verzögert sich die Abfassung des Reiseführers immer wieder, der Verleger wird zunehmend ungeduldiger, was bei der nicht so langsam arbeitenden Konkurrenz, v.a. in England, nicht erstaunt - hatte doch "Murray's Handbook" schon die vierte Auflage erreicht, als endlich 1877 der erste Baedeker-Band als **"Aegypten. Handbuch für Reisende von -- --. 1.Theil. Unter-Aegypten bis zum Fayum und die Sinai-Halbinsel. Mit 16 Karten, 29 Plänen und 76 Textvignetten"** erscheint. Die Übersetzung für den englischen Markt folgt schon im Jahr darauf.

Der Briefwechsel zwischen Baedeker und Ebers zeigt den Anspruch Ebers'. Der Vertrag vom 30.Nov.1875[9] besagt, daß der erste Band unter dem Namen Baedekers nach dem Manuskript von Ebers erscheint. Baedeker verspricht, "den eigentlich archäologischen Theil, d.h. den die aegyptischen

---

1   Ebers, Papyros Ebers, III. Über die Entstehung des Baedeker: Hinrichsen, Neue Erkenntnisse. Dieser Artikel erfordert einige Berichtigungen.

2   Dieses Rückert-Distichon findet sich als Motto vor dem Ägypten-Baedeker I, 1877, IV.

3   Erstausgabe in zwei Bänden.

4   Verschiedene Statistiken belegen, daß knapp 60% der Reiseführer in englischer, 30% in französischer, knapp 10% in deutscher, etwa 1% in anderen Sprachen erschienen sind. Volkoff, Comment on visitait la Vallée du Nil, 1, spricht von bisher (1967) 300 Titeln.

5   Ausführliche, aber nicht vollständige Bibliographie bei: Volkoff, Comment on visitait la Vallée du Nil.

6   Erschienen 1890; ab 1929 gibt Cook's Reisebüro einen eigenen Führer heraus: "Cook's Travellers' Handbook for Egypt and the Sudan."

7   Die zweite Ägyptenreise. Siehe unten 251-260.

8   Brief von Ebers aus Leipzig an seine Mutter vom 12.7.1874, SBB.

9   SBB. Der Briefpartner ist immer Fritz Baedeker in Fa.Karl Baedeker, die Briefbögen sind die von Karl Baedeker.

Alterthümer behandelnden Inhalt des Ebers'schen Manuscriptes nicht anzutasten."[1] Sollten trotzdem Änderungen nötig sein, so wird Ebers ein Mitspracherecht eingeräumt. Kommt es dabei zu keiner Einigung, so "überhebt eine derartige Alterirung seiner Darstellung Herrn Professor Ebers jeder wissenschaftlichen Verantwortung (...). Im Vorwort (...) hat die Nennung von Professor Ebers' Namen (...) in der Art zu geschehen, dass deutlich ersichtlich ist, für welche Theile des Bandes (...) er die Verantwortung zu übernehmen gesonnen ist."[2] Tatsächlich erscheint nur der Artikel "Die Hieroglyphenschrift"[3] ausdrücklich als "von Prof.Dr.G.Ebers" gezeichnet. Trotzdem müssen auch die anderen Teile, mit Ausnahme der im Inhaltsverzeichnis ausdrücklich mit anderen Namen versehenen Beiträge[4] als von Ebers stammend betrachtet werden.

Die einleitenden Kapitel bieten dem Autor die Möglichkeit zu grundsätzlichen Erörterungen und zeigen deutlich Ebers' Handschrift. Der Abschnitt "Zur aegyptischen Geschichte/Chronologische Uebersicht", der auf 25 Seiten die Geschichte bis zur Gegenwart behandelt, periodisiert Altägypten nach der Lepsius'schen Einteilung in "Altes Reich" einschließlich der heute als 1.Zwischenzeit und Mittleres Reich bezeichneten Perioden[5]; "Hyksos"; "Neues Reich"; "Perser"; "Ptolemäer"; "Römer". Er gibt der Spätzeit, d.h. der 26.Dyn., den Persern und Ptolemaiern ein unproportional starkes Gewicht.[6] Besonderes Interesse darf der Abschnitt "Zur aegyptischen Kunstgeschichte" als früher, längerer zusammenhängender Text von 18 Seiten zu diesem Thema beanspruchen. Eine "erste brauchbare Gesamtdarstellung"[7] wird erst 1881 in Frankreich erscheinen, nämlich Perrot und Chipiez' "Histoire de l'art dans l'antiquité. L'Égypte"[8], gefolgt 1887 von Masperos "Archéologie Égyptienne".[9] Dementsprechend kann die Literaturangabe im Baedeker zu diesem Bereich nur ein Werk nennen.[10] Der Artikel drückt eine zwiespältige Haltung aus. Einerseits wirbt er um Verständnis für das ägyptische Kunstschaffen und seine Eigengesetzlichkeit: Neue Erkenntnisse und breitere

---

1 Vertrag vom 30.11.1875 Punkt 2, SBB.

2 Vertrag vom 30.11.1875 Punkt 2, SBB.

3 Baedeker, Aegypten I, 125-131.

4 Diese sind: "Politische- und physikalische Uebersicht von Aegypten. Von Dr.Georg Schweinfurth in Kairo. (Einzelne Abschnitte von Prof.Dr.Georg Ebers in Leipzig)"; "Geologisches und Wüste. Von Prof.Dr.K.Zittel"; "Die Oasen. Von Prof.Dr.Ascherson"; "Die Thierwelt Aegyptens. Von Dr.M.Th.v.Heuglin"; "Nilfische. Von Dr.C.B. Klunzinger"; "Die Glaubenslehre des Islam. Von Prof.Dr.Socin"; "Die Bauwerke der Araber. Von Architekt Franz Bey in Kairo u.A."

5 Sowohl hier wie auch bei der "Kunstgeschichte" wird die Zäsur der 1.Zwzt., als auch das wesentlich Andere des MR erkannt, ohne benannt zu werden.

6 Diese Betonung der Spätzeit und insbesondere der Perserzeit geht wohl noch auf Winckelmann zurück, der die ägyptischen Denkmäler in ältere, persische, griechische und römische einteilt.

7 Hornung, Einführung, 142.

8 Übersetzt 1882 von Ebers' Schüler Richard Pietschmann. Siehe unten 153-155.

9 Übersetzt 1889 von Ebers' Nachfolger in Leipzig Georg Steindorff. Rezension von Ebers, siehe 32f.

10 Du Barry de Merval, Études sur l'architeture égyptienne, Paris 1873. Zu den anderen Themen wie Geschichte oder Reiseberichte gibt es mehrere Lektürevorschläge.

Materialbasis "werfen die früher gangbaren Kunsturtheile über die aegyptische Plastik über den Haufen"[1]. Zu diesen (Vor)Urteilen gehört vorrangig die Meinung, "die aegyptischen Bildhauer hätten ihre Werke nach einem feststehenden Kanon rein mechanisch gearbeitet"[2], wohingegen genauere, vorurteilsfreie Beobachtung die Individualität der Gesichter erweise. Andererseits kann Ebers die griechische Brille noch nicht ganz absetzen: Der Proportionskanon presse die Formen in ein Schema, und diese für die Ägypter so charakteristische Starre und die sog. Aspektive konnte erst später von den Griechen überwunden werden. Ebers sieht den zeitlichen Ablauf geprägt von einem fortschreitenden Verfall von individueller zu schematischer Gestaltung, indem "nach einer kürzeren Blüthezeit [gemeint ist das "Alte Reich" einschl. der XII.Dynastie] gleichsam eine lange Periode des Byzantinismus hier eintrat."[3] Der Kunstverfall wird "auf die Rechnung des priesterlichen Machtspruches gesetzt"[4], eine Begründung, die sich schon in den beiden "ägyptischen" Romanen Ebers' findet, wo die Priesterschaft mehrfach kurz als "Kunstverderber" bezeichnet wird. Hier zeigt sich die enge Verbindung von literarischer und populärwissenschaftlicher Produktion - auf die zugrunde liegenden wissenschaftlichen Standards wird unten eingegangen werden.[5] In die "Kunstgeschichte" ist das später bei Reiseführern so beliebte "Vokabular" der Architektur[6], hier "charakteristische Hauptzüge" genannt, integriert: Tempel[7], Säule, Kapitell, Sphinx, Pylon u.s.w. Ebers' rationalistische Haltung zeigt sich, indem er Unverständnis äußert für der alten Ägypter Vernachlässigung der konstruktiven Funktion zugunsten der symbolischen, ebenso für "das durchgängige Herabdrücken der Architectur zu Bild- und Schriftflächen."[8]

Das Schema vom Verfall, d.h. einer fortschreitenden Verunklarung, Komplizierung, wendet Ebers auch auf die Religion an, und so erscheint es folgerichtig auch im Abschnitt "Zur Götterlehre der alten Aegypter."[9] Die "ursprüngliche schlichte Religion (...) [wurde] zu einem nur wenigen Eingeweihten zugänglichen metaphysischen System gestaltet."[10] "Diese esoterische Lehre, (...) die (...)

---

1   Baedeker, Aegypten I, 173. Gemeint sind hier wohl Winckelmann und Goethe.

2   Baedeker, Aegypten I, 173.

3   Baedeker, Aegypten I, 187.

4   Baedeker, Aegypten I, 186.

5   Siehe: IV.2; 274-380.

6   Immer unter Beachtung der materiellen Grundlagen: Böschung aus dem Ziegelbau; Rundstab aus dem Holzbau; Deckenbemalung aus der textilen Kunst.

7   Mit dem Chonstempel aus Karnak als Prototyp (Grundriß). Hier wird auch erstmals deutlich der Tempel vom Palast getrennt. Der Palast besteht aus Ziegel und Holz, der Tempel ist schon aus klimatischen Gründen als Wohnung ungeeignet.

8   Baedeker, Aegypten I, 184.

9   Baedeker, Aegypten I, 138-154

10   Baedeker, Aegypten I, 138.

keine Vielheit der Götter kennen konnte" wurde schließlich für die große Masse, die Laienschaft, "in fassliches Kleines zerlegt."[1] Auch hier folgt dann das übliche "Vokabular", d.h. eine Götterliste.[2]

Die Ankündigung im Vorwort, daß der II.Band im Druck sei, erweist sich als zu optimistisch. Zuerst erscheint der Band I 1885 in 2.Auflage (3.Auflage: 1895). Das Verhältnis zu Baedeker hatte sich inzwischen getrübt, einerseits durch Ebers' Krankheit - Fritz Baedeker schaltet Frau Ebers wegen "der ausserordentlichen Reizbarkeit des Kranken" ein[3] -, andrerseits dadurch, daß Baedeker Ebers die zweite Auflage nicht zur Korrektur vorgelegt hat. 1884 mahnt Baedeker noch bei Ebers dringend den zweiten Band an und schlägt eine Mitarbeit von Eisenlohr vor[4], der u.a. deswegen zweimal nach Ägypten fährt. Ende 1890 wird über die Gestalt des Vorwortes des II.Bandes, das ja die Verantwortlichkeiten festlegt, verhandelt. "Nach Prof.Eisenlohr's Andeutungen gab ich dem Vorwort eine Form, die bei aller Wahrung Ihres Antheils an dem Buche Sie doch im Einzelnen von jeder Verantwortung für etwaige Ihnen nicht zusagende Änderungen entbindet."[5] Baedeker meldet eine Änderung des Vorworts dahingehend, "daß der wissenschaftliche Inhalt ganz auf Ihrer und Prof.D.'s [Dümichens] Arbeit beruht, dann aber wird, wie ich in meinem vorigen Briefe bereits andeutete, noch gesagt, daß diese im J.1877 abgeschlossen wurde."[6] 1891 erscheint endlich der "2.Theil. Ober-Ägypten und Nubien bis zum zweiten Katarakt. Mit 11 Karten und 26 Plänen und Grundrissen."

Spätere Auflagen beider Bände werden von Georg Steindorff, der seit 1893 als a.o.Professor die Nachfolge von Ebers in Leipzig angetreten hat, verantwortet. Die Anregung, Steindorff mit dieser Aufgabe zu betrauen, scheint von Ebers ausgegangen zu sein. Fritz Baedeker dankt ihm: "von seiner [Steindorffs] wissenschaftlichen Stellung war mir nicht viel bekannt. Um so willkommener war mir die Nachricht, daß Sie ihn auch in seiner Beziehung zu dem Reisebuche gern als Ihren Nachfolger gelten lassen."[7] Einige folgende Auflagen und Bearbeiter fußen auf Ebers' Text.

Der Briefwechsel zeigt deutlich Ebers' Bestreben, den wissenschaftlichen Teil allein zu verantworten und nur dafür seinen Namen zur Verfügung zu stellen. Baedekers Klage gegenüber Ebers, daß das aufwendige Unternehmen ein Verlustgeschäft aus Prestigegründen sei, ein "unglückliches Unternehmen"[8], kann taktisch begründet sein und ist deshalb relativ zu sehen. Der "Baedeker" wurde auch

---

1 Baedeker, Aegypten I, 139.

2 Mit griechischem Vokabular: Thot ist der logos, Hathor die Muse. Schoske/Wildung nennen eine solche "Auflistung vignettenhafter Zeichnungen von Götterfiguren" eine "Trivialikonographie", Schoske/Wildung, Gott und Götter, 36.

3 Brief von F.Baedeker aus Leipzig an Antonie Ebers vom 28.12.1884, SBB.

4 Brief von F.Baedeker aus Leipzig an Antonie Ebers vom 28.12.1884, SBB.

5 Brief von F.Baedeker aus Leipzig an Ebers vom 3.11.1890, SBB.

6 Brief von F.Baedeker aus Leipzig an Ebers vom 6.11.1890, SBB.

7 Brief von F.Baedeker aus Leipzig an Ebers vom 20.1.1894, SBB.

8 Brief von F.Baedeker aus Leipzig an Ebers vom 6.12.1888, SBB.

als wissenschaftliches Werk betrachtet, er wird in wissenschaftlichen Zeitschriften zitiert[1], und Steindorff verweist in seiner Veröffentlichung des Grabes des Ti (1913)[2] auf die verdienstvollen Beschreibungen im "Baedeker". Daneben erhält der Text als Dokumentation eines verlorenen Zustandes eine archäologische Bedeutung. Das meint sowohl das "moderne" Ägypten mit seiner rasanten Entwicklung der Städte, des Verkehrs[3], mit dem Verschwinden von Palästen und alten islamischen Bauten, aber auch das alte Ägypten, hier v.a. das besonders gefährdete Delta mit dem Iseum (Behbeit el-Hagar) oder Tanis. Daneben besitzt eine "naive" Lektüre als alter Reisebericht heute einen nicht unerheblichen unterhaltenden Wert: die Proviantliste zur Ausstattung der Dahabije reicht von zwei Fässern Kartoffeln bis zum Champagner für die Gäste.

II. 2. 1. 2. "AEGYPTEN IN BILD UND WORT". EIN "ILLUSTRIRTES PRACHTWERK ERSTEN RANGES"

Die Entfremdung zwischen Baedeker und Ebers mag eine Ursache auch im neuen Großunternehmen von Ebers im Hallberger-Verlag Stuttgart gehabt haben: einer zweibändigen Darstellung des "Zauberlandes am Nil": **"Aegypten in Bild und Wort. Dargestellt von unseren ersten Künstlern. Beschrieben von Georg Ebers."** Zwar ist keine Reaktion von Baedeker überliefert, doch hatte dieser schon im Vertrag von 1875 vorgesorgt: Punkt 5 bestimmt, daß das gesamte Material des Reiseführers Baedekers Eigentum bleibt, Ebers darf es weder ganz oder teilweise anderswo verwenden.

Eduard Hallberger hatte seinen Verlag mit der illustrierten Zeitschrift "Über Land und Meer" groß gemacht[4], neben der "Gartenlaube" über Jahrzehnte das große deutsche Familienblatt. Da lag es nahe, "die für seine Zeitschriften geschaffenen technischen Einrichtungen, vor allem das große graphische Atelier, auch für Buchausgaben zu nützen. Es entstanden die sogenannten Prachtwerke, reich illustrierte, schön gebundene und meist großformatige Bände, die mit dem Geschmack des deutschen Bürgertums, mit den Makart-Dekorationen, den pompösen Polstermöbeln, dem Plüsch und Samt seiner Wohnräume auf das genaueste übereinstimmten"[5], ein Unternehmen, "dem kein anderes deutsches Verlagsgeschäft Gleiches gegenüberstellen konnte"[6]. Hallberger beginnt mit Bibel- und Dichterausgaben, mit dem Ägyptenband wendet er sich erstmalig dem kulturgeschichtlichen und länderkundlichen Bereich zu. Später wird "Palästina in Bild und Wort" (1884) folgen. Der "Glanz

---

1 Z.B. PSBA X (1888), 453 über den "Mitrahine Colossus".

2 Steindorff, Das Grab des Ti, 2.

3 Besonderes Augenmerk auf dem Suezkanal mit Besichtigung, Entwicklung, Finanzierung verrät wieder Ebers' Schwerpunkte.

4 Später kam noch "Zu Hause" für die niedrigeren Stände hinzu.

5 Berner, Louis und Eduard Hallberger, 54.

6 Jubiläumskatalog, XII (Vorwort).

der Ausstattung"[1] und der Preis übertrifft alles Dagewesene. Die Luxusausgabe im Folioformat hat einen Ledereinband mit imitierten Türkisen und Goldschnitt.

Die Vorarbeiten, die sich über zwei Jahre hinziehen, obliegen Ebers. Er schreibt, der Verleger "gab mir ganz freie Hand, das Beste und Schönste an Bildern zu schaffen, was sich erwerben ließe"[2]. So führt er Verhandlungen mit den Künstlern - die ersten werden erwähnt am 28.1.1876: in Berlin trifft Ebers Wilhelm Gentz und Gustav Richter -, unternimmt Reisen, besucht den Verleger in Wildbad, Stuttgart und Tutzing, verhandelt über sein Honorar.[3] Auch die Auswahl der Illustrationen trifft er: "Unter Tausenden von Skizzen und Bildern in jeder Ausführungsart hatte ich zu wählen."[4] Es wird aus dem Vorrat der bedeutendsten Ägypten-Experten ausgewählt, trotzdem fehlt "eine lange Reihe von Darstellungen der wichtigsten Szenen aus dem morgenländischen Leben. (...) Da galt es Aushilfe schaffen und einen Künstler an den Nil schicken, von dem wir erwarten durften, dass er das Bestellte in unserem Sinne, das heisst in künstlerischer Vollendung herstellen werde."[5] Adolf Gnauth, Direktor der Kunstgewerbeschule in Nürnberg[6], wird zum technischen Leiter der "Wiedergabe des Bildmaterials in Holzschnitt" für das Werk bestellt. Er macht Ebers auf Leopold Carl Müller aufmerksam. Ebers ist von den Arbeiten von dessen Ägyptenreise 1875/76 beeindruckt: "Außer mehreren Gentz'schen die ersten, die mir völlig genügten" und die beweisen, "dass ihr Schöpfer den Orient durch und durch verstehe."[7] Ebers fährt im September 1877 aus Wildbad nach Nürnberg, um den aus Venedig kommenden Müller zu treffen, engagiert ihn. Damit beginnt eine lebenslange Freundschaft.

In "Über Land und Meer" 1880 ist zu lesen: "Nur die Vereinigung des Forschers, des Poeten und erster Künstler, die sich diesem anschlossen, konnten den überreichen Stoff in so vollendeter, so fesselnder Weise bewältigen und ein solches Werk schaffen, wie es nun vorliegt. Die Verlagsbuchhandlung ist aber (...) ihre große Aufgabe bei der Herstellung des Prachtbandes zu erfüllen bemüht gewesen; sie hat dem Herausgeber die reichsten Mittel zur Verfügung gestellt, um des Werkes Text würdig zu illustriren"[8]. Natürlich ist hier werbewirksame Übertreibung in Abzug zu bringen

---

ABBILDUNG NÄCHSTE SEITE:
ANKÜNDIGUNG VON: AEGYPTEN IN BILD UND WORT. AUS: ÜBER LAND UND MEER XXIX (1878), H.24, 521

---

1 Werbung des Hallberger-Verlages.

2 Ebers, Dichter und Verleger, o.S.

3 Brief von Ebers aus Wildbad an seine Mutter vom 4.7.1876, SBB.

4 Ebers, Leopold Carl Müller, in: Kunst unserer Zeit (1893), 58.

5 Ebers, Leopold Carl Müller, in: Kunst unserer Zeit (1893), 58.

6 Gnauth liefert noch eine Rekonstruktionszeichnung des Luxortempels für Ermans "Aegypten und aegyptisches Leben."

7 Ebers, Leopold Carl Müller, in: Kunst unserer Zeit (1893), 59.

8 Über Land und Meer XLIII (1880), H.11, 211 und 213.

EIN NEUES PRACHTWERK!

In den nächsten Tagen wird in unterzeichnetem Verlage zu erscheinen beginnen:

AEGYPTEN

DARGESTELLT

IN ETWA SIEBENHUNDERT BILDERN

VON

UNSEREN ERSTEN KÜNSTLERN

BESCHRIEBEN

VON

GEORG EBERS.

Wir glauben zu keiner geeigneteren Zeit mit diesem grossen, seit mehreren Jahren vorbereiteten Unternehmen vor die gebildete Welt treten zu können, als gerade jetzt, wo Aller Augen auf den Orient und nicht in letzter Reihe auf Aegypten gerichtet sind.

In dieses Zauberland am Nil führt uns Georg Ebers, der berühmte Kenner des alten und neuen Aegypten. Sein bei aller Treue und Tiefe höchst unterhaltend und mit dem ihm eigenen stylistischen Feingefühl geschriebener Text begleitet wie ein willkommener, wohlunterrichteter und geistreicher Erklärer den hier zusammengeführten grossen Schatz von Bildern und fordert, indem er belehrt und erläutert, zum Schauen auf und zum Geniessen. Der gelehrte Beschreiber ist ein Dichter zugleich, und das wird diess neue Prachtwerk vor seinen das Pharaonen-Land behandelnden Vorgängern voraushaben, dass es, wie G. Ebers in seinem Vorwort sagt, Alles, was in Aegypten schön und ehrwürdig, malerisch wirksam, eigenthümlich und anziehend erscheint, nicht nur wiedergibt, wie es sich auf der Platte des Photographen darstellt, sondern so wie es sich in der Seele der Künstler abspiegelt. Und welcher Künstler! Wir nennen hier beispielsweise nur Ludw. Burger, Bernh. Fiedler, W. Gentz, Ad. Gnauth, Ferd. Keller, Fr. Lenbach, H. Makart, Leop. C. Müller, Gust. Richter, Ad. Seel, Alma Tadema, F. C. Welsch, C. Werner, welche ihre im Orient gefüllten Mappen zur Verfügung gestellt oder neue Werke geschaffen haben, um in diesem Buche das Leben der Morgenländer und seinen wunderbarsten Schauplatz in seinem vollen Reiz zu zeigen.

Die Verlagshandlung aber hat keine Opfer gescheut, um ein wahrhaft vornehmes und den höchsten künstlerischen Anforderungen entsprechendes Werk herzustellen. Wo so Vieles aufgewendet wird, um etwas wirklich Schönes zu schaffen, da glauben wir auch auf die allseitigste Theilnahme und Anerkennung hoffen zu dürfen.

Das Prachtwerk „Aegypten" wird in ca. sechsunddreissig Lieferungen erscheinen.
Jede Lieferung zum Preise von 2 Mark wird fünf sehr reich illustrirte Foliobogen stark sein.
Alle zwei bis drei Wochen wird eine Lieferung zur Ausgabe gelangen.
Jede Buch- und Kunsthandlung kann in der nächsten Zeit sehr reich ausgestattete Prospekte mit Bild- und Textproben oder die erste Lieferung dieses Prachtwerkes zur Einsicht vorlegen und nimmt Bestellungen darauf entgegen.

Stuttgart, im März 1878.

Die Verlagshandlung:

EDUARD HALLBERGER.

- gehört doch "Über Land und Meer" demselben Verleger -, doch ist trotzdem der Stolz auf ein erstaunliches Unternehmen spürbar. Dann folgt wieder Werbestrategie: "Und dieses Prachtwerk erreicht seine Vollendung gerade in dem Augenblick, da wir daran gehen den Weihnachtstisch zu schmücken. Ein glänzenderes, reicheres, werthvolleres Werk hat der dießjährige Weihnachtsmarkt nicht aufzuweisen"[1]. Wie auch die auf Seite 48 abgebildete Werbung betont, gehört das Prachtwerk in die "Bücherei jeder kunstsinnigen Familie" als reiches Fest- und Ehrengeschenk.

Ebers verarbeitet in diesem Werk die Aufzeichnungen seiner beiden Ägyptenreisen vom 1869/70 und 1872/73. Da das Buch als Reisebericht angelegt ist, bestimmt der Verlauf der Reise die Gliederung. In Alexandria betritt der Reisende Afrika, besucht das Delta, die Landschaft Gosen als die "bekannten ehrwürdigen Stätten, die der Pharao seinem Statthalter Joseph für die Seinen (...) anwies."[2] Es folgen die Beschreibung von Memphis mit Saqqara und mehrere Kapitel über die Geschichte Kairos. Der zweite Band setzt Kairo fort mit "Universitätsmoschee El-Azhar" und "Aus dem Volksleben" und führt den Leser schließlich auf einer Nilfahrt durch Mittelägypten bis Theben und dann bis zum Katarakt.

Der topographische Aufbau wird unterbrochen von Exkursen wie "Aegyptens Neugestaltung", der Geschichte des modernen Ägypten seit Mohammed Ali, "Auferstehung des aegyptischen Alterthums" oder "Theben. Die Glanzzeit des alten Aegypten". Die uns besonders interessierende "Auferstehung des aegyptischen Alterthums" beginnt natürlich mit Napoleon und der Entzifferung der Hieroglyphen, ergreift dann aber anhand eines Besuches des Boulaq-Museums die Gelegenheit, allgemeine Gedanken zur ägyptischen Kunst zu äußern: "Der abendländische Kunstfreund, der, ehe er den ägyptischen Boden betrat, geneigt ist, neben der griechischen Plastik keine andere gelten zu lassen und die ägyptische Skulptur als barbarisch, manieriert und gebunden zu belächeln pflegt, ändert gern den hier versammelten Denkmälern gegenüber seinen Sinn."[3] Ebers beschreibt die Glanzlichter der Kunstgeschichte, ohne sich auf das Kairener Museum zu beschränken: ein Relief des Hesire, die Statuen des Rahotep und der Nofret, die Holzstatuen des sog. Dorfschulzen und seiner Frau, den Falkenchephren, den "scribe accroupi" des Louvre - allerdings nicht in chronologischer Reihenfolge. Alle Werke werden mit Abbildung vorgestellt. Vieles aus der "Kunstgeschichte" des Baedeker Bekannte wird wiederholt, doch auch neue Gedanken tauchen auf: So will Ebers die Architekturgebundenheit der Monumentalstatuen endlich beachtet wissen: "Die kolossalsten und bekanntesten unter ihnen sind (...) gewöhnlich falsch beurtheilt worden, weil man sie als für sich bestehende

---

[1] Über Land und Meer XLIII (1880), H.11, 213.

[2] Ebers, Ägypten in Bild I, 99.

[3] Ebers, Ägypten in Bild II, 51. Erneut abgedruckt in: Über Land und Meer XLIII (1880), Heft 11, 213 als Text zum zugehörigen Bild von Gentz.

Einzeldenkmäler betrachtete."[1] Ferner sieht Ebers die große Kunstepoche des AR in den Begriffen "Einfachheit, Naturwahrheit, Individuell" verkörpert, die des NR in "Ideales, Seele, Empfindung". "In der Hyksoszeit scheint dieses neue Element dem ägyptischen Volksgeiste zugeflossen zu sein."[2]

Ein großer Erfolg belohnt das verlegerische Risiko. "Natürlich kostete die Herstellung dieses Prachtwerkes große Summen, aber es wurde dafür auch so schön, daß es in allen Kulturländern Aufsehen erregte, und sechs Nationen die Klischees kauften und Ausgaben in deren Sprachen herausgaben. Es hat ihm [Hallberger] reichen Gewinn gebracht, und sein ernstes Streben, etwas »edles und künstlerisch Vollendetes« zu leisten, ward belohnt."[3]

II. 2. 1. 3. DER KLEINE BRUDER: "CICERONE DURCH DAS ALTE UND NEUE AEGYPTEN"

Da der Verbreitung des "Prachtwerkes" durch die teuere Ausstattung, d.h. durch den hohen Preis von 115 M.[4] enge Grenzen gesetzt sind, gibt Ebers sieben Jahre nach dessen Erscheinen den Text aktualisiert als "**Cicerone durch das alte und neue Aegypten. Ein Lese- und Handbuch**"[5] heraus. Diese Volksausgabe kostet nur 13 M. Schon ein Vergleich der Titel zeigt, daß der Schwerpunkt von "Bild" auf "Lesebuch" verlagert wird. Dementsprechend werden die "ersten Künstler" des Titels durch die Nennung "von Georg Ebers" ersetzt. Das kleine Format und der eingeschränkte Umfang als zwei Bände in einem Band erleichtert die Benutzung, so daß jetzt ein echtes Handbuch entstanden ist.

Die Anzahl der Abbildungen wird mit der Begründung, daß Bilder vom Text ablenken, stark reduziert. Während "Aegypten in Bild und Wort" 782 oft ganzseitige Illustrationen enthält, sind hier nur noch 101 vorhanden, davon 33 im I.Band und 74 im II.Band. Ebers setzt den Schwerpunkt der Illustrationen deutlich bei den altägyptischen Kapiteln, denn hier liegen erheblich geringere Kürzungen gegenüber dem großen Bruder vor, während sonst ganze Kapitel jetzt ohne Illustrationen bleiben. Nahezu alle Landschaften und alle Genreszenen werden gestrichen. Die Illustrationen zu den Mastabas des Ti und Ptahhotep, beim "Cicerone" "Illustrationen zur Kulturgeschichte an der Mastaba" genannt, bleiben mit 14 völlig unangetastet, während z.B. die 27 Illustrationen von "Das alte Alexandria" oder die ebenfalls 27 Abbildungen zu "Das neue Alexandria" hier wegfallen.

---

1 Ebers, Ägypten in Bild II, 58.
2 Ebers, Ägypten in Bild II, 56.
3 Ebers, Dichter und Verleger, o.S.
4 Siehe die Werbung auf Seite 48.
5 Gewidmet dem Generalpostmeister des Deutschen Reiches Heinrich von Stephan (Erfinder der Postkarte und des Weltpostvereins).

DEUTSCHE VERLAGS-ANSTALT Stuttgart, Leipzig, Berlin, Wien.

Illustrirtes Prachtwerk ersten Ranges.

AEGYPTEN
IN BILD UND WORT.

Dargestellt von unseren ersten Künstlern.
Beschrieben
von
GEORG EBERS.
Pracht-Ausgabe.
Mit 782 Illustrationen in feinstem Holzschnitt
und 2 Karten.
Zweite Auflage.
Zwei Bände in Folio. In Original-Pracht-Einband mit Goldschnitt.
Preis 115 Mark.

Das Prachtwerk kann auch nach und nach in 42 Lieferungen zum Preise von à 2 Mark durch jede Buch- und Kunsthandlung in beliebigen Zwischenräumen bezogen werden.

Inhalt: Vorwort. — Das alte Alexandria. — Das neue Alexandria. — Durch das Delta. — Gosen. — Memphis. — Die Pyramiden. — Kairo. Die Entstehung der Stadt. — Kairo. Unter den Fatimiden und Eijubiden. — Kairo. Unter den Mamluken-Sultanen. — Kairo. Verfall und Gräber. — Aegyptens Neugestaltung. — Auferstehung des ägyptischen Altertums. — Universitäts-Moschee El-Azhar. — Kairo. Aus dem Volksleben. — Aufbruch nach Ober-Aegypten. — Ober-Aegypten bis zu den Grüften von Beni-Hasan. — Bis Theben. — Theben. Die Glanzzeit des alten Aegypten. — Von der Amonsstadt zum Katarakt.

Ein Prachtwerk der edelsten Art, durch literarischen Wert, künstlerischen Schmuck und den Glanz der Ausstattung eine der grossartigsten Leistungen des deutschen Büchermarktes. Ein kostbarer Schatz von bleibendem Wert, Belehrung und Genuss spendend, würdig des Ehrenplatzes in der Bücherei einer jeden kunstsinnigen Familie, zugleich eines der schönsten und reichsten Fest- und Ehrengeschenke für alle Gelegenheiten.

☛ **Ein neuer Führer durch Aegypten.** ☚

Cicerone durch das alte und neue Aegypten.
Ein Lese- und Handbuch für Freunde des Nillandes.
Von
Georg Ebers.
Mit zahlreichen Holzschnitten und zwei Karten.
2 Bände in einen feinen Leinenband gebunden M. 13.—

Ueber das treffliche Buch sagen:

Hamburger Nachrichten: Ein Werk, welches nicht verfehlen wird, die allgemeinste Teilnahme zu finden. Es ist nicht dazu bestimmt, einen Reiseführer zu ersetzen, sondern will ihn vielmehr ergänzen, vervollständigen und beleben. Das Buch ist aus dem Wunsche entstanden, den wertvollen Text des grossen Ebers'schen Prachtwerkes «Aegypten in Wort und Bild» weiteren Kreisen zugänglich zu machen und der grossen Lesewelt in handlicherem Format darzubieten.

Neue Preussische (†) Zeitung, Berlin: Es gibt kein schöneres Buch als dieses, aus welchem man mit ebensoviel Genuss als Belehrung Aegyptens alte, mittlere und neue Zeit kennen lernen könnte, indem man am Faden einer Nilreise von Alexandrien bis zur nubischen Grenze Natur und Menschenleben jener drei Epochen stets im frischen Landschaftsrahmen der Gegenwart betrachtet, vom kundigsten Cicerone geführt, der ein viel zu guter Gesellschafter ist, als dass er durch seine Gelehrsamkeit je uns belästigt.

❦ Zu beziehen durch alle Buchhandlungen des In- und Auslandes. ❦

Das "Handbuch" soll seinen Zweck als Ergänzung zum Reiseführer erfüllen. "Der Reisende wird vielmehr gut thun, mit dem Bädeker in der Hand das Nilthal zu durchwandern (...); wenn er aber in das Zelt, das Hôtel, den Dampfer, die Dahabije oder die Heimat zurückgekehrt ist, mag er den »Cicerone« zur Hand nehmen, und er wird in demselben Alles, was er gesehen und bewundert hat, in lebendiger Rede beschrieben und gewürdigt finden".[1]

Die sieben Jahre, die zwischen dem Prachtwerk und dem "Cicerone" liegen, sind weder in Politik noch Ägyptologie spurlos vergangen und schlagen sich in Überarbeitungen nieder. So fügt Ebers ein Kapitel über den Arâbi-Pascha-Aufstand 1881 und den noch laufenden Mahdi-Aufstand im Sudan ein.[2] Auch hier kann Ebers sich nicht des einen oder anderen Seitenhiebs auf die Engländer enthalten.[3] Auch in der Ägyptologie gibt es Veränderungen und Ergänzungen. So wird die Identifizierung von Naukratis in "Aegypten in Bild und Wort" und im "Cicerone" - dort schon unter Vorbehalt[4] - mit Disuq, im Vorwort von letztem als inzwischen überholt bezeichnet.[5] Mariette war 1881 gestorben und der Nachfolger Maspero hat offensichtlich auch mit dem Museum ein neues Gebäude bezogen[6], einen neuen Führer und eine neue Aufstellung vorgenommen, offensichtlich einerseits wegen der verheerenden Überschwemmung von 1878 und andrerseits wegen des Neuzugangs der Königsmumien 1881. Im Abschnitt "Dr.Maspero's erfolgreiche Tätigkeit"[7] hebt Ebers besonders die Liberalität des neuen Direktors bei der Benutzung des Museums hervor: "Den europäischen Gelehrten erleichtert Dr.Maspero in jeder Weise die Verwerthung der seiner Obhut anvertrauten Schätze."[8] Daneben stehen neue Entdeckungen in Memphis[9]; Achmim[10]; Ptolemais[11] und die Freilegung des Luxor-Tempels.

ABBILDUNG VORHERGEHENDE SEITE:
GEGENÜBERSTELLUNG VON "ÄGYPTEN IN BILD UND WORT" UND SEINEM KLEINEN BRUDER, DEM "CICERONE".
WERBUNG AUS: C.V.GONZEN, NILFAHRT, STUTTGART-LEIPZIG-BERLIN-WIEN 1890 (WERBUNG IM ANHANG)

1　Ebers, Cicerone I, XV.

2　"Die jüngsten politischen Ereignisse", Ebers, Cicerone I, 46-50.

3　Z.B.: Ebers, Cicerone II, 30.

4　Ebers, Cicerone I, 68.

5　1884 von Fl.Petrie bei Kôm Ga'if entdeckt.

6　Ebers, Cicerone II. 29f.: Beschreibung seines Grabes im Hof des (neuen) Boulaq-Museums.

7　Ebers, Cicerone II. 51f.

8　Ebers, Cicerone II, 52.

9　Nekropole der 12.Dyn. und neue Mastabas der 6.Dyn.

10　Ein später Tierfriedhof.

11　Eine griechische Inschrift.

Welch gravierende Unterschiede in der Sicht Ägyptens möglich sind, zeigen Ausführungen Ermans anläßlich der Rezension des "Cicerone". Erman lobt zwar die "glänzende Darstellungsgabe des Verfs. und seine glückliche Begabung Menschen und Dinge in freundlichem Lichte zu sehen"[1], lehnt aber - neben einigen unwesentlichen philologischen Fehlern - die Grundtendenz ab, "die modische Begeisterung für die Fellachen zu teilen."[2] Erman sieht Ägypten und seine Bewohner mit anderen Augen: "die auffallende Beschränktheit des Volkes", "die jeder Beschreibung spottende Sittenlosigkeit"[3]. Dieses Urteil bezieht sich auch auf die Alten: "Wer die unterwürfige Rolle betrachtet, die Aegypten stets in der Weltgeschichte gespielt hat, und die geistigen Erzeugnisse liest, die es uns hinterlassen hat, wird nicht gerade der Ansicht sein, dass die Vorväter der Fellachen jemals sehr viel höher gestanden haben als ihre heutigen Enkel."[4]

II. 2. 2. Reliefs in Umzeichnung

"Aegypten in Bild und Wort" zeigt auf über 700 Abbildungen Landschaften, alte, mittelalterliche, islamische und moderne Genreszenen, Bauwerke, Zoologisches und Biologisches. Die Illustrationen von altägyptischen Kulturdenkmälern umfassen bekannte Kunstwerke[5], Architekturteile, auch kulturgeschichtliche Objekte (Vasen, Kämme, Löffel, Spiegel, Schmuck, Votivstatuetten u.a.) und Portraits von prominenten Königen (Wiedergaben der Gesichter von Reliefs oder Statuen[6]), idealtypische Götterdarstellungen - wie sie im alten "Baedeker" und auch noch heute in jedem Reiseführer vorkommen. Den größten Anteil der "archäologischen Illustrationen" der Ebers'schen Werke nehmen jedoch die Umzeichnungen von Reliefs ein: "Aegypten in Bild und Wort" bringt 49 Umzeichnungen aus den wichtigsten archäologischen Stätten Ägyptens entsprechend dem topographischen Aufbau des Werks. Die Schwerpunkte liegen in Gisa, Saqqara, Beni Hasan und Luxor. Der erste Baedeker-Band von Ägypten enthält als Umzeichnungen ausschließlich Szenen aus dem Grab des Ti in Saqqara; die einzige Ausnahme ist eine Illustration zur "Kunstgeschichte" und stammt aus dem Grab des Rechmire in Theben (TT 100). Im Cicerone dagegen findet sich wieder eine größere Anzahl von Umzeichnungen aus allen Gegenden Ägyptens - allerdings ohne die Umzeichnungen aus Gisa. Der uns heute ungewöhnlich erscheinende Veröffentlichungsort aller dieser Umzeichnungen sollte nicht gegen ihre wissenschaftliche Relevanz sprechen.[7] Ein synchroner und diachroner Vergleich mit anderen Veröffentlichungen wird zeigen, daß die sog. Umzeichnungen einen erstaunlichen Spielraum für interpreta-

---

1 Erman, Georg Ebers, Cicerone, in: Deutsche Litteraturzeitung VII (1886), 1132.

2 Erman, Georg Ebers, Cicerone, in: Deutsche Litteraturzeitung VII (1886), 1132.

3 Erman, Georg Ebers, Cicerone, in: Deutsche Litteraturzeitung VII (1886), 1132.

4 Erman, Georg Ebers, Cicerone, in: Deutsche Litteraturzeitung VII (1886), 1133.

5 Als Illustrationen zur "Kunstgeschichte". Siehe oben 46. Nahezu identisch mit den Ebers-Abgüssen, siehe 185-187.

6 Ramses II., Ramses III., Merenptah bis Alexander d.Gr. Ebers, Aegypten in Bild II, 57 hat ein ganzes Albumblatt von L.Burger mit 10 Portraits von Ahmes-Nefertari bis Kleopatra "nach Bildnissen aus der Pharaonenzeit".

7 Entsprechend erscheinen viele, aber nicht alle von Ebers veröffentlichte Szenen unter den Nachweisen im PM.

torische Freiheit beinhalten. Zuverlässigkeit und Vollständigkeit bestimmen mit dem Neuheitswert - viele der Motive sind später zu "Hits" geworden - ihren Stellenwert im Prozeß der wissenschaftlichen Entwicklung.

Den frühesten Komplex von Umzeichnungen liefert Ebers im "Baedeker": Die 21 Umzeichnungen aus dem Grab des Ti "sind nach Abklatschen des Herrn Dr.Reil[1] photographiert worden und können in ihren Umrissen als ganz getreu bezeichnet werden. Sie sind (...) auf 1/12 der Originalgröße reduciert."[2] Eine genauere Betrachtung zeigt jedoch keine absolute Treue: So werden Hieroglyphen weggelassen, zusammengehörige Gruppen getrennt[3], Details[4] und Stilistik verändert. Das Fehlen der Füße von Tier und Mensch im Wasser bei "Durch das Wasser getriebenes Hornvieh" im "Baedeker" wie auch in "Aegypten in Bild und Wort"[5], die im Original durch Farbe angegeben sind und einen wesentlichen Reiz der Darstellung ausmachen, muß als Verlust einer Umzeichnung hingenommen werden.[6]

Da sich Karl Baedeker das Eigentum an allen Materialien vorbehalten hatte, finden sich keine gleichen Künstlerhände und kaum motivliche Überschneidungen zwischen dem "Baedeker" und "Aegypten in Bild und Wort". Selbst wenn diese gegeben sind, z.B. bei den Schiffsbauszenen, werden andere Ausschnitte gewählt. Ernst Weidenbach[7], einer der Zeichner der Preußischen Ägyptenexpedition unter Lepsius, liefert dem "Prachtwerk" Beiträge ausschließlich archäologischer Natur - Umzeichnungen und Grundrisse. Hier läßt sich die stilistische Überlegenheit und größere ikonographische Treue dieser Umzeichnungen deutlich erkennen.

---

1 Dr.med.Wilhelm Reil, WwW [2]1972, 243f., selbst Verfasser eines Führers: "Ägypten als Winteraufenthalt für Kranke: zugleich ein Führer für Cairo und Umgegend, o.O. 1859. Reil gründete und organisierte 1871 im Auftrag des Vizekönigs die Heilbäder von Heluan. Reil hatte die Ti-Reliefs naß abgeklatscht: "he greatly damaged the scenes in the tomb of Ti by taking wet squeezes which removed the colours", WwW [2]1972, 243f. Ebers wendet sich in einem gebundenen Fahnenexemplar des "Baedeker" (318) in der Bibliothek des Instituts für Ägyptologie der Universität München gegen die Methode nasser Abklatsche: "Er [Mariette] hat Recht, wenn er auch den Zutritt in das Tigrab erschwert, denn trotz aller Vorstellungen und Ermahnungen finden sich immer und immer wieder reisende Narren, die mit ihrem Namen die schönen und ehrwürdigen Inschriften und Bilder besudeln und verderben. Will man Abdrücke von einzelnen besonders schönen Reliefbildern nehmen, so vermeide man die die Farben schädigende nasse Methode und benütze Staniol". Dieser Passus wurde verständlicherweise in der endgültigen Fassung gestrichen.

2 Baedeker, Aegypten I, 404. Reil besaß eine "einzig dastehende Sammlung an Abklatschen aus den Gräbern von Sakkâra", Baedeker, Aegypten I, 404.

3 Die Hieroglyphenkolumne zwischen den herbeigeführten "Ortsvorstehern" und den Schreibern fehlt in: Baedeker, Aegypten I, 409 u.; die linke Gruppe ist abgeschnitten.

4 Beispiel: Baedeker, Aegypten I, 413 (entspricht: Ebers, Aegypten in Bild, I, 187 u., aber nicht identisch!): bei den Frisuren; oder der Nacktheit der Hirten: im "Baedeker" sind die drei Hirten mit einem Schurz versehen. (Vgl. dazu auch den "amputierten" Amun-Min, Baedeker I, 152.) Die Mähnen der Rinder fehlen im "Baedeker" ganz.

5 Baedeker I, 413 und Ebers, Aegypten in Bild I, 187.

6 Fragen der Farbigkeit müssen hier ausgeklammert bleiben.

7 WwW [2]1972, 299.

Den ersten archäologischen Bildschwerpunkt in "Aegypten in Bild und Wort" bildet mit 6 Szenen[1] das Grab des Chephren-anch in Gisa.[2] Die Bilder beläßt Ebers ohne Herkunftsangabe. Zwar zitiert er aus einer Liste aus der Mastaba des "Chafra-anch", ohne jedoch die Bilder als aus dieser stammend zu bezeichnen. Der Text zu Saqqara wird durch Szenen aus den Gräbern des Ti und des Ptah-hotep illustriert.[3] Sie stammen, mit wenigen Ausnahmen[4], von Weidenbach. Da die Gräber 1860 von Mariette entdeckt worden sind, müssen die Zeichnungen von der zweiten Reise Weidenbachs nach Ägypten stammen, als er 1866 Lepsius wieder begleitete. Es ist also zu unterscheiden zwischen schon in LD Veröffentlichtem und Neuanfertigungen.[5] Die erste Veröffentlichung in Teilen der Gräber von Ti und Ptahhotep erfolgt 1869 in Dümichens "Resultate".[6] Ebers sieht die Gräber wohl bei seiner zweiten Ägyptenreise 1872/73 und läßt dann seine Veröffentlichungen im "Baedeker" 1877 und dem Prachtwerke 1879 folgen.[7] Ein Vergleich der Zeichnungen Dümichens und Weidenbachs bei Ebers zeigt die Veränderungen an vielen Details, bei Korrekturen und Erweiterungen. So hat zwar in Weidenbachs Bild "Gefangene Tiere der Wildnis" jetzt der erste Ziehende den Kopf richtig nach rechts gewendet[8], auch gibt das Bild "Musikalische Unterhaltung" die Fruchtkörbe des rechts Speisenden vollständig wieder[9], jedoch ist bei den Beischriften die ältere Veröffentlichung im allgemei-

---

1 Ebers, Aegypten in Bild I, 155-156.

2 Gizeh Lep.75 = G.7948; PM III, 1, 207f. (als Raʿhaʿef ʿankh).

3 Ebers, Aegypten in Bild, I, 68 und 185-192.

4 I, 185 von Ramsthal und I, 192 o. und u. von Gentz.

5 Eine feinere Differenzierung zwischen Entstehungs- und Veröffentlichungszeit, d.h. zwischen schon bei der Preußischen Expedition angefertigten Zeichnungen, die damals aber nicht veröffentlicht worden sind, und neu angefertigten, ist jedoch nur in seltenen Fällen möglich.

6 Dümichen, Resultate. Um einen Fehler kann es sich nur handeln, wenn Meyer, Geschichte des alten Aegyptens, Ausklapptafel nach 116, die Ostwand der Kultkammer des Ptahhotep in Strichzeichnung darstellend, mit der Quellenangabe: "Nach Lepsius" versieht.

7 Die Aufzeichnungen des Entdeckers wurden für das Ti-Grab erst 1889 veröffentlicht in Maspero, Mastabas de l'Ancien Empire, Paris 1889. Eine vollständige photographische Aufnahme leisteten Steindorff und Koch 1910. Veröff.: Steindorff, Das Grab des Ti. Eine größere Veröffentlichung des Ptah-hotep-Grabes entstand durch Davies, der, als er 1898 die Arbeit begann, die Mastaba schon wieder zugesandet vorfand. Veröff.: The Mastabas of Ptahhetep and Akhethetep at Saqqareh, London 1900.

8 Ebers, Aegypten in Bild I, 191 u. Bei Dümichen, Resultate, Taf.IX, blicken alle vier nach links.

9 Ebers, Aegypten in Bild I, 192 o. Bei Dümichen, Resultate, Taf.X, sind die Körbe abgeschnitten. An dieser Stelle weist Ebers darauf hin, daß "der verdienstvolle Aegyptolog Dümichen in Straßburg" der Erstveröffentlicher gewesen sei. Weiter schreibt er zu dieser Szene, Dümichen nehme "es dem alten Würdenträger [Ptah-hotep] übel, daß er diesem Konzerte seine Hunde beiwohnen läßt". Dümichen hatte nämlich geschrieben: "Dass Hunde dem Concerte beiwohnen, spricht nicht besonders für die glückliche Ausführung desselben. Die altägyptischen Hunde werden wohl eben so wenig Musikliebhaber gewesen sein, wie die unsrigen (...)", Dümichen, Resultate, II.

BEISPIEL FÜR SYNCHRONEN QUALITÄTSUNTERSCHIED

GRAB DES RECHMIRE (TT 100), THEBEN-WEST
DREIMAL DIESELBE SZENE, VON EBERS VERÖFFENTLICHT.
DIESE ABBILDUNGEN IN ORIGINALGRÖSSE.

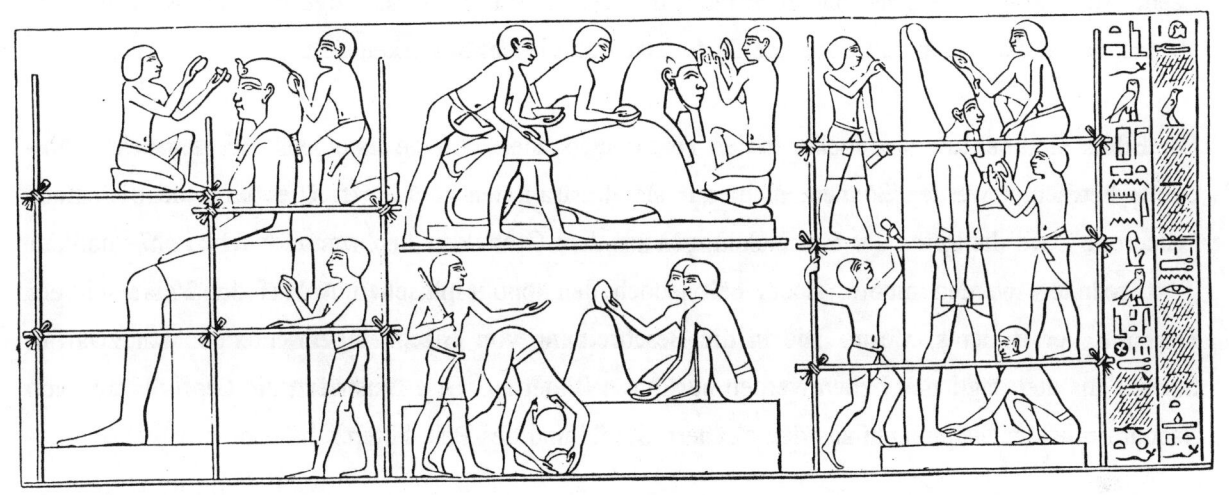

ALT-ÄGYPTISCHE DARSTELLUNG DER ARBEITEN AN ZWEI STATUEN UND EINEM SPHINX.

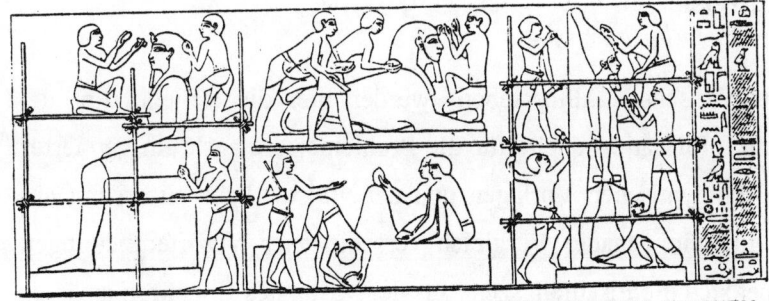

ALTÄGYPTISCHE DARSTELLUNG DER ARBEITEN AN ZWEI STATUEN UND EINEM SPHINX.

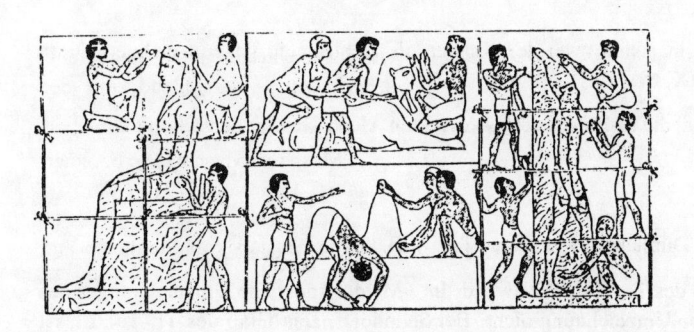

OBEN:
EBERS, AEGYPTEN IN BILD UND WORT II, 56 **(1879)** (VON WEIDENBACH)

MITTE:
EBERS, CICERONE II, 37 **(1886)** (VON WEIDENBACH)

UNTEN:
BAEDEKER, AEGYPTEN I, 186 **(1877)** (OHNE ANGABE VON TITEL U. ZEICHNER ALS ILLUSTRATION ZU: "ZUR AEGYPTISCHEN KUNSTGESCHICHTE")

WARUM SICH EBERS BEIM BAEDEKER AUF DIESE ÜBERHOLTE ABBILDUNG EINGELASSEN HAT, WÄHREND IM BAEDEKER SONST DIE ERHEBLICH BESSEREN ABKLATSCHE VON REIL ZUGRUNDE LIEGEN, IST UNKLAR UND LÄSST SICH NUR MIT URHEBERRECHTLICHEN PROBLEMEN ERKLÄREN. DIESE SZENE WAR DAMALS BEREITS IN CHAMP.MON.; ROS.MON.CIV.; WILK.MAN. UND LD VERÖFFENTLICHT.

nen zuverlässiger. Weidenbach läßt die Hieroglyphen, sicher absichtlich, teils ganz weg[1], teils haben sich Fehler eingeschlichen.[2] Aber auch umgekehrt: Weidenbach gibt die Beischrift bei seinen "Vergnügungen auf dem Wasser"[3] im Gegensatz zu Dümichen vollständig wieder.[4] Die "allerliebste Taubenheerde"[5] ist eine der wenigen Umzeichnungen von Gentz und stilistisch der Dümichen'schen Szene[6] so ähnlich, daß man annehmen muß, daß Gentz von Dümichen abgezeichnet hat, zumal ein Vergleich mit dem Original[7] deutliche Differenzen zu diesem bemerken läßt.

Die Bilder sind bei Ebers so locker in den Text eingebunden, daß sie als eigenständige Informationsquelle betrachtet werden können, nicht nur als Illustrationen zum Text. Dies wird deutlich beim "Cicerone", wo die Reihe der Umzeichnungen aus dem Grab des Chephren-anch fehlt, ohne daß der Text geändert werden mußte. Ebers hält jedoch den topographischen Ablauf der Reise mit der Herkunft der Bilder konform: Die in die Beschreibung von Gizeh eingeflochtenen Mastabas mit Szenen aus dem täglichen Leben werden nur durch Bilder aus Gisa illustriert, die Beschreibung von Saqqara mit Umzeichnungen aus den Gräbern des Ti und des Ptah-hotep.[8]

II. 2. 2. 1. DIE FISCHFANGSZENE AUS DEM GRAB DES CHEPHREN-ANCH.
PROBLEME DER SEHWEISE.

Nicht als Informationsquelle für altägyptisches "Alltagsleben" werden hier die Reliefs, d.h. die Originale, betrachtet, sondern als eine Informationsquelle für die Probleme, die auch ein versierter Zeichner mit der fremden Stilistik der ägyptischen Vorlagen und der vollständigen Erfassung der zahlreichen Details hatte. Darüber gibt ein genauer Vergleich verschiedener Veröffentlichungen Aufschluß. Für die Beobachtung eignet sich die Fischfangszene aus dem Grab des Chephren-anch als

---

1 Z.B.Ebers, Aegypten in Bild I, 188 u. Im Original sind zwei der Knaben als Achti-hotep gekennzeichnet. Diese Beischriften hat auch Dümichen, Resultate, Taf.IX.

2 Z.B.Ebers, Aegypten in Bild I, 191 o., wo zweimal die m-Eule statt des korrekten Aleph-Geiers, den schon Dümichen, Resultate Taf.VIII zeigt, erscheint.

3 Ebers, Aegypten in Bild I, 188 o.

4 Bei Dümichen fehlt einmal die Hieroglyphe "f", Dümichen, Resultate, Taf. VIII.

5 Ebers, Aegypten in Bild I, 192 u. Aus dem Grab des Ti, Hof, Westwand. Im PM, der sonst alle Umzeichnungen aus Ebers, Aegypten in Bild, auflistet, erscheint diese Umzeichnung nicht. Bei Steindorff, Das Grab des Ti, Taf.22, ist die Taubenherde in Briefmarkengröße in einer Gesamtansicht der Wand zu erkennen.

6 Dümichen, Resultate, Taf.III.

7 Photo von genau dieser Szene bei: Lauer, Saqqara, Abb.16.

8 Dabei kommt es auch zu Fehlern: Die "Bäume fällenden Hörigen", so die Bildunterschrift und auch der zugehörige Text, sind tatsächlich Bauern bei der Getreideernte, Ebers, Aegypten in Bild I, 156 und 157.

eines von mehreren möglichen Beispielen.[1] Das Grab stand schon den ersten Ägyptologen offen. Wilkinson - von 1821-1833 in Ägypten - hatte daraus 1837 als erster Szenen in seinen "Manners and Customs" veröffentlicht, dann folgte Lepsius[2], dessen Zeichnungen mit Bonomi[3], M.Weidenbach[4] und Frey[5] signiert sind, die Lithographien stammen von E.Weidenbach.[6]

LD zeigt die ganze Wand, während Wilkinson und Ebers die Szenen vom Gesamtzusammenhang lösen, indem alles, was aus anschließenden Szenen desselben Registers herüberragt, wegretuschiert wird.[7] Ebers grenzt die ganze Szene zusätzlich noch durch senkrechte Linien ab, setzt sie gleichsam in einen Rahmen. Wir vergleichen die gedruckten Veröffentlichungen.[8] Die folgenden Abbildungen sind hier unterschiedlich stark verkleinert.

Die Standlinie wird bei Wilkinson aus Gründen der (modernen) Logik hinter das Netz gestellt, was weitere Änderungen nach sich ziehen muß, um die Überschneidungen plausibel zu gestalten: Weil die Person 6[9] mit dem Netz hantiert, muß sie vorne stehen, so daß Wilkinson die Personen 5 und 6 falsch staffelt. Person 4 wird in eine spiegelsymmetrische Haltung zu 7 gebracht, indem das Seil vor den Hals und über die Schulter gelegt wird. Die Registereinteilung bewirkt, daß sich die Szene zwischen zwei waagrechten Linien einfügt, aus denen nichts herausragen sollte. Das entspricht der ägyptischen Darstellungsweise der Isokephalie. Dies ist bei Wilkinson noch nicht erkannt: Der Aufseher, der als einziger aufrecht steht, wird gegenüber den Gebückten größer gezeichnet. Wilkinson bereiten die Prinzipien der ägyptischen Darstellungsweise noch erhebliche Schwierigkeiten.

---

1 Etwa die Ziegelherstellungs-Szene aus dem Rechmire-Grab: Wilk.Man.II (1837),99; LD III, 40; Ebers, Ägypten in Bild I, 116.

2 LD II, 8, 9, 10, 11; Fischfangszene: II, 9 unten.

3 WwW ²1972, 33.

4 D.h. Max Weidenbach, siehe WwW ²1972, 299.

5 Kurzbiographie in: Freier, Eine Reise, 175. Dort auch über die anderen Teilnehmer der Lepsius-Exedition.

6 D.h. Ernst Weidenbach, siehe WwW ²1972, 299.

7 Zum Vergleich isolieren wir die Szene aus LD von der Umgebung. Die zeitlich folgende Abbildung dieser Szene gleich zweimal in: Erman, Aegypten und aegyptisches Leben, 326 und 535 (1885), stammt offensichtlich aus LD, isoliert die Szene aber ebenfalls von der links anschließenden.

8 Ein andrer Schritt wäre der Vergleich der Veröffentlichung mit den Originalzeichnungen und dann dieser mit dem Original, das sich heute meist in einem weiter fortgeschrittenen Zustand der Zerstörung präsentiert. Die Originalzeichnungen Weidenbachs werden im Archiv der Akademie der Wissenschaften Berlin (Ost) aufbewahrt. Die Originalzeichnung zur ganzen Wand ist veröffentlicht in: Freier, Eine Reise, Abb.16 und 17. Es geht hier aber um die Veröffentlichungen, die in tausenden Exemplaren verbreitet waren und so ihre Wirkung entfalteten und die oft deutlich von den Handzeichnungen abweichen.

9 Numerierung nach Wilkinsons Zeichnung

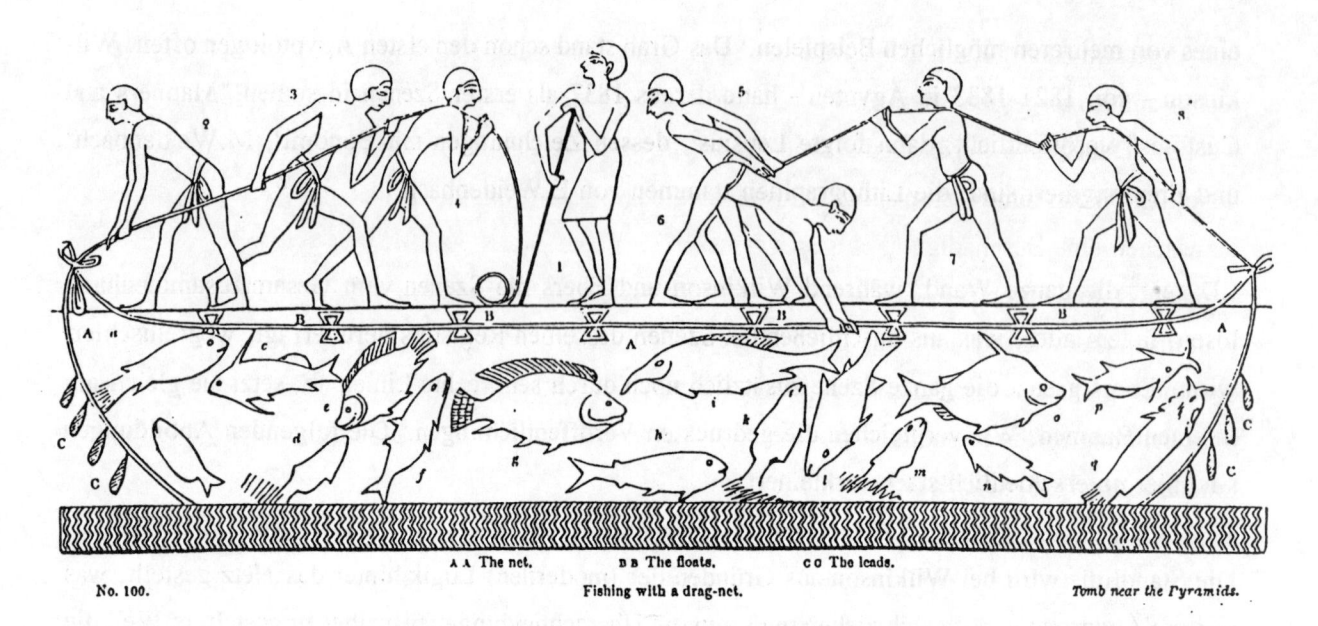

A A The net.　　　B B The floats.　　　C C The leads.
No. 100.　　　Fishing with a drag-net.　　　Tomb near the Pyramids.

WILKINSON, MANNERS AND CUSTOMS II, 20. (1837)

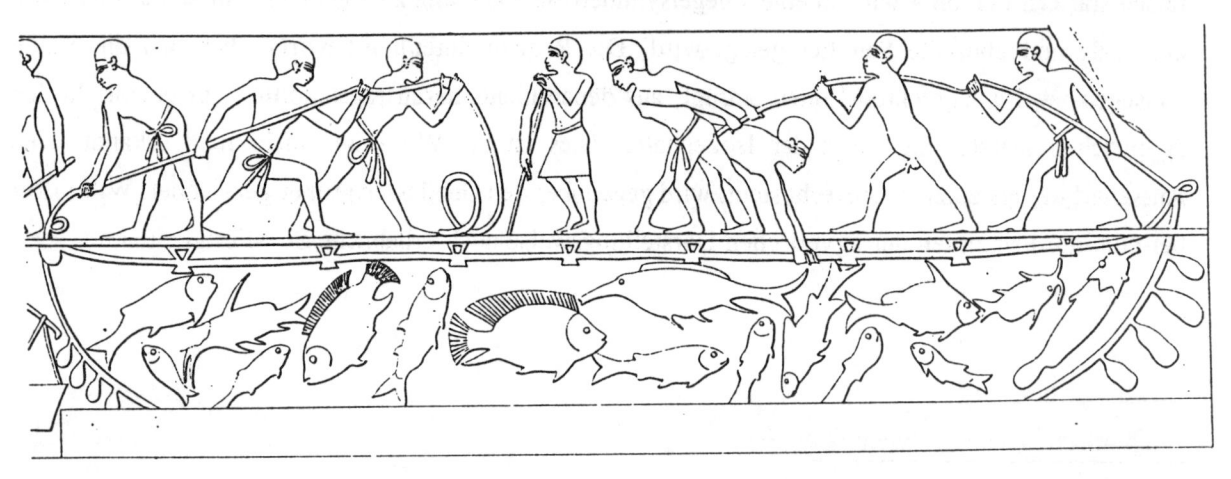

LEPSIUS, DENKMÄLER AUS AEGYPTEN II, 9. (1849-1859)

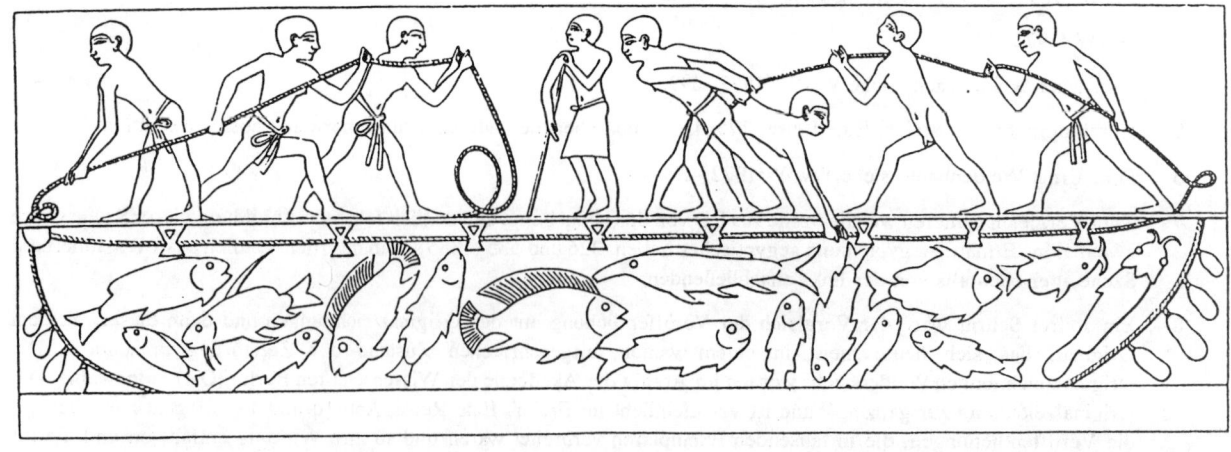

FISCHFANG.

EBERS, ÄGYPTEN IN BILD UND WORT I, 156. (1879/80)

Ins Auge fällt, daß Person 7 bei Wilkinson bekleidet ist und daß bei Ebers ein Stück Seil des Netzes rechts außen vergessen wird und unterschiedliche Knoten zwischen Netz und Zugseil angebracht werden. Daneben differieren die Innenzeichnungen erheblich: Lepsius läßt Fehlstellen als solche kenntlich. Wenn nun Fisch c bei Wilkinson vollständig ist, bei Lepsius jedoch der Kopf fehlt, so kann inzwischen eine Beschädigung eingetreten sein. Bei Ebers ist der Kopf jedoch wieder da, also wohl ergänzt. Dafür fehlen bei Wilkinson die Barteln, die Lepsius und Ebers angeben. Umgekehrt macht Wilkinson die Wasserfläche durch die üblichen ägyptischen Zickzacklinien kenntlich. Hat er diese - eventuell gemalt - noch gesehen? Dabei haben farbliche (graphische) Details in einer reinen Umzeichnung nichts zu suchen. Diese Frage erhebt sich auch bei den anderen Details der Fische: die Innenzeichnung der Schwanzflossen von e und g differiert von Wilkinson zu Lepsius und Ebers, ebenso die Innenzeichnung der Schwimmer des Netzes.

Während bei Wilkinson die Körperformen schlank sind, sind sie bei Lepsius gedrungen - besonders deutlich bei Figur 7 -, die Zeichnung bei Ebers hält dabei die Mitte. Dem entsprechen die Haltungen: Wilkinson läßt seine Arbeiter aufrechter stehen als die anderen. Das Ergebnis ist eine unterschiedliche Spannung, die sich auch im Volumen der Gewichte, der Spannung des Seils, dem Schwung von dessen eingerolltem Ende bis zu Details wie den Fühlern der Welse ausdrückt.

Nicht zuletzt trägt auch die technische Umsetzung des Reliefs - gleichmäßige Umrißlinien bei Wilkinson, dicke Linien als Schattenlinien gegen dünne bei Lepsius und Ebers - zum unterschiedlichen Ergebnis, das zwischen Ruhe und Dynamik schwankt, bei.

Obwohl Ebers im Text nicht auf die erstaunliche Freiheit dieser Darstellung innerhalb der altägyptischen Kunstentwicklung eingeht[1], so war doch die ungewöhnliche Lebendigkeit dieser Szene sicher ausschlaggebend für deren Auswahl.

---

1   Dies geschieht in: Erman, Aegypten und aegyptisches Leben, 534f. (1885).

II. 2. 2. 2. DER TRANSPORT EINER KOLOSSALSTATUE AUS DEM GRAB DES DJEHUTI-HETEP. DIE ENTWICKLUNG ADÄQUATEN SEHENS.

Die Nekropole von Beni Hasan ist in "Aegypten in Bild und Wort" vertreten durch die nachmals so berühmte Semiten-Prozession.[1] Aus Deir el-Berscheh wählt Ebers den inzwischen nicht weniger prominent gewordenen "Transport einer Kolossalstatue" aus dem Grab des Djehuti-hetep, eine Szene, die schon die Aufmerksamkeit der ersten Reisenden erregt hatte und die zahlreiche Veröffentlichungen erfuhr. Auch hier geht Ebers' Text kaum auf das Dargestellte selbst ein. Die Zeichnung wird nur in Zusammenhang gesetzt mit dem hieroglyphischen Bericht von einer Expedition Ramses' IV. ins Wadi Hammamat[2], mit rücksichtslosem und verschwenderischem Einsatz von Menschen bei Bauvorhaben, ein rationalistischer Ansatz, der nicht auf den eigentlichen Inhalt des Kunstwerks eingeht, es also nicht selbst würdigt.

Durch die fortschreitende Zerstörung haben die älteren Editionen den Vorzug einer größeren Vollständigkeit. Hier erhält die Zuverlässigkeit der Wiedergabe solcher heute nicht mehr vorhandenen Stellen eine große Rolle: sie läßt sich nur durch einen Analogieschluß aufgrund der allgemeinen Zuverlässigkeit beurteilen. Dazu gehören so wichtige Stellen wie das Gesicht der Statue. Durch den Vergleich der Editionen von Minutoli, Wilkinson, Rosellini, Lepsius, Ebers und Griffith[3] lassen sich hier die Ergebnisse, die an der Chephren-anch-Szene gewonnen wurden, ergänzen, da die Szene den größten Teil einer ganzen Wand einnimmt, also sich über mehrere Register erstreckt und sich hier mehr der Gesamtaufbau, weniger die Details anbieten.

Die Verteilung des vielfigurigen Ensembles wird durch die Standlinien und die Registereinteilung bestimmt. Die Standlinien sind bei Minutoli, Rosellini, Wilkinson und Ebers durch eine einfache Linie wiedergegeben: Das Gerüst des Aufbaus ist noch nicht sehr fest, bei Lepsius und Griffith dagegen gibt eine Doppellinie mehr Halt. Auch einzeln stehende Figuren haben eine Standlinie, so die räuchernde Figur vor dem Schienbein der Statue, deren Standlinie und Anordnung jedoch bei jeder Zeichnung in der Länge anders ist, und die entweder frei auf der Fläche steht oder angebunden ist an andere Gruppen. Der zurückgesetzte Fuß des Wasserausgießers wird vom rechten Fuß der Statue verdeckt - bei Minutoli, Rosellini, Wilkinson teilweise, bei Lepsius, Ebers, Griffith ganz. So ist der Wasserausgießer als zwischen den Füßen der Statue stehend gekennzeichnet. Der Räuchernde steht

---

1 Ebers, Aegypten in Bild II, 190.

2 Als die Reise an die entsprechende Stelle, also nach Deir el-Berscheh, gelangt, wird auf die weiter unten folgende Darstellung verwiesen, Ebers, Aegypten in Bild II, 196. Diese folgt dann bei der Behandlung der östlichen Steinbrüche, Ebers, Aegypten in Bild II, 372. Gemeint ist die 4.Expedition Ramses' IV.

3 Minutoli, Atlas von neun und dreissig Tafeln, Tab XIII; Wilkinson; Rosellini, Mon.civ.XLVIII; LD II, 134 A; Ebers, Aegypten in Bild II, 372; Griffith/Newberry, El Berscheh I, Pl.XV.

bei Wilkinson in unmöglicher Weise über einem der Zugseile. Der Wasserstrahl aus dem Krug von Person 4 verläuft bei Rosellini, Lepsius und Ebers als Zickzacklinie, bei den anderen glatt.

Durch die Größenverhältnisse der Personen untereinander bemißt sich die Wichtigkeit. So wird deutlich unterschieden zwischen den Arbeitern vor und unterhalb der Statue und den Aufsehern dahinter.[1] Bei den Nachzeichnungen jedoch sind die unterschiedlichen Größen mit Ausnahme von Griffith mehr durch das Fehlen der Beischriften bedingt. Besonders deutlich wird das bei Ebers, bei dem die Ziehenden größer dadurch werden, daß jeweils die Hieroglyphenzeile über deren Köpfen weggelassen ist und die Fläche ausgefüllt werden soll, d.h. die Köpfe an die obere Begrenzung reichen sollen. Dadurch haben die vor und hinter der Statue Stehenden dieselbe Größe. Ähnliche Änderungen ergeben sich durch das Weglassen der Hieroglyphenkolumne bei Lepsius zwischen der Statue und den 12 Aufsehern. Insgesamt bedingt dies größere oder kleinere Proportionsverzerrungen im Gesamtaufbau und eine andere Aufteilung in der Fläche: Durch das Fehlen der zwei Hieroglyphenkolumnen rechts, bei Wilkinson als Feld 6-9 bezeichnet, wird das Bildfeld kürzer und die Kolonnen des oberen Registers müssen näher zusammengerückt und von 7 (bei Wilkinson, Lepsius, Griffith) auf 6 (bei Minutoli, Rosellini, Ebers) reduziert werden, d.h. die Figuren(blöcke) werden anders auf dem Streifen verteilt. Gleichzeitig ergeben sich zusätzliche Überschneidungen durch die bei Rosellini, Lepsius und Ebers von einigen in den Kolonnen mitgeführten Stäbe, die bei Minutoli, Wilkinson, Griffith fehlen. Durch die strengen Gruppenbildungen sind Überschneidungen, womit nicht die zahlreichen Staffelungen gemeint sind, weitgehend vermieden. Auch der Seilverlauf ist jeweils unterschiedlich gesehen: hinter den Männern bei Minutoli, vor ihnen bei Wilkinson, Rosellini, Lepsius und Ebers. Ganz fehlt das Seil bei Griffith.

---

[1] Dieser Grundsatz gilt auch für die Statue, so daß sich eine Größenberechnung ohne Rücksicht auf die Texte durch das Verhältnis zu den Menschen in "natürlicher" Größe verbietet.

MINUTOLI, ATLAS VON NEUN UND DREISSIG TAFELN, TAB. XIII. (1824)

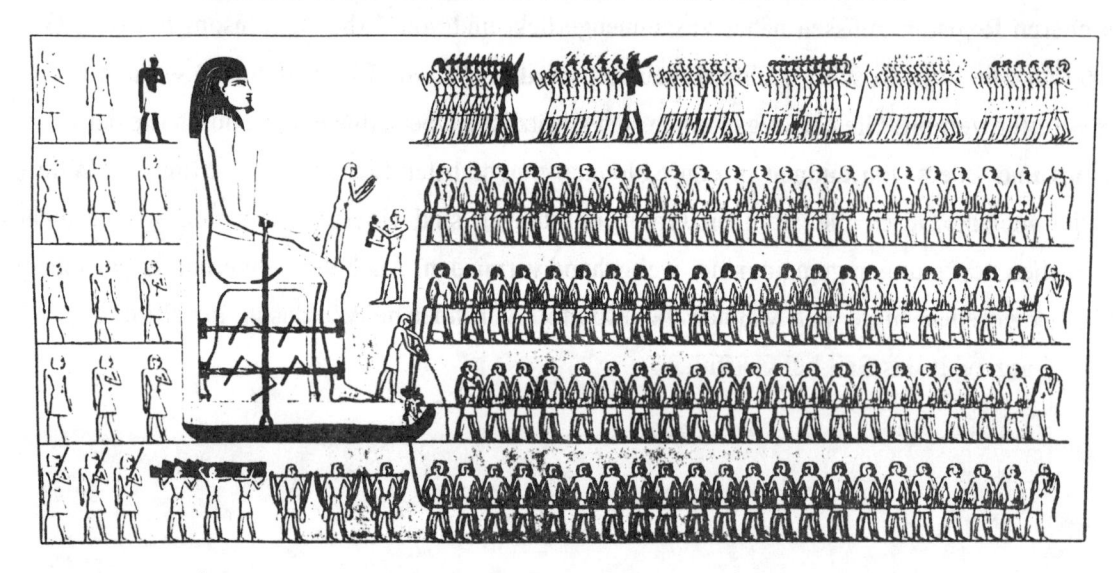

ROSELLINI, MONUMENTI CIVILI XLVIII. (1834)

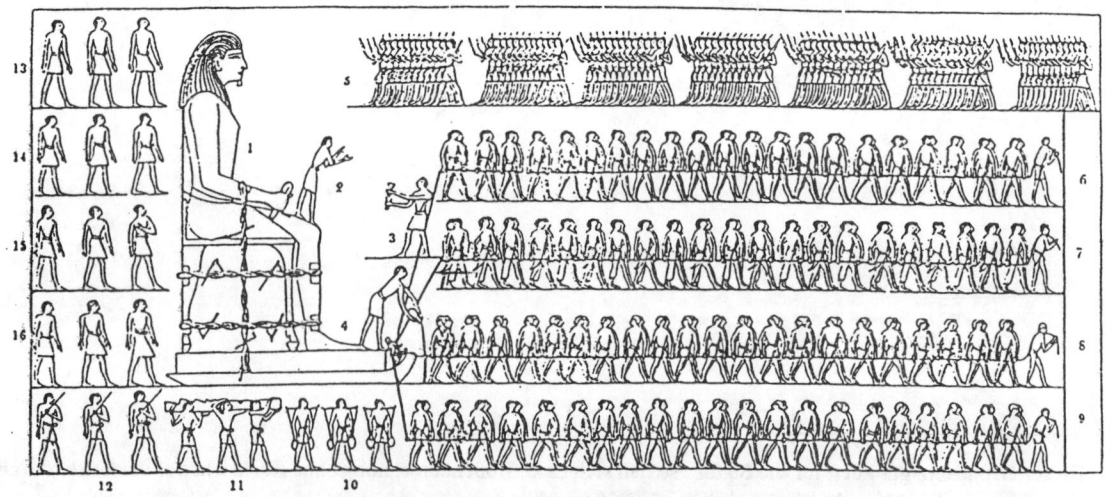

Mode of transporting a colossus from the quarries, from a lithographic drawing by Mr. Bankes.

WILKINSON, MANNERS AND CUSTOMS III, 328. (1837)

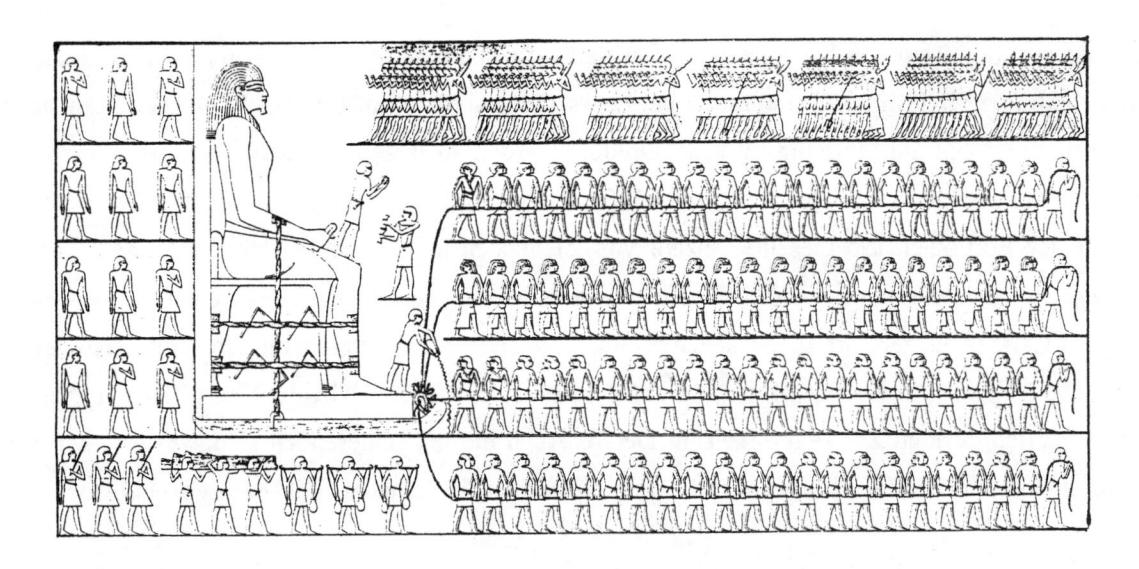

LEPSIUS, DENKMÄLER AUS AEGYPTEN II, 134 A. (1849-1859)

FORTSCHAFFUNG EINES KOLOSSES AUS EINER GRUFT ZU EL-BERSCHE.

EBERS, AEGYPTEN IN BILD UND WORT II, 372. (1879/80)

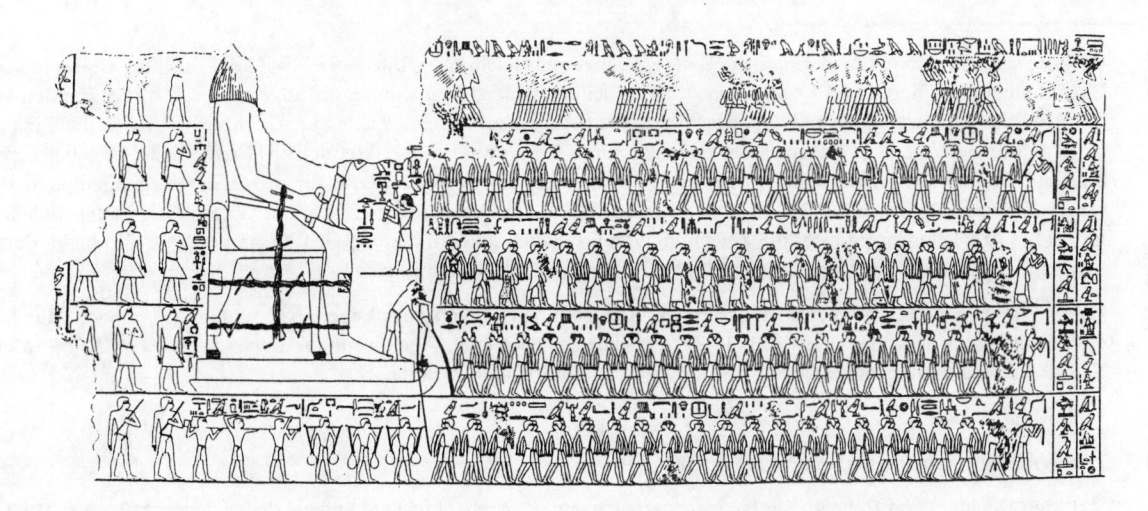

GRIFFITH/NEWBERRY, EL BERSCHEH I, PL. XV (=ASE 3). (1895)

Die Anzahl der Personen hat immer zu Zählfleißaufgaben geführt.[1] Ein Vergleich zeigt erhebliche Abweichungen: Bei Minutoli sind es 88; bei Ebers 120; bei Rosellini 170; bei Wilkinson, Lepsius und Griffith 172.[2] Um die Staffelungen nicht eintönig werden zu lassen, werden diese seit alters immer wieder durchbrochen. Hier geschieht dies häufig durch eine Umwendungen des Gesichtes. Beim Vergleich der Editionen, die dieselbe Anzahl von Ziehenden haben, ergibt sich ein buntes Bild: Wir nehmen nur das unterste Register - für die anderen sind ähnliche Ergebnisse festzustellen - wenn wir die von Griffith als zerstört angegebenen 5 Gesichter unberücksichtigt lassen, so ergibt sich bei Wilkinson: 37 n.r./9 n.l.; bei Rosellini und Lepsius: 32 n.r./6 n.l.; bei Griffith: 28 n.r./10 n.l. Dies zeigt eine ziemlich geringe Zuverlässigkeit im Detail. Auch die marschierenden Gruppen im oberen Register haben bei Griffith - soweit noch kenntlich - unterschiedliche Anzahl, bei Lepsius jedoch je 11.

Die Ikonographie erhält direkte Bedeutung bei der Identifizierung der Statue. Schon Wilkinson betont in der Legende "The statue (...) is of a private individual, not of a king or a deity."[3] Die Perücke der Statue ist bei privaten wie auch bei königlichen Statuen des MR belegt. Daher könnte nur die Beischrift, in der ein Königname auftauchen müßte, wenn eine königliche Statue gemeint sein sollte, Auskunft geben. Heute herrscht Übereinstimmung, daß es sich trotz der ungewöhnlichen Dimensionen der Statue um die des Grabbesitzers handelt.[4] Da aber jeder Zeichner das sieht, was er kennt[5], zeigt die Statue die Tendenz zur Königsikonographie: das Kopftuch erhält die charakteristische Streifung, die Andeutung eines Brustlappens und eines Zopfes. Am weitesten wagt sich Ebers vor, der das Zopfende wie auch Lepsius durch Querstreifung betont, dazu aber noch ein Bartband gibt und durch einen Schurzeinsatz an den dreiteiligen Königsschurz erinnert!

Ein buntes Bild ergibt auch die Beobachtung der Kleidung des Personals. Nur einige Beispiele, deren Nachprüfung allerdings anhand der hier beigefügten Abbildungen nur schwer möglich ist, seien angeführt. Keiner der Zeichner vor Griffith hat die Federn in den Haaren der Arbeiter bemerkt, die Brustbänder sind bei allen jeweils verschieden verteilt oder wie bei Wilkinson ganz weg gelassen. Die

---

1 Besonders schön Cerams Anmerkung in "Götter, Gräber und Gelehrte im Bild", 171: "Bei der Korrektur-Lesung dieses Buches stellte sich heraus, daß kein Leser der Versuchung widerstehen konnte, die angegebene Zahl der Figuren auf der Abbildung nachzuzählen und daß jeder prompt auf Anhieb zu anderen Zahlen kam. Ich versichere deshalb jedem (...), daß es sich (die Statue ausgelassen) wirklich um 172 Figuren handelt, von denen 79 nach links, 93 nach rechts blicken". Ceram setzt nun seine 88 Ziehenden "zu den Ergebnissen, die Petrie für die Steinbewegungen beim Pyramidenbau berechnete" in Verhältnis, und siehe, es stimmt "überraschend gut", Ceram, Götter, Gräber und Gelehrte im Bild, 170. Hätte Ceram nicht die Zeichnung von Cailliaud, sondern die von Griffith, die statt 88 Ziehender deren 172 gibt, genommen, ob dann das Verhältnis auch noch so gut gestimmt hätte?

2 Eine ungewöhnliche Lösung praktiziert Erman, Aegypten und aegyptisches Leben, 632, indem er die Szene aus LD etwa in der Mitte abschneidet, so daß nur 32 Ziehende zu sehen sind. Auch wenn die Legende bemerkt "Der vordere Teil des Bildes musste hier wegbleiben", so wird der Eindruck doch verfälscht.

3 Wilk.Man.III (1837), 328.

4 Z.B.Wildung, Sesostris und Amenemhet, 160.

5 Vgl. den Buchtitel von Rehork, Sie fanden, was sie kannten. Archäologie als Spiegel der Neuzeit, München 1987.

Perücken differieren deutlich. Der Schurzüberschlag fehlt bei Lepsius z.B. im unteren Register. Die Soldaten tragen Palmwedel (?) in der linken Hand, bei Minutoli, Wilkinson teilweise auch in der rechten Hand.

Der Seilverlauf vom Schlitten zum hintersten Ziehenden, d.h. die Seilspannung, ist bei Minutoli fast senkrecht, bei Griffith unrealistisch ganz senkrecht, bei Lepsius gebogen. Die Seilanfänge hängen bei allen Zeichnern jeweils über die Schulter des ersten, alleinstehenden Ziehenden, außer bei Minutoli, wo zweimal die Anfänge in Hüfthöhe gehalten werden. Die Anfänge sind bei Lepsius einheitlich 4x geschwungen, bei Ebers unterschiedlich stark geschwungen, bei Wilkinson und Griffith herabhängende kurze Zipfel. Diese Details ließen sich vermehren.

Auch die Formate der Bilder sind unterschiedlich: bei Minutoli annähernd 1x1,8 (= Höhe x Länge); bei Ebers 1x2, bei Griffith 1x2,5. Bei Ebers sind allein die Züge der Ziehenden auf 2/3 der Länge von Griffith gekürzt. Dadurch entsteht der Eindruck von Vereinzelung in der Fläche, wie er sich noch stärker bei Minutoli wegen der geringen Zahl der Ziehenden ergibt.

Insgesamt läßt sich ein Prozeß zunehmender Annäherung an das Original beobachten. Ägyptische Eigenheiten wie Standlinien und Bedeutungsmaßstab werden erst langsam erkannt, Abweichungen vom Regelmäßigen, Symmetriedurchbrechungen finden wachsendes Verständnis, d.h. die ägyptische Darstellungsweise wird zunehmend als weniger starr betrachtet. Ein deutlicher Qualitätssprung ist von Ebers auf Griffith in kurzer Zeit zu beobachten, während zwischen Lepsius und Ebers in 40 Jahren kaum Verbesserungen stattfanden. Das Maximum an Genauigkeit, das zu seiner Zeit erreicht werden konnte, erreicht Lepsius. Das uneingeschränkte Lob für LD, zuletzt geäußert von Wildung, der meint, daß "die von den Gebrüdern Weidenbach gezeichneten Tafeln der Denkmäler aus Ägypten und Äthiopien noch heute strengsten Maßstäben stand[halten]"[1], muß jedoch eingeschränkt werden. So ergibt sich der Eindruck einer Verbesserung mit der Zeit, aber nicht einer linear verlaufenden, stetigen Entwicklung! Interessant ist, daß die Wilkinson'sche Zeichnung noch 1878 unverändert in die Edition von Birch übernommen wurden, obwohl sie durch Weidenbach bei Lepsius und Ebers längst überholt war.

---

1 Wildung, Auf Berliner Weise, in: Pharaonen-Dämmerung, 218.

II. 2. 3. ALTÄGYPTEN IN DER HISTORIENMALEREI. "DAS GANZE [GEMÄLDE] EINEM ÜBERRASCHENDEN, FESSELNDEN ROMAN VON EBERS VERGLEICHBAR."

"So klagen der Sohn und die Gattin schon lange
Da koñte ich länger nicht wehren dem Drange
Dem Freunde, um bald unser Sehnen zu enden
Diese unbescheidenen Zeilen zu senden.

Gegen jegliche Sitte verstößt zwar die Mahnung
Doch bringt sie, laut sagt mirs die Ahnung
Uns bald der vermessnen Begierde Stillung
Der kühnsten Wünsche frohe Erfüllung

Begleitet vom Gruß des berühmten Gebers
Die neueste Dichtung von Georg Ebers."

BRIEF DES ORIENTMALERS CARL WERNER AUS LEIPZIG AN EBERS VOM 29.12.1880 (SBB)

Ebers hegt Zeit seines Lebens eine Vorliebe für die Künste und für Künstler. Dies resultiert sicherlich aus seiner eigenen Doppelbegabung, die ihn sich auch der Künstlerschaft zugehörig betrachten ließ. Ebers unterhält persönliche Beziehungen über berufliche Interessen hinausgehend, d.h. über die Zusammenarbeit mit den Illustratoren seiner Werke hinaus, zu zahlreichen anderen Dichtern (z.B. Jordan, Heyse, C.F.Meyer), zu Malern (z.B. Defregger, Piloty), Bildhauern (z.B. Kopf) und Musikern (z.B. Meyerbeer[1], Liszt[2], Wagner[3]). Ein solch breites Interessenfeld war im sozialen Hintergrund einer Herkunft aus reichem Hause, im breit angelegten Studium, in umfassender Bildung angelegt, kann bei Ebers aber auch als Kompensation für den unterdrückten Teil seines eigenen Wesens betrachtet werden. Die Weigerung, in die "freie Wirtschaft" als Zeitschriftenherausgeber zu gehen, obwohl die angebotene Stelle eine erhebliche finanzielle Verbesserung gebracht hätte, ist dafür

---

[1] Nach neueren Forschungen soll Ebers mit Giacomo Meyerbeer (1791-1864) verwandt gewesen sein. Die SBB bewahrt einen Brief von Minna Meyerbeer, der Witwe des Komponisten, vom 8.12.1877[?] an den "Lieben Georg" auf.

[2] Brief von Ebers aus Jena an seine Mutter vom 21.2.1869, SBB.

[3] Ebers lernt Cosima und Richard Wagner durch die Vermittlung des Orientalisten und Leipziger Universitätsprofessors Hermann Brockhaus (1806-1877), den Bruder des Verlegers Heinrich Brockhaus (1804-1874), der mit Wagners Schwester Ottilie (1811-1883) verheiratet war, im Mai 1871 kennen. Ebers verkehrt auch mit dem Verleger Brockhaus gesellschaftlich und geschäftlich. Briefe Ebers an seine Mutter vom 14.5.1871 über die Begegnung mit den Wagners und vom 18.2.83 über den Tod Richard Wagners, beide SBB. In letztem heißt es. "Richard Wagners Tod macht hier natürlich besonders tiefen Eindruck. Er ist ja aus Leipzig. Ich habe ihn recht wohl gekannt und auch seine Frau Cosima. Seine Schwester ist die Frau Geheimrath Brockhaus hier, und als deren Mann noch lebte, hab' ich ihn mehrmals dort getroffen und ihm auch einmal einen ganzen Nachmittag meine ägyptischen Bilder gezeigt und erklärt. Ein genialerer Mensch, ein anregenderer Sprecher und feurigerer Vertheidiger seiner Ansichten ist mir nie begegnet. Auch sie ein ungewöhnliches Weib."

bezeichnend. Ebers hätte dafür die gesicherte und angesehene Position eines Professors aufgeben müssen und wieviel weniger Sicherheit hätte doch eine Existenz als Künstler geboten![1] Zwar errangen manche Orientmaler hohe Anerkennung und sichere Stellungen etwa als Professoren oder Akademiedirektoren und wurden durch ihren Bekanntheitsgrad Großverdiener wie Alma Tadema, Keller oder Makart, viele aber mußten eine ungesicherte und ungebundene Bohème-Existenz führen als Reisebegleiter, Reisemaler, Portraitist u.a. Wie die Biographien z.B. von H.Brugsch oder L.Stern zeigen, mußten aber auch Wissenschaftler eine unruhige und ungesicherte Existenz führen, so daß der Gegensatz weniger einer von Wissenschaftler und Künstler, als vielmehr von Beamtem und "freiem" Unternehmer ist. Das Streben von Ebers nach Absicherung[2] mag auch mit dem Selbstmord seines Vaters, eines Unternehmers und Bankiers noch vor der Geburt des Kindes, nach einem Bankrott zusammenhängen.

Ebers hat durch die Vertrauensstellung als Herausgeber großer Werke, die ihm der Verleger überträgt, eine wichtige Position. Sein Anspruch an die Illustratoren kommt am besten in dem Wort über Alma Tadema zum Ausdruck: "Daß sich das, was sein Pinsel schuf, völlig mit meiner Darstellung in Worten deckt."[3] So soll ein Eindruck von den altägyptischen Motiven und vom Altägyptenbild der Künstler, die durch Beeinflussung oder Vermittlung Ebers' entstanden sind, gegeben werden.

Als im Jahre 1891 das "Exodus Cyclorama" von Prof.Edmund Berninger, einem bekannten Orientmaler, in München zu besichtigen ist, erscheint in der Münchener Stadtzeitung ein begeisterter Artikel[4] über dieses "Hauptwerk" und Hyacinth Holland vergleicht noch im Jahre 1909 in dem Satz

---

1 Brief von Ebers aus Leipzig an seine Mutter vom 7.4.1878, SBB.

2 Staatliche Besoldung und Anlage von Gewinnen seiner schriftstellerischen Tätigkeit in Wertpapieren, u.a.in Rubel: Brief von Ebers aus Leipzig an seine Mutter vom 13.1.1877, SBB: "Rubel stehen jetzt schauderhaft ..." Geschenke an sein Patenkind Georg in Rentenversicherungspapieren u.a., Brief von Ebers aus Leipzig an seine Mutter vom 27.10.1878, SBB.

3 Ebers, Eine Frage, (= Ges.Werke XX), 12, (Vorwort).

4 Münchener Stadt-Zeitung. Pionier für die großstädtische Entwicklung Münchens, Nr.136 vom 16.Mai 1891. Der ausführliche Bericht beschreibt das Rundbild folgendermaßen: Der Betrachter, der sich auf der Terrasse des Königspalastes über der Stadt Memphis befindet, sieht im Uhrzeigersinn: Palast mit Pylonen (darauf: Kriegsszenen), Säulenhof, weitere Pylone mit Opferszenen, Obelisken, Kolossalstatuen Ramses' II., Pharao Merenptah auf Sänfte mit Hofstaat (Abb.in der Zeitung) auf der von Löwen flankierten Treppe zum Nil, jüdische Gruppe mit Moses unterhandelt mit dem König, jubelndes Volk, ein "vom Würgengel Jahve's eben hingestreckter ägyptischer Knabe" mit Gruppe bei Totenklage, Soldaten mit kgl.Streitwagen vor dem Palasttor, die Stadt Memphis. Vor deren Mauern: Landhaus mit klagenden Ägyptern, Garten mit Liebespaar, Weinlaube mit Getreidemahlerinnen, Markt mit Zelten. Aus dem Tor sich wälzender Zug der auswandernden Israeliten mit drohendem ägyptischen Volk, Sykomoren, ein zweiter dazu stoßender Zug, Palmenwald mit Fremdenquartier um den Hain und Tempel der Astarte, im Hintergrund die Pyramide des Mykerinos mit Nebenpyramiden und Tempel, Sphinxtempel, im Zug unter einem blauen Baldachin der Sarg Josephs, in der Felswand dahinter Graböffnungen mit Trauerzug und Klageweibern, Chephrenpyramide mit Sphinx und Volk, das die Juden verhöhnt und mit Steinen bewirft, im Zuge Miriam, die Schwester Josephs, Cheopspyramide mit Nebenpyramiden und Tempel, "Tempel des Apisstieres", Mastabagräber, im Vordergrund Landhaus und Priesterprozession auf der Sphinxallee zum Ptah-Tempel, "an dem sein [Ramses'] Lieblingssohn Cha-em-us oberster Priester war." Der Schluß des Zeitungsberichtes lautet: "Das Panorama ist nicht nur von großer künstlerischer Bedeutung, sondern auch in archäologischer und ethnographischer Beziehung von herausragendem und belehrendem

"Das Ganze [Gemälde] einem überraschenden, fesselnden Roman von Ebers vergleichbar"[1] das gemalte Panorama mit Ebers' epischen Panoramen. Tatsächlich hat der vielbeschäftigte Berninger[2] auch einige wenige Illustrationen für die beiden Bände von "Aegypten in Bild und Wort" beigesteuert und der Vergleich des Panoramabildes läßt in vielen Details an die Beschreibung von Memphis in Ebers' "Aegypten in Bild und Wort" denken.

Dieses "Illustrirte Prachtwerk ersten Ranges"[3], ungewöhnlich in Format, Ausstattung, Umfang und auch Preis, bringt schon im Titel die Priorität zum Ausdruck: "Bild" steht an ungewohnter erster Stelle.[4] Jeder Band enthält nach dem Titelblatt ein Vorsatzblatt, auf dem "unsere darstellenden Künstler" aufgeführt werden.[5] Das Spektrum der Historienmalerei über altägyptische Themen reicht vom abgekupferten Monumentalgemälde Richterscher oder Makartscher Provenienz bis zur ornamentalen Schmuckleiste. Gelegentlich soll auch auf die unterschiedliche Genese hingewiesen werden: Eigens Angefertigtes, d.h. Auftragsarbeiten stehen gegen Übernahmen und Anpassungen, auch posthumen, die damals durchaus üblich waren.[6]

Werthe. Indem es uns die mit gewissenhafter Treue rekonstruirten Baudenkmäler des alten Pharaonenlandes vor Augen führt, entwickelt sich zwischen diesen Bauten und Tempelstraßen gleichzeitig ein lebendiges Bild damaliger Sitten und Gebräuche, die uns eine nicht zu zählende Menge von Figuren zur Anschauung bringt. Die pflanzlichen Dekorationen, Palmen, Blüthenbäume ec. zur Belebung des Vordergrundes des Panoramas stammen von der Firma H. Trautmann & Comp. und wurden aus wirklichen chemisch präparirten Pflanzen hergestellt." Diese Beschreibung wird so ausführlich zitiert, weil aus der Komposition ein Wissen spricht, das ägyptologische Beratung vermuten läßt. Auch dem Zeitungschreiber muß offensichtlich eine Beschreibung des Bildes vorgelegen haben, aus dem Bild allein kann er kaum die Nachricht von "Cha-em-us" haben. Die Beratung könnte durchaus durch Ebers erfolgt sein, vielleicht direkt, eher aber indirekt durch ein Ebers'sches Werk, nämlich: Ebers, Aegypten in Bild I, 137-141

1 Thieme-Becker III (1909), 461.

2 Die oft spärlichen und verstreuten Nachrichten zu den Künstlern sind im "Alphabetischen Verzeichnis der bildenden Künstler" des Anhangs zusammenstellt.

3 Zitat aus der Werbung der DVA.

4 Wohl deshalb zitiert auch Traunecker in seinem "Karnak", das viele Ebers-Bilder bringt, konsequent den Titel viele Male falsch als "Aegypten in Wort und Bild".

5 Im ersten Band 30, im zweiten Band sind es 36. Es kommen 10 Künstler dazu, nämlich Brune, Frère, Gentz, Ismael, de Gironde, Hildebrandt, Hofelich, Lorie, Neubert, Portaels und Swoboda und 4, nämlich Heyn, Keller, Löffler und Theuerkauf, fallen weg. Insgesamt sind es also 40 verschiedene Künstler. Dazu kommen noch zwei, die im Vorspann vergessen wurden, nämlich Baldinger und de Bièfve. Insgesamt sind über 700 Illustrationen enthalten. Ebers zählt in seiner Liste dazu auch Schmuckleisten, Initialen, Vignetten, Trophäen u.a. Obwohl der schon erwähnte Berninger nur für den zweiten Band gearbeitet hatte, hinderte dies Ebers nicht, seinen Namen auch auf die Künstlerseite des ersten Bandes zu setzen, da Berninger so sehr zu "unseren ersten Künstlern" gehörte, daß auf ihn nicht verzichtet werden konnte.

6 Z.B. bei Löffler.

Einige der Künstler haben sich bis heute einen gewissen Bekanntheitsgrad bewahrt, bzw. mit der neuen Wertschätzung dieser Epoche wieder errungen. Dazu gehören in erster Linie Lawrence Alma Tadema, Ferdinand Keller, Franz Lenbach und Hans Makart. Aber auch die heute weniger Bekannten verdienen Interesse. Ebers war mit einigen der bedeutenden Künstler wie Alma Tadema, Dillon oder Keller persönlich befreundet, anderen durch gesellschaftlichen Umgang, wie er sich zwischen Zelebritäten ergab, verbunden, wie bei Lenbach oder Piloty, andere wie z.B. Richter, Gentz konnte er als "erste Künstler" nicht übergehen.

II. 2. 3. 1. DIE ILLUSTRATIONEN VON "AEGYPTEN IN BILD UND WORT" UND DEREN KÜNSTLER. RICHTER, GENTZ, KELLER, MAKART, GNAUTH UND BURGER

Die Historienbilder in "Aegypten in Bild und Wort" stammen von Richter, Gentz (je 1), Keller und Makart (je 2), Gnauth und Burger (je 3) und Alma Tadema (5). Dabei handelt es sich formal und inhaltlich um sehr unterschiedliche Arbeiten, deren Spektrum von stark ornamental geprägten Initialen, Fuß- oder Kopfleisten und als Stiche wiedergegebenen vielfigurigen Gemälden bis zu fast unspezifischen Genrestücken reicht. Bei Keller und Makart dominiert das Interesse für die Menschen, Alma Tademas Augenmerk gilt hauptsächlich der charakteristischen Situation und dem archäologisch korrekten Ambiente. Zwar stellen die Historienbilder nur einen kleinen Teil der Illustrationen dar, trotzdem ist die Zahl noch so hoch, daß hier nur eine Auswahl behandelt werden kann.

Der Weg **Gustav Richters** nach dem alten Ägypten über die biblische Malerei ist charakteristisch für viele Maler. Sein erster Erfolg war das Transparentbild[1] "Auferweckung von Jairu's Töchterlein", das Friedrich Wilhelm IV. 1855 für sich als Ölbild bestellte: "R. hatte seinem Gemälde eine Auffassung zu Grunde gelegt, welche abweichend von der Tradition mehr der Richtung des Zeitgeschmacks, der realistischen Bearbeitung heiliger Vorgänge entsprach."[2] Nach einem weiteren Transparentbild "Moses mit den Gesetzestafeln" (1858) trug Richter das Aufsehen, das er in Berlin erregt hatte, einen weiteren königlichen Auftrag ein: 1859 bestellte Maximilian II. von Bayern einen **"Bau der Pyramiden"**. Dazu reiste Richter zu Studien nach Ägypten:

---

1   Transparentbilder waren durchsichtige Bilder auf ölgetränktem Stoff, Pergament oder speziell getränktem Papier. Mittels einer dahinter befindlichen Lichtquelle wurden sie beleuchtet. Da sie vor allem für Festlichkeiten dienten, haben sich wenige erhalten. Sie können als Vorläufer der heutigen Diapositive betrachtet werden.

2   O.v.Donop in: ADB XXVIII (1889), 461.

"Am Nile selbst, im Pharaonenlande, bereitete sich der Meister für seine Arbeit vor. Aus den im Süden gewonnenen Eindrücken erwuchs ihm frische Kraft zu neuen Werken und seine coloristische Fähigkeit entfaltete sich seitdem zur vollen Reife. Mit einer Fülle von Studien nach der Landschaft, Architektur und Einzelfiguren aus dem bunten Volksleben Aegyptens kehrte er in die Heimat zurück und malte zunächst, außer Portraits, vorwiegend an seinem »Pyramidenbau«, in welchem er selbst wol das Hauptwerk seines Künstlerlebens erblickte. Die coloristische Leistung des erst im J. 1872 vollendeten Werkes ist in hohem Grade bewundernswerth, jede Figur gelangt als treue Studie nach der Natur zur vollen Geltung; doch läßt sich nicht leugnen, daß auch diesem Historienbilde Richter's ein theatralischer Zug zu eigen ist. Gleichzeitig entstanden auf Grund seines Studienmaterials und nach der Erinnerung kleinere Aquarell- und Ölstudien (...). Zeichnungen dieser Art sind im ersten Theile des Prachtwerkes über Aegypten von G. Ebers im Holzschnitt reproducirt."[1]

EBERS-KÜNSTLER IN KAIRO (WINTER 1875/76)
O.: HUBER, LENBACH, MÜLLER, U.: GNAUTH, MAKART, FÜRST KHEVENHÜLLER (VON LINKS).

"NACH DEM TOD SAÎDS BESTIEG (...) DEN VICEKÖNIGLICHEN THRON (...) DER CHEDÎW ISMAÏL, DER IM JAHRE 1830 ZU KAIRO IN DER SOGENANNTEN MUSAFFIR CHANA, WELCHE IM WINTER 1874 DIE DEUTSCHEN KÜNSTLER MAKART, LENBACH, HUBER, GNAUTH UND L.C. MÜLLER BEHERBERGTE, GEBOREN WARD UND HEUTE NOCH ÜBER AEGYPTEN GEBIETET."[2]

---

1 O.v. Donop in: ADB XXVIII (1889), 461f.

2 Ebers, Aegypten in Bild II, 21. Ebers hat sich im Jahr geirrt.

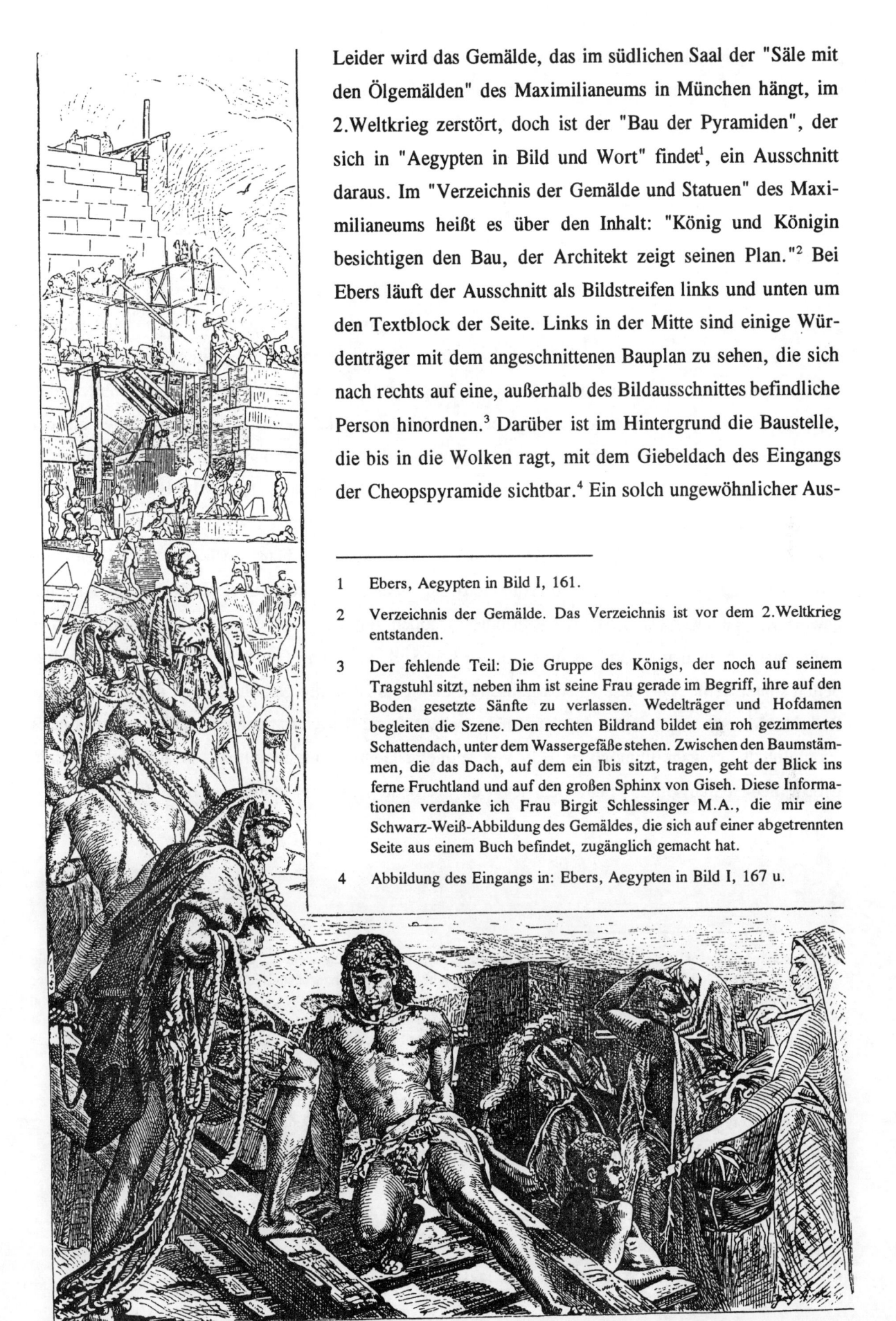

Leider wird das Gemälde, das im südlichen Saal der "Säle mit den Ölgemälden" des Maximilianeums in München hängt, im 2.Weltkrieg zerstört, doch ist der "Bau der Pyramiden", der sich in "Aegypten in Bild und Wort" findet[1], ein Ausschnitt daraus. Im "Verzeichnis der Gemälde und Statuen" des Maximilianeums heißt es über den Inhalt: "König und Königin besichtigen den Bau, der Architekt zeigt seinen Plan."[2] Bei Ebers läuft der Ausschnitt als Bildstreifen links und unten um den Textblock der Seite. Links in der Mitte sind einige Würdenträger mit dem angeschnittenen Bauplan zu sehen, die sich nach rechts auf eine, außerhalb des Bildausschnittes befindliche Person hinordnen.[3] Darüber ist im Hintergrund die Baustelle, die bis in die Wolken ragt, mit dem Giebeldach des Eingangs der Cheopspyramide sichtbar.[4] Ein solch ungewöhnlicher Aus-

---

1 Ebers, Aegypten in Bild I, 161.

2 Verzeichnis der Gemälde. Das Verzeichnis ist vor dem 2.Weltkrieg entstanden.

3 Der fehlende Teil: Die Gruppe des Königs, der noch auf seinem Tragstuhl sitzt, neben ihm ist seine Frau gerade im Begriff, ihre auf den Boden gesetzte Sänfte zu verlassen. Wedelträger und Hofdamen begleiten die Szene. Den rechten Bildrand bildet ein roh gezimmertes Schattendach, unter dem Wassergefäße stehen. Zwischen den Baumstämmen, die das Dach, auf dem ein Ibis sitzt, tragen, geht der Blick ins ferne Fruchtland und auf den großen Sphinx von Giseh. Diese Informationen verdanke ich Frau Birgit Schlessinger M.A., die mir eine Schwarz-Weiß-Abbildung des Gemäldes, die sich auf einer abgetrennten Seite aus einem Buch befindet, zugänglich gemacht hat.

4 Abbildung des Eingangs in: Ebers, Aegypten in Bild I, 167 u.

schnitt ist nur möglich bei einem Gemälde, das "keine einheitliche, einen geschichtlichen Moment darstellende Komposition zeigt, keine Gruppierung und Unterordnung der Nebenfiguren um oder unter eine Hauptperson oder -handlung, sondern eine Sammlung einzelner Figuren und Szenen, die den Eindruck einer glänzenden Theaterdekoration mit lebenden Bildern machen."[1]

Wilhelm Gentz schafft mit seinem **"Opfer des Nils"**[2] das Werk, das den Kritikern der beste Ausdruck für Ebers' Unseriosität zu sein scheint. Das Bild stellt eine mit Blumen reich geschmückte, gefesselte junge Frau dar, deren Oberkörper nur mit einem durchsichtigen Schleier bedeckt ist. Sie steht allein auf einer Plattform mit Hohlkehle, die überragt ist von einem bewimpelten Flaggenmast hoch über dem Nil. Ihre Beine sind an ein Gewicht gefesselt und wir erwarten jeden Augenblick, daß sie in den Nil gestoßen wird. Im tiefer gelegenen Mittelgrund drängen sich Soldaten um den mit der blauen Krone geschmückten Pharao und seine Wedelträger. "A l'arrière-plan, d'invraisemblables guerriers égyptiens et un pharaon curieusement vêtu d'une chasuble attendent."[3] Im Hintergrund sieht man Quais mit einer Säulenhalle und Pylonen mit einer unübersehbaren Volksmenge sich im Dunst verlieren. Ebers schreibt dazu: "Sobald der Nilschnitt[4] erfolgt, wird heute noch eine aus Nilschlamm grob zusammengeknetete Figur, die man »die Braut« nennt, unter dem Jubel des Volkes in den Fluß geworfen, und zwar als Stellvertreterin einer schönen Jungfrau, welche mit dem Schmuck einer neuvermählten in den Strom gestürzt worden sein soll, um seine Gunst zu erkaufen."[5] Und drei Seiten später heißt es: "Diese an sich hübsche Geschichte ist wenig glaubhaft, weil die altägyptische Religion Menschenopfer eben so entschieden verwarf wie das Christenthum."[6] Ebers hatte dieses "vom Inhalt her ganz unmögliche Bild von Wilhelm Gentz"[7] aufgenommen, da auch ein bißchen Erotik nicht fehlen sollte. Traunecker nennt das treffend "Drame et volupté au bord du Nil!"[8]

---

1 Rosenberg, Geschichte III, 158. Die Beschreibung geht weiter unten weiter: "Sein farbiger Pinsel belebte die verblichenen Gewänder und Schmuckgegenstände, welche die Gräber hergegeben haben, mit altem Glanze, und der Himmel und die glühende Sonne des heutigen Orients gaben die Lichtmassen her, die sich in den mannigfaltigsten und feinsten Abstufungen über die figurenreiche Komposition ergiessen. Jede Figur an sich ist eine sorgfältige Studie nach der Natur, die wie ein Einzelbild behandelt ist und als solches betrachtet sein will. Mit ungeheurem Fleiss ist aus einer Reihe von farbigen Steinen ein glänzendes Mosaikbild zusammengesetzt worden."

2 Ebers, Aegypten in Bild I, 227.

3 Traunecker, Karnak, 144 (Bildlegende zu Abb.124: Reproduktion von W.Gentz's "Opfer des Nils").

4 Die Durchstechung der Dämme sobald die Nilüberschwemmung eine bestimmte Höhe erreicht hat.

5 Ebers, Aegypten in Bild I, 226.

6 Ebers, Aegypten in Bild I, 229.

7 Clayton, Das wiederentdeckte alte Ägypten, 178.

8 Traunecker, Karnak, 144 (Bildlegende zu Abb.124).

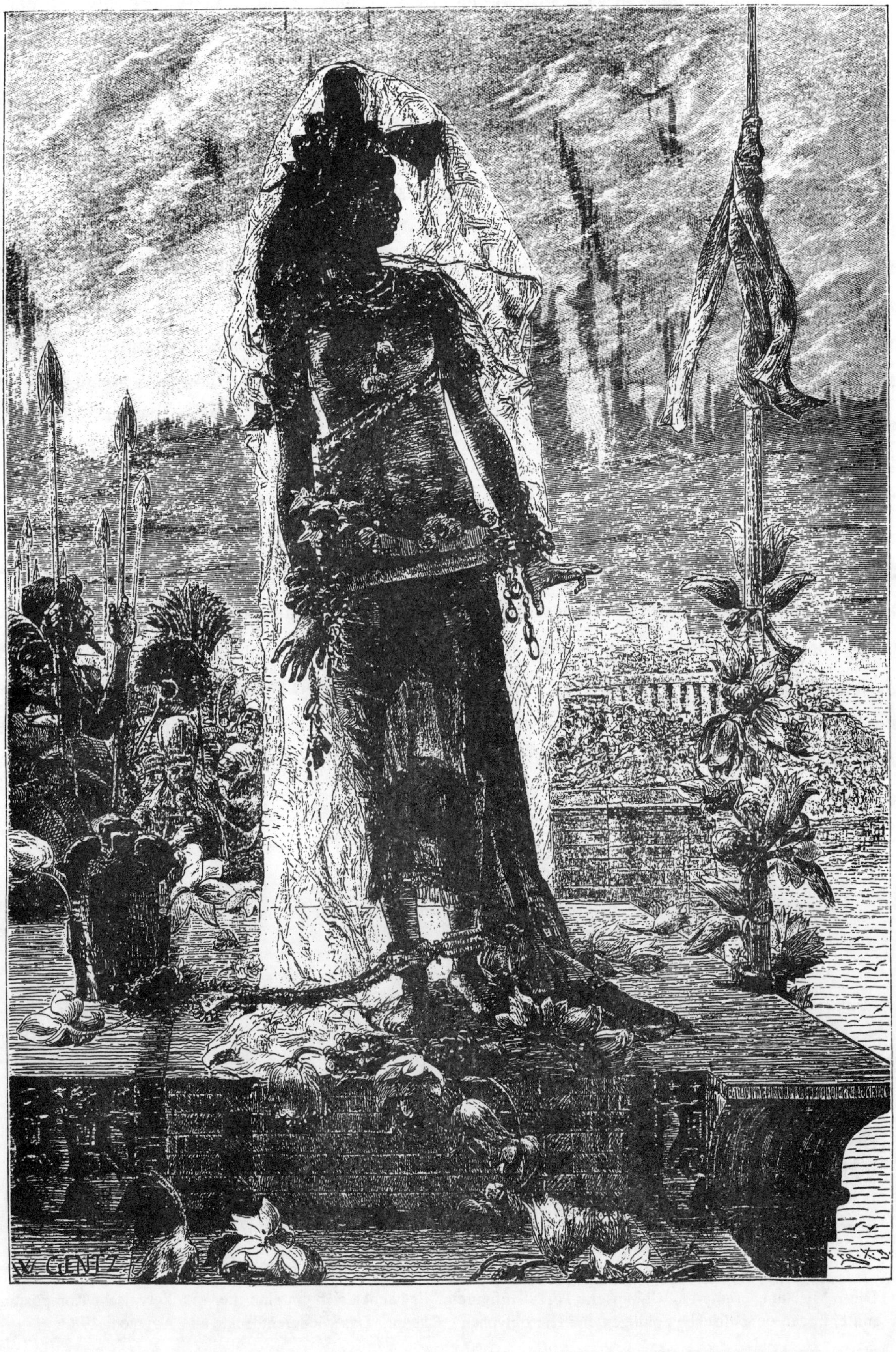
W. GENTZ

Von den fünf Beiträgen **Ferdinand Kellers** sind hier die "**Auffindung Moses**" und die "Flucht nach Ägypten"[1] am interessantesten, beide datieren 1878[2], beides sind Bibel-Genre-Stücke, deren unaufdringliche Versatzstücke den historischen Ort mehr andeuten als bezeichnen. Bei der "Auffindung Mose's" assoziieren die Tracht der Vornehmen mit Kopftüchern bzw. Geierhaube bei der Prinzessin und die Wedel Ägypten, ohne eine archäologische Genauigkeit anzustreben. Ebenso ist der Ort, eine Freitreppe zum Fluß, von üppigem Pflanzenwuchs umgeben, unspezifisch. Nur die flankierenden Sphingen[3], die sich mit ihren charakteristischen negroiden Zügen gesteigert im Blatt zur Uarda (1884)[4] wiederfinden werden, sind signifikant für Ägypten. In den Gesichtszügen verbinden sich gekonnt Fremdartigkeit und Lieblichkeit.[5] Der erotische Touch wird gewährleistet durch eine nackte Sklavin in Halbrückenansicht, die das Binsenkörbchen aus dem Wasser geholt hat und es der Königstochter reicht. "Mais l'Histoire sainte n'est qu'un prétexte, les plantes, les sphinx, les costumes de la princesse et de son entourage, la nudité de la servante, nous entraînent vers une Egypte antique de luxe et de volupté."[6]

Noch weiter zurückgedrängt ist das ägyptische Element in der "Flucht nach Ägypten", eher eine Rast in Ägypten darstellend: Im Vordergrund lagert Maria mit dem Kind an einer Quelle, der Mittelgrund ist von einem Baum eingenommen, der seine mächtige Krone Schatten spendend über beide breitet. Da sowohl der Text als auch die vorhergehende Abbildung von dem berühmten Marien-Baume von Matarija handeln, kann kein Zweifel bestehen, daß es sich bei dem Baum in unserem Bild um diese Sykomore handelt. Nur der genaue Beobachter bemerkt die blasse Ansicht eines ägyptischen Tempels, eine spätzeitliche Pronaos-Fassade, in einem kleinen Bildausschnitt, der durch das Geäst der Sykomore freigegeben wird und der wohl den Tempel von Heliopolis darstellen soll.

---

1   Ebers, Aegypten in Bild I, 117 und 211.

2   Die übrigen sind: "Dionysisches Geräth" I,14; "Kleopatra's Einführung in den Königspalast" I,19; "Alexandrinische Geräthe" I,21 (alle dat.1878).

3   In "Kleopatra's Einführung in den Königspalast" flankieren zwei Löwen in der Manier des Nitetis-Blattes aus der Ebers-Gallerie die Treppe. Siehe 315.

4   "Der Hohepriester Ameni verwehrt Bent-Anat den Eintritt in den Tempel", siehe 315.

5   Diese Mischung erinnert an Chinoiserie-Porzellanfiguren. "Es handelt sich um eine eher rokokotypische Komposition mit ein paar symbolischen Sphingen und Hieroglyphen", Clayton, Das wiederentdeckte alte Ägypten, 178.

6   Traunecker, Karnak, 151 (Bildlegende zu Abb.133).

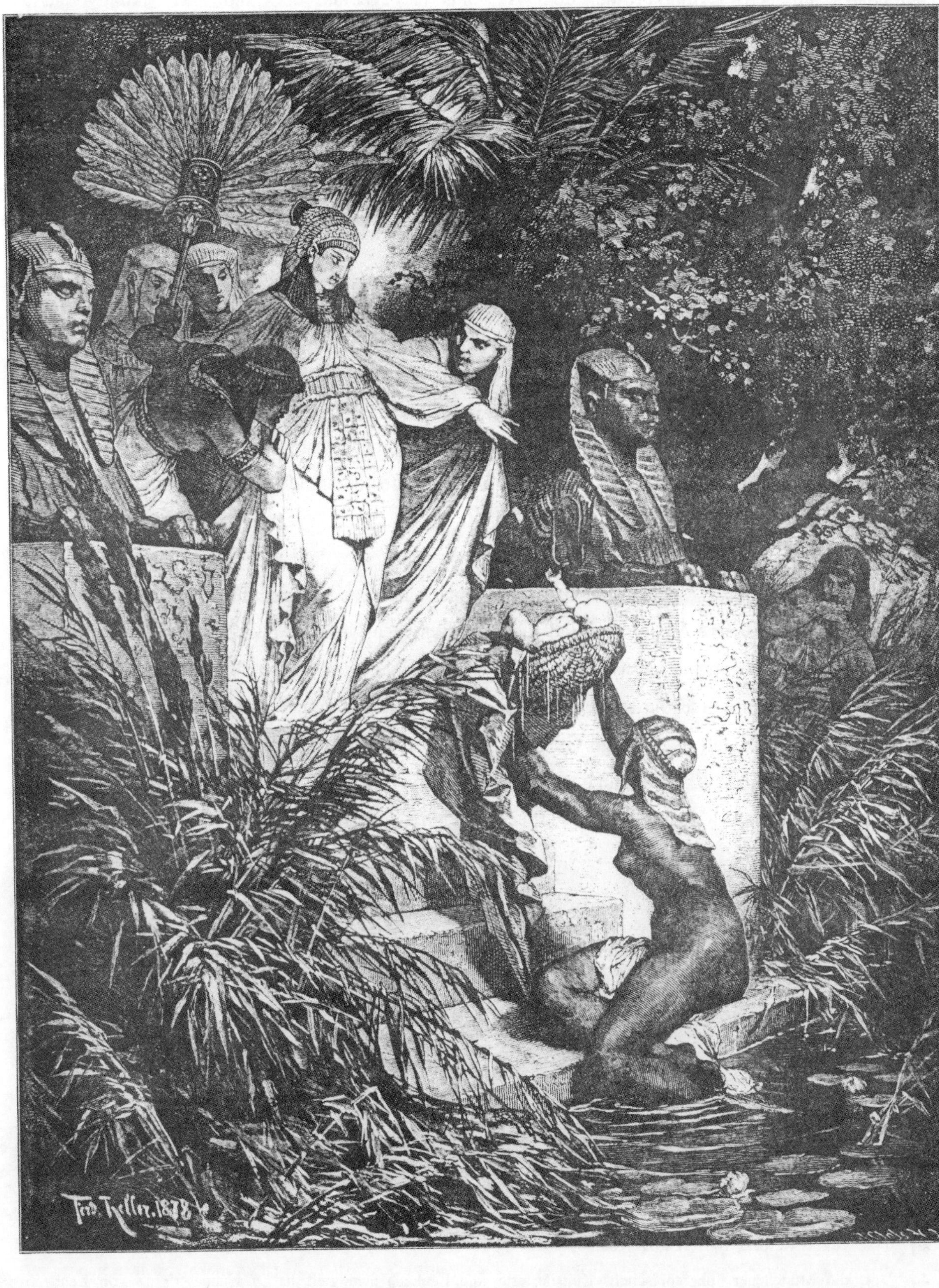
Ferd. Keller. 1878

Der Beitrag zum Alten Ägypten von **Hans Makart** zu "Aegypten in Bild und Wort" ist eine "Kleopatra auf dem Cydnusstrome, dem Antonius entgegenfahrend" und eine "Altägyptische Tänzerin".[1] Das erste Bild mit seinem Strudel von üppigen Leibern, Stoffen, Blumen und Juwelen in Rubens-Manier gibt zwar durch den Verzicht auf die Farbe und das kleine Format nur einen schwachen Abglanz vom Vorbild, dem Gemälde "Kleopatra" in der Staatsgalerie Stuttgart[2], harmoniert aber trotz dieser Einschränkung gut mit Ebers' textuellem Eklektizismus, der das historische Ereignis der Begegnung mit einem ausführlichen Zitat aus Shakespeares "Antony and Cleopatra" illustriert, welches seinerseits auf Plutarch basiert.

Das zweite Bild, die **"Altägyptische Tänzerin"**, zeigt eine Tänzerin mit nacktem Oberkörper, bekleidet mit einer Art von Königskopftuch, Schulterkragen, Pektorale, Rock, Schnürsandalen, Armreifen. Hinter ihr auf einer Estrade, deren Vorderseite mit Reliefs und Hieroglyphen dekoriert ist, ist im Profil eines Harfenspielers die europäische Vorstellung vom Orientalisch-Sinnlich-Androgynen zusammengefaßt. Hinter der Tänzerin am Boden sitzend eine Flötenspielerin, die eher arabisch aussieht. Durch den französischen Titel "Pharaone" verleitet, deutet Traunecker das "baguette de majorette" der Tänzerin als "sceptre".[3]

In beiden Bildern Makarts ist die altägyptische Thematik aussagekräftiger für die Befindlichkeit der Zeit und für die defizitäre Altägypten- und auch Ägyptenrezeption von Makart. Nur wenige Versatzstücke - bei der Kleopatra der Brustschmuck der Königin oder die Ägis am Bug des Bootes, bei der Tänzerin der Harfenist und die angedeuteten Reliefs mit Hieroglyphen - lassen Altägypten konnotieren, eigentlich handelt es sich um Genrebilder in historischen oder folkloristischen Kostümen, europäische Sehnsüchte in Verkleidung verkörpernd.[4] Zum Tänzerin-Bild schreibt Traunecker: "Dans un Orient lointain dans le temps et dans l'espace, l'homme de la fin du XIXe siècle donne libre cours à ses fantasmes."

---

[1] Ebers, Aegypten in Bild I, 20 und II, 279. Ein weiteres Bild, eine "Kleopatra" in: II, 259, scheint ein Ausschnitt einer freien Variante von "Kleopatras Tod" (1876) in den Staatlichen Kunstsammlungen Kassel zu sein. Die Ebers-Version kann hier unberücksichtigt bleiben, fehlt bei dieser doch im Gegensatz zur Version in Kassel jede ägyptische Anspielung.

[2] Entstanden: Wien 1874/75, Öl auf Leinwand, 189,5 x 506 cm, Inv.Nr.785.

[3] Traunecker, Karnak, 148, Text zu Abb.131.

[4] Vgl. die Münchener "pharaonischen" Künstlerfeste, die Lenbach arrangiert hat. Darüber: Franz von Lenbach 1836-1904, Städtische Galerie im Lenbachhaus München, München 1987 (Katalog), Kapitel: Künstlergesellschaften und Künstlerfeste, 431-464. Besonders: Photo 461, Nr.418 mit einem Pharao und Hofstaat in vollem Ornat.

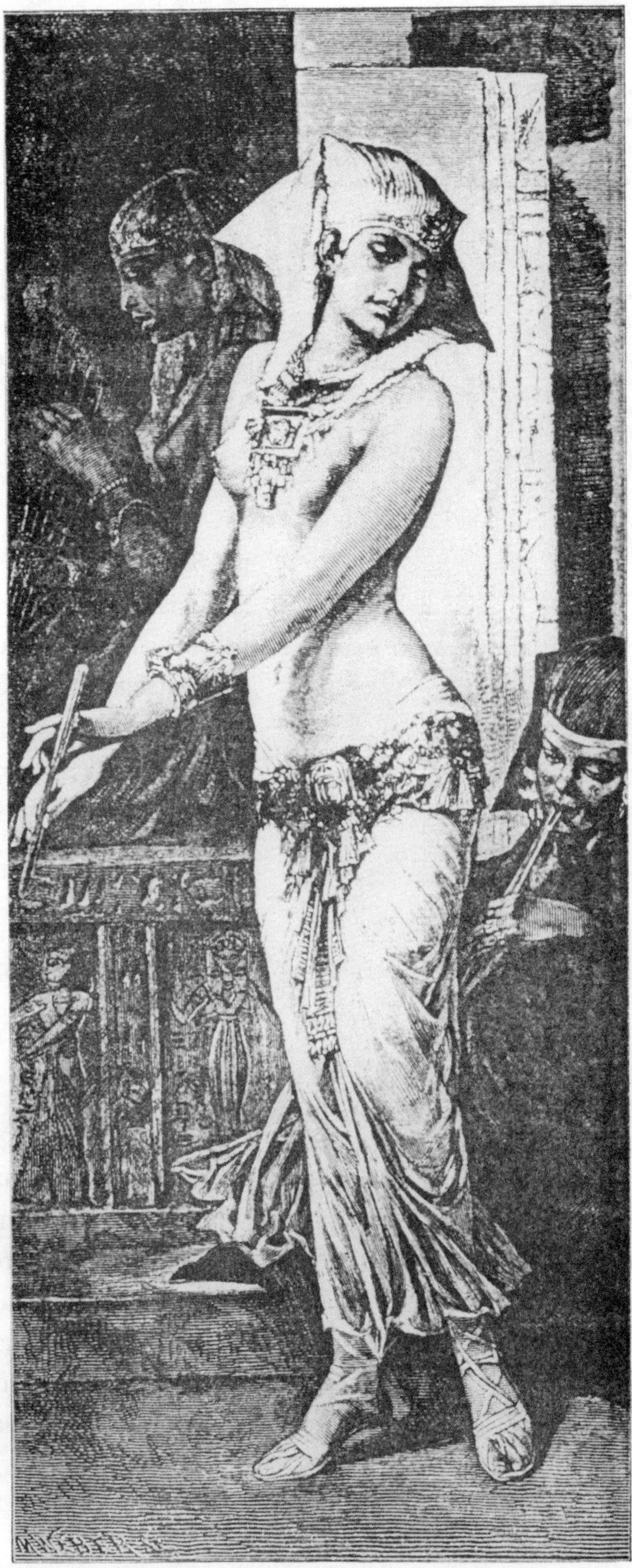

egen ihrer Unaufdringlichkeit ist die **"Initiale W zu »Gosen«"**[1] von **Adolph Gnauth** ein schönes Beispiel für die Verbindung Ägyptens und der Bibel. Der Name "Gosen" läßt jeden gebildeten Leser an die Juden in Ägypten denken und so sehen wir im Vordergrund das Weidenkörbchen mit dem Moseskind in einem Schilfgestrüpp schwimmen, den Mittelgrund nimmt der Nil mit Sandbänken und Palmen ein, im Hintergrund ist ein Tempel mit Pylonen und Obelisken auf einem Hügel zu sehen. Damit ist die Deltalandschaft um Tanis gekennzeichnet. Ebers dazu: "Vielleicht hat die geängstigte Mutter des Mose auf dasselbe Wasser, welches ich gestern durchkreuzte, den Binsenkorb mit ihrem Knäblein gesetzt, und daß der Pharao, vor dem Mose seine Wunder gethan, zu Tanis residirt habe, wird ausdrücklich von den Psalmisten bezeugt."[2]

Von Gnauth stammen noch zwei Illustrationen aus einem Randbereich, nämlich dem hellenistischen Ägypten: "Das alte Alexandria. Kopfleiste zu »Das alte Alexandria«" und "Pharus im alten Alexandria. Initiale zu »Das alte Alexandria«"[3], die die Vorliebe des Architekten Gnauth für Rekonstruktionen erweisen, derer sich auch noch Erman für sein "Aegypten und aegyptisches Leben" bediente. Erstes ist ein Blick wohl vom Timonium über die Brücke zum Festland mit dem Caesareum mit den beiden Obelisken, den sog. Nadeln der Kleopatra (heute New York und London), davor. Die zweite Illustration zeigt eine Ansicht des Pharos vom Meer aus mit Alexandria im Hintergrund.

---

1   Ebers, Aegypten in Bild I, 99.

2   Ebers, Aegypten in Bild I, 119.

3   Beide: Ebers, Aegypten in Bild I,1.

Ludwig Burger liefert hauptsächlich Portraits von Thutmosis I. bis Kleopatra und Stiche von Statuen. Es finden sich aber auch zwei sehr qualitätvolle ornamentale Bildleisten: "**Kopfleiste zu »Memphis. Die Pyramiden«**" und die "**Schlußleiste**" dazu.[1] Erste stellt eine Bahre mit Mumie dar, die Kanopenkrüge sind darunter aufgestellt, links und rechts flankiert von den Göttern Anubis und Ptah. Die Schlußleiste ist die Umsetzung einer geläufigen altägyptische Szene der letzten Zeremonien vor

---

1   Ebers, Aegypten in Bild I, 133 und 196.

der Verbringung der Mumie in das Grab: die aufgestellte Mumie wird von der trauernden, knienden Frau mit ihren Kindern, zwei Priestern mit Buchrolle und Räucherstab verabschiedet. Die Szene wird umschlossen von einem Naos, der von zwei Sphingen flankiert wird. Darunter ist ein Apis-Emblem.

FAHRT IN DIE TODTENSTADT.

Auch Burgers "**Fahrt in die Todtenstadt**"[1] ist ebenfalls die genaue Umsetzung eines bekannten altägyptischen Motivs. Dargestellt ist die Überführung des Toten mit seinen Schreinen und der Trauergesellschaft auf das Westufer von Theben. Ebers weist auf diese Illustration hin: "Reich ausgestattet sind die Leichenzüge, die den Sarg des Dahingegangenen in kostbaren Booten über den Nil in die Nekropole zu führen haben. Klageweiber stehen auf dem Verdeck der Leichenschiffe, und Priester, Anverwandte, Diener und Hörige begleiten den Sarkophag."[2] Am Ufer wartet das Ochsengespann mit den Kufen zum Transport des Sarkophags zum Gräberberg im Hintergrund.

---

1 Ebers, Aegypten in Bild II, 336.
2 Ebers, Aegypten in Bild II, 279.

Die größte archäologische Genauigkeit wendet Lawrence Alma Tadema an. Zu dreien der großen ägyptischen Historiengemälde, die im Prachtwerk abgedruckt wurden, liegen ausführliche Kommentare von Ebers vor. Mit keinem Maler hat sich Ebers intensiver beschäftigt.

II. 2. 3. 2.   EBERS UND ALMA TADEMA. DER ÄGYPTOLOGE UND DER "ARCHÄOLOGE UNTER DEN MALERN": "ER MIT DEM PINSEL, ICH MIT DER FEDER"

Obwohl Ägypten in Alma Tademas Werk quantitativ nur einen untergeordneten Rang einnimmt - nur etwa 25 von 400 Werken haben ägyptische Thematik - hatten einige eine Schlüsselstellung für seine Popularität[1] inne. Immer wieder fällt dabei auch der Name Ebers. "His desire for archaeological exploration was greatly encouraged by two scholars, Louis de Taye of the Antwerp Academy and Georg Moritz Ebers, the professor of Leipzig (...). Ebers interested him in the life of ancient Egypt. Both were greatly responsible for giving his work an archaeological character."[2] Leider wird nirgendwo ausgeführt, worin sich diese Beeinflussung ausdrückt. Das Verhältnis von Ebers zu Alma Tadema unterscheidet sich nämlich charakteristisch von dem zu den anderen Malern. Hier ist Ebers nicht Auftraggeber, die ägyptischen Werke Alma Tademas, die Ebers verwendet, waren alle schon zwischen 1865 und 1874 entstanden, bevor Ebers und Alma Tadema sich persönlich kennenlernen. Von einer Hinführung Alma Tademas zu den alten Ägyptern durch Ebers kann somit keine Rede sein.

Eine erste Erwähnung Alma Tademas findet sich bei Ebers am 18.3.1871 über geplante Illustrationen für einen Roman: "Eduard Hallberger festzubekommen ist ein Kunststück. Er ist für die Illustrationen und hat mir Alma Tadema, wenn er kann und will, bewilligt", schreibt Ebers.[3] Daß es sich dabei um die "Königstochter" handelt, geht aus einem späteren Brief hervor: "Meine illustrierte Königstochterausgabe wird jetzt ernstlich in Angriff genommen. Tadema hat im Prinzip zugesagt, doch verhandelt er erst wegen des Preises mit Hallberger. Kommt der Vertrag zustande, so wird das Ding wunderschön."[4] Leider ist keine der geplanten illustrierten Ausgaben von einem der ägyptischen Romane Ebers' zustande gekommen.[5] Zuerst laufen also offenbar geschäftliche Beziehungen über E.Hallber-

---

1   Etwa Op.99: "A Widow" (1872) und Op.103: "Death of the First-born" (1872) und 32 Jahre später Op.377: "The Finding of Moses"(1904).

2   Swanson, Sir Lawrence Alma-Tadema, 36.

3   Brief von Ebers aus Leipzig an seine Mutter vom 18.3.1871, SBB.

4   Brief von Ebers aus Leipzig an seine Mutter vom 13.2.1874, SBB.

5   Auch eine durch Paul Thumann illustrierte Ausgabe der Königstochter im Verlag Titze, Leipzig 1886, die sich erwähnt findet in: Thieme-Becker XXXIII (1939), 113, s.v.Thumann, ist nicht ausfindig zu machen. Sie erscheint auch eher unwahrscheinlich, da die Rechte bei der DVA, die 1881 als Aktiengesellschaft aus dem Hallberger-Verlag hervorgegangen war, lagen und in keinem der zahlreichen Ebers-Brief etwas darüber auftaucht! So mußten wir uns für die Romane auf die Bilder der Ebers-Gallerie beschränken und haben diese im Kap.IV behandelt.

ger, dann widmet Ebers Alma Tadema 1877 seinen dritten Roman "Homo sum". Ein persönliches Kennenlernen erfolgt erst nach dem 19.10.1879.[1] Dann werden die Beziehungen immer enger: Am 5.12.1880 bestätigt Ebers den Empfang des "Tadema"[2], 1881 wird Alma Tadema schließlich Taufpate von Hermann Ebers, dem jüngsten Sohn, ab 1885 sind zahlreiche Aufenthalte in Tutzing belegt.

Ebers schließt einen Propaganda-Aufsatz über Alma Tadema in Westermanns Monatsheften[3] mit dem Bekenntnis: "Was mich betrifft, so kann ich nur sagen, daß ich es als eine ganz besondere Gunst des Schicksals betrachte, diesen seltenen, tief unterrichteten, warmherzigen Mann und echten Künstler, Freund nennen zu dürfen."[4] Die Entwicklung der beiden Männer verläuft zwar getrennt, weist jedoch sowohl den äußeren Umständen, als auch der inneren Disposition nach, bemerkenswerte Parallelen auf. Über die biographischen Anfänge Alma Tademas schreibt Ebers: "Sein Vater starb früh, aber die ausgezeichnete Mutter wußte den lebhaften Knaben mit Liebe und Umsicht zu führen, und wie so häufig bei Söhnen, deren Erziehung die Mutter als Witwe geleitet, entwickelte sich auch bei ihm das Gemüt und die Einbildungskraft besonders harmonisch und kräftig."[5] Dies könnte sich genauso in Ebers' Autobiographie finden. Zum zweiten ist da das Bestreben, zu den Quellen zurückzugehen. Alma Tadema wird von Ebers der "Archäologe unter den Malern"[6] genannt:

> "Schon 1863 hat er gleichsam an der Pforte seines Weges durch das Altertum das erste ägyptische Bild[7] geschaffen. Auf meine Frage, wie er zu dem Volke gelangt sei, dem ich seit einem viertel Jahrhundert die beste Zeit und Kraft meines Lebens widme, gab er zur Antwort: »Wo hätt ich, als ich mich mit dem Leben der Alten vertraut zu machen begann, wohl anders anfangen sollen? Das erste, was ein Kind aus alten Zeiten erfährt, führt es an den Hof des Pharao, nach Gosen in Ägypten, und wenn man zurückgeht bis zum Quell der Kunst und des Wissens anderer antiker Nationen, wie oft gelangt man da zu ihrem Ägypten!"[8]

---

1 Brief von Ebers aus Leipzig an seine Mutter vom 19.10.1879, SBB. Aus dem Brief geht hervor, daß Ebers und Alma Tadema schon lange korrespondierten, aber sich noch nicht persönlich kennenlernten.

2 Gemeint ist das Bild "Der Abschiedskuss". Brief von Ebers aus Leipzig an seine Mutter vom 5.12.1880, SBB.

3 Ebers, Lorenz Alma Tadema, in: Westermanns Monatshefte LIX (1885/86). "Außerdem schreibe ich für die Westermannschen Monatshefte eine Biographie Tademas, die mir den ganzen Diener bezahlt macht." Brief Ebers aus Leipzig an seine Mutter vom 1.3.1885, SBB. Ebers stellte im April 1885 einen Diener ein, der ihn betreuen sollte. Ebers mußte z.B. über Treppen getragen werden.

4 Ebers, Lorenz Alma Tadema, in: Westermanns Monatshefte LIX (1885/86), 196.

5 Ebers, Lorenz Alma Tadema, in: Westermanns Monatshefte LIX (1885/86), 3.

6 Ebers, Lorenz Alma Tadema, in: Westermanns Monatshefte LIX (1885/86), 12.

7 Gemeint ist Op.18: "3000 Years Ago."

8 Ebers, Lorenz Alma Tadema, in: Westermanns Monatshefte LIX (1885/86), 13.

Und zum dritten verbindet beide das künstlerische Credo der Belebung des Erstarrten und der Schilderung des Alltagslebens neben der großen Geschichte:

> "Sobald der verständige Freund des historischen Lebens der Menschheit dies bemerkt [daß in der Schule Geschichte nur "Schicksal der Herrschergeschlechter (...), die Zusammenstöße der Völker in Krieg und Schlachten" bedeutet], wendet er sich von der politischen Geschichte der Königshäuser und Staaten ab und erkennt, daß die Kulturgeschichte eines Volkes seine wahre Geschichte ist. Sie lehrt ihn das normale Leben der Nationen, ihr Dasein im Zustand der Gesundheit kennen, und mit Freude nimmt er wahr, wie viel reizvoller es ist, sich vertraut zu machen mit der Wohnstätte des zu erforschenden Volkes, mit seinen staatlichen Einrichtungen, seinem bürgerlichen und geselligen Leben, seiner Religion, Kunst und Wissenschaft als mit den Namen und Blutthaten seiner Könige und Schlachten, die es geschlagen."[1]

Hierher gehört auch der Brief vom 4.10.77: "Ich habe Dir wohl schon erzählt, daß ich Alma Tadema den neuen Roman dediziere.[2] Er war sehr erfreut über diese meine Gabe. Wir sind ja in unserem Streben miteinander verwandt. Beide versuchen wir, das Leben der Alten zur künstlerischen Darstellung zu bringen, <u>er</u> mit dem Pinsel, <u>ich</u> mit der Feder."[3] Es ist bemerkenswert, daß trotz der großen geistigen Harmonie die ägyptische Phase Alma Tademas zu Ende ging, als er Ebers kennenlernt und sich nicht fortsetzt oder wiederbelebt. Lediglich 1901 schafft Alma Tadema noch einmal eine neue Fassung der "Erstgeburt"[4] und 1904 erfolgt eine letzte ebenso spektakuläre wie ephemere Wiederaufnahme der ägyptischen Thematik mit "The Finding of Moses".[5]

Alma Tadema stellt fünf seiner Gemälde zur Abkupferung in schwarz-weiß für Ebers' "Aegypten in Bild und Wort" zur Verfügung. Der Aufsatz Ebers' in Westermanns Monatshefte gibt Gelegenheit, die Beschreibung der "ägyptischen Gemälde" mit den Stichen, die schon 1879/80 - bis auf das "Fest" - in seinem "Aegypten in Bild und Wort" erschienen waren, zu vergleichen. Dieser Zusammenhang ist wohl auch so von Ebers gesehen worden: In dem Artikel wird keines der Bilder gezeigt.

---

1 Ebers, Lorenz Alma Tadema, in: Westermanns Monatshefte LIX (1885/86), 11.

2 "Herrn Alma Tadema, M.A., dem großen Meister der malerischen Darstellung des Lebens der Alten widmet diese Erzählung mit freundlichen Grüßen der Verfasser", Ebers, Homo sum, Widmung.

3 Brief Ebers an seine Mutter vom 4.10.77 aus Leipzig, SBB.

4 Op.364 in anderer Umgebung als die älteren Fassungen; Bei Borger keine Angaben zum Verbleib.

5 Op. 377, Öl auf Leinwand, 137,5 x 213,4 cm, Privatsammlung. Gemalt im Auftrag des Industriellen Sir John Aird, der die ungeheure Summe von £ 5250 dafür bezahlte. Airds Firma war am Bau des Assuandammes beteiligt, und Alma Tadema war aus Anlaß der Einweihung nach Ägypten eingeladen zu Studien für das Gemälde.

"Klage einer Wittwe von Memphis am Sarge ihres Gatten."[1] Raven, der sich eingehend mit dem zugrunde liegenden Gemälde "A widow" befaßt hat[2], weist nach, daß Alma Tadema für eine Reihe von Details (Architektur, Schmuck[3], Utensilien, Möbel u.a.) Wilk.Man. benutzt hat, daß auf den Säulenschranken eine Totenbuchszene aus dem Britischen Museum angebracht ist, auf dem Pfeiler links eine Stele aus demselben Museum, deren Darstellungen mehrfach geknickt werden mußten. Dies kritisiert er ebenso als unstimmig, wie den Fußboden und die unmögliche Form des rechten Kapitells. Die Datierung der einzelnen Elemente läßt ihn das Urteil "Anachronismus" aussprechen: Stele, Totenbuch und Mumie sind ptolemäisch, der Sarg ist in die Zeit Trajans zu datieren, die Kartusche des Abakus - in der Ebers-Fassung abgeschnitten - nennt Domitian Sebastos und Caesar Autocrator, die Architektur ist griechisch-römisch. Was aber für Ebers im Vordergrund steht, zeigt seine Besprechung:

"1867 schuf er außerdem die »Ägyptische Totenklage«. In einem jener kleinen Nebentempel, welche die Inschriften als Geburtshäuser der Gottheit, das heißt als Stätte bezeichnen, in der Isis den jungen Horus gebiert, liegt die Mumie des Verstorbenen auf der Bahre, und neben ihr steht der Sarkophag, welcher sie aufnehmen soll. Der Ort der Handlung ist fein gewählt, denn derjenige, welcher hier geboren werden soll, ist Horus, das heisst das Princip der ewigen Erneuerung in der Natur, und wie der junge Gott, so soll die Seele des Verstorbenen durch Wiedergeburt das Licht einer neuen Welt erblicken. Tief in sich zusammengesunken, kniet die Witwe am Fussende der Mumie, während die Priester zu Lautenschlag und Sistrumklang Klagelieder singen. Die dichten Fächer der Palmen des Tempelhaines schauen durch die Öffnungen zwischen den Säulen und beugen sich schattenspendend und wie segnend über den Tod und die Trauer. Wie echt ägyptisch ist hier jede architektonische Form, jedes Instrument, jedes Antlitz, und doch wie tief und rein menschlich wirkt dieses herrliche Kunstwerk."[4]

---

1   Ebers, Aegypten in Bild I, 165.

2   Das Gemälde: Op.99, Rijksmuseum Amsterdam RM 2283a. Raven, Alma Tadema, ist der einzige Aufsatz, der sich von ägyptologischer Seite mit Alma Tadema befaßt. Er behandelt nur die beiden Bilder Op.99 und Op.103 ausführlicher. Op.124 erwähnt er nicht, andere wie Op.246 und Op.377 nur kurz. Der Grund für diese Auswahl kann darin vermutet werden, daß Raven sich auf die Bilder des Rijksmuseums in Amsterdam beschränken wollte.

3   Die Skarabäus-Halskette des Prinzen von Op.103 identifiziert Raven anhand der ersten Fassung Op.10 aus Wilk.Man., Raven, Alma Tadema, in: Bulletin van het Rijksmuseum XXVIII (1980), 105, Abb.16.

4   Ebers, Lorenz Alma Tadema, in: Westermanns Monatshefte LIX (1885/86), 16.

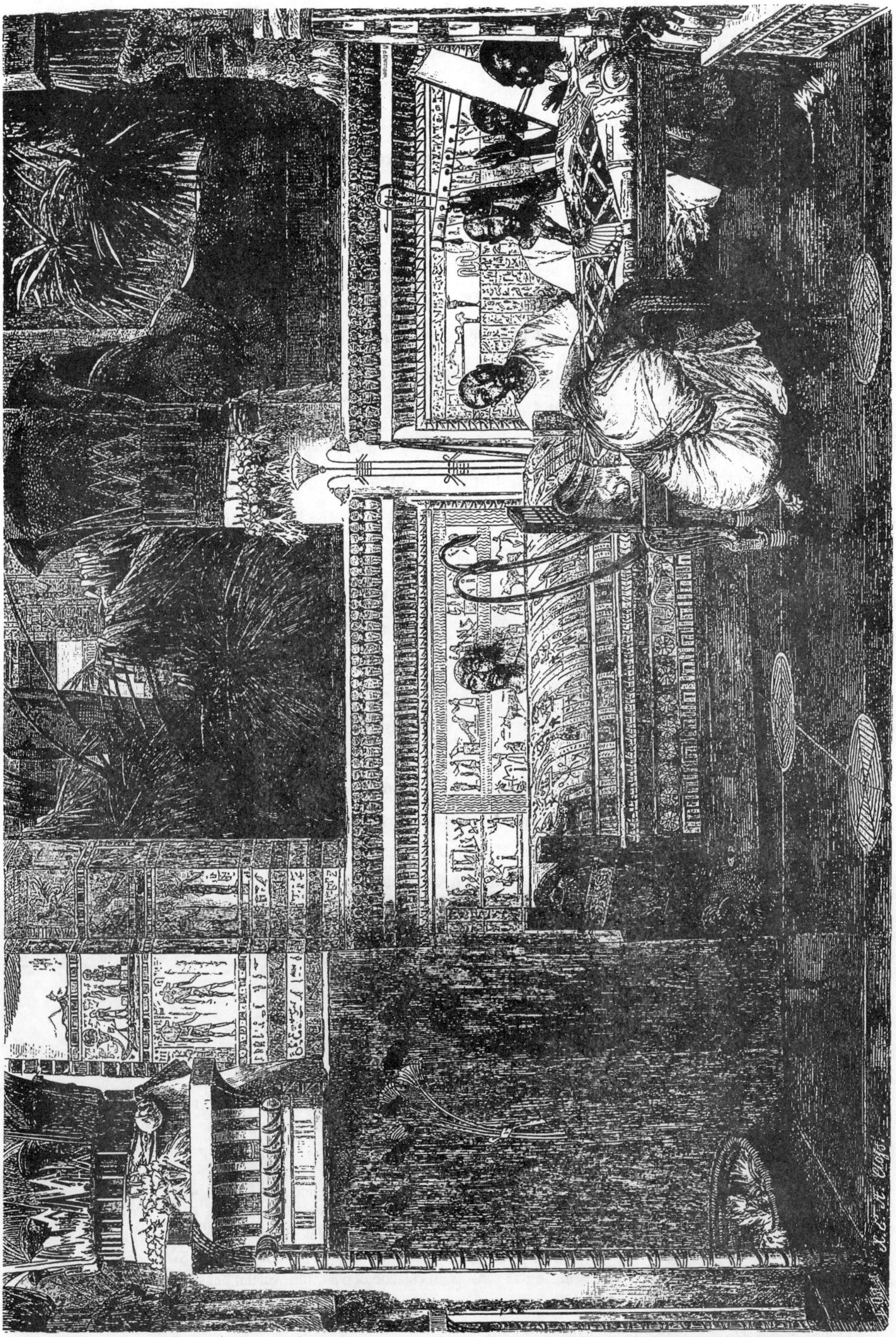

Die Ebers-Version[1] ist identisch - eben nur als Stich und schwarz-weiß. Ebers schneidet das Bild über dem Kapitell ab und ändert lediglich den Titel, so daß das Bild durch diese topographische Spezifizierung locker an diese Stelle des Buches mit seiner Beschreibung von Memphis mit den großen Friedhöfen von Gisa bis Saqqara paßt - Ebers geht im Text auch nur ex negativo auf diese Illustration ein, die gleichsam die Ergänzung zu den zahlreichen Szenen des "täglichen Lebens" der Reliefs, die Ebers abbildet, darstellt. Im umfangreichen Bildprogramm der Gräber bleibt dieser Bereich ausgespart: "Nur selten findet sich ein Hinweis auf den Tod und das Jenseits".[2]

Im Kapitel "Kairo"[3] schwenkt Ebers bei der Behandlung der Geschichte der Stadt bei der Erwähnung der verheerenden Pest von 1348/49 auf ein weiteres Bild von Alma Tadema: "Wer Makrîzis Schilderung des Verlaufs dieser Seuche liest, der wird nur allzu lebhaft an jene furchtbare Landplage erinnert, welche vor dem Auszuge der Juden das Volk des Pharao lichtete. Derselbe Würgengel, der damals die Erstgeburt tödtete, zog jetzt an beiden Ufern des Nilstroms von Haus zu Haus, und darum scheint uns dieselbe Stelle unserer Beschreibung Aegyptens besser geeignet, als irgend eine andere, unseren Lesern Alma Tadema's ergreifendes Bild einer ägyptischen Mutter mit ihrem sterbenden Sohne während der letzten der furchtbaren Landplagen zu zeigen."[4] Dem Stich **"Der Tod der Erstgeburt"**[5] liegt das berühmte Gemälde "Death of the First-born", entstanden 1872 in London, zugrunde.[6] Die Beschreibung des Gemäldes lautet folgendermaßen:

> "Wir haben den Ton der Rede dämpfen und beim Anblick der letzten Rose des Jahres[7] und des nächsten Bildes »Die Witwe« uns an den Winter und die Wandelbarkeit des Glückes erinnern müssen, da wir wussten, daß es uns bevorstehe, den Leser vor ein Gemälde zu führen, das für uns zu dem Ergreifendsten gehört, was je der Genius eines Künstlers geschaffen. »Die letzte Landplage« hat Tadema diese merkwürdige Schöpfung genannt. Der Würgengel ist in die Häuser und Paläste Ägyptens gebrochen. Alle Erstgeburt zu töten, heisst sein furchtbares Amt, und der unerbittliche Gottesbote hat auch an das Herz des Erben der Krone gepocht und es zum Stillstand gezwungen.

---

1 Ebers, Aegypten in Bild I, 165.

2 Ebers, Aegypten in Bild I, 155.

3 Ebers, Aegypten in Bild I, 308.

4 Dies ist eine Anspielung auf den alternativen Titel "Die letzte Landplage", unter dem man dieses Gemälde auch finden kann.

5 Ebers, Aegypten in Bild I, 309.

6 Op.103, Rijksmuseum Amsterdam RM 2283b (Nach Sievernich, Europa und der Orient, 470: A 2664), Leinwand, 77x124,5cm. Das Bild weist nach Raven, Alma Tadema, in: Bulletin van het Rijksmuseum XXVIII (1980), 111, einen auffallenden Rahmen mit Kartuschen und Uräen, wohl von Alma Tadema selbst entworfen, auf - vergleichbar dem der "Kleopatra" in Form eines Naos mit geflügelter Sonnenscheibe, der abgebildet ist bei Swanson, Sir Lawrence Alma-Tadema, 131. Dort ohne Opuszahl, so daß schwer zu entscheiden ist, um welche der beiden Kleopatras, Op.146 oder Op.182, es sich handelt.

7 Gemeint ist: "Die letzten Rosen", Gemälde op.102.

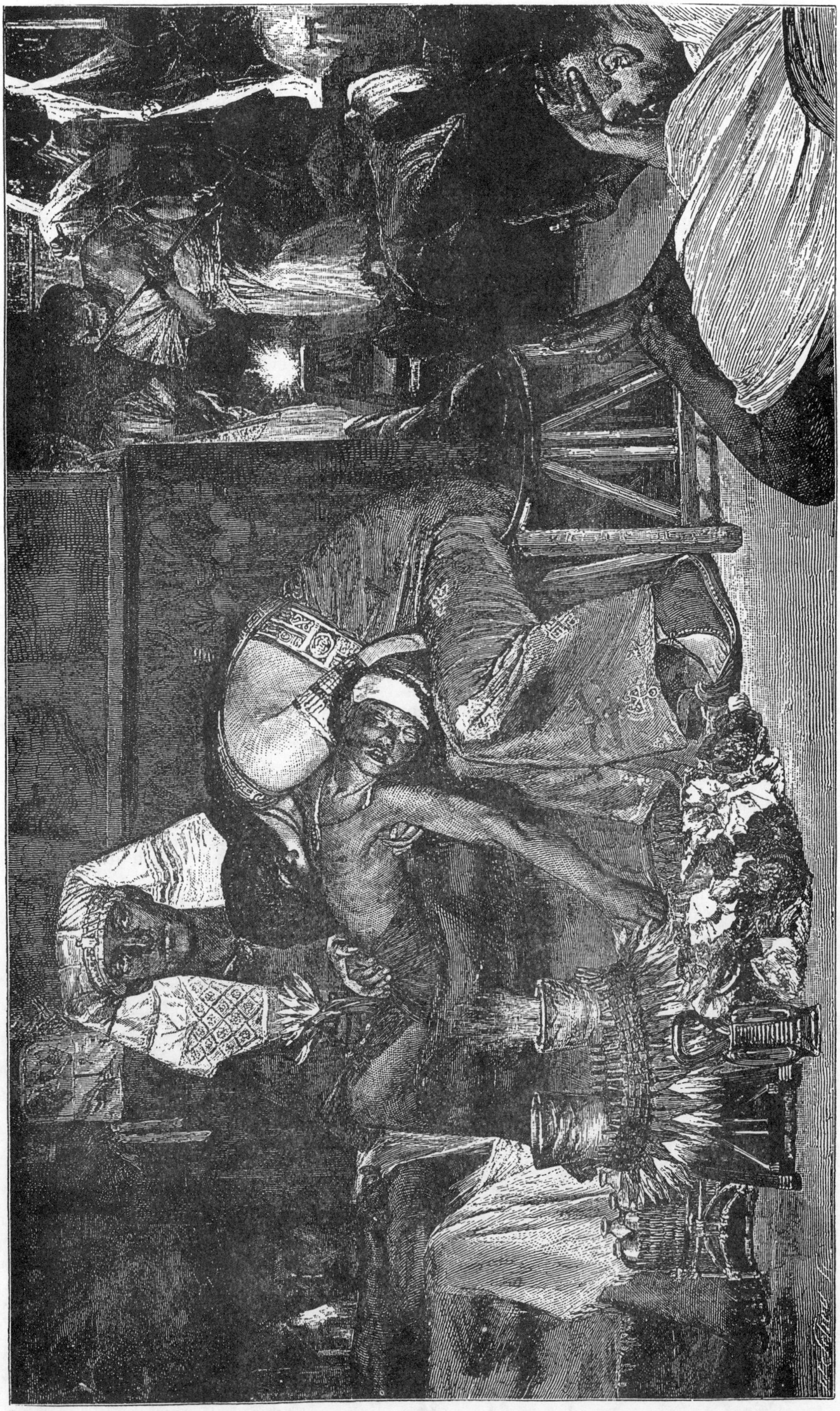

Vielleicht ist es ein hohes Gemach, wohin der Maler uns führt, aber er hat die Leinwand dicht über den Häuptern der dargestellten Personen abgeschnitten, und so fühlt man sich bedrückt und kann kaum atmen in diesem engen Raume, wo Krankheit und Leid sich niedergelassen, und der Duft von Räucherungswerk, Spezereien und Blumen die Brust beengt. Auf dem Schosse des Königs liegt sein von der Seuche hingewürgter Erbe, ein schöner Knabe, dessen Haupt in den Schoss der Mutter gesunken ist, die, überwältigt von leidenschaftlichem Schmerz, die Wange an die von keinem Athemzug, von keinem Herzschlag bewegte Brust ihres Lieblings preßt. Schlaff hängt der Arm des Verstorbenen nider, und die erstarrten Finger schmiegen sich wie hilfesuchend um den Saum des väterlichen Gewandes. Noch preßt sich eine Binde um die Stirn, die vor kurzem so heiss geglüht und ihn so unerträglich geschmerzt hat. Der Vater sitzt da wie versteinert. Mit der Linken stützt er die jugendliche Leiche, in der rechten hält er eine Blume; sein Antlitz ist uns voll zugekehrt. Das Verhängnis, das ihn betroffen, ist stärker als er. Soll er beten? Soll er trotzen? Soll er weinen und in die laute Klage der Gattin mit einstimmen? All diese Fragen sind in den Zügen dieses Mannes zu lesen, der sich äusserlich so aufrecht hält, weil er das innere Gleichgewicht verloren und zusammensinken würde, wenn er sich nicht bezwänge. Neben ihm kauert der Arzt, ein lebendig gewordener Naophoros, wie jedes Museum ihn zeigt. Er hat das seine gethan, und bis man ihn ruft, um den Leichnam zu den Balsamierern zu führen, hat er Zeit, zu träumen und an die Unzulänglichkeit seiner Kunst zu denken. Durch die Thür sieht man die klagende Menge und unter ihr in stolzer, der weiteren Entschlüsse des Monarchen harrender Ruhe Moses und Aaron. Trauermusik schallt in das Sterbegemach. Grosse des Landes haben sich vor dem Könige niedergeworfen, vielleicht um ihn anzuflehen, das Entsetzliche abzuwenden und die Forderung der furchtbaren Zauberer da draussen zu erfüllen; aber er achtet ihrer so wenig, als gehörten sie mit zu den Fliessen des Estrichs.

Das ist es, was dies Gemälde jedem Beschauer mit furchtbarem Ernst in die Seele prägt. Als ich es dem Leiter der artistischen Herstellung meines »Aegypten in Bild und Wort«, dem zu früh verstorbenen Gnauth, sandte, schrieb er mir: »Dies Bild wirkt wie ein erhabener Hymnus«."

Bis hierher argumentiert Ebers mit Stimmungswerten. Doch die jetzt folgende Aufstellung der zusammengesetzten Details erscheint ähnlich dem Ravenschen Puzzle-Verfahren:

"Dem Ägyptologen erzählt es vieles, was der Laie nicht wahrnimmt. Das ist auferstandenes echt ägyptisches Leben! Da ist nichts, was nicht in die Pharaonenzeit gehörte. Wie diese Wand waren die Säle des Palastes Ramses' III. von Tell el-Jehudije belegt mit blumigen Fayenceplatten, der Arzt trägt das Käppchen des ägyptischen Äskulap Imhotep, die tragbare Apotheke, jeder Krug, die Haartracht der Frau, der Kopfputz des Mannes: alles und alles ist echt; und als habe der Meister vorausgeahnt, was erst zehn Jahre nach der Vollendung seines Werkes entdeckt werden sollte, legte er zu Füssen des Toten ein Blumengewinde nieder, das denen täuschend gleich sieht, welche in den königlichen Särgen zu Der el-Bachri gefunden worden sind. Hätte Tadema nichts als dieses Gemälde vollendet, so würde er doch berechtigt sein, sich zu den Grössten Künstlern seiner Zeit zu zählen."[1]

---

1   Ebers, Lorenz Alma Tadema, in: Westermanns Monatshefte LIX (1885/86), 183-185.

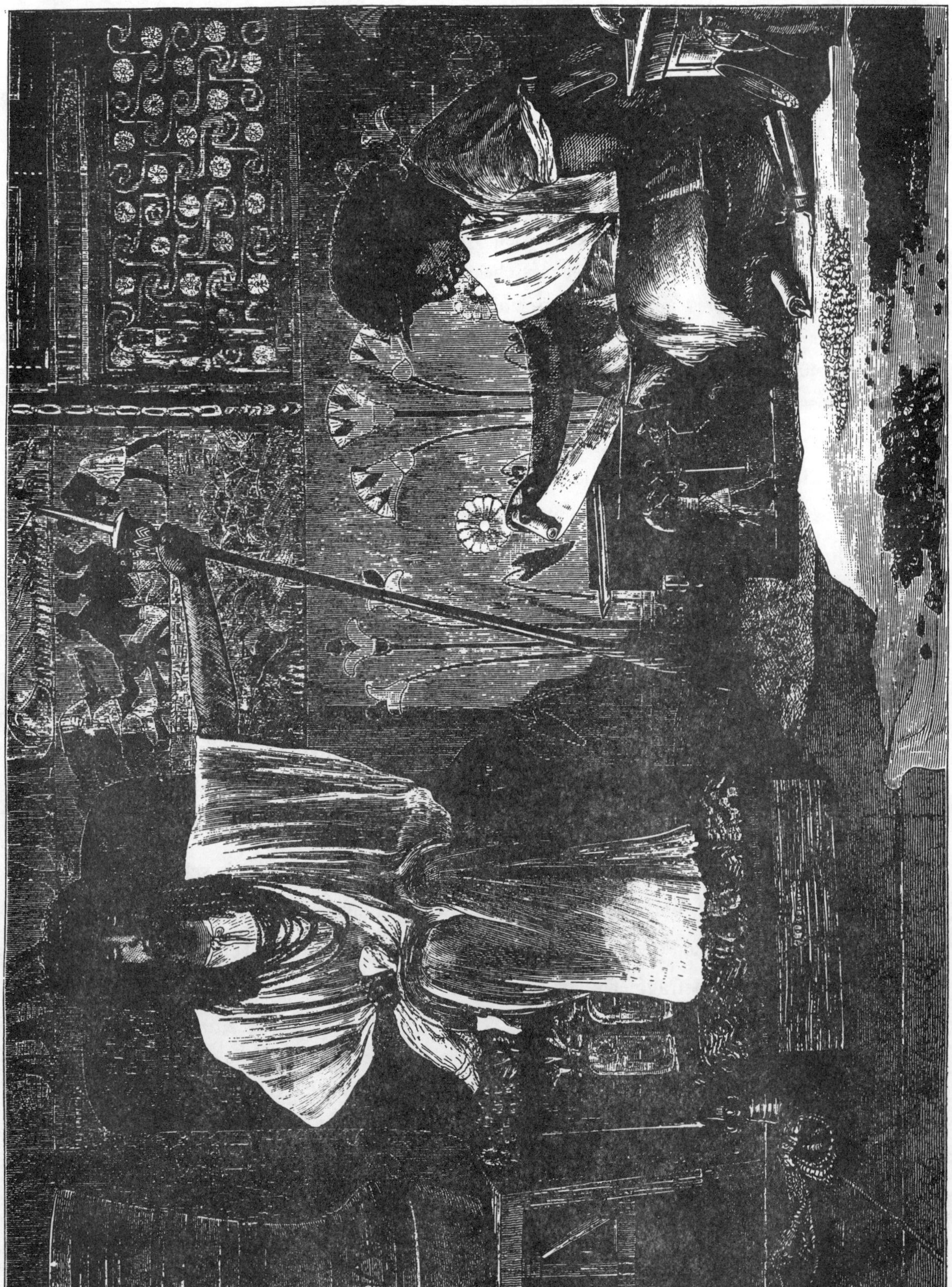

Die Kartusche links hinter dem Kopf des Königs ist in der Ebers-Version nicht zu erkennen. Vielleicht wollte Ebers damit die verunglückte Kartusche Alma Tademas, wohl eine Mischung aus den beiden Ringnamen Ramses' II. vermeiden.

Das Bild **"Joseph und der Pharao"**[1] innerhalb des Kapitels "Gosen" entstand aus dem Gemälde "Joseph, Overseer of Pharaoh's Granaries"[2] von Alma Tadema. Ebers schreibt dazu:

> "1874 malte er »Joseph, der Aufseher der Kornspeicher«, ein Gemälde, welches in koloristischer Hinsicht zu seinen besten Werken gehört. Eine Nachbildung findet sich in unserem »Ägypten«, doch will es mir scheinen, als habe er auf diesem Gemälde sich bei der Person des Pharao auf dem Throne zu sehr von der Vortragsweise der an ihren Kanon gebundenen ägyptischen Künstler leiten lassen. Prächtig und ganz real ist dagegen die Gestalt des jungen jüdischen Finanzmannes Joseph, der seinem Gebieter aus einer Papyrusrolle vorliest, welche neuen wirtschaftlichen Maßregeln er getroffen."[3]

Ebers macht die auf dem Stuhl sitzende Persönlichkeit zum Pharao, der am Boden Sitzende ist damit Joseph. Diese Interpretation der Dargestellten findet nicht überall Zustimmung. Manche meinen - und dieser Eindruck ist eigentlich der primäre - daß der auf dem Stuhl Sitzende nicht der Pharao, sondern vielmehr eine hochgestellte Persönlichkeit ist, also Joseph, der dem Vortrag eines Schreibers lauscht.[4] Gerade die unschönen Gesichtszüge des Schreibers sprechen dafür, denn die Bibel schildert Joseph als "schön an Gestalt und hübsch von Angesicht"[5], so daß sich eine vornehme und hohe Ägypterin in ihn verlieben konnte. Auch der ursprüngliche Titel spricht für die zweite Annahme, gibt man doch üblicherweise einem Bild, auf dem nur zwei Personen dargestellt sind, nicht den Namen der untergeordneten Person. Andrerseits sprechen die semitischen Gesichtszüge des Schreibers für die interessante Ebers'sche Sehweise des Joseph als "jungem jüdischen Finanzmann"! In "Aegypten in Bild und Wort" gibt Ebers keine Hilfe zur Interpretation: "Ein jeder kennt die schöne Geschichte des Statthalters Joseph und die biblische Erzählung von dem Heranwachsen der Familie des Jakob zu einem Volke."[6] Auch hier sind die Vorlagen unschwer zu erkennen, einen Teil derselben bildet Ebers selbst ab: die Wandgemäldefragmente aus dem thebanischen Grab des Nebamun aus dem Britischen

---

1   Ebers, Aegypten in Bild I, 113.

2   Op.124, 1874, Private Collection (USA?).

3   Ebers, Lorenz Alma Tadema, in: Westermanns Monatshefte LIX (1885/86), 186.

4   "When this work was exhibited at the Royal Academy in 1874, the art critic of the *Athenaeum* described it thus: »Joseph, wearing one of those beautiful Egyptian wigs, sits in state, giving orders, and taking note of the labours of the servants; his costume is of white tissue, painted with charming fidelity, richness and brilliancy. A secretary squats on the floor, reading from a scroll: a capital figure«", Ash, Sir Lawrence Alma-Tadema, Text zu Plate 5.

5   I.Mose, 39, 6 (Übers.Luther). Der Kontrast zwischen dem feinen Gesicht des Höheren und den derberen Zügen des Untergebenen wird nur in der Ölfassung ganz deutlich. Dazu auch der Kontrast der Hautfarbe.

6   Ebers, Aegypten in Bild I, 115.

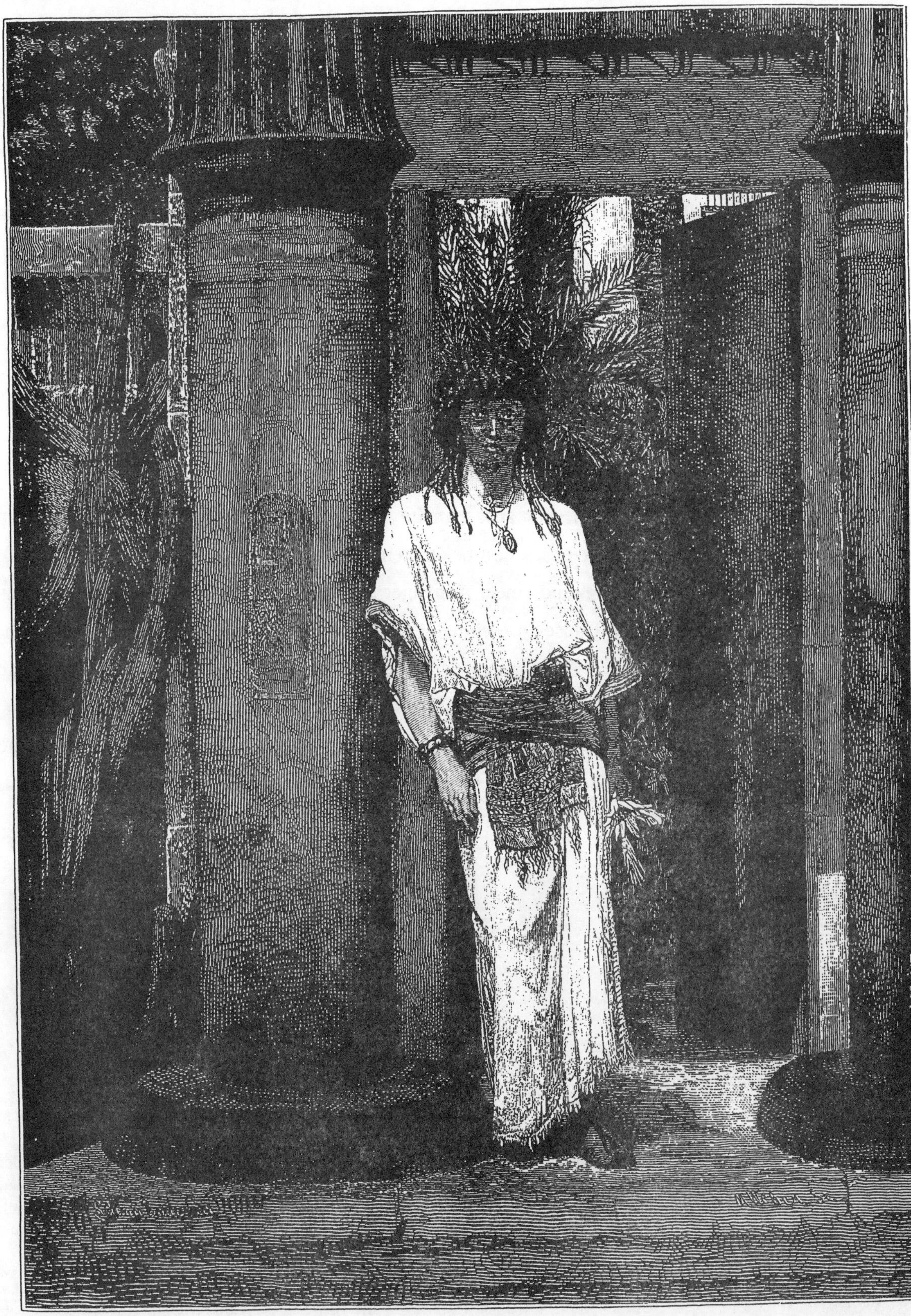

Museum[1] und die Perücke des Thronenden[2], die uns gleich beim folgenden Bild wieder begegnen wird und die wohl das zu jener Zeit bekannteste Originalstück - es wurde im Britischen Museum aufbewahrt - ist. Bei Alma Tadema sind die Kartuschen als die Thutmosis' II. zu erkennen, wodurch also Joseph etwa 300 Jahre vor dem Auszug der Juden aus Ägypten unter Merenptah angesetzt wird - die Juden sind nach Ebers die Nachfahren eines nicht vertriebenen Teils der Hyksos. Die Kartuschen sind bei Ebers so verschwommen, daß sie nicht gelesen werden können. Das mag aber mit weiteren Veränderungen - das Ornament rechts oben ist bei Ebers nachlässig ausgeführt - auch auf technische Bedingungen zurückzuführen sein: das Bild wird durch den Wegfall der differenzierenden Farbschattierungen flacher, härter, geheimnisloser. Dazu trägt auch die Veränderung der Blickrichtung des Thronenden bei, der bei Alma Tadema versunken in sich hineinblickt, bei Ebers jedoch den Betrachter frontal anschaut.

Von den beiden letzten Werken Alma Tademas, die Ebers in sein "Aegypten in Bild und Wort" übernommen hat, liegen keine Beschreibungen von Ebers vor.

Der **"Bürger von Memphis"**[3] geht hervor aus: "An Egyptian at his doorway"[4] und stellt einen an einer Säule lehnenden Mann mit der uns schon bekannten Perücke, einem weißen langen Gewand, um den Bauch geschlungenem Gürtel und einem Anhänger auf der Brust dar. Das Dach des Portikus der Mauer, die den Garten seines Hauses umschließt, wird von zwei "Zeltstangensäulen" getragen, oben befindet sich ein Rundstab, die Gartenmauer ist mit einer Hohlkehle bekrönt, die Tür steht halb offen. An der ganz sichtbaren Säule ist eine Kartusche mit erahnbarem Ramses-Namen angebracht. Auch hier hat Ebers wieder das "Memphis" in den Titel eingefügt, damit wenigstens ein loser Bezug zum Text über Memphis, der das Bild umgibt, gegeben ist - im Text findet sich kein Wort über das Bild.

---

1   Ebers gibt zwei davon wieder: Ebers, Aegypten in Bild II, 189 und 276 (BM.Nr.37976 und 37986), ein drittes bildet den Hintergrund für Alma Tademas Gemälde: der sog. Gänsezensus (BM.Nr.37978). Auch hier könnte man bemerken, daß die Wandmalerei aus stilistischen Gründen in die Zeit Amenophis' III. datiert wird, also knapp 100 Jahre nach Thutmosis II.

2   Ebers, Aegypten in Bild II, 54.

3   Ebers, Aegypten in Bild I, 139.

4   Op.26 (1865), Privatbesitz New York. Es soll davon noch eine zweite Fassung geben.

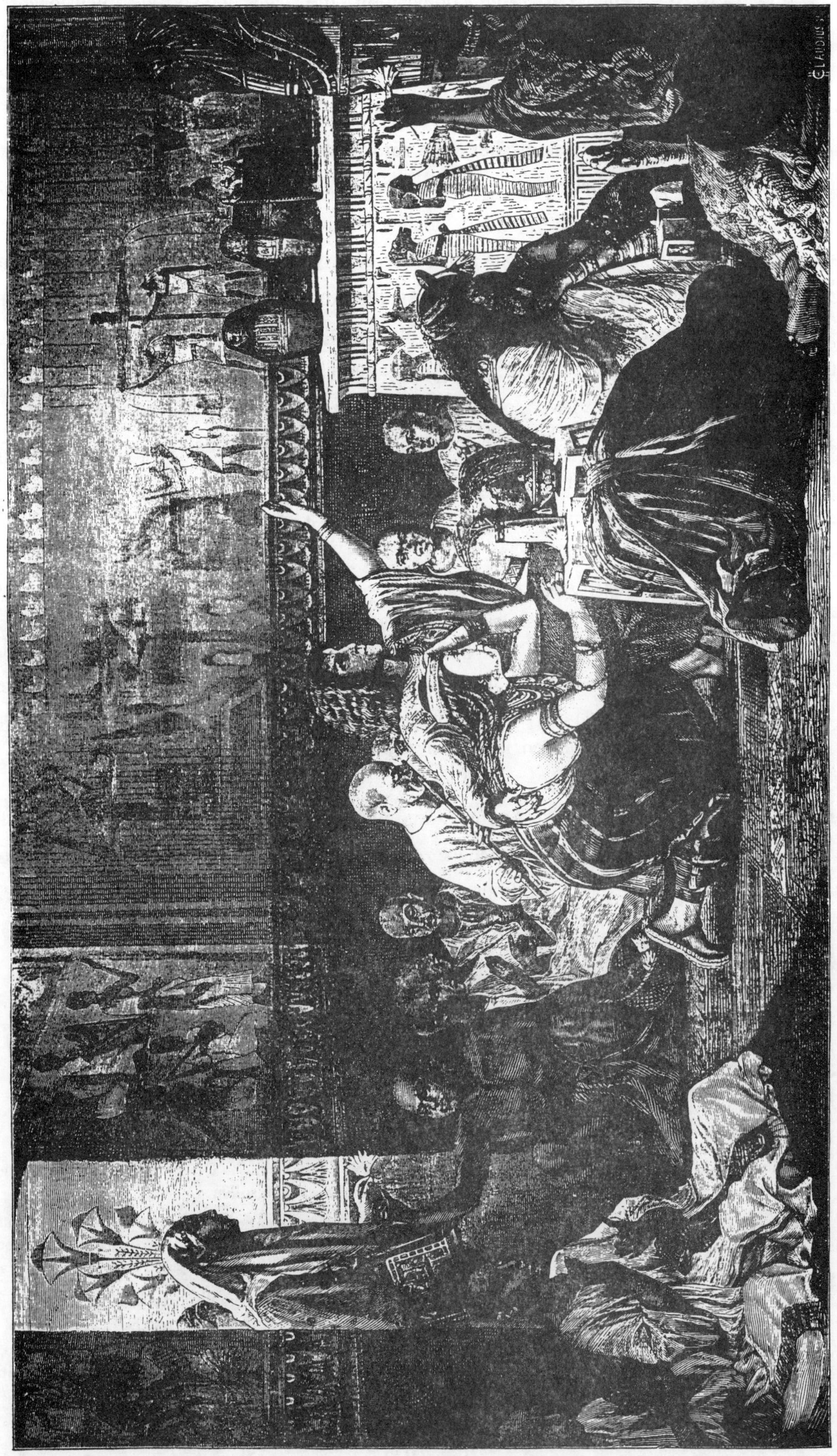

Bei "**Die letzte Ehre**"[1] - eine vielfigurige Komposition - die sicher der "Witwe" nicht nachsteht - ist leider das Vorbild "The Mummy" Op.42 (1867)[2] verschollen, so daß Ebers die einzige zugängliche Abbildung liefert.[3]

Leider wurden bisher von ägyptologischer Seite nur die Unmöglichkeit von Details und Unstimmigkeiten hervorgehoben. So erhellend es sein kann, dem Eklektizismus der Bilder durch Aufspüren der Vorlagen nachzugehen, so sagen die Bilder doch mehr über die Befindlichkeit der Zeit, in der sie entstanden sind, als über die Zeit, die sie schildern - zu schildern vorgeben. Genaugenommen würde ja z.B. bei der "Klage einer Wittwe" nicht die Art der Anbringung der Stelen-Darstellung, nämlich die Knickung, unstimmig sein, sondern die Anbringung selbst. Das Gleiche würde für das Totenbuch gelten. Man sollte immer den Anspruch des Autors berücksichtigen. Raven deutet dies an, wenn er zum Boden der "Klage einer Witwe" schreibt: "Veeleer is dit detail kenmerkend voor Tadema's eigen smaak in zijn vroege stijlperiode."[4] Wenn Raven aber Ebers vorwirft, daß dieser keine "Anachronismen" bemerkt habe, so ist das nur eingeschränkt richtig: Manches konnte Ebers noch nicht wissen, manches aber hat er "übersehen", weil es ihm und Alma Tadema nicht darauf ankam.

> "Über das Wesen aller Völker haben sich gewisse konventionelle Vorstellungen gebildet. Wie sich die Menge den Franzosen leichtsinnig denkt, so stellt sie sich den Ägypter dumpf und düster vor. Sich ihn als einen lebensfrohen Menschen zu denken, setzt schon eine bessere Kenntnis seines Lebens voraus. Auch Tadema versteht es vortrefflich, sich den Ägypter bei Spiel, bei festlicher Lust und in heiterer Erregung vorzustellen; aber noch meisterlicher gelingt es ihm, wie wir sehen werden, ihn in den tragischsten Momenten des Lebens zu schildern."[5]

Ebers und Alma Tadema wollen die Ägypter - und nicht nur diejenigen aus der obersten Schicht des Herrscherhauses - in allgemein-menschlichen, zeitübergreifenden Szenen vorführen, bei Freude und Fest[6], bei der Arbeit wie den Schreiber vor dem Vornehmen im "Joseph", den "Bürger", der besitzesstolz vor seinem Haus in der Hauptstadt steht, bei der Trauer um Kind und Gatten - Gefühle, "tief und rein menschlich."[7]

---

1 Ebers, Aegypten in Bild II, 277.

2 Andrer Titel: Roman Period. Egyptians lamenting their dead.

3 Alma Tadema liefert ferner für die Ebers-Gallerie je ein Bild zu "Homo sum", "Die Frau Bürgemeisterin" und "Eine Frage", welche uns wegen mangelnder Ägyptizität hier nicht interessieren sollen.

4 Raven, Alma Tadema, in: Bulletin van het Rijksmuseum XXVIII (1980), 109.

5 Ebers, Lorenz Alma Tadema, in: Westermanns Monatshefte LIX (1885/86), 14f.

6 Vgl. "Ein Fest vor dreitausend Jahren/3000 Years Ago" (1863) op.18, erstes ägyptisches Gemälde von Alma Tadema, Abb: Clayton, Das wiederentdeckte alte Ägypten, 179; Sievernich, Europa und der Orient, 212, Abb. 240. Beschreibung: Ebers, Lorenz Alma Tadema, in: Westermanns Monatshefte LIX (1885/86), 14f. Erstes ägyptische Motiv überhaupt: "Schachspielende Gruppe", Bleistiftskizze, Abb.: Westermanns Monatshefte LIX (1885/86, 13.

7 Ebers, Lorenz Alma Tadema, in: Westermanns Monatshefte LIX (1885/86), 16.

II. 2. 3. 3. Der Erfolg der Malerei vom Alten Ägypten. "Jenes gewaltige reconstruirte Volk von Despoten und Sklaven"

Die Erschließung neuer Stoffquellen durch die Geschichtswissenschaften stellt auch die Historienmalerei auf neue Grundlagen. Dabei bietet insbesondere die Ägyptologie den Künstlern die Möglichkeit, alte, beliebte und sagenhafte Themen erstmals im Lichte eines tieferen Verständnisses zu behandeln, und durch die Öffnung Ägyptens zum Abendland und durch neue Verkehrsmittel ergibt sich die Gelegenheit, die Schauplätze jetzt selbst kennen zu lernen. Spielten die biblischen Themen der Josephs- und Moses-Geschichte und der "Flucht nach Ägypten", Standardthemen der abendländischen Kunstgeschichte, bisher in einem mehr oder minder phantastischen Ägypten, ohne daß die Künstler an archäologischer Treue interessiert gewesen wären oder interessiert hätten sein können, so bietet die neue Disziplin nun eine Fülle von Erkenntnissen über das sagenhafte Land. Man betrachte die Entwicklung von alten Gemälden ohne jede ägyptisch-archäologische Anspielung, etwa Rubens' "Flucht nach Ägypten" in Kassel[1], über Kellers "Flucht nach Ägypten" mit ihrem zart angedeuteten Tempel im Hintergrund und der nur den Eingeweihten kenntlichen Matarija-Sykomore bis zu Edwin Longs "Flucht nach Ägypten"[2], bei der die titelgebende biblische Gruppe im rechten Vordergrund von einer bewegten Menge ägyptischer Menschen, einer Götterprozession und all den exotischen Details nicht nur farblich - sicher beabsichtigterweise - förmlich übertönt wird.[3] Bei einem Künstler zeigt sich diese Entwicklung besonders deutlich: Bei Gustav Richters großen Bibelgemälden scheint den Zeitgenossen die Einführung eines archäologisch-realistischen Momentes, welches "die heiligen Figuren ganz auf den Boden der modernen religiösen Anschauung stellte" und "der halbrationalistischen Religionsanschauung der grossen Masse der Gebildeten entgegen"[4] kam, besonders erwähnenswert. Erst dann reist Richter über Palästina nach Ägypten zur Vorbereitung seines Hauptwerkes, dem "Bau der Pyramiden". Eine Ägyptenreise, möglichst kombiniert mit Palästina, gehört schließlich fast zur Bedingung des Erfolgs eines modernen Künstlers, dessen Kolorit unter dem ägyptischen Licht oftmals eine neue Qualität erhält.[5]

---

1   1614, Kassel Gemäldegalerie, Öl auf Holz.

2   1883, Bournemouth, Russel-Cotes Art Gallery and Museum. Abb.in: Sievernich, Europa und der Orient, 55 Abb.60.

3   Dieselbe Entwicklung dokumentiert der Vergleich der beiden Versionen der "Auffindung Mose's" von Keller und Long.

4   Rosenberg, Geschichte III, 156. Deshalb fand das Gemälde "Die Auferweckung" "in München und Düsseldorf, wo man noch an eine strengere, mehr kirchliche Auffassung biblischer Scenen gewöhnt war (...) geringeren Beifall", Rosenberg, Geschichte III, 157. Eine andere Stimme, in ADB XXVIII (1889), 461, wurde schon oben 67 zitiert.

5   Zu Richter heißt es z.B. bei Rosenberg, Geschichte III, 155: "Erst eine 1861 unternommene Reise nach dem Orient und Aegypten [hat] die koloristischen Fähigkeiten Richters zu voller Reife gebracht."

Wie sich die Ägyptologie durch eine mehr oder minder erwünschte wissenschaftliche Hilfestellung für die vom Positivismus des 19.Jhs. bedrängte Bibelwissenschaft eine Festigung ihrer eigenen Position verspricht[1], so ist ähnliches auf dem Gebiet der Malerei zu beobachten: die biblische Historienmalerei schlägt zum Einstieg in den Exotismus eine Brücke über das Hindernis der Fremdartigkeit. Das Exotische wird durch altvertraute Bibelthemen gleichsam durch die Hintertür eingeführt. Es ist doch bemerkenswert, wie sehr gerade die Berühmten bei Ebers das Josephs-Thema favorisierten.[2]

Es heißt über Richter: "Aus den Trümmern des alten Aegyptervolkes, wie es noch heute in einigen mehr oder minder verkommenen Raçen fortlebt, rekonstruirte Richter jenes gewaltige Volk von Despoten und Sklaven, das die kolossalen Steinhaufen im Wüstensande aufthürmte."[3] In Ägypten gibt es die Möglichkeit, nackte Badende, leichtbekleidete Tänzerinnen, schlafende Haremsdamen[4], Grausamkeit und Brutalität[5], Sklavinnenmarkt und Nilopfer, im Großformat darzustellen, alles, was weit entfernt scheint, vom Fortschritt, vom "Humanismus" und der "Zivilisation" des Westens und der Moderne. Vermittelt werden die Gegensätze durch idyllische Genre-Szenen, die von "überzeitlichen, allgemein-menschlichen" Gefühlen zeugen. Dem dienen Trauer und Freude, Vater- und Gattenliebe in Alma Tademas Gemälden. So wie die Historienmalerei der eigenen nationalen Geschichte "oft der Legitimation politischer Zustände der Gegenwart und als Lehrmeisterin für die Entwicklung nationalen Gedankengutes"[6] dient, erfährt sie mit der Ausweitung ihrer Themen in die räumliche und zeitliche Ferne eine Erweiterung ihrer Funktion: Der Blick geht jetzt nach Außen und wendet sich neuen Zielen zu, genauso wie in der Politik.

In Deutschland entwickelt sich die Orientmalerei erst spät. Besonders die Engländer, denen das nationale Defizit fehlt und die "in näherer Fühlung mit dem Orient stehen als jede andere Nation"[7], gehen darin voraus. Deutlich wird diese größere Popularität in England dadurch, daß Deutsche, Österreicher oder auch Alma Tadema, nach England gehen, und die Werke des Österreichers Müller

---

1 Darüber und über den Erfolg dieses Bestrebens im nächsten Kapitel.

2 Keller: Auffindung Mose's; Alma Tadema: Joseph und der Pharao; Gnauth: Initiale W zu Gosen.

3 Rosenberg, Geschichte III, 158.

4 Oder noch besser beides zusammen: J.J.A.Lecomte de Noüy, "Rhamsès dans son harem" Triptychon, Öl auf Leinwand, 129,5 x 77,4 cm, 1886, Verbleib unbek., leichtverhüllte Tänzerin und weibliche Musikkapelle vor Ramses.

5 z.B. F.Cormon: Eifersucht im Serail, Öl auf Leinwand, 160 x 220, 1874, Besançon, Musée des Beaux-Arts et d'Archéologie; oder die im Katalog als "prächtig schwelgerische, orientalische Grausamkeit" annoncierte "Exécution sans jugement" von H.Regnault, Öl auf Leinwand, 305 x 146 cm, 1870, Paris, Musée d'Orsay, Musée d'Orsay, Führer, Dt.Ausgabe, Paris 1987, 42.

6 Neue Pinakothek München. Erläuterungen zu den ausgestellten Werken (Katalog), München [5]1989, 413 s.v.Historienmalerei.

7 Ebers, Leopold Carl Müller, in: Kunst unserer Zeit (1893), 57.

sich noch heute hauptsächlich in London befinden. Nicht zufällig erscheinen die ersten und meisten Reiseführer über Ägypten in englischer Sprache. Doch Frankreich, das gleich nach England an zweiter Stelle in der Orientbegeisterung steht, ist bei Ebers deutlich unterrepräsentiert.

Die Ebers-Mitarbeiter stellen einen "Who was Who" der Orientmaler der Zeit dar.[1] Die deutsche Orientmalerei erhält im Ebers'schen "Prachtwerk" einen bedeutenden Kristallisationspunkt. Die Bedeutung von "Aegypten in Bild und Wort" in seiner Zeit und auch später erhellt, daß das größte deutsche Künstlerlexikon noch bis 1942 bei den Biographien die Mitarbeit an diesem Werk hervorhebt.[2] Durch Ebers wird das deutsche Orient-Defizit im Bereich Malerei ausgeglichen, wie durch seine "ägyptischen" Romane im Bereich der Literatur. Die "Altägyptische Historienmalerei" nimmt einen Aufschwung, der den Weg bereitet zur Einführung bzw.Popularisierung echter altägyptischer Bildthemen und zwar sowohl im breiten Publikum als auch in der Wissenschaft.

---

[1] Deshalb wurde im Anhang ein "Alphabetisches Verzeichnis der bildenden Künstler" zusammengestellt. Die Gruppe der Orientmaler stellt dabei den weit überwiegenden Teil. Im WwW wird keiner der Orientmaler, auch die altägyptischer oder archäologischer Motive, erwähnt. Da Händler (z.B.Maunier), Photographen (z.B.Teynard) oder Architekten (z.B.Horeau) jedoch aufgeführt werden, scheint dieser Ausschluß nicht zwingend.

[2] Letzter: Welsch in: Thieme-Becker XXXV (1942), 361.

II. 3. VERLAGE UND VERBREITUNG

Im "Handbuch des deutschen Romans" ist zu lesen: "Das Bild vom deutschen historischen Roman des 19.Jahrhunderts ist heute zumeist von einigen wenigen Werken besetzt: Dahns *Kampf um Rom*, Freytags *Ahnen*, Scheffels *Ekkehard* und vielleicht noch Alexis' *Die Hosen des Herrn von Bredow* und Hauffs *Lichtenstein*. Das entspricht der zahlenmäßigen Verbreitung, die diese Werke - vielfach als Jugendlektüre - *nach* der Jahrhundertwende fanden."[1] So, wie Ebers im ersten Teil des Zitats indirekt als heute nicht mehr präsent gekennzeichnet wird, trifft der zweite Teil in besonderem Maße gerade auf ihn zu: die posthume Rezeption als Jugendlektüre beruht auf den gekürzten, vom kulturgeschichtlichen oder wissenschaftlichen "Ballast" befreiten Ausgaben. Die Reduktion auf das Handlungsgerüst, d.h. auf die Unterhaltung, amputiert das zweite Bein, nämlich die breiten kulturgeschichtlichen Schilderungen, die "Belehrung" und den Zweck, nämlich für die Wissenschaft zu werben.

Der zeitgenössische Erfolg nun, der von allen Beobachtern, wohlwollenden wie kritischen, als sehr groß geschildert wird, beruht aber gerade zum guten Teil auch auf der Kulturgeschichte, einem volksbildnerischen Aspekt, der Verheißung mühelosen Lernens.[2] Zwar spricht Wilhelm Bölsche in seinem Nachruf von einer "gewissermaßen statistischen Wahrheit"[3] des Erfolgs, doch werden die Superlative nicht näher belegt, gibt es kaum inhaltliche Angaben und keine statistischen Werte über Auflagenhöhen oder gar zur Zusammensetzung der Leserschaft. Trotzdem sei hier der Versuch unternommen, die Epitheta "Erfolgstriumphator"[4] und "Lieblingsdichter der Nation"[5] zu konkretisieren. Dazu muß auf verstreute Äußerungen zurückgegriffen werden, die sich v.a. in Briefen von Ebers finden - um die Basis zu verbreitern, müssen auch teilweise die "nicht-ägyptischen" Werke Ebers' einbezogen werden. Zunächst sollen die Männer und ihre Verlagshäuser kurz dargestellt werden, die Ebers diese Erfolge ermöglichen.

---

1   Eggert, Der historische Roman, in: Handbuch, 342.

2   "So werdet ihr über Nacht Aegyptologen, kennt das geheimnisvolle Land am Nil, wie die besten Gelehrten, und es kostet euch nicht geringste Mühe", Kritikus, Georg Ebers und sein neuester Roman, in: Die Literatur I (1880), 44.

3   Bölsche, An der Mumie, 115. Ganz zitiert 105.

4   Martini, Deutsche Literatur im bürgerlichen Realismus, 449.

5   Schilbach, Georg Ebers, in: Lechner's Mittheilungen Nr.10 Februar 1890, 1.

II. 3. 1. Vom Verlag von Eduard Hallberger zur Deutschen Verlagsanstalt

Ebers' sämtliche Romane und die meisten Beiträge für Zeitschriften sind im **Verlag von Eduard Hallberger** in Stuttgart erschienen. Diese enge Beziehung ist Ausdruck der persönlichen Freundschaft zwischen Ebers und Eduard Hallberger (1822-1880).

Hallberger gründet seinen Verlag im Revolutionsjahr 1848. Das Programm besteht die ersten Jahre aus "Volksliteratur", Jugendbüchern und einem Jahrbuch "Jugendkalender". Doch der Erfolg stellt sich nicht ein, "erst als er sich, Anregungen aus England und Frankreich aufgreifend, vom Jahrbuch der Zeitschrift zuwendet, beginnt der steile Aufstieg seines Verlages."[1] 1853 gründet Hallberger die "Illustrirte Welt", 1858 "Über Land und Meer". Die Bekanntschaft mit Ebers kommt 1863[2] durch Zufall zustande. Ebers, der sich zur Kur in Wildbad befindet, lernt die Frau des Verlegers, Henriette kennen, dann Hallberger selbst. Als Ebers ihm von seinem Roman "Eine ägyptische Königstochter" erzählt, möchte er das Manuskript sehen und liest die ersten beiden Bände in einer Nacht. Ebers schildert dies später so: "Beim gemeinsamen Abendessen übergab ich es ihm, und der Unermüdliche (...) kam uns schon am nächsten Morgen beim Frühstück mit seiner schönen Gattin entgegen und rief meiner lieben, jetzt auch dahingegangenen Mutter in seiner anmuthig heiteren Weise zu: »Das hat der Georg gut gemacht, und ich druck' es.«"[3] Aber zunächst erscheint noch im selben Jahr der erste Artikel in "Über Land und Meer". Bald entwickelt sich eine Freundschaft zwischen dem 41jährigen Verleger und dem um 15 Jahre jüngeren Ebers, die bis zum Tode von Hallberger im Jahre 1880 anhält. Ein anonymer Zeitungsartikel vergleicht das Verhältnis mit dem zwischen Cotta und Schiller.[4] Ebers war verlegerisch gesehen ein problemloser Autor, er war von Haus aus vermögend, strebte eine wissenschaftliche Karriere an und stand später in Staatsdiensten.[5] Ebers wird mit wachsendem Erfolg das Aushängeschild des Verlages. Er hält Hallberger immer die Treue: "Später ist so manche lockende Versuchung an mich herangetreten, mit anderen Verlegern in Verbindung zu treten, ich aber habe dem Freunde und billig denkenden Geschäftsmanne die Treue bewahrt."[6] Der Jubiläumskatalog zum 50jährigen Bestehen des Verlags 1898 resümiert das Verhältnis so:

---

[1] Berner, Louis und Eduard Hallberger, 30.

[2] Die Angabe 1860 in: Ebers, Dichter und Verleger, in: Blätter für Belehrung und Unterhaltung vom 29.2.1904, o.S. dürfte ein Versehen sein.

[3] Ebers, Mein Erstling, 189f.

[4] Redaktionelle Anmerkung zu: Ebers, Dichter und Verleger, in: Blätter für Belehrung und Unterhaltung vom 29.2.1904.

[5] Ein Beispiel für einen Verleger, der seinen Autor bis zum Erfolg seines Romans finanziell unterstützen mußte, wäre aus dem Bereich historischer Roman etwa das Verhältnis Heckenast - Stifter bei der Arbeit am "Witiko".

[6] Ebers, Dichter und Verleger, in: Blätter für Belehrung und Unterhaltung vom 29.2.1904.

"In den sechziger Jahren trat indes noch ein andrer Mann in den Gesichtskreis Eduard Hallbergers, der auf das Gedeihen des von diesem gegründeten Verlagsinstituts einen außerordentlichen Einfluß ausübte. Seiner ist daher an dieser Stelle um so mehr zu gedenken, als er diesen Einfluß nicht nur als Schriftsteller, sondern seit der Mitte der achtziger Jahre auch als Aufsichtsratsmitglied der Verlags-Anstalt in der wohlthätigsten Weise geltend machte. Es ist dies Professor Dr. G e o r g E b e r s (...). Er schuf von jener Zeit an Werk auf Werk und erzielte Erfolge, deren sich seit Gustav Freytag kein deutscher Autor mehr rühmen konnte. Damit hat er auch dem Hallberger'schen Geschäfte und später der Deutschen Verlags-Anstalt nicht nur pekuniär, sondern auch moralisch genützt wie kein andrer. Ueberdies war aber sein stets bereitwillig erteilter Rat in allen literarischen Angelegenheiten für beide von größtem Wert."[1]

Seit 1876 veröffentlicht Ebers fast jährlich - ab 1886 regelmäßig jedes Jahr - Romane bei Hallberger, bis 1897 insgesamt zwanzig. 1869 kauft Hallberger das Tutzinger Schloß, ein herrschaftliches Anwesen am Ufer des Starnberger Sees, aus dessen Umfang mit Park, Palmenhaus, Volière, Badehaus, Bootshaus, orientalischem Kiosk, Wagenremise, Manege, eigener Brauerei, vier Gasthäusern und mehreren Gutshöfen seine Stellung als reichster Verleger Stuttgarts nach dem Hause Cotta zu ersehen ist. Dort hält Hallberger sommers Hof. Ebers, der "eine lange Reihe von Jahren hintereinander wenigstens eine Woche als Gast unter seinem [Hallbergers] Dache verweilte"[2], kauft 1882 schließlich, zwei Jahre nach Hallbergers Tod am 29.8.1880 in Tutzing in unmittelbarer Nachbarschaft seine eigene Villa, um dort am Ufer des Sees mit den Kindern auch weiterhin die Sommer verbringen zu können.[3]

Da Eduard Hallberger keine männlichen Erben hat und die beiden Schwiegersöhne ungeeignet sind, den Verlag zu führen, leitet Bruder Karl das Unternehmen, bis der Verlag 1881 in die Aktiengesellschaft **Deutsche Verlags-Anstalt** umgewandelt wird. Ebers wird 1885 in den Aufsichtsrat, der die Geschicke des Hauses leitet, gewählt. Das Verhältnis zu Karl Hallberger, der als Junggeselle 1890 ohne Erben stirbt, und später zu Alwin Moser als Vorsitzendem des Aufsichtsrates (bis 1901) ist freundschaftlich, aber nicht von der Herzlichkeit wie zu Eduard. 1893-1897 veranstaltet die DVA eine erste Ebers-Gesamtausgabe in 32 Bänden, 1897 kommen noch die zwei Bände der "Arachne" als Bände 33 und 34 hinzu. Unter dem Namen DVA existiert der Verlag heute noch, allerdings seit 1941 als GmbH.

---

1 Jubiläums-Katalog, XVIII.

2 Ebers, Dichter und Verleger, in: Blätter für Belehrung und Unterhaltung vom 29.2.1904.

3 Das Schloß gehört jetzt Hallbergers Tochter Gabriele, seit 1884 Gräfin Landberg, die dort die großen Gesellschaften ihres Vaters fortsetzte. Vgl. Goldziher in seinen Tagebüchern, Scheiber (Hg.), Goldziher, Tagebücher.

II. 3. 2. Die Verlage von Karl Baedeker und Wilhelm Engelmann

Leipzig ist im 19.Jh. die bedeutendste Buchhandels- und Verlagsstadt Deutschlands, die "Reichsbuchhauptstadt".[1] Dies hat für Ebers zusammen mit der Tätigkeit an einer der größten Universitäten Deutschlands bedeutende Vorteile. Interessant ist, daß die beiden Leipziger Verlagshäuser, mit denen Ebers zusammen arbeitet, nicht zu den reichsten wie etwa Meyer, Brockhaus[2] oder Tauchnitz[3] gehören.

Karl Baedeker (1801-1859) gründet 1827 den **Verlag von Karl Baedeker** in Koblenz. Seine beiden Söhne Karl und Fritz Baedeker verlegen den Verlagssitz 1872 nach Leipzig. Bekannt wird der Verlag durch die Reiseführer von Karl Baedeker sen., die dieser aus eigener Anschauung verfaßt. "Dies hat seinen Reisehandbüchern ein fast unbedingtes Vertrauen im Publicum und den durchschlagendsten geschäftlichen Erfolg verschafft."[4] Damit hat er einen neuen Typus geschaffen, "indem er den Fremden auf Grund seiner eigenen Reisen unmittelbar zu den Sehenswürdigkeiten hinleitete und ihn von der kostspieligen Bevormundung durch Fremdenführer befreite."[5] Da der älteste Sohn Ernst 1861 überraschend stirbt, nachdem er das Unternehmen nur zwei Jahre leiten konnte, führen die jüngeren Söhne Karl (1837-1911) und Fritz (1844-1925) das Unternehmen im Sinne des Vaters weiter. Im Jahre 1872 treten sie an Ebers wegen des Ägyptenbandes heran und finanzieren ihm dafür die Ägyptenreise von 1872/73. 1874 unternimmt Karl Baedeker selbst eine große Orientreise, im März 1875 ist er noch einmal kurz in Ägypten. 1877 erscheint der erste Band "Unterägypten mit Fayum und Sinai", 1891 der zweite "Ober-Ägypten und Nubien". Über die keineswegs reibungslose Zusammenarbeit zwischen Baedeker, der wohl nicht damit gerechnet hat, daß Ebers die Autorenschaft so ernst nimmt, und Ebers wurde schon oben berichtet.[6] Inzwischen ist 1881 auch der Ägypten-Band des Leipziger Konkurrenten Meyer im Bibliographischen Institut erschienen. Leider wurde das Baedeker-Verlagsarchiv in Leipzig, das weitere Aufschlüsse geben könnte, 1943 zerstört, so daß weitere Auskünfte, etwa die Briefe Ebers', über dieses einzige, aber bedeutende gemeinsame Unternehmen fehlen.

Über Hans Baedeker, den Sohn von Fritz Baedeker, der Martha Engelmann, eine Enkelin von Wilhelm Engelmann, heiratete, ist das Haus Baedeker mit dem zweiten "Ebers-Verlag", dem **Verlag**

---

1   Berner, Louis und Eduard Hallberger, 59. Auch der Stuttgarter Hallbergerverlag eröffnet 1871 in Leipzig eine Filiale.

2   Ebers' Beziehungen zu Brockhaus siehe 64 Anm.3.

3   Ebers' Beziehungen zu Tauchnitz: Brief von Ebers aus Leipzig an seine Mutter vom 21.5.1877, SBB.

4   ADB I, (1875), 760, s.v.Bädeker.

5   NDB I, (1952), 516, s.v.Baedeker.

6   Siehe oben 39ff.

von Wilhelm Engelmann verwandt. Wilhelm Engelmann (1808-1878) übernimmt 1833 die Verlagsfirma seines Vaters und baut "das herabgewirtschaftete Unternehmen zu einem der bedeutendsten Verlagshäuser des deutschen Buchhandels in seiner liberalen Epoche aus."[1] Engelmann verlegt v.a. Naturwissenschaften, Philologie und Medizin. Als erstes wissenschaftliches Werk Ebers' erscheint bei Engelmann 1868 "Aegypten und die Bücher Mose's". Ebers, der damals noch in Jena ist, wird vielleicht durch die engen Beziehungen, die Engelmann zur Jenenser Universität unterhielt - 1858 wurde ihm der Dr.h.c. verliehen - auf Engelmann aufmerksam. 1872 folgt "Durch Gosen zum Sinai", das 1881 sogar eine zweite Auflage erlebt. Durch moderne Abbildungstechniken, wie Holzschnitt, Lithographie, Lichtdruck, erwirbt sich der Verlag einen guten Ruf für wissenschaftliche Werke, was ihn - neben seiner medizinischen Tradition - besonders für die pEbers-Edition in zwei Bänden 1875 geeignet macht. Mit den 1893 erscheinenden Werken "Antike Portraits" und "Sinnbildliches" ist die Liste der wissenschaftlichen Zusammenarbeit abgeschlossen. Die Akademieschriften werden in anderen Verlagen, die sächsischen bei Hirzel, die bayerischen im Akademieverlag veröffentlicht, und die kleine Schrift der Veröffentlichung der Leipziger hieroglyphischen Drucktypen des Verlagshauses Breitkopf und Härtel erscheint natürlich in deren Verlag.

II. 3. 3. DER BESTSELLERAUTOR: AUFLAGEN UND HONORARE. "ICH BIN JETZT EINE HENNE IN IHREN AUGEN, DIE GOLDENE EIER LEGT."

Über die Verbreitung des historischen Romans in der 2.Hälfte des 19.Jhs. gibt Eggert in seinen "Studien zur Wirkungsgeschichte des deutschen historischen Romans" Auskunft: "Von den 816 historischen Romanen, die für die Jahre 1850-1900 ermittelt wurden, erschienen annähernd zwei Drittel (...) in der ersten Hälfte dieses Zeitraumes (...). Allerdings kamen die wenigsten Romane über die erste oder zweite Auflage hinaus - das gilt wohl für 90 bis 95 Prozent aller Titel."[2] Die Angaben, die sich bei Ebers selbst oder anderen über Auflagenhöhen, Auflagenjahre, Übersetzungen u.ä. finden, stimmen zwar nicht völlig überein, können jedoch eine Tendenz beschreiben.

Eggerts Feststellung der Erfolglosigkeit des historischen Romans gilt ursprünglich auch für die "Königstochter", die 1864 ohne sonderliche Resonanz erscheint und es erst 1868 zu einer zweiten Auflage bringt, eine 3.Auflage erscheint 1873, die 4. 1875. Ebers schreibt dazu: "So ging denn mein Erstlingswerk in die Welt, und es war ihm ein recht ungewöhnliches Schicksal beschieden; denn es dauerte ein Lustrum [= 5 Jahre], bis die erste kleine Auflage erschöpft war; dann aber wurde es,

---

[1] NDB IV, (1959), 517, s.v.Engelmann.

[2] Eggert, Studien zur Wirkungsgeschichte, 27. Eggert gibt in einer Fußnote u.a. Ebers' "Königstochter" als Ausnahme an.

obgleich weder die äußere Form noch der Inhalt bemerkenswerte Veränderungen erfahren hatten, immer lebhafter verlangt, und jetzt - 30 Jahre nach seinem Erscheinen - hat es, immer noch von vielen begehrt, den vierzehnten Neudruck erfahren."[1] Im Herbst 1876 erscheint die "Uarda", die nun plötzlich eine erstaunlich heftige Nachfrage auslöst. Der überraschende Erfolg läßt sich folgendermaßen rekonstrieren: Die ersten beiden Auflagen haben offensichtlich 3000 Stück; Mitte Dezember sind 5000 Exemplare verkauft und Hallberger bringt eine 3. Auflage mit 5000 Stück - Auflagen haben damals üblicherweise eine Stärke von 1000-5000 Exemplaren.[2] Das Erscheinen der "Uarda" hat auch auf die "Königstochter" Rückwirkungen: Die Nachfrage nach diesem "Ladenhüter" geht steil bergauf: 5.-11. Aufl.:1877-1883, 12. u.13. Aufl.:1884-1889, 14.-18. Aufl.:1890-1900. Somit kann 1877 als das Wendejahr des kommerziellen Erfolges bezeichnet werden. Über die Leipziger Buchmesse dieses Jahres schreibt Ebers an seine Mutter: "Die deutschen Verleger hatten sich, wie alle Jahre zu dieser Zeit, hier versammelt. Viele fanden den Weg zu mir, denn ich bin jetzt eine Henne in ihren Augen, die goldene Eier legt."[3] Die "Königstochter" ist inzwischen in 14 Sprachen erschienen[4] und 1878 heißt es: "Neulich bekam ich auch die angenehme Kunde, daß Uard'chen neu gedruckt werden muß. Diesen Zuschuß kann man brauchen (...)"[5] Hinter dem Termin des Erscheinens am Jahresende, der regelmäßig wiederholt wird, steht natürlich eine verkaufsstrategische Absicht: "Die Ebers'schen Romane gehören hiernach als stets frischer Artikel auf den Weihnachtsmarkt der Buchhändler und die deutschen Hausfrauen und ihre Töchter sind bereits daran gewöhnt, sich zu Weihnachten »etwas von Ebers« zu wünschen."[6] Die Startauflagen werden höher: im Dezember 1879 werden vom neuen Roman "Die Schwestern" bereits 20000 Stück verkauft. Als Weihnachten 1884 "Serapis" erscheint, die Geschichte von der Zerstörung des alexandrinischen Nationalheiligtums 391 durch die Christen, schreibt Karl Hallberger an Ebers: "Es ist eine Lust, wie die frommen Christkindlein in Deinen Heidentempel laufen."[7] Der "Serapis" wird in 16 Sprachen übersetzt, nämlich in Holländisch, Englisch, Schwedisch, Dänisch, Französisch, Italienisch, Spanisch, Neugriechisch, Russisch, Polnisch, Böhmisch, Serbisch, Kroatisch, Finnisch, Ungarisch, Arabisch. So steigert sich der Erfolg von Jahr zu Jahr. Elisabeth Müller meint, daß Ebers die Auflagenhöhen aus Furcht vor Neid verheimlichen wollte.[8] 1881 schreibt er nämlich in einem Privatbrief: "Mein neues Buch ["Die Frau Bürgemeisterin"] findet, Gott Lob, viele Freunde, gewiß weit mehr als es ver-

---

1 Ebers, Die Geschichte des Erstlingswerkes, 190.

2 Einmal spricht Ebers ausdrücklich von 5000 Exemplaren für die erste Auflage von "Eine Frage", Brief von Ebers aus Leipzig an seine Mutter vom 17.4.1881, SBB.

3 Brief von Ebers aus Leipzig vom 6.5.1877 an seine Mutter, SBB.

4 Gosche, Georg Ebers, 236.

5 Brief von Ebers aus Leipzig vom 10.11.1878 an seine Mutter, SBB.

6 Kraus, Der Professorenroman, 29.

7 Ebers zitiert diese Stelle in: Brief aus Leipzig an seine Mutter vom 21.12.1884, SBB.

8 Müller, Georg Ebers, 219.

dient. Noch keiner meiner Romane ist so aufgenommen worden. In wenigen Wochen mußte die 10. Auflage ausgegeben werden, d.h. es sind 30000 Exemplare verkauft worden"[1] und: "Auf deine Frage nach den Auflagen und ihrer Größe nur dies: Auflage 1 hat 7500 Exemplare und jede folgende 2500. Wir sind jetzt bei 11. Ein gewöhnlicher Roman pflegt in Deutschland in Auflagen zu 1500-1600 Exemplaren gedruckt zu werden. Freytag und ich kommen damit, Gott Lob, nicht aus. - Dies teile ich Dir im Vertrauen mit und bitte Dich, es nicht an die Öffentlichkeit zu bringen."[2] So wird aus "Georg Ebers der meistgenannte und meistgelesene Autor Deutschlands."[3]

Ein ähnliches Bild zeichnet sich bei den "Prachtwerken" ab. Als Zeichen für den Erfolg von "Aegypten in Bild und Wort"(1878/79) kann die Neuauflage des ersten Bandes anfangs 1879, bevor noch der zweite Band erscheinen konnte, und die rasche Übersetzung in fünf Sprachen betrachtet werden. Schon 1880 und 1881 erscheint die französische Ausgabe in Paris in "traduction de Gaston Maspero, Professeur au Collège de France" unter dem Titel: "Georges Ebers - L'Égypte - Alexandrie et la Caire" und "Du Caire à Philae"[4], gleichzeitig die englische Ausgabe: "Egypt: Descriptive, Historical, and Picturesque. Transl. by Clara Bell, with an Introduction and Notes by S.Birch", 2 vol. London 1881-82.[5] Der italienischen Ausgabe "L'Egitto antico e moderno" von 1885 folgt noch eine spanische Ausgabe.

Über die Auflagenhöhen der wissenschaftlichen Werke finden sich keinerlei Angaben, es dürfte sich aber jeweils um weniger als 1000 Stück gehandelt haben. Bekannt ist nur, daß der erste Baedeker-Band, der ja zu den halbwissenschaftliche Werken gerechnet werden kann, in einer Auflage von 1000 Stück erscheint.

Die Zeitschriftenausgaben erreichen noch deutlich höhere Stückzahlen als die Romane, werden aber natürlich nicht nachgedruckt. "Über Land und Meer", das wöchentlich am Sonntag erscheint, hat unter Eduard Hallberger zu seinen besten Zeiten eine Auflage von 250000 Exemplaren[6], die "Garten-

---

ABBILDUNG NÄCHSTE SEITE: WERBUNG AUS: "LECHNER'S MITTHEILUNGEN", WIEN 1890

---

1   Zit. nach Müller, Georg Ebers, 219. (Brief vom 27.12.1881 "an die Verwandten in Holland").

2   Zit. nach Müller, Georg Ebers, 219. (Brief "wenige Wochen später (...) an die selbe Adresse").

3   Kraus, Der Professorenroman, 39. Über den Erfolg im 20.Jh. siehe: Müller, Georg Ebers 226f.

4   Rezensionen: Band I: L.G.(onse), in: Gazette des Beaux-Arts, 2ᵉsér., XX (1879), 539-542, 2 fig.; Band II: L.G.(onse), in: Gazette des Beaux-Arts, 2ᵉsér., XXIII (1881), 188-192, 4 fig.; G.Perrot, in: Revue archéologique. N.S., XLI (1881), 191f.

5   Ausgabe von 1887 als Exponat 390 der Ausstellung: The Inspiration of Egypt, Its Influence on British Artists, Travellers and Designers, 1700 - 1900, Brighton und Manchester 1983.

6   Berner schreibt 1985 über die heutige DVA: "Noch immer sind Zeitschriften (...) wirtschaftlich die tragende Säule des Unternehmens", Berner, Louis und Eduard Hallberger, 92.

Deutsche Verlags-Anstalt in Stuttgart, Leipzig, Berlin, Wien.

Lieblings-Bücher für alle Familien.

ROMANE von Georg EBERS.

Das neueste Werk von Georg Ebers.
Binnen drei Monaten neun Auflagen.

JOSUA.

Eine Erzählung aus biblischer Zeit von GEORG EBERS.
Neunte Auflage. — Preis in feinstem Original-Einband fl. 4.20.

Ein grossartiger Abschnitt der biblischen Geschichte, der Auszug der Juden aus Aegypten, bildet den historischen Hintergrund dieser zugleich fesselnden und erhebenden Erzählung, und wenn einer, so war Georg Ebers, der Forscher, Reisende und Dichter, berufen, den Leser zum lebendigen Theilnehmer an diesem gewaltigen Ereigniss zu machen. — „Josua" ist sicher die eigenartigste und wird von Vielen als die am mächtigsten wirkende Schöpfung unseres Georg Ebers anerkannt werden.

Bisher erschienene Romane von Georg Ebers:

Eine ägyptische Königstochter. Historischer Roman. 13. neu durchgesehene Auflage. 3 Bände. Fein gebd. fl. 9.—.	Uarda. Roman aus dem alten Aegypten. 11. neu durchgeseh. Auflage. 3 Bände. Fein gebd. fl. 9.—.	Homo sum. Roman. 13. neu durchgesehene Auflage. 1 Band. Fein gebd. fl. 4.20.
Die Schwestern. Roman. 16. neu durchgesehene Auflage. 1 Band. Fein gebd. fl. 4.20.	Der Kaiser. Roman. 11. Auflage. — 2 Bände. Fein gebd. fl. 7.20.	Die Frau Bürgermeisterin. Roman. 13. Auflage. 1 Band. Fein gebd. fl. 4.20.
Ein Wort. Roman. 11. durchgesehene Auflage. 1 Band. Fein gebd. fl. 4.20.	Serapis. Historischer Roman. 9. Auflage. 1 Band. Fein gebd. fl. 4.20.	Die Nilbraut. Roman. 6. Auflage. — 3 Bände. Fein gebd. fl. 9.—.
Die Gred. Roman aus d. alten Nürnberg. 8. Auflage. 2 Bände. Fein gebd. fl. 7.20.	Eine Frage. Idyll. Mit einem Titelbild. 5. Auflage. 1 Bd. Fein gebd. mit Goldschnitt fl. 3.—.	Elfen, ein Wüstentraum. Poetische Erzählung. 7. Auflage. 1 Band. Fein gebd. fl. 3.—.

Die Ebers'schen Romane eignen sich ganz besonders zu **prachtvollen Geschenken** bei allen festlichen Gelegenheiten für Frauen und Töchter.

Zu beziehen durch alle Buchhandlungen des In- und Auslandes.

Verlag: R. Lechner, Graben 31. — Redacteur: E. Wähner. — Druckerei: Ch. Reisser & M. Werthner.

laube" mit bis zu höchstens 380000 Exemplaren, so daß man von einem echten Zeitschriftenboom sprechen kann. Nur wenige aber überleben noch bis in unser Jahrhundert, etwa "Über Land und Meer", "Die Gartenlaube" oder "Westermanns Monatshefte".

Die Einkünfte Ebers' aus seiner Romanproduktion und aus Nebentätigkeiten wie Vorträgen, Herausgeberschaften, vielleicht auch Rezensionen und Vorworten übertreffen sein Professorengehalt sicher erheblich. Über die Honorare bestehen offensichtlich unterschiedliche Vereinbarungen: Einmal spricht Ebers von einem Pauschalhonorar bis zum Verkauf von 5000 Exemplaren und dann weiterer Gewinnbeteiligung[1], ein andermal von 1 M. pro Exemplar.[2] Mit Baedeker hatte er zum Honorar noch 50 Freiexemplare mit einem Verkaufswert von 500 M. vereinbart.[3] Über die ihm angetragene Herausgeberschaft der deutschen Ausgabe von "Palästina in Bild und Wort" schreibt Ebers, daß Hallberger dem englischen Verleger die Rechte abkaufe, das Werk übersetzen ließe und er solle "sie nur lesbar machen (...). Diese Arbeit ist klein, ich habe aber für sie, weil ja »herausgegeben von Georg Ebers« daraufsteht, 10000 Mark gefordert und auch bewilligt erhalten. Es ist doch schön, wenn man sich einen Namen gemacht hat, der etwas werth ist."[4] Zum Vergleich: die Villa in Tutzing, die Ebers 1882 kauft, kostet mit allem Inventar und einem 5 Morgen großen Park 66000 M. - Ebers schreibt dazu: "Die »Frau Bürgemeisterin« hat so viel eingebracht wie das ganze Ding kostet."[5]

II. 3. 4. PREISE UND LESER. "EINE WEILE SCHIEN ES ... STATISTISCHE WAHRHEIT ZU SEIN, DASS EBERS UNSER VOLKSTÜMLICHSTER ... MODERNER ROMANDICHTER SEI."

Hallbergers Verlag steht auf zwei Beinen: da sind auf der einen Seite teure, prächtig ausgestattete und illustrierte Ausgaben auch von Klassikern, eine "Bijouterie-Fabrikation", wie Friedrich Perthes das nennt, andrerseits preiswertere - aber nicht billige - Ausgaben und die Zeitschriften. Deutlich wird dies beim "Prachtwerk": In aufwendigster Ausstattung kostet es 115 M. Dem steht die "Billigausgabe", der "Cicerone" für 13 M. gegenüber, der dann aber in einem Band gebunden, erheblich kleineren Fomats und fast ohne Illustrationen ist.[6] Auch die Ebers-Gallerie, großformatige Bilder von

---

1 Brief von Ebers aus Leipzig an seine Mutter vom 17.12.1876, SBB.

2 Brief von Ebers aus Leipzig an seine Mutter vom 17.4.1881, SBB.

3 Angabe bei: Hinrichsen, Neue Erkenntnisse, 30.

4 Brief von Ebers aus Tutzing an seine Mutter vom 1.8.1880, SBB.

5 Brief von Ebers aus Tutzing an seine Mutter vom 14.9.1882. SBB.

6 Z.Vergleich: Durchschnittswochenlohn 1900 für einen Facharbeiter 20-25 M., für eine Facharbeiterin 12-13 M., für eine Heimarbeiterin 6-7 M. Jahresmiete einer Zweizimmerwohnung unterer Kategorie 300-400 M.

"Gestalten aus den Romanen von Georg Ebers" wird in der Imperial-Ausgabe (150 fl.), Großfolio-Ausgabe (36 fl.) oder der Cabinet-Ausgabe (12 fl.)[1] geliefert.

Im Jahr 1900 kostet die "Königstochter" in drei Bänden geheftet 12 M., gebunden 15 M.; ebenso die "Uarda", ebenfalls in drei Bänden. Der Preis der Gesamtausgabe ist 80 bzw. 112 M. Die Werbung, wie auch der traditionelle Erscheinungstermin der späteren Romane im Dezember, spricht bei Ebers für den "Privatkauf", wenn auch die Preise für die Romane nicht niedrig sind, wie der Vergleich mit dem ersten Baedeker-Band zeigt, der 16 M. kostet. Die von Eggert für den historischen Roman allgemein festgestellte geringe Exemplarzahl pro Auflage wegen des teuren Kaufpreises trifft für Ebers nur bedingt zu. Doch auch bei Ebers kann durch die Einstellung in Leihbüchereien von einem größeren Lesepublikum als die Auflagenzahlen angeben, ausgegangen werden: So erwirbt Heinrich von Stephan, der Deutsche Generalpostmeister, Ebers nennt ihn "Reichspostminister"[2] und widmet ihm den "Cicerone", jährlich eine große Anzahl an Exemplaren für die Postbüchereien.[3] Für das Bestreben, eine weitere Verbreitung zu erreichen, spricht auch das Angebot des Verlags für den Bezug der "Prachtwerke" in 42 Lieferungen für "Aegypten in Bild und Wort", bzw. 84 Lieferungen für "Palästina in Bild und Wort" in beliebigen Zwischenräumen.

Otto Kraus beginnt seine kritische Auseinandersetzung mit dem "Professorenroman" (1884) mit einer Geschichte: "In Berlin war's. Der süddeutsche Vetter besuchte die norddeutsche Cousine. Nach mancher Frage und Antwort über die großen und kleinen Familienmitglieder kam der Verlauf des täglichen Lebens zur Erörterung. »Und was treibt ihr Abends?« fragte der Vetter. - »Abends wird gelesen.« - »Ebers?« - »Natürlich!«" Auf die Vorbehalte des Vetters gegen diesen "Modeschriftsteller" wird geantwortet: "»Wenn man mit der Gesellschaft verkehrt, muß man doch auch die Lieblingsbücher der jeweiligen Gegenwart lesen.«"[4] Dies ist bezeichnend sowohl für die Lesekultur der Zeit, als auch für das, was Bölsche "Volkstümlichkeit" nennt: "Eine Weile schien es gewissermaßen eine statistische Wahrheit zu sein, daß Ebers unser volkstümlichster und vollkräftigster moderner deutscher Romandichter sei."[5] Das meint das bürgerliche Milieu, zu dem auch die Gelehrten gehören. Auch in deren Kreisen, und nicht nur in den ägyptologischen (Lepsius, Erman, Steindorff), sondern auch in den weiteren, wie etwa die Involvierung der "Königstochter" in Jena in das Habilitationsverfahren Ebers' zeigt[6], wird Ebers gelesen. Interessant ist das große Interesse, das eine weibliche Leserschaft

---

1 Die Angaben stammen aus Lechner's Mittheilungen aus Wien. Deshalb die Preisangaben in fl. = Florint.

2 Brief von Ebers aus Leipzig an seine Mutter vom 19.12.1880, SBB.

3 Müller, Georg Ebers, 220.

4 Kraus, Der Professorenroman, 3. Auch 26: "Der Mode können allerdings die Ebers'schen Romane nicht dienen, denn sie sind selbst die Mode im Gebiete der Unterhaltungsliteratur.

5 Bölsche, An der Mumie, 115.

6 Siehe unten 128ff.

dem historischen Roman entgegenbringt.[1] Schon bei Barthélemy bemerkte die Kritik, wie vor allem "Frauenspersonen" das Werk verschlangen. Und bei Ebers setzt sich das fort: Der "Kritikus" meint, daß besonders die Phantasie an Ebers gelobt werde. "Man frage doch nur unsere literarischen Frauen und Mädchen"[2] und die "Salondamen".[3] Kraus spricht von den "gewohnheitsmäßigen Romanleserinnen"[4], den "deutschen Hausfrauen und ihren Töchtern."[5]

Auch in höchsten adeligen und politischen Kreisen werden Ebers' Romane goutiert. Kaiser Wilhelm I. läßt sich die "Uarda" vorlesen und zitiert Ebers in Baden-Baden zu sich. Ebers berichtet seiner Mutter von der kaiserlichen Lektüre: "Es habe ihn [den Kaiser] sehr amüsiert, all' die uralten Herrschaften und Vettern [Ramses II. und seinen Hof] so bequem kennenzulernen. »Hübsch geschrieben, hübsch geschrieben.«"[6] Ludwig II.[7] und Bismarck gehören ebenso zu den Ebers-Lesern wie die Kronprinzessin von Schweden, Großherzog und Großherzogin von Baden und Königin Elisabeth von Rumänien.[8]

Ein eigenes und amüsantes Kapitel ist die Ebers-Verehrung, private wie öffentliche, zu Lebzeiten und posthum, angefangen mit den Ebersstraßen, der "Uarda" als Überseedampfer und als Vorort von Boston bis zu "Georg Ebers" als Vorname für Kindstaufen. Die Ebers-Fan-Gemeinde benutzt die Dampferlinie auf dem Starnberger See, um beim Passieren der Ebers-Villa in ein lautes "Georg Ebers, wir grüßen Dich!" auszubrechen.[9] Hier zum Abschluß nur ein Stoßseufzer von Ebers selbst: "Gestern bekam ich einen Brief von einem wildfremden, halbverrückten Weibsbilde, das mir aus lauter Entzücken über meine Werke eine complete, allerdings mehr ans Tollhaus gemahnende Liebeserklärung machte".[10] Hier wäre es fast leicht, Kraus' bösem Wort zuzustimmen: "Die Ebers-Mode muss zu den geistigen Seuchen gerechnet werden."[11]

---

1 Darüber allgemein: Eggert, Studien zur Wirkungsgeschichte, 37f.

2 Kritikus, Georg Ebers und sein neuester Roman, in: Die Literatur I (1880), 40.

3 Kritikus, Georg Ebers und sein neuester Roman, in: Die Literatur I (1880), 45.

4 Kraus, Der Professorenroman, 42f.

5 Kraus, Der Professorenroman, 29. Kraus, Der Professorenroman, 34: "Solche Sächelchen lassen sich alle Leser gefallen, vorab die Damen."

6 Brief von Ebers aus Baden-Baden an seine Mutter vom 19.10.1883, SBB. Wilhelm erkundigte sich auch bei Ebers nach Lepsius' Befinden und lädt Ebers ein, ihn zu besuchen, wenn er nach Berlin komme.

7 Brief von Ebers aus Leipzig an seine Mutter vom 30.9.1877, SBB.

8 Diese letzten Angaben nach Müller, Georg Ebers, 224. Königin Elisabeth betätigt sich selbst unter Pseudonym schriftstellerisch.

9 Müller, Georg Ebers, 223. Zahlreiche weitere Beispiele einer oft skurrilen Ebers-Verehrung dort 221-224.

10 Brief von Ebers an seine Mutter aus Leipzig vom 9.2.1879, SBB.

11 Kraus, Der Professorenroman, 40, greift damit ein fatales Wort aus Vilmars "Culturgeschichte Deutschlands" auf. In Band 3 befindet sich ein Kapitel mit der Überschrift "Beitrag zur Geschichte der geistigen Seuchen." Vilmar, Zur neuesten Culturgeschichte, Bd.3, 133-146. Vilmar denkt allerdings mehr an historische Ereignisse des "Volkswahnsinns", 135, wie die verschiedenen Revolutionen oder an kollektiven religiösen Wahn.

III. DER GELEHRTE

III. 1. DER STUDENT

Seine schulische Erziehung schildert Ebers in seiner Autobiographie ausführlich: Von 1848 bis 1852 besucht er die liberale Knabenerziehungsanstalt Keilhau bei Rudolstadt[1], dann bis 1856 das Gymnasium Cottbus, von dem er wegen einer Affaire mit einer Schauspielerin relegiert wird.

III. 1. 1. ERSTE BERÜHRUNG MIT DER ÄGYPTOLOGIE. "GÖTTINGER VERSUCHE UND FAHRTEN"

1857 macht Ebers Abitur in Quedlinburg und bezieht dann die Universität Göttingen, um dort Jura zu studieren: "Aus welchem Grunde, infolge welcher Erwägungen ich die juristische den anderen Fakultäten vorzog, wäre schwer zu sagen. Innere Neigung oder ein durch prüfende Einblicke gewonnenes Interesse an der Wissenschaft, der ich mich hingeben wollte, hatte sicher nicht den Ausschlag gegeben. Ich (...) entschied mit geringerem Nachdenken über den Beruf und das gesamte künftige geistige und äußere Leben, als ich etwa bei Gelegenheit der Wahl einer Wohnung in Thätigkeit gesetzt hätte."[2] Und so widmet sich Ebers weniger dem Studium als dem Leben im Corps Saxonia:

> "Was dem deutschen Corpsstudenten an Freuden blühen konnte, genoß ich in vollen Zügen.
>
> Den ganzen Tag vom Morgen bis Abend verbrachten wir in froher Gemeinschaft. Wenigstens mit einigen Corpsbrüdern war ich immer zusammen, bald in der Stadt, bald bei Ausflügen auf dem Lande. Den Vormittag füllte der Fechtboden aus, die Mensur auf dem Ulrici, der Frühschoppen auf der Fink, der Spaziergang um die Stadt (...).
>
> Das Mittagsmahl genossen wir zusammen in der »Krone« bei dem jovialsten aller Wirte (...). Dann kam der Kaffee auf dem Museum oder in einem Lokale vor der Stadt, das Reiten oder eine neue Paukerei; oft gab es auch einen Ausflug oder die Bewirtung der zugereisten Kartellbrüder von anderen Universitäten, bisweilen ein Kolleg und endlich die Kneipe."[3]

---

[1] 1817 gegründet von Friedrich Fröbel. Körperliche Ertüchtigung, praktische Unterweisung und Leben in der Natur ergänzen dort den theoretischen Unterricht. Die Lehrer werden geduzt. Nach 1848 wird die Anstalt, deren Wahlspruch "Friede, Freude, Freiheit" ist, im Zeichen der Restauration als "staatsgefährlich untersagt und verfolgt", also behindert und schließlich geschlossen. Ebers, Die Geschichte, 213.

[2] Ebers, Die Geschichte, 384. Das Kapitel "Als Jurist in Göttingen", Ebers, Die Geschichte, 386-512, umfaßt eigenartigerweise auch die Berliner Studienzeit bis zum Jahre 1863.

[3] Ebers, Die Geschichte, 393f.

Ebers überschreibt den Abschnitt seiner Autobiographie mit "Göttinger Versuche und Fahrten."[1] In Göttingen kommt er erstmals in Kontakt mit den alten Ägyptern. Als er zufällig in das Kolleg "Kunstgeschichte" des Philosophieprofessors Lotze[2] gerät, findet er dabei

> "den Weg in das Forschungsgebiet, dem mein späteres Leben gewidmet sein sollte.
> In mehreren Stunden behandelte er fein und lebhaft die Kunst der Aegypter und gedachte dabei Champollions Hieroglyphenentzifferung.
> Diese große Geistesthat erweckte mein höchstes Interesse und ungesäumt begab ich mich auf die Bibliothek, und Unger, der zu den Beamten der großartigen Göttinger Bücherei gehörte, wählte mir die Werke aus, die geeignet schienen, mich näher zu unterrichten.
> Mit Champollions Grammaire hieroglyphique, Lepsius' Lettre à Rosellini und leider auch mit einigen irreleitenden Schriften Seyffarths ging es nach Hause.
> Wie oft habe ich dann, wenn ich aus der Kneipe, aus einer Gesellschaft oder von einem Tanzvergnügen kam, mich in die Grammatik vertieft und Hieroglyphen zu schreiben versucht."[3]

Auch von der Philosophie wird Ebers angezogen, besonders vom aktuellen Materialismusstreit, und wie in der Ägyptologie ergeht es ihm auch hier: Er zäumt das Pferd von hinten auf. Und wie ihm später in Berlin Lepsius den Weg weisen wird, so in Göttingen der nur fünf Jahre ältere Rechtsprofessor Herbert Pernice, der ihm rät, mit Bacon, Kant, Plato und den "anderen Alten" zu beginnen, statt mit Ludwig Feuerbach.

In die Göttinger Zeit fällt der Ausbruch der Krankheit, die Ebers' ganzes späteres Leben bestimmen sollte. Immer wieder melden sich mit akuten "Erkältungen, von denen namentlich die erste mit sehr heftigem Fieber verlief"[4], die ersten Anzeichen. Mehrmals fällt ihm "eine merkwürdige Erscheinung auf, nämlich eine wunderlich weiche Empfindung an den Fußsohlen."[5] Gegen Ende des Semesters, um Ostern 1858 muß er erhitzt und durch unglückliche Umstände ohne Mantel längere Zeit im Nachtfrost warten und erleidet daraufhin einen Blutsturz. Am nächsten Morgen wird der Arzt gerufen, der Bettruhe verordnet, dem aber die kleinen Symptome an der Fußsohle als Anzeichen einer beginnenden chronischen Erkrankung weit gefährlicher erscheinen. Diese Vorzeichen kündigen die Lähmung eines Beines an, die Ebers schließlich an den Rollstuhl fesselt und mit hinzutretenden Sprachstörungen die Aufgabe seines Universitätsamtes erzwingen wird. Als es dem Patienten nach drei Tagen wieder etwas besser geht, wird er mit strengen Auflagen zu seiner Mutter nach Berlin geschickt. "Aus dem freiesten der Menschen war ich der unfreiste geworden, und diese Gebundenheit vergällte mir bitterer als alles andere das Dasein."[6] So endet die kurze Zeit als Jurastudent in Göttingen.

---

1 Ebers, Die Geschichte, 395.

2 Erst 1868 wird die Ägyptologie in Göttingen eingerichtet. Erster Professor ist Heinrich Brugsch.

3 Ebers, Die Geschichte, 396.

4 Ebers, Die Geschichte, 395.

5 Ebers, Die Geschichte, 421f.

6 Ebers, Die Geschichte, 431.

III. 1. 2. Die Begegnung mit Lepsius und Brugsch in Berlin. "Dragoman oder Gelehrter"

Ebers verbringt den Sommer 1858 in Hosterwitz bei Dresden, im Sommerhaus der Familie. Dort wohnt in der Nähe, in Blasewitz, auch die Großmutter. Der Arzt verordnet vollkommene Ruhe, "von ernster Arbeit war in jener Zeit keine Rede."[1] Im Herbst geht er ins "Winterquartier"[2] nach Berlin zurück, eine kurze Reise, die von nachteiliger Wirkung für die Gesundheit ist. In Berlin verschlechtert sich der Zustand des Patienten weiter, er leidet an einer Rückenmarkserkrankung mit einem "mehr und mehr abnehmenden und unbrauchbaren Bein."[3] Die Therapie ist kaum leichter zu ertragen als die Krankheit. Der Arzt rät zur Abfassung des Testaments. "Wie ernst der Tod ist, weiß nur der, den seine kalte Hand berührte, und ich fühlte die seine wochenlang an meinem Herzen."[4] Ebers beschließt, bei Besserung "sich vor dem Rückfalle in die alte sorglose Zersplitterung der Kräfte"[5] zu hüten und sich mit ganzer Energie seinem neuen Ziel zu widmen. Er beschäftigt sich "wieder in vielen freien Stunden mit ägyptologischen Werken. Ich fühlte, daß diese Studien das Rhodos seien, auf dem ich zu tanzen habe, daß sie meiner Begabung entsprächen und mich befriedigen würden. Was mich früher von der Wissenschaft ferngehalten, schien mir jetzt nichtig und weit hinter mir zu liegen. Es war, als hätte ich ein neues Verhältnis zu allen Dingen gewonnen."[6] Als er das Verlangen verspürt, sich wieder das "Weltgedicht", ein in der Gymnasialzeit in Cottbus begonnenes Epos, an dem er noch in Hosterwitz gearbeitet hat[7], vorzunehmen, bemerkt er das Mißverhältnis von Anspruch und Ausführung und befiehlt dem Diener, es zu verbrennen. "Es war mir, als sei mir nun aus der Vergangenheit, die so vieles enthielt, woran ich gerne denken konnte, alles gestrichen worden, was nicht mit auf den neuen Weg gehörte, den gefunden zu haben mir wohl tat."[8]

Das Rechtsstudium wird aufgegeben und zwar einerseits, weil ihm seine Gesundheit wohl nie gestatten würde, diese Wissenschaft auszuüben und es ihm andrerseits für eine rein theoretische Beschäftigung zu wenig Anreiz bot. "Die Ägyptologie zog mich dagegen nicht nur an, sondern gestattete mir, wie sich mein Befinden auch gestalten würde, ihr die ganze Kraft zu widmen. Zwar hatte Champollion, der große Begründer dieser Wissenschaft, sie »ein schönes Mädchen ohne Mitgift« genannt, ich durfte aber dennoch um sie werben und empfand es dankbar, bei der Wahl des Berufes meiner Neigung ohne Rücksicht auf äußere Vorteile folgen zu dürfen."[9] Ebers erkennt jedoch das Unsystematische seiner Bemühungen und wendet sich - da er auch für die Zukunft keine Hilfe durch die Universität

---

1 Ebers, Die Geschichte, 431.
2 Ebers, Die Geschichte, 432.
3 Ebers, Die Geschichte, 433
4 Ebers, Die Geschichte, 435.
5 Ebers, Die Geschichte, 435.
6 Ebers, Die Geschichte, 437.
7 Inhaltsangabe: Ebers, Die Geschichte, 401-405.
8 Ebers, Die Geschichte, 438.
9 Ebers, Die Geschichte, 440.

zu erwarten hat - an die Gattin Wilhelm Grimms, die ihn besucht.[1] Wenige Tage später ist Jakob Grimm am Krankenbett und redet Ebers ins Gewissen: "Dein Hieroglyphenentziffern kann Dich nur zum Dragoman machen, und Du sollst doch ein Gelehrter im höheren Sinne werden, ein rechter und ganzer."[2] Und er verspricht, mit Lepsius über ihn zu reden. Schon am folgenden Donnerstag - an diesem Wochentag wird für die späteren Besuche festgehalten - erfolgt das erste Zusammentreffen mit Lepsius.

> "Der Mann, welcher damals mit Recht der Altmeister meiner Wissenschaft genannt wurde, und dessen vornehm zurückhaltendes Wesen diejenigen, die ihm ferne standen, veranlaßte, ihn für eine abweisend kühle Natur zu halten, hatte den Weg zu mir, den durch nichts ausgezeichneten neuen Jünger seiner Wissenschaft, gefunden.
>
> Aber dabei ließ er es mit nichten bewenden; denn nachdem er sich überzeugt hatte, wie weit ich es durch eigenen Fleiß gebracht, gab er mir an, was ich zunächst vorzunehmen habe, und versprach mir endlich, wiederzukommen.
>
> Auch er hatte sich nach meiner Vorbildung erkundigt und mir ans Herz gelegt, mich mit Philologie und Archäologie und zunächst wenigstens mit **einer** semitischen Sprache zu beschäftigen. Freimütig bekannte er mir später, wie hinderlich es sich ihm, der von philologischen, archäologischen, Sanskrit- und germanistischen Studien ausgegangen war, immer noch erweise, das, wie es schon damals schien, dem Aegyptischen näher verwandte Sprachgebiet des Semitischen in der Jugend vernachlässigt zu haben. Es sei auch nötig, daß ich englisch und italienisch verstehen lerne, da außer im Französischen auch in diesen zwei Sprachen mancherlei erscheine, wovon der Aegyptolog Kenntnis zu nehmen habe. Endlich riet er mir, einen Einblick in das Sanskrit zu gewinnen, das den Ausgangspunkt für die linguistischen Studien bilde.
>
> Seine Anforderungen stellten mir Berg auf Berg in den Weg, doch der Gedanke, diese Höhen übersteigen zu müssen, schreckte mich nicht nur nicht ab, sondern erschien mir höchst reizvoll; denn das Leben, aus dem mein körperlicher Zustand so vieles gestrichen, das mir bis dahin besonders wert gewesen war, versprach dadurch einen großen Inhalt zu gewinnen. Statt **eines** Zieles sah ich eine ganze Reihe von Marksteinen vor mir, die sämtlich erreicht werden mußten (...).
>
> Nun berieten wir, in welcher Folge und auf welchem Wege ich ans Werk zu gehen habe, und heute noch bewundere ich die imposante Ruhe, den sicheren Scharfblick und die verständliche Klarheit, mit der er auf Jahre hinaus den Studienplan für mich entwarf."[3]

Lepsius besteht auf einem fächerübergreifenden Grundstudium. Der Ägyptologe soll sich vorher als Linguist, Semitist, Philologe, Archäologe oder Historiker bewährt haben.

Ebers beginnt nun ein Fernstudium, nur selten darf er eine Ausfahrt unternehmen. "Während des Verlaufs dreier Winter[4] war es mir versagt, die Universität, das Museum und die Bibliotheken zu

---

1 Die Familie Ebers ist mit den Familien Wilhelm und Jakob Grimm gut bekannt, zeitweise wohnten sie unter demselben Dach. So nennt ein handschriftliches Strassenverzeichnis für das Jahr 1842/3 für die Lennestrasse Nr.8, Berlin, neben Ebers 2x "Grimm Prof."

2 Ebers, Die Geschichte, 441.

3 Ebers, Die Geschichte, 442f.

4 1859/60; 1860/61; 1861/62; der vierte Winter liegt bereits hinter der Promotion in Jena.

besuchen. Erst im vierten durfte ich damit beginnen, und wohl vorbereitet und mit gereifterem Urteil folgte ich nun den akademischen Vorlesungen, benützte ich die Wissensschätze und reichen Sammlungen der Vaterstadt."[1]

Vorerst aber ist er auf Privatunterricht angewiesen, in Hebräisch, in Sanskrit und Latein, letzteres von Prof. Geppert. Auch hier scheinen die guten wirtschaftlichen Verhältnisse der Familie vieles ermöglicht zu haben, obwohl natürlich nirgends von Finanziellem die Rede ist.

Die Sommer verbringt Ebers zur Kur in Wildbad im Schwarzwald, aber winters setzt Lepsius seine Donnerstagsbesuche fort.

"Lepsius aber hatte mir das Thor unserer Wissenschaft erschlossen, und konnte er mich auch in der Grammatik des Altägyptischen, mit der er sich in letzter Zeit weniger beschäftigt hatte, nur bis zu einem gewissen Grade fördern, so habe ich ihm doch für vieles andere erkenntlicher zu sein als jedem andern meiner geistigen Leiter. Das Beste, was ich ihm schulde, ist die Anweisung, historische und archäologische Quellen kritisch zu benützen, und seine Korrekturen der Aufgaben, die er mir stellte; von allerhöchstem Nutzen aber sind mir unsere Unterhaltungen über archäologische Fragen gewesen.
(...)
Es will mir heute kaum glaublich erscheinen, daß der würdige Mann mit dem ernsten, ja strengen, höchst edel geschnittenen Gelehrtengesicht und dem schlichten schneeweißen Haar erst fünfundvierzig Jahre zählte, als er sich meiner Studien anzunehmen begann; denn trotz der Straffheit seiner Haltung und der Lebhaftigkeit seiner Bewegungen, wenn der Gesprächsstoff ihn interessirte, kam er mir damals vor wie ein würdiger Greis. Es lag auch in der vornehmen Gehaltenheit seines Wesens und der kühlen, durchdringenden Schärfe seiner Kritik etwas so Abgeklärtes und durch und durch Ausgereiftes, wie man es sonst nur bei Männern in höheren Jahren findet. Ich hätte ihn keines unbedachten Wortes, keiner hingebend warmen Regung des Gemütes für fähig gehalten, bis ich ihm später unter dem eigenen Dache begegnete und mich dort an der warmherzigen Heiterkeit des Familienvaters und der Liebenswürdigkeit des Wirtes erfreute."[2]

Die archäologischen und geschichtlichen Kollegs von Lepsius werden ergänzt durch die philologischen von Heinrich Brugsch. "Gewiß habe ich für die frische und förderliche Weise erkenntlich zu sein, mit der dieser große und unermüdliche Forscher für mich allein ein Privatissimum hielt."[3]

"Heinrich Brugsch, mein zweiter Lehrer, war Lepsius als Entzifferer und Erforscher der verschiedenen Sprachstufen des Altägyptischen weit überlegen. Zwei verschiedenere Naturen lassen sich schwer denken. Dem geistvollen Brugsch, der damals im Anfang der dreißiger Jahre stand, leuchtete die frische Daseinslust aus den klugen, stark gewölbten Augen (...).

---

1 Ebers, Die Geschichte, 446.
2 Ebers, Die Geschichte, 451f.
3 Ebers, Die Geschichte, 451.

> Brugsch war ein Mensch der Impulse, der heiteren Sinnes, auch wenn das Leben ihm ein ernstes Gesicht zeigte, den Frohmut bewahrte. Dabei war er damals wie jetzt schwerer Arbeit mit rastlos ernstem Fleiße ergeben.
>
> Darin glich er Lepsius, und er hatte auch noch anderes mit ihm gemein, obgleich er damals in scharfem Gegensatz zu ihm stand. Erstens einen großen Ordnungssinn bei der Sammlung und Unterbringung des überreichen, ihm zu Verfügung stehenden, wissenschaftlichen Materials, zweitens aber den Umstand, daß ihm wie jenem Alexander von Humboldt beim Beginne seiner Forscherlaufbahn die Wege geebnet."[1]

Ebers deutet hier an, daß Brugsch aus einfachsten Verhältnissen stammte - er nennt sich selber öfters Soldatenkind - und sich seinen wissenschaftlichen Weg mühsam erhungern mußte. Zwar wird er durch A.v.Humboldt immer wieder mit Empfehlungen versehen und erhält durch dessen Vermittlung Stipendien und Gelder vom König, doch ist er ein gutes Beispiel für die Brotlosigkeit der Ägyptologie auch der zweiten Generation.[2] Das Verhältnis zu Lepsius ist in der Tat von einem "scharfen Gegensatz" geprägt. 1847 richtet Brugsch als 20-jähriger Gymnasiast auf Empfehlung seines Förderers Passalacqua ein Bittgesuch an den König für den Ankauf einer gerade öffentlich angebotenen ägyptologischen Bibliothek. Lepsius prüft die Angelegenheit persönlich, und Passalacqua erhält ein amtliches Schreiben, worin er aufgefordert wird, "in der Beurteilung aufstrebender Talente in Zukunft mit angemessener Vorsicht zu verfahren", da Brugsch mittelmäßig begabt sei, "mehr Einbildung als wirkliche Kenntnisse auf dem Gebiete der ägyptischen Forschungen besitze" und keine Aussichten auf zukünftige Erfolge besitze, es sei denn unter richtiger Anleitung.[3] 1855 fühlt sich Brugsch durch ein dummes Versehen um den Posten des Mitdirektors des Ägyptischen Museums gebracht und Lepsius auf den eigentlich ihm zustehenden Posten gesetzt.[4] In der Tat leitet Lepsius faktisch das Museum

---

1   Ebers, Die Geschichte, 452f.

2   Dies belegt in ebenso unterhaltsamer wie eindringlicher Art und Weise seine Autobiographie: Brugsch, Mein Leben.

3   Brugsch, Mein Leben, 49 und 48.

4   Brugsch, Mein Leben, 203: "Die Absicht meines so gnädigen Königs, mich zum Mitdirektor des in seiner Aufstellung vollendeten ägyptischen Museums zu ernennen, wurde durch einen unseligen Irrtum vereitelt. In die ausgefertigte Kabinettsordre war durch ein unerklärt gebliebenes, für mich verhängnisvolles Versehen des damaligen Kabinettsrats Niebuhr der Name Lepsius an Stelle des meinigen eingetragen worden und der König hatte sie mit einer Zahl anderer Schriftstücke unterzeichnet, im vollen Glauben, daß es sich um meine Person handle. Am nächsten Tage war die Ernennung in allen Zeitungen zu lesen. A.von Humboldt war außer sich vor Erregung, allein der Schaden war nicht mehr gut zu machen und ich mußte dem Schicksal danken, daß mir wenigstens die Rolle eines Directorialassistenten an dem ägyptischen Museum gesichert blieb mit einer Besoldung, die für die damalige Zeit ausreichte, um mich über Wasser zu halten". Noch zweimal sieht sich Brugsch zu seiner tiefen Kränkung übergangen: 1880, als Mariette stirbt, wird er als dessen Nachfolger als Chef der ägyptischen Antikenverwaltung und des Kairener Museums, wozu er nach Meinung und Ausspruch des Vizekönigs berufen sei, nur aus Nationalitätsgründen übergangen, denn die Franzosen verlangen, daß dieser Posten "keinem Ausländer"[!] einzuräumen sei, Brugsch, Mein Leben, 352; 1885, beim Tode von Lepsius, hofft er auf dessen Direktoren- oder Professorenstelle (Lepsius war daneben noch Oberbibliothekar der kgl. Bibliothek) "Durch meine zahlreichen Arbeiten auf dem altägyptischen Gebiete glaubte ich einer Berücksichtigung wert gewesen zu sein, allein meine Hoffnungen betrogen mich auch dieses Mal (...) und zu allen früheren Niederlagen (...) wurde mir im eigenen Vaterlande eine neue hinzugefügt (...). Ich weiß nur, sie schuf mir schweres Herzeleid,

schon seit 10 Jahren unter dem Direktor Passalacqua und die Version von Brugsch klingt reichlich unglaubwürdig. Jedenfalls will Brugsch nicht als Schüler von Lepsius bezeichnet werden. "So muß ich zu meinem Bedauern erklären, daß ich keinen Anspruch darauf erheben darf, mich als Schüler des Begründers und Förderers der Ägyptologie in Deutschland zu betrachten."[1] Wie Ebers auf ihn aufmerksam wird und wann Brugsch zum Privatlehrer für Philologie für Ebers wird, ist nicht festzustellen - auf Empfehlung von Lepsius wird es wohl kaum geschehen sein. Jedenfalls betätigt sich Brugsch bei seinen Aufenthalten in Berlin zwischen seinen zahlreichen Reisen und Auslandstätigkeiten - nicht zu unrecht trägt seine Autobiographie den Titel "Mein Leben und mein Wandern" - als Privatlehrer und Privatdozent. Für die Tätigkeit für Ebers kommen am ehesten die Jahre 1862-64 zwischen seiner Persienreise und der Vizekonsulstelle in Kairo in Betracht. In diesen Jahren liegt die Promotion schon hinter Ebers und er schreibt ja auch: "Was Heinrich Brugsch mir gab, lag schon jenseits der eigentlichen Lehrzeit."[2] Eigenartigerweise kommt Ebers' Name in der Autobiographie vom Brugsch nur einmal in völlig anderem Zusammenhang vor.[3]

So erfährt Ebers zwar Förderung durch Privatunterricht bei den beiden bedeutendsten deutschen Ägyptologen seiner Zeit, ist jedoch durch seine Krankheit behindert. Auch die Methoden der Wissenschaft sind schlecht ausgebildet und deren Hilfsmittel mangelhaft:

---

weil sie mir die Überzeugung aufdrängte, daß ich den Wert meiner beinahe fünfzigjährigen Arbeiten vollständig überschätzt hatte", Brugsch, Mein Leben, 376. Ebers selbst hält zu beiden Antipoden gute Beziehungen, ohne sich auf eine Seite zu stellen. Interessant ist dazu eine Briefstelle, die entgegen der Zurückhaltung, die er in den offiziellen Äußerungen übt, kräftige Worte findet. Er berichtet über die Eröffnungsfeierlichkeiten für den Suezkanal, an denen er teilnahm: "Durch die fürstlichen Personen in Ägypten sind sie [Lepsius und Brugsch] toller als je auseinander. Brugsch sollte den Kronprinzen [Friedrich Wilhelm von Preußen] führen, Lepsius intrigierte und verdrängte ihn. Da wurde der Kaiser [Franz Joseph] dem Brugsch übergeben. Der Letztere führte den Herrn, bekam den Stern zum Franz Josef Orden und ist wüthend auf Lepsius, der sich seinerseits gewiß ärgert, nicht den Kaiser geführt zu haben. Lauter Schweinereien und Kleinheiten unter denen, die doch dergleichen am wenigsten üben sollten", Brief von Ebers an die Mutter, Ort: "Auf dem Nil" von 1869, SBB. Brief von Ebers aus Leipzig an seine Mutter vom 3.6.1877, SBB, über Brugsch: "Er ist ein Lump, aber doch einer der anregendsten und interessantesten Menschen, die ich kenne."

1 Und er fährt fort "Und Lepsius scheint dies selber nicht gewünscht zu haben, wie wäre es sonst möglich gewesen, daß er bei meinem Besuche einer seiner öffentlichen Vorlesungen in der Universität mit lauter Stimme und in Gegenwart der übrigen Zuhörer vom Katheder aus die Aufforderung an mich richtete, sein Kolleg zu verlassen. Tief beschämt und ohne mir die Gründe einer so ungewöhnlichen Abweisung erklären zu können, verließ ich selbstverständlich sofort den Hörsaal", Brugsch, Mein Leben, 74.

2 Ebers, Die Geschichte, 455.

3 Brugsch berichtet, daß Mariette eher eine Künstlernatur gewesen sei: "Wie unser Georg Ebers fabulierte er mit der Lust des Poeten von Gottes Gnaden", Brugsch, Mein Leben, 167.

"Kein Wörterbuch, keine brauchbare Grammatik außer der längst überholten Champollions, stand mir für das Hieroglyphische zu Gebote. Das Koptische hatte noch kein Stern[1] echt wissenschaftlich behandelt. Nach Tuki, Peyron, Tattam und Steinthal-Schwarze mußte ich diese Sprache erlernen. Für das Lesen des Hieratischen gab es keine Hilfe als eigenen Fleiß und die Listen, die ich mir selbst nach der Umschrift der spärlichen Texte, die damals dem Lernenden zur Verfügung standen, angelegt hatte. Lepsius selbst hatte sich nie eingehend damit beschäftigt. Brugsch demotische Grammatik war schon erschienen, doch ward ihre Benutzung grausam erschwert durch die schlechte Uebereinstimmung der Typen mit den wirklichen Zeichen."[2]

Um in dieser wissenschaftsgeschichtlichen Situation eine dauernde wissenschaftliche Leistung zu erbringen, war eine über Gewissenhaftigkeit hinausgehende Intuition nötig, die Ebers (noch) nicht zu Gebote steht. Bezeichnend dafür ist seine Doktorarbeit.

III. 1. 3. DIE PROMOTION IN JENA.
"DIE WISSENSCHAFT WAR JETZT MEINE GELIEBTE."

Jena ist im 19.Jh. eine äußerst schlecht ausgestattete Universität mit wenigen Studenten und seit Schillers Zeiten für kümmerliche Professorenbesoldung bekannt. Sie steht am Ende der Skala deutscher Universitäten und mit einem Durchschnittsgehalt von 4376 M. jährlich noch um 316 M. unter der der kleinsten Universität Rostock. Erst 1902 wird im Zuge einer Besoldungsreform (Wegfall des Steuerprivilegs und des willkürlichen Prinzips der "Bewilligungen") das Gehalt der o.Professoren auf 4000-6000 M. angehoben, das der a.o.Professoren auf 2000-4000 M. Die Universität wird von den Kleinstaaten Sachsen-Weimar-Eisenach, Sachsen-Coburg-Gotha, Sachsen-Meiningen und Sachsen-Altenburg unterhalten und liegt auf dem Gebiet von Sachsen-Weimar-Eisenach. Studenten aus anderen Gebieten gelten als Ausländer, so daß Ebers als Berliner bei der Anmeldung zur Promotion in Jena einen sog. Heimatschein vorlegen muß. Diese Situation ist von Bedeutung für die "promotio in absentia", d.h. eine Promotion ohne vorausgegangenes Studium am Ort und ohne mündliche Prüfung, die in Jena im Gegensatz zu Berlin möglich war und die im 19.Jh. in Jena von der Ausnahme zur Regel wird, da die schlecht bezahlten Professoren mit den Gebühren, die dafür erhoben werden, ihr mäßiges Gehalt aufbessern können.

---

1 Ludwig Stern, Begleiter von Ebers auf dessen 2.Ägyptenreise 1872/73 und Mitherausgeber des pEbers.

2 Ebers, Die Geschichte, 445, Anmerkung.

Was Ebers' Aufmerksamkeit auf Jena gelenkt hat[1], ist nicht bekannt, jedenfalls stellt er am 13.Februar 1862 von Berlin aus den Antrag auf Promotion:

> "Eine hohe Philosophische Fakultät der Universität Jena wage ich, Unterzeichneter, auf Grund der beifolgenden Dissertation über »die Herkunft des Memnon«, um die Verleihung der Doctoren Würde anzugehen.
>
> Nach Absolvierung meiner Universitätsprüfung auf dem Gymnasium zu Quedlinburg, bezog ich die Universität Göttingen und befleissigte mich, sowohl an der Georgia Augusta, als später an der Friedrich Wilhelms-Universität zu Berlin philosophischer, - besonders antiquarischer und ägyptologischer Studien.
>
> Ich bin im Besitze der ordnungsmässigen Testate und Abgangs-Zeugnisse.
>
> Durch eine langwierige Rückenmarkskrankheit, vielleicht für immer, verhindert weiteren Studien <u>außerhalb</u> des Hauses obzuliegen, habe ich um so fleißiger in der Wissenschaft Trost suchend und findend - in meinem Zimmer archäologischen Studien obgelegen.
>
> Da die hohe philosophische Fakultät zu Berlin von den Doctoranden verlangt, daß sie zu einer Disputation persönlich in der Aula erscheinen, ist es mir versagt, die von mir erstrebte Würde in meiner Vaterstadt zu erlangen.
>
> Darum wende ich mich an die hohe Philosphische Facultät der Universität Jena, welche das Selbsterscheinen der Doctoranden nicht verlangt, mit der gehorsamen Bitte, daß sie meine Arbeit nachsichtig beurtheilen und mir die Bedingungen, welche mir, um den Doctor Grad zu erlangen obliegen, baldigst mittheilen möge.
>
> In vorzüglichster Hochachtung und Ergebenheit verharre ich, als einer hohen Philosophischen Fakultät gehorsamer   Georg Moritz Ebers."[2]

Die beiliegende Dissertation **"Über die Herkunft des Memnon"** besteht aus 23 handschriftlichen DIN A3-Seiten[3] in deutscher Sprache[4], ist mit Berlin 1862 datiert und mit einer Autorenschaftsversicherung vom 17.Februar 1862 versehen.[5]

Entgegen dem Titel der Schrift behandelt Ebers hauptsächlich die dem Memnon zugeschriebenen Denkmäler in Asien (Persien, dem Libanon, Syrien), Ägypten und dem Sudan. Ebers erkennt, daß für deren Interpretation aber die "an sich unwichtige[n] Frage, welchem Lande jener längst begrabene

---

1   Poethke, Georg Ebers, 71, nennt die Möglichkeit der promotio in absentia als Grund für die Wahl Jenas. Dies ist jedoch nur der Grund für den Ausschluß Berlins.

2   Universitätsarchiv Jena, M Nr.375 Bl.105 mit dem Eingangsvermerk: Eing.16 Febr.62.

3   UAJ, M Nr.375 Bll.109, 110/1+2, 111.

4   Die Universität Jena (Geschichte der Universität Jena, 392) erlaubt den Gebrauch der deutschen Sprache für akademische Handlungen und Schriften erst ab 1869. Doktordiplome werden weiterhin in Latein ausgefertigt. Vielleicht galt diese Regelung nicht für auswärts angefertigte Dissertationen. Die Habilitationsschrift von 1865 jedenfalls ist in Latein verfaßt.

5   UAJ, M Nr.375 Bl.112. Mit demselben Datum versehen findet sich ein "Leumundszeugnis ausgestellt vom Oberbürgermeister von Berlin", UAJ, M Nr. 375, Bl. 113.

(...) Held angehöre"[1] von ausschlaggebender Bedeutung ist.[2] In Ablehnung der These von Friedrich Jacobs, der den Memnon als Verkörperung einer Naturmacht, als eine internationale Gottheit mit verschiedenen Namen aber gleichem Wesen sieht, und damit die Memnonien als Kultstätten erklärt[3], hält ihn Ebers für eine historische Figur, die aber nichts mit Ägypten zu tun gehabt haben kann, "denn war er ein Ägypter, so beziehen sich die mittelasiatischen Memnonien nicht auf ihn, - war er ein Assyrier, so haben ihm die abgeschlossenen und alles Fremde ausstoßenden Aegypter noch viel weniger Monumente errichtet."[4] Ebers kommt nach ausführlicher Diskussion zu dem Ergebnis, daß Memnon ein Asiate - ein "Assyrier" - war, eine Ansicht, die noch heute aktuell ist, der als "Soldherr"[5] Truppen in den trojanischen Krieg führte. Ebers meint sogar, daß die asiatischen Truppen eventuell durch eine Verwechslung zu äthiopischen gemacht wurden, führt eine Reihe von Ähnlichkeiten auf, die "förmlich zu einer Verwechslung aufforderten."[6] Die Frage der Geschichtlichkeit des Memnon ist heute noch ungeklärt, ebenso die Frage, wie sich die zahlreichen asiatischen Belege mit den äthiopischen in Einklang bringen lassen.

Ebers' Hauptanliegen jedoch ist, die sagenhaften Zuordnungen ägyptischer Denkmäler - der sog. Memnonien - durch die klassischen Schriftsteller zu berichten, denn nach seiner Prämisse können sie nichts mit Memnon zu tun haben: "Die Griechen haben dieselben mit allerlei Irrlichtern und Trugspiegeln beleuchtet. Erst der neuen Wissenschaft der Ägyptologie ist es gelungen, das Soñenlicht der Wahrheit über dieselben auszustrahlen."[7] Mit der Entzifferung der Hieroglyphen 1822 lag die Zuordnung der Denkmäler offen. Ebers stellt nun die neuen Forschungen v.a. seines Lehrers Lepsius dar: Das Labyrinth ist ein Palast Amenemhets III. mit dessen Grabpyramide, der Abydos-Tempel die Hauptkultstätte des Osiris, erbaut von Ramses II. mit dem mythischen Grab des Osiris und nicht dem des Memnon.

ABBILDUNG NÄCHSTE SEITE: SEITE 11 DER HANDSCHRIFTLICHEN DISSERTATION "ÜBER DIE HERKUNFT DES MEMNON". DIE STELLE BEHANDELT DIE MEMNONSKOLOSSE. (UAJ, M. NR. 375, BL. 111, 11)

---

1 UAJ, M.Nr.375, Bl.111, 1.

2 Vgl."Die Deutung der Sagengestalt M.s (...) hängt aufs engste zusammen mit seiner Herkunft und Heimat", J.Pley in: RE XV,1 (1931), Sp.645, s.v.Memnon 1).

3 Jacobs, Ueber die Gräber.

4 UAJ, M.Nr.375, Bl.111, 1.

5 UAJ, M.Nr.375, Bl.111, 22.

6 UAJ, M.Nr.375, Bl.111, 22. Eine überraschende Ähnlichkeit ist in den Reim gefaßt: "in ihrem Indus schwammen, wie im Nile, zahlreiche Krokodile", UAJ, M.Nr.375, Bl.111, 22.

7 UAJ, M.Nr.375, Bl.111, 9.

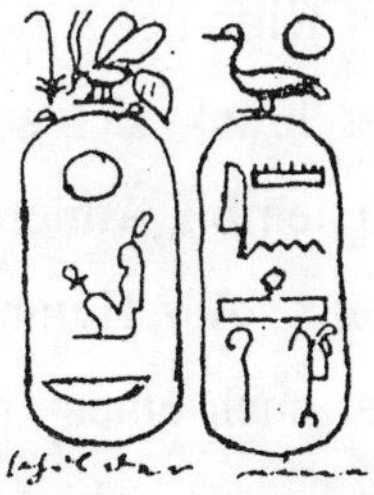

In Theben-West hält sich die Bezeichnung "Memnonion" als Sammelbegriff für die Totentempel am längsten.[1] Von der Description, die das Areal zwischen Qurna-Tempel und Memnonskolossen als "Memnonium" bezeichnet, übernimmt Lepsius in seinen "Denkmälern" die Bezeichnung des Gebietes von Qurna bis Medinet Habu. Die Description bezeichnet auch nach Diodor das Ramesseum als "Tombeau d'Osymandias, designé par les voyageurs sous la dénomination de Palais de Memnon."[2] "Lepsius nennt denselben [Prachtbau] »vielleicht den schönsten in Ägypten«. Derselbe treffliche Gelehrte liefert an gleicher Stelle den Nachweis, daß man das sogenannte »Grab des Osymandias« unbedingt dem Ramses zuzuschreiben habe."[3] Ebers gebraucht hauptsächlich den neutralen Begriff "Bau/Prachtbau".[4]

Der auch umfangmäßig bedeutendste Teil der Dissertation behandelt die Memnonskolosse mit den Beschreibungen früher Reisender, den ersten Veröffentlichungen und der Diskussion der Berichte von der Klage des Memnon: "Wenn wir diese Betrachtung kurz zusammenfassen, so ergibt sich, daß die Stimme des Steines vielfach vernommen wurde, daß derselbe aber nicht den Helden des Homer, sondern Amenophis III, König der 18ten Manethonischen Dynastie dargestellt habe, daß die (...) Sage, so wie der griechische Name nicht früher als zur Zeit des Nero entstanden sind."[5]

Die Aussagen der Klassiker Homer, Hesiod, Herodot, Diodor, Strabo, Plutarch, Pausanias, Arrian u.a. - auch die Bibel fehlt nicht - werden von Ebers mit Hilfe der Ägyptologie geklärt, bestätigt oder widerlegt. Die Auswertung der ägyptischen Quellen beschränkt sich auf die Lesung der Königskartuschen. Der umfassende Anspruch Ebers', der von Persien bis Äthiopien reicht und nachbarwissenschaftliche Literatur und Reiseberichte von K.Niebuhr, A.v.Humboldt, A.H.Layard einbezieht, bezeugt einerseits einen weiten Horizont, bewirkt aber auch einen "belletristischen" Eindruck, der modernem Wissenschaftsverständnis widerspricht. Ebers setzt sich aber auch mit der wissenschaftlichen Literatur auseinander, etwa mit Jacobs "Ueber die Gräber des Memnon"[6], Letronne "La statue

---

1 Die "Tête de l'une des Statues du Tombeau d'Osymandias" (Description II.Pl.32, Nr.6 u.7) wurde 1816 von Belzoni als "jüngerer Memnon" aus dem Ramesseum abgeschleppt und befindet sich seit 1818 im BM und wird noch heute im Katalog als "Ramsses II, »the Younger Memnon«" bezeichnet, James und Davies, Egyptian Sculpture, front cover.

2 Description II,19. Auch bei Champ.Mon. und Ros.Mon. werden die Tempel noch als "palais" bzw. "palazzi" bezeichnet.

3 UAJ, M.Nr.375, Bl.111, 10. Die philologische Deutung des Namens Osymandias aus dem Thronnamen Ramses' II. bleibt Ebers noch schuldig, ebenso die später in: Aegypten in Bild und Wort II,(1879) 298, geäußerte Herleitung von "Memnonium" aus äg.: Mnw, Denkmal.

4 Nur einmal: Palast, UAJ, M.Nr.375, Bl.111, 10. 1871 wird Lepsius nocheinmal nachdrücklich darauf hinweisen, daß die großen Steingebäude auf der thebanischen Westseite "zu Wohnungen für die Götter, nicht für die Menschen bestimmt" waren, Lepsius, Ueber einige aegyptische Kunstformen, 22.

5 UAJ, M.Nr.375, Bl.111, 13. Über die ägyptischen Memnonien: Kees in: RE XV,1 (1931), Sp.649-652 s.v. Memnon 2) Memnon, Memnonia. Über die Bezeichnung des Grabes Ramses' III. (KV 11) als "Grab des Memnon" findet sich bei Ebers nichts.

6 Jacobs, Ueber die Gräber des Memon.

vocale du Memnon"[1] und "Inscriptions Greques"[2] oder Lepsius "Briefe aus Aegypten" und dem "Königsbuch".[3]

Wir finden hier zum ersten Mal Ebers' Leitidee vom Zusammenstoß zwischen der Starre der Ägypter, ihrer Fremdenfeindlichkeit und der Beweglichkeit der Hellenen oder der Kosmopolität in der 26.Dynastie. Die Prävalenz dieser Zeit in Ebers' Denken hat hier ihren Ursprung und auch Ebers' Vorliebe für Herodot ist hier zum ersten Mal bezeugt, eine Vorliebe, die sich später in mehreren Vorlesungen ausdrücken und auch zu einer Prägung der Schüler führen wird: A.Wiedemann hat sowohl einen bedeutenden Kommentar zum II.Buch Herodots geschrieben, wie auch speziell über den Memnon.[4]

Es ist zu bedauern, daß die Arbeit nicht gedruckt worden ist, so daß dieser frühe wissenschaftliche Beitrag nicht den ihm angemessenen Platz neben Jacobs und Letronne in der Literatur über Memnon finden konnte.

Am 21. Februar setzt der Dekan Ernst Erhard Schmid, Professor für Naturgeschichte, Mineralogie und Geologie, die Fakultät von Ebers' Ersuchen in Kenntnis. In diesem Schreiben, in dem der Dekan auf das Schülerverhältnis Ebers' zu den Professoren Geppert und Lepsius hinweist, überläßt er die Beurteilung der Dissertation Prof. Karl Wilhelm Göttling, Professor der Philologie: "Urtheilt Herr Gh. Hofrath Göttling, den ich um ein informatives Votum ersuche, günstig über die vorgelegte Abhandlung, so stimme ich für die Promotion."[5]

Am selben Tag, den 21.Februar, geht ein Schreiben von Ebers in Jena ein. Der Empfänger ist nicht ausdrücklich erwähnt, es dürfte sich jedoch um den Dekan Schmid handeln:

> "Hochverehrter Herr Professor
> Mit dem herzlichsten Danke für Ihre gütige Theilnahme und die freundliche und schnelle Bereitwilligkeit, mit welcher Sie meinem Gesuche zuvorgekommen sind, übersende ich Ihnen beifolgend die von der hohen philosophischen Fakultät verlangten Papiere und Gelder.
> Die menschenfreundlichen, wohltuenden letzten Worte Ihres verehrten Schreibens nötigen mich, diesen Brief zu mehr als einem formellen Begleitschreiben zu machen und Ihnen einige Umstände meines Lebens mitzutheilen, welche das kurze offizielle curriculum vitae verschweigen konnte. (...)

1　Letronne, La Statue vocale.

2　Es dürfte sich um: Letronne, Inscriptions Greques, Paris 1832 (siehe: Literaturverzeichnis) handeln. Hilmy I, 830ff. führt es nicht auf.

3　Lepsius, Briefe aus Aegypten; Lepsius, Königsbuch.

4　Wiedemann, Herodots Zweites Buch und Wiedemann, Die Memnonskolosse.

5　UAJ, M Nr.375, Bl.104.

> Mit besonderer Vorliebe verweilte ich bei Aegyptologischen Forschungen. Herr Professor Lepsius beehrte mich mit seinen Besuchen und die deutsch-morgenländische Gesellschaft zu Leipzig nahm mich in die Zahl ihrer Mitglieder auf. (...)
> Ich erstrebe die Doctor-Würde weniger aus persönlichem Ehrgeiz, als um meiner guten Mutter eine freudige Überraschung zu bereiten.
> Möchte mir doch in Zukunft ein freundliches Geschick die Ehre Ihrer persönlichen Bekanntschaft gewähren!, mögen sie diese lange Mitteilung der Dankbarkeit verzeihn, welche Ihre freundlichen Zeilen erwirkt haben in dem Herzen
>
> Ihres dankbar ergebenen
> Georg Ebers.
>
> Möge meine Dissertation der h.Fakultät genügen! Beifolgende 72 Thaler verschaffen mir wohl in diesem Falle ein auf Pergament gedrucktes Diplom."[1]

Mit dem 23. Februar ist die Beurteilung von Goettling datiert:

"Decane maxime spectabilis

Herr Ebers ist kein besonderer Kritiker, eher da er ein sehr fleißiger und belesener Mann ist, und, wie ich außerdem bedenke, wie sehr behindert sein reiferes Studium durch sein Rückenmarksleiden gewesen ist, so stimme ich dennoch für die Promotion. Er hat über den s.g. Memnon manches interessante zusammengefaßt. Goettling". Und es folgen die Unterschriften von sieben Professoren für die "Zustimmung für die Promotion" und schließlich der "Beschluß: Promoveatur."[2]

Mit der Promotion endet jedoch die Studienzeit nicht, lediglich die "Lehrzeit". Ebers wird die Jahre 1863 und 64 weiter studieren und auch an die ersten wissenschaftlichen Veröffentlichungen denken. In derselben Zeit entsteht auch die "Ägyptische Königstochter". Von 1861-1863 arbeitet Ebers an den drei Bänden, der Beginn der Arbeit an diesem ersten Roman liegt also noch vor der Dissertation.

> "Als ich sie für vollendet hielt, legte ich sie (...) dem Altmeister meiner Wissenschaft, Richard Lepsius, vor. Er (...) zeigte sich nicht wenig erstaunt (...) und er ließ mich auch merken, daß ihn mein Ausflug in das alte »romantische Land« nicht eben angenehm überraschte. Als ich aber etwa vierzehn Tage später wieder bei ihm vorsprach, gab er mir die Freude über »dies neue, fesselnde und eigenartige Gemälde aus dem Altertum« - diese Worte entnehme ich einem seiner späteren Briefe - so lebhaft zu erkennen und wußte dabei einzelnes, was er gerne noch anders gesehen hätte, so verständnisvoll hervorzuheben, daß ich ihn glücklich und dankbar verließ."[3]

ABBILDUNG NÄCHSTE SEITE: DIE UNIVERSITÄT JENA VERLEIHT MORITZ GEORG EBERS AUS BERLIN EHREN, WÜRDE UND RECHTE EINES DOKTORS DER PHILOSOPHIE. DOKTORDIPLOM DER UNIVERSITÄT JENA VOM 23. FEBRUAR 1862. (UAJ, M. NR. 375, BL. 114/2)

---

1   UAJ, M Nr.375, Bl.106/1+2, 107.

2   UAJ, M Nr.375, Bl.104/2.

3   Ebers, Mein Erstling, 189.

QUOD
FELIX FAUSTUMQUE ESSE IUBEAT
SUMMUM NUMEN
AUCTORITATE
HUIC LITTERARUM UNIVERSITATI
A
FERDINANDO I
IMPERATORE ROMANO GERMANICO
ANNO MDLVII CONCESSA
CLEMENTISSIMIS AUSPICIIS
SERENISSIMORUM
MAGNI DUCIS ET DUCUM SAXONIAE
NUTRITORUM ACADEMIAE IENENSIS
MUNIFICENTISSIMORUM
RECTORE ACADEMIAE MAGNIFICENTISSIMO
AUGUSTO ET POTENTISSIMO PRINCIPE AC DOMINO
CAROLO ALEXANDRO
MAGNO DUCE SAXONIAE VIMARIENSIUM ATQUE ISENACENSIUM PRINCIPE LANDGRAVIO THURINGIAE
MARCHIONE MISNIAE PRINCIPALI DIGNITATE COMITE HENNEBERGAE
DYNASTA BLANKENHAYNII NEOSTADII AC TAUTENBURGI
PRORECTORE ACADEMIAE MAGNIFICO
VIRO PERILLUSTRI ATQUE EXCELLENTISSIMO
ERNESTO CUNONE FISCHER
PHILOSOPHIAE DOCTORE
SERENISSIMO MAGNO DUCI VIMARIENSI A CONSILIIS AULICIS ORDINIS SAXONICI MAGNIDUCALIS FALCONIS ALBI EQUITE
PHILOSOPHIAE PROFESSORE PUBLICO ORDINARIO
DECANO ORDINIS PHILOSOPHORUM ET BRABEUTA
MAXIME SPECTABILI
VIRO PERILLUSTRI EXCELLENTISSIMO EXPERIENTISSIMO
ERNESTO EHRHARDO SCHMID
PHILOSOPHIAE DOCTORE
MINERALOGIAE PROFESSORE PUBLICO ORDINARIO
SERENISSIMO MAGNO DUCI VIMARIENSI A CONSILIIS AULICIS
MUSEI MINERALOGICI ET SOCIETATIS MINERALOGICAE DIRECTORE
ORDO PHILOSOPHORUM
VIRO PRAENOBILISSIMO ATQUE DOCTISSIMO
MAURITIO GEORGIO EBERS
BEROLINENSI
DOCTORIS PHILOSOPHIAE HONORES
DIGNITATEM IURA ET IMMUNITATES
INGENII DOCTRINAE ET VIRTUTIS SPECTATAE INSIGNIA ATQUE ORNAMENTA
DETULIT
DELATA
PUBLICO HOC DIPLOMATE
CUI IMPRESSUM EST SIGNUM ORDINIS PHILOSOPHORUM
PROMULGAVIT
IENAE DIE XXIII M. FEBRUARII A. MDCCCLXII

TYPIS RATII.

L.S.

Als im folgenden Jahr der Roman bei Eduard Hallberger erscheint, setzt ihm der Autor eine Widmung für Lepsius voran: "Sollte mein Werk aber keinen Erfolg erringen, (...) so wird mir doch das Bewußtsein bleiben, (...) Ihnen durch meine Widmung bewiesen zu haben, daß ich nicht fähig bin des Dankes zu vergessen, welchen ich Denjenigen schulde, die mir in schweren Leidenjahren ermunternd und belehrend zur Seite standen."[1] Die nächsten Jahre lebt Ebers der Wissenschaft. "Mögen diejenigen, welche selbst der Drang beseelt, dichterisch zu schaffen, ermessen, was es mich kostete (...) dreizehn Jahre lang die Muse zurückzuweisen, so oft sie mir winkte; und sie that es nicht selten."[2] Erst Weihnachten 1876 erscheint sein zweiter Roman.

---

1   Ebers, Königstochter I, 1864, Widmung.
2   Ebers, Mein Erstling, 191.

III. 2. DER PROFESSOR

Für Angehörige des wohlhabenden Bürgerstandes bietet sich seit dem 18.Jh. über die Universität eine Aufstiegschance in die bisher dem Adel vorbehaltenen Bereiche der Staats- und Justizämter. Ein Beruf ist nötig - Müßiggang oder "Privatgelehrtentum" sind Privileg des Adels[1] -, doch müssen bei der Wahl nicht vordringlich Erwägungen des künftigen Broterwerbs im Vordergrund stehen. Zwar soll der Beruf nützlich sein, vor allem aber prestigehaltig. In der gesellschaftlichen zivilen Hierarchie ist der Professor (= Gelehrte) im Laufe des 19.Jhs. immer weiter nach oben gerückt, seitdem die Universität aus staatlichen Mitteln unterhalten wird, und der Professor - gemeint ist der Ordinarius - schließlich nicht nur eine feste staatliche, sondern auch eine stattliche Besoldung in bar erhält[2], zumindest an den größeren Universitäten. Steingewordener Ausdruck für dieses wachsende Selbstbewußtsein der Universität sind die überall entstehenden repräsentativen Gebäude für die Lehre und die Lehrer. Städte und Stadtviertel werden beherrscht von den Universitätsgebäuden und den "Professorenvillen". Der deutsche Professor ist nun nicht mehr nur Gelehrter und Lehrender, sondern auch Beherrscher des kulturellen und politischen Lebens und mithin gesellschaftlicher Mittelpunkt, eine "Zierde der Salons."[3] So schreibt Ebers 1878 in vollem Bewußtsein seiner Würde - er ist seit drei Jahren ordentlicher Professor zu Leipzig - zu dem lukrativen Angebot, die Chefredaktion von Westermanns Monatsheften zu übernehmen: "(...) für 10000 Mark jährlich verkauf' ich nicht meine Wissenschaft und meine gesellschaftliche Stellung. Was bin ich als Professor und was als Literat."[4]

Für das Prestige der Familie ist ein Studium des Sohnes ebenso unabdingbar, wie für die Tochter eine reiche Mitgift. Bezeichnend für die Beliebigkeit der Wahl des Studienfaches ist das Selbstzeugnis von Ebers.[5] Durch den Wechsel von der juristischen Fakultät zur "Ägyptologie", die ja als Fach noch nicht existierte, schlägt Ebers eine unsichere Laufbahn ein, die nur innerhalb der Universität eine Zukunft hatte. Folgerichtig betreibt er nach seiner Promotion die Habilitation in Jena mit Hoffnung auf eine Etablierung als ordentlicher Professor. Schon mit dieser Entscheidung hat er die Entwicklung erkannt: Die aus den artistischen Fakultäten hervorgegangen philosophischen Fakultäten - zu ihnen gehörten Archäologie, Geschichte und Geographie - sind an die Spitze der Fakultäten gerückt und entwickelten eine große Differenzierungs- und Expansionsdynamik. Ebers ist der maßgebliche

---

[1] Für die Ägyptologie vgl. Hans Graf Schack-Schackenburg, WwW ²1972, 261, "He devoted all his leisure to Egyptology in which he was self-taught".

[2] Eine schlechte Bezahlung in Naturalien war noch im 18.Jh. üblich. Die Professoren mußten oft ihre Lehre zugunsten einträglicherer Beratungs- und Erziehungstätigkeiten bei reichen Leuten vernachlässigen oder mußten an Studenten untervermieten.

[3] Friedell, Kulturgeschichte der Neuzeit, 1217.

[4] Brief von Ebers aus Leipzig an seine Frau vom 7.4.1878, SBB.

[5] Siehe dazu oben 107.

Vertreter dieser Entwicklung für die Ägyptologie. Durch deren Etablierung als Wissenschaft würde ein Bedarf an Ägyptologen an deutschen Universitäten entstehen - vorausgesetzt, das Fach würde sich durchsetzen, eine durchaus noch unentschiedene Frage, wie das ephemere Auftreten in Jena deutlich zeigt. Ein junger Ägyptologe muß, so er nicht aus wohlhabendem oder reichem Hause stammt, durchaus auch bereit sein, seinen Unterhalt mit untergeordneten oder zweifelhaften Tätigkeiten zu bestreiten.[1]

Die Eingangspositionen, die zur Überbrückung des Praxisdefizits des Studiums eingeführt werden, sind sowohl im Staatsdienst (Referendariat) als auch an den Universitäten (Privatdozenturen, Assistenzen) mit schlechter bzw. gar keiner Besoldung versehen. So bestimmen die allgemeinen Statuten der Universität Jena, neben anderem, als Voraussetzung der Habilitation für Privatdozenten den Nachweis ausreichender privater Mittel für einen standesgemäßen Lebenswandel.[2] Dies soll dazu dienen, den Lehrkörper der Universität von "akademischem Proletariat" freizuhalten, erhalten doch die Privatdozenten in Jena überhaupt keine Besoldung, haben aber durchaus gesellschaftliche Verpflichtungen, zu deren Wahrnehmung die "Kolleggelder", die Gebühren der Hörer, nicht ausreichen. Diese Praxis begünstigt natürlich die Angehörigen vermögender Schichten. In seinem später ausführlich zitierten Brief an die Universität Jena um Habilitierung schreibt Georg Ebers: "Welchen Nachweis ich über meine Vermögensverhältnisse führen soll, bitte ich Sie selbst zu bestimmen. Ich bin in der glücklichen Lage durchaus sorgenfrei, als unabhängiger Mann, meinen Studien und Lehrpflichten obliegen zu können."[3] Ebers kann es sich leisten, viele Kollegs "privatim" oder "gratis" anzukündigen.

---

1 Beispiele sind Brugsch oder Stern, die sich als Hauslehrer, Reisebegleiter, Ghostwriter oder in obskuren ägyptischen Ämtern durchschlagen.
2 34 Statut der Universität Jena 1829; Nachtrag 1862.
3 UAJ M Nr.390, Bl.74, 2.

III. 2. 1. JENA

III. 2. 1. 1. DIE HABILITATION

Am 8.12.1864 wendet sich Ebers an die Universität Jena mit der Bitte um Habilitation. Ebers hatte sich für eine akademische Laufbahn entschieden und betrachtete die Promotion als eine Durchgangsstation. Er wollte mit ihr seine Lehrjahre beenden, dann sollten seine "Wanderjahre" folgen. Jetzt schreibt er einen ausführlichen und in seiner Grundsätzlichkeit zu ästhetischen und historischen Fragen bedeutsamen Brief.[1] Schon hier sind die Themen angeschlagen, die für das Schaffen von Ebers konstituierend werden sollen: Die Verbindungen zur Bibel und den klassischen Autoren und das Anliegen einer Wirkung in den "weitesten Kreisen".

> "An Sie, den Dekan und Vorsteher der hohen philosophischen Fakultät der Universität Jena wende ich mich, um die Erlaubnis zu erhalten, mich an Ihrer ehrwürdigen hohen Schule als Docent besonders in den ägyptologischen (philologischen und archäologischen) Wissenschaften habilitieren zu dürfen.
> Anbei folgt mein Doctordiplom, welches ich zu Jena erhalten habe. (...)
> Eine große Arbeit hat vier Jahre lang den besten Theil meiner Kräfte in Anspruch genommen und kann frühestens im Jahre 1866 auf ihren Abschluß hoffen. Dieselbe beschäftigt sich mit der Regierungszeit der 26ten Dynastie, - vielleicht der interessantesten, welche die ganze aegyptische Geschichte darzubieten vermag.
> Der Historiker kann an der Betrachtung eines Stillstandes weniger Freude und Nutzen finden, als in der Beobachtung einer Entwickelung, oder - im Falle sich diese bei dem Volke, welches er in den Kreis seiner Forschungen zieht, nicht logisch nachweisen läßt - eines Versinkens und zu Grunde gehens.
> Auf die Bewegung kommt es an! Ob diese sich vorwärts oder rückwärts richtet, ist Eins oder vielmehr nicht Eins, denn es liegt tief in unserer Natur, daß wir dem schnellen Falle mit aufmerksamerer Spannung zuschauen, als dem langsamen Wachsthum.
> Dem Jünger der aegyptischen Wissenschaft ist es geradezu benommen, sich mit der Entwicklungsgeschichte des Volkes, welches seine Thätigkeit in Anspruch nimmt, zu befassen; denn, wenn auch die ältesten aller überhaupt vorhandenen Denkmäler mit in den Kreis unserer Forschungen gehören, so tragen doch selbst diese den Stempel einer so großen Vollendung oder besser »Abgeschlossenheit«, daß nur der geübte Blick des Fachmannes zu unterscheiden vermag, welcher Zeitepoche sie angehören.
> Die Ägypter waren eben ein konservatives, sich selbst in »spanische Stiefel« einschnürendes Volk, das, auf einer gewissen, frühzeitig erreichten Höhe angelangt, - dank einer das ganze geistige Leben als Monopol besitzenden, um ihre Machtstellung besorgten Priesterschaft, - jeden Fortschritt für Vermessenheit, ja für einen Frevel auszugeben gelernt hatte.

---

[1] Die folgenden Stellen aus den handschriftlichen Universitätsakten von Jena werden erstmals veröffentlicht und verdienen eine ausführliche Zitierung.

Aus dem engeren Kreise der aegyptischen Geschichte wählte ich darum die Zeit vor dem Einfalle der Perser, das Versinken des jahrtausendealten Weltreiches, den Fall des Pharaonenthrons zum Gegenstande meiner specialen Forschungen und arbeite, wie gesagt, seit Jahren an einem großen Sammelwerke über die XXVI Dynastie. - Das Material liegt, - auf vielen Reisen und in mancher Arbeitsstunde gesammelt, - überreich in meinen Mappen; an vielen Stellen bleiben aber noch Lücken auszufüllen und die Anordnung und Ausarbeitung des Ganzen darf nicht übereilt werden.

Wenn mir vom rein aegyptischen Standpunkte aus die XXVI Dynastie besonders interessant erscheinen mußte, so flößt sie mir, weltgeschichtlich betrachtet, ein nicht minder großes Interesse ein; denn erst seit dem ersten Psamtik wird es möglich, auch aus anderen als aegyptischen Quellen (ich lasse die wenigen durch die Entzifferung der assyrischen Keilschrift herbeigebrachten Daten unberücksichtigt), die Stellung des Pharaonenreiches zu den übrigen Culturstaaten der damals bekannten Welt zu würdigen. Erst von seiner Regierung an, öffnen sich die Pforten des bis dahin chinesisch abgesperrten Nillandes den verhaßten Fremden, - beginnt Aegypten, welches früher nur gegen seinen Willen gegeben und niemals genommen hatte, die Hände auszustrecken und einzutauschen.

Die weltgeschichtliche Bedeutung des alten Aegyptens ist es allein, welche die Aegyptologie zu einer, des sauersten Schweisses würdigen, Wissenschaft macht. Wollten wir uns damit begnügen, die Herrscherreihen eines Einzelstaates zu ordnen und die Sprache eines längst dahingegangenen Volkes »rhebusartig« zu entziffern, um unseren Scharfsinn zu zeigen und die staunende Welt durch neue Curiosa zu bereichern, so hätten wir unseren Lohn dahin. Aber wir verfolgen, Gott sei Dank, höhere Ziele! Oder ist es nicht dankenswert, wenn es uns gelingt die Quellen, aus denen Moses sein ewig gültiges Gesetz zu schöpfen wußte, bis zur Durchsichtigkeit zu klären, wenn wir uns bemühen, die Berichte der Bücher des alten Bundes und der classischen Historiker zu ergänzen und zu bestätigen, wenn wir der vergleichenden Sprachwissenschaft neue, niegeahnte Aufklärungen zuführen und, - archäologisch, - dem Entstehungsgange der antiken bildenden Künste bis zum Anbeginn zu folgen lehren?

Meine Arbeit über die XXVI Dynastie (gewissermaßen der renaissance Zeit von Aegypten) bietet selbst in letzterer Beziehung ein reiches Material, brauch ich doch nur an die aeginetischen Werke der Plastik zu erinnern, welche, ohne Zwang, geschmeichelte Abbilder der unter den Psamtikiden entstandenen Sculpturen genannt werden können.

Meine Arbeit ist die Freude meines Lebens und mit jedem Jahr wird es gewisser, daß wir bald die Papyrosrollen aus den Gräbern von Theben und Memphis ebenso sicher zu lesen verstehen werden, als ein griechisches oder römisches Manuskript.

De Rougé's Geschichte von der Königstochter von Bechten (nach einer Stele zu Paris) und der vollkommen übersetzte große Papyros der Madame d'Orbiney (jetzt im britisch. Museum), welcher ein vollständiges altaegyptisches Märchen des Schriftgelehrten Annana (im 14^t Jahr.a.Chr.) enthält, geben dess' ein lebendiges Zeugniß. Ich selbst habe mit meinem verehrten Freunde, Herrn Consul Dr.Brugsch den hieratischen Text, Zeichen für Zeichen, umgeschrieben und ihn, zur Übung und Belehrung im Winter des vorigen Jahres, Wort für Wort übersetzt. Ich kann auf Verlangen eine Probe einsenden.

> Eine Zersplitterung meiner Kräfte fürchtend, hab' ich fast gar keine wissenschaftlichen Sachen in den Druck gegeben.
> Beifolgender Articel über den Suez-Canal[1] entstand in Folge des hohen Interesses, welches mir Herr von Lesseps selbst für sein großes Unternehmen einzuflößen wußte. Herr Dr.Brugsch, jetzt in Cairo, und der Director der niederländischen Museen für Alterthümer, Dr.C.Leemans zu Leyden, welche dem Fortschritte meiner Untersuchungen freundlich gefolgt sind, werden, wie auch Herr Professor Lepsius, wenn die vorliegenden Probeschriften Ihnen nicht genügen sollten, sich sicher bereit zeigen, über den Ernst meines Strebens Zeugniß abzulegen.
> (...)
> Wenn Sie von mir eine neue Dissertation begehren, so will ich dieselbe sofort beginnen; vermögen Sie mich (ich stehe im Begriff mich zu verheirathen) von einer durch die vielen mit derselben verbundenen Zeichnungen sehr zeitraubenden Arbeit zu dispensieren, so bitt' ich freundlich darum."[2]

Am 2.Februar 1865 reicht Ebers die inzwischen angefertigte Habilitationsschrift **"Disquisitiones de dynastia XXVI.regum aegyptiorum"** beim Dekan ein.[3]

Fünf Tage bevor Dekan Steckel das Habilitationsgesuch mit der Habilitationsschrift an die Fakultät weiterleitet, erhält er am 13.Februar 1865[4] ein vom selben Tage datiertes aufschlußreiches Schreiben seines Kollegen Prof.D.A.Schmidt:

> "Decane maxime spectabilis! Ihrem Wunsche gemäß schicke ich Ihnen die »ägyptische Königstochter« von Dr.Ebers, um sie der Bewerbung desselben um die Habilitation beizulegen. Das dreibändige Werk ist mit dem Anacharsis[5], der Sabina[6], dem Charikles[7] usw. in der Tendenz zu vergleichen. Herr Dr.Ebers ist mir privatim von Berlin her empfohlen worden, u. ich habe allen Anlaß sein Gesuch zu unterstützen. Auf alle Fälle bin ich für die Anberaumung - nicht eines Colloquiums, sondern eines vollständigen <u>Examens</u>, worauf er auch gefaßt ist, da er nur in absentia hier promoviert hat. Die Bücher erbitte ich nach der Circulation zurück. Schließlich darf ich noch vermerken, daß der Petent eine möglichste Beschleunigung seiner Einberufung zum Examen wünscht, da er sich zu Ostern zu verheirathen u. eventuell sofort hierher zu übersiedeln denkt."[8]

---

1 Ebers, Der Canal, in: Nordische Revue II (1864), 1-17 und 167-181; auch: Ebers, Der Kanal, in: Über Land und Meer XIV (1865), H.51, 811-814 und H.52, 828-830. Darüber 28.

2 Brief von Ebers aus Berlin an den Dekan der Philosophischen Fakultät der Universität Jena vom 8.12.1864, UAJ M Nr.390, Bl.73r./v. und 74r./v..

3 UAJ M Nr.391. Im Gegensatz zur Doktordissertation von 1862 in lateinischer Sprache verfaßt. Gedruckt 1865 bei Decker, Berlin.

4 Handschriftlicher und datierter Eingangsvermerk von Steckel.

5 Barthélemy, Voyage du jeune Anacharsis. Dt.: Die Reisen des jungen Anacharsis. Dazu ausführlich 261-263.

6 Dieser Titel konnte nicht identifiziert werden, auch die Lesung ist nicht ganz klar.

7 Becker, Charikles. Siehe dazu 263f.

8 UAJ M Nr.391, Bl.112,1+2. Der Schreiber ist nicht mit Prof.E.E.Schmid, der als Dekan mit Ebers' Promotionsverfahren befaßt war, zu verwechseln. Ebers wird dem Schreiber dieser warmen Empfehlung unter dem Datum "Jena den 26t Juli 1868", "in aufrichtiger Verehrung" ein Exemplar - es befindet sich in der Bibliothek des Ägyptologischen Instituts München - seines "Aegypten und die Bücher Mose's" handschriftlich widmen.

Auf dem offiziellen Weg legt dann Dekan Steckel am 18.2.1865 das Gesuch von Ebers der Fakultät vor:

> "Senior Venerande, Assessores Gravissimi,
> Herr Dr.G.Ebers in Berlin hat sich mit dem Ansuchen hierher gewandt, sich für Aegyptologie an hiesiger Universität zu habilitieren. Zu diesem Behufe legt er eine lateinische Abhandlung vor: Quibus temporibus - reges vicesimae sextae Manethonianae Dynastiae regnaverint etc., die er als gedruckte Streitschrift zu verteidigen haben wird, ferner einen Aufsatz: Der Canal von Suez und noch füge ich seinen dreibändigen Roman: Eine Aegyptische Königstochter hinzu, welchen letzteren Hr.Professor D.A. Schmidt, dessen Begleitschreiben beiliegt, zu Ihrer Kentnisnahme zu überlassen die Güte gehabt hat.
> Herr Ebers ist unter dem 27. Febr. 1862 hier in absentia promoviert worden. Laut seiner Vita und sich bei den Akten befindlichen Briefes hat derselbe an einer mehrjährigen Krankheit (Lähmung) gelitten, dabei aber unter Leitung der Herren Lepsius und Geppert seine ägyptischen Studien betrieben, für welche er sich nun, wiederhergestellt, bei uns niederzulassen gedenkt.
> Ich ersuche den Herrn Senior mit seinem Votum vorangehen zu wollen, ob die Dissertation von solcher Beschaffenheit ist, daß der Bewerber zu dem mündlichen Examen, dem er zu unterwerfen fügen wird, zugelassen werden kann. Im Bejahungsfalle würde ich als die Prüfungsfächer griechische und lateinische Litteratur, Philosophie, Geschichte mit Hieroglyphik - für welche letzteren Herr College A.Schmidt sich bereit erklärt hat einzutreten, vorschlagen, wie ich denn auch erbötig bin, wenn Hr.Ebers sich mit dem Semitischen sprachlich oder sachlich bekannt gemacht hat, mich an der Prüfung zu beteiligen."[1]

Nachdem der Senior der Fakultät eine Beurteilung abgelehnt hat[2], ersucht der Dekan Prof. D.A.Schmidt um ein "Votum informativum".[3] Dieses lautet:

> "Decane maxime spectabilis,
> Durch seine »ägyptische Königstochter« hat sich Hr.Dr.Ebers schon einen Namen gemacht, der weithin bekannt ist. Wenn, wie ich in meinem Schreiben hervorhob, dieses Werk der Tendenz u. Form nach auf gleicher Stufe mit dem '»Anacharsis«, der »Sabina«, dem »Charikles« und »Gallus«[4] steht: so ist nicht zu verkennen, daß es in Bezug auf ästhet. u. künstler. Phantasie die meisten der ähnlichen Werke übertrifft, u. daher geeignet ist, in den weitesten Kreisen die Erträge der tiefeingehenden Studien abzusetzen, die seine Unterlage bilden, u. die in den überaus zahlreichen präcisen Noten ihre Ablagerung finden. Wie neu daher auch das Werk ist, so hat doch die journalistische Kritik sich schon beeilt, ihm den verdienten Beifall zu spenden.

---

1 UAJ M Nr.391, Bl.107,1.

2 UAJ M Nr.391, Bl.108.1. Dieses Blatt und das folgende sind ohne Datum.

3 UAJ M Nr.391, Bl.108,1.

4 Becker, Gallus. Siehe dazu 263-265.

Die zweite Druckschrift über den »Suez-Canal« ist ein vollständiger Geschichtsabriß aller zu seiner Herstellung unternommener Versuche seit Ramses dem Großen, also seit dem 14.Jahrhundert vor Ch. Das Material ist in dieser Ausdehnung wohl noch nie so vollständig u. zugleich so bündig u. gewandt verarbeitet worden.

Die lateinische Dissertation über die 26. ägypt. Dynastie zeugt von gediegener Bildung u. von Quellenstudien, die das Detail nach allen Seiten hin bis auf den tiefsten Grund erschöpfen. Dieses Urtheil kann, bei mir selbst, nicht dadurch beeinträchtigt werden, daß ich - gleichwie manchen Behauptungen in der »Königstochter« - so auch manchen Resultaten dieser Dissertation in meiner Auffassung durchaus entgegen stehe. Dazu gehört namentlich die Frage von der Dodekarchie u. dem Emporkommen Psammtiks.

Auf alle Fälle kann es keinem Zweifel unterliegen, daß eine solche Controle der Herodotischen Überlieferung durch die Ergebnisse der Hieroglyphik u. speciellen Ägyptologie dem wissenschaftlichen Bedürfnis entspricht auch wenn sie meist nicht sowohl zu völlig neuen Anschauungen, als vielmehr nur zu Bestätigungen u. Recticationen führt. Ich erachte die Arbeit als ein vortreffliches Specimen der speciellen Fachstudien des Verfassers, und würde mich nur freuen, wenn dessen Wunsch, sich unserer Universität anzuschließen, u. meine Zuversicht, daß er sich ihr durch sein Wissen nützlich machen werde, recht bald in Erfüllung geht (...)"[1]

Das mündliche Examen findet am 18.März statt.[2] Aufschlußreich ist das "Protokoll über das mit Herrn D.Ebers am 18.März 1865 abgehaltene Examen":

"Nachdem der Candidat mit dem Zweck seiner Vorladung bekannt gemacht worden war, eröffnete die mündliche Prüfung Hr. Geheimrath Nipperdey.

Es wurde dem Candidaten eine Stelle des Tacitus über Ägypten vorgelegt. Die Übersetzung derselben machte ihm ziemliche Schwierigkeit und er zeigte sich in dem Wortschatz und den Constructionen des Lateinischen nicht besonders bewandert: Seine Kenntniß des Lateinischen kann hiernach nur als geringe bezeichnet werden. Indeß möchte ich diesem Umstande nur soviel Einfluß gestatten, daß dem Cand. keine besonders ausgezeichnete Censur ertheilt wurde.

2.Handschrift: Es folgte der Decan mit einer Reihe von Fragen über die Bedeutung des Alten Testaments als Quelle für Erkenntniß des ägyptischen Alterthums. Mit den Ergebnissen der biblischen Kritik in Bezug auf Pentateuch war der Candidat nicht genauer bekannt, dagegen zeigte er gute Kenntnisse als auf die geschichtlichen und geographischen Verhältnisse während des Aufenthaltes der Israeliten in Gosen eingegangen wurde.

3.Handschrift: Der Cand. wurde in der Philosophie ausschließlich über die des Alterthums examiniert und zwar mit besonderer Rücksicht auf ägyptische Vorstellungsweisen. Die Sachen waren ihm nicht präsent und scheint derselbe überhaupt nicht die griechische Philosophie zu einem Gegenstand ernsthafter Studien jemals gemacht zu haben. Er ist selbst mit Lehren, wie die der Seelenwanderung und and. die seinen Spezialstudien naheliegen, nur sehr oberflächlich bekannt.   K.Fischer

4.Handschrift: Durch das Examen in den Nebenfächern wurde leider die Zeit für das Hauptfach sehr beschränkt. Der Cand zeigte, daß er in allem, was die Ägyptologie betrifft, vollkommen zu Hause ist und sich selbstthätig auf ihrem Boden bewegt. Es ist

---

1 UAJ M Nr.391, Bl.108,108/2

2 Vorschlag des Termins: UAJ M Nr.391, Bl.164. Als Uhrzeit schlägt Stickel dann 4 Uhr nachmittags vor, UAJ M Nr.391, Bl.229. Zustimmung von Ebers: UAJ M Nr.391, Bl.230.

wünschenswerth, daß er bei seinen Forschungen die vergleichende Völkerkunde mehr zu Rathe zieht, u sich dergestalt vor einseitigen Folgerungen hütet. Seine Befähigung als Privatdocent für die Ägyptologie ist nicht zu bezweifeln.   A.Schmidt

5.Handschrift: Nachdem der Candidat auf einige Zeit abgetreten war, berieth sich die Facultät über das Ergebniß der Prüfung und kam zu dem Schluß, daß D.Ebers jedenfalls zu der Habilitation zuzulassen und höchsten Orts dafür zu empfehlen, ihm aber bei der Erörterung darüber doch mitzutheilen sey, er möge bei seinen weiteren Studien auf die Ergänzung seiner Kenntniße sowohl nach Seite der Philologie, wie der Philosophie und allgemeine Geschichte Bedacht nehmen. Es wurde ihm solches durch den Decan eröffnet.

D.Stickel,
d.Z.Decan."[1]

Im Mai[2] erhält die Universität Jena eine Privatdozentur für Ägyptologie:

"Der Gesammt-Universität zu Jena wird auf ihren Bericht vom 1.v.M. zur Wahrnehmung des Weiteren hiermit eröffnet, daß Sa.Königliche Hoheit der Großherzog und die übrigen durchlauchtigsten Erhalter dem Gesuche des Dr.phil.Georg Moritz Ebers aus Berlin um Erlaubniß zur Habilitation als Privatdozent in der philosophischen Fakultät für das Fach der Aegyptologie stattzugeben gnädigst beschlossen haben.

Diese Verfügung ergeht zugleich im Namen der Großherzoglichen Sächsischen Ministerien.

Weimar, den 3ten Mai 1865.

Großherzoglich Sächs. Staatsministerium, Departement des Großherzoglichen Hauses und der auswärtigen Angelegenheiten.

In Auftrag
Stichling."[3]

Prorektor Geuther unterrichtet am 25.Mai die "hochlöbliche philosophische Fakultät": Durch den Erlaß vom 3.Mai "geben wir Ihnen zu erfahren, daß dem Dr.ph. Herrn Georg Moritz Ebers aus Berlin sein von Ihnen befürwortetes Gesuch um Erteilung der venia docendi im Fache der Aegyptologie an Ihrer Fakultät unter der Voraussetzung gnädigst gewährt worden ist, daß derselbe nach allen in dem §34 des allgemeinen Statuts der Universität, bezüglich dem Nachtrage dazu in §13 des Statuts der philosophischen Fakultät[4] geordneten Bedingungen ordnungsmäßig und genügend aufkomme."[5] Diese Bedingungen regeln die Verleihung einer Privatdozentur - wobei für Ebers noch

---

ABBILDUNG NÄCHSTE SEITE: DIE ERTEILUNG DES
"MAGISTERIUM JENENSIS" FÜR EBERS VOM 13.JULI 1865

---

1   UAJ M Nr.392, Bl.67,67/2,68.

2   Handschriftlicher Eingangsvermerk auf dem Dokument von Geuther vom 14.Mai 1865.

3   UAJ M Nr.393, Bl.134. Theodor Stichling, 1814-1891, weimarischer Staatsminister.

4   Statut der Universität Jena 1829; Nachtrag zu Statut 1862; Statut der philosophischen Fakultät der Universität Jena 1829.

5   UAJ M Nr.393, Bl.133.

QUOD
FELIX FAUSTUMQUE ESSE IUBEAT
SUMMUM NUMEN
AUCTORITATE
HUIC LITTERARUM UNIVERSITATI
A

FERDINANDO I

IMPERATORE ROMANO GERMANICO
ANNO MDLVII CONCESSA
CLEMENTISSIMIS AUSPICIIS
SERENISSIMORUM
MAGNI DUCIS ET DUCUM SAXONIAE
NUTRITORUM ACADEMIAE IENENSIS
MUNIFICENTISSIMORUM
RECTORE ACADEMIAE MAGNIFICENTISSIMO
AUGUSTO ET POTENTISSIMO PRINCIPE AC DOMINO

CAROLO ALEXANDRO

MAGNO DUCE SAXONIAE VIMARIENSIUM ATQUE ISENACENSIUM PRINCIPE LANDGRAVIO THURINGIAE
MARCHIONE MISNIAE PRINCIPALI DIGNITATE COMITE HENNEBERGAE
DYNASTA BLANKENHAYNII NEOSTADII AC TAUTENBURGI
PRORECTORE ACADEMIAE MAGNIFICO
VIRO PERILLUSTRI ATQUE EXCELLENTISSIMO

IOANNE GEORGIO ANTONIO GEUTHER

PHILOSOPHIAE DOCTORE
CHEMIAE PROFESSORE PUBLICO ORDINARIO

DECANO ORDINIS PHILOSOPHORUM ET BRABEUTA
MAXIME SPECTABILI
VIRO PERILLUSTRI ATQUE SUMME VENERABILI

IOANNE GUSTAVO STICKEL

PRORECTORE ACADEMIAE MAGNIFICO
VIRO PERILLUSTRI ATQUE EXCELLENTISSIMO

IOANNE GEORGIO ANTONIO GEUTHER

PHILOSOPHIAE DOCTORE
CHEMIAE PROFESSORE PUBLICO ORDINARIO

DECANO ORDINIS PHILOSOPHORUM ET BRABEUTA
MAXIME SPECTABILI
VIRO PERILLUSTRI ATQUE SUMME VENERABILI

IOANNE GUSTAVO STICKEL

THEOLOGIAE ET PHILOSOPHIAE DOCTORE
ORDINUM MAGNIDUCALIS VIMARIENSIS ALBO FALCONE INSIGNITI ET IMPERIALIS RUSSICI A1 ST. STANISLAO APPELLATI CLASSIS TERTIAE EQUITE
SERENISSIMI MAGNI DUCIS VIMARIENSIS ET ISENACENSIS A CONSILIIS AULICIS INTIMIS LITTERARUM ORIENTALIUM PROFESSORE PUBLICO ORDINARIO
NUMOPHYLACII ORIENTALIS MAGNIDUCALIS DIRECTORE COMPLURIUMQUE SOCIETATUM DOCTARUM SOCIO

ORDO PHILOSOPHORUM
VIRO PRAENOBILISSIMO ATQUE DOCTISSIMO

GEORGIO EBERS

BEROLINENSI
PHILOSOPHIAE DOCTORI
DISSERTATIONE AEGYPTOLOGICA PUBLICE DEFENSA

MAGISTERII IENENSIS

HONORES DIGNITATEM IURA ET IMMUNITATES
INGENII DOCTRINAE ET VIRTUTIS SPECTATAE INSIGNIA ATQUE ORNAMENTA
DETULIT
DELATA
PUBLICO HOC DIPLOMATE
CUI IMPRESSUM EST SIGNUM ORDINIS PHILOSOPHORUM
PROMULGAVIT
IENAE DIE XIII M. IULII A. MDCCCLXV.

TYPIS RATH.

(L.S.)

die Probevorlesung zu halten blieb -, ausdrücklich gelten auch hier als Voraussetzung ausreichende private Mittel für einen standesgemäßen Lebenswandel. Am 5.Juni 1865 ergeht die Mitteilung von Stickel an die Fakultät über die gewährte Habilitation.[1]

Die Disputation findet statt. In der folgenden Woche, am 13.Juli, hält Ebers die Probevorlesung: "Der Gegenstand der Vorlesung war eine Geschichte der Hieroglyphen-Entzifferung. Nach dem einstündigen Vortrage derselben, welchem auch der Hr.Curator und einige andere Doctoren außer den Fakultisten beiwohnten, beriethen die Fakultätsassessoren sich über das Ergebniß und kamen zu dem Schlusse, daß sowohl durch die Disputation wie die Probevorlesung der Candidat sich in seinem Spezialfache so wohl bewandert erwiesen habe, daß ihm das Magisterium zu ertheilen sey. Es wurde ihm dies eröffnet und derselbe noch durch Handschlag an den Decan zur Befolgung des akademischen Statuts verpflichtet."[2] Damit ist Ebers der erste Dozent für Ägyptologie in Jena.

III. 2. 1. 2. DIE LEHRTÄTIGKEIT. "ICH BIN VON HERZEN ZUFRIEDEN UND GLÜCKLICH IN MEINEM SCHÖNEN BERUFE."

Sofort im Wintersemester 1865/66 nimmt Ebers seine Lehrtätigkeit auf. Diese währt bis einschließlich Wintersemester 1868/69. In den Vorlesungsankündigungen der Gesamtuniversität, die jeweils nur zwei Seiten umfassen, steht Ebers unter der Philosophischen Fakultät unter den letzten Stellen. Ebers bietet folgende Themen an:

WS 65/66:	Erklärung der Denkmäler des alten Aegypten, gratis.
	Erklärung des 2.Buchs des Herodot.
SS 66:	Alte und neue Geographie und Culturgeschichte von Nordafrika und Aegypten.
	Die Juden in Aegypten, gratis.
WS 66/67:	Unsterblichkeitsglaube, Bestattungsart u. Gräber der alten Aegypter.[3]
	Erklärung von Herodot, III.Buch.
SS 67:	Aegyptische Privatalterthümer.
	Plutarch's Isis u. Osiris.
WS 67/68:	Erklärung der Denkmäler des alten Aegypten.

---

1 UAJ M Nr.393, Bl.131.

2 UAJ M Nr.394, Bl.98. Über "Die Gebühren für Anwesenheit bei der Disputation und Probevorlesung der Herren Ebers und Schmidt, à Person 1 Thlr 6 Sg[?].6Pf.": UAJ M Nr.394, Bl.167.

3 Die von Gosche, Georg Ebers, 164, für das Jahr 1866 in Jena erwähnte "Reihe von Vorlesungen über die Geschichte Ägyptens in der Römerzeit", die Ebers als Vorstudie für die Hadrianszeit des Romans "Der Kaiser" gedient haben soll, läßt sich nicht nachweisen.

	Herodots 2.Buch.
SS 68:	Erklärung der ägyptischen Stellen in Genesis und Exodus.
	Hieroglyphenschrift u. Grammatik.
WS 68/69:	Erklärung der ägypt. Stellen in Genesis und Exodus.
	Hieroglyphenschrift und Grammatik.
SS 69:	Aegyptische Monumente u. die Denkmäler der Culturstaaten des alten Orients.
	Plutarchs Isis und Osiris.
	Hieroglyphengrammatik. Geographische Gesellschaft.[1]

Am 31.Oktober hält Ebers die erste Vorlesung. Er schreibt dazu in einem Brief:

> "Gestern fing ich die Vorlesungen an. Wenn ich ganz ehrlich sein soll, so muß ich gestehen, daß ich nicht ganz frei von Angst gewesen bin. Wenn nun kein Mensch da wär und ich vor leeren Bänken predigen müßte? (...) Das Herz klopfte gewaltig an die Brustwände und meine Hand zitterte ein wenig, als ich sie auf die Klinke meines Auditoriums Nr.2 legte. Ich trat ein. Da saßen die lieben Jungen 14 Mann hoch da (...) wie die freundlich gebratenen Lerchen auf ihren Spießen. (...) Als am Morgen die Sonne so fleißig heruntschien, hatte ich ein Stoßgebetlein gesprochen und um Regen gebeten, damit die Kerle kein Bierdorf meiner Vorlesung vorziehen möchten. Es war gutes Wetter geblieben, und dennoch saßen 14 Mann da!"[2]

Diese hohe Zahl bleibt später, als der Bonus der Neuheit verflogen ist, nicht nur erhalten, sondern steigert sich sogar noch. Zu Beginn des Sommersemesters 1866 schreibt Ebers an seine Mutter: "Wir werden kein besonderes Semester haben. Viele Preußen sind der Kriegsvorbereitungen[3] wegen fortgeblieben."[4] Trotzdem hat er 74 inskribierte Hörer[5], eine erstaunliche Zahl, wenn man erfährt,

---

1 Die angekündigten Lehrveranstaltungen dieses Semesters kann Ebers nicht mehr halten, im Frühjahr 1869 reist er nach Ägypten ab. Poethke, Georg Ebers, 75, gibt folgende Lehrveranstaltungen, deren Titel nur teilweise und sinngemäß mit den Titeln, die im Vorlesungsverzeichnis angegeben werden, übereinstimmen:
- Ägyptische Altertümer unter besonderer Berücksichtigung der Monumente.
- Monumente der Ägypter und bedeutender orientalischer Völker.
- Herodots 2. und 3.Buch.
- Geographie, Geschichte und Kulturgeschichte Ägyptens und Afrikas.
- Geschichte der jüdischen Siedler in Ägypten.
- Bestattungsart der Ägypter und ihre Auffassung der Unsterblichkeit.
- Grammatik und Sprache.
- Plutarchs Schrift über Isis und Osiris.
- Die in den Büchern Genesis und Exodus erwähnten Aegyptiaca.

2 Brief von Ebers aus Jena an seine Mutter vom 1.11.1865, SBB.

3 Österreichisch-preußischer Krieg. Sachsen und die Thüringischen Staaten stehen mit den anderen Mitgliedern des Deutschen Bundes auf Seiten Österreichs.

4 Brief von Ebers aus Jena an seine Mutter vom 24.4.1866, SBB.

5 Brief von Ebers aus Jena an seine Mutter vom 2.5.1866, SBB.

daß die Universität im SS 1868 insgesamt 426 Studenten hat[1], wenn auch dieses Semester ein recht schlechtes gewesen sein soll. An Ebers zeigt sich nun sein immer wieder gerühmtes pädogogisches Talent und sein mitreißender Vortragsstil. "Ich gebe mir aber auch alle Mühe, arbeite fast über die Kraft, und gerathe jedesmal so ins Feuer, daß ich mir manchmal vorkomme wie ein Prophet. Dann drängen sich die Worte hervor, ich weiß selbst nicht woher, und ich fühle, wie sich das, was ich darstellen will, zu greifbarem Bilde gestaltet. Um kurz zu sein: Ich bin von Herzen zufrieden und glücklich in meinem schönen Berufe."[2] Trotzdem ist es erstaunlich, daß etwa jeder 6.Jenaer Student bei Ebers gehört hat. Dies läßt nur den Schluß zu, daß ein großes Bedürfnis für das von ihm vertretene Fachgebiet vorhanden ist zusammen mit der Allgemeinheit der Themen, die auch Theologen, Klassische Philologen und Archäologen angesprochen haben dürften, und der spektakulären Person des Dozenten und dessen mitreißendem Vortragsstil.[3] Bereits in seinen ersten akademischen Übungen schlägt Ebers jene Themen an, die ihn auch in Zukunft beschäftigen sollen: Die Aussagen der Klassiker über Ägypten (Herodot, Plutarch u.a.) und die Exodus-Problematik.

Das Personen- und das Vorlesungsverzeichnis geben Aufschluß über die Stellung von Ebers und seiner Ägyptologie im Gesamtaufbau der Jenaer Universität. Sie hat zur fraglichen Zeit vier Fakultäten, eine theologische, eine juristische, eine medizinische und als größte die philosophische. Als Ebers mit dem WS 1865/66 in die Universität eintritt, gibt es in der philosophischen Fakultät 11 o.Professoren, 9 o.Honorarprofessoren, 8 a.o.Professoren und 7 Privatdozenten, darunter Ebers. Wenn man den breiten Aufgabenbereich betrachtet, den die philosophische Fakultät abzudecken hat, so ist erstaunlich, daß bei diesem geringen Personalstand eine eigene Privatdozentur nur für Ägyptologie eingerichtet wird.[4]

---

1 Diese Angaben stammen aus: Brief von Ebers aus Jena an seine Mutter vom 6.5.1868, SBB. Laut gedrucktem Studentenverzeichnis der Universität Jena hat diese im SS 1868 433 Studenten. Die durchschnittliche Belegung liegt in der zweiten Hälfte des 19.Jhs. bei 400-500 Studenten. Jena befindet sich damit vor Rostock an vorletzter Stelle der 21 Universitäten in Deutschland.

2 Brief von Ebers aus Jena an seine Mutter vom 16.11.1865, SBB.

3 Ein derartig fächerübergreifendes Interesse läßt sich vor der in der 2.Hälfte des 19.Jhs. verstärkt einsetzenden Differenzierung der Universitäten beobachten. Schillers Antrittsvorlesung - er ist von 1789-1793 Professor in Jena - im SS 1789 "Was heißt und zu welchem Ende studiert man Universalgeschichte" "lauschten über 500 Sudierende (mehr als die Hälfte der damals in Jena Immatrikulierten)", Geschichte der Universität Jena, I, 267. Da Saal, Flur und Treppenhaus überfüllt waren, sollen einige Studenten auf Leitern durch die Fenster die Vorlesung verfolgt haben.

4 Laut Reskript der großherzoglichen Regierung in Weimar, UAJ Best. H/C 1d sind seit WS 1865/66 die Professuren der philosophischen Fakultät folgendermaßen einzuteilen: 1.theoretische Philosophie, 2.praktische Philosophie, 3.Beredtsamkeit und Dichtkunst mit der Altertumskunde, 4.alte und morgenländische Sprachen und deren Literatur, 5.Geschichte mit ihren Hilfswissenschaften, 6.Mathematik und Physik, 7.Chemie, 8.Staats- und Kameralwissenschaften, auch Technologie, 9.Mineralogie und Geologie, 10.Botanik, 11.Zoologie. Darüber hinaus gibt es noch Pädagogik, Agronomie, Veterinärmedizin, Astronomie, Pharmakologie u.a., die nicht von o.Professoren vertreten werden.

III. 2. 1. 3. Die außerordentliche Professur. "Herr Dr:Ebers hat ... sich als selbständiger gründlicher und scharfsinniger Forscher bewährt."

Die immer wieder gerühmte Spürnase des langjährigen Kurators von Seebeck für junge Talente sollte sich auch im Falle Ebers bewähren: "Sein sicherer Blick für bedeutende Begabungen trog ihn selten. So gewann er eine Anzahl junger Dozenten für die Jenaer Universität, die später Großes als Lehrer und Forscher leisteten."[1] Kurator von Seebeck schlägt die Beförderung Ebers' am 18.2.1869 vor. Er schreibt an den Dekan der philosophischen Fakultät:

> "Euer Spectabilität theile ich in Gemäßheit eines an mich ergangenen hohen Rescripts d.d. [unleserlich] den 8ᵗ d.M. ergebenst mit, daß die von der Universität befürwortete Ernennung des Privatdozenten Dr Brockhaus zum außerordentlichen Professor in der juristischen Fakultät hohen Orts Veranlassung gegeben hat, ob nicht genügend Grund zu einer gleichen Beförderung der Privatdozenten Dr Abbe, Dr Ebers und Dr Bechstein in der philosophischen Fakultät vorliege, und in Folge dessen mir aufgegeben ist, nach vorgängiger Besprechung mit der genannten Facultät mich deshalb gutachtlich zu äußern."[2]

Für den 3.März lädt der Dekan "zur Berathung über die Beförderung der Herren Abbe, Ebers und Bechstein."[3] Da Professor Stickel, der schon Promotion und Habilitation von Ebers wärmstens befürwortet hatte, durch ein Seminar an der Teilnahme verhindert ist, sind wir durch ein ausführliches schriftliches Gutachten, das er am 2.März 1869 an den Dekan schickt, über die Meinungsbildung informiert. Die Ebers betreffenden Stellen lauten:

Die Entwicklung des Lehrkörpers der Philosphischen Fakultät während der Zeit Ebers' in Jena zeigt folgende Tabelle:

Semester	o.Prof.	o.Hon.Prof.	a.o.Prof.	Priv.Doz.
WS 1865/66	11	9	8	7
SS 1866	11	8	8	8
WS 1866/67	11	7	10	6
SS 1867	11	7	10	6
WS 1867/68	11	6	10	6
SS 1868	11	5	10	7
WS 1868/69	10	5	10	7
SS 1869	10	3	12	5
WS 1869/70	11	3	13	5
SS 1870	11	3	14	3

1 Geschichte der Universität Jena I, 388. Dieser Blick für bedeutende Begabungen steht jedoch den Autoren der "Geschichte der Universität Jena" nicht mehr zu Gebote. Sie haben den Beginn der Karriere Ebers' in Jena nicht zur Kenntnis genommen. Auf den 1600 Seiten taucht sein Name nicht auf.

2 UAJ M Nr.407, Bl.66. Der allererste Anstoß scheint vom Ministerium in Weimar ausgegangen zu sein, was bei der allerorten immer wieder betonten Finanzknappheit der Erhalter erstaunlich scheint, wurde doch ein a.o.Professor im Gegensatz zum Privatdozenten staatlich besoldet.

3 UAJ M Nr.407, Bl.91.

"Decane Maxime Spectabilis,

Unter den zu einer Beförderung Vorgeschlagenen ist Hr.D.Ebers derjenige, über dessen Qualifikation für eine außerordentliche Professur ich meine, mit einiger Sachkunde urtheilen zu können. Dieses Urtheil wird vorzugsweise durch die jüngst von ihm veröffentlichte Schrift: Ägypten und die Bücher Mose's, sachlicher Commentar, bestimmt. (...) Bestünde nicht ein Fakultätsbeschluß, vermöge dessen unsere Fakultät sich versagt, von sich aus Anträge wegen Beförderung zu außerordentlichen Professoren zu stellen, so würde ich auf Grund der Schrift des D.Ebers mich bewogen gefunden haben, einen solchen Antrag der Fakultät vorzuschlagen. Nun von solcher Stelle eine Anfrage darüber an uns ergangen ist, stimme ich umso mehr für eine angelegentliche Befürwortung des Herrn D.Ebers, als derselbe, dem Vernehmen nach, auch als Docent mit seinen Vorlesungen Beifall findet."[1]

Am Tag darauf findet der "Fakultätsconfeß" statt, über den uns das Protokoll berichtet:

"In der zuerst über die Hr:Doctoren Abbe Ebers und Bechstein eröffneten Diskussion wurden die rühmlichen Leistungen derselben einstimmig anerkannt. Nachdem eine zur [unleserlich] gebrachte, und von einigen der Herren Assessoren gewünschte Rücksichtnahme auf andere Privatdocenten, theils der philosophischen theils der der anderen Facultäten, durch die Mehrheit abgelehnt war, wurde beschlossen, die Herren Ebers und Bechstein zur außerordentlichen Professur zu empfehlen, die sofortige Beförderung des Dr:Abbe aber nicht zu beantragen, weil derselbe noch keine größere schriftstellerische Arbeit veröffentlicht habe."[2]

Einem vierten Kandidaten soll "in möglichst schonender Weise" eröffnet werden, "daß seine eingereichte Abhandlung als eine genügende Habilitationsschrift nicht anzusehen sey."[3]

Die auf Ebers bezogene Stelle des Berichts von Dekan Snell über die Fakultätssitzung an den Kurator lautet: "Herr Dr:Ebers hat nach dem Urtheil der fachkundigen Mitglieder der Fakultät in seinem neusten Werk: Aegypten und die Bücher Mose's, sachlicher Commentar p.p., sich als selbständiger gründlicher und scharfsinniger Forscher bewährt, und der alten Geschichte sowohl als der alttesta-

---

[1] UAJ M Nr.407, Bl.91. Die Würdigung zu: Ebers, Aegypten und die Bücher Mose's wird unten 217 ausführlich zitiert.

[2] UAJ M Nr.407, Bl.90,90/2. Die von Poethke, Georg Ebers, 75 aus diesem Protokoll zitierte Stelle findet sich nicht darin. Ebers berichtet über die Fakultätssitzung am folgenden Tag in einem Brief an seine Mutter: "Ehe ich weiterschreibe, muß ich Dir übrigens mitteilen, daß mich gestern meine Fakultät auf den Vorschlag der Regierung einstimmig zum Professor gewählt hat. Nun muß der Fakultätsbeschluß nochmals nach Weimar, wo dann meine Bestallung ausgefertigt wird. Diese letztere kann nicht lange ausbleiben, und dann darf ich mich, wie ich's jetzt unter der Hand tue, auch offiziell »Herr Professor« rufen", Brief von Ebers aus Jena an seine Mutter vom 4.3.1869, SBB, und am 29.3.1869 schreibt er: "Ich bin ganz in der Lage des Kaufmanns, der Friedrich d.Großen immer um den »Commissionsrath« anging, und dem endlich der König sagte:»Sie sind Commissionsrath, aber ein Hundsfott, der's weiter sagt«. Der Kurator hat mir meine Ernennung schon den 3. mitgeteilt, das Schreiben wandert, ja über 5 Höfe. Wenn Serenissimus in Gotha einen Hasen schießen will, so tritt eine Verzögerung ein", Brief von Ebers aus Jena an seine Mutter vom 29.3.1869, SBB.

[3] Brief von Ebers aus Jena an seine Mutter vom 29.3.1869, SBB.

mentlichen Exegese wesentliche Dienste geleistet. Seine mit Beyfall gehörten Vorlesungen erstreckten sich über mehrere Fächer, welche er allein vertritt an unserer Universität. Hiernach trägt die Facultät nicht das geringste Bedenken den Herrn Dr:Ebers zur außerordentlichen Professur zu empfehlen."[1]

Am 9.April trifft endlich die am 3.d.M. in Weimar vom Staatsministerium ausgefertigte Ernennung von Ebers und Bechstein in Jena ein[2], von der der Prokurator Diestel der philosophischen Fakultät am 13.April Kenntnis gibt "zu Ihrer Nachricht und Ihren Facultätsacten mit den Bemerken (...), daß wir die förmliche Berufung an die beiden neu ernannten Professoren unter dem heutigen Tage ausgefertigt haben."[3]

Wenige Tage danach, am 18.Mai 1869, bricht Ebers zu seiner ersten, langen Ägyptenreise auf. Er wird nicht mehr an die Universität Jena zurückkehren.[4] Es hatte sich wieder gezeigt, daß Jena "den häufigen Wechsel hinnehmen und sich mit der Rolle einer Durchgangsuniversität für junge, begabte aufstrebende Kräfte abfinden müsse."[5]

III. 2. 1. 4. DIE ÄGYPTOLOGIE IN JENA

Als Ebers seine Universitätslaufbahn beginnt, besitzt Jena den "zweifelhaften Ruhm, in Deutschland die Universität mit dem geringsten Einnahmeetat zu sein."[6] Umso erstaunlicher scheint es, daß sie sich als erste kleine Universität die Ägyptologie leistet.

Das Habilitationsverfahren läßt erkennen, daß die Philosophische Fakultät die Hürde für Ebers nicht sehr hoch steckt. Die Fakultät erkennt dies selbst, was aus den wiederholten Beteuerungen hervorgeht, daß man Rücksicht auf die erschwerenden Bedingungen durch die Krankheit nehmen müsse. Dekan Stickel wie auch Professor Schmidt zeigen ein großes Wohlwollen, letzterer interveniert ja in seinem Brief vom 13.Februar 1865 recht massiv zugunsten von Ebers und stellt die "Ägyptische Königstochter", die den Namen des Verfassers weithin bekannt gemacht habe, den bekanntesten "populärwissenschaftlichen" Bestsellern der damaligen Zeit zur Seite. Da das Universitätsarchiv nur die eingegangenen Briefe enthält, läßt sich nicht mehr feststellen, wer den Roman ins Spiel gebracht

---

1 UAJ M Nr.407, Bl.128.

2 UAJ M Nr.409, Bl.57.

3 UAJ M Nr.408, Bl.56.

4 Die Personalverzeichnisse der Universität Jena weisen Ebers vom SS 1869 bis SS 1870 als a.o.Prof. aus. Für die beiden letzten Semester kündigt Ebers keine Lehrveranstaltungen mehr an, die Vorlesungen des SS 1869 hat Ebers nicht gehalten. So ergibt sich, daß Ebers als Professor in Jena keine Tätigkeit ausgeübt hat.

5 Geschichte der Universität Jena I, 466.

6 Geschichte der Universität Jena I, 463.

hat. Jedenfalls bedankt sich Ebers am 23.Juni 1865 bei Stickel für die Rücksendung von Büchern, bei denen es sich um die "Königstochter" gehandelt haben dürfte und bezeichnet sich selbst als unfähig, den herzlichsten Dank in "so liebenswürdiger Art aufzugreifen (...) wie Sie es in dem für meine Königstochter dankenden Briefe gethan haben."[1] Es scheint jedoch klar, wer auch immer die Bücher empfangen hat - Schmidt oder Stickel - , daß sie von Ebers nach Jena geschickt worden waren.

Doch warum befürwortet die Universität Jena überhaupt die Einrichtung gerade ägyptologischer Veranstaltungen? Hier war sicher der Name Ebers ausschlaggebend. Mit anderen Worten, man will in Jena weniger die Ägyptologie als vielmehr Ebers. Es geht der Fakultät damals offensichtlich neben der Qualifikation des Vertreters einer jungen wissenschaftlichen Disziplin auch um die Persönlichkeit von Ebers als aufstrebender Autor. Dies zeigt die Einbeziehung von populären Veröffentlichungen - eines Romans und eines Artikels in einer illustrierten Zeitschrift - was heute ungewöhnlich wirken mag, jedoch bezeichnend ist für das damalige Selbstverständnis von Wissenschaft - keinesfalls nur der jungen Ägyptologie - im Verhältnis zur Öffentlichkeit, bezeichnend andrerseits auch für das, was man in Jena sucht. Die Wissenschaften sind noch nicht so differenziert, daß selbst Fachgenossen ihnen nicht mehr in alle Bereiche folgen können, und die Trennung von der interessierten Öffentlichkeit ist noch nicht erfolgt. So wird der Artikel über den Suezkanal sowohl von Ebers selbst als "wissenschaftliche Sache"[2] betrachtet, als auch von der Fakultät. Eine Veröffentlichung in einer Zeitschrift für die gebildete Oberschicht, die man als die "gebildete Welt" bezeichnet [3] - wir würden heute die Zeitschrift als populärwissenschaftlich bezeichnen - wird von der Universität ohne Frage anerkannt. Der Geruch des Minderwertigen, der schon bald solchen "populären" Veröffentlichungen anhängt und den vor allem manche Fachgenossen wahrnehmen, ist damals noch nicht festzustellen. Zwar ist die Zeit der "Universalgelehrten" mit Bunsen und den Humboldts zu Ende gegangen, aber noch gibt es die gebildete Oberschicht, die Anteil nimmt am Fortschritt der Wissenschaft und von dieser informiert werden will.

Für die Stellung einer Universität sind die Namen ihrer Lehrer entscheidend. Je prominenter, desto attraktiver ist die Universität, d.h. umso mehr Studenten beziehen sie, und je größer die Aufmerksamkeit ist, desto besser die Finanzausstattung durch die Erhalterstaaten, für die ihre gemeinsame Landesuniversität ein Prestigeobjekt ist. So sind auch die Erhalterstaaten an einer hohen Besucherzahl interessiert.[4]

---

1 Brief von Ebers aus Hosterwitz an den "Lieben, hochverehrten Geheimrath" vom 23.Juni 1865. Aus dem handschriftlichen Eingangsvermerk vom 26.Juni 65 mit der Sigle "St" geht der Empfänger hervor. UAJ M Nr.393, Bl.269,269/2.

2 Brief von Ebers aus Berlin an den Dekan der Philosophischen Fakultät der Universität Jena vom 8.12.1864, UAJ M Nr.390, Bl.74r.

3 "In jener großen, in allen Kulturländern heimischen Genossenschaft, welche man »die gebildete Welt« nennt, gehört der Name R.Lepsius zu den wohlbekannten", Ebers, Richard Lepsius, 2.

4 Geschichte der Universität Jena I, 450.

Die Maßstäbe der wissenschaftlichen Qualifikation sind nur bedingt die heutigen. In einer Hinsicht ist Jena jedoch ganz modern, denn internationale Beziehungen, die sich durch die Namen von Professoren aus Berlin, Kairo und Leyden und deren Empfehlungen bezeugen, sind in Jena wichtig und Mobilität durch Reisen, Expeditionen, Ausgrabungen gehören zu den neuen, zukunftweisenden Qualifikationen. All das relativiert den Ruf der Rückständigkeit, den die Universität Jena sich eingehandelt hat durch die Ablehnung der kleinen Matrikel[1], großer Strenge bei der Aufnahme, Gebrauch der lateinischen Sprache und die Ablehnung von Frauen bis 1902.[2] Jedenfalls muß die Universität Jena die Quadratur des Kreises suchen, denn einerseits versucht sie, um Ansehen und Anziehungskraft zu erhöhen, wirkungsvolle und breitenwirksame Persönlichkeiten zu berufen, andrerseits sind für sie die Etablierten und Koryphäen unerreichbar. So ist auch die wohlwollende Haltung gegen Ebers erklärbar, denn "an die Berufung hervorragender Gelehrter war gar nicht zu denken."[3] "Da die Mittel der Universität nicht gestatten, bewährte aber teure Lehrer nach Jena zu ziehen, mußte man nach seiner [Seebecks] Meinung bestrebt sein, jungen strebsamen Wissenschaftlern die Jenaer Lehrstühle anzuvertrauen."[4] Schon Goethe empfiehlt dafür junge Gelehrte "bisher erworbener Celebrität."[5]

Auch bei Georg Ebers, der sich, wie wir gesehen haben, als regelrechter Publikumsmagnet erweist, hat sich dieses Vorgehen bewährt, verschafft er doch seinen Veranstaltungen einen Zuspruch, der die Ägyptologie in Jena überproportional begünstigt: Man versuche, diese Maßstäbe auf heutige Verhältnisse zu übertragen, daß nämlich ein Sechstel aller Studenten einer Universität die ägyptologischen Vorlesungen besucht! Allerdings ist die Ägyptologie in Jena gleichbedeutend mit Ebers. Und mit dem Weggang von Ebers aus Jena hört sie schon wieder auf zu existieren, ist also nur fünf Jahre in Jena vertreten.

---

1   Zulassung von Nichtabiturienten etwa vom Realgymnasium kommend zum Studium v.a. von Naturwissenschaften für eine begrenzte Semesterzahl.

2   Zulassung für alle Fächer erst 1913! Noch um die Jahrhundertwende lehnte der Kurator ein Frauenstudium ab: "Solange die Weiber nicht zum Militärdienst ausgehoben werden, und solange das Gebären nicht beiden Geschlechtern obliegt, sollte man an der wohlbegründeten Ordnung festhalten und zu den in Weisheit allein für die männliche Jugend begründeten Unterrichtsanstalten nicht auch die weibliche Jugend zulassen", zitiert nach: Geschichte der Universität Jena I, 466.

3   Geschichte der Universität Jena I, 463.

4   Geschichte der Universität Jena I, 388.

5   Goethe zur Berufung des 27jährigen Lorenz Oken zum a.o.Professor für Medizin in Jena, zitiert nach: Geschichte der Universität Jena I, 429. Oken reizt Goethe später durch seine kritische enzyklopädische Zeitschrift "Isis" (Jena 1816-1819; Rudolstadt 1819-1848), die ihm auch 1818 einen Festungsarrest wegen Vergehens gegen die höchste Regentenwürde u.s.w. einbringt, zu dem Zahmen Xenion (nach 1820) "Auf ewig hab ich sie vertrieben." Dieses endet mit dem berühmten Stoßseufzer: "O wär ich doch aus meinen Hallen / Auch Isis und Osiris los". Das schließt eine Anspielung auf Mozarts Zauberflöte als Ausdruck freimaurerischer Ägyptenmode durchaus nicht aus, Goethe geht es aber weniger um die hundsköpfigen ägyptischen Götter, als vielmehr um die von ihm abgelehnte Preßfreiheit, die Oken in seiner "Isis" vertritt.

III. 2. 2. LEIPZIG

III. 2. 2. 1. DIE BERUFUNG ALS A.O.PROFESSOR.
"DIE FRAGE NUN, OB DIE ERRICHTUNG EINER PROFESSUR FÜR AEGYPTOLOGIE WÜNSCHENSWERTH SEI."

Wie das Studium der Briefe und Akten zeigt, verhandelt Ebers schon bevor das Beförderungsverfahren in Jena angelaufen ist, insgeheim über eine Berufung nach Leipzig. Das Habilitationsverfahren in Jena scheint er nur noch als Voraussetzung für den Wechsel betrieben zu haben. Dies geht aus einem Brief an den Dekan der Philosophischen Fakultät der Universität Leipzig Friedrich Zarncke, den bekannten Herausgeber des "Literarischen Centralblattes", vom 15.Februar 1869 hervor, in dem Ebers nach einigen höflichen Worten Zarncke mit der Taktik seines Vorgehens bekannt macht:

> "Etwas Berauschendes hat der bloße Gedanke der Möglichkeit seine volle Kraft bewähren zu können und ausgestreckte Hände zu finden für einen Menschen, der von kleinen Verhältnissen beengt, nach einzelnen Annehmern seiner Gabe suchen mußte. Für die Übungsjahre war es so gewiß ganz gut; nun aber sehn' ich mich nach der Möglichkeit das beim Geben erlangte zu verwerthen. Leipzig kommt mir wie »ein gelobtes Land« vor.(...) 1. Ich warte bis ich, was bald geschieht, Professor werde. 2. Bin ich Professor, so schreibe ich an den Minister und setze ihm die Wichtigkeit meiner Wissenschaft, mich zu deren Vertreter in Leipzig anbietend, auseinander. Ich schick ihm dabei meine Arbeiten. - Nun wird der Minister an die Fakultät seine Frage stellen. Man wird einige Aegyptologen vorschlagen, wenn es so geht wie ich hoffe, und ich bin dann der Auserwählte, so bin ich glücklich.(...) Vielleicht lächeln Sie über meinen Eifer; Sie glauben aber nicht, was es heißt, Jahr aus Jahr ein ohne Aussicht auf wachsenden Erfolg in kleinsten Verhältnissen lehren zu müssen und statt eigener Collegia nur Privatstunden geben zu können."[1]

Drei Tage nach diesem Brief schlägt Kurator von Seebeck in Jena dem Dekan der philosophischen Fakultät die Beförderung von Ebers zum a.o.Professor vor[2] und wieder drei Tage später schreibt Ebers an seine Mutter: "Ganz unter uns gesagt, lächelt die Hoffnung, vielleicht, aber nur erst vielleicht, nach Leipzig berufen zu werden. Diese Angelegenheit, die ich Dir verheimlichte, weil ich keine vergeblichen Hoffnungen in Dir wecken wollte, war auch der Hauptgrund zu meiner Reise nach Leipzig. Es darf noch <u>kein Wort</u> davon, weder hier noch in Dresden, verlauten. Hörst Du! - Du kannst Dir denken, in welcher Aufregung wir leben. Du kannst doch einmal vorsichtig und ganz unter

---

[1] Brief von Ebers aus Jena an Zarncke vom 15.2.1869, UBL. Die Handschriftenabteilung der UBL bewahrt zahlreiche Briefe von Ebers an Zarncke auf. Ebers tritt mit diesem bald auch in dessen Eigenschaft als Herausgeber des Literarischen Centralblattes in Kontakt. Der erste von Ebers aus Jena an Zarncke datiert vom 17.3.1869, UBL, und bezieht sich auf eine Besprechung von Ebers für das Literarische Centralblatt. Die UBL bewahrt insgesamt 25000 Briefe an Zarncke als Herausgeber des Centralblattes auf.

[2] Siehe oben 135.

der Hand erkunden, ob Hansens oder Hartmann Beziehungen zu Minister Falkenstein haben. Der ist der Hauptfaiseur in diesen Sachen."[1]

Während in Jena das Verfahren seinen Lauf nimmt, hält Ebers eifrig Kontakt mit Leipzig. Am 25.2.1869 berichtet er Zarncke von seiner bevorstehenden Ernennung zum Extraordinarius und erwähnt seine "Ägyptische Königstochter", die er jetzt selbst dem "Charikles" von Becker - nur mit ägyptischen Anmerkungen statt griechischen - gegenüberstellt, die eben ins Französische und Englische übersetzt werde und in Deutschland in 2.Auflage erscheine. Einen sich auf diese 2.Auflage beziehenden Brief von Lepsius fügt er bei.[2]

Am 9.4.69 trifft in Jena die Beförderung aus Weimar ein. Aber Ebers hat von vorne herein nicht die Absicht, in Jena zu bleiben. Kurz nach dieser Ernennung verläßt er Deutschland zu seiner ersten Ägyptenreise, die über ein Jahr dauern und von der aus er nach Leipzig gehen sollte. Er verabschiedet sich von Zarncke: "Von meinen Reiseplänen hat Ihnen Professor Brockhaus erzählt. (...) Minister Falkenstein hat mir sehr freundlich geschrieben und mir, wenn die Leipziger philosophische Fakultät mich für würdig erklärt, einer der Ihren zu werden, gute Hoffnungen gemacht. Wie glücklich werde ich sein, wenn mir wirklich die Möglichkeit würde auf weiterer Bahn und in größerem Kreise, das was ich weiß und zu leisten vermag, verwerthen zu können."[3]

Tatsächlich fragt das Ministerium mit Schreiben vom 14.April 1869 bei der Philosophischen Fakultät in Leipzig nach dem Bedürfnis nach der Ägyptologie und der Eignung von Ebers an.[4] Bevor aber die Fakultät eine Stellungnahme erläßt, trifft ein Schreiben von Lepsius ein, in dem sich dieser wärmstens für seinen Schüler verwendet. Da das handschriftliche Gutachten keinen Adressaten vermerkt, ist unklar, wie es in die Leipziger Universitätsakten gelangt ist. Da aber Ebers nichts dem Zufall überläßt und seine Interessen immer wohl zu vertreten weiß, spricht einiges dafür, daß er selbst Lepsius um das erwartungsgemäß wohlwollende Gutachten ersucht hat. Aber auch als "Auftragswerk" ist die Aussagekraft nicht beeinträchtigt, da sein unbestechlicher Charakter dem Autor Schmeicheleien verboten haben würde. Bezeichnend ist Lepsius' Betonung der universalen Ausrichtung von Ebers im Gegensatz zu den "meisten Spezialisten dieses Faches"[5] und dessen "Publikumswirksamkeit". Das Gutachten lautet:

> "Professor D. Ebers hat sich seit einer Reihe von Jahren ausschließlich der Aegyptologie gewidmet, hat seine Doktordissertation über die Chronologie und Geschichte der XXVI. Manethonischen Dynastie mit vielseitigem Studium und sehr vollständiger Bemühung aller

---

1 Brief von Ebers aus Jena an seine Mutter vom 21.2.1869, SBB.
2 Brief von Ebers aus Jena an Zarncke von 25.2.1869, UBL. Die Beilage fehlt leider.
3 Brief von Ebers aus Jena an Zarncke vom 30.4.1869, UBL.
4 UAL PA 427, Bl.1.
5 In dieser Bemerkung dürfte sich ein versteckter Seitenhieb von Lepsius auf Brugsch verbergen.

Quellen geschrieben und sich in letzter Zeit vornehmlich durch den ersten Band eines
größeren Werkes: Aegypten und die Bücher Mose's, sowohl den Aegyptologen als auch
den Erklärern des Alten Testaments vortheilhaft bekannt gemacht. Indem er mit
gewissenhaftem Eifer und entschiedener Begabung das ganze Feld der Aegyptologie und
die benachbarten Gebiete zu beherrschen strebt, zeichnet er sich vor den meisten
Spezialisten dieses Faches dadurch aus, daß er sich nicht auf die Entzifferung der
Inschriften beschränkt, sondern sich zugleich den geschichtlichen und antiquarischen
Aufgaben zuwendet und die allgemeineren Gesichtspunkte nie aus den Augen verliert.
Zugleich macht ihn seine leichte und geschmackvolle Form der Darstellung besonders
geeignet, seine Zuhörer wie seine Leser zu fesseln und für die Gegenstände die er
behandelt zu gewinnen.

Berlin d. 6.Juli 1869   Richard Lepsius."[1]

Am 23.Oktober 1869 berichtet die Fakultät schließlich an das Ministerium in Dresden über ihren Entschluß:

"Die Frage nun, ob die Errichtung einer Professur für Aegyptologie wünschenswerth sei,
glaubt die Facultät entschieden bejahen zu müssen. Die Aegyptologie hat durch die große
Vermehrung der neu entdeckten Denkmäler gar sehr an Umfang gewonnen, die Sicherheit
der Entzifferung ist dadurch gestiegen, daß ein sich stets erweiternder Kreis von Gelehrten
der verschiedenen Nationen sich daran mit Eifer und Scharfsinn betheiligt und daß neue
Funde zur Bestätigung und Berichtigung der schon früher bekannten führen.[2] Das
Interesse der Aegyptologie für die alte Geschichte, so wie für die Sprachwissenschaft ist
daher ein wachsendes und je schwerer es ist diese Forschungen mit andern Studien als
Nebenzweig zu verbinden, desto mehr hat die Aegyptologie Anspruch darauf als ein
besonderes Fach betrachtet zu werden. Demgemäß besitzen auch die Universitäten Berlin,
Göttingen, München, Jena in den Professoren Lepsius, Brugsch, Lauth und dem eben in
Frage kommenden Professor Ebers bereits besondere Vertreter dieses Wissenszweiges.[3]
Es ist billig, daß Leipzig auch in dieser Beziehung nicht zurückstehe, zumal da schon vor
längerer Zeit dies Studium gerade hier durch Spohn angeregt und dann auch durch eine
andere Persönlichkeit, wenn auch nicht in durchaus glücklicher Weise, gepflegt worden
ist.[4]

Wenn es sich demnächst um die Person des zu berufenden Aegyptologen handelt,
so hielt es die Facultät für ihre Pflicht nicht bloß den vom hohen Ministerium uns zunächst
genannten in's Auge zu fassen, sondern sich überhaupt nach solchen Männern
umzusehen, die dies Fach unter uns zu lehren geeignet sein könnten. Die ersten Größen
freilich glaubten wir dabei als unerreichbar außer Betracht lassen zu müssen, zumal da das
hohe Ministerium die bestimmte von uns vollständig gewürdigte Absicht ausspricht,
eventuell nur einen außerordentlichen Professor zu berufen. Unter den jüngeren
Aegyptologen aber heben wir namentlich zwei als besonders verdient und zugleich als
solche hervor, deren Gewinnung für die Universität Leipzig nicht schwierig wäre, den

---

1   UAL PA 427, Bl.2.

2   Hier ist u.a. das 1866 von Lepsius entdeckte Canopus-Dekret gemeint, das die Richtigkeit der Champollionschen Entzifferung endgültig bestätigte.

3   Berlin/Lepsius 1864; Göttingen/Brugsch 1868; München/Lauth 1869; Jena/Ebers 1869.

4   Gemeint ist Gustav Seyffarth.

Professor Dr.Georg Ebers über den das Ministerium zunächst unser Gutachten fordert, und den Dr.Johannes Dümichen.

Professor Dr.Georg Ebers ist der Verfasser zweier gelehrter Schriften.[1] (...) Beide Schriften sind von der Kritik günstig aufgenommen worden, es ist unzweifelhaft, daß Prof.Ebers aus den Quellen selbst schöpft, diese geschickt auszubreiten und seine Untersuchung klar und gewandt darzustellen weiß. Die Facultät glaubte für ein so entlegenes, in ihrer eigenen Mitte bisher nicht specieller vertetenes Fach auch die Meinung eines besonderen Kenners einholen zu sollen, und Professor Dr.Lepsius in Berlin, den man in gewissem Sinne den Begründer dieses Studiums nennen kann, hatte die Güte mit dem in Abschrift beiliegenden Blatte sich eingehend über Prof.Ebers auszusprechen. Da nun dieses Urteil ein sehr günstiges ist, und der Prof.Ebers, ein Mann in den dreißigern, bereits 7 Semester hindurch seine Wissenschaft, und zwar, wie wir sicher erfahren, mit Glück und Beifall an der Universität Jena gelehrt hat, so spricht sich die Facultät dahin aus, daß ihr die Gewinnung dieses Gelehrten zumal da er von seiner jetzigen Reise in Aegypten auch noch die lebendige Anschauung des Landes mit zurück bringen wird, vor allem wünschenswerth erscheint."

Dann folgt eine ausführliche Würdigung des "in zweiter Linie genannten Dr.Dümichen."[2] Besonders dessen zahlreiche Reisen und viele Veröffentlichungen v.a. von Inschriften werden hervorgehoben:

"Wenn diese Werke zum Theil unvollendet sind, zum Theil noch des erläuternden Textes entbehren, so hat das seinen Grund darin, daß Dr.Dümichen stets zu neuen Reisen nach Ägypten veranlaßt ward. (...) Kein Wunder, daß unter diesen Umständen von seiner Seite noch kein umfangreicherer Beleg dafür vorhanden ist, daß er diese zahlreichen Quellen zu größeren zusammenfassenden Darstellungen zu benutzen weiß, wie denn auch Dr.Dümichen, der in den Pausen zwischen seinen Reisen als Privatgelehrter in Berlin lebt, sich als Docent noch nicht versucht hat. Besonders aus diesem Grunde glaubte die Facultät den Professor Dr.Ebers in erster Stelle erwähnen zu müssen, da es doch hier vorzüglich darauf ankäme vor einem größeren Kreis von Zuhörern Theilnahme für die Hauptergebnisse der Aegyptologie zu wecken und eine kleinere Schaar zu dem Studium der Sprache und der Denkmäler anzuleiten, wofür letzterer seine Befähigung bereits bewährt hat.

G.C., Fr.Z. und G.V."[3]

Auch hier hat Ebers seine Karriere genau geplant, eignet er sich doch termingerecht den Vorzug an, den Dümichen ihm voraus hatte, die erwünschte "lebendige Anschauung des Landes" nämlich. Dümichen war schon dreimal in Ägypten gewesen, wie in dem Gutachten ausdrücklich vermerkt wird.[4]

---

1   Es folgen die ausführlichen Titel von Habilitationsschrift und "Aegypten und die Bücher Mose's".

2   Dümichen war 1867 von der Philosophischen Fakultät zu Leipzig wegen seiner Verdienste als rastloser Forscher zum Doktor h.c. promoviert worden.

3   UAL PA 427, Bl.7/8. G.C. ist G.Curtius, Fr.Z. Friedrich Zarncke.

4   "Vierte Reise" ist ausgebessert in "dritte Reise". Dazu ein eigener Vermerk, UAL PA 427, Bl.6, wo ein Schreiber dieses Versehen dem Rektor mitteilt. Diesem doch recht unwichtig erscheinenden Detail wird anscheinend viel Aufmerksamkeit gewidmet. Ebers hat jedoch nur eine Reise anzubieten!

In Kairo erreicht Ebers die Nachricht von der Berufung nach Leipzig. Am 25.1.1870 schreibt er an seine Mutter: "Jetzt, es ist 12 Uhr nachts, stehl ich mir die Minuten, um Dir mit eigener Feder zu sagen, was Du längst von Toni weißt. Ich habe einen Ruf mit 800 Thalern Gehalt nach Leipzig bekommen und ihn angenommen. Hoffentlich gestattet mir der Minister, das Lesen erst am 1.Oktober zu beginnen. Ich habe ihn darum ersucht. (...) Ich bin recht vergnügt, aber verlasse Jena doch mit umso größerem Bedauern, je mehr ich mich von ihm entferne."[1] Am 1.Februar 1870 ergeht die Berufung zum 23.Oktober[2] durch das Sächsische Ministerium in Dresden an die Universität Leipzig.[3]

Nach seiner Rückkehr von der Reise ersucht Ebers in Jena um die Entlassung. Am 14.August 1870 setzt Kurator von Seebeck den Prorektor in Kenntnis, daß die Hauptstadt Weimar dem Gesuch von Ebers um Entlassung aus dem Dienstverhältnis stattgegeben habe[4] und am 22.August 1870 teilt dieser die Entlassung der philosophischen Fakultät mit.[5] Mit dem Wintersemester 1870/71 nimmt Ebers seine Lehrtätigkeit in Leipzig auf, die offizielle Amtseinführung mit der Ablegung des Eides und die Antrittsvorlesung "Über den Inhalt und die Aufgabe der ägyptologischen Studien" erfolgen erst am 26.April 1871.[6]

Die bisherige Einschätzung der Vorgänge des Wechsels aus Jena nach Leipzig, etwa durch Gosche, die den Ruf an die bedeutende Universität Leipzig als überraschend für Ebers sieht, ist nicht zutreffend. Ebers hat vielmehr ebenso diskret wie nachdrücklich nachgeholfen, sogar Jena gegen Leipzig ausgespielt. Es muß unklar bleiben, ob das in Jena unbemerkt geblieben ist. Außerdem erfährt Ebers von der Berufung schon in Ägypten. Die Formulierung, daß Ebers nach seiner Rückkehr einen Ruf nach Leipzig vorfand[7], ist also zweifach falsch. Sicher ist Ebers nicht vorzuwerfen, daß er eine kleine und schlecht ausgestattete Hochschule[8] verläßt, geht es ihm doch nicht vordringlich um eine finanzielle Verbesserung, sondern um einen größeren Wirkungskreis, denn Jena ist mit Rostock den Studentenzahlen nach das Schlußlicht unter den deutschen Universitäten. Der Eindruck, den Ebers auch selbst gefördert hat, nämlich daß Leipzig an ihn herangetreten sei, muß jedoch korrigiert werden.

---

1 Brief von Ebers aus Kairo an seine Mutter vom 25.1.1870, SBB.

2 Also zum Wintersemester, das am 17.Oktober beginnt.

3 UAL PA 427, Bl.9 mit dem Vermerk "Dr.Ebers hat diesen Ruf angenommen, wird aber, da er sich gegenwärtig auf einer wissenschaftlichen Reise in Ägypten befindet (...) erst Michaelis dieses Jahres in Leipzig eintreffen".

4 UAJ M Nr.414, Bl.13.

5 UAJ M Nr.414, Bl.12.

6 UAL PA 427, Bl.10: Anzeige der Phil.Fakultät an das Ministerium vom 27.April 1871 über die Antrittsvorlesung, die Verpflichtung und die Aushändigung des Anstellungsdekretes. UAL PA 427, Bl.11/12 enthält das Protokoll der öffentlichen Antrittsvorlesung, die Ablegung des Amtseides mit Unterschrift und Handschlag "unter den üblichen Solennitäten".

7 Poethke, Georg Ebers, 76. Gosche, Georg Ebers, 37.

8 "Die Finanzlage unserer Universität war in den siebziger Jahren des 19.Jahrhunderts trostlos", Geschichte der Universität Jena, 463.

III. 2. 2. 2. Die ordentliche Professur

Am 14.Juni 1873, nach erst fünf Semestern Lehrtätigkeit in Leipzig, beabsichtigt das Dresdener Ministerium "in Anerkennung seiner wissenschaftlichen Leistungen" die a.o.Professur von Ebers in einen Lehrstuhl umzuwandeln.[1] Die Verhandlungen darüber werfen ein bezeichnendes Licht auf die Beurteilung der Tätigkeit von Ebers, verlangt das Ministerium doch zuvor "die Ansicht der philosophischen Facultät zu vernehmen und verordnet daher, dieselbe wolle darüber gutachtliche Anzeige Anher erstatten."[2] Ebers hat inzwischen seine zweite Ägyptenreise unternommen, dort den Medizinischen Papyrus erworben und nach Leipzig gebracht. In der Fakultät herrscht noch Unsicherheit in der Beurteilung bezüglich Bedeutung und gar Echtheit. Deshalb und auch wegen einer allgemeinen Beurteilung von Ebers' Tätigkeit scheint man sich an Lepsius gewandt zu haben. Leider ist dessen Antwort nicht überliefert, hat es sich doch nicht um eine offizielle Anfrage gehandelt. Nur Auszüge daraus sind in einem vertraulichen Schreiben von Prof.G.Curtius an einen nicht genannten "Hochverehrten Collegen" zitiert mit der Bitte um Bekanntgabe an die Mitglieder der Kommission, die über die Beantwortung der Anfrage aus Dresden befinden sollte. Lepsius schreibt nach Mitteilung von Curtius:

> "Ein wesentlicher Punkt Ihrer Anfrage scheint das Urtheil über den »Papyros Ebers«, wie er ihn getauft hat, zu sein. Darüber kann ich Sie völlig beruhigen. Auch ohne ihn gesehen zu haben, kann ich für die Aechtheit, für den medicinischen Inhalt desselben und seine ungewöhnlich hohe Bedeutung in der alten Papyruslitteratur einstehen. (...) Er [Ebers] hat eine große Rührigkeit, Belesenheit nach den verschiedenen Seiten hin, Leichtigkeit der Gruppierung, erwirbt sich immer mehr auch philologisch hieroglyphische Kenntnisse, hat viel Nützliches schon gearbeitet, ist vielseitig in seinen antiquarischen und allerlei geschichtlichen Studien, ist gewissenhaft in Wiedergabe seiner Absichten und besonders eifrig für die Beförderung seiner Wissenschaft, alles Eigenschaften, die nicht zu unterschätzen sind."[3]

Trotz des Fazits von Lepsius, daß er Ebers "wohl für würdig einer ord.Professur halten" würde[4], lehnt die Kommission eine Befürwortung ab:

> "Ebers hat durch seine bisherige Lehrtätigkeit an unserer Universität die an seine Berufung geknüpften Erwartungen in erfreulichster Weise gerechtfertigt. Durch die Klarheit, Anschaulichkeit und Lebendigkeit seines Vortrages hat er für das von ihm vertretene neue Lehrfach eine verhältnismäßig bedeutende Anzahl von Zuhörern gewonnen und festzuhalten gewußt, dabei stets bemüht, die vielfachen Hindernisse, auf welche das

---

1 UAL PA 427, Bl.13.
2 UAL PA 427, Bl.13.
3 UAL PA 427, Bl.15.
4 UAL PA 427, Bl.15.

Studium der Ägyptologie besonders im Anfange durch die schwierige Beschaffung der nöthigen Hilfmittel stößt, für seine Schüler durch aufopfernde Liberalität zu beseitigen oder wenigstens zu verringern. Gerade diese rückhaltlose Hingabe an seinen Beruf aber, dazu beständig sich erweiternde Wechselbeziehungen zu auswärtigen Fachgenossen, zuletzt die Vorbereitungen zu seiner zweiten ägyptischen Reise und diese selbst, das alles zusammengenommen hat ihn verhindert, seine wissenschaftlichen schriftstellerischen Arbeiten wesentlich über den Punkt hinauszuführen, auf dem sie bereits zu der Zeit standen, da das königliche Ministerium, hauptsächlich auf Grund derselben, ihn als außerordentlichen Professor nach Leipzig berief.

Es ist nun immer die, wie wir annehmen dürfen, auch von dem königlichen Ministerium gebilligte Ansicht der Facultät gewesen, die Beförderung zu einer ordentlichen Professur solle in der Regel eine neue, über das Maß früherer hinausgehende wissenschaftliche Leistung zur Vorbedingung haben. So sehr wir daher die Verdienste des Prof.Ebers als akademischen Lehrers zu schätzen wissen, so will es uns doch nicht rathsam erscheinen, hinsichtlich jener Vorbedingungen bei ihm eine Ausnahme zu machen; und dies um so weniger, da er eben jetzt mit der Herausgabe und Erklärung des von ihm für die Wissenschaft geretteten und durch die Gnade seiner Majestät unserer Universitäts-Bibliothek erworbenen großen (medicinischen) Papyrus beschäftigt, somit also aber im Begriffe ist, mit einer Arbeit hervorzutreten, welche einerseits die Aufmerksamkeit aller Höhergebildeten auf ihn lenken, andernseits aber auch den Fachgelehrten Veranlassung geben wird, sich über die Stellung, welche Prof.Ebers dadurch im Bereich seiner Wissenschaft eingenommen hat, in bestimmter und - woran wir nicht zweifeln - für ihn ehrenvollen Weise auszusprechen. Dann, meinen wir, wird seine Beförderung zum ordentlichen Professor, als eine in vollem Maße verdiente und von allgemeiner Zustimmung getragene Belohnung auch für ihn selbst einen höheren Werth haben, als wenn sie unerwartet des Ausfalles dieser Meisterschaftsprobe schon jetzt erfolgte."[1]

Inzwischen hatte Ebers kleinere Vorberichte über den medizinischen Papyrus und die von ihm entdeckten Amenemheb- und Harua-Inschriften verfaßt und dabei die endgültigen Veröffentlichungen angekündigt. Warum das umfangreiche Werk "Durch Gosen zum Sinai", das 1872 in Leipzig erschienen war, nicht berücksichtigt wird, bleibt unklar. Möglicherweise betrachtet man das Buch als Bericht von der Reise 1869/70 noch der Jenaer Periode zugehörig und ist auf die Veröffentlichung des spektakuläreren Papyrus fixiert.

Zu Beginn des Jahres 1875 wiederholt das Ministerium offenbar seinen Vorstoß zur Umwandlung der a.o.Professur in einen Lehrstuhl und bittet die Fakultät erneut um eine Stellungnahme.[2] Wieder beurteilt Lepsius Ebers auf eine Anfrage:

"Sowohl seine Stellung in der Wissenschaft, als seine Lehrthätigkeit und der Eifer, mit welcher er für die wissenschaftlichen Lehrmittel deren er bedarf, zu sorgen bemüht ist,

---

[1] UAL PA 427, Bl.18/19.

[2] UAL PA 427, Bl.10/21 dokumentiert die Diskussion, wer das Gutachten für die Fakultät verfassen sollte.

geben ihm Anspruch auf diese Auszeichnung als Aegyptolog, während seine vielseitige allgemeine Bildung und seine gesunde Lebensanschauung, die ich durch mein langjähriges Verhältniß zu ihm schätzen gelernt habe, nicht nur gleichfalls auf seine wissenschaftliche Thätigkeit günstig zurückwirkt, sondern ihn auch zu einem vollkommenen und geschätzten Kollegen in der Fakultät machen dürfte. Die Vollendung seines neuesten großen Werkes, der Herausgabe des medicinischen Papyrus giebt ihm einen Anspruch auf den Dank der Wissenschaft."[1]

Dieses Mal sieht die Fakultät inzwischen die Kriterien erfüllt. Die Stellungnahme an das Ministerium befürwortet nun die Beförderung:

"Herr Prof.Ebers hat den in Rede stehenden Papyrus nicht nur in musterhafter Weise in vollständigem Faksimile herausgegeben, sondern diese Ausgabe auch mit einer Einleitung versehen, die von den eingehendsten Kenntnissen auf zwar schwierigem Gebiete, von unermüdeter Arbeitslust und von Scharfsinn wie Solidität der Forschung Zeugniß ablegt. Um in ihrem Urtheile ganz sicher zu gehen, hat die unterzeichnete Facultät auch das Gutachten des zur Zeit anerkanntesten Aegyptologen, des Prof.Lepsius in Berlin, eingeholt, welches in warmen Worten die Verdienste des Prof.Dr.Ebers um seine Wissenschaft hervorhebt."[2]

Mit dem Wunsche, den Lehrauftrag auf Koptische Sprache auszudehnen, schließt der "Bericht der philosophischen Facultät Leipzig, betr. die Ernennung des a.o.Prof.G.Ebers zum Ordinarius". Am 21.Mai 1875 ernennt der König Ebers schließlich zum ordentlichen Professor.[3]

III. 2. 2. 3. DIE LEHRTÄTIGKEIT UND DIE SCHÜLER. "EINE ACADEMISCHE WIRKSAMKEIT ..., WELCHE DIE ALLER FACHGENOSSEN ... WEIT ÜBERRAGT."

Im WS 1870/71 erscheint die Ägyptologie als eigenes Fach erstmalig im Lehrplan der Universität Leipzig. Bis zum SS 1889 hält Ebers die Stelle eines Professors für Ägyptologie inne. Diese Zeit von 38 Semestern oder 19 Jahren kann als der bedeutendste Abschnitt seines Lebens bezeichnet werden.

Das Vorlesungsverzeichnis zeigt bereits bei der Ankündigung der ersten Veranstaltungen des neuen Professors, daß dieser beide Bereiche der jungen Wissenschaft, die Philologie und die (Kultur)Geschichte mit Denkmälerkunde, abzudecken gedenkt, werden doch seine Übungen einerseits unter "Sprachwissenschaften - Morgenländische Sprachen - Aegyptische Sprache"[4] und andrerseits unter "Historische Wissenschaften - Alterthumskunde" eingeordnet. Ebers bietet jeweils eine

---

1 UAL PA 427, Bl.22/23. Über Lepsius' Rezension der pEbers-Edition von Ebers: III.5.3.1; 226.

2 UAL PA 427, Bl.24.

3 UAL PA 427, Bl.25.

4 Später unter "Philologie - Orientalische Philologie" rubriziert.

Veranstaltung aus beiden Bereichen an. Später, als er sein Vorlesungsangebot aus Gesundheitsgründen reduzieren muß und ab dem SS 1879 öfters - insgesamt 8 Semester - nur je eine Veranstaltung ankündigt, zeigt sich seine Vorliebe und Gewichtung deutlich: es handelt sich dann ausschließlich um philologische Übungen, denn diese sind einmal für die Fachstudenten bestimmt, zum anderen kann Ebers sie in kleinem Kreise auch in seiner Wohnung abhalten. Fünf Semester kündigt Ebers jeweils zwei philologische Übungen zusammen an, deren zweite aber dreimal nicht aus dem Bereich der altägyptischen Sprache stammt: zweimal eine Interpretation des II.Buches des Herodot unter der Überschrift "altclassische Philologie" und einmal koptische Grammatik. Alle Übungen werden täglich einstündig gehalten und zwar 2x, 3x, oder 4x in der Woche. Ebers hält höchstens zwei Übungen im Semester. Bei den philologischen Übungen werden Hieroglyphisch und Hieratisch aller Sprachstufen und Schwierigkeitsgrade angeboten, nur einmal kündigt Ebers demotische Grammatik und Lektüre[1] an. Als Textgrundlage wird zweimal das Totenbuch ausdrücklich genannt[2] und zweimal als Hilfmittel die "hieroglyphische Grammatik von Brugsch".[3] Genauere Angaben lassen sich nur indirekt erschließen, so liest Ebers einmal nach Angaben in einem Brief Wilckens den pHarris 500 "Das Märchen vom verwunschenen Prinzen" und pBoulaq 17 "Ammonhymnus".[4] Manchmal ist ausdrücklich von einer Fortsetzung der Übung des vorhergehenden Semesters die Rede[5], manchmal kann eine Abstufung aus Bemerkungen wie "für Anfänger", "Einführung" und "schwierigere Texte" erschlossen werden. Auch aus den Einschränkungen "privatim" oder "privatissime" geht hervor, daß diese Übungen offensichtlich für den kleinen Kreis der Ägyptologiestudenten bestimmt sind. Fast alle Veranstaltungen sind "unentgeltlich" oder "gratis".

Die stattliche Liste der Ankündigungen[6] darf nicht darüber hinweg täuschen, daß die Anzahl der tatsächlich gehaltenen Übungen erheblich kleiner ist, da das Verzeichnis in 11 Fällen gedruckt wurde, bevor die Fakultät die Berurlaubungsgesuche[7] von Ebers genehmigte, es also bei der Ankündigung der Veranstaltungen bleibt. Hierzu gehört die einzige koptische[8] und die einzige demotische[9]

---

[1] SS 1884. Beurlaubung: UAL PA 427, Bl.34.

[2] SS 1879 und WS 1883/84.

[3] WS 1872/73 und SS 1874.

[4] Brief von Wilcken aus Tübingen an Ebers vom 12.7.1882, den ich Frau Charlotte Münzer, der Enkelin von U.Wilcken verdanke. Es dürfte sich wohl um das WS 1879/80, das Ebers am 1.Januar abbricht, oder das WS 1881/82 handeln. In beiden Semestern bietet Ebers "Lectüre und Erklärung hieratischer Texte". Dieser Brief enthält auch ein Datum ante quem für Wilckens Studium in Leipzig. Ebers veröffentlicht eine eigene Übersetzung des Märchens mit ergänztem Schluß 1881 in Westermanns Monatshefte. Siehe oben 30.

[5] WS 1871/72 und SS 1872; WS 1874/75 und SS 1875; WS 1882/83, SS 1883 (wurde vorzeitig abgebrochen) und WS 1883/84

[6] Siehe Anhang: Universität Leipzig, Verzeichnis der Lehrveranstaltungen, 426-429.

[7] Alle Beurlaubungen siehe Anhang: Universität Leipzig, Verzeichnis der Beurlaubungen, 430.

[8] SS 1885. Die Veranstaltung findet nicht statt: Beurlaubung: UAL PA 427, Bl.36.

[9] Siehe oben Anm.1.

Sprachübung Ebers'. Diese Beurlaubungen sind nötig durch die fortschreitende Krankheit, die Ebers zwingt, ab dem Sommer 1883 alle folgenden Sommer der Kur zu widmen. Nur im SS 1883 beginnt Ebers noch einmal eine Vorlesung, muß diese aber nach zweieinhalb Monaten abbrechen und um Beurlaubung nachsuchen. Erstmals im WS 1879/80 läßt sich Ebers auch im Winter beurlauben. Ab dem SS 1884 kommt der Vorlesungsbetrieb für fünf Semester zum Erliegen. Ebers nimmt dann den Betrieb im WS 1886/87 letztmalig wieder auf, bevor längere Beurlaubungen für 3 und für 2 Semester erfolgen und er dann als emeritierter Professor in den Ruhestand versetzt wird. Von den 54 im Vorlesungsverzeichnis angekündigten Veranstaltungen für 31 Semester haben also 22 (= 12 Semester) nicht stattgefunden[1] - sieben Semester waren ohnehin von vorne herein als Beurlaubungssemester angekündigt worden. Über diese doch ganz erheblichen Abstriche hinaus mag manche Veranstaltung auch nicht die erforderliche Teilnehmerzahl gefunden haben.[2]

Im Vorlesungsverzeichnis wird nicht unterschieden zwischen Vorlesungen und Übungen, aus manchen Titeln geht jedoch hervor, daß sich die (kultur- oder kunst-)geschichtlichen Übungen an den größeren Kreis von Theologen, Altphilologen, Historikern, Kunsthistorikern, Archäologen oder Geographen wenden. Dementsprechend erscheinen diese Veranstaltungen unter verschiedenen Oberbegriffen im Vorlesungsverzeichnis, wie "Historische Wissenschaften - Alterthumskunde", "Weltgeschichte", "Weltgeschichte und Specialgeschichte", "Geschichte und Geographie", "Geschichte (einschließlich Culturgeschichte) und Geographie", "Kunstwissenschaft". Zu diesen Veranstaltungen finden sich die erstaunlich hohe Zahl von "in der Regel über hundert Hörer aller Facultäten" ein.[3] Eine solche Zweiteilung von rein fachspezifischen Studien und allgemeinbildenden ist von Ebers beabsichtigt, schon in Jena praktiziert worden und auch in Leipzig ausdrücklich gewünscht, wie der Fakultätsbeschluß zeigt, der die Berufung von Ebers befürwortet, "da es doch hier vorzüglich darauf ankäme vor einem größeren Kreis von Zuhörern Theilnahme für die Hauptergebnisse der Aegyptologie zu wecken und eine kleinere Schaar zu dem Studium der Sprache und der Denkmäler anzuleiten, wofür letzterer seine Befähigung bereits bewährt hat."[4] Viermal wird in den Vorlesungsverzeichnissen ausdrücklich die Benutzung von "bildlichen und plastischen Nachbildungen der wichtigsten Monumente" als Anschauungsmaterial angekündigt - wahrscheinlich aber dürfte dieses Hilfsmittel bei den denkmalkundlichen Übungen öfters, wenn nicht immer, benützt worden sein. Der Ausbau der ägyptischen Sammlung durch die Erwerbung vor allem von Gipsabgüssen dient hauptsächlich diesem Zweck. Wie sich in den Naturwissenschaften der Unterricht aus dem Hörsaal immer mehr ins Labor

---

1 Darunter die zwei Veranstaltungen des WS 1872/73 wegen der zweiten Ägyptenreise.

2 Diese Meinung vertritt Blumenthal, Altes Ägypten, 10. Bei allen Übungen, die im folgenden Semester ihre Fortsetzung finden, will sie jedoch solches ausschließen. Viele Veranstaltungen werden aus Gesundheitsgründen - nicht wegen Hörermangel - nicht abgehalten. Bei einer Übung wird die Fortsetzung gerade wegen des Wegfallens des "im vorigen Wintersemesters [85/86] unterbrochenen Collegs" ausdrücklich nötig, so daß noch mehrere dieser Fälle möglich wären.

3 Meyer, Ebers, Georg, 91.

4 UAL PA 427, Bl.7/8.

verlagert, in der Medizin ans Krankenbett, so wird er in den Geisteswissenschaften durch Vorführungen am Objekt und Benutzung von Hilfsmitteln (Bildern, Karten u.a.) ergänzt. Das bedeutet auch für letztere einen größeren Raumbedarf, und als die Leipziger ägyptologische Sammlung so angewachsen ist, daß sie sich von der archäologischen Sammlung trennen muß und eigene Räume benötigt[1], vereinigt sich mit dem SS 1874 auch die Lehre mit ihr: Ebers zieht in den "sog. Bürgerschulfügel des Augusteums: einen Saal für die Sammlungen, in dem auch die Lehrveranstaltungen stattfinden, und ein Direktorzimmer."[2] Dem Trend zur Spezialisierung und Differenzierung entsprechend hat auch die junge Ägyptologie das Hauptgebäude verlassen und ein eigenes Institut gegründet.[3] In der noch universalen Ägyptologie spaltet sich der Bereich der Philologie ab. In dieser liegt der Schwerpunkt zunehmend auf der Interpretation der altägyptischen Texte, statt griechischer und lateinischer.[4] Die (Kultur-)Geschichte arbeitet mehr und mehr an den Objekten und berücksichtigt die Kunde vom Land, das der Lehrende jetzt aus eigener, nicht aus vermittelter Anschauung kennt.[5]

Über den Stellenwert der Ägyptologie im Lehrangebot der Leipziger Universität gibt eine Übersicht der Gliederung der philosophischen Fakultät Auskunft. Im WS 1871/72, also dem Semester des Amtsantritts von Ebers, zählen die Veranstaltungen der Ägyptologie innerhalb der Philosophischen Fakultät[6] einerseits zu den Sprachwissenschaften, Abt. Morgenländische Sprachen, andrerseits zu den Historischen Wissenschaften, Abt. Altertumskunde. Die Ägyptologie besitzt mit jeweils einer sprachwissenschaftlichen Veranstaltung, gegenüber nur drei bzw. vier bei den germanischen, bzw. romanischen Sprachen, ein erstaunliches Gewicht.[7] Die Gewichtung der Ägyptologie zeigt sich bei den Personenverhältnissen innerhalb des Lehrkörpers. Beim Amtsantritt von Ebers umfaßt die Philosophische Fakultät 61 Lehrpersonen, nämlich 23 o.Prof.; 22 a.o.Prof. mit Ebers; 1 o.Hon.Prof.;

---

1 Siehe 182ff.

2 Blumenthal, Altes Ägypten, 13.

3 Der Bemerkung in: WwW ²1972, 281, s.v.Steindorff, daß Steindorff das Ägyptologische Institut zu Leipzig gegründet hätte, ist also zu widersprechen.

4 Im WS 1877/78 und SS 1884 laufen nochmals Übungen unter "altclassische Philologie" und interpretieren das II.Buch Herdots.

5 Im WS 1874/75 bezieht Ebers auch das moderen Ägypten mit ein: "Sitten und Gebräuche der Aegypter im Alterthum und in neuerer Zeit."

6 Die Gesamtuniversität Leipzig umfaßte im fraglichen Zeitraum 4 Fakultäten, die philosophische, theologische, juristische und medizinische. Siehe Anhang: Gliederung der philosophischen Fakultät zum Amtsamtritt von Ebers zum WS 1871/72, 430.

7 Natürlich ist zu bedenken, daß die klassischen Sprachen mit Latein (10) und Griechisch (6) noch höher im Kurs standen.

13 Priv.Doz. und 2 Lectores publici.[1] 19 Jahre später, beim Ausscheiden von Ebers ist der Personalstand auf 89 Lehrpersonen, nämlich 37 o.Prof. mit Ebers; 29 a.o.Prof.; 11 o.Hon.Prof.; 26 Priv.Doz. und 1 Lector publicus gestiegen.[2]

Da Altmeister Lepsius in Berlin zu dieser Zeit keine Schüler mehr betreut zu haben scheint, prägt Ebers die neue Ägyptologengeneration in Deutschland. "Auf der Höhe seines Ruhmes und mit Verwaltungsaufgaben aller Art belastet war freilich Lepsius nicht mehr in der Lage, lernbegierigen Schülern in dem Maße sich zu widmen, wie es für Georg Ebers in Leipzig eine Freude war."[3] Brugsch und Dümichen, die Kollegen Ebers', entwickeln keine besonderen pädagogischen Aktivitäten, erster wegen seines unsteten Lebenswandels, der ihm nicht gestattet, dauernd an einer Universität zu lehren und Schüler heranzuziehen, zweiter, weil er in persönlichem Umgang und Arbeitsweise chaotisch gewesen sein soll.[4] So wird Leipzig zum Mittelpunkt der deutschen Universitätsägyptologie, der Wunsch der Fakultät, "daß wohl anzunehmen ist, es werde durch seinen Eifer unsere Universität bald in gewissem Sinn der Mittelpunct für die Ehrung der besagten Wissenschaft in Deutschland werden"[5], erfüllt sich. "So ist E.[Ebers] (...) der erste und lange Zeit der einzige Lehrer der Ägyptologie in Deutschland gewesen, bis die bedeutendsten seiner Schüler, vor allem Adolf Erman in Berlin, ihm gleichberechtigt zur Seite traten."[6] Ebers äußert sich selbst darüber: "Es ist eben das Beste, was man

---

1 Gesamtüberblick über den Personalstand WS 1870/71:

	Phil.Fak.	Theol.Fak.	Jur.Fak.	Med.Fak.
Lehrkörper insgesamt	61	14	19	37
o.Prof./o.Hon.Prof.	23/1	7/2	9/1	8/2
a.o.Prof.	22	1	9	13
Priv.Doz.	13	4	-	14
Lectores publici	2	-	-	-

2 Gesamtüberblick über den Personalstand SS 1889:

	Phil.Fak.	Theol.Fak.	Jur.Fak.	Med.Fak.
Lehrkörper insgesamt	89	12	19	48
o.Prof./o.Hon.Prof.	37/11	7/0	9/1	13/2
a.o.Prof.	29	3	2	8
Priv.Doz.	26	2	7	25
Lectores publici	1	-	-	-

3 Leyh, Richard Pietschmann, in: AfB XLIII (1926), 215f.

4 Johannes Dümichen ist von 1872-1894 Professor in Straßburg und mit Ebers befreundet. Erman charakterisiert ihn als "wunderlichen Schwärmer", den seine Straßburger Kollegen nur als "Dümmlichen" zu bezeichnen pflegten, "und wie richtig diese Bezeichnung war, zeigte schon sein Stil", der wie seine Unterhaltung "fast pathologischen Charakter" trug, Erman, Mein Werden, 170f. Daß Ermans Beschreibungen seiner "Kollegen" durchwegs mit Vorsicht zu genießen sind - er läßt an keinem ein gutes Haar -, erweist sich in unserem Falle an seiner Charakterisierung von Ebers. Sicher wäre auch das von ihm geprägte Bild von Brugsch, Dümichen, Naville und Stern zu korrigieren. Blumenthal prägt in diesem Zusammenhang die treffende Formulierung von einer "ebenso amüsanten wie medisanten Autobiographie", Blumenthal, Koptische Studien, 101.

5 UAL PA 427, Bl.24.

6 Meyer, Ebers, Georg, 91.

erreichen kann, Schüler heranzuziehen, die für die Wissenschaft gewonnen werden und in deren Leistungen wir doch immer die Früchte der von uns gestreuten Taten sehen."[1] Wie sehr ihm das gelungen ist, zeigt eine stattliche Liste von Schülern und Promovenden.

Die beiden ersten bekannten Studenten bei Ebers sind Eduard Meyer und Richard Pietschmann. **Eduard Meyer**[2] beginnt sein Studium in Leipzig im WS 1872 - er kommt von der Universität Bonn. Im WS 1874/75 beantragt der 20jährige die Promotion mit der Abhandlung: "Set, eine religionsgeschichtliche Studie."[3] Die Dissertation ist "seinem hochverehrten Lehrer und Freunde Herrn Georg Ebers als ein Zeichen seiner Dankbarkeit" gewidmet. Der Zweitkorrektor ist der Orientalist Ludolf Krehl. Nach seiner Promotion verschafft Ebers dem mittellosen Gelehrten "eine Stelle im Hause des englischen Generalkonsuls in Konstantinopel und so die Möglichkeit, den Orient, wenn auch zunächst nur das Gebiet der Ägäis, sowie altgriechischen Boden aus eigener Anschauung kennenzulernen."[4] Als sich Meyer mit 24 Jahren in Leipzig mit der "Geschichte des Königreichs Pontos" habilitiert, ist Ebers mit Heinrich Leberecht Fleischer, dem Ordinarius für orientalische Philologie, Gutachter. Zusammen mit dem Indologen Voigt bilden sie die Prüfungskommisssion. Auch nach dem Weggang von Leipzig bleibt die Verbindung zu Ebers immer erhalten. Öfters ist Meyer in Tutzing zu Gast[5], das erste Mal auf seiner Hochzeitsreise im September 1884.[6] Wilcken nennt in seiner Gedächtnisrede Ebers den "väterlichen Freund" Meyers.[7] Bei Meyer hat von allen Lehrern neben Fleischer Georg Ebers in Leipzig den "tiefsten Eindruck hinterlassen."[8] Durch seinen Einfluß hat in Meyer, der einer der wichtigsten Historiker seiner Zeit war, auch "die Verbindung von Althistorie und Orientalistik (...) ihren bedeutendsten Vertreter gefunden."[9]

Im WS 1872 kommt auch **Richard Pietschmann**[10] zu Ebers nach Leipzig, nachdem er zwei Semester in Berlin u.a. bei Mommsen und Lepsius gehört hat. In Leipzig hört er bei Ebers, Overbeck, Zarncke und Delitzsch. Im SS 1875 erfolgt die Promotion bei Ebers und Krehl mit "Thot-Hermes-Trismegistos nach aegyptischen, griechischen und orientalischen Überlieferungen, eine aegyptologische Studie über die arabischen Ermahnungen an die Seele und einem Anmeldebuch". Die

---

1   Brief von Ebers aus Leipzig an seine Mutter vom 2.4.1871, SBB.

2   WwW ²1972, 201. Erman über Meyer als Kommilitonen: Erman, Mein Werden, 112.

3   Prom.-Akte 1302, UAL. Im Druck als: "Seth-Typhon. Eine religionsgeschichtliche Studie."

4   Otto, Eduard Meyer, in: ZDMG LXXXV (1931), 7. Erst im Winter 1925/6, also nach seiner Emeritierung, sollte Meyer seine einzige Ägyptenreise unternehmen.

5   Eintragungen im Gästebuch Tutzing: 29.8.-1.9.1886; 21.8.-22.8. und 1.9.1890.

6   Brief von Ebers aus Tutzing an seine Mutter vom 21.9.1884, SBB: Gattin Toni (= Antonie) hatte noch rechtzeitig bemerkt, daß die Diener beim Aufstellen des Gästebettes die Unterlage der Matratze vergessen hatten, "das hätte ein schönes Durchkrachen, vielleicht zu zweien, geben können!" und Gästebucheintragung 1884 o.Datum.

7   Wilcken und Jaeger, Eduard Meyer, 11.

8   Otto, Eduard Meyer, in: ZDMG LXXXV (1931), 6.

9   Demandt, Alte Geschichte an der Universität Berlin, 84.

10 WwW ²1972, 233.

SET-TYPHON.

EINE RELIGIONSGESCHICHTLICHE STUDIE

VON

EDUARD MEYER.

LEIPZIG,
VERLAG VON WILHELM ENGELMANN.
1875.

SEINEM

HOCHVEREHRTEN LEHRER UND FREUNDE

HERRN

Prof. Dr. GEORG EBERS

ALS EIN

ZEICHEN SEINER DANKBARKEIT

DER VERFASSER.

HERMES TRISMEGISTOS

NACH ÄGYPTISCHEN, GRIECHISCHEN UND ORIENTALISCHEN ÜBERLIEFERUNGEN

DARGESTELLT

VON

Dr. RICHARD PIETSCHMANN.

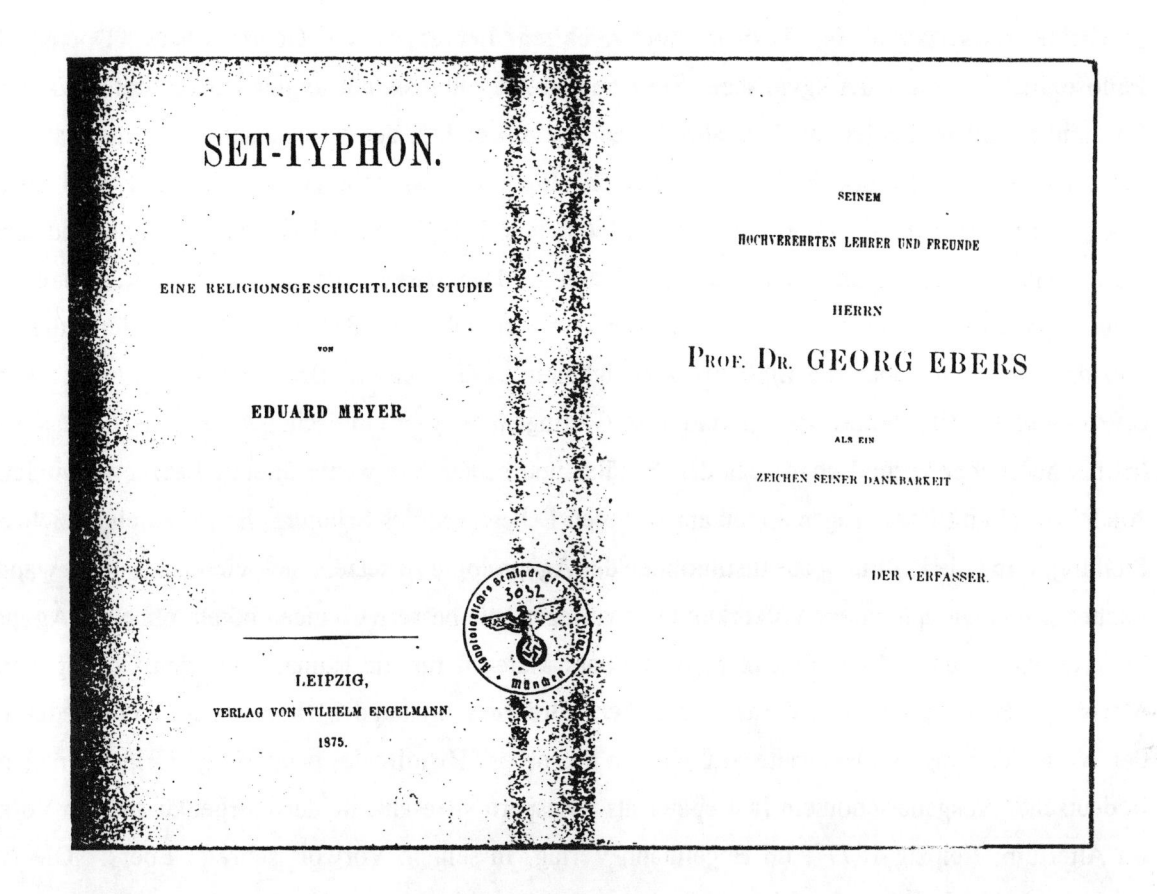

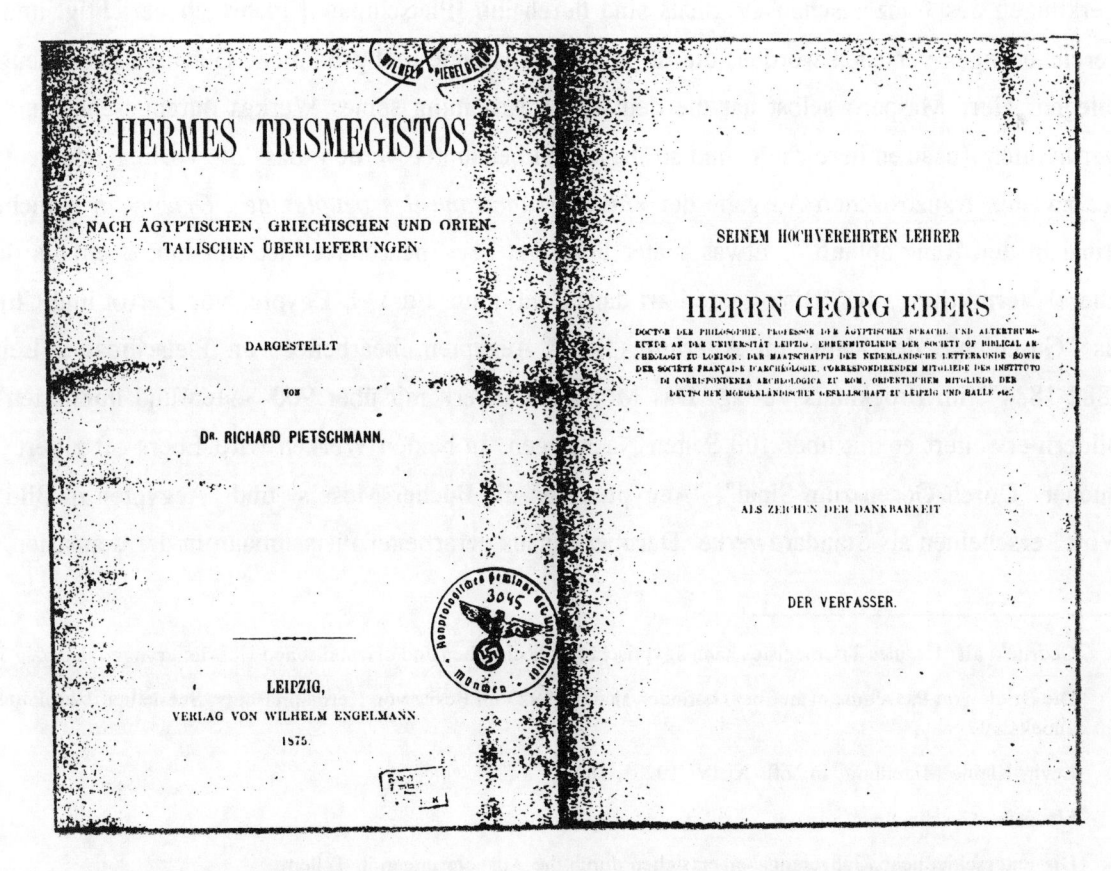

LEIPZIG,
VERLAG VON WILHELM ENGELMANN.
1875.

SEINEM HOCHVEREHRTEN LEHRER

HERRN GEORG EBERS

DOCTOR DER PHILOSOPHIE, PROFESSOR DER ÄGYPTISCHEN SPRACHE UND ALTERTHUMS-
KUNDE AN DER UNIVERSITÄT LEIPZIG, EHRENMITGLIEDE DER SOCIETY OF BIBLICAL AR-
CHEOLOGY ZU LONDON, DER MAATSCHAPPIJ DER NEDERLANDSCHE LETTERKUNDE SOWIE
DER SOCIÉTÉ FRANÇAISE D'ARCHÉOLOGIE, CORRESPONDIRENDEM MITGLIEDE DES INSTITUTO
DI CORRISPONDENZA ARCHEOLOGICA ZU ROM, ORDENTLICHEM MITGLIEDE DER
DEUTSCHEN MORGENLÄNDISCHEN GESELLSCHAFT ZU LEIPZIG UND HALLE etc.

ALS ZEICHEN DER DANKBARKEIT

DER VERFASSER.

TITELBLATT UND WIDMUNG DER DISSERTATIONEN VON MEYER UND PIETSCHMANN

gedruckte Dissertation[1] ist "seinem hochverehrten Lehrer Herrn Georg Ebers, Doctor der Philosophie, Professor der ägyptischen Sprache und Alterthumskunde an der Universität zu Leipzig, Ehrenmitgliede der Society of Biblical Archaeology zu London, der Maatschappij der Nederlandsche Letterkunde sowie der Société Française d'Archéologie, correspondierendem Mitgliede des Instituto di Corrispondenza Archeologica zu Rom, ordentlichem Mitgliede der Deutschen Morgenländischen Gesellschaft zu Leipzig und Halle etc. als Zeichen der Dankbarkeit" gewidmet. Auch hier bleibt der Kontakt zu Ebers erhalten: Der Briefwechsel[2] erstreckt sich von 1874 bis 1890, also über die Zeit von der Promotion über die Bibliothekarstätigkeiten in Greifswald, Breslau und Marburg bis zur o.Professur für Bibliothekswissenschaften in Göttingen. Er gibt ein "schönes Zeugnis für das Verhältnis herzlicher Freundschaft, das den Schüler und seinen nur wenig älteren Lehrer verbindet."[3] Auch hier nimmt Ebers regen Anteil am weiteren Lebensweg des Schülers: Er rät zu einer sicheren Stellung, ohne die Hoffnung auf Institutionen der Ägyptologie zu setzen, sich vielmehr auf verwandte Fächer wie Geographie oder Völkerkunde zu verlegen, die bessere Chancen böten, ohne die Ägyptologie auszuschließen. Pietschmann besorgt Ebers Material für die Romane aus den Göttinger und Marburger Bibliotheken. Auf Wunsch von Ebers wird Pietschmann die Übersetzung zweier bedeutender Werke übertragen. Die zweite Auflage von Masperos "Histoire des peuples de l'Orient" erscheint in deutscher Ausgabe schon ein Jahr später als "Maspero's Geschichte der morgenländischen Völker im Altertum, Leipzig 1877", im Engelmann-Verlag. In seinem Vorwort schreibt Ebers: "Die Anmerkungen des französischen Originals sind durch ihn [Pietschmann] mehrfach berichtigt und mit Bereicherungen versehen worden, die für seine umfassende und gründliche Gelehrsamkeit Zeugniss ablegen. Herr Maspero selbst hat die deutsche Bearbeitung seines Werkes durchgesehen und mit werthvollen Zusätzen bereichert: und so darf wohl behauptet werden, dass die vorliegende deutsche der zweiten französischen Ausgabe der »histoire ancienne des peuples de l'Orient« in mancherlei Hinsicht den Rang abläuft"[4]. Etwas später übersetzt bzw. bearbeitet Pietschmann, ebenfalls durch Ebers' Vermittlung, die "Histoire de l'art dans l'antiquité. Bd.1. L'Égypte" von Perrot und Chipiez als "Geschichte der Kunst im Altertum, Bd.1: Aegypten, bearbeitet von Pietschmann, Leipzig 1882-1884"[5] im Brockhaus-Verlag. Das Monumentalwerk mit über 900 Seiten und hunderten von Bildern erweitert er mit über 100 Seiten Nachträgen. In beiden Werken wird Ebers oft zitiert[6], die Bücher "Durch Gosen zum Sinai", "Aegypten und die Bücher Mose's" und "Aegypten in Bild und Wort" erscheinen als Standardwerke. Darüber hinaus verarbeitet Pietschmann in der deutschen Per-

---

1 Gedruckt als: Hermes Trismegistos nach ägyptischen, griechischen und orientalischen Überlieferungen, Leipzig 1875.

2 Die Briefe von Pietschmann an Ebers befinden sich bis 1927 im Besitz von Hermann Ebers, Seeshaupt. Verbleib heute unbekannt.

3 Leyh, Kleine Mitteilung, in: ZfB XLIV (1927), 189.

4 Maspero, Geschichte, Vf.

5 Die unterschiedlichen Jahresangaben entstehen durch die Auslieferungen in Teilen.

6 Im Perrot/Chipiez 21x. Zum Vergleich: Dümichen wird 6x, Erman 3x zitiert.

rot/Chipiez-Ausgabe auch die Rezension von Ebers der französischen Originalausgabe im Literarischen Centralblatt.[1]

Alfred Wiedemann[2], geboren in Berlin, legt sein Abitur in Leipzig ab, wo sein Vater Gustav Heinrich die Professur für Physik und physikalische Chemie bekleidet. Ebers ist "dem väterlichen Hause befreundet."[3] Wiedemann studiert in Leipzig, Berlin und wieder Leipzig. Seine Lehrer sind u.a. Curtius, Delitzsch, Overbeck, Droysen, Lepsius, Mommsen und natürlich Ebers, von dem Wiedemann schreibt, daß Ebers ihn "schon während meiner Schulzeit mit grosser Güte in die Ägyptologie einführte und mir während meiner Studienzeit stets mit Rath und That helfend zur Seite stand."[4] In der ZDMG erscheint 1877 und 1878 sein Artikel "Geschichte der achtzehnten egyptischen Dynastie bis zum Tode Tutmes III."[5] Dieser Artikel ist offensichtlich im Zusammenhang mit der Ebers-Entdeckung der biographischen Inschrift des Amenemheb zu sehen, die als wichtiges Dokument der frühen 18.Dynastie gilt und deren endgültige Edition Ebers vorbereitet und dann in der ZDMG 1876 und 1877 vorlegt. Wiedemann bezieht sich in der Einleitung auf diese Inschrift und dankt Ebers für seine Hilfe.[6] Im SS 1878 reicht Wiedemann diesen Artikel in Leipzig bei Ebers zur Promotion ein.[7] Auch Wiedemann besucht Ebers in Tutzing.[8]

Im SS 1873 beginnt **Arthur Lincke**[9] sein Studium in Leipzig, nach eigenen Angaben zunächst jedoch der klassischen Philologie. Wann er zur orientalischen Philologie und damit zu Ebers gewechselt hat, ist nicht mehr festzustellen, jedenfalls unterbricht er im Sommer 1877 das Studium für eine Reise nach Italien, wo er die Museen von Turin und Bologna studiert. In Bologna läßt er auch die hieratischen Papyri photographieren, die er später in einer sorgfältigen und aufwendigen Faksimileedition mit dem Titel: "Korrespondenzen aus der Zeit der Ramessiden. Zwei hieratische Papyri des Museo Civico zu Bologna, Leipzig 1878" herausgibt. Er beantragt im SS 1878 die Promotion mit

---

1 Ebers, Perrot und Chipiez, in: Lit.Centalbl. (1882), Sp.323-325.

2 WwW ²1772, 304.

3 Bonnet, Alfred Wiedemann, in: AeZ LXXIII (1937), vor Seite 1.

4 Handschriftlicher Lebenslauf von Wiedemann in der Prom.-Akte, 1787, Bl.5.UAL.

5 Wiedemann, Geschichte der achtzehnten egyptischen Dynastie, in: ZDMG XXXI (1877), 613-646 und ZDMG XXXII (1878), 113-152. (Jahresangabe 1867 in: Hilmy II, 328 um 10 Jahre verschrieben.)

6 Wiedemann, Geschichte der achtzehnten egyptischen Dynastie, in: ZDMG XXXI (1877), 613.

7 Die Promotion erfolgte zum 30.Oktober 1878. Die Angabe in: WwW ²1972, 304, Wiedemann was "taking his doctorate at the University of Bonn 1883" ist falsch und bezieht sich offensichtlich auf seine Habilitation in Bonn in diesem Jahre!

8 Gästebucheintragungen vom 26.9.1884 und 8.8.1886.

9 WwW ²1972, 180. Erman, Mein Werden, 111, nennt ihn einen "traurigen, beschränkten Gesellen". Wiedemann dagegen bezeichnet ihn in seinem Nachruf, OLZ I (1898), 225, als einen fleißigen, gewissenhaften Gelehrten und einen liebenswürdigen Menschen.

BEITRÄGE
ZUR KENNTNISS
DER
ALTAEGYPTISCHEN BRIEFLITERATUR
VON
ARTHUR LINCKE.

I.

INAUGURAL-DISSERTATION,
ZUR ERLANGUNG DER
PHILOSOPHISCHEN DOCTORWÜRDE
AN DER
UNIVERSITÄT LEIPZIG.

LEIPZIG.
DRUCK VON BREITKOPF UND HÄRTEL.
1879.

HERRN

PROF. DR. GEORG EBERS

IN

DANKBARER VEREHRUNG

GEWIDMET

OBSERVATIONES
AD HISTORIAM ÆGYPTI PROVINCIAE ROMANAE
DEPROMPTAE E PAPYRIS GRAECIS
BEROLINENSIBUS INEDITIS.

DISSERTATIO
INAUGURALIS HISTORICA
QUAM
CONSENSU ET AUCTORITATE
AMPLISSIMI PHILOSOPHORUM ORDINIS
IN
ALMA LITTERARUM UNIVERSITATE
FRIDERICA GUILELMA
AD
SUMMOS IN PHILOSOPHIA HONORES
RITE CAPESSENDOS
DIE XIV. M. MART. A. MDCCCLXXXV.
H. L. Q. S.
PUBLICE DEFENDET
AUCTOR
UDALRICUS WILCKEN.

ADVERSARII ERUNT:
BEHRENDTIUS PICK, DR. PHIL.
GEORGIUS STEINDORFF, DR. PHIL.
CAROLUS SCHELLHASS, STUD. HIST.

BEROLINI.
TYPIS A. HAACK.
DOROTHEENSTR. 56.

GEORGIO EBERS

MAGISTRO CLARISSIMO

AMICO PATERNO.

TITELBLATT UND WIDMUNG DER DISSERTATIONEN VON LINCKE UND WILCKEN

der Abhandlung "Untersuchungen über Abfassungsort und Bedeutung der Papyri von Bologna als Einleitung zu einer Ausgabe dieser Papyri"[1] bei Ebers und Krehl. Die Arbeit erscheint 1879 im Druck unter dem Titel "Beiträge zur Kenntniss der altägyptischen Briefliteratur", Ebers "in dankbarer Verehrung" gewidmet und als Einleitung zur Edition der Bologna-Papyri gedacht. Linckes weiterer Weg ist unbekannt. Er scheint aus einem wohlhabenden Hause gekommen zu sein[2] und als Privatgelehrter gewirkt zu haben, der Nachruf von Wiedemann erwähnt jedenfalls keine Anstellungen. Bereits 1898 stirbt er mit 45 Jahren, zwei Monate vor seinem Lehrer Ebers.

Im SS 1874 kommen **Adolf Erman**[3] und Fritz Hommel zu Ebers. Erman wird bis zum SS 1875 in Leipzig bleiben, um dann nach Berlin zu gehen, wo er im WS 1877/78 bei Lepsius, ohne dessen Schüler zu sein, wie er selbst betont[4], über die Pluralbildung des Ägyptischen[5] promoviert.

Fritz Hommel[6] wendet sich im Sommer 1874 der Orientalistik zu, nachdem er bereits seit dem WS 1872/73 der Leipziger Universität angehört hatte. Seine Lehrer sind neben Ebers Fleischer, Delitzsch und Brockhaus.[7] Seine Promotion erfolgt bei Fleischer über: "Die Namen der Säugethiere bei den Südsemiten als Prolegomena einer Geschichte der Thiere bei den Semitischen Völkern. Einleitung u. I.Theil, Die Säugethiernamen bei den Arabern: Historische, literargeschichtliche und geographische Vorbemerkungen", Leipzig 1877.[8] Nach seiner Promotion geht Hommel nach München und steigt vom II.Assistenten an der kgl.bay.Hofbibliothek zum Professor an der Universität auf. Auch hier reißt der Kontakt zu Ebers nie ab. Fast über die gesamte Dauer des Gästebuches, nämlich von 1885-1897, belegen Eintragungen seine Besuche in Tutzing.[9] Er ist Mitautor der Ebers-Festschrift 1897.

---

1 Prom.-Akte 1293, UAL. Die Promotion erfolgte am 5.April 1879.

2 Das läßt sich aus Ermans Anmerkung zur Papyrusedition in: Erman, Mein Werden, 111, schließen: "Für die Herstellung der Tafeln kam ihm dabei seine gute Vermögenslage zustatten, aber leider half die ihm nichts bei dem Texte: der fiel so kläglich aus, daß es um die schöne Ausstattung des Buches schade war."

3 WwW ²1972, 99f. Erman in Tutzing: Gästbucheintragungen: 30.8.1883; 1888 o.Datum: "that Busse für einige Sünden"; 31.8.1895; 20.8.1896: "nicht zum ersten male aber jedesmal mit größerer Freude, an dem Unsinn dieses Gedankens ist Hertha schuld"; 25.8.1897.

4 "Und doch war ich nicht Lepsius' Schüler und war ihm damals kaum näher getreten", Erman, Mein Werden, 113.

5 De forma pluralis in lingua aegyptiaca. Veröffentlicht 1878 bei Engelmann Leipzig als: Die Pluralbildung des Aegyptischen. Ein grammatischer Versuch. "Georg Ebers in dankbarer Treue gewidmet."

6 WwW ²1972, 143. Erman über Hommel als Kommilitonen: Erman, Mein Werden, 111.

7 Der Bruder des Schwagers von Richard Wagner, siehe oben 64, Anm.3.

8 Die Fortsetzung und der Schluß erscheint in Leipzig 1879 unter dem Titel: Die Namen der Säugethiere bei den südsemitischen Völkern als Beiträge zur arabischen und äthiopischen Lexicographie, zur semitischen Kulturforschung und Sprachvergleichung und zur Geschichte der Mittelmeerfauna.

9 Gästebucheintragungen: Prof.Fritz Hommel 20.9.1885; 20.9.1886; 1891 o.Datum; 20.7.1892; 12.8.1895; 19.7.1897.

Im WS 1877/78 beginnt **Arthur Schilbach**, über den wenig bekannt ist[1], sein Studium bei Ebers. Schilbach ist bereits im SS 1876 an der Universität Leipzig immatrikuliert - kann jedoch nicht bei Ebers hören, da dieser beurlaubt ist - muß dann aber wegen des Militärdiensts unterbrechen und kehrt zum WS 1877/78 nach Leipzig zu Ebers und Delitzsch zurück. Er schließt im SS 1879 mit der Promotion "Der Todtenpapyrus des Anx-f-en-Amun", im Druck erschienen 1880, ab. Zweitkorrektor ist Krehl. 1890 bezeichnet er sich selbst in einer von ihm in "Lechner's Mittheilungen" veröffentlichten Würdigung von Ebers, als zum engeren Kreise derer gehörig, die Ebers als Menschen näher treten durften[2], ist aber in der Ebers-Festschrift (1897) weder als Gratulant noch als Autor vertreten. 1898 erscheint in der DVA Schilbachs "autorisierte Uebersetzung" von Henry Rider Haggards Erfolgsroman "Kleopatra. Historische Erzählung aus dem Jahrhundert vor Christi Geburt".[3] Darin wird das "Lied der Kleopatra" in einer Übersetzung von Ebers gegeben.[4]

Im Jahre 1881 wird **Ludwig Stern**[5] in absentia, d.h. ohne mündliche Prüfung promoviert. An dem eigentümlichen Verhältnis zu Ebers zeigt sich, daß Ebers sich auch junger Gelehrter annimmt, die nicht seine Schüler sind. Der mittellose Stern, der seine ägyptologische Ausbildung bei Brugsch in Göttingen begonnen hatte und 1868/69 nach Berlin zu Lepsius wechselte, mußte das Studium abbrechen und zu seinem Lebensunterhalt eine Lehrerstelle an einer Mittelschule ergreifen, als Ebers ihn auf seine Ägyptenreise mitnimmt.[6] "1872 wurde ich von Prof.Ebers eingeladen an einer wissenschaftlichen Reise durch Ägypten Theil zu nehmen, und nach Beendigung derselben ward mir auf seine Fürsprache die Direction der vizeköniglichen Bibliothek zu Cairo übertragen."[7] In Kairo bleibt er jedoch nur bis 1874. Er wird dann Assistent von Lepsius am Ägyptischen Museum zu Berlin. Nach

---

1 Das WwW erwähnt ihn nicht. Die wenigen greifbaren Daten: geboren am 9.September 1855 zu Leipzig, Bürgerschule, dann Thomasschule, 1876 Abitur, SS 1876 an der Universität Leipzig, 1876/77 Militärdienst in Marburg/Hessen, ab WS 1877/78 weiter Studium in Leipzig bei Ebers und Delitzsch, 1879 Promotion bei Ebers.

2 Schilbach, Georg Ebers, 5.

3 Abbildung Frontispiz in: Exotische Welten. Europäische Phantasien (Katalog), Stuttgart 1987, 246 (Abb.4).

4 Auf 138f. Die Erstausgabe des Romans erscheint 1889 in Fortsetzungen in den "Illustrated News", im selben Jahr als Buchausgabe in New York und in London als "Cleopatra, being an account of the fall an vengeance of Harmachis, the royal Egyptian, as set forth by his own hand". Der Erfolg läßt sich nicht nur an den zahlreichen Auflagen und Übersetzungen ablesen, sondern auch an einer Vertonung: Arne Einar Christiansen schreibt nach Haggards Roman ein Libretto "Cleopatra. Oper in tre Akter", København 1893, das von August Enna vertont wird. Die Uraufführung findet am 7.2.1894 am Kgl.Opernhaus Kopenhagen statt. Deutsche Übersetzung von Emma Klingenfeld, Leipzig 1897 in Breitkopf & Härtels Textbibliothek Nr.330. Deutsche Erstaufführung in Berlin 1919. "Adaption française d'après le texte original" 1905 durch Gustave Sandré. Der Heyne-Verlag München bringt den Roman 1986 als "Kleopatra. Fantasy Roman" im Rahmen seiner Haggard-Ausgabe als 13.Band in neuer Übersetzung mit den Illustrationen der Originalausgabe von M.Greiffenhagen und R.Caton Woodville heraus, die in höchst eigentümlichem Kontrast zum modisch aufgemachten Umschlagbild stehen.

5 WwW ²1972, 282.

6 Nach Erman, Mein Werden, 168, findet Ebers Stern in Cairo in "größter Not".

7 Handschriftlicher Lebenslauf von Stern in der Prom.-Akte, 1290, Bl.6.UAL. "Für Stern hat diese Reise zu den Sternstunden seines Lebens gehört", Blumenthal, Koptische Studien, 99.

Erman beschwert sich Stern ständig über die Schlechtigkeit von Lepsius.[1] Obwohl dieses Zeugnis mit größter Vorsicht zu betrachten ist, scheint doch das Verhältnis zu Lepsius nicht das beste gewesen sein, so daß sich Stern nach Leipzig an Ebers um die Promotion wendet. Die aus den Akten hervorgehende Eile - Ebers bittet um Beschleunigung, "weil der Besitz des Doctortitels in nächster Zeit von großer Bedeutung für ihn [Stern] sein kann"[2] - bringt Blumenthal in Verbindung mit "Sterns Konkurrenz mit dem um acht Jahre jüngeren Adolf Erman, der (...) nur eine Assistentenstelle im Münzkabinett der Berliner Museen bekommen hatte, da ja die ägyptologische mit Stern besetzt war."[3] Sterns Konkurrent Erman, der ihn als Student in Berlin als Assistenten von Lepsius kennenlernt, begegnet ihm auch später nur mit Ablehnung, wie aus jeder Erwähnung in seiner Autobiographie hervorgeht.[4] Möglicherweise war auch die ambivalente Haltung Ermans gegen Ebers in dieser Protegierung Sterns, die sich von Ebers aus in keiner Weise gegen den um sieben Jahre jüngeren Mitbewerber richtet, zumindest mitbegründet. Stern hatte schon eine Reihe von Artikeln veröffentlicht und war von 1881-88 Mitherausgeber der AeZ, zuerst neben Lepsius und Brugsch, dann ab 1884 neben Brugsch. Stern wird am 1.Februar 1881 von Ebers und Fleischer promoviert, ohne in Leipzig studiert zu haben.[5] Er reicht dazu seine 1880 erschienene Koptische Grammatik und sein Glossar zum zweiten Band der Papyrus-Ebers-Edition (1875) ein. So handelt es sich hier also um eine zumindest zur Hälfte koptologische Promotion. Nach vielen auch unverdächtigen Zeugnissen scheint Stern ein unglücklicher Charakter gewesen zu sein und es ist bezeichnend, wie vertrauensvoll er sich immer an Ebers hält und wie er von diesem nicht enttäuscht wird. Als nach Lepsius' Tod 1884 nicht er, sondern Erman die Direktorenstelle erhält, verläßt Stern den Assistentenposten und die Ägyptologie, um sich der Keltologie zuzuwenden. Trotzdem bleibt der Kontakt zu Ebers erhalten, noch 1897 besucht er ihn in Tutzing.[6]

Ebenfalls im WS 1877/78 kommt **Oscar Eduardovich von Lemm**[7] nach Leipzig zu Ebers und Delitzsch. Nach einer Unterbrechung von einem Semester in Berlin (WS 1879/80) - u.a. bei Lepsius - schließt er das Studium im SS 1882 mit der Dissertation: "Studien zum Ritualbuche des Am-

---

1 Erman, Mein Werden, 168.

2 Zitiert nach: Blumenthal, Koptische Studien, 101.

3 Blumenthal, Koptische Studien, 101.

4 So wurde Stern auch die Assistentenstelle in Berlin durch Ebers "verschafft", Erman, Mein Werden, 168. Auch meint Erman, daß Stern das Museum "so seltsam verwaltet" hatte, daß er nicht zum Nachfolger Lepsius' gemacht werden konnte, Erman, Mein Werden, 168.

5 Doch sind Sterns Artikel schon Gegenstand von Ebers' Unterricht. So erkundigt sich Wilcken in einem Brief von 1882 bei Ebers nach einer Stelle aus dem pBoulaq 17, den sie in einer Übung übersetzt hatten: "Sie ließen uns damals, wie ich aus meinen Notizen sehe, die Alternative, entweder, wie Stern ter ketu zu lesen »niederwerfend die Bösen«, oder ter satu (...)". Das bezieht sich auf den "Hymnus auf Amon-Ra" in der AeZ XI (1873), 74-81 und 125-127 von Stern. Brief von Wilcken aus Tübingen an Ebers vom 12.7.1882 (Privatbesitz).

6 Gästebucheintragung vom 19.6.1897.

7 WwW ²1972, 172.

mondienstes" ab. Zweitkorrektor ist wieder Krehl. Lemm hatte nach der Schulbildung in St.Petersburg bereits juristische und staatswissenschaftliche Studien betrieben, die er mit der Staatsprüfung beendete. Statt jedoch in den Staatsdienst zu gehen, will er sich den lang gehegten Wunsch erfüllen und in Deutschland orientalische Sprachen studieren. Dazu bezieht er die Universität Leipzig. Es ist anzunehmen, daß die Wahl von Ebers und Leipzig nicht zufällig war, was auch seine Rückkehr nach Leipzig nach dem kurzen Gastspiel in Berlin zeigt. Noch 1896 besucht er seinen alten Lehrer in Tutzing.[1]

Ulrich Wilcken[2] studiert 1880/81 in Leipzig orientalische Sprachen und alte Geschichte u.a. bei Delitzsch und Guthe. Ebers zieht ihn zur Ägyptologie und begründet eine sachliche und persönliche Verbindung, die später nie abreißen wird: Der Ägyptologie bleibt Wilcken auch in Berlin treu - Lepsius und Stern ermöglichen ihm den Zutritt zu den griechischen Papyri des Museums, Brugsch und Erman zählen zu seinen Lehrern. Seine Promotionsschrift von 1885 über die römische Provinz Ägypten, bei Mommsen eingereicht[3], ist "Georgio Ebers magistro clarissimo amico paterno" gewidmet und auch in seiner Vita gedenkt er herausgehoben zuerst Ebers und dann Mommsens: "Omnibus his viris illustrissimis ex animi sententia gratias ago, summas autem Georgio Ebers, cui quantum debeam hoc loco exprimere nequeo et Theodoro Mommsen (...)."[4] Wilcken, "ein prächtiger junger Gelehrter und frischer Mensch"[5], bleibt Ebers weiter bis zu dessen Tod wissenschaftlich und menschlich eng verbunden[6] - er ist fast jeden Sommer oft wochenlang Gast mit Familienanschluß im Haus in Tutzing.[7] Das herzliche Verhältnis überträgt sich nach Ebers' Tod auf Witwe und Kinder, für die er nach dem Zeugnis von Hermann Ebers nur "Onkel Ulrich" ist.

Ebers legt auf ein persönliches Verhältnis zu seinen Schülern großen Wert, sucht auch beruflich zu helfen, soweit es in seiner Macht steht. So ist nicht auszuschließen, daß Ebers noch andere junge

---

1 Gästebucheintragung vom 29.5.1896.

2 WwW, ²1972, 305. Dazu: Gelzer, Gedächtnisrede.

3 Observationes ad historiam Aegypti provinciae romanae depromptae e papyris graecis Berolinensibus ineditis. "Dr.Georgius Steindorff" ist übrigens unter den "adversarii."

4 Wilcken, Observationes, 31.

5 Brief von Ebers aus Tutzing an seine Mutter vom 28.8.1883, SBB.

6 Einen anekdotischen Ausdruck findet dies darin: Die BSB bewahrt bis zum 2.Weltkrieg einen Teil der Bibliothek von Georg Ebers auf. Darunter seien einige Schriften von Wilcken gewesen, die alle handschriftliche Widmungen von Wilcken "an seinen Schwiegervater Ebers" getragen hätten, wie auf den heute noch erhaltenen Karteikarten zu lesen ist. Ob dieser Fehler auf eine besonders herzliche Widmung Wilckens oder auf Nachlässigkeit des Bibliothekars zurückzuführen ist, läßt sich nicht mehr feststellen.

7 Eintragungen im Gästebuch 16.8.-10.9.1883; 13.8.-5.9.1885; 1886 o.Datum; 15.8.87; 1888 2x o.Datum; 1.8.-12.8."der alte Uli" und 12.8.-11.9.1890 "ein neuer Mensch"; 9.8.-12.9.1891 mit Frau Ellen, innerhalb dieses Zeitraums signiert Wilcken auch unter den Gästen der Familienfeier der Verlobung "Mariechens", einer Ebers-Tochter, Zeichen für den engen Anschluß Wilckens; 23.5.-31.5.1896; 22.8.-23.8.1897 "Uli + Ellen Wilcken zum ersten Mal mit Vroni in der »lieben alten Wahlheimat«".

Wissenschaftler gefördert hat und daß noch andere Schüler, die sich später einen Namen gemacht haben, - außer dem schon erwähnten Hommel - als Nebenfächler bei Ebers studiert haben oder - wie wahrscheinlich Bondi - bei Ebers begonnen und an anderem Ort abgeschlossen haben, und es verwundert nicht, wenn sich weitere Gelehrte als Schüler Ebers' bezeichnen, die nicht im engeren Sinne bei ihm in Leipzig studiert haben. Besonders die Festschrift zum 60.Geburtstag bietet dazu eine gute Gelegenheit.[1] Bei den folgenden Wissenschaftlern aber ist dieses Bekenntnis mehr als nur Höflichkeit.

J.H.Bondi promoviert 1886 in Straßburg als Semitist bei Nöldecke mit dem Nebenfach Ägyptologie bei Dümichen mit der Arbeit "Über die semitischen Lehnwörter in Ägypten". 1884 wendet er sich aus Mainz an Ebers um ein Empfehlungsschreiben an Dümichen, das er auch erhält.[2] Da er Ebers auch über den Fortschritt der Dissertation unterrichtet, ist anzunehmen, daß er sein Studium bei Ebers in Leipzig begonnen hat. Nach der Promotion geht er nach Frankfurt/M. um eine "Lehrerstelle an einer jüdischen Realschule"[3] anzutreten - offensichtlich eine finanzielle Notwendigkeit - doch sein Interesse gilt weiter der Ägyptologie. Obwohl er sich bei Ebers beklagt, daß ihm die Korrekturen, der Privatunterricht und die Vorbereitung fürs Staatsexamen kaum Zeit ließen, wendet er sich immer wieder in philologischen Fragen an Ebers und tauscht Meinungen aus. Am 28.2.1897 gratuliert er Ebers zum 60.Geburtstag: "Sie haben vielen Vieles gegeben, ein Besonderes aber außerdem denen, die Sie auf eine Weise, die sich unvergeßlich dem Gemüte eingeprägt hat, auf die Bahn der Wissenschaft geleitet und zur Mitarbeit herangebildet haben. Mit innigem Bewußtsein des Dankes tritt der Schüler an dem Tage, den wir morgen begrüßen, vor den verehrten Lehrer hin."[4] Wenige Tage später macht er sein Staatsexamen in Philosophie, Geographie und deutscher Literatur. Ein letzter überlieferter Brief entsteht ein halbes Jahr nach Ebers' Tod. Er ist an die Witwe gerichtet und schließt: "Ich muß Ihnen noch einmal sagen, wie sein Gedächtnis unvergänglich in meinem Herzen ruht, und welche Empfindungen oder Dankbarkeit eines Schülers mich an seine Persönlichkeit knüpften, die wirkend in mir fortlebt."[5] Sonst verliert sich sein Leben im Dunkel, nicht einmal die Lebensdaten sind feststellbar. Auch seine Vornamen verschweigt er selbst mit solcher Beharrlichkeit, daß sich die Vermutung aufdrängt, daß es sich um einen jüdischen, etwa ein Jonas, gehandelt habe.

---

1 Aegyptiaca. Festschrift für Georg Ebers zum 1.März 1897, Leipzig 1897. Von folgenden Autoren der Festschrift lassen sich keine näheren Beziehungen zu Ebers feststellen: Borchardt, Krebs, Reinhardt, Schäfer, Sethe, Spiegelberg. Bezüglich Steindorff vgl.Steindorffs Bekenntnis, durch Ebers' Romane zur Ägyptologie geführt worden zu sein, Blumenthal, Altes Ägypten, 15.

2 Brief von Bondi aus Mainz an Ebers vom 25.4.1884, SBB; Dank für das Empfehlungsschreiben: Brief von Bondi aus Straßburg an Ebers vom 7.5.1884, SBB.

3 Brief von Bondi aus Mainz an Ebers vom 6.10.1889, SBB.

4 Brief von Bondi aus Frankfurt/M. an Ebers vom 28.2.1897, SBB.

5 Brief von Bondi aus Frankfurt/M. an Antonie Ebers vom 1.3.1899, SBB.

W. Max Müller[1] aus Nürnberg[2], der in Erlangen, Leipzig und Berlin studierte[3], bezeichnet sich in seinem Nachruf auf Ebers in der OLZ als dessen Schüler. Da Müller 1888 in die USA emigriert - er wurde 1890 mit 28 Jahren Professor in Philadelphia - kommen für sein Studium bei Ebers die Semester WS 1881/82, WS 1882/83, WS 1883/84 oder WS 1886/87 in Frage. Auch hier ist eine private und außeruniversitäre Bindung belegt. So ist Müller 1886 in Tutzing zu Besuch bei Ebers.[4] Sein Hauptwerk "Asien und Europa" erscheint 1893 in Leipzig bei Engelmann und ist Ebers gewidmet.

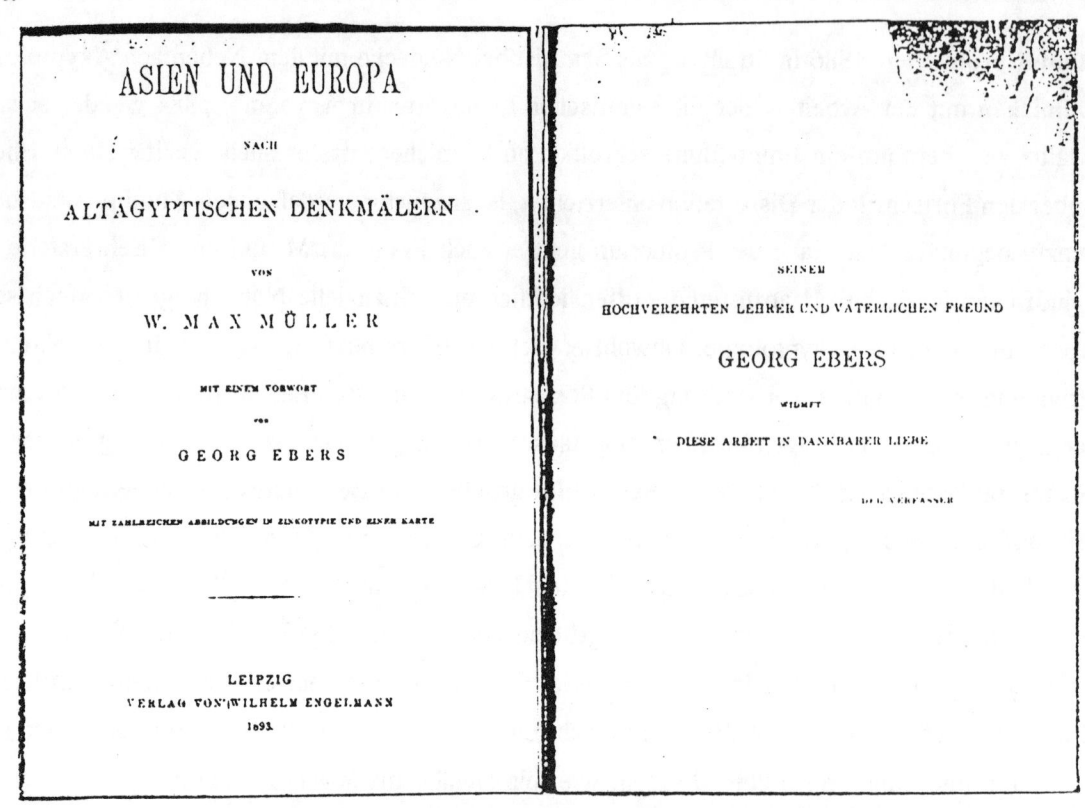

TITELBLATT UND WIDMUNG VON W. MAX MÜLLERS "ASIEN UND EUROPA"

Carl Schmidt[5] kommt 1887 nach Leipzig, um orientalische und klassische Sprachen zu studieren. Ab dem SS 1887 aber hält Ebers keine Übungen mehr. "Vielleicht hat ihn Schmidt noch persönlich kennengelernt, ehe er im folgenden Jahr nach Berlin (...) übersiedelte, vielleicht war er ihm nur durch seinen Berliner Lehrer Adolf Erman verbunden."[6] Schmidt promoviert 1892 in Berlin mit "De codice

---

1 WwW ²1972, 209. Nicht zu verwechseln mit dem dem Hause Lepsius befreundeten Max Müller, der in Ebers' Lepsius-Biographie öfters erwähnt wird.

2 Von Ebers mehrmals als Nürnberger bezeichnet, nennt Müller selbst die Noris in einem Brief an Ebers vom 23.3.1895, zitiert bei: Müller, Georg Ebers, 162, seine "herrliche alte Vaterstadt." Die Angabe von Gliessenberg in WwW ²1972, 209 ist wohl falsch.

3 Der Ort der Promotion läßt sich nicht mehr feststellen.

4 Gästebucheintragung vom 19.7.1886.

5 WwW ²1972, 264.

6 Blumenthal, Koptische Studien, 96.

Bruciano seu de libris gnosticis qui in lingua coptica exstant comentatio."[1] Auch er gehört zu den Gratulanten der Aegyptiaca-Festschrift zu Ebers' 60.Geburtstag und zählt sich dort zu den geistigen Söhnen Ebers'.

Zwei weitere Gelehrte stehen in einem Schüler-Verhältnis zu Ebers: **Wilhelm Spitta**, gen. **Spitta Bey**[2], Direktor der vizeköniglichen Bibliothek in Kairo bis 1882 - bis 1874 war Stern auf Empfehlung Ebers' Direktor gewesen. Von ihm ist nur wenig überliefert, doch da ihn Ebers ausdrücklich als seinen Schüler bezeichnet, könnte auch er in Leipzig studiert haben.[3] Für den 1880 erschienenen II.Band von "Aegypten in Bild und Wort" überträgt ihm Ebers das Kapitel "Kairo. Aus dem Volksleben", immerhin 37 Seiten.[4] Ebers trifft sich 1881 mit dem noch Amtierenden in Scheveningen[5] und dann wieder 1882 nach Spittas Rückkehr aus Ägypten in Leipzig. In einem Brief schreibt Ebers auch, daß er ihm die Stelle als Direktor der vizeköniglichen Bibliothek verschafft habe.[6]

Ignaz Goldziher kommt 1869 aus Budapest zu Fleischer nach Leipzig, promoviert im selben Jahr bei Fleischer und besucht dann Ebers' erstes Kolleg im WS 1870/71. Das Tagebuch gibt Auskunft über die Beziehung zu Ebers: "Er nahm mich voller Freundschaft auf und gab sich viel Mühe, mich in ägyptischen Dingen vorwärts zu bringen. Die Mühe war nicht vergeblich. Ich arbeitete mich rasch in die Hieroglyfik ein und fand überaus viel Freude in der Besiegung der paläographischen Schwierigkeiten des Hieratischen und an der Erweiterung meines kulturgeschichtlichen Horizontes. Meinen Fleiss lohnte Ebers mit auszeichnender Freundschaft."[7] Als Goldziher Leipzig verläßt, um im SS 1871 in Leiden zu studieren, erhält er ein Empfehlungsschreiben von Ebers an Willem Pleyte. Während seiner Ägyptenreise 1873/74 benützt er die "Khedivial-Bibliothek" und trifft mit deren Direktor Stern zusammen, dem "Protégé Ebers', ein ganz mittelmäßiger Arabist, in mohammedanischen Dingen so viel wie unwissend, dabei unfreundlich und ungefällig."[8] Die Notizen dieser Reise verwertet Goldziher für "Aufsätze für Ebers' »Aegypten in Bild und Wort«, zu welchem mich Ebers

---

1 Dt. in: Gebhardt (Hg.), Texte und Untersuchungen zur Geschichte der altchristlichen Literatur, Bd.8: Gnostische Schriften in koptischer Sprache aus dem Codex Brucianus, herausgegeben, übersetzt und bearbeitet von Carl Schmidt.

2 WwW ²1972, 279f. (vier Zeilen!)

3 Brief von Ebers aus Leipzig an seine Mutter vom 25.6.1882, SBB.

4 Im Vorwort: "Herrn Dr.*Spitta-Bei* aus Hildesheim, dem Bibliothekar des Chedîv, [schulde ich] einen vortrefflichen Beitrag für den dem Volksleben gewidmeten Abschnitt", Ebers, Aegypten in Bild II, VIII. In der Einleitung zum erwähnten Kapitel, a.a.O., 92, erwähnt er Spitta nochmals als Autor.

5 Brief von Ebers aus Scheveningen an seine Frau/Mutter vom 14.8.1881, SBB.

6 Der Rückzug von seiner Amtsstellung in Kairo scheint jedenfalls nicht so harmlos verlaufen zu sein, wie in WwW, ²1972, 79 berichtet. "Nun kam auch noch in der vorigen Woche Spitta Bey, der Ex-Bibliothekar des Chediv direkt aus Ägypten. Die Nationalpartei hat ihn ohne jeden Grund fortgejagt. Bismarck trat sogleich für ihn ein, und so mußten ihm 1000 ägyptische Pfunde, das sind 2100 Mark, Schadenersatz gezahlt werden. Er ist ein Schüler von mir und ich hatte ihm seine Stelle verschafft. Du kannst Dir denken, wieviel er mir erzählen mußte (...)", Brief von Ebers aus Leipzig an seine Mutter vom 25.6.1882, SBB.

7 Scheiber (Hg.), Ignaz Goldziher, Tagebuch, 47.

8 Scheiber (Hg.), Ignaz Goldziher, Tagebuch, 66.

in sehr schmeichelhafter Weise aufforderte und über die er in seinem Vorworte zu diesem Prachtwerk in ungewöhnlich liebvoller Weise urtheilte."[1] Goldziher rechnet die Freundschaft Ebers' zu den Lichtblicken seines Lebens. "Unglückliche Menschen, die auf allen Gebieten ihrer Thätigkeit Schiffbruch erlitten, deren Bestrebungen die Missachtung der Menge, die Verkennung des Pöbels, die Verläumdung der Vernünftigen verfinstert, haben im Leben nach aussen nur eine Stütze, eine Genugthuung: die Freundschaft. (...) Der briefliche Verkehr mit diesen alten Freunden hat mir in meinem Martyrium Trost und Ermuthigung verschafft. Wie oft hat mich ein Brief Fleischers oder Ebers' in Augenblicken äusserster Verzagtheit aufgerichtet."[2] Goldziher zweifelt nicht daran, daß Ebers ihm, wenn er ihn darum gebeten hätte, nach Sterns Weggang die Bibliothekarsstelle in Kairo verschafft hätte.[3] Auf Einladung Ebers' ist er zu Gast in Tutzing. Die Tagebucheintragungen zeugen von tiefer Verehrung und herzlicher Zuneigung zu Ebers. "Liebevoll war der Empfang, den ich in der Villa fand, und Stunden voller Weihe waren es, die ich mit dem bewunderungswürdigen Manne, der mich seiner Freundschaft für werth hielt, zubringen durfte. (...) Unvergessliche Tage!"[4] Zwei weitere Besuche 1894 und 1895, jeweils anläßlich wochenlanger Aufenthalte auf Schloß Tutzing als Gast von Graf und Gräfin Landberg, sind noch belegt.[5]

Nachdem wegen der Lähmungen die Vorlesungen eingestellt werden mußten, können nur die Übungen im kleinsten Kreis in der Wohnung Ebers' gehalten werden. Als die Krankheit auch Sprachstörungen hervorruft, kommt die Lehre völlig zum Erliegen und Ebers muß schließlich um die Emeritierung ansuchen. Am 17.Juni 1889 versetzt das Ministerium Ebers "wegen überkommener Dienstunfähigkeit im Einverständnisse mit demselben vom 1.Oktober dss. Js. ab in den Ruhestand."[6] Über die Motive gibt sein Abschiedsbrief aus Tutzing an seine Kollegen Aufschluß: "Es fiel mir unsagbar schwer der mir lieben Thätigkeit, der ich Ostern 1890 ein viertel Jahrhundert vorgestanden haben würde, zu entsagen, doch der Gedanke, daß um meinetwillen, wenn auch ohne meine Schuld, in Leipzig keine

---

1 Scheiber (Hg.), Ignaz Goldziher, Tagebuch, 93. Ebers, Aegypten in Bild II, VIII,: "Herrn Dr.*Goldziher* schulde ich werthvolle Notizen über die Universitäts-Moschee el Azher". Im Text wird Goldzihers Beitrag nocheinmal in einer Fußnote erwähnt, ohne in seinem Umfang kenntlich gemacht zu werden, Ebers, Aegypten in Bild II, 83.

2 Scheiber (Hg.), Ignaz Goldziher, Tagebuch, 104.

3 Scheiber (Hg.), Ignaz Goldziher, Tagebuch, 77. Statt dessen verschaffte Ebers sie W.Spitta. Blumenthal bezeichnet Goldziher geradezu als einen Protégé von Ebers, Blumenthal, Koptische Studien, 102.

4 Besuch 1889. Scheiber (Hg.), Ignaz Goldziher, Tagebuch, 124.

5 1894: Einladung zur Hochzeit von Ebers' Tochter, Scheiber (Hg.), Ignaz Goldziher, Tagebuch, 178. In Anwesenheit von Alma Tadema, 1895: Tutzinger Gästebucheintragung vom 20.7.1895. Goldziher verbinden gemeinsame Interessen mit Carlo Graf Landberg, einem Orientreisenden und Reiseschriftsteller, der im Schloß eine vorzügliche orientalistische Bibliothek unterhält. Das Schloß gehört Gabriele Gräfin Landberg, geschiedene Moriz-Eichborn, der älteren Tochter von Eduard Hallberger, die 1884 den Schweden mit einem jungen italienischen Adelstitel geheiratet hatte. Dies sei hier erwähnt, weil weder Graf noch Gräfin Landberg aus "uraltem mecklenburg'schen Adelsgeschlecht entsprossen" waren, das sich bis zu den Kreuzzügen zurückverfolgen läßt, wie Goldziher in: Scheiber (Hg.), Ignaz Goldziher, Tagebuch, 175f., meint.

6 UAL PA 427 Bl.40.

Aegyptologie gelehrt werden solle, war mir unerträglich, und so that ich denn das Meine um eine Neuberufung zu ermöglichen."[1]

Damit endet die fruchtbare Tätigkeit, eine "academische Wirksamkeit (...), welche die aller Fachgenossen an andern deutschen Universitäten weit (...) überragt", wie schon der "Bericht der philosophischen Facultät Leipzig, betr. die Ernennung des a.o.Prof.G.Ebers zum Ordinarius" an das Kgl.Ministerium des Cultus und öffentlichen Unterrichts Dresden aus dem Jahre 1875 besagt. Das Gutachten fährt fort, "daß wohl anzunehmen ist, es werde durch seinen Eifer unsere Universität bald in gewissem Sinn der Mittelpunct für die Ehrung der besagten Wissenschaft in Deutschland werden."[2] Die Hoffnung der Leipziger Fakultät hat sich erfüllt.

III. 2. 3. BEURTEILUNG. "ES IST MIR IMMER LEHRREICH GEWESEN, DAß DIE SPÄTERE DEUTSCHE ÄGYPTOLOGIE ALLEIN AUF DIESEM MANNE BERUHT."

Nach dem zwiespältigen Wirken Seyffarths[3] war die Ägyptologie in Leipzig für fünfzehn Jahre nicht mehr vertreten - Seyfarths einziger Schüler Max Uhlemann konnte in Leipzig nicht Fuß fassen. Ebers, der zweite Ägyptologe in Leipzig, jedoch entfaltet eine große Ausstrahlung: In der Zeit seiner Leipziger Tätigkeit erzieht er die dritte Generation der Ägyptologen. Deren bedeutendster Vertreter Adolf Erman, der zwar bei Ebers studiert, wenn auch nicht promoviert hatte, schreibt dazu mit deutlich verwundertem, wenn nicht abschätzigem Unterton: "Es ist mir immer lehrreich gewesen, daß die spätere deutsche Ägyptologie allein auf diesem Manne beruht, der doch selbst in der Wissenschaft kaum etwas leistete."[4] Erman bezieht in diese Kritik aber auch die gesamte alte Ägyptologie mit ein. "Die Zeit der ersten siebziger Jahre erscheint uns freilich nicht als eine solche des Fortschritts. In Deutschland traten in ihr Ebers, Dümichen und Eisenlohr auf, in Frankreich begann Maspero seine eifrige Tätigkeit, in England lag das ägyptische Studium völlig brach. Außerdem lebte noch in Genf ein Schüler von Lepsius, Eduard Naville (...). Es ist das dieselbe Zeit, an die ich selbst noch zurückdenken kann; freilich sehe ich sie dabei nicht in rosigem Licht. Denn noch empfinde ich deutlich, wie ernste Gelehrte auf die Ägyptologie herabsahen, die sie für nicht viel mehr als für eine

---

1   UAL PA 427 Bl.41. Die Berufung eines Nachfolgers läßt jedoch bis zum 1.Oktober 1893 auf sich warten. Georg Steindorff steht nicht in persönlicher Beziehung zu seinem Vorgänger, jedoch war er als Kind durch die Ebers'schen Romane für Ägypten begeistert worden, Blumenthal, Altes Ägypten 15. Die a.o.Professur Steindorffs wird erst 1904 in eine o.Professur umgewandelt.

2   UAL PA 427, Bl.24.

3   Seyffarth in Leipzig: 1823-1855. WwW ²1972, 267f. Eine kurze, detailreiche Darstellung von Seyffarths Wirken in Leipzig in: Blumenthal, Altes Ägypten, 3-7.

4   Erman, Mein Werden, 110.

bedenkliche Spielerei hielten."[1] Selbst Lepsius ist gemeint, der "die ganze Entwicklung der Ägyptologie nicht mehr mitgemacht hatte und dies selbst wußte (...) und so ist mir eigentlich nur die eine Erinnerung an diese Vorlesung geblieben, daß er von »den Herren« Champollion und Rosellini sprach, er fühlte sich also noch als gleichzeitig mit diesen Begründern der Ägyptologie, die mir schon als halb mythische Gestalten erschienen."[2]

Der große pädagogische Einsatz Ebers' findet überall Zustimmung. Meyer schreibt: "Seinem Beruf lebte er mit ganzer Hingebung, und er war zum akademischen Lehrer geschaffen, wie wenige"[3], was auch Erman anerkennen muß: "Auch sonst war Ebers ein anregender Lehrer, und ich hörte durch ihn von hundert Dingen, die mir bis dahin fremd gewesen waren. Ich war nicht blind für seine Schwächen, aber sie verschwanden für mich neben seinem liebenswürdigen Wesen und der Frische seines Unterrichts. (...) Er war ein Lehrer von Natur und verstand es, das, was andere erarbeitet hatten, geschickt zu verarbeiten, und wußte zudem, den Studenten Lust zu machen. Mit der bloßen Gelehrsamkeit, so groß sie auch sein mag, ist eben bei dem Dozenten noch nichts getan."[4] Dazu kommt noch der Ruf als berühmter Schriftsteller: "Zu E.[Ebers] aber zog nicht nur der Ruf des Forschers, sondern auch der Name, den er sich als Dichter gewonnen hatte, und wer seine Vorlesungen einmal besucht hatte, den fesselte dauernd die lebendige Art seines Vortrages, der rege und begeisternde Forschungseifer, der in jedem Wort hervortrat"[5]. So wie Goldziher, der eigentlich mit der Ägyptologie wenig zu tun hat, mag es wohl vielen gegangen sein: "Ebers war von Jena nach Leipzig versetzt worden; ich wollte die Gelegenheit nicht vorüber gehen lassen, ohne von diesem geistvollen Manne zu profitieren."[6]

Noch in der Ebers-Zeit ist für die Attraktivität einer Universität bei den Studenten die Person des Professors, dessen Beredtheit und Vortragsweise ausschlaggebend, und die Universität trägt dem Rechnung, wie die Berufungsverfahren für Ebers in Jena und Leipzig ausweisen. Lepsius, der Vater der deutschen Ägyptologie, zieht Ebers allen anderen jüngeren Fachkollegen vor und zwar wegen seiner "gesunden Lebensanschauung" und "vielseitigen allgemeinen Bildung", seiner Vielseitigkeit und Publikumswirksamkeit, d.h. seiner Fähigkeit, Schüler und Öffentlichkeit gleicherweise zu faszinieren. Lepsius würdigt damit in Ebers das, was diese Wissenschaft zu einer Zeit benötigt, die noch nicht die

---

1   Erman, Mein Werden, 255. Beachtenswert ist die tiefe Abneigung gegen Naville, die schon aus diesen Zeilen spricht. An anderer Stelle schreibt Erman: "Sein Horizont ging nicht über den eines gläubigen Vermittlungstheologen hinaus, und so war ihm alles, was wir Wissenschaft nennen, unverständlich", Erman, a.a.O., 170f. Solch ein Urteil fällt Erman zwischen den Zeilen auch über die anderen Gelehrten dieser Generation.

2   Erman, Mein Werden, 113f. Die Vorlesung "handelte über ägyptische Geschichte, kam aber vor lauter chronologischen Erörterungen nicht über das mittlere Reich hinaus", a.a.O.113f. Erman, Mein Werden, 163 noch über Lepsius: "(...) seine Wissenschaft schien mir einer vergangenen Zeit anzugehören".

3   Meyer, Ebers, Georg, 91.

4   Erman, Mein Werden, 110f.

5   Meyer, Ebers, Georg, in: Anton Bettelheim (Hg.), Biographisches Jahrbuch, 91.

6   Scheiber (Hg.), Ignaz Goldziher, Tagebuch, 47.

Zeit des Spezialistentums eines Erman war, nämlich - vielleicht manchmal blinden - Eifer für die Sache und die Schüler und die Publikumswirksamkeit. Sicher behandelt Ebers seine Probleme mit einer gewissen Naivität, war sein Urteil getrübt von der "Faszination durch den Gegenstand"[1], - die neue Generation nennt dies einen Mangel an Kritikfähigkeit oder "Gutgläubigkeit"[2] den Quellen gegenüber - , doch sollte dieser "Mangel" nicht nur negativ betrachtet werden. Ebers konnte durch seinen Eifer junge Menschen für die Ägyptologie begeistern (Wiedemann), Studenten nach Leipzig ziehen (Meyer aus Bonn), "Ausreißer" wieder zurückholen (Wiedemann und Lemm aus Berlin). Auch "fertige" Studenten, wie den promovierten Goldziher oder wie Stern aus Berlin werden von ihm angezogen.

Ein Vergleich mit anderen Universitäten oder anderen Lehrern erst zeigt die erstaunlich hohe Anzahl von Promotionen unter Ebers in Leipzig: in 19 Jahren seiner Lehrtätigkeit betreut Ebers sieben Doktoranden.[3] Diese Zahl wird noch erstaunlicher, wenn wir die letzten Semester - etwa ab 1883 - als die Jahre der Behinderung durch die Krankheit außer Acht lassen und nur die Zeit zwischen dem SS 1875 als dem Semester der ersten Promotion und dem SS 1882 mit der letzten Promotion beachten. Fast alle seine Doktoranden leisten in der Ägyptologie, Koptologie, Alten Geschichte oder in Nachbarwissenschaften Großes. So erhalten Pietschmann und Wiedemann Professuren in Göttingen und Bonn, Meyer eine Professur für Alte Geschichte in Breslau, Halle und dann Berlin, Lemm wird Museumsdirektor in Petersburg und lehrt auch an der Universität Ägyptologie, Stern wird nach seiner, durch Erman abgebrochenen ägyptologischen Karriere Keltologe und Bibliotheksdirektor, Lincke, der früh stirbt, wendet sich der Assyriologie zu. Nur das weitere Schicksal von Schilbach bleibt im Dunkeln.

Ebers fühlt sich für alle seine Schüler nicht nur fachlich, sondern auch menschlich verantwortlich, hat für alle bis zu seinem Lebensende ein offenes Ohr und hilft durch Rat und Tat mit Empfehlungen an andere Professoren wie bei Bondi und Goldziher, Vermittlung von Stellen wie bei Meyer, Stern und Spitta, mit Aufträgen für Übersetzungen oder Mitarbeit an eigenen Werken wie bei Pietschmann, Spitta und Goldziher, Mitnahme auf eine Reise wie bei Stern - soweit die dokumentierten Fälle. Erman schreibt darüber: "Und dazu war Ebers auch von rührender Güte gegen Gerechte und Ungerechte und opferte sich unermüdlich für andere auf. Auch nachher, in den langen Jahren seiner Krankheit, ließ er von dieser stillen Tätigkeit nicht ab und schrieb ungezählte Briefe, um irgendeinem armen Teufel zu helfen."[4] Die "liebenswürdige und aufopfernde Art, mit der er sich eines Jeden annahm,

---

1 Blumenthal, Altes Ägypten, 9.

2 Erman, Mein Werden, 257.

3 Blumenthal, Altes Ägypten, 28: "Wie ungewöhnlich groß diese Zahl war, zeigt ein Vergleich mit der Universität Göttingen, wo in der Zeit von 1867 bis 1938 nur fünf ägyptologische Dissertationen geschrieben worden sind. In Steindorffs einundvierzigjähriger Amtszeit haben ebenfalls sechs Promotionen stattgefunden, aber nur zwei Promovenden hatten wissenschaftliches Format."

4 Erman, Mein Werden, 111.

der ihm nähertrat" bezeugt auch Meyer.[1] Auch die dann Arrivierten bewahren ihm ihre Dankbarkeit und folgen gerne seiner Einladung in sein Haus am Starnberger See.[2]

Die Themen der Dissertationen zeigen, daß die überwiegende Zahl seiner Schüler eine philologische Ausrichtung erfährt. Erman meint dazu in seinen Lebenserinnerungen: "Was ich (...) in Leipzig für meine Wissenschaft lernte, war doch auch nicht zu verachten. Zwar das angezeigte Kolleg über ägyptische Syntax[3] war eine Enttäuschung, denn von der wußte auch Ebers nichts, aber dafür erlernte ich bei ihm die hieratische Schrift, und die Papyrus, mit denen ich Zeit meines Lebens noch so viel arbeiten sollte, sind mir damals durch ihn erschlossen worden."[4] Mit anderem Akzent wird dieser Sachverhalt von Eduard Meyer rückblickend beurteilt: "E. ist der erste Aegyptologe gewesen, der (...) den Muth - denn der gehörte damals noch dazu - besass, nicht nur die Anfangsgründe der Aegyptologie zu lehren, sondern mit seinen Schülern die schwierigen Texte durchzuarbeiten, bei denen nur zu oft bekannt werden musste, dass ein vollständiges, allseitig gesichertes Verständnis noch nicht erreicht sei."[5]

Die letzten Jahre des 19.Jhs. sehen das Ende der Ägyptologie als universaler Wissenschaft. Das Spezialistentum beginnt. War Ebers ausweislich seiner Lehrveranstaltungen Philologe und Historiker, so ist Erman reiner Philologe. Die von ihm begründete "Berliner Schule" ist eine rein philologische, "die kunsthistorische Forschung aber fiel (...) weitgehend unter den Tisch."[6] Schon in Ebers' Lehrtätigkeit stellt sich in seinem Fach, wie auch in den meisten anderen Fächern der Fakultät, neben die (alte) Textkritik, die neue Methode des Anschauungsunterrichts, der Demonstration, die Empirie. Jetzt tritt immer mehr die Sache, der Inhalt in den Vordergrund. Es vollzieht sich mit dem Generationenwechsel auch ein Wechsel des Wissenschaftsverständnisses.

Wie hoch diese Ägyptologie und mit ihr Ebers oder besser Ebers und mit ihm die Ägyptologie in Ansehen steht, geht einmal daraus hervor, daß dieses Fach überhaupt eingerichtet wurde und ein Professor berufen wurde in einen Lehrkörper mit einer so begrenzten Anzahl von 46 Professorenstellen in der Philosphischen Fakultät in Leipzig - mit je einer Lehrveranstaltung unter den 52 der Sprachwissenschaften und den 24 der historischen Wissenschaften für die Ägyptologie - und andrerseits aus dem hohen Zuspruch unter den Studenten in Jena und Leipzig. So sollte man den Erman'schen Begriff der "modischen Ägyptologie" positiv auffassen.

---

1   Meyer, Ebers, Georg, 91.

2   Z.B.Lemm 1896 aus St.Petersburg als Direktor; Meyer, Hommel, Pietschmann als Professoren. Darüber hinaus von Ägyptologen: Dümichen 16.8.1885 und 22.9.1886; Naville 4.6.1886, 10.8.1893 und 22.7.1896; Spiegelberg 1.9.1893; Sethe 31.8.1895; Steindorff 21.9.1895; Renouf 22.9.1895; Borchardt 1897; Dyroff 13.7.1897.

3   Gemeint ist die Veranstaltung SS 1875.

4   Erman, Mein Werden, 110.

5   Meyer, Ebers, Georg, 91.

6   Settgast, in: Ägyptisches Museum, 8.

Das Urteil von Erman über die Wissenschaft und Leistung seiner Vorgänger legt die eigenen Maßstäbe an und kann darum nicht gerecht ausfallen.[1] Dieses Urteil wird seither bis heute immer wieder unbesehen übernommen. Eine Neubewertung dieser Zeit, d.h. eine Korrektur dieser auf Erman zurückgehenden Ansicht ist im Gange. Im Gegensatz zu manchen der jüngeren Generation, denen das Verständnis für ihre wissenschaftlichen Väter fehlt, hat Ebers die Leistungen der Jüngeren immer erkannt, anerkannt und mitgetragen, so z.B. die Erman'sche Erkenntnis der Differenziertheit der Sprachstufen des Ägyptischen. Die Jüngeren konnten oder wollten nicht die vergangene Zeit mit deren Maßstäben messen. Ebers war darin moderner als seine Nachfolger.

III. 2. 4. AKADEMIEMITGLIEDSCHAFTEN IN LEIPZIG UND MÜNCHEN. DAS WÖRTERBUCHUNTERNEHMEN.

Am 15.12.1877 wird mit Ebers zum ersten Mal ein Ägyptologe ordentliches Mitglied der **Königlich Sächsischen Gesellschaft der Wissenschaften zu Leipzig**. Nach seiner Emeritierung und dem Umzug nach München erscheint Ebers dort seit dem 1.10.1889 bis zu seinem Tode als auswärtiges Mitglied geführt.[2] Ebers' Nachfolger auf dem Leipziger Lehrstuhl Georg Steindorff[3] wird 1898 in die Gesellschaft gewählt[4] und vertritt dann Leipzig in der Wörterbuchkommission, wie Ebers die Münchener Akademie.[5] Leider ist über Vorträge und andere Aktivitäten Ebers' in der Gesellschaft nichts überliefert, da Archiv und Bibliothek am 4.12.1943 bei einem Bomenangriff verbrannt sind.[6] Ebers veröffentlicht drei Schriften in der Reihe der Gesellschaft: "Der geschnitzte Holzsarg des Hatbastru im ägyptologischen Apparat der Universität Leipzig" in Band IX und "Papyrus Ebers" in den zwei Teilen "Die Gewichte und die Hohlmaasse des Papyrus Ebers" und "Das Kapitel über die Augenkrankheiten" in Band XI der Abhandlungen der philologisch-historischen Klasse.

---

1 Als ein Beispiel sei noch angeführt seine Einschätzung der Ausgrabungen von Naville, die ihm trotzdem als Verdienst angerechnet werden sollen, auch "wenn sie nicht so wissenschaftlich ausgeführt wurden, wie wir das heute verlangen", Erman, Mein Werden, 171.

2 Briefliche Mitteilung von Dr.Gerald Wiemers, Leiter des Archivs der Sächsischen Akademie der Wissenschaften, vom 31.5.91.

3 WwW ²1972, 281. 1893 a.o.Prof., 1900 Hon.Prof., 1904 o.Prof.

4 Blumenthal, Altes Ägypten, 15. Steindorff unterzeichnet jedoch bereits im Februar 1897 für die Leipziger Akademie das "Immediatgesuch" an das Deutsche Reich für das Wörterbuch. Siehe unten 173.

5 Erman/Grapow, Das Wörterbuch, 26.

6 Auch über eine Konferenz der "Hauptvertreter der ägyptischen Studien in Deutschland" in Leipzig im November 1896 über die Wörterbucharbeit sind wir nur durch eine Mitteilung von Ebers vor der Münchener Akademie informiert, BAWA, Protokolle Bd.34, Bl.22 v.Nr.5. Diese Konferenz findet in der Wörterbuch-Geschichte von Erman/Grapow keine Erwähnung.

Nachdem Franz Joseph Lauth[1], der erste Ägyptologe an der **Königlich Bayerischen Akademie der Wissenschaften**, diese 1882 aus unbekannten Gründen vorzeitig verlassen hat[2], ist die Ägyptologie dort nicht mehr vertreten, bis 1895 der Sprachwissenschaftler Ernst Kuhn[3] Georg Ebers mit folgenden Worten in Vorschlag bringt: Ebers, "von 1872 bis 1889 Professor an der Universität Leipzig, zählt zu den anerkannten Meistern der ägyptologischen Wissenschaft."[4] Kuhns Wahlvorschlag schließt eine Aufzählung der wissenschaftlichen Werke Ebers' an, wobei die Frühwerke "Aegypten und die Bücher Mose's"(1868) und "Durch Gosen zum Sinai"(1872) noch 1895 als bahnbrechend gewertet werden. Besonders die Verdienste Ebers' auf philologischem Gebiete hebt Kuhn hervor.[5] Die Romane dagegen bleiben unerwähnt, nicht jedoch die beiden "Prachtwerke" "Aegypten in Bild und Wort" und "Palästina in Bild und Wort", welche zwar populär gehalten seien, "ohne darum an wissenschaftlichem Wert zu verlieren"[6], wie Kuhn meint. In der Wahlsitzung vom 6.Juli 1895 wird Ebers von der philosophisch-philologischen Klasse einstimmig zum ordentlichen Mitglied gewählt[7], wofür er "aufs tiefste geehrt und lebhaft erfreut" dankt.[8] Am 4.Januar 1896 nimmt Ebers erstmalig an einer Sitzung seiner Klasse teil.[9]

Trotz seiner Krankheit, die ja seine Emeritierung in Leipzig erfordert hat, nimmt Ebers am Leben der Münchener Akademie regen Anteil. Seine erste Aktivität ist der briefliche Vorschlag, Erman zum korrespondierenden Mitglied zu wählen: "Es ist für den akademischen Lehrer gewiß eine der größten Freuden, wenn er einen Schüler sich in seinem Sinne entwickeln und ihn endlich über sich hinauswachsen sieht. Diese Freude dankt der Antragsteller Herrn Adolf Erman, den es ihn zu Leipzig in die Aegyptologie einzuführen vergönnt war."[10] Die Wahl erfolgt am 4.Juli 1896.[11] Der Brief

---

1 WwW ²1972, 164f. Kessler, Lauth, Franz Joseph, in: NDB XIII, 741f.

2 Die Unterlagen vermerken nur: 1882 ausgetreten. Über die Gründe - ev. gesundheitlicher Art - läßt sich nur spekulieren. Lauth hatte durch mangelnde Hieroglyphenkenntnisse und abstruse Theorien - man lese nur seine Buchtitel- sich selbst ins Abseits gestellt. Vielleicht ist diese Resignation deshalb Ausdruck seiner Einsicht (im Gegensatz z.B. zu Seyffarth). Üblicherweise dauert eine Mitgliedschaft bis zum Tode. Lauth war a.o.Mitglied seit 1866, o.Mitglied seit 1875.

3 1846-1920, a.o.Mitgl.1878, o.Mitgl.1883. Zu dieser Zeit Schriftführer der philosophisch-philologischen Klasse.

4 Beginn des Wahlvorschlags von Kuhn, BAWA Protokolle, Bd.15r. Handschriftlich in: BAWA Protokolle, Bd.15 r.,v.; 16 r.,v. Auch in Kanzleischrift in der Personalakte Ebers. Vollständig wiedergegeben 431.

5 "Hervorzuheben ist noch, daß Ebers durch das von ihm gegebene Leitziel sorgfältigster Interpretation der alten Texte nicht wenig zu der philologischen Vertiefung beigetragen hat, welche der gegenwärtigen Aegyptologie nachgerühmt werden muß", BAWA Protokolle, Bd.33, Bl.15 v.

6 BAWA Protokolle, Bd.33, Bl.15 v.

7 BAWA Protokolle, Bd.33, Bl.10 r.. Die Wahl in der Gesamtsitzung erfolgte mit 32 gegen 4 Stimmen. Dankschreiben von Ebers: BAWA, Protokolle Bd.33, Bl.6.

8 BAWA Protokolle, Bd.33, Bl.6 r.

9 BAWA Protokolle, Bd.33, Bl.1 r.: "1) Der Vorsitzende begrüßt das neue, zum ersten Mal erschienene Mitglied Herrn Professor Ebers".

10 BAWA Protokolle, Bd.34, Bl.16r. (Handschrift Ebers) und in Kanzleischrift: Personalakte Erman. Vollständig wiedergegeben in: V.5.1; 434f.

11 BAWA Protokolle, Bd.34, Bl.12. Die Zustimmung Ebers', der nicht an der Sitzung teilnehmen konnte, erfolgte schriftlich. Dankschreiben von Erman: BAWA Protokolle, Bd.34, Bl.24.

vom 2.Juli 1896 aus Tutzing mit dem Wahlvorschlag ist interessant als Standortbestimmung und als Zeugnis der Selbsteinschätzung der älteren Ägyptologengeneration:

> "Die Aegyptologie ist eine verhältnismäßig junge Wissenschaft. Wir älteren hatten genug zu thun, die ersten großen Hindernisse aus dem Wege zu räumen und die Hilfsmittel herbeizuschaffen, die zum Verständnis der drei Hauptstufen der ägyptischen Sprache führten. Uns lag es ob, die erhaltenen Texte, wo es anging durch eigene Forschung, zu vermehren, sie durch genaue Publikationen der Wissenschaft zur Verfügung zu stellen und deren Sinn durch immer genauere Analysen zu ermitteln. Für die Chronologie und Mythologie, für die politische, Kultur- und Kunstgeschichte galt es neben den sprachlichen Studien die Fundamente festigen und an der Hand der Denkmäler den neuen methodischen Aufbau selbst beginnen.
>
> Die Grammatik zog uns als Mittel für das genauere Verständnis der Texte zwar lebhaft an, es hatte sich indes noch keiner entschlossen, das Aegyptische ausschließlich als sprachliches Objekt ins Auge zu fassen unter Berücksichtigung der Lautgesetze und der nämlichen kritischen Methode die bei der Linguistik und Philologie längst zum Siege gelangten, in die Tiefe zu dringen und der Entwicklung dieser Sprache von Stufe zu Stufe zu folgen.
>
> Wohl hatten wir uns des feinen syntaktischen Baues des Koptischen gefreut und hatten wir die Formen des Altaegyptischen von denen des Demotischen und Koptischen gesondert, die Formenlehre festgestellt und die ersten syntaktischen Regeln auch für die ältere Sprache gefunden; die subtile Verfahrensart, mit der Erman in seiner »Pluralbildung« der Entwicklung der Sprachformen auf dem kleinen Gebiet, das er in's Auge gefaßt hatte, folgte und sie kritisch behandelte, unterscheidet sich aber wesentlich von der früheren Untersuchungsmethode und fand die Anerkennung, die ihr gebührte. Schon in diesem Erstlingswerke erwies er sich als der Pionier, der unserer Wissenschaft neue Wege zu eröffnen bestimmt war."[1]

Ebers nimmt an vielen Sitzungen teil.[2] In der Sitzung vom 1.Februar 1896 hält er seinen ersten Vortrag "Die Körperteile und ihre Namen im Altägyptischen. I. Teile des Kopfes".[3]

Das die ägyptische Archäologie bewegende Thema dieser Jahre jedoch ist die Gefährdung der oberägyptischen und nubischen Denkmäler durch den projektierten Bau des Assuanstaudammes.[4] Auch

---

1 BAWA Protokolle, Bd.34, Bl.16 r.,v. (Handschrift Ebers) und in Kanzleischrift: Personalakte Erman, BAWA.

2 Die Sitzungen finden gewöhnlich monatlich statt, mit Ausnahme der Sommerpause August bis Oktober. An 12 von 24 Sitzungen ab Juli 1895 (Wahl Ebers) bis August 1898 (Tod Ebers') ist Ebers anwesend, für die drei letzten vor der Sommerpause 1898 läßt sich Ebers wegen Krankheit entschuldigen.

3 Das Protokoll enthält nach den vom Protokollführer eingetragenen Namen hinter "Ebers" ein "verreist", BAWA Protokolle, Bd. 34, S.2r. Daraus geht hervor, daß die Protokolle die Namenslisten nicht als Anwesenheitsnachweis führten, sondern die Unterschriften der Genehmigung des Protokolls in der folgenden Sitzung dienen.

4 Der Beschluß zum Bau wird 1895 gefaßt, Baubeginn ist 1898.

die Münchener Akademie wird durch Ebers mit diesem Problem befaßt.[1] Leider dokumentieren die Protokolle nicht die Diskussionen, sondern vermerken für die Sitzung vom 1.Januar 1897 nur: "Herr Ebers macht Mitteilung von den zum Schutze von Philä und dessen Tempel in Oberägypten ergriffenen Maßnahmen und deren erfolgreiche Durchführung."[2] Die Zeitungsartikel Ebers' geben Aufschluß, in welcher Weise er sich in dieser Sache engagierte.[3]

Am 3. Juli 1897 hält Ebers seinen zweiten Vortrag über die "Geheimnamen der ägyptischer Medikamente", der dann zusammen mit dem ersten als "Die Körperteile. Ihre Bedeutung und Namen im Altägyptischen" in den Abhandlungen der Akademie erscheinen wird. Noch zweimal erscheint Ebers in den Protokollen, einmal zur Wahl von Erman, zu der er seine Zustimmung schriftlich einsendet, zum anderen bezüglich der Glückwünsche zu seinem sechzigsten Geburtstag.[4] Die drei Sitzungen des Sommers 1898 ist Ebers als krank entschuldigt und in der ersten Sitzung nach der Sommerpause am 5.November 1898 macht der Vorsitzende den Mitgliedern Mitteilung vom Tode Ebers': "Nach Begrüßung der Mitglieder zur neuen Arbeit im neuen Semester gedachte der Vorsitzende ehrfurchtsvoll des ausgezeichneten, in den Ferien durch den Tod entrissenen Mitgliedes, Professor G.Ebers."[5] Damit ist diese erste fruchtbare wissenschaftliche Vertretung der Ägyptologie an der Münchener Akademie beendet, bis 1910 mit Bissing wieder ein Ägyptologe in die Akademie und damit auch in die Wörterbuchkommission gewählt wird.[6]

Als Ebers der Akademie in München Erman als neues Mitglied empfiehlt, nennt er diesen den Schöpfer der "ägyptischen Philologie im strengen Sinne des Wortes."[7] Diese hohe Meinung beweist Ebers auch durch die Unterstützung des **Wörterbuchunternehmens** Ermans. Als dieser nämlich

---

1 Die Berliner Akademie hat durch den Architekten und Ägyptologen Ludwig Borchardt eine Bauaufnahme der Tempel von Philae veranlaßt, der seinen "Bericht über den baulichen Zustand der Tempelbauten auf Philae" in den SPAW 1896 vorlegt. Auch: ders., "Bericht über die Corrosion des Sandsteinmaterials der Tempelbauten auf Philae", SPAW XXIII (1898; Gesamtsitzung vom 28.4.1898).

2 BAWA Protokolle, Bd.34, Bl.29. Leider läßt sich nicht mehr feststellen, um welche Maßnahmen es sich im einzelnen handelte.

3 Siehe oben 24f.

4 "Der Vorsitzende begrüßt die vollständig erschienenen Mitglieder und bringt insbesondere Herrn Ebers, der am 1.März seinen 60.Geburtstag gefeiert hatte, nachträglich die herzlichsten Glückwünsche der Klasse dar, worauf der Jubilar mit dem Danke den Ausdruck der Freude verbindet, durch den Eintritt in die Akademie Gelegenheit erhalten zu haben über wissenschaftliche Fragen mit gleichstrebenden Männern in Gedankenaustausch zu treten", BAWA Protokolle, Bd.34, Bl.31 Nr.1).

5 BAWA Protokolle, Bd.34, Bl.65r. Nachruf von Christ in den Sitzungberichten der philosophisch-philologischen Klasse 1899, Christ: Nekrolog auf Georg Ebers.

6 Nach Ebers' Tod wird Kuhn, der 1895 Ebers' Aufnahme in die Akademie vorgeschlagen hatte, Mitglied der Kommission. Bissing ist o.Akademiemitglied von 1916 bis 1956. Mit Wilhelm Spiegelberg (o.Mitgl.1924, †1930) sind zwei Ägyptologen gleichzeitig Mitglied der Akademie. Der letzte Ägyptolge ist H.W.Müller (o.Mitgl.1963, †1991). Spiegelberg ist noch Mitglied in der Wörterbuchkommission, die nach Erman/Grapow, Das Wörterbuch, 28, eine "Art Ehrenausschuß" für "Herren, die sich um das Wörterbuch verdient gemacht haben" geworden war.

7 BAWA Protokolle, Bd.34, Bl.17.

1896/97 die Schaffung eines, das gesamte Material der altägyptischen Texte umfassenden Wörterbuches anregt, gehört Ebers zu den ersten Förderern. In der Sitzung vom 5.Dezember 1896 stellt Ebers das ehrgeizige Unternehmen vor: "Herr Ebers referiert über den Plan eines Thesaurus lingua Aegyptiacae, der den Gegenstand der Beratung einer im vorigen Monat in Leipzig zusammengetretenen Konferenz der Hauptvertreter der ägyptischen Studien in Deutschland gebildet hatte und für dessen Ausarbeitung die Teilnehmer der Konferenz und mehrere jüngere Kräfte ihre Beihilfe zugesagt haben. Bezüglich der Kosten des Unternehmens hält sich der Herr Referent nähere Mitteilungen beziehungsweise Anträge für einen späteren Zeitpunkt vor."[1] Im Februar 1897 wird ein "Immediatgesuch" an die Reichsregierung um Finanzierung des Wörterbuchunternehmens von Erman für die Berliner Akademie, von Steindorff als Vertreter der Sächsischen Akademie Leipzig, von Ebers für München und von Pietschmann für die Göttinger Akademie unterzeichnet.[2] Bei den von Ebers in Aussicht genommenen Anträgen handelt es sich wohl um die Frage der Finanzierung. "Der Kreis derer, mit denen Erman sich beriet, war inzwischen auch auf Ebers in München und Pietschmann in Göttingen ausgedehnt worden, die damals noch mit Steindorff in Leipzig hofften, von ihren Akademien laufende Zuschüsse für die Arbeit erhalten zu können."[3] Die Unterschriften der vier königlichen Akademien sind für das Gesuch an das Reich nötig. Es wird dann anschließend von den Akademien eine Kommission gebildet, die die Reichsgelder verwalten soll. Ob die Länder das Wörterbuch auch finanziell unterstützen, wie ursprünglich erhofft, läßt sich nicht mehr feststellen.

In den Akten der Münchener Akademie findet sich keine ausdrückliche Ermächtigung Ebers', im Februar 1897 für die Akademie das "Immediatgesuch" zu unterzeichnen. Es dauert vielmehr fast ein Jahr, bis am 6.November das Wörterbuch erneut auf der Sitzungsordnung der philosophisch-philologischen Klasse erscheint: "Im Anschluß an eine Mitteilung des kgl.Min.des Äußeren (...) beschließt die Klasse, die Beteiligung unserer Akademie an der Bearbeitung eines ägyptischen Wörterbuches warm zu befürworten und für die zur Leitung des Unternehmens in Aussicht genomme Kommission unsererseits Herrn Prof.Ebers in Vorschlag zu bringen."[4] Die Darstellung, die Erman/Grapow in ihrer Schrift von 1930 geben[5], ist insoweit korrekturbedürftig als die Beteiligung der Akademien die Voraussetzung ist für die Finanzierung durch das Deutsche Reich, wie die Unterzeichnung der Bitt-

---

1 BAWA Protokolle, Bd.34, Bl.22 v.

2 Genehmigt am 1.Mai 1897. Durch Steindorffs Unterschrift wird dokumentiert, daß dieser schon 1897 Akademiemitglied gewesen sein muß.

3 Erman/Grapow, Das Wörterbuch, 17.

4 BAWA Protokolle, Bd.34, Bl.43 v. Nr.5. Ebers ist in der Sitzung anwesend.

5 "Als im Jahre 1897 seitens unserer Akademie die Schaffung des ägyptischen Wörterbuches in Angriff genommen wurde und die Mittel dazu vom Reich gewährt waren, erschien es wünschenswert, daß auch die anderen Akademien an dem Unternehmen beteiligt würden. Es wurde eine Kommission geschaffen, für die jede der vier Akademien einen Vertreter entsandte. Diese Kommission war immer ein selbständiges Wesen, das unabhängig von den Akademien dastand", Erman/Grapow, Das Wörterbuch, 27. Auch das Kaiserlich Deutsche Institut für ägyptische Altertumskunde war der Wörterbuchkommission unterstellt, bevor später dann eine eigenen Kommission dafür gegründet wurde.

schrift durch alle vier Akademien belegt.[1] Das Unternehmen wird zwar von der Preußischen Akademie bzw. vom Berliner Museum angeregt und durchgeführt, die Finanzierung erfolgt jedoch nicht durch Preußen.[2] Die Bildung einer Kommission ist kein Zugeständnis Ermans, sondern notwendige Voraussetzung für die Gewährung von Reichsgeldern! Am 5.März 1898 macht Ebers bei seinem letzten Auftritt vor der Akademie Mitteilung "über die nun definitiv genehmigten Statuten der deutschen Kommission für Herausgabe eines ägyptischen Wörterbuches."[3]

Nachdem Erman dem Internationalen Orientalistenkongreß in Paris das Unternehmen am 10.September 1897 vorgestellt und dessen Unterstützung erlangt hat, erscheint in den wichtigsten Fachzeitschriften ein Aufruf zur Mitarbeit [4], der von Ebers, Erman, Pietschmann und Steindorff unterzeichnet ist. Auch hier setzt die Darstellung bei Erman/Grapow die Akzente zugunsten von Erman, während z.B. Pietschmann mehr die Kommission als handelnd darstellt.[5]

Die wenigen Unterlagen, die nicht verloren gegangen sind, zeigen, daß die Beiläufigkeit, mit der Erman/Grapow den Beitrag der Akademien behandeln, einen falschen Eindruck erweckt. Die Kommission handelt selbständig und aktiv und nicht nur als Organ Ermans. So schreibt Pietschmann: "Für die Vorarbeiten hat die Commission eine Reihe Gelehrter gewonnen. (...) Die einzelnen Commissionsmitglieder [haben] die Bearbeitung bestimmter Texte fest übernommen"[6], und auch für Anstellungen wird die Zustimmung der Kommissionsmitglieder in Zirkularen eingeholt.[7] Ebers steht als "akademischer Vater" über den anderen Kommissionsmitgliedern: Pietschmann hat bei ihm promoviert, Erman bei ihm studiert, Steindorff bezeichnet sich als sein Schüler und auch Alfred

---

1 Das schreibt auch Grapow etwas weiter vorne: Das Finanzierungsgesuch wurde durch die Vertreter der vier Akademien unterzeichnet, "was erforderlich war, da das Geld vom Reich gewährt werden sollte", Erman/Grapow, Das Wörterbuch, 18.

2 Erst seit 1903 erfolgen jährliche Zuschüsse durch die Berliner Akademie. Die anderen Akademien scheinen noch später eingesprungen zu sein: "Auch die Berliner Akademie gewährte uns seit 1903 jährliche Zuschüsse, die im Laufe der Zeit die Höhe von insgesamt 40000 Mark erreichten, während die Akademien von Göttingen und München uns in den schlimmen Jahren 1919-1922 unterstützten", WB I, III (Vorwort).

3 BAWA Protokolle, Bd.34, Bl.54 v.

4 AeZ XXXV (1897),11f.; ZDMG LI (1897), 718f.; Rec.Trav.XL (1898), 223f.; Sphinx II (1898), 85f. und PSBA XX (1898), 167f. (in englischer Übersetzung).

5 Erman/Grapow, Das Wörterbuch, 30: "Erman veröffentlichte namens der Kommission diesen (...) »Aufruf«". Dagegen: Pietschmann, Bericht über die Arbeit, 21: "Auch ist seitens der Kommission ein Aufruf (...) verfaßt und an Fachzeitschriften, Behörden und Privatpersonen versandt worden"

6 Pietschmann, Bericht über die Arbeit, 21. Die Nichtkommisssionsmitglieder: Bissing, Dyroff, Lange, Graf Schack, Schaefer, Sethe, Sjöberg, Spiegelberg. Pietschmann und Ebers, sowie v.Bissing, Dyroff, Spiegelberg werden von Erman unter die Rat-und-Tat-Mitarbeiter, nicht unter die aktiv Beteiligten eingeordnet, Erman/Grapow, Das Wörterbuch, 77f.

7 Z.B. für die Einstellung von Schack: Vermerk von Ebers vom 13.3.1898; für Sjöberg: Vermerk vom 19.4.1898, AWBA.

Wiedemann, der als "Wunschkandidat" für die Verzettelung, d.h. für die "Inventarisierung der veröffentlichten Texte", von Ebers gewonnen werden soll[1], ist 1878 von Ebers promoviert worden.

Zwei indirekte Beiträge Ebers' zur Wörterbucherstellung verdienen noch Erwähnung. Zum einen seine Vermittlung der Finanzierung der Pyramidentext-Abklatsche, die Erman folgendermaßen schildert:

> "Eine Grundaufgabe war, an die wichtigsten Texte in zuverlässigen Editionen heranzukommen. Die Mitarbeiter unternahmen viele Reisen, v.a. nach Ägypten um Inschriften zu kopieren und veraltete Editionen zu ersetzen. Besonders schlimm war es mit den Pyramidentexten bestellt, deren im Typendruck hergestellte Erstausgabe durch Maspero, so verdienstvoll, ja für ihre Zeit bedeutend diese auch gewesen war, für die Verzettelung dieser in jeder Beziehung höchst wichtigen Texte nicht zureichte (...). Und an die Originale in den fünf Pyramiden des Alten Reiches hätte man nicht ohne Weiteres und ohne erhebliche Kosten heran gekonnt, da die Zugänge zu den Kammern wieder zugeschüttet worden waren. Da konnte Georg Ebers dem Wörterbuch noch einen großen Dienst leisten. Es gelang ihm, einen ihm persönlich befreundeten Herrn Dr.Heintze, der während eines längeren Aufenthaltes in Ägypten als Attaché beim Generalkonsul gern etwas Nützliches für die Wissenschaft tun wollte, für die Sache zu interessieren. Und Dr.Heintze fand sich bereit, auf seine Kosten die Pyramiden wieder zu öffnen und mit Unterstützung Borchardts von sämtlichen Texten Abklatsche und vielfach auch Photographien herstellen zu lassen. Von diesen ganz ausgezeichnet scharfen und vollständigen Abklatschen, die 350 qm Abklatschpapier beanspruchten, und mit Hilfe der Photographien hat Sethe dann in vierjähriger Arbeit »mit Liebe«, wie er sagte, die Verzettelung gemacht, und dann später seine Neuausgabe dieser Texte besorgt."[2]

Leider geben die drei überlieferten Briefe Wilhelm Heintzes an Ebers keinen Aufschluß über die Art der Beziehung zu Ebers.[3] Die Abklatsche sind noch heute in der Wörterbuch-Abteilung der Akademie der Wissenschaften Berlin erhalten.

Des weiteren trägt Ebers durch den von ihm entdeckten Papyrus zur Wörterbucharbeit bei: So liefert dieser nach Ermans Zählung 23100 Worte für das Wörterbuch[4], auch wird das Glossar von Ludwig Stern, das Ebers seiner Ausgabe des Papyrus (1875) anfügt, und "das mit nahezu 2000 Stichwörtern und zahlreichen koptischen und arabischen Etymologien eine lexikalische Pionierleistung war"[5], das

---

1 Es kommt jedoch aus Geldmangel nicht zur Anstellung, "so sehr sich der liebenswürdige Ebers auch bemühte, Wiedemann doch zur Mitarbeit heranzuziehen", Erman/Grapow, Das Wörterbuch, 30f.

2 Erman/Grapow, Das Wörterbuch, 41. Auch: Pietschmann, Bericht über die Arbeit, 21.

3 Alle: SBB.

4 Zum Vergleich: die Pyramidentexte lieferten 47566, das Totenbuch 55820.

5 Blumenthal, Koptische Studien, 100. Dieses Glossar wurde von Stern zusammen mit seiner Koptischen Grammatik zur Promotion in Leipzig eingereicht. Siehe dazu 159 und 223f.

technische Vorbild für die Wörterbucharbeit. Das wird indirekt auch von Erman - der sonst auf Stern nicht gut zu sprechen ist - in seiner Autobiographie anerkannt.[1]

Auch wenn es nicht zu der von Pietschmann in seinem "Bericht" angekündigten aktiven Mitarbeit Ebers' gekommen ist, sichern ihm doch seine vielfältigen Aktivitäten einen wichtigen Platz unter den Förderern des Wörterbuches. Das Titelblatt des Wörterbuchs, das 1926 endlich erscheint, trägt allen Beteiligten Rechnung, indem es Auftraggeber und Herausgeber nennt. Es heißt dort: "Wörterbuch der aegyptischen Sprache. Im Auftrage der deutschen Akademien herausgegeben von Adolf Erman und Hermann Grapow."

---

1   Erman, Mein Werden, 288. Erman legt sich eigene lexikalische Sammlungen an. "Sterns vortreffliches Glossar zum Ebers hatte ich dabei zugrunde gelegt."

III. 3.   DER MUSEUMSMANN

Der Name Georg Ebers ist eng verbunden mit dem Aufbau und der Erweiterung junger ägyptischer Sammlungen in Deutschland. Auch hier ist wieder auf die Zeitgebundenheit von Wissenschaft, hier im Rahmen der Museumstätigkeit, hinzuweisen, denn Museumsgeschichte ist ein Teil der Geistesgeschichte, und der historische Bestand einer Sammlung ist der fixierte Ausdruck eines Zeitgeschmacks.

III. 3. 1.   DER "VORSTEHER DES GROSSHERZOGLICHEN ETHNOGRAPHISCHEN MUSEUMS" JENA

Als Ebers im Winter 1865/66 seine wissenschaftliche Laufbahn mit einer Stelle als Privatdozent in Jena beginnt, gibt es in Deutschland nur in Berlin ein selbständiges Ägyptisches Museum. Dort wurde 1828 mit der Erwerbung der Sammlung Passalacqua die Ägyptische Abteilung vom Antiquarium abgetrennt. An seinem ersten Tätigkeitsort wirkt Ebers bei der Gründung eines neuen Museums - wenn auch noch nicht eines ägyptischen - maßgeblich mit.

"Am 9. Dezember 1863 bietet die Großherzogliche Bibliothek in Weimar dem Kurator der Universität [Jena] v. Seebeck vier »nicht kleine Kisten« mit Ethnographika an und empfiehlt die Errichtung eines einschlägigen Museums in Jena.[1] In der ehemaligen Stallmeisterswohnung im Schlosse - es beherbergt damals verschiedene Sammlungen[2] und Institute der Universität - werden im Jahre 1866 fünf Räume freigestellt. Zur gleichen Zeit gelingt es, den Privatdozenten Dr.Georg Ebers, den später bekannten Ägyptologen, als Pfleger zu gewinnen."[3] Ebers übernimmt die Sichtung der Ethnographika.

Während seiner kurzen Tätigkeit in Jena bis 1869 widmete sich Ebers neben seinen Lehraufgaben mit Eifer der Museumstätigkeit. Am 29.3.1868 schreibt er an den "väterlichen Freund"[4] von Seebeck: "Mit Freuden kann ich Ihnen mitteilen, daß sich unsere kleine ethnographische Sammlung seit der Ankunft der ersten Kisten in Jena verdoppelt hat. Sie waren in gutem Rechte, als Sie mir im Hinblick auf die in der Stadt zerstreuten fremdländischen Gegenstände und unser Museum sagten, alles Vereinzelte strebe einer Gesamtheit zu. Ich behielt Ihre Worte im Gedächtnisse und sah mich nach den vereinzelten Schätzen um. (...) Wollen Sie mir eine Stunde bestimmen, in der ich Ihnen das

---

1 Poethke, Georg Ebers, in: AeZ CVII (1980), 75, gibt ein falsches Jahr, nämlich den Dezember 1866, für die Übergabe der Kisten an.
2 Darunter das "Archäologische Museum".
3 Bescherer, Zur Geschichte, 8.
4 Bescherer, Zur Geschichte, 9.

Museum zeigen darf? - Was wir haben, ist aufgestellt und katalogisiert."[1] Ebers bemüht sich, den Bestand des Museums zu vermehren: "Donnerstag war ich in Weimar. (...) Alles Ethnographische, das sich dort befand, hab ich, da mir der Großherzog freie Wahl gelassen hatte, mit nach Jena geschleppt. Es ist so viel, daß ich 2 neue Zimmer füllen werde."[2] Auch seine Familie sollte zur Erweiterung der Sammlung beitragen, so schreibt Ebers an seine Mutter nach Berlin, ohne allerdings seine eigenen irdischen Interessen aus den Augen zu verlieren: "(...) vergiß mein ethnographisches Museum nicht, Mutter. Eroberst Du etwas, so kannst Du es in eine Kiste packen und unfrankiert hierher senden. Porto und Steuer muß der Staat bezahlen. Legst Du ein Fläschchen Genever oder Anisette bei für mich, umso schöner und besser für mich. Klebst Du ein Schild darauf mit den Worten »Heilungstrank der Lascar von Sumatra« und »Färbemittel der Javanen«, so wird der Schnaps zur wissenschaftlich instruktiven Sache und steuerfrei."[3]

Die Vermutung, daß sich unter den "Ethnographika" auch "Ägyptiaca" befunden haben könnten, liegt schon wegen der Person ihres ersten Pflegers nahe, der ja kein Völkerkundler war.[4] Im April 1868 berichtet Ebers an von Seebeck, von der Übereignung von Objekten aus seinem Privatbesitz, bei denen es sich um Ägyptiaca gehandelt haben dürfte: "(...) obgleich ich nur für das Aufstellungsgerät die Hilfen der großherzoglichen Kassen in Anspruch zu nehmen brauchte, so hat sich doch die kleine Sammlung seit einem Jahr mehr als verdoppelt, alle Erdteile sind vertreten, es befindet sich in Schrank, an Wand und Ständer kein unbestimmtes Stück, der Katalog ist handlich für jedermann eingerichtet und mein Nachfolger wird, wenn er neue erhält, mühelos hinzustellen und zuzuschreiben haben. Dieser schöne Erfolg ist Schritt für Schritt errungen worden. Wo ich einen für uns geeigneten Gegenstand ahnte, hab' ich ihn zu gewinnen gesucht und freudig das, was ich selbst besaß, der Sammlung einverleibt."[5] Im Völkerkundemuseum Leipzig lassen sich innerhalb der Sammlung Struck aus Jena[6] noch einige wenige altägyptische Stücke identifizieren.[7] Daß dies noch Bestände aus der Ebers-Zeit sind, ist wahrscheinlich, läßt sich aber nicht belegen.

---

1 Zitiert nach: Bescherer, Zur Geschichte, 9.

2 Brief von Ebers aus Jena an seine Mutter vom 19.7.1868, SBB.

3 Brief von Ebers aus Jena an seine Mutter vom 10.4.1868, SBB.

4 Allerdings ist auch keiner der Nachfolger von Ebers Völkerkundler. "Nach Ebers, der sich schweren Herzens von seinem Werk trennt, wirken als Museumsdirektoren: Karl Wittich, Fritz Regel, Karl Dove, Leonhard Schulze-Jena, Hans Haas und Gustav W. v.Zahn (...). Sie lehren als Geographen, Historiker, Religionsgeschichtler und benutzen die ethnographischen Gegenstände, um ihren akademischen Unterricht zu veranschaulichen und zu beleben." Bescherer, Zur Geschichte, 9.

5 Zitiert nach: Bescherer, Zur Geschichte, 10.

6 Siehe unten 179 Anm.4.

7 Nach brieflicher Mitteilung von Dir.Dr.sc.Stein vom 11.1.1990 sind dies: NAf 5627 Amulettanhänger Org.Nr.LXXV, vorh.18c; NAf 5653 Fragment einer Mumienwicklung (Kopfw.) Org.Nr. CXXXIV, 2; NAf 5654 Hand einer Mumie Org.Nr.CXXXIV, 4; NAf Fragment einer Mumienkopfwicklung Org.Nr.CXXXIV, 1.

Ebers bezeichnet endlich seine Sammlung als Museum und sich selbst als Museumsdirektor: "Von jetzt ab können wir unsere Sammlung eigentlich ein Museum nennen. Ich bin aufrichtig dankbar für das ehrende Vertrauen, welches mich zum Verwalter dieser Gegenstände bestellte (...)."[1] und auf dem Titelblatt seines 1868 erschienenen "Aegypten und die Bücher Mose's"[2] nennt er sich: "Privatdozent an der Universität Jena und Vorsteher des großherzogl. ethnographischen Museums daselbst". "Nach und nach wird die kleine Sammlung zu einem wirklichen Museum. Mir bleibt der Ruhm, es geschaffen zu haben."[3]

Diese Vorhersage und Hoffnung von Ebers sollte sich nur bedingt erfüllen. Zwar katalogisiert, präsentiert und vermehrt er in den 2 1/2 Jahren seiner Tätigkeit als "Pfleger" die Sammlung, doch wie bei der Dozentur für Ägyptologie hinterläßt auch auf dem Museumssektor seine Tätigkeit in Jena keine dauernden Spuren. Die Entwicklung der Sammlung verläuft nach seinem Weggang nicht kontinuierlich, sie wird aufgelöst und wieder neu gegründet, heute verliert sich das wechselvolle Schicksal ihrer Objekte im Dunkel.[4]

---

1 Zitiert nach: Bescherer, Zur Geschichte, 10.

2 In diesem Werk bespricht Ebers unter der Überschrift "aegypto-phönizische Denkmäler", 151-176, Särge aus dem Libanon im Louvre, Leyden und den des "Onnefer" in Berlin und er fährt fort:"Demselben Gelehrten [Lepsius] dankt unser [!] Museum den schönen Holzsarg in Menschenform, der die typische ägyptische Form mit der freien Behandlung des griechischen Kunststiles vermittelt." Ebers, Aegypten und die Bücher Mose's, 166. Diese Äußerung zeigt, daß Ebers sich doch mehr als Berliner fühlte, da er mit "unserem Museum" wohl nicht das Jenenser meint, als dessen Vorsteher er sich auf dem Titelblatt bezeichnet, sondern das Berliner. Es könnte der "Sarg der Frau Tete-har-si-ese" gemeint sein, der von Lepsius erworben wurde, Erman, Ausführliches Verzeichnis, 342, Nr.31.

3 Brief von Ebers aus Jena an seine Mutter vom 19.7.1868, SBB.

4 Das weitere Schicksal der Sammlung: Im Jahre 1881, 11 Jahre nach Ebers' Weggang von Jena, wird das Museum um 4 Räume erweitert. Beim Abbruch des Schlosses werden die Objekte in die Aula des Konviktgebäudes übergeführt und dort wiederum als Schausammlung der Öffentlichkeit zugänglich gemacht. 1914 wird die Sammlung eingelagert und im Jahre 1920 erfolgt die Auflösung: Die Objekte werden auf Schulen, andere Sammlungen, Museen in Jena und Weimar und Universitätsinstitute verteilt. Die Oberrealschule in Jena verschleudert von 1920 bis 1924 beträchtliche Teile an eine ethnographische Handlung in Berlin. Ab 1936 versucht Bernhard Struck die verstreuten Teile wieder zu vereinen, was wegen des Fehlens der Kataloge für alle Neuzugänge seit 1899 vielfach ohne Erfolg bleibt. 1968-1970 wird die von Struck wieder aufgebaute Sammlung endgültig dem Völkerkundemuseum Leipzig einverleibt. Obwohl die Herkunft der Aegyptiaca der Hilprecht-Sammlung Vorderasiatischer Altertümer der Sektion Altertumswissenschaften der Friedrich-Schiller-Universität Jena unbekannt ist, ist eine Ableitung der Objekte aus der Ethnographischen Sammlung Jena nach Mitteilung des Kustos der Sammlung Joachim Ölsner auszuschließen. Auch das Archäologische Museum der Universität Jena, für das im Neubau der Universität 1908 ein nicht unbeträchtlicher Raumbedarf in Erdgeschoß ausgewiesen wird, steht in keinem Zusammenhang mit der Ethnographischen Sammlung.

III. 3. 2. Die "Ägyptischen Altertümer" der Dresdner Königlichen Skulpturensammlung

Viele der ältesten ägyptischen Stücke in Deutschland befinden sich in Dresden, denn schon im Jahre 1728 gelangen mit dem Erwerb der Sammlungen Agostino Chigi und Alessandro Albani für August den Starken neben dem Hauptkorpus von griechisch-römischen Antiken die ersten Ägyptiaca nach Dresden.[1]

Ebers trägt während seiner 19jährigen Beamtentätigkeit in Leipzig zur Erweiterung der Sammlung der Hauptstadt bei. Auf seiner 2.Ägyptenreise 1872/73 fertigt er mit Hilfe seines Begleiters Ludwig Stern Papierabklatsche von Reliefs und Inschriften thebanischer Gräber an und läßt Hauptwerke der Plastik von eigens angeworbenen Spezialisten im Kairener Museum mit "Erlaubnis" des Direktors der Altertümerverwaltung A.Mariette abgießen.[2] In seinem Begleitbrief zur Sendung des pEbers an eine Exzellenz in Dresden, wohl den sächsischen Staatsminister Karl von Gerber, geht Ebers auf diese Gipsabgüsse ein und teilt mit, daß "wir relativ billig die vierzehn zum Theil sehr großen Denkmäler erworben haben, die bisher nur in Bulaq zu finden waren und mir Proben für alle Kunst- und Schriftepochen der Pharaonenzeit in die Hand geben."[3] Von diesen "Hauptwerken" zählt Ebers sechs auf: Die "grosse Statue des zweiten Pyramidenerbauers Chefren" (der sog. Falkenchephren, CG 14), den "Sphinx mit dem Portrait eines Hyksoskönigs" (eine der Mähnensphingen z.B. CG 394), die "grosse Statue der Königin Amenartes" (Statue der Amenirdis, CG 565) und "die schönsten Inschriftenstelen, die es gibt, drei an der Zahl" (die poetische Stele Thutmosis' III., CG 34010; die Triumphstele des Pi(anch)i, JE 48862 und die Satrapenstele, auch Alexander- oder Diadochenstele genannt, CG 22182). Ferner sind noch, als von der Ebers-Reise stammend, gesichert: die Statuen von Isis und Osiris aus dem Grab des Psammetich in Saqqara (CG 38884 und 38358), die Längsseite des Sarkophags des Chufu-Anch (CG 1790) und der Kopf des Taharqa (CG 560). Durch das Berliner "Inventar der Gipsabgüsse" lassen sich noch eine "Horusstele" (Erman, Ausführliches Verzeichnis

---

[1] Dabei handelt es sich um zwei spätantike Mumien eines Mannes und einer Frau mit Portrait und reich verziertem Leichentuch (Inv.Aeg.777, 778), den Antinouskopf (Inv.A.B. 423) und drei liegende Löwen (Inv.Aeg. 770-772). Die weitere Geschichte der Sammlung bis Ebers: 1733 berichtet Le Plat in "Recueil des marbres antiques, qui se trouvent dans la galerie du Roy des Polognes à Dresden" bereits von 11 ägyptischen Werken. Die Kunstkammer des Dresdner Residenzschlosses enthält als Aegyptiaca ein Würfelhockerfragment (Inv.Aeg. 759) und einen Pavian (Inv.Aeg. 760). 1785 werden die Antiken im Japanischen Palais untergebracht und seit 1831 erfolgt eine systematische Erweiterung, z.B. durch den Kauf der Sammlung des florentinischen Arztes Alessandro Ricci, der 1815 Ägypten und Nubien und 1821/22 Nubien und den Sudan bereist hatte und 1828/29 an der Ägypten-Expedition Champollions teilgenommen hatte. Dieser Sammlung entstammt das Totenbuch des Anch-ef-en-Ptah (Inv.Aeg. 775).

[2] Siehe unten 185-187.

[3] Brief von Ebers aus Kairo an "Excellenz" - die Adresse ist nicht erhalten - vom 26.3.1873, UBL.

G 219) und eine "Unfertige Statue" (Erman, Ausführliches Verzeichnis G 220) identifizieren[1], so daß sich 12 der 14 Stücke sichern lassen.

Da sowohl das Berliner Museum unter Lepsius als auch die Sächsische Regierung in Dresden zur Finanzierung der Reise beitragen, erheben beide Anspruch auf deren wissenschaftliche Ausbeute. Ebers kündigt in seinem o.a. Brief an, daß die erwähnten Stücke nach Berlin abgingen "und noch mehr und grössere gleichfalls von mir besorgte Gussformen (...), von denen wir, als Lohn für meine Bemühungen, umsonst zwei Abgüsse, einen für Dresden und einen für Leipzig erhalten werden."[2] Zu dieser Überstellung kommt es wohl nicht, denn nur der Osiris und die Horusstele gehen im "Winter 1872/73", also unmittelbar nach Ebers' Rückkehr von seiner Reise, in Berlin ein. Von allen anderen Stücken kommen erst im Januar 1875 Abgüsse nach Berlin "aus Dresden, wo sich die Form befindet."[3] In Dresden sind also die Formen von allen gesicherten 12 Stücken.[4] Dieser Befund wird bestätigt durch das Berliner "Inventar der Gipsabgüsse", wo die Nummern G 213 bis 220 als von Ebers aus Dresden besorgt eingetragen sind. Dresden sendet also Berlin mit Ausnahme von Chephren und Sphinx - und wohl auch von Amenirdis und Taharqa - Abgüsse seiner Formen.

1879 schließlich regt Ebers die Schenkung zweier Inschriftenblöcke des Alten Reichs aus Saqqara[5] durch H. Travers, Kairo, an.

Zwei Jahre später vermittelt Ebers den Ankauf der Sammlung Gemming aus Nürnberg für Dresden. Er schreibt dazu: "Im vergangenen Jahre ist der verdienstvolle Gelehrte und glückliche Sammler Oberst Gemming in Nürnberg gestorben. Die zahlreichen ägyptischen Alterthümer, welche er vor beinah einem halben Jahrhundert von einer Reise an den Nil mit nach Hause brachte, ist es mir aus seinem Nachlaß für das Dresdner ägyptische Museum im japanischen Palais zu erwerben gelungen, und es finden sich unter ihnen einige Stücke, welche es wohl verdienen, daß sie endlich der Verborgenheit entzogen und für unsere Wissenschaft verwerthet werden."[6] "Es war ein Gelegenheits-

---

1 Beide durch briefliche Mitteilung vom 11.1.1991 von Dir.K.-H.Priese vom Ägyptischen Museum/Papyrussammlung, Staatliche Museen zu Berlin.

2 Brief von Ebers aus Kairo an "Excellenz" vom 26.3.1873, UBL.

3 Briefliche Mitteilung von Dir.K.-H.Priese.

4 Von diesen Objekten sind Falkenchephren, Sphinx, Pi(anch)i-Stele, Taharqakopf, Amenirdis, Isis und Osiris, die Satrapenstele und die Horusstele (?) noch im Verkaufs- und Ausstellungskatalog, Bildwerke des Altertums in Abgüssen aus dem Albertinum zu Dresden. Staatliche Kunstsammlungen Dresden. Dresden 1953, enthalten. In dem später erschienenen Katalog der verkäuflichen Gipsabgüsse. Staatliche Kunstsammlungen Dresden, o.O. o.J., sind noch Chephren, Taharqa, Amenirdis, Isis und Osiris und die Satrapen- und Horusstele aufgeführt. Da Taharqa und Osiris neben Dresden heute auch in Berlin-Charlottenburg angeboten werden, muß es zwei Formen geben.

5 Dresden Inv.Aeg.753. In Leipzig befindet sich ein Gipsabguß davon (Ebers, Overbeck, Führer, Nr.8).

6 Ebers, Bemerkenswerthes Neues, in: AeZ XIX (1881), 66.

geschäft, denn der Schätzwert betrug etwa 4000-5000 Mark, aber der Kaufpreis nur 1600 Mark. Trotzdem kam die Erwerbung für Leipzig nicht in Frage, denn »ich habe einen winzigen Etat und kann dafür nur Abgüße und Publicationswerke anschaffen«, wie Ebers bei ähnlicher Gelegenheit bemerkt."[1] Die Sammlung Gemming, die der Oberst auf seiner Reise 1837 zusammengetragen hatte, enthält figürliche Fayencen, Kleinbronzen, 5 Totenstelen, einen Kanopensatz, mehrere Kanopendeckel, den Holzsarg einer Frau und das Oberteil eines mumiengestaltigen Sarges.

Als 1889 die Antikensammlung in das Erdgeschoß und den 1.Stock des zu diesem Zweck erheblich umgebauten Alten Zeughauses an der Brühlschen Terrasse, dem sog. Albertinum umzieht, wird im 2.Stock und im Lichthof die Abgußsammlung untergebracht. Treu schreibt dazu: Der "Aegyptische Saal (Grundfläche 47, Wandfläche 86 qm) zeigt insgesamt 27 von Ebers ausgewählte Abgüsse, deren Formen sich im Besitz der Skulpturensammlung befinden, darunter die von Ebers aus dem Museum von Bulaq mitgebrachten. Seit Hettners Verzeichnis nicht verändert. Neu gegen 80 Abbildungen von Tempeln, einzelnen Baugliedern, Grabanlagen, Wandmalereien, Statuen; außer nach Wernerschen Aquarellen meist aus Prisse d'Avennes' Histoire de l'art égyptien und Perrot-Chipiez's Histoire de l'art dans l'antiquité entlehnt."[2]

III. 3. 3. Leipzig. Oder: Die Ästhetik eines Gipsmuseums

Die Gründung des Ägyptischen Museums sowie des Instituts der Universität Leipzig als selbständige Sammlung erfolgt während der Zeit Georg Ebers' als Professor. "Die Leipziger Ägyptologie verdankt ihrem ersten Ordinarius den Schritt in die Selbständigkeit."[3] Zwar gibt es in Leipzig Aegyptiaca, seitdem der Archäologe Gustav Seyffarth 1842 den Holzsarg des Hed-bast-iru (Inv.-Nr. 494), der heute noch eines der Glanzstücke des Museums ist, gekauft hatte, jedoch waren die ägyptischen Stücke - v.a.Gipsabgüsse - dem Archäologischen Museum im Fridericianum angegliedert.

"Sehr erfolgreich waren auch Ebers' Bemühungen um die Vergrößerung des Bestandes an ägyptischen Sammlungsstücken. Durch Ankäufe wuchs die Sammlung bis zum Jahre 1874 derart an, daß sie in eigene Räumlichkeiten im Augusteum, innerhalb der Alten Universität, überführt wurde, der »Ägyptologische Apparat« sich von der Achäologischen Sammlung löste und als selbständige

---

1 Blumenthal, Altes Ägypten, 13.

2 Treu, Die Sammlung der Abgüsse, 8. Treu war von 1882-1909 Direktor der Abgußsammlung, des "Gypsmuseums". Auch der Nachfolger Georg Ebers' auf dem Leipziger Lehrstuhl Georg Steindorff vermittelt Dresden weitere wichtige Stücke, u.a. im Jahre 1898 Fragmente bemalter Wandreliefs. Weitere Angaben dazu: Blumenthal, Altes Ägypten, 17. Mit: "Hettners Verzeichnis" ist gemeint: Hettner, Die Bildwerke. Zu Werner siehe: Alphabetisches Verzeichnis der bildenen Künstler, s.v. Werner, Carl, 425. Nach Fertigstellung des Manuskripts erschien der Katalog: Ägyptische Altertümer der Skulpturensammlung, Staatliche Kunstsammlungen Dresden, in dessen Beitrag: Sammlungsgeschichtliche Einführung, 6-10, Gudrun Elsner den Beitrag Ebers' zur Dresdener Sammlung auf 8f. deutlich würdigt.

3 Blumenthal, Altes Ägypten, 12.

Universitätseinrichtung entstand."[1] Zu diesem Anwachsen tragen hauptsächlich die Gipsabgüsse von den Formen bei, die Ebers 1872/73 aus Ägypten mitgebracht hatte. Ebers betreibt offensichtlich Austauschgeschäfte mit anderen Museen, wobei ihm als Beschaffer der Formen wohl Abgüsse zum Tausch zur Verfügung stehen - so man nicht annehmen will, daß einige Formen in Leipzig verblieben sind - wofür sich keine Hinweise finden. So befindet sich der Bekenchons aus München als Gips in Leipzig: "Professor Lauth, der Director des Münchner Museums, der sich hier [in Kairo] befindet, hat mir angeboten mir gegen Abgüsse von uns Vervielfältigungen der besten von ihm conservierten Denkmäler zu übersenden."[2] Im SS 1874 zieht die Ägyptische Sammlung mit dem Vorlesungsraum und Direktorzimmer in den Bürgerschulflügel des Augusteums und wird so als "Ägyptologischer Apparat" von der Archäologie gelöst. Immer noch enthält das Museum aber "zunächst vorzugsweise eine sorgfältige Auswahl von Abgüssen und Abdrücken altägyptischer Monumente und Inschriften."[3] Hinter dem uns heute befremdlich anmutenden Gedanken an ein ägyptisches Museum aus Gips steht das Bemühen um Erstrangigkeit. Ebers meint diese Alternative, Abgüsse von Meisterwerken oder meisterhafte Originale, wenn er in seiner Veröffentlichung des Hed-bast-iru-Sarges schreibt:

> "Wir besitzen in diesem Sarkophag ein in seiner Weise einzig dastehendes Denkmal, und seine Publikation, welche unter allen Umständen wünschenswert erscheint, darf schon darum nicht unterbleiben, weil ja die Fachgenossen in Leipzig, das kein aegyptisches Museum besitzt, solchen Schatz zu finden keineswegs erwarten können. Unser aegyptologischer Apparat ist nur eine Sammlung von Abgüssen und Cartonnagen, an die sich eine kleine Bibliothek von Publikationswerken und Wörterbüchern anschließt, und er braucht für die Lehrzwecke, denen er gewidmet ist, nichts anderes zu sein; an Originalen, auf welche wir in den Vorlesungen verweisen können, besitzen wir nur vier, aber unter diesen sind zwei so beschaffen, daß sie sich mit den kostbarsten Schätzen der allergrößten Museen messen können."[4]

---

1 Krauspe, Ägyptisches Museum, 6.

2 Brief von Ebers aus Kairo an "Excellenz" vom 26.3.1873, UBL. Ebers hat offensichtlich schon in Ägypten Austauschbeziehungen geknüpft und das Interesse der anderen Museen erregt. Der Gipsabguß-Coup gegen Mariette scheint also durchaus spektakulär gewesen zu sein. Siehe dazu 251f. Der Bekenchons-Abguß hat im Ebers-Overbeck-Verzeichnis die Nr.10. Es hat sich in München folglich ebenfalls mindestens ein Ebers-Gips befunden: Es handelt sich um den erstmals im Antiquariums-Führer von 1891 erscheinenden "Gypsabguss (...) eines ägyptischen Sphinx" des "Hyqschos Apophis" (nur "Vorderseite"), Christ und Lauth, Führer durch das K.Antiquarium, 82. Die Spur dieses Objekts läßt sich weiter verfolgen in: Christ, Führer durch das K.Antiquarium (1901), 117, Nr.72, assistiert übrigens von Nr.71, dem Abguß des Bekenchons, dessen Original sich in der Glyptothek befindet, Furtwängler, Das K.Antiquarium (1907), 56, Nr.72. Der Sphinx ist in der handschriftlichen "Übersicht über die Nummerierung vom Jahre 1900 (Dyroff, für den Führer 1901)" eingetragen als: "wurde abgegeben ins Gipsmuseum, 1916". Im Inventarbuch des "K.Museum für Abgüsse klassischer Bildwerke. München. Inventar der Abgüsse (1.April 1913 - 11.August 1943)" erscheint er als Nr.2208 "Kairo. Hyksos-Sphinx. (...) 17.Juli 1916. Anläßlich der Neuordnung vom Antiqarium übernommen. Wurde dort 1874 im Austausch aus Dresden erworben". Bis zur Zerstörung des Gipsmuseums in der Galeriestraße stellte der Sphinx zusammen mit den beiden ebenfalls 1916 dorthin gelangten Stücken Nr.2207 (Bekenchons) und Nr.2111 (Kalksteinrelief eines Mannes mit Affen und Windhunden aus Sakkara) die Triade der Aegyptiaca dar.

3 Rede des abtretenden Rektors 1874, in: Reden gehalten in der Aula, 10. Zitiert nach Blumenthal, Altes Ägypten, 13.

4 Ebers, Der geschnitzte Holzsarg, 203. Das zweite Glanzstück ist der pEbers (siehe 256-260). Die beiden anderen Originale sind eine Horusstele H.12,75 cm, B.6 cm (ev. Inv.Nr.1034) und eine Anzahl von Mumienbinden mit Auszügen von Texten des Totenbuches.

Es ist weder den Professoren, schon gar nicht den Studenten, noch den interessierten Laien möglich, die Originale in den verschiedenen Museen oder gar an den Ursprungsplätzen so leicht aufzusuchen, wie das spätere Zeiten erlauben.[1] Auch eine Ausstellungstätigkeit, die die Originale zum Publikum bringt, war damals weitgehend unbekannt. So zögert Ebers nicht, seine Gipssammlung mit vier Originalen als Ägyptisches Museum zu bezeichnen: " Bin ich Ew.Excellenz etwas theuer gewesen, so bitte ich Sie zu bedenken, daß ich ein artiges Museum aus dem Nichts geschaffen habe und daß dieses Museum in erfreulicher Weise benutzt wird."[2]

Die Ebers'schen Gipse stellen bis 1943 eine wichtige Komplementierung des Leipziger Museums dar und noch 1960 schreibt Siegfried Morenz: "Natürlich bestehen auf einer so langen historischen Strecke empfindliche Lücken der Dokumentation, und die Gipse, die sie einst schließen halfen, sind in der Schreckensnacht des 4. Dezember zugrunde gegangen."[3] So tragen die Gipse zum Ideal der Vollständigkeit bei, einem Ideal, das bald als "Illusion der Vollständigkeit"[4] aufgegeben wird, wie auch heute das Ideal der kulturübergreifenden Kontinuität der Entwicklung, der Ganzheitlichkeit des Museums - wie es sich noch im Neuen Museum zeigte - zugunsten von Einzelmuseen aufgegeben ist.

Das Leipziger Museum wird hauptsächlich für Lehrzwecke benutzt, trotzdem ist es zu Ebers' Zeit "zuerst während des Sommerhalbjahres dreimal in der Woche nachmittags, später an Mittwoch- und Sonntagvormittagen" für das Publikum geöffnet.[5] Im März 1876 tritt Ebers' alte Krankheit wieder hervor, was weitere größere Aktivitäten, auch auf dem Gebiet seiner Museumstätigkeit, verhindert, so daß sich keine Erweiterungen mehr ergeben, das Museum 1881 schließlich mit dem Archäologischen Museum vereinigt und zusammen mit altvorderasiatischen Gipsabgüssen in die größeren Räumlichkeiten des Kirchflügels des Augusteums überführt wird. Jetzt veröffentlicht Ebers zusammen mit J.Overbeck einen Führer, der für den Besucher der Sammlungen bestimmt ist und der die Aufgabe hat, die Fragen zu beantworten "welche sich der Beschauer vor den Monumenten stellt und auf die kunstgeschichtliche Bedeutung der einzelnen Nummern, soweit dies in wenigen Worten geschehen konnte, hinzuweisen."[6] Der "aegyptologische Apparat" umfaßt zwei Zimmer, im ersten sind die Hauptwerke ausgestellt, im zweiten befindet sich ein "Glaskasten" mit Kleinobjekten und an den Wänden Abgüsse von assyrischen und persischen Reliefs. Von den 55 ägyptischen Nummern sind nur zwei als Originale gekennzeichnet, Nr.9, der "Sarkophag von Cedernholz" des Hatbastre' und Nr.41,

---

[1] Georg Ebers besucht in den 10 Jahren seiner wissenschaftlichen Tätigkeit 1866 bis zu seiner Erkrankung 1876 zweimal Ägypten, allerdings für jeweils mehrere Monate. Sein Nachfolger Steindorff ist von 1904 (Ernennung zum o.Prof.) bis zum 1.Weltkrieg mindestens achtmal dort.

[2] Brief von Ebers, StA Dresden Min.f.Volksbildung. 10176/1 Bl.2. Zitiert nach: Blumenthal, Altes Ägypten, 13.

[3] Morenz, Ägypten. Die Schatzkammer, V.

[4] Platz-Horster, Zur Geschichte der Berliner Gipssammlung, 276.

[5] Blumenthal, Altes Ägypten, 14.

[6] Ebers-Overbeck, Führer, Vorwort.

die Horusstele, die Ebers 1880 in der AeZ publiziert.[1] Alle anderen Objekte sind Gipsabgüsse - die "zahlreich vorhandenen Cartonnagen und Papierabdrücke" verspricht Ebers in einem "besonders geschriebenen Katalog" zu behandeln[2] - von Originalen aus Turin, Paris und vor allem Kairo: alle zwölf uns schon namentlich bekannten Gipsabgüsse von der Ebers'schen zweiten Ägyptenreise sind im ersten Zimmer versammelt, daneben der Abguß des Kanopusdekrets als weiteres philologisch bedeutendes und aktuelles Monumentalwerk, das Lepsius 1866 entdeckt hatte.

Posthum trägt Ebers noch einmal zur Leipziger Sammlung bei. Aus seinem Nachlaß erfolgt 1899 die erste größere Schenkung aus Privathand und zwar - wie es dem sich nun wandelnden Zeitgeschmack entspricht - von Orginalen: "Kleinbronzen, Uschebtis, Skarabäen und Amulette mit einem Gesamtwert von 300-500 Mark"[3], und im Jahre 1902 gelangt die Büste von Joseph von Kopf als Geschenk seiner Witwe Antonie an die Sammlung als Erinnerung an deren Gründer. Zusammen mit den Gipsen des Ebers'schen Museums geht sie im 2.Weltkrieg zugrunde.[4]

III. 3. 4. BERLIN

Die Beziehungen Ebers' zum Berliner Museum sind weitgehend die persönlichen zu seinem Lehrer Lepsius, nach dessen Wünschen die "Ägyptische Abteilung" im 1850 bezogenen Neuen Museum eingerichtet wurde und der seit 1855 neben Passalacqua Mitdirektor und von 1865 bis zu seinem Tode 1884 Direktor des Museums ist. Ebers bewahrt sich auch über den Tod des Lehrers hinaus seine tiefe Verehrung. Zeugnis dafür legt auch seine Lepsius-Biographie ab, in der Ebers der Geschichte der Sammlung und der Beschreibung der Säle breiten Raum widmet, die chronologisch orientierte Anordnung der Objekte begrüßt und die umstrittene Dekoration der Säle durch die Wand- und Deckenmalereien Ernst Weidenbachs verteidigt.[5]

Georg Ebers' sachlicher Beitrag zum Berliner Museum beschränkt sich auf die Überlassung von Abgüssen von den Formen von der Ägyptenreise 1872/73. Schon als 1844 die provisorische Aufstellung einer Gipssammlung im Alten Museum erfolgte, standen dort auch Abgüsse altägyptischer

---

1 Siehe unten 202f.

2 Ebers-Overbeck, Führer, 1.

3 Blumenthal, Altes Ägypten, 18. Wenn man bedenkt, daß der Jahresetat für Institut und Sammlung im Jahre 1900 insgesamt 500 Mark beträgt, eine beträchtliche Zuwendung.

4 Ein Abguß befindet sich auf dem Grab Ebers' auf dem Münchener Nordfriedhof: Der Grabstein ist ein Pylon mit Rundstab, Hohlkehle und geflügelter Sonnenscheibe. Im "Durchgang" steht die Büste. Erst 1975 kommen weitere Aegyptiaca aus dem Ebers-Nachlaß in die Staatliche Sammlung Ägyptischer Kunst München: Fragment eines demotischen Papyrus (ÄS 6046); Zwei Koptische Papyri (ÄS 6047); Sechs Reste von einem Totenbuch (ÄS 6048); Drei Leinenstreifen mit hieroglyphischer Beschriftung (ÄS 6049); Vier Leinenstreifen mit Illustrationen aus dem Totenbuch (ÄS 6050).

5 Ebers, Richard Lepsius, 217-227. Siehe auch unten 234f.

Stücke, der 1868 erschienene Katalog von Carl Friedrich[1] für die 1856 an selben Ort eröffnete Gipssammlung, führt aber kein einziges ägyptisches Werk auf, so daß anzunehmen ist, daß die Abgüsse ägyptischer Originale bereits in die "Ägyptische Abteilung" gewandert sind.[2] Wenn Ebers meint, daß die Abgußsammlung auf Lepsius' Rat angelegt worden sei, so denkt er dabei wohl an die ägyptische Abteilung der Abgußsammlung.[3] 1885 jedenfalls stehen die "Gypsabgüsse in einem eigenen Raume neben dem Vestibulum."[4] Somit dürften auch die Ebers'schen Abgüsse unmittelbar dorthin gelangt sein und in der Tat führt Ermans "Ausführliches Verzeichnis" von 1899[5] die uns schon bekannten Objekte auf: "G 6 Chafre; (...) G 8 Hyksossphinx; (...) G 39 Kopf des Taharka; (...) G 213 Denkstein des Aethiopenkönigs Pianchi; G 214 Denkstein des Ptolemäus I. Soter; G 215 Siegesdenkmal Thutmosis' III; G 216 Osiris; G 217 Isis; G 218 Sarg eines Chufu-Anch; G 219 Horus-Stele; G 220 Unfertige Statue." Die niedrigen Inventarnummern der drei ersten Stücke zeigen, daß sie nicht von Ebers stammen, sondern schon früher nach Berlin gekommen waren. Dies bestätigt Ebers zumindest teilweise in einem Brief, in dem es heißt, daß er die Dresdener Formen für Berlin ausgießen lassen muß, "mit Ausnahme des Chefren und der Sphinx, die der Vicekönig von Aegypten einmal nach Berlin schenkte."[6]

1888 werden die vorderasiatischen Originale und Abgüsse aus der Antiken/Gipssammlung ins Ägyptische Museum eingegliedert.

Ob durch Ebers Gipsformen in die Gipsformerei der Königlichen Museen gelangen, wieviele es sind und wann das geschieht, läßt sich durch den Verlust der Aufzeichnungen nicht mehr feststellen. Der Katalog der käuflichen Abgüsse von 1914[7] nennt jedenfalls, wie der "Katalog der Originalabgüsse" von 1968[8], nur noch den Taharqa-Kopf und den Osiris, welche beide wohl nicht von Ebers stammen.[9]

---

1 Friederich, Die Gypsabgüsse. Auch die Neuauflage durch Paul Wolter von 1885 hat außer einem griechisch-römischen Anubis-Relief Nr.1973, "gefälschtes Relief in Mannheim", keine Ägyptiaca.

2 Es ist das, was man zeitgenössisch als die "berüchtigte Puppenwanderung" bezeichnet, ADB XLVII, 151 s.v.Bötticher.

3 Ebers, Richard Lepsius, 220.

4 Ebers, Richard Lepsius, 224.

5 Erman, Ausführliches Verzeichnis, XIV Gipsabgüsse, 455-487.

6 Brief von Ebers aus Kairo an "Excellenz" vom 26.3.1873, UBL. Obwohl nicht ausdrücklich erwähnt, scheint dies auch auf den Taharqa-Kopf zuzutreffen, da Berlin davon ebenso wie Dresden einen Originalabguß anbietet, also beide Institutionen eine Gußform besitzen müssen.

7 Verzeichnis der in der Formerei. Taharqa: Lfd.Nr.30, Nr.d.Formerei 509; Osiris: Lfd.Nr.36, Nr.d.Formerei 1.

8 Katalog der Originalabgüsse, Tafel 60, Nr.4: Taharqa; Tafel 63, Nr.501: Osiris.

9 Bemerkenswert ist, daß man ein Ensemble, wie die beiden Statuen aus dem Grab des Psammetich, zertrennt hat.

Die Verteilung der "Ebers-Gipse" stellt sich folgendermaßen dar:

Lfd.Nummer und Kurzbezeichnung	Berlin Ausf.Verz. Nr.	Berlin Inventar Buch[2]	Leipzig[1] Führer Ebers/Overb.	Dresden Katalog 1953	Verbleib der Formen (heute)
1.Amenirdis *	G 5	vor 1871	24	11	D
2.Chefren *	G 6	vor 1871	22	1	D
3.Hyksossphinx *	G 8	vor 1871	21	21	D
4.Taharqa	G 39	vor 1871	25	27	D/B[3]
5.Pianchistele *	G 231	Jan. 1875	3	19	D
6.Satrapenstele *	G 214	Jan. 1875	4	18	D
7.Siegesstele *	G 215	Jan. 1875	5	?	D
8.Osiris	G 216	Winter 72/3	31	12	B[4]
9.Isis	G 217	Nov. 1875	32	13	D
10.Chufu-Anch	G 218	Jan. 1875	29	?	D
11.Horusstele	G 219	Winter 72/3	7	17(?)	D
12.Unf.Statue	G 220	Jan. 1875	11	?	D

Das dreizehnte und vierzehnte Stück konnte nicht identifiziert werden.

* Diese Stücke erwähnt Ebers namentlich in seinem o.a.Brief aus Kairo.[5]

---

1 In Leipzig befanden sich darüber hinaus noch andere Abgüsse aus Bulaq, dem Louvre und Turin, die aus Tauschgeschäften gegen die Ebers'schen Gips aus Kairo hervorgegangen sein könnten. Der Bekenchons aus München ist als Ebers-Tausch belegt. Daneben noch in Leipzig: Abguß der sog.Metternich-Stele, die sich heute im MMA befindet.

2 Inventarbuch Königliche Museen, Ägyptische Abtheilung. G.1.-.

3 "Form vorhanden", Inventarbuch Königliche Museen, Ägyptische Abtheilung. G.1.-. Auch aufgrund der niedrigen Inv.Nr.in: Erman, Ausführliches Verzeichnis, dürfte die Berliner Taharqaform nicht von Ebers stammen.

4 "Form in der Formerei der kgl.M.", Inventarbuch Königliche Museen, Ägyptische Abtheilung. G.1.-.

5 Brief von Ebers aus Kairo an "Excellenz" vom 26.3.1873, UBL.

III. 3. 5. Ganzheitlichkeit und Fragment. Plädoyer für Gipsabgüsse

Ebers ist in seiner Tätigkeit als Museumsmann vor allem mit den kleinen, vordringlich didaktischen Zwecken dienenden Universitätssammlungen von Jena und Leipzig befaßt, steht den ganz anders gelagerten Erfordernissen eines großen Museums, wie dem Berliner, jedoch sehr aufgeschlossen gegenüber: Dort gilt es eine Breitenwirkung zu erzielen, neue Interessenten an das Museum heranzuführen, und so verteidigt Ebers auch unkonventionelle Mittel wie die Weidenbach'schen Wand- und Deckenmalereien. "Es gilt doch zunächst der Sammlung überhaupt Besucher zu schaffen, und gerade die Ausschmückung des Berliner ägyptischen Museums ist es, welche ihm seine besondere Anziehungskraft verleiht. Wer von vorn herein Verständnis für die Denkmäler mitbringt, hält sich nicht an die Decoration der Säle (...); der Laie aber wird hier in ganz anderer Weise für die Cultur und das Kunstvermögen der alten Aegypter gewonnen als in einem Museum, wo die Monumente in nackten Sälen für sich allein zu reden haben."[1] Leider kommt es nicht dazu, daß Ebers selbst ein großes Museum leitet und damit seine an der Universität gerühmten didaktischen Fähigkeiten auch auf diesem Gebiet beweisen kann.[2]

Von seiner 2.Ägyptenreise bringt Ebers - neben dem pEbers - nur Gipsabgüsse mit, worin sich die Wertschätzung des 19.Jhs. für Gipsabgüsse dokumentiert. Sie erfreuen sich nicht nur in den Lehrzwecken dienenden Universitäts- und Akademiesammlungen, sondern auch in den großen Publikumsmuseen, wie Berlin, großer Wertschätzung. Als Stüler 1840 den Entwurf für das Neue Museum vorlegt, behält er die repräsentativsten Räume, das Hauptgeschoß und den großen Kuppelsaal, der Gipssammlung vor, "welche mit Recht als der eigentliche Mittelpunkt aller Sammlungen angesehen wird."[3] Diese überragende Bedeutung des Gipsabgusses im 19.Jh. hat ihren Ursprung in der Ablösung des kunstwissenschaftlichen Interesses vom künstlerischen. Zeichen dafür ist die Ausgliederung der Gipse aus den Kunstakademien (Kunstschöpfung durch den Künstler), in denen sie ja ihren Ursprung hatten und ihre Überführung in Universität und Museum (Kunstbetrachtung durch Wissenschaftler und Laien).

---

[1] Ebers, Richard Lepsius, 225.

[2] Ebers wäre sicher beim Tode von Lepsius 1884 ein geeigneter und aussichtsreicher Kandidat für dessen Nachfolge gewesen - er war 47 Jahre alt - , wenn nicht sein Gesundheitszustand dieses ausgeschlossen hätte. Ebers selbst darüber: "Wegen der Besetzung der Lepsius'schen Stelle in Berlin hatt' ich viel Schreiberei. (...) Ich konnte ja in meinem Zustande nie auf die Lepsius'sche Stelle reflektieren und man muß dankbar sein, daß man meinen Lieblingsschüler allen anderen vorgezogen; aber wie das gemacht worden ist und wie man dabei den armen Stern todtgetreten hat ist schauderhaft", Brief von Ebers aus Leipzig an seine Mutter vom 8.3.1885, SBB.

[3] A.Stüler. Zitiert nach: Platz-Horster, Zur Geschichte der Sammlung, 93. Die "Sammlungen ägyptischer und nordischer Altertümer" waren im EG. untergebracht.

Wenn die geistige Aussage eines Werkes seinen Rang bestimmt, so ist die materielle Authentizität, d.h. der materielle Überrest des Originals, zweitrangig (Winckelmann und Goethe). Vollständigkeit meint aber nicht nur die des Werks, sondern auch in der Abfolge der Werke, also Kontinuität in der Demonstration, die nur durch die nahezu beliebige Verfügbarkeit der Reproduktionen gewährleistet werden kann. Es geht darum, in einer möglichst zusammenhängenden Reihe von Werken, und zwar von "Hauptwerken", den Entwicklungsgang der Kunst einer bestimmten Kultur lückenlos zu dokumentieren.[1] Dieses Bemühen um Vollständigkeit dient sowohl didaktischen Zwecken im Lehrbetrieb von Universitäten und Akademien, als auch volksbildnerischen Absichten und ist wichtiger als (fragmentarische) Authentizität.

So wird der Torso wenig geschätzt, und so ist die Ergänzung der 1811 gefundenen Ägineten durch Thorvaldsen 1816-18 zu verstehen, während heute Torsi, antike oder moderne, absichtlich-fragmentarische Kunstwerke, oft als besonders reizvoll gelten. Deshalb wurden die Äginetenergänzungen 1962-65 wieder abgenommen, und die Thorvaldsenschen unfreiwilligen Torsi gelten heute als selbständige Kunstwerke. Die Klassische Archäologie stellt sich leichter, denn ihre "Originale" sind oft die Kopien von Kopien und nicht immer erstrangige. So ist verständlich, daß Goethe die Marmornachschöpfung eines zeitgenössischen Künstlers einem solchen "Original" vorzog, da die moderne Schöpfung den Kern, die geistige Aussage der Antike, besser zum Ausdruck bringe. Dieses Kopien-Wesen ist der ägyptischen Kunstgeschichte unbekannt.

Auch die Aktualität spricht für die Gipssammlungen in einer Zeit, die die Mobilität des Kunstwerks nicht und die des Betrachters nur sehr eingeschränkt kennt. Es ist erstaunlich, mit welcher Schnelligkeit neu in Ägypten oder gar im Sudan entdeckte Glanzstücke schon bald in Leipzig, Dresden und Berlin zu betrachten sind und die dortigen Sammlungen ergänzen und aktualisieren. Alle Gußformen, die Ebers 1873 aus Ägypten mitbringt, stammen von Objekten, die dort erst wenige Jahre zuvor entdeckt worden waren.[2] Die finanzielle Seite mag dabei zwar eine Rolle gespielt haben - Abgüsse waren naturgemäß erheblich billiger und leichter transportabel als Originale - , aber nicht die wesentliche: Warum sonst hätte Ebers 1879 die Schenkung von Originalen der Skulpturensammlung zu Dresden vermittelt, anstatt für seine eigene Sammlung zuzugreifen?

---

[1] Auch kulturhistorische Lehrsammlungen wurden so konzipiert, z.B. der kretisch-mykenische Saal der Gipssammlung der Universität Berlin, wo die Gipsabgüsse ergänzt wurden durch aquarellierte Freskenkopien und galvanoplastische Nachbildungen von Schmuck, Waffen, Fayencen u.a. Dazu: Platz-Horster, Zur Geschichte der Berliner Gipssammlung, 288.

[2] Amenirdis 1858 (Mariette); Chephren 1860 (Mariette); Pi(anch)i-Stele 1862 (seit 1864 vom Gebel Barkal nach Boulaq verbracht); Mähnensphinx und Isis/Osiris 1863 (Mariette). Die Ägyptologie reagiert dabei langsamer als die Klassische Archäologie: vgl. die Venus von Milo, gefunden 1820, im Louvre seit 1821, Gipsabguß in Berlin 1822.

Wie wir gesehen haben, steht Ebers mit seinen Auffassungen im Einklang mit der akademisch-professoralen Tradition der Klassischen Archäologie und deren Museen, während mancher Künstler schon den Schritt in die Zukunft getan hat.[1] Um die Jahrhundertwende setzt sich jedoch die Wertschätzung auch des fragmentarischen Originals durch, wobei die Gipsabgießerei, die ja bei größeren Originalen stets in Teilen erfolgt und die also deshalb stets einen Vorrat von Fragmenten[2] zu ihrer Verfügung haben muß, selbst ihren Beitrag dazu leistet. Ab jetzt sieht man nur noch die Alternative von leblos-mechanischen Reproduktionen, denen dann jeder, auch kunstgeschichtlicher Wert abgesprochen wird, gegen lebendigen Marmor. Dazu kommt, daß sich die Erkenntnis von der Farbigkeit der Antiken durch Hittorf und Semper allmählich durchgesetzt hatte, also die Farblosigkeit der Gipse nicht mehr als den Originalen angenähert betrachtet werden kann. So kommt es zu dem heute noch verbreiteten Urteil, daß dem 19.Jh. das Verständnis für den Wert der Unmittelbarkeit von Originalen gefehlt hat. Die Klassischen Archäologen aber haben trotz eines schlechten Gewissens immer am Abguß festgehalten, da dieser in räumlich-plastischem Erlebnis und Maßstab der Photographie eindeutig überlegen ist. So bleibt zu wünschen, daß auch die "Gipsomanie" des 19.Jhs. durch die Berücksichtigung der historischen Voraussetzungen vom Geruch des gymnasialprofessoral-antiquierten Antikenverständnisses befreit wird.

---

1 Vgl. Canova, der sich weigerte, ein Stück des Parthenon-Frieses zu ergänzen. Ähnliches läßt sich in der modernen Kunst beobachten: Während sich beim breiten Publikum erst langsam ein Geschmackswandel zugunsten des Gipses anbahnt, haben manche moderne Künstler und jüngst George Segal diesen längst vollzogen.

2 Vgl. das Ölgemälde "Atelierwand" (1872) von Adolph von Menzel (Hamburger Kunsthalle) mit ihrem Gipsmodellreservoir.

III. 4. DIE AUFSÄTZE

Bibelwissenschaft und Klassische Archäologie waren der Ägyptologie in der Gründung von Fachzeitschriften vorausgegangen. So gab das 1829 gegründete Instituto di Corrispondenza Archeologica in Rom - heute das Deutsche Archäologische Institut - seit dem Gründungsjahr die AdI (Annali dell' Instituto di Corrispondenza Archeologica) heraus. Die Zeitschriften, die in dieser Zeit vorwiegend oder häufig ägyptologische Beiträge veröffentlichten, sind nach ihrem Gründungsdatum geordnet:

RAr	1844	Paris	Revue archéologique
ZDMG	1847[1]	Leipzig/Berlin	Zeitschrift der Deutschen Morgenländischen Gesellschaft
AeZ	1863	Berlin	Zeitschrift für Ägyptische Sprache und Altertumskunde
RecTrav	1870	Paris	Recueil de Travaux Relatifs à la Philologie et à l'Archéologie Egyptiennes et Assyriennes († 40 Bde.)
PSBA	1879	London	Proceedings of the Society of Biblical Archaelogy († 40 Bde.)
RevEg	1880	Paris	Revue Egyptologique († 14 Bde.)
Sphinx	1897	Upsala	Sphinx. Revue Critique Embrassant le Domaine Entier de l'Egyptologie († 22 Bde.)
OLZ	1898	Berlin	Orientalistische Literatur-Zeitung

III. 4. 1. DIE BEITRÄGE FÜR AeZ UND ZDMG. "SO HAT ES EILE MIT DER VERÖFFENTLICHUNG."

Die Ägyptologie schafft sich in der AeZ[2] ein bedeutendes Organ. Wie Heinrich Brugsch, der Gründer, im Vorwort der ersten Nummer meint, sei es durch die "zunehmende Ausbreitung der ägyptischen Studien" an der Zeit, ein "wissenschaftliches Centralorgan" zu schaffen.[3] Ab dem Oktober/Novemberheft 1864 übernimmt Lepsius die Herausgeberschaft. Seitdem werden die sog. Berliner oder Theinhardtschen Typen für den Druck der Hieroglyphen verwendet, was Lepsius mit der Verlegung des Druckortes von Leipzig nach Berlin begründet.[4] Dies bedeutet gegenüber den plumpen und ungeschickten Typen, die Brugsch benützt hat, einen wesentlichen Fortschritt. Bald wird

---

1 Band I ist 1847, Heft I 1846 datiert.

2 Diese Abkürzung wird hier verwendet, da sie im 19.Jh. allgemein üblich ist. Heute: ZÄS.

3 Brugsch, in: AeZ I (1863), 1.

4 Dies scheint eher ein Vorwand. So benützt Ebers 1868 in "Aegypten und die Bücher Mose's" auch in Leipzig die Theinhardtschen Typen und die in Paris erscheinende RevEg wird in Wien gedruckt mit eben diesen Typen.

die AeZ in ägyptologischen Kreisen nur mehr "die" oder "unsere" Zeitschrift[1] genannt. Ebers veröffentlicht seine Beiträge meist in der AeZ. Diese sind:

1868	1.Mennus-Mallus. 2.Eine Hathor-Astarte-Spur in Assyrien. 3.παμύλης - Min. 4.Der Gott ⌬ 𓃒 Xeld, VI, 70-72.
	Notiz: Papyrus Mariette und Eudoxos' χυνῶν διαλόγους, VI,12.
1870	Notiz: Entdeckung eines Heiligtums der SeXet (PaXt) bei Antinoe am 20:Januar 1870, VIII, 24.
1871	Ueber die Feuersteinmesser in Aegypten, IX, 17-22.
	Erklärung eines Abschnittes des XXV.Kapitels des Totenbuches (l.59 und 60), IX, 48-50.
1873	Thaten und Zeit Tutmes III. nach einer Inschrift im Grabe des Ámén-em-ḥéb zu Abd-el-Qurnah, XI, 1-9.
	Papyrus Ebers. Das jüngst der Leipziger Universitätsbibliothek einverleibte Buch "vom Bereiten der Arzneien für alle Körperteile von Personen", XI, 41-46.
	Berichtigungen der Inschrift des Ámén-em-ḥéb aus der Zeit Thutmosis III, XI, 63-64.
1874	Nochmals der Calender auf der Rückseite des Leipziger Papyros Ebers, XII, 3-6.
	Ein Kyphirezept aus dem Papyros Ebers, XII, 106-111.
1877	Der Klang des Altägyptischen und der Reim, XV, 43-48.
1878	Ein strophisch angeordneter Text auf einer Mumienbinde, XVI, 50-55.
1880	Einige Inedita, XVIII, 53-63.
1881	Bemerkenswertes Neues, welches sich aus dem Studium der Gemmingschen Sammlung im japanischen Palais zu Dresden ergiebt, XIX, 66-70.
1882	Der wahre Lautwert des Zeichens 𓏴 χα. Versuch einer Widerlegung der von Brugsch verteidigten Lesung χτ, XX, 47-55.
1885	Brief an Mr.R.Stuart Poole. Zurückweisung eines anonymen Angriffes im Londoner Athenaeum gegen die Resultate der Naville'schen Ausgrabungen bei Tell el-Maschûta, XXIII, 45-51.
1895	Wie Altägyptisches in die europäische Volksmedizin gelangte, XXXIII, 1-18.
	Altkoptisch oder heidnisch? Eine Gegenbemerkung, XXXIII, 135-139.
1898	Menschenfresserei in Ägypten?, XXXVI, 106-113.

Die zweite bedeutende, auch ältere Zeitschrift ist das Organ der Deutschen Morgenländischen Gesellschaft, die ein Jahr nach der Gesellschaft gegründet worden ist. Ebers war seit seiner Studienzeit[2] bis zu seinem Tode ordentliches Mitglied Nr.562 der Gesellschaft. Seit ihrer ersten Nummer, in der Lepsius einen Artikel veröffentlicht[3], hat sie eine ägyptologische Tradition. Ebers schreibt für sie:

---

1 Z.B. Ebers, Der geschnitzte Holzsarg, 203.

2 Das Beitrittsjahr läßt sich nicht mehr feststellen, jedenfalls erwähnt Ebers in einem Brief aus dem Jahre 1862 seine Mitgliedschaft. Brief von Ebers an die Universität Jena, eingegangen am 21.Februar 1862, UAJ M Nr.375, Bl.106v.

3 Lepsius, Über die in Philae aufgefundene Republikation des Dekretes von Rosette und die ägyptischen Forschungen des Herrn de Saulcy, in: ZDMG I (1847), 264-320,

1873	Die naophore Statue des Harual, XXVII, 137-146.
1876	Das Grab und die Biographie des Feldhauptmanns Amén em héb. XXX, 391-416.
1877	Das Grab und die Biographie des Feldhauptmanns Amén em héb. II.Kommentar, XXXI, 439-470.
1881	Richard Lepsius. Nubische Grammatik mit einer Einleitung über die Völker und Sprachen Afrika's, XXXV, 207-218.
1887	Gustav Seyffarth. Sein Leben und der Versuch einer gerechten Würdigung seiner Thätigkeit auf den Gebiete der Aegyptologie, XLI, 193-231.

Daneben stehen je ein Artikel in den schon erwähnten Annali (1883): "Antichità Sarde e loro provenienza" und in Sphinx (1897) eine Rezension von J.de Morgans Veröffentlichung seiner Ausgrabungen. Die Artikel von Ebers lassen drei Schwerpunkte erkennen.

Die Aufsätze demonstrieren den schwierigen Versuch, breite Wirkung, Schnelligkeit und Seriosität zu vereinen, der Entwicklung und dem Fortschritt der Wissenschaft zu folgen und neuen Erkenntnisse vorurteilslos zu begrüßen und zu verbreiten. Das Hauptbestreben aber gilt der Schnelligkeit. So schreibt Ebers in einem Privatbrief aus Luxor zu seiner Arbeit an der Amenemheb-Inschrift: "Da nun (...) Lauth aus München täglich erwartet werden kann, so hat es Eile mit der Veröffentlichung."[1]

III. 4. 1. 1. PHILOLOGISCHES.
"EIN ALTER AEGYPTER WÜRDE GEWIß KEIN WORT VERSTEHEN."

Auf seiner zweiten Ägyptenreise Winter 1872/73 entdeckt Ebers im Grab TT 85, Schech Abd el-Gurna, die **"Biographische Inschrift des Amenemheb"**. Er veröffentlicht diese prompt, indem er Umschrift und Übersetzung schon eine Woche nach der Entdeckung im Januar von Gurna aus nach Berlin an die AeZ sendet, wo sie im Januar/Februar-Heft 1873 erscheint. Dadurch wird einerseits der Vorteil einer Zeitschriftenveröffentlichung, nämlich deren Aktualität, demonstriert, andererseits können sich so zahlreiche Fehler einschleichen, daß Ebers selbst und sein Mitarbeiter Stern in einem späteren Heft desselben Jahrgangs[2] und die Kollegen Chabas[3] und Birch 1873[4], Brugsch 1874[5], nochmals Stern 1875[6] Berichtigungen nachliefern müssen. Die Veröffentlichung in der ZDMG 1876

---

[1] Brief von Ebers aus Luksor an seine Frau vom 27.1.1873, SBB. Das ganze Zitat siehe 255.

[2] Stern, Berichtigungen, in: AeZ XI (1873), 63-64.

[3] Chabas, Mélanges égyptologiques, 279, mon "eminent confrère a laissé passer quelques erreurs". Chabas will den wichtigen Text der französischen Fachwelt bekannt machen.

[4] Birch, Records of the past, Vol.I, London 1873, 59ff.

[5] Brugsch, Der Tag der Thronbesteigung, in: AeZ XII (1874), 133-145.

[6] Stern, Miscellanea, in: AeZ XIII (1875), 174-177.

und 1877 bringt dann die endgültige Redaktion, von der Ebers sagt, er "lege sie [die Inschrift] nun in gereinigter Form den Fachgenossen vor."[1] Der erste Teil, dem drei lithographierte Tafeln der Inschrift von Weidenbach vorausgehen, umfaßt die Beschreibung der Architektur und Dekoration des Grabes und die Abschrift, Umschrift und Übersetzung des biographischen Texts. Der kleine, ungenaue Plan der Erstveröffentlichung ist jetzt verbessert, indem der Ort der einzelnen Szenen auf dem Plan mit Buchstaben kenntlich gemacht wird. Der zweite Teil kommentiert in 27 numerierten Absätzen den Text Zeile für Zeile, setzt sich kritisch mit den Übersetzungen von Brugsch und Chabas auseinander und trägt - wie es dem Inhalt des Textes entspricht - vor allem zur Klärung der geographischen Begriffe der Feldzüge Thutmosis' III. bei. Der Kommentar geht nur bis zur Zeile 14, umfaßt also nur etwa das erste Drittel des Texts, die Ankündigung "Schluss folgt", mit der der Artikel schließt[2], hat Ebers nicht verwirklicht.

Ebers' Verdienst liegt weniger in der zufälligen Entdeckung der Inschrift, als vielmehr darin, deren Bedeutung sofort erkannt zu haben als eines der "beiden wichtigsten historischen Denkmäler, die sich über seine [Thutmosis' III.] Zeit erhalten haben", wie Ebers' Schüler Wiedemann in seiner Geschichte der 18.Dynastie schreibt.[3] Chabas meint noch im Jahr der Entdeckung: "La notice de M.Ebers montre que son auteur a perfaitement compris l'importance historique du monument qu'un hasard heureux lui a fait connaître."[4] Die hastige Veröffentlichung ist aus dem Bestreben zu verstehen, die Urheberschaft gegen Konkurrenten unanfechtbar für sich zu reklamieren. Daß solche Befürchtungen nicht grundlos waren, zeigt der Streit um die Erstveröffentlichung der "Abydos-Liste."[5] Aus der Fülle der vorhandenen Texte erscheinen die historischen als die interessantesten, deshalb legt auch Ebers ein starkes Übergewicht auf die "Biographie", das "Grab" selbst, obwohl in seinen Dekorationen von "grossem culturhistorischen Interesse"[6], nimmt nur eine untergeordnete Stellung ein. Der Gelehrte Ebers ist eben immer in erster Linie Philologe.

---

1   Ebers, Das Grab, in: ZDMG XXX (1876), 392.

2   Ebers, Das Grab, in: ZDMG XXXI (1877), 470.

3   Wiedemann, Geschichte der achtzehnten egyptischen Dynastie, in: ZDMG XXXII (1878), 113.

4   Chabas, Mélanges égyptologiques, 279.

5   Eine peinliche Kontroverse zwischen Dümichen und Mariette um deren "Entdeckung", die bis zu nationalen Weiterungen zwischen Deutschland, Frankreich und auch Ägypten führt. Lepsius schaltet sich auch als Herausgeber der AeZ, die die Veröffentlichung von Dümichen gebracht hat, in einem grundsätzlichen Artikel in den Streit ein, Lepsius, Die neue Königstafel, in: AeZ III (1865), 14-16. Dieser Artikel ist auch in unserem Zusammenhang interessant, denn Lepsius rühmt die Liberalität Mariettes als ägyptischem Antikendirektor, der das Berliner Museum den "überaus werthvollen Gypsabguß des Königs Chephren verdankt", Lepsius, Die neue Königstafel, in: AeZ III (1865), 16.

6   Ebers, Das Grab, in: ZDMG XXX (1876), 406.

Die Erwerbungsgeschichte des pEbers verläuft nicht einfach, und entsprechend gibt es heute noch widersprüchliche Angaben darüber.[1] Da aber das Interesse an diesem Papyrus, schon bevor Ebers ihn erwerben kann, besonders für den sog. Kalender auf der Rückseite der ersten Kolumne, groß war, wurden Veröffentlichungen vorgenommen, die nur auf der Kenntnis von Abschriften beruhten oder gar aus aus dem Gedächtnis gemacht worden waren. Als Ebers 1873 seinen ersten Artikel "**Papyrus Ebers. Das jüngst der Leipziger Universitätsbibliothek einverleibte Buch »vom Bereiten der Arzneien für alle Körperteile von Personen«**" in der AeZ über seine Neuerwerbung veröffentlicht, war also dort schon eine ganze Artikelserie erschienen.[2] Ebers liegt jetzt erstmals der vollständige Papyrus - und zwar im Original - vor. Sein Artikel erscheint im Mai/Juni-Heft 1873, also unmittelbar nach der Rückkehr im April. Das erste Studium erfolgt noch in Ägypten. "Ein tiefer eingehendes Studium unseres Papyrus hab' ich, wie gesagt, bis jetzt, trotz der treuen Beihülfe meines Freundes Stern in Ägypten bei der ersten Durchsicht, die ich unter den mißlichsten Umständen beginnen mußte, nicht unternehmen können."[3] Die Kartusche des Kalenders liest er als "Amenhotep I."[4] Da der Papyrus, der gerade konserviert werde, wegen seiner Zerbrechlichkeit noch nicht vollständig geöffnet werden könne, gibt Ebers eine Inhaltsangabe nach den Überschriften. Als besonders verheißungsvoll erscheint ihm ein umfangreiches Kapitel über Augenkrankheiten und die historische oder mythische Entstehung unter Semti/Usaphais (1.Dyn.).[5] "Darum besitzen wir in unserem Codex ein vollständiges Buch, das in culturhistorischer Hinsicht von höchstem Interesse ist und das (...) unser Lexicon in überraschender Weise (...) bereichern wird. Ich nehme es auf mich, dieses ehrwürdige Denkmal schon in diesem Jahre in einer genauen und würdig ausgestatteten Publikation den Mitarbeitern zugänglich zu machen."[6] In seinem nächsten Artikel über den "**Calender auf der Rückseite des Leipziger Papyros Ebers**", der 1874 in der AeZ erscheint, geht Ebers vor allem auf den inzwischen erschienen Aufsatz von Goodwin[7] ein. Er übernimmt dessen falsche Kartuschenlesung des Kalenders , Ba-ḳerh-ra (*Ba-grḫ-R*ᶜ = Bicheris), die ja noch an einer Abschrift entstanden ist, und ersetzt damit seine ur-

---

1 Darüber 256-260.

2 Brugsch, Ein neues Sothis-Datum, in: AeZ VIII (1870), 108-111; Eisenlohr, Der doppelte Kalender, in: AeZ VIII (1870), 165-167; Lepsius, Ueber dieselbe Papyrusinschrift, in: AeZ VIII (1870), 167-170; Haigh, Note on the calendar, in: AeZ IX (1871), 72-73.

3 Ebers, Papyrus Ebers, in: AeZ XI (1873), 45.

4 Die Priorität der richtigen Kartuschenlesung gebührt also Ebers, auch wenn er diese Lesung 1874/75 vorübergehend wieder zurücknimmt, und nicht J.Krall 1885, wie Hornung, Untersuchungen zur Chronologie, 15, meint.

5 Die Angabe findet sich noch in: Baedeker I, 101 (1877): Usaphais "soll anatomische Schriften verfaßt haben."

6 Ebers, Papyrus Ebers, in: AeZ XI (1873), 46.

7 Goodwin, Notes on the calendar, in: AeZ XI (1873), 107-109. Goodwin geht nochmals auf den Kalender ein. Der Artikel ist im März verfasst, erscheint aber erst im Sept./Okt.-Heft, also nachdem die Veröffentlichung anhand des Originals von Ebers angekündigt wurde.

sprüngliche richtige, denn "Mr.Goodwins wunderbare Genialität und Schärfe zeigen sich in dem erwähnten Artikel wiederum in der ganzen Kraft."[1] Ebers datiert die Niederschrift des Papyrus "wahrscheinlich in das alte, spätestens aber in den Anfang des neuen Reiches."[2]

In der AeZ XII (1874) erscheint ein Jahr vor der angekündigten Gesamtausgabe ein Kommentar zu einem Abschnitt des Papyrus, die "vorläufige Mitteilung einer besonders interessanten Stelle"[3] über die Bereitung eines Räuchermittels gegen Geruch in Kleidern und im Hause, das **"Kyphirezept"**. In der Einleitung kündigt Ebers an, daß der neue Papyrus "den wir in nächster Zeit den Mitforschern vorzulegen gedenken"[4], eine Neubewertung sowohl der ägyptischen Heilkunst einleiten werde, wie auch der vielfältigen Beziehungen der alten Völker zueinander, die "in Folge einer verkehrten Auffassung der biblischen Berichte, theils in Folge des eminent unhistorischen Sinnes der frühen Hellenen"[5] unbeachtet geblieben seien.

Ein letzter Zeitschriftenaufsatz zum Papyrus findet sich 1895 in der AeZ. Er behandelt die Tradierung einiger pEbers-Rezepte, die durch Vermittlung spätrömischer, koptischer und auch arabischer Texte und die medizinische Schule von Salerno im 11.-13.Jh. Verbreitung in der mittelalterlichen **"europäischen Volksmedizin"** erlangten.

Ebenfalls auf seiner zweiten Reise wird Ebers in Theben eine in Privatbesitz befindliche Statue gezeigt und auch hier zögert er nicht, seine Entdeckung in dem Artikel **"Die naophore Statue des Harual"** sofort zu veröffentlichen. Mit der Einsendung an die ZDMG erfüllt Ebers das Versprechen an den Redakteur Prof.Krehl in Leipzig, bei eventuellen Entdeckungen in Ägypten ihn zu bedenken. Auch hier beschränkt sich Ebers' Aufsatz ausschließlich auf die Inschrift, vom Objekt erfahren wir nur, daß die Inschrift, die kein Europäer vor Ebers gesehen habe, "den Torso einer im Privatbesitze befindlichen naophoren Statue bedeckt"[6], die Statue ist "aus grauschwarzem Granit und hat eine Höhe von etwa zwei Fuß."[7] Die Übersetzung verfaßt Ebers in Eile bereits am Ort der Entdeckung ohne alle Hilfsmittel: "wir theilen schon heute den ganzen Text mit, da die Publication neuer und wohler-

---

1 Ebers, Nochmals der Calender, in: AeZ XII (1874), 3. Diese falsche Lesung übernimmt Ebers auch in die Edition (1875). Eisenlohr hat die Kartusche als Cleopatra III. gelesen. In: Ebers, Zeitbestimmungen, in: AZ Nr.89 vom 31.3.1889, Beil.Nr.74, 1 korrigiert Ebers seine korrigierte Kartuschenlesung und kehrt wieder zu seiner ursprünglichen Lesung als Amenophis I. zurück.

2 Ebers, Nochmals der Calender, in: AeZ XII (1874), 5. Die Bezeichnung "Mittleres Reich" wird erst später eingeführt.

3 Ebers, Ein Kyphirezept, in: AeZ XII (1874), 108.

4 Ebers, Ein Kyphirezept, in: AeZ XII (1874), 106.

5 Ebers, Ein Kyphirezept, in: AeZ XII (1874), 107.

6 Ebers, Die naophore Statue, in: ZDMG XXVII (1873), 137.

7 Ebers, Die naophore Statue, in: ZDMG XXVII (1873), 138.

haltener Inschriften nie früh genug erfolgen kann."[1] Die fünf letzten Zeilen der rechten Seite scheinen Ebers dunkel, da sie sich auf das Totenbuch beziehen sollen, und er läßt sie unübersetzt, da die entsprechenden Abschnitte des Totenbuches noch nicht eingehend genug bearbeitet seien. Interessant erscheint Ebers die Inschrift einerseits wegen ihrer "eigenthümlichen Schreibung, theils wegen der Art und Weise in der hier das Verhältniss des Verstorbenen zu seiner Königin, seinen Zeitgenossen und den Nachgeborenen dargestellt wird."[2]

Der Fortgang der Bearbeitung dieses Textes gibt Aufschluß über den Fortschritt der Philologie. Gunn und Engelbach behandeln den Text dieses inzwischen zur "Ebers Statue"[3] gewordenen Objektes fast 60 Jahre später im Rahmen ihrer Gesamtschau der Harua-Statuen[4], ohne das Original zu kennen, das aufgrund der Ebers'schen Veröffentlichung vom Berliner Museum erworben worden war und sich dort seit 1880 befindet.[5] Sie bezeichnen den Text bei Ebers aufgrund von Vergleichsstücken als "rather faulty."[6] Diese Fehler verhindern auch eine Übersetzung der von Ebers ausgelassenen Zeilen. Um Ebers' Leistung gerecht zu beurteilen, sollten jedoch sowohl bei den Abschreib- als auch bei den Übersetzungsfehlern solche ausgeschieden werden, die durch den Stand von 1870 bedingt sind. Die Entwicklung des Gottesgemahlinnen-, Gottesanbeterinnen- und Gotteshandtitels vom Neuen Reich zur 25.Dynastie war noch nicht bekannt, so daß Ebers diese Titel einfach mit "Königin", "Königliche Frau" oder wörtlich als "göttliche Hand" übersetzt, ebenso war die ehrfurchtsbedingte Voranstellung der Kartuschen in Titeln - wie auch von Göttemamen in Kartuschen - noch nicht geläufig, wie auch einige Vokabeln oder topographische Begriffe.[7] Nicht freizusprechen jedoch ist Ebers von einer Reihe von ganz offensichtlichen Fehlern, wie Auslassungen[8], falschen Zusammensetzungen, die seine Übersetzung in der Tat zu einer recht flüchtigen und fehlerhaften machen. Erklärt sich dies offensichtlich aus dem Bemühen, als erster diesen Text der Fachwelt zugänglich zu machen - der Artikel erscheint in Heft I/II des Jahres 1873, während Ebers noch in Ägypten ist -, so entschuldigt es aber nicht, daß sich Ebers später jeder Verbesserung des Textes enthält.

---

1 Ebers, Die naophore Statue, in: ZDMG XXVII (1873), 139.

2 Die eigentümliche Schreibweise ist die "fast unerhört sparsamen Anwendung der Determinativzeichen", Ebers, Die naophore Statue, in: ZDMG XXVII (1873), 138.

3 Gunn und Engelbach, The Statues, in: BIFAO XXX (1931), 802.

4 Gunn und Engelbach, The Statues, in: BIFAO XXX (1931), 791-815.

5 Inv.Nr.8163.

6 Gunn und Engelbach, The Statues, in: BIFAO XXX (1931), 793.

7 z.B. Karnak als 𓉺𓏪 ipt swt.

8 So übersetzt er z.B. seine Abschrift 𓅭𓏏𓊹𓅓𓏏 als "Sohn der Petmut", Ebers, Die naophore Statue, in: ZDMG XXVII (1873), 141.

Aufgrund der Veröffentlichung von Gunn/Engelbach meldet Rudolf Anthes, daß die fragliche Statue sich im Berliner Museum befinde, so daß sich die Möglichkeit einer Überprüfung von Abschrift und Übersetzung am Original ergibt.[1] Dabei bestätigt sich erneut die Unzuverlässigkeit der Ebers'schen Abschrift und für die Autoren steht damit auch die Unzuverlässigkeit der anderen Angaben fest. "Ebers was in error in describing it as being a torso and naophorous"[2], war die Statue doch vollständig und eine "statue en paquet, Würfelhocker."[3] Tatsächlich bestätigt sich darin das Unvermögen der Nachkommen, den Ebers'schen Text mit den Augen von 1870 zu lesen, ist doch für sie ein Torso ein Bruchstück, damals jedoch ein gebräuchlicher Ausdruck für den Rumpf. Außerdem hätte Gunn/Engelbach bekannt sein können, daß sich in Deutschland erst später ein allgemein gebräuchlicher Terminus für diesen Statuentypus durchgesetzt - der heute ebenso übliche wie unglückliche Begriff des "Würfelhockers" wird erstmals 1925 von Schäfer vorgeschlagen.[4] Ein Blick in den von Ebers und Overbeck herausgegebenen Katalog des Leipziger Archäologischen Museums von 1881 hätte die Autoren gelehrt, daß Ebers den Begriff "Naophore Statue" umfassender gebraucht als heute üblich, also damit sowohl den echten Naophoren[5], als auch genau das benennt, was man später als "Würfelhocker" bezeichnet.[6]

Ebers' einziger Artikel aus der Privatdozentenzeit in Jena und zugleich seine erste Zeitschriftenveröffentlichung überhaupt befaßt sich mit "etymologischen Versuchen."[7] Ebers erklärt das Toponym ("Mennus") als die kilikische Stadt Mallus am Pyramos, eine Deutung, die heute noch Bestand hat[8] und bringt den ersten Beleg des Epitheton (jwsᶜs) der Hathor auf einem

---

1 Gunn, The Berlin Statue, in: BIFAO XXXIV (1934), 135-142.

2 Gunn, The Berlin Statue, in: BIFAO XXXIV (1934), 136.

3 Gunn, The Berlin Statue, in: BIFAO XXXIV (1934), 136.

4 Schäfer-Andrae, Die Kunst, 55. Daß dieser Begriff hier erstmals auftaucht siehe Schulz, Entwicklung und Bedeutung, 4. Einer noch von der klassischen Kunst geprägten Ägyptologie muß diese Form als Unding erscheinen. Lauth meint vom Münchner Bekenchons, das Stück habe das "Ansehen einer plumpen Masse", Furtwängler spricht beim selben Stück von einer "hässlichen Stellung". Lauth, Erklärendes Verzeichnis, 45 (Nr.30). Furtwängler, Beschreibung, 42 (Nr.45).

5 Das geht aus der Nr.11 von Ebers und Overbeck, Führer, 7 hervor: Gipsabguß "Unvollendeter Naophoros" aus Bulaq, der G 220 von Erman, Ausführliches Verzeichnis, 481 entspricht: "Statue eines Mannes, der einen Schrein auf einem Pfeiler vor sich hat".

6 Eindeutig bei Ebers' Beschreibung des Gipsabgusses des Bekenchons in seinem Museum in Leipzig: "Naophore Statue des Bek en Xensu. 1818 von Riffaud in Theben entdeckt. Aufbewahrt in aegyptischen Saal der Glyptothek zu München". Ebers und Overbeck, Führer, 6 (Nr.6). Desgleichen beim acephalen Würfelhocker LD III,178 f-i = Erman, Ausführliches Verzeichnis 131, 2283 des Setau = Ebers, Richard Lepsius, 219. Ebenso heißt es in der Beschreibung des Bildes "Death of the First-Born" op.103 von Alma Tadema (Rijksmuseum Amsterdam, RM 2264) in Ebers' Tadema-Biographie: "Neben ihm kauert der Arzt, ein lebendig gewordener Naophoros, wie jedes Museum ihn zeigt". Dessen Haltung ist eindeutig die eines heute so genannten "Würfelhockers". Ebers, Lorenz Alma Tadema, in: Westermanns Illustrierte Deutsche Monatshefte LIX (1885/86), 183, ganz zitiert oben 84f.

7 Ebers, 1.Mennus-Mallus, in: AeZ VI (1868), 70-72. Zitat 72.

8 Vgl.Gauthier, Dictionnaire des noms géographiques, 37, mit ausdrücklicher Bezugnahme auf Ebers: "ainsi que l'avait déjà vu Ebers".

"außerägyptischen Denkmale."[1] Dann schlägt Ebers für den ägyptischen Gott Παμύλης (Pamyles), den nur die griechischen Schriftsteller überliefern[2] und den Dümichen mit dem Gott 𓏤𓍿𓂝𓏭 (Ba merti) zusammengebracht hat, eine phönizische Herkunft vor und identifiziert ihn aufgrund seines ithyphallischen Charakters nach Brugsch mit Min. Ebers' Ableitung wird zwar später noch zitiert[3], setzt sich jedoch nicht durch: "Die Deutungsversuche dieses sicher aus ägyptischem Sprachgut stammenden Wortes sind bisher alle gescheitert; wir wissen nicht einmal, ob P. ursprünglich ein selbständiger Gott war oder nur ein Beiwort des Osiris."[4] Auch dieser kleine Abschnitt ist ein Beispiel für die Gräcozentrie des jungen Ebers und der jungen Ägyptologie. Als letztes leitet Ebers auch den Gott 𓄿𓏏 ("Xeld") aus dem Phönizischen ab.

1871 erscheint der Artikel "**Erklärung eines Abschnittes des XXV.Cap. des Todtenbuches**" - im Titel ist die Spruchnummer verschrieben - es handelt sich um Spruch 125. Er reiht sich ein in die Anzahl von Kommentaren zu einzelnen Sprüchen, die viele der führenden Ägyptologen damals veröffentlichen. 1867 war durch Birch die erste vollständige Übersetzung des Totenbuchs erfolgt[5], und 1872 veröffentlicht Brugsch eine deutsche Übersetzung der ersten 15 Sprüche.[6] Ebers will mit der besagten Totenbuchstelle (Spruch 125, Vers 200ff.) die Erscheinung klären, daß abgetrennte Fußsohlen in Mumienleibern gefunden worden waren. Ebers' Hauptzweck ist, zwei neue Vokabeln in das Lexikon einzuführen. Da sich jedoch seine Übersetzung von 𓊪𓊪𓏏 als "Fußsohle" nicht bestätigt hat, ist die darauf aufgebaute Erklärung hinfällig, und auch sein zweiter Vorschlag einer Erklärung der Bezeichnung des anderen Fußes ist überholt. Allerdings können auch Birch und Brugsch keine Lösungen für die unklaren Stellen bieten, und Ebers vertritt seine Interpretation noch viel später an ungewöhnlicher Stelle, nämlich in seinem Roman "Uarda". Auch in der Ausgabe innerhalb der Gesammelten Werke findet sich diese Erklärung, ohne daß Ebers dabei seine Autorenschaft angibt.[7]

Zwei kurz hintereinander in der AeZ erscheinende Artikel beschäftigen sich mit der Metrik der ägyptischen Sprache: "**Der Klang des Altägyptischen und der Reim**" und "**Ein strophisch angeordneter Text auf einer Mumienbinde**". Der erste Artikel enthält eine gute Einführung in das Verhältnis von Sprache und Schrift und die Problematik der modernen Umschriftmethode. "Die Kenntniß der lebenden Muttersprache und die Übung lehrte den Leser die richtige vocalische Nüanz

---

1 Ebers, 1.Mennus-Mallus, in: AeZ VI (1868), 71.

2 Erwähnung bei Photios, 375, 40, des Pamylien-Festes Plutarch, Is.et Os.36. Ebers führt nur Plutarch, Is. et Os.12 und Hesychios an. Oft wird auch die Stelle Herodot, Hist.II, 48 mit den Pamylien in Verbindung gebracht.

3 Wiedemann, Herodots Zweites Buch, 224.

4 Rusch, in: RE XVIII, 2 (1942), Sp.2053, s.v.Pamyles. Von ägyptologischer Seite: RÄRG, 580, s.v.Pamylien.

5 Erschienen in: Bunsen, Egypt's Place.

6 Brugsch, Das Todtenbuch, in: AeZ X (1872), 65-72 und 129-134.

7 Ebers, Uarda II 1893, 112, Anm.

auch ohne graphische Nachhülfe zu treffen und es scheint uns mit Sicherheit behauptet werden zu dürfen, daß die in der koptischen Grammatik so häufigen Wandlungen der Vocale im Innern der Worte von der Sprache der alten Aegypter, in deren Schrift sie noch nicht nachgewiesen werden können, gefordert worden sind"[1] und "Ein alter Aegypter würde gewiß kein Wort verstehen, wenn wir ihm eine Inschrift nach der Londoner (...) Umschriftsweise vorlesen wollten"[2] sind Erkenntnisse, die auch heute noch Gültigkeit haben. Ebers führt dann eine Reihe von Beispielen für Reime in poetischen (z.B. im Amunhymnus des Boulaq-Papyrus Nr. 17) und in magischen Texten an (z.B. im pEbers oder der Metternich-Stele), die inzwischen natürlich obsolet geworden sind, da die ägyptischen Texte heute anders vokalisiert werden. Das Ebers'sche Bestreben, Reime, die ja hauptsächlich durch ihre Vokale klingen, ausfindig zu machen auf dem schwankenden Boden einer ungeklärten Vokalisierung, mutet weniger widersprüchlich an, wenn wir Ebers' Absicht darin sehen, einen Beitrag zu leisten zur Festigung der Aussprache, indem er durch den Gleichklang des Reims Rückschlüsse von Gesichertem zu noch Umstrittenem sucht.

Der an diese Ausführungen anschließende Aufsatz in der AeZ des folgenden Jahres veröffentlicht einen **"strophisch angeordneten Text auf einer Mumienbinde"** im Besitze des Autors. Es handelt sich dabei um den vorderen Streifen einer Mumienkartonage.[3] Der magische Text ist schon durch den antiken Schreiber in drei Abschnitte gegliedert worden, deren jeder wiederum fünf Teile enthält. Besonders im ersten Abschnitt kann Ebers überzeugend eine litaneimäßige Gliederung, d.h. einen Parallelismus der Satz- bzw. Kolumnenanfänge und Alliterationen herausarbeiten. Mit diesem Artikel weist Ebers nachdrücklich auf Kennzeichen der Form hin, die über inhaltliche Kennzeichen, den "poetischen Stil", hinausgehen, nämlich auf Parallelismus[4], Alliteration[5], Synonym, Wortspiel und (End-)Reim.

1881 schreibt Ebers eine umfangreiche Rezension in der ZDMG über die soeben erschienene **"Nubische Grammatik" von Lepsius**[6], die ebenso ihr Thema sprengt, wie das besprochene Werk. "So finden wir denn in dem vorliegenden Werke weit mehr als eine grammatische Behandlung des Nubischen als Sprachindividuum; es enthält dasselbe vielmehr in der Einleitung, die ein Werk für sich

---

1   Ebers, Der Klang, in: AeZ XV (1877), 43.

2   Ebers, Der Klang, in: AeZ XV (1877), 44.

3   "Mumienbinde" einer Nes-Tefnut, Tochter der Gem-en-Isis, von Ebers in die Ptolemäer- oder Römerzeit datiert, Leinwandstreifen 148 x 4,25cm.

4   Darauf hatte Brugsch schon beiläufig 1850 hingewiesen in: De Rougé und Brugsch, Stück eines ägyptischen Hymnus, in: ZDMG IV (1850), 374-376.

5   Es ist bemerkenswert, wie Erman bereits einige Jahre später, nämlich 1885, das in seinem Standardwerk, Aegypten und aegyptisches Leben II, 527ff. als festen Besitz der Ägyptologie verkündet.

6   Lepsius, Nubische Grammatik.

genannt werden darf, eine umfassende Uebersicht über die afrikanischen Völker und Sprachen, eine gründliche Würdigung der Stelle, die das Nubische unter den übrigen Sprachen Afrikas einnimmt und einen ersten Versuch dem nubischen Volke eine Geschichte zu schreiben."[1] Ebers würdigt das Lebenswerk von Lepsius, der die Grundlagen für Chronologie, Inschriften- und Denkmälerkunde gelegt habe und folgt dem Autor dann in kühne völkergenealogische Konstruktionen.[2] Ebers' tiefe Verehrung für seinen Lehrer kommt deutlich in den Sätzen des Schlusses zum Ausdruck, in denen er der "Einleitung" den Vorzug vor der "Grammatik" gibt, denn jene zu schreiben möchte auch einem anderen Gelehrten gelingen, jedoch "möchte kaum einem zweiten lebenden Forscher die Fähigkeit zugesprochen werden dürfen die gewaltigen linguistischen und historischen Stoffmassen, welche in der Einleitung methodisch geordnet und kritisch beleuchtet werden, in gleicher Weise zu einem fein gegliederten Gebäude zu vereinigen, wie dies durch den Verfasser geschehen ist."[3]

Der letzte philologische Artikel von Ebers "**Der wahre Lauthwert des Zeichens**. **Versuch einer Widerlegung der von Brugsch verteidigten Lesung**" bezieht sich zwar unmittelbar auf einen Artikel von Brugsch in der AeZ XIX (1881)[4], im Hintergrund steht jedoch eine alte Fehde zwischen Brugsch und Ebers, die ihren Ausgang genommen hatte als Ebers in seiner Rezension des Geographischen Wörterbuches von Brugsch im Literarischen Centralblatt 1879[5] die "lautliche Bestimmung des Zeichens in einer abfälligen Weise beurtheilt" hat[6] und die sich um die Frage nach der Richtigkeit der Brugsch'schen oder der Ebers'schen Exodustheorie dreht, die jeder mit seiner Lesung des Toponyms Pi-Hahirot bestätigt und mit der gegnerischen Lesung zu Fall gebracht sieht. Die Lesung des Zeichens ist heute zugunsten der Ebers'schen Seite entschieden, nicht weiter gekommen ist man jedoch mit Namensdeutung und Lokalisierung von Pi-Hahirot.[7]

---

1 Ebers, Richard Lepsius. Nubische Grammatik, in: ZDMG XXXV (1881), 207-218.

2 Die Einwanderung der Ägypter aus Asien, Ebers, Richard Lepsius, in: ZDMG XXXV (1881), 210; Kuschiten als Phönizier und Hyksos, die "in der That Babylonien colonisiert, regenerirt und mit ägyptischer Bildung befruchtet haben", Ebers, Richard Lepsius, in: ZDMG XXXV (1881), 215.

3 Ebers, Richard Lepsius. Nubische Grammatik, in: ZDMG XXXV (1881), 218.

4 Brugsch, Über den Lautwerth, in: AeZ XIX (1881), 25-41.

5 Ebers, Brugsch-Bey, Heinrich, dictionnaire, in: Lit.Centralbl. (1879), Sp.1388-1390.

6 Brugsch, Über den Lautwerth, in: AeZ XIX (1881), 39.

7 Der neueste Artikel dazu: Görg, Pi-Hahirot, in: BN 50 (1989), 7-8.

III. 4. 1. 2. Denkmälerkunde

Naturgemäß handelt es sich bei Zeitschriftenaufsätzen oft um kurze aktuelle Mitteilungen oder Repliken in kontroversen Diskussionen. Zu dieser Kategorie gehören die Artikel von Ebers zum Thema Denkmälerkunde.

Nachdem sein verehrter Lehrer Lepsius den Artikel "Ueber die Annahme eines sogenannten prähistorischen Steinalters in Aegypten"[1] veröffentlicht hat, fühlt sich Ebers bemüßigt, "ein Weniges zur Entscheidung der wichtigen von Ihnen so bedeutend angeregten Frage" beizutragen[2] und Beobachtungen seiner 1869/70 unternommenen Reise mitzuteilen. So entsteht **"Ueber die Feuersteinmesser in Aegypten"**. Damit ist die Diskussion über die Herkunft der Ägypter, die später noch so skurrile Blüten treiben sollte, eröffnet. Ebers glaubt, daß die Ägypter "als ein verhältnismäßig vorgeschrittenes mit der Schmelzung verschiedener Metalle vertrautes Volk zum Nile kamen"[3], lehnt also mit Lepsius eine Steinzeit in Ägypten ab. Die von den Anthropologen Hamy[4] und Lenormant[5] entdeckten Halden von Feuersteinabfallstücken, die diese zur Annahme von "Feuersteinfabriken" veranlaßten, sieht Ebers aufgrund eigener gleicher Beobachtungen auf dem Sinai während seiner Expedition 1869/70 als natürlich entstanden. Sicher ist diese Ansicht heute überholt, doch befindet sich die Vorgeschichtsforschung in Ägypten damals noch nicht auf einer wissenschaftlichen Basis - die ersten Vorgeschichtsgrabungen erfolgen erst 1892 durch Petrie in Naqada und Ballas. Während jedoch die von Lepsius und Ebers vertretene Einwanderungstheorie der Ägypter aus Asien heute nicht mehr aktuell ist - ihnen die Urheberschaft an der unseligen Indogermaneneinwanderungstheorie zuzuschreiben, würde zu weit gehen - wurde und wird in der Ägyptologie der vorderasiatische Einfluß in der beginnenden Bronzezeit unter den Stichworten "Zuzug oder Invasion"[6] immer wieder diskutiert.

In seinem Artikel **"Einige Inedita"** veröffentlicht Ebers vier Kleinobjekte, zwei Horusstelen, deren eine sich im Besitz des Leipziger Museums befand und befindet (Inv.1034), deren andere, ebenso wie ein Herzskarabäus, sich im Besitz des Autors befanden und deren Verbleib heute unbekannt ist.[7] Das vierte Objekt ist ein Amulett im Besitz von Theodor Graf, Wien[8], mit dem Ebers seit der

---

1 Lepsius, Ueber die Annahme, in: AeZ VIII (1870), 89-97 und 113-121.

2 Ebers, Ueber die Feuersteinmesser, in: AeZ IX (1871), 22.

3 Ebers, Ueber die Feuersteinmesser, in: AeZ IX (1871), 20.

4 WwW, ²1972, 132.

5 WwW, ²1972, 173.

6 Wildung, Ägypten vor den Pyramiden, 15.

7 Eventuell: Mus. Leipzig, Inv.2373, Scaraboid L.5,5 cm, B.4,5 cm Serpentin mit Spruch.

8 WwW ²1972, 120f.

gemeinsamen Schulzeit verbunden ist. Ebers setzt sich immer für den Freund ein, so daß sich die persönlichen Beziehungen hier nur schwer von den wissenschaftlichen trennen lassen.[1] Auch hier beschränkt sich die Bearbeitung nahezu ausschließlich auf den philologischen Aspekt. Werden bei den ersten drei Objekten wenigstens noch die Maße und einige ikonographische Hinweise gegeben, so verliert Ebers bei dem Amulett des Herren Graf darüber kein einziges Wort, so daß es fast scheint, als habe Ebers nur eine Abzeichnung der Inschrift zur Verfügung gestanden. So ist nur aus den Vergleichen von Ebers mit "Stelen" und "kleinen Monumenten (...), auf denen sich die Bilder von Ohren befinden"[2] zu erschließen, daß es sich wohl um eine "Ohrenstele" zu handeln scheint, wenn auch Ebers das Objekt nicht als ex-voto sieht, sondern in funerären Zusammenhang stellt. Ebers nimmt die Inschrift aber zum Anlaß, einige Ausführungen über Ohrenkrankheiten anzuschließen. So zeigen alle diese Artikel die philologische Vorliebe des Autors - die Ikonographie ist nur von untergeordneter Bedeutung und ein Vokabular der Stilistik noch nicht ausgebildet.

Dasselbe gilt uneingeschränkt auch für den Artikel über die Gemming-Sammlung: "**Bemerkenswerthes Neues, welches sich aus dem Studium der Gemming'schen Sammlung (im japanischen Palais zu Dresden) ergiebt**". Ebers "veröffentlicht" darin eine Stele der beiden Oberbaumeister Thutmosis' I. und III., Pu und Nebi,[3] den Kanopenkrügesatz einer Tasemṯek[4], und die dazugehörige Einzelkanope eines Tefnacht (26.Dyn)[5] und verschiedene Uschebtis. Die Ausführungen verstehen sich offensichtlich als philologische Beiträge zur Vergrößerung der Materialbasis von Namenswörterbüchern, wie Lieblein "Dictionnaire de noms hiéroglyphiques." Ebers zollt damit auch der wachsenden Bedeutung der chronologisch-genealogischen Methode Tribut, indem er die Familienzusammengehörigkeit der Besitzer rekonstruiert.

Eine Sonderstellung nimmt der Artikel in den AdI LV (1883), 76-135[6] mit dem Titel "**Antichità Sarde e loro provenienza**" ein. Ebers hat 1870 Sardinien und das Museum von Cagliari besucht und dort einige ägyptische und ägyptisierende Objekte entdeckt, die er jetzt mit 7 Tafeln veröffentlicht und

---

1 Vgl. dazu die Eintragungen von Graf im Tutzinger Gästebuch und einen Brief von Ebers, der besagt, daß ihm Graf einen Teppich für seine Wohnung besorgt hätte, Brief von Ebers aus Leipzig an seine Mutter vom 30.1.1881, SBB, was zu der süffisanten Charakterisierung als "Teppichhändler" im Zusammenhang mit dem Kauf der Amarnatafeln in: Erman, Mein Werden, 223, paßt. Vgl. auch Ebers' Ausführungen zu den Graf'schen Mumienportraits 235-237.

2 Ebers, Einige Inedita, in: AeZ XVIII (1880), 59.

3 Inv.Aeg.755 (17).

4 Drei davon: Inv.Aeg. 690-692 (59, 60, 61), allerdings nicht die drei, von Ebers als gut erhalten, bezeichneten.

5 Inv.Aeg.693 (62).

6 Lepsius veröffentlicht 1837 die ersten ägyptologischen Artikel in den AdI. Sein Gönner Bunsen, der Generalsekretär der Gesellschaft ist, macht ihn 1836 zum redigierenden Sekretär. Seitdem erscheint eine Reihe von Artikeln von Lepsius im Verbandsorgan. Der erste in der ägyptologischen Reihe ist: "Lettre à Monsieur le Prof. Hippolyte Rosellini sur l'alphabet hiéroglyphique", AdI IX (1837), 5-100, in dem er den Begriff der "Silbenzeichen" in die ägyptische Philologie einführt, was Seyffarth dann als geistigen Diebstahl seiner Entdeckung betrachtet. Im selben Jahrgang erscheint dann noch: "Sur deux statues Egyptiennes représentant l'une la mère du roi Ramsès Sésostris, l'autre le roi Amasis", AdI IX (1837), 167-176. Später verdrängen ZDMG und natürlich AeZ die AdI.

einer Tafel im Tafelband "Monumenti inediti."[1] "Osservandoli però, non isolatamente, ma in rapporto con altri simili oggetti ritrovati fuori dell' Egitto, ben tosto saremo costretti ad usare grande cautela nell'attribuirli alla storia del regno dei Faraoni."[2] Ebers gibt in diesem Artikel einen Katalog aller Stücke mit Abbildung und Beschreibung: Amulette von Bes, Sachmet, des Udjatauges, Skarabäen, ein Uschebti, Terracottafiguren in Mumiengestalt, der griechisch-römischen Demeter-Aphrodite und des Bes, Cippi und Ohrringe.

Ebers' Artikel "**Altkoptisch oder heidnisch**", AeZ 1895, handelt über die aktuelle Auseinandersetzung, in der Carl Schmidt[3] einer von Ebers als christlich bezeichneten Stele[4] diese Eigenschaft abspricht. Unabhängig davon, wie die Stele heute bewertet werden mag, ist von grundsätzlicher Bedeutung die Auseinandersetzung um die von Ebers seit 1893 und inzwischen auch von Erman[5] vertretene Motivtradierung vom Heidentum in die christliche Zeit, die Schmidt bestreitet - in diesem Falle die Wandlung der Isis mit dem Horusknaben zur Madonna lactans. Schmidt spricht darüber der ägyptischen koptischen Kunst den nationalen Charakter ab. Ebers zieht zur Entscheidung zwischen christlich oder heidnisch erstmals stilistische Gesichtspunkte heran und beschreibt daneben einige ikonographische Details.[6]

III. 4. 1. 3. AUSGRABUNGEN. "WENN DIE HERREN ALTERTHUMSGRÄBER DOCH BEI DEN NATURFORSCHERN IN DIE LEHRE GEHEN WOLLTEN."

In seinem Artikel "**Brief an Mr.R.Stuart Poole**" nimmt Ebers in ungewohnt scharfer Weise die Navilleschen Ausgrabungen bei Tell el-Maschuta gegen einen anonymen Kritiker im "Athenaeum" in Schutz. Ausführlich geht er auf die Angriffe gegen das Navillesche Buch - gemeint ist "The store-city of Pithom and the route of the Exodus" - , das der Kritiker als wertlos bezeichnet, ein und wehrt sie ab, indem er die neuen Erkenntnisse Navilles auflistet und würdigt. Selbstverständlich sind die erst heute gewonnenen Erkenntnisse von den komplizierten Zusammenhängen der Wiederverwendung der NR-Blöcke aus Tell er-Retabe in Tell el-Maschuta weder Ebers noch Naville bekannt, so

---

1 Monumenti inediti pubblicati dall'Instituto di Corrispondenza Archeologica, Vol XI, Roma 1879-83 (Tav.LII. Antichità Sarde, pubblicate da W.Helbig ed illustrate da G.Ebers).

2 Ebers, Antichità Sarde, 76.

3 Schmidt, Über eine angebliche altkoptische Madonna-Darstellung, in: AeZ XXXIII (1895), 58-62.

4 Ebers, Sinnbildliches. Darüber ausführlicher 237-240.

5 Erman, Heidnisches, in: AeZ XXXIII (1895), 47-51.

6 Eigenartigerweise werden "die fünf Streifen oder Bänder unter dem ▭ ", Ebers, Altkoptisch, in: AeZ XXXIII (1895), 137, zwar bemerkt, aber nicht als Kolumneneinteilung für noch auszuführende Hieroglyphen erkannt, was ein zusätzliches Argument für Schmidt liefern würde.

daß Ebers die Gleichsetzung Pithom (Tell el-Maschuta) - Sukkoth (heute: Tell er-Retabe) verteidigt und diese mit Wilkinson, Lepsius und Maspero gegen Brugsch mit der Ramsesstadt gleichsetzt[1], aber er befindet sich damit auf dem aktuellen Stand der damaligen Erkenntnisse, zu denen er selbst in seinen Büchern "Aegypten und die Bücher Moses's" und "Durch Gosen zum Sinai" wesentlich beigetragen hatte. Daraus könnte sich auch der für Ebers ungewöhnlich heftige Ton seiner Erwiderung erklären, und vielleicht verbergen sich dahinter auch Auseinandersetzungen um den neu gegründeten Egypt Exploration Fund, denn der Kritiker rät diesem, Naville als Ausgräber zu entlassen![2]

1897 nimmt Ebers noch einmal Stellung zu aktuellen Grabungsproblemen. Eigentlich sollte der Artikel in "Sphinx" die Publikation von "**J. de Morgan, Fouilles à Dahchour**" zu seinen Entdeckungen in Dahschur behandeln, also eine Rezension darstellen. Ebers entwirft jedoch eine klarsichtige Bestandsaufnahme und Abrechnung mit der aktuellen Praxis der archäologischen Tätigkeit. Erst nachdem Ebers Karl Piehl, dem Gründer der "Sphinx", die Rezension versprochen hat, erscheint in der AeZ der berühmte "Brief des Herrn Prof.Dr.G.Schweinfurth an den Herausgeber".[3] Ebers wird dadurch die Gelegenheit genommen - so betont er jedenfalls -, seinerseits die Schweinfurthschen Forderungen zu erheben, er schließt sich diesen jedoch nachdrücklich an und macht sich als Ägyptologe die Forderungen des Naturwissenschaftlers zu eigen. Er will die alte philologisch-historisch orientierte Generation, der er selbst angehört, abgelöst wissen von einer naturwissenschaftlich orientierten. Er sieht "die Aegyptologie (...) sowohl in der Handhabung von Ausgrabungen, als auch bei ihrer Publikation an einem Wendepunkt angelangt."[4] In der Tätigkeit und der Publikation von de Morgan, an denen "als grösster Vorzug zu Tage [tritt], dass derjenige, der sie leitete, von Haus aus Ingenieur ist"[5], sieht er die Forderungen vorbildlich erfüllt, die Abkehr von der Suche nach Inschriften, Statuen u.a. und statt dessen eine Zuwendung zu den "Objecten aus den verschiedenen Reichen der Natur"[6], wie Metallen, Knochen, Mineralien, Ziegel. Hervorzuheben ist die genaue Schilderung der Grabung und des topographischen Befundes, die vorzüglichen, auch farbigen,

---

1 Brugsch will Tanis als die Ramsesstadt sehen. Dazu Ebers auch in: Baedeker Aegypten I, 428f.

2 Vgl. Ermans herablassende Bemerkung: "Vielfach hat er auch Grabungen für den Egypt Exploration Fund in Ägypten ausgeführt, und die sollen ihm als Verdienst angerechnet werden, wenn sie auch nicht so wissenschaftlich ausgeführt wurden, wie wir das heute verlangen." Erman, Mein Werden, 171.

3 Schweinfurth, Brief des Herrn Prof.Dr.G.Schweinfurth, in: AeZ XXXIII (1895), 32-37. Der Empfänger des offenen Briefes ist A.Erman. Dieser Brief ist wissenschaftsgeschichtlich höchst bedeutend.

4 Ebers, J.de Morgan, in: Sphinx I (1897), 10. Schweinfurth fährt fort: so wie sie gegenwärtig betrieben wird, kann "der ägyptischen Alterthumskunde ein Vorwurf gedankenloser Einseitigkeit nicht erspart bleiben", Schweinfurth, Brief des Herrn Prof.Dr.G.Schweinfurth, in: AeZ XXXIII (1895), 36. Ebers will allerdings die Wende nicht mit de Morgan begonnen sehen, sondern mit der Tätigkeit Petries. Pikant wird Ebers' Kritik an der "Hast und mangelnde[n] Methode (...) mit denen Unberufene gegenwärtig in Aegypten den Spaten führen", Ebers, J.de Morgan, in: Sphinx I (1897), 10, dadurch, daß der vorbildliche de Morgan gleichzeitig der genehmigende und beaufsichtigende Generaldirektor der Antikenverwaltung ist.

5 Ebers, J.de Morgan, in: Sphinx I (1897), 11.

6 Ebers, J.de Morgan, in: Sphinx I (1897), 17.

Illustrationen, und der Anhang, in dem Fachleute zu ihren Spezialgebieten zu Wort kommen. So stimmt Ebers dem Seufzer Schweinfurths zu: "Wenn die Herren Alterthumsgräber doch bei den Naturforschern in die Lehre gehen wollten."[1]

1898 bringt die AeZ den letzten Artikel **"Menschenfresserei in Ägypten?"** posthum und "unverändert zum Abdruck."[2] Ebers nimmt darin Stellung zu einer These von Petrie zu den Funden zerlegter Körper bei seinen Ausgrabungen prädynastischer Friedhöfe in Naqada und Ballas im Jahre 1895. Petrie schlägt als Erklärung vor, daß die Hinterbliebenen das Fleisch der Verstorbenen aufgegessen hätten, um deren Eigenschaften in sich aufzunehmen. Ebers sucht nun "eine andere Deutung weniger widerwärtig und dazu wahrscheinlicher" zu geben.[3] Er sieht, trotz abweichender Begräbnissitten der eben in Oberägypten eingewanderten "new race" (Hockerstellung, fehlende Mumifizierung), in ihnen Anhänger ägyptischen Unsterblichkeitsglaubens (Grabausschmückung, Totenversorgung) und Osirisverehrung, begründet durch die räumliche Nähe zu Abydos als dessen Hauptkultort und dem Fund von "Figuren mit den bärtigen Gesichtern" als "Nachbildern der in Binden eingewickelten Osirismumie."[4] Und so ist der Schritt nicht weit, in Anlehnung an entsprechende Stellen der Pyramidentexte in der Zerstückelung der Leichen eine Nachfolge des Osiris zu sehen. In einem Anhang berichtet Ebers von den jüngsten Ausgrabungen von Petrie in Deschasche, wo dieser eindeutig ägyptische Leichen aus dem Alten Reiche in zerstückeltem Zustand gefunden habe. Wenn schon der aufgrund ihrer Kulturäußerungen nicht unzivilisierten "new race" Kannibalismus nicht zuzutrauen ist, wieviel weniger dann den eigentlichen Ägyptern! "Das Volk, dem die Maler und Bildhauer angehörten, die diese Grüfte ausschmückten, für Menschenfresser zu halten, möchte auch FLINDERS PETRIE schwerfallen."[5] Es ist das Bemühen, die Ägypter freizuhalten von allen Atavismen wie Kannibalismus oder Menschenopfer - eine Diskussion, die später im Umkreis der heb-sed-Diskussion wiederaufgenommen wird.

III. 4. 1. 4. Sonstiges. Der Aufsatz über Seyffarth. "Einer unter diesen Führern auf Holzwegen"[6]

Eine Ausnahme im Zyklus der Aufsätze bildet die kritische Würdigung des Vorgängers und Begründers der Ägyptologie in Leipzig, Gustav Seyffarth in der ZDMG 1887. Ebers sieht sich - so schreibt er selbst - als Nachfolger Seyffarths und als dessen bevorzugte Zielscheibe für Polemiken geradezu genötigt, sich dieser Aufgabe zu unterziehen. In der ersten Hälfte des Artikels gibt Ebers

---

1 Schweinfurth, Brief des Herrn Prof.Dr.G.Schweinfurth, in: AeZ XXXIII (1895), 36.

2 Ebers, Menschenfresserei, in: AeZ XXXVI (1898), 106.

3 Ebers, Menschenfresserei, in: AeZ XXXVI (1898), 107.

4 Ebers, Menschenfresserei, in: AeZ XXXVI (1898), 108.

5 Ebers, Menschenfresserei, in: AeZ XXXVI (1898), 113.

6 Ebers, Richard Lepsius, 88, über Seyffarth als Anführer von "Gelehrten, welche sich gleichfalls Aegyptologen nannten" wie Sickler, Klaproth, Uhlemann u.a.

eine Biographie Seyffarths, der zweite Teil behandelt auf 19 Seiten seine "Verdienste" für die Ägyptologie. Dabei geht Ebers ausführlich mit Beispielen auf Seyffarths Hieroglyphenentzifferungssystem ein und widerlegt es. Er bemüht sich, der Person Seyffarths Gerechtigkeit widerfahren zu lassen, deren Tragik er in dem starrsinnigen, fanatischen Wesen eines "protestantischen Zeloten"[1] sieht, das ihn in zunehmende menschliche und wissenschaftliche Isolation und schließlich in die Verbitterung führte. Sein Konfrontationskurs zu Champollion bewirkte, daß sein Beitrag zur Hieroglyphenentzifferung heute vergessen ist oder Lepsius zugesprochen wird. So wie Ebers mit aller Schärfe das Gesamtsystem Seyffarths ablehnt, das ihn "zu Übersetzungen von grauenhafter Zügellosigkeit geführt" hatte[2] - es "enthalten seine Versionen (...) soviele Fehler als Worte"[3] -, so betont er umgekehrt, daß das System "unverwendbar im Ganzen, dennoch eine richtige Wahrheit enthält"[4] "und so werden wir *nicht* Champollion, sondern *ihm die Entdeckung der Polyphonie vieler Hieroglyphen zuzuschreiben haben*"[5] und müssen ihn als Entdecker "*eines sehr wichtigen Bestandtheiles des hieroglyphischen Schriftsystems, d.i. der Silbenzeichen*"[6] anerkennen.

Der Artikel von Ebers stellt noch heute die wichtigste Quelle für Daten aus dem Leben von Seyffarth und die einzige brauchbare Würdigung seiner Person dar. Durch seine wohlwollende Haltung setzt sich Ebers seinerseits Kritik seitens seiner Kollegen aus.[7] Wissenschaftsgeschichtlich interessant ist Ebers' heftige Ablehnung weniger des Entzifferungssystems als vielmehr der obskuren wenigen Schriften der 24-jährigen Professorenzeit Seyffarths in Leipzig, deren Lektüre einen "bedauerlichen Zeitverderb"[8] darstelle. Sie seien geeignet durch ihre Abstrusität, der Ägyptologie Schaden zuzufügen. Dahinter steht deutlich die Furcht Ebers', daß die Ägyptologie ihren gerade erst erworbenen und noch ungefestigten Anspruch als Wissenschaft wieder verlieren könne. Seyffarth läßt überall das vermissen, was Wissenschaft ausmacht, nämlich Kritik. "Vor den Augen der historischen Kritik mussten seine geschichtlichen, mythologischen und mystischen Irrgänge den Glauben an eine Wissenschaft schädigen, in deren Grenzen solche Ungeheuerlichkeiten erwachsen konnten."[9]

---

1 Ebers, Gustav Seyffarth, in: ZDMG XLI (1887), 208.

2 Ebers, Gustav Seyffarth, in: ZDMG XLI (1887), 204.

3 Ebers, Gustav Seyffarth, in: ZDMG XLI (1887), 219.

4 Ebers, Gustav Seyffarth, in: ZDMG XLI (1887), 207f.

5 Ebers, Gustav Seyffarth, in: ZDMG XLI (1887), 223.

6 Ebers, Gustav Seyffarth, in: ZDMG XLI (1887), 230. Damit sind die Silben- oder Mehrkonsonantenzeichen gemeint, die Champollion nicht richtig erkannt hatte, und die Lepsius später in das Champollionsche System einbaut.

7 Z.B. Brugsch, Die Aegyptologie, 17f. Brugsch: "die sämmtlichen Werke beider (...) Gelehrten [Seyffarth und Schüler Uhlemann] sind daher vollkommen bedeutungslos", Brugsch, Die Aegyptolgie, 127.

8 Ebers, Gustav Seyffarth, in: ZDMG XLI (1887), 212.

9 Ebers, Gustav Seyffarth, in: ZDMG XLI (1887), 229f.

III. 4. 2. ANDERE ZEITSCHRIFTEN

Ebers ist auch noch an weiteren wissenschaftlichen Zeitschriften beteiligt, allerdings nur indirekt, d.h. ohne eigene Artikel in diesen zu veröffentlichen. Er übt eine stille Beratertätigkeit aus und verfolgt die wissenschaftliche Diskussion aufmerksam, wie sich in seinen zahlreichen Zitaten aus diesen Zeitschriften und Anregungen, die er aus diesen empfängt, zeigt. Solcher Art sind seine Beziehungen zu den PSBA, zu Sphinx und zu den RecTrav.

Der Ägyptologe Samuel Birch gründet 1872 die Society of Biblical Archaelogy, deren Präsident er bis etwa 1885 ist. Seit 1878 besitzt die Gesellschaft in den PSBA ihr wissenschaftliches Organ. Der ägyptologische Teil dieser Zeitschrift, zu deren Mitarbeitern bis 1898 Le Page Renouf, Birch, Wiedemann, Naville, Budge, Lefébure, Amélineau, Piehl, Lieblein, Eisenlohr, Golenischeff, Maspero, Spiegelberg und Petrie gehören, wird immer mehr zum Schwerpunkt bis im Bd.XIV (1891/2) fast ausschließlich Ägyptologen als Autoren erscheinen. Ebers ist gewähltes Ehrenmitglied der Gesellschaft, so angegeben in der Todesanzeige[1], in den Veröffentlichungen der Ehrenmitgliedschaftsverleihungen erscheint sein Name allerdings nicht.

Die Zeitschrift Sphinx wird 1897 von Karl Piehl in Upsala gegründet und soll vornehmlich als Rezensionsorgan für ägyptologische Literatur dienen, was Piehl im Vorwort zur ersten Ausgabe als ein Desideratum der Ägyptologie bezeichnet. Ebers steht dem Herausgeber beratend zur Seite, gibt der Zeitschrift sogar ihren Namen, zählt auf dem Titelblatt zu den Mitarbeitern und eröffnet sie gleichsam mit der ersten Rezension in der ersten Nummer.[2] Doch Ebers stirbt schon im folgenden Jahr. Eine Anzeige in Sphinx teilt den Lesern den Tod von Ebers mit.[3]

Ein großer Teil von Ebers Aufsätzen sind Rezensionen im Literarischen Centralblatt, mit dessen Herausgeber Friedrich Zarncke Ebers persönlich bekannt ist[4] - die Ebers-Bibliographie erwähnt von 1884-1895 15 Beiträge im Literarischen Centralblatt - vier weitere wurden übersehen.[5] Oben wurde schon eine repräsentative Auswahl behandelt, da die meist kurzen Artikel oft mehrfach abgedruckt wurden, z.B. in allgemeinen Zeitungen und illustrierten Zeitschriften.

---

[1] PSBA XX (1898), 247.

[2] Ebers, J.de Morgan, in: Sphinx I, 10-17. Siehe oben 205f.

[3] Sphinx II (1898), 194.

[4] Zarncke ist als Dekan der Philosophischen Fakultät maßgeblich an der Berufung Ebers' nach Leipzig 1870 beteiligt, siehe 140 und 140 Anm.1.

[5] Aufzählung in 412-415.

III. 5. DIE MONOGRAPHIEN

1929 schreibt Adolf Erman in seinen Erinnerungen: "Die wissenschaftlichen Arbeiten von Ebers waren nicht so, daß sie auf ernste Gelehrte Eindruck machen konnten."[1] Dieses Urteil tradiert sich bis heute fort.[2] Dabei läßt sich anhand der ägyptologischen Bücher von Ebers nachprüfen, ob diese ernsthafte, neue wissenschaftliche Erkenntnisse enthalten oder ob das Ausbleiben eines "Eindrucks" eher an den "ernsten Gelehrten" und deren Sehweise liegt. Welches Bild geben die zeitgenössischen Rezensionen aus ihrem Wissenshorizont heraus? Die Liste der selbständigen wissenschaftlichen Veröffentlichungen von Ebers ist tatsächlich nicht umfangreich.[3] Sie umfaßt für die Jahre 1865-1897 nur 11 Titel einschließlich der Habilitationsschrift. Diese Titel sind in chronologischer Reihenfolge:

1865	Disquisitiones de dynastia vicesima sexta regum aegyptiorum, Berlin
1868	Aegypten und die Bücher Mose's. Sachlicher Commentar zu den aegyptischen Stellen in Genesis und Exodus. Bd 1, Leipzig.
1872	Durch Gosen zum Sinai. Aus dem Wanderbuche und der Bibliothek. Leipzig.
1875	Papyros Ebers. Das hermetische Buch über die Arzeneimittel der alten Aegypter in hieratischer Schrift. Bd 1-2, Leipzig.[4]
1884	Der geschnitzte Holzsarg des Hatbastru im aegyptologischen Apparat der Universität zu Leipzig, Leipzig.[5]
1885	Richard Lepsius. Ein Lebensbild, Leipzig.
1889	Papyrus Ebers. Die Maasse und das Kapitel über die Augenkrankheiten, Leipzig.[6]
1890	Die hieroglyphischen Schriftzeichen der Aegypter im Besitz der Herren Breitkopf und Härtel, Leipzig 1890.

---

1 Erman, Mein Werden, 257.

2 Wörtlich zitiert bei: Blumenthal, Altes Ägypten, 9. Dort wird auch von Ebers' "geringer wissenschaftlicher Produktivität" gesprochen.

3 Durch die Angewohnheit von Georg Ebers, seine einmal gewonnenen Erkenntnisse in verschiedenen Organen mit gleichen oder ähnlichen Titeln gleichsam multimedial zu vermarkten, herrscht Unübersichtlichkeit bei seinen Publikationen. Auch in diesem Punkt soll das folgende Kapitel zu einer Klärung beitragen.

4 Ebers zitiert in: Die Körperteile, 4 und in: Die Maasse, 135 ein Werk: Papyros Ebers, conserviert in der Universitätsbibliothek zu Leipzig. Ein hieratisches Handbuch altaegyptischer Arzneikunde. Herausgegeben, mit Einleitung und der Übersetzung der vorkommenden Krankheiten versehen von Georg Ebers. Mit Unterstützung des kgl.sächs.Ministeriums des Kultus und öffentlichen Unterrichtes, Leipzig 1875; Da sich dieses Werk nicht nachweisen läßt und auch die Ebers-Bibliographie diesen Titel nicht enthält - sie gibt aber für die tatsächliche Veröffentlichung statt korrekt 1875 das Jahr 1874 an - dürfte es sich um die pEbers-Veröffentlichung unter einem anderen Titel handeln.

5 Auch erschienen in den ASGW IX (1884), 204-262.

6 Auch erschienen in den ASGW XI (1889), 131-198, 199-336 als: Die metrologischen Grundlagen und das Kapitel über die Augenkrankheiten.

1893 Antike Portraits. Die hellenischen Bildnisse aus dem Fajjûm, untersucht und gewürdigt, Leipzig.

Sinnbildliches. Die koptische Kunst, ein neues Gebiet der altchristlichen Skulptur und ihre Symbole. Eine Studie, Leipzig.

1897 Die Körperteile. Ihre Bedeutung und Namen im Altägyptischen, München (= ABAW I.Cl., Bd.XXI, I.Abt.)

III. 5. 1. DIE HABILITATIONSSCHRIFT: "DIE IN LATEINISCHER SPRACHE GESCHRIEBENE DISSERTATION ÜBER DIE SECHS UND ZWANZIGSTE HERRSCHERREIHE DES ÄGYPTISCHEN KÖNIGSHAUSES"

Als Ebers sich im Dezember 1864 an die Universität Jena mit der Bitte um die Habilitation wendet, schreibt er an die Fakultät: "Eine große Arbeit hat vier Jahre lang den besten Theil meiner Kräfte in Anspruch genommen und kann frühestens im Jahre 1866 auf ihren Abschluß hoffen. Dieselbe beschäftigt sich mit der Regierungszeit der 26ten Dynastie, - vielleicht der interessantesten, welche die ganze aegyptische Geschichte darzubieten vermag."[1] Das Ende genau dieser Dynastie behandelt sein 1861/62 entstandener und soeben veröffentlichter Roman "Eine ägyptische Königstochter", der im Habilitationsverfahren eine wichtige Rolle spielt.[2] Ebers weist darauf hin, daß das "große Sammelwerk über die XXVI Dynastie"[3] noch unvollständig sei: "Das Material liegt, - auf vielen Reisen und in mancher Arbeitsstunde gesammelt, - überreich in meinen Mappen; an vielen Stellen bleiben aber noch Lücken auszufüllen und die Anordnung und Ausarbeitung des Ganzen darf nicht übereilt werden."[4] Als die Universität trotzdem eine eigene Habilitationsschrift verlangt, arbeitet Ebers diesen Komplex zu den "Disquisitiones de dynastia vicesima sexta regum aegyptiorum" um.

Die 28-seitige Schrift ist Conradus Leemans, "directori belgiorum antiquitatum Museorum amico et adjutori studiorum suorum"[5] gewidmet. Sie zerfällt in zwei Teile: "Itaque id nobis agendum erit, ut primum perquiramus et investigemus, quando singuli hujus dynastiae pharaones regnaverint, deinde res quasdam ab Herodoto de singulis hujus dynastiae regibus allatas examinemus et perpendamus."[6]

---

1 UAJ M Nr.390, Bl.73. Der Brief ist vollständig zitiert 125-127.

2 Siehe 127f. Über die Zusammenhänge zwischen literarischer und wissenschaftlicher Tätigkeit siehe 268-270.

3 UAJ M Nr.390, Bl.73 v.

4 UAJ M Nr.390, Bl.73 v.

5 Ebers, Disquisitiones de dynastia, Vorsatz.

6 Ebers, Disquisitiones de dynastia, 1. ("Zunächst untersuchen und erforschen wir, wann die einzelnen Pharaonen dieser Dynastie regiert haben, sodann prüfen und erwägen wir die Tatsachen, die von Herodot über die einzelnen Könige dieser Dynastie angeführt werden")

Zunächst stellt Ebers seine Quellen vor. Diese sind vor allem Herodot, der erst mit Beginn der 26.Dynastie als zuverlässig betrachtet werden könne, Diodor, die durch Africanus und Eusebius überlieferten Manetho-Fragmente und die späteren Bücher der Bibel. Dann folgen Ausführungen zur Chronologie der 26.Dynastie. Der Ausgangspunkt für die absolute Chronologie ist die Eroberung Ägyptens durch die Perser, die Ebers nach Lepsius in Übereinstimmung mit anderen Ägyptologen für das Jahr 527 v.Chr. errechnet. Ebers vergleicht dann die Regierungsjahre, die die antiken Quellen angeben, mit den Regierungszeiten bei den modernen Autoren Rosellini, Leemans, Boeckh, Bunsen, von Gumpach und Lepsius. Dabei ergibt sich das Problem, wie die drei Könige Stephinates (7 Jahre), Nechepsos (6 Jahre) und Nechao (8 Jahre), die die alten Listen aufzählen, und die Zwölfherrscher Herodots untergebracht werden können. Von diesen Herrschern finden sich keine altägyptischen Denkmäler oder Überlieferungen, etwa in den Königslisten. Deshalb meint Ebers, daß sie nicht ganz rechtmäßige Könige gewesen seien. Von den drei ersten Königen, die auch von allen anderen Ägyptologen noch anerkannt werden, schreibt Ebers recht unklar, daß sie mit den Zwölfherrschern verglichen werden könnten, aber nicht dazugerechnet werden dürften. Sie konnten durch die unruhige Regierungszeit keine Bauten errichten. Ebers befindet sich damit auf dem richtigen Weg.[1] Von den folgenden Pharaonen sind Denkmäler wie (Apis-)Stelen in verschiedenen Museen erhalten, aus denen Ebers im Vergleich zu den griechischen Überlieferungen die Regierungsjahre errechnet. Er kommt dabei zu Zahlen, die mit den heute noch gültigen Daten übereinstimmen.[2] Die relative Chronologie stellt Ebers in einer Tabelle zusammen.[3] Sie ergibt durch die Addierung der Regierungszeiten für die 26.Dynastie 160 Jahre, die absolute Chronologie[4] durch Rückrechnung vom Jahre 527 das Jahr 687 als Beginn der Dynastie. Mit der Aussage "Quibus rebus expositis, haec chronologiae Aegyptiae pars constare videbitur"[5] schließt der erste Teil. Das ist richtig, wenn man von dem um 2 Jahre verschobenen Eroberungsdatum absieht und die Verlängerung der Dynastie um 21 Jahre durch die ersten drei Könige abzieht.

Der zweite Teil beschäftigt sich mit Spezialproblemen und stellt ein rechtes Sammelsurium dar. "Nunc examinentur nonnulla, quae de singulis vicesimae sextae dynastiae regibus ab Herodoto traduntur"[6]. Die fabelhafte Dodekarchie hält Ebers für den Reflex der Zersplitterung Unterägyptens, über die sich Psammetich I. als Alleinherrscher aufgeschwungen hat. Die Überlieferung, daß das Labyrinth durch

---

1 Wiedemann, Ägyptische Geschichte, 600, nennt die drei Herrscher "Lokalfürsten von Memphis und Umgebung."

2 Psammetich I.: 54; Necho: 8; Psammetich II.: 6; Apries: 19; Amasis: 44; Psammetich III.:1.

3 Ebers, Disquisitiones de dynastia, 11.

4 Tabelle: Ebers, Disquisitiones de dynastia, 12.

5 Ebers, Disquisitiones de dynastia, 12. ("Nach Darlegung der Dinge, scheint dieser Teil der ägyptischen Chronologie festzustehen.")

6 Ebers, Disquisitiones de dynastia, 13. ("Jetzt werden manche Dinge untersucht, die über einzelne Könige der 26.Dynastie von Herodot überliefert werden")

die Zwölfherrscher erbaut worden sei, ist falsch, Lepsius hat erwiesen, daß der Bauherr Amenemhet III. war.[1] Dann korrigiert Ebers Herodot: Schon vor Psammetichs "ehernen Männern", die als griechische Söldner gedeutet werden, waren die Griechen in Ägypten bekannt. In der Frage der Gründung von Naukratis schließt sich Ebers Bunsen an, der das Jahr 749 v.Chr. errechnete, also lange vor Amasis, den Herodot als "Gründer" angibt. Die Auswanderung ägyptischer Garnisonen unter Psammetich I. nach "Äthiopien" hält Ebers durch griechische Inschriften des verfolgenden Heeres in Nubien für erwiesen. Die Bezeichnung der "Überläufer" als "Asmach" (Herodot II,30) erklärt Ebers aus dem ägyptischen 𓂋𓐍𓏏𓏭 *smhj*, links, linke Seite, linke Hand.[2] Zum Suez-Kanal Nechos, der schon früher begonnen worden war, verweist Ebers auf seine Ausführungen an anderem Ort.[3] Ebers lehnt die Herodot-Geschichte, Amasis sei von niedriger Abstammung und vom ägyptischen Heer gegen seinen Willen zum König gemacht worden und habe die Neigung zum Diebstahl besessen, ab. Vielmehr war er, gemäß ägyptischen Gepflogenheiten Adliger und wurde durch das Volk[4] zum König gemacht und von den Babyloniern[5] anerkannt, da sein Gegenspieler Apries Exponent der anti-babylonischen Partei war. Die Priester hätten diese Geschichten erfunden, um den Amasis als Usurpator zu brandmarken. Die von Herodot überlieferte Nitetis hat zumindest die Wahrscheinlichkeit eines typischen 26.Dynastie-Namens für sich, und die Eroberung Zyperns durch Amasis sei durch Inschriften belegt, die de Luynes veröffentlicht habe. Daraus gehe auch hervor, daß Zypern früher schon einmal unter ägyptischer Herrschaft stand. Ebers schließt: "Dynastia vicesima sexta, ultima regum serie, qui sincero Aegyptiorum semine orti erant, exstirpata et funditus sublata, liberum jus et arbitrium extenuatum est et evanescere coepit, quo per tria annorum millia ceteris totius orbis terrarum populis amplissima virtutum gloria anteibant Aegyptii, dignissimi, quorum res et publicae et privatae diurna nocturnaque sagacissimi et doctissimi cujusque viri sedulitate atque assiduitate indagentur."[6] Dies ist Ebers' Schlußwort über die 3000jährige ägyptische Geschichte.[7]

---

1 Ein Fehler Ebers': "sextus vicesimae secundae dynastiae rex", also der 6.König der 22.Dynastie statt: 12.Dynastie.

2 Verwandtschaft mit dem Griechischen auch: Wb IV, 140. Meyer folgt dieser Etymologie, Meyer, Geschichte des Altertums Bd.3, Stuttgart ²1937, 146. Wiedemann lehnt sie ab, Wiedemann, Ägyptische Geschichte, 618.

3 Ebers, Der Canal von Suez, in: Nordische Revue (1864) Okt./Nov. Nochmals: Ebers, Der Kanal von Suez, in: Über Land und Meer XIV (1865), H.51, 811-814 und H.52, 828-830. Siehe oben 28.

4 "ab ipso populo", Ebers, Disquisitiones de dynastia, 24.

5 Ebers meint mit Assyrern öfters die Babylonier.

6 Ebers, Disquisitiones de dynastia, 27. ("Die 26.Dynastie, die letzte Königsreihe, die aus reinem Geblüt der Ägypter hervorgegangen ist, wurde beseitigt und vollständig vernichtet. Das freie Recht und Urteil war geschwächt und begann zu verschwinden durch das die Ägypter durch 3000 Jahre den übrigen Völkern des Erdkreises mit reichem Ruhm der Tüchtigkeit vorangingen, die sehr würdig sind, daß alle scharfsinnigen und gelehrten Männer ihren staatlichen und privaten Angelegenheiten Tag und Nacht Fleiß und Ausdauer widmen.")

7 Noch Breasted läßt seine "Ägyptische Geschichte" 1905 mit diesem Datum der persischen Eroberung Ägyptens enden.

Ebers zeigt sich in der ägyptologischen Literatur wohl bewandert, wie Text und Anmerkungen ausweisen. An bevorzugter Stelle steht Lepsius mit vier Werken, daneben finden sich auch Brugsch, Birch, Leemans, Rosellini, Mariette, Bunsen, aber auch Theologen wie Hengstenberg oder Altphilologen wie Boeckh.

Rückblickend schreibt Ebers in dem 30 Jahre später entstandenen Aufsätzchen "Mein Erstling": "Als Resultat der eigenen Forschung entstand endlich die in lateinischer Sprache geschriebene Dissertation über die sechs und zwanzigste Herrscherreihe des ägyptischen Königshauses"[1], doch hätte es ihn weiter zu einem größeren historischen Werk über die "Geschichte des Heimfalles Ägyptens an die Persische Weltmacht" gedrängt.[2] Diese Behauptung muß mit Recht angezweifelt werden, jedenfalls kann die Arbeit noch nicht so weit gediehen gewesen sein, wie es Ebers darstellt, denn die dann entstehende Habilitationsschrift läßt in manchem einen gewandelten Ansatz erkennen. So heißt es im Brief: "Erst von seiner Regierung an, öffnen sich die Pforten des bis dahin chinesisch abgesperrten Nillandes den verhaßten Fremden, - beginnt Aegypten, welches früher nur gegen seinen Willen gegeben und niemals genommen hatte, die Hände auszustrecken und einzutauschen"[3], in der Habilitationsschrift dagegen wird eine Öffnung Ägyptens schon 80 Jahre vor Psammetich I. vertreten.[4]

Hier findet auch die klassische philologische Methode von Quellenstudium und Textkritik ihre Grenzen, nachdem ihre Basis zuerst durch die Einbeziehung der ägyptischen Texte erweitert wurde. Deutlich wird dies bei der Datierung der Gründung von Naukratis: Bisher ging die Diskussion darüber, ob in Herodots Text steht, daß die Stadt den Griechen durch Amasis "zugewiesen" wurde oder ob sie für sie "gegründet" wurde. Diese Relativierung der griechischen Quellen durch die Befragung der ägyptischen Denkmäler glaubt Ebers in der Habilitationsschrift mit "den Lügen und Hirngespinsten der Priester"[5], denen Herodot aufgesessen sei, noch fast entschuldigen zu müssen. Von der Ägyptologie herkommend, hatte er in seinem schon zitierten Brief so argumentiert: "erst seit dem ersten Psamtik wird es möglich, auch aus anderen als aegyptischen Quellen (...) die Stellung des Pharaonenreiches zu den übrigen Culturstaaten der damals bekannten Welt zu würdigen."[6] Somit ist die Ebers'sche Arbeit Zeugnis der Überwindung und Ausweitung der klassischen Textkritik durch altägyptische Denkmäler, steht aber auch vor der "experimentellen", "empirischen" Überprüfung der

---

1 Ebers, Mein Erstling, 187.
2 Ebers, Mein Erstling, 188.
3 UAJ M Nr.390, Bl.73 v.
4 Vgl.auch: These Nr.3, Ebers, Disquisitiones de dynastia, 28.
5 Ebers, Disquisitiones de dynastia, 1.
6 UAJ M Nr.390, Bl.73 v.

Ergebnisse durch die Feldforschung. Im Falle von Naukratis gelingt erst 1884 die Lokalisierung durch Petrie. Die Vorverlegung des Gründungsdatums durch Ebers in die 25.Dynastie findet dabei keine archäologische Bestätigung.

Dieser erste ägyptologische Beitrag zur Herodotrezeption wird in der Fachwelt kaum zur Kenntnis genommen. In Wiedemanns "Ägyptischer Geschichte" (1884) erscheint sie als Quellenangabe[1], aber schon wenige Jahre später erwähnt er sie in seinem Herodotkommentar von 1890 nicht mehr.[2]

Die fünf für die Disputation angefügten Thesen beziehen sich teils nur locker auf die Schrift, und besonders bei These 4 dürfte sich die Verteidigung im Juli 1865 spannend angehört haben: Ebers vertritt hier nämlich die These, daß die Plastik der Griechen aus der ägyptischen Plastik entstanden sei.[3]

III. 5. 2. Die "Biblischen" Schriften

III. 5. 2. 1. "Aegypten und die Bücher Mose's" Für jeden Bibelerklärer "sehr nutzbar und verdienstlich"

Dieses Werk entsteht aus Ebers' Vorlesung in Jena im "erregungsreichen Sommersemester 1866[4], getragen von der Theilnahme einer ungewöhnlich grossen Zuhörerzahl, zunächst angeregt durch die Lectüre der Ewald'schen Geschichte des Volkes Israel."[5]

Ebers will von ägyptologischer Seite auf 360 Seiten in Oktav-Format einen Beitrag zur Exegese der Bibel leisten, wobei er nicht a priori deren Richtigkeit voraussetzt. Er geht den Text des Buches Genesis[6] durch und führt die ägyptologischen Belege zu den "ägyptischen Stellen" an, denn er glaubt,

---

1 Wiedemann, Ägyptische Geschichte, Fußnote auf Seite 602. Da Wiedemann (Promotion 1878) im WS 1877/78 in Leipzig war, ist als sicher anzunehmen, daß er die Vorlesung Ebers': Erklärung des II.Buches des Herodot, siehe: Verzeichnis der Lehrveranstaltungen, 427, besucht hat.

2 Z.B. erwähnt er Horracks Deutung für "Asmach" (Herodot, Hist. II, 30), nicht jedoch Ebers' gleiche Deutung, Wiedemann, Herodots Zweites Buch, 128. Doch zitiert er Ebers, "Ägypten und die Bücher Mose's", den "Baedeker", den "Cicerone" u.a.

3 "Graecorum plastice ex plastice Aegyptiorum nata est", Ebers, Disquisitiones de dynastia, 28.

4 Ebers liest über "Die Juden in Aegypten". Die Erregung bezieht sich auf die sich zuspitzende politische Lage vor dem Österreich-preußischen Krieg (3.Juli: Schlacht von Königgrätz).

5 Ebers, Aegypten und die Bücher Mose's, XI. Über Heinrich Ewald als den Begründer der historisch-kritischen Methode in der Alttestamentforschung und seine "Geschichte des Volkes Israel bis auf Christus" in fünf Bänden, Göttingen 1843-1855 siehe: Engel, Die Vorfahren Israels in Ägypten, 29-32.

6 Ebers wollte im zweiten Band das Buch Exodus behandeln, entgegen dem Haupttitel beabsichtigte er jedoch nur, die beiden ersten Bücher des Pentateuch zu behandeln. Im Vorwort seines nächsten größeren Werkes "Durch Gosen zum Sinai", VII schreibt er, daß er vor dem Abschluß der Vorarbeiten zum zweiten Band seine Orientreise antrat und

"dass der Autor eine Fülle von ethnographischen und geographischen Kenntnissen besass"[1], daß "er sich, um ein möglichst treues Bild der Theile von Mizraim zu erlangen, an die Aegypter selbst wandte."[2] Ebers setzt also konkrete Kenntnisse des Verfassers über Ägypten voraus. Er will nicht das Gebiet der Theologie betreten, glaubt "vielmehr unser Hauptaugenmerk darauf richten zu müssen, neue, den Denkmälern der alten Aegypter abgewonnene Thatsachen beizubringen."[3]

Schon die Einleitung offenbart, daß es sich nicht um ein differenzierendes, fortgeschrittenes, sondern um ein grundlegendes, enzyklopädisch angelegtes Werk handelt[4], um ein "Fundamentalbuch."[5] Erstmalig - sowohl von der Theologie als auch von der jungen Ägyptologie aus - wird dieses Gebiet fundiert behandelt. Zuerst gibt Ebers eine allgemeine Einführung in Schriftkunde und Geographie Altägyptens, sucht dann die Völkertafel der Genesis auf historische Grundlagen zu stellen und in die ägyptische Geographie einzupassen. Sowohl wissenschaftsgeschichtlich (Ausführungen zu Mizraim = Ägypten, zum Befestigungsgürtel der Königsmauer, zu den Put = Punt, den Libyern, den Hyksos und zur Lokalisierung von Abaris = Auaris), als auch kunsthistorisch Interessantes (Gedanken zu den Mähnensphingen und den sog. Fischopferern) findet sich hier. Dann kommt Ebers zu Joseph und den Erzvätern, in denen er zwar historische Gestalten sehen will, jedoch auch Personifikationen ganzer Epochen, "eine ethnographisch genealogische Construction"[6] und vorbildliche Gestalten der alten, heiligen Sage. Mit der Aussage: "Erst mit Josef beginnt für uns die Genesis wesentlich geschichtlich zu werden"[7] steht Ebers an der Schwelle, die die ältere, naive Vorstellung von der Wörtlichkeit der Texte trennt von einer kritischen, die in einer späteren Redaktion Reflexe und Erinnerungen an alte Zustände sieht. Immer wieder wechselt Ebers von der einen Seite zur anderen: Abraham komme in der 12.Dynastie nach Ägypten, der Stamm Israel in der 18.Dynastie, was der naiven Auslegung entspricht. In der damals vieldiskutierten Hyksosfrage entscheidet er sich jedoch gegen die v.a. von Hengstenberg in seinem Buch "Die Bücher Mose's und Aegypten", Berlin 1841, vertretene Gleichsetzung der Hyksos mit dem Stamm Israel, nimmt hier somit die neue Sehweise ein - an

---

danach die Weiterarbeit daran zugunsten des neuen Werkes beiseite legte. Auch später hat Ebers die Arbeit nicht wieder aufgenommen.

1 Ebers, Aegypten und die Bücher Mose's, 36.
2 Ebers, Aegypten und die Bücher Mose's, 115.
3 Ebers, Aegypten und die Bücher Mose's, 91.
4 Eduard Meyer würdigt dieses Buch als "Einführung in die verschiedensten Seiten des ägyptischen Alterthums überhaupt, welche zahlreiche Ergebnisse der jungen, damals noch mehr angestaunten, oft auch in ihrer Zuverlässigkeit bezweifelten, als wirklich bekannten Wissenschaft zum ersten Male dem grösseren wissenschaftlichen Publicum zugänglich machte", Meyer, Ebers, Georg, 90.
5 Diesen Begriff übernehmen wir von Ebers und wenden ihn auf ihn selbst an. Ebers charakterisiert damit in seiner Rezension das "Dictionnaire géographique" von Brugsch, Ebers, Brugsch-Bey, Heinrich, dictionnaire, in: Lit. Centralbl. (1879), Sp.1388.
6 Ebers, Aegypten und die Bücher Mose's, 253.
7 Ebers, Aegypten und die Bücher Mose's, 256.

Hengstenbergs Buchtitel lehnt sich übrigens Ebers mit seinem Titel an. Bei den Träumen Pharaos und deren Deutung bricht Ebers' Buch ab. Auch das angekündigte Namensregister fehlt.

Ebers erkennt, daß der Pentateuch erst spät, also keineswegs zeitgenössisch mosaisch abgefaßt ist, somit späte Verhältnisse vom Autor geschildert wurden, und daß die Redaktion der Josephsgeschichte "kaum vor Esra ihre Endschaft erreichte."[1] So führt er zwar die Unterscheidung zwischen Niederschrifts- und Handlungszeit ein, vollzieht aber nicht den Schritt, die Historizität der Gestalten und Ereignisse anzuzweifeln. Er belegt Details der Josephsgeschichte wie Beschneidung, Ehe, Sklaven, Eunuchen, Weintrinken, Bäcker an ägyptischen Verhältnissen in notgedrungen ahistorischer Betrachtungsweise, denn das Instrumentarium einer historisch-differenzierten Betrachtungsweise innerhalb der ägyptischen (Kultur-)Geschichte ist noch nicht ausgebildet. Wie die damalige Bibelwissenschaft noch von einem homogenen Abfassungsbild des Alten Testaments ausgeht, so nimmt Ebers ein homogenes Erscheinungsbild der kulturhistorischen Fakten Ägyptens an. Zwar gewinnt er immer noch einen großen Teil seiner Erkenntnisse aus den klassischen Quellen wie Herodot, Heliodor, Diodor u.a., sucht aber die alten Begriffe zu klären, bevor die späteren "Classiker, Alexandriner, Bibelübersetzer und Araber"[2] sie überformt haben.

Technisch ist Ebers bei seiner ersten wissenschaftliche Arbeit völlig aktuell: Er hat die "Berliner Typen" erbeten und durch seine guten Beziehungen zu Lepsius erhalten - hieroglyphische Drucktypen, die heute noch benutzt werden.[3]

Dieses Buch wird naturgemäß vor allem von theologischer Seite beachtet. Eine für den internen Gebrauch bestimmte und darum besonders bezeichnende Beurteilung findet sich in den Jenenser Universitätsakten zur Ernennung von Ebers zum a.o.Professor. Der Gutachter ist Professor Stickel,[4] der sich selbst berechtigterweise als besonders sachkundig bezeichnet, ist er doch seit 33 Jahren Professor für orientalische Philologie und Theologie in der philosophischen Fakultät in Jena - insgesamt lehrt er 136 Semester Theologie, Orientalistik und Altphilologie in Jena und tritt durch Forschungen zum Exodusweg der Juden aus Ägypten hervor:

---

1   Ebers, Aegypten und die Bücher Mose's, 261. Esra wird heute ins 5.Jh.v.Chr. datiert.

2   Ebers, Aegypten und die Bücher Mose's, 91.

3   Die sog. Theinhardtschen Typen. Auf Anregung von Lepsius wurden sie von E.Weidenbach entworfen und von der Akademie der Wissenschaften zu Berlin finanziert. Sie kamen seit 1848 "zu ausgedehnter Verwendung", Lepsius im Vorwort, III, der "Liste der hieroglyphischen Typen". In Frankreich gab es seit 1832 die Klaproth-Typen, später die der Imprimerie Nationale (1842). In England fertigte Bonomi hieroglyphische Drucktypen 1867 für Birchs "Egyptian Dictionary" an. Durchgesetzt haben sich die Theinhardt-Typen (Berliner Typen), später die allerdings erheblich weniger zahlreichen Gardiner-Typen (seit 1927) und die Typen des Institut Français d'Archéologie Orientale.

4   Zu Stickel genauer: Geschichte der Universität Jena I, 402.

"Man muß als alttestamentlicher Exeget den Stand der Wissenschaft und die bisherigen Leistungen auch nach dem neuesten Erklärer des Pentateuch kennen, der Schrift Hengstenbergs über denselben Gegenstand vom Jahre 1841 gar nicht zu gedenken, um die Bedeutung des Ebers'schen Werkes gehörig zu würdigen. Unter jenen Bibelerklärern ist kein Einziger, welcher selbst hieroglyphische Texte zu erklären verstünde wie es bei Herrn D.Ebers der Fall ist, und dem auch nur annäherungsweise das viele Material der ägyptischen Literatur zu Gebote stünde, wie D.Ebers es in seinem Buche vor uns ausgebreitet hat. Schon für diese, an manchen Punkten fast zu ausführliche Ansammlung des Stoffes wird jeder Bibelerklärer die genannte Schrift als sehr nutzbar und verdienstlich erachten.

Allein es sind in ihr auch nicht wenige neue und bleibende Resultate der Wissenschaft gewonnen, die durch sorgsame und in verwickelte Fragen mit Scharfsinn eindringende, von glücklicher Combinationsgabe zeugende Untersuchung zur Evidenz gebracht worden. Auch da, wo man den Ergebnissen nicht beistimmen kann, bewährt sich immer Gelehrsamkeit und ehrliches Suchen nach Wahrheit, vereinigt mit einer Selbständigkeit des Urtheils ebenso gegenüber den berühmtesten Aegyptologen, wie entgegen den angesehensten biblischen Exegeten.

Wie nun zu dem werthvollen Stoff noch eine Klarheit und Eloqenz der Darstellung kommt, die den Leser fortwährend anzieht, ist es nicht zu verwundern, daß das Buch bereits mehrere sehr anerkennende, öffentliche Beurtheilungen erhalten, sogar das Lob des sonst so tadelsüchtigen Ewald erlangt hat."[1]

Der Theologe und bedeutende Orientalist Georg Heinrich August von Ewald widmet dem Ebers'schen Werk eine Rezension in den Göttingischen Gelehrten Anzeigen. Er würdigt es darin als eine gute Zusammenstellung von Erklärungen, die durch des Verfassers Herkunft aus der Ägyptologie den älteren Arbeiten zu diesem Thema überlegen seien. Ebers "stellt daher aus dem reichen Schatze von Erkenntnissen, welche wir schon heute über das Aegyptische Alterthum besitzen können, mit eigener sorgfältiger Forschung vieles zur Erklärung des Pentateuches übersichtlich zusammen was man früher noch nie so gesammelt und lichtvoll erklärt fand."[2] Im Hauptteil seiner Besprechung geht Ewald nur auf zwei Detailprobleme ein, deren Behandlung durch Ebers nicht seine Zustimmung findet.

Ebenfalls von theologischer Seite kommt eine ausführliche Rezension von W.Fell im "Theologischen Literaturblatt" 1869[3], die die Hilfe von kompetenter ägyptologischer Seite begrüßt, "hat doch der Kreis des menschlichen Wissens dermalen eine solche Ausdehnung gewonnen, daß es der angestrengtesten Kraft (...) eines ganzen Menschenlebens bedarf, um auch nur auf Einem Gebiete der

---

1 UAJ M Nr.407, Bl.129,129/2,130.

2 H.E. (= Heinrich Ewald), Aegypten und die Bücher Mose's, in: Göttingische Gelehrte Anzeigen, CXXX (1868), 1775-1785, Zitat: 1777. Ewald gehört übrigens 1837 mit den Brüdern Grimm zu den "Göttinger Sieben". Im selben Jahr ist er Mitbegründer und Initiator der "Zeitschrift für die Kunde des Morgenlandes".

3 Fell, Aegypten, in: Theol. Literaturbl. IV, (Bonn 1869), Sp.239-249.

Wissenschaft sich mit genügender Sicherheit bewegen zu können."[1] Nachdem der Referent detailliert aufschlüsselt, welche der Ebers'schen Ergebnisse er ablehnt, stimmt er den Ausführungen zur Josephsgeschichte, wo Ebers sich vom "unsicheren Fahrwasser der Hypothese" entferne, um sich "auf sicherm Grund und Boden"[2] zu stellen, meist zu. Hier bringe Ebers die neuesten Erkenntnisse - v.a. der Textkunde - "zur Kenntnis eines größeren theologischen Publikums."[3] Abschließend kommt der Referent zu dem Ergebnis: "**Den** Erfolg wenigstens haben die neuern und neuesten Forschungen auf dem Gebiete der Aegyptologie gehabt, daß sie der Waffe, welche man früher aus der genannten Disciplin herholen zu dürfen glaubte, um die Echtheit und Glaubwürdigkeit des Pentateuchs zu bestreiten, die Spitze abgebrochen haben."[4]

Gemeinsam ist den zeitgenössischen Beurteilungen die Einschätzung Ebers' weniger als Innovator, denn als gutem Kompilator, Propagandisten und Verbreiter der neuesten - nicht unbedingt der eigenen - Ergebnisse der Wissenschaft der Ägyptologie zugunsten anderer wissenschaftlicher Disziplinen und auch der breiteren Öffentlichkeit. Dementsprechend kurz fällt auch die einzige moderne Würdigung des Ebers'schen Beitrags zur Alttestamentforschung von theologischer Seite aus: Helmut Engel widmet ihm in seinem forschungsgeschichtlichen Überblick über die Darstellungen der "Vorfahren Israels in Ägypten" seit Richard Lepsius nur eine knappe Seite.[5]

Ebers' Buch ist als Zeugnis einer bestimmten Phase in den Beziehungen der Ägyptologie zur Bibelwissenschaft anzusehen. Wie schnell dieser Stand überholt ist, sollte Ebers selbst am wenigsten verkennen. Nach dem Zeugnis von Eduard Meyer hat Ebers eine Neuauflage des Werkes stets abgelehnt, da er empfand, "dass es bei den gewaltigen Fortschritten der alttestamentlichen Wissenschaft nicht mehr möglich war, den verwickelten Fragen der höheren Kritik in der Weise aus dem Wege zu gehen, wie er es in der ersten Auflage getan hatte und thun durfte."[6] 1886 schreibt Ebers dazu an Meyer, ihm sei "klar geworden, dass ich nicht mehr der naive Commentator des vorliegenden Textes sein dürfe, sondern gehalten sei, ganz andere kritische Massstäbe als früher anzulegen."[7]

---

1   Fell, Aegypten, in: Theol. Literaturbl. IV, (Bonn 1869), Sp.239.
2   Fell, Aegypten, in: Theol. Literaturbl. IV, (Bonn 1869), Sp.247.
3   Fell, Aegypten, in: Theol. Literaturbl. IV, (Bonn 1869), Sp.248.
4   Fell, Aegypten, in: Theol. Literaturbl. IV, (Bonn 1869), Sp.249.
5   Engel, Die Vorfahren Israels in Ägypten, 28. Über Lepsius: 17-24, Brugsch: 25-28.
6   Meyer, Ebers, Georg, 94.
7   Zit. nach: Meyer, Ebers, Georg, 94.

III. 5. 2. 2. "Durch Gosen zum Sinai".
Der Reisebericht als wissenschaftliches Werk

Am 10. Mai 1869 bricht Ebers zu seiner 14-monatigen ersten Ägyptenreise auf. Dabei unternimmt er auch eine ausgedehnte Expedition über den Sinai auf den Spuren der Wanderung der Israeliten. Den Ertrag dieser Expedition legt er in seinem Werk "Durch Gosen zum Sinai. Aus dem Wanderbuche und der Bibliothek. Leipzig 1872"[1] vor. Wie der Untertitel schon besagt, handelt es sich um einen merkwürdigen Zwitter: Die ersten 459 Seiten sind "Aus dem Wanderbuche" überschrieben, dann folgen 133 Seiten "Aus der Bibliothek" (S.461-594), wobei dieser Teil nichts anderes ist als ein Apparat von 508 teils sehr umfangreichen Anmerkungen. Diese Zweiteilung ist im Sinne Ebers', der im ersten Teil "überall bestrebt [war], dem weiteren Kreise der sich für die Bibelkunde interessierenden Leser verständlich zu bleiben, während der Bibliotheksteil ausschließlich für den Forscher und Kritiker bestimmt ist."[2]

Der erste Teil ist eine populäre, teils amüsante, teils belehrende, teils poetische Reiseerzählung, wobei sich Abschnitte, die die moderne Reise schildern, mit Abschnitten, die die Exodusorte vorstellen, abwechseln. Ebers hält die Exodusgeschichte für im Kern historisch: "So geben uns die ersten Capitel des zweiten Buchs Mose eine Darstellung des Verlaufs der Auswanderung der Juden aus Aegypten, welche, wenn wir von den legendarischen Zuthaten absehen, recht wohl vor der historischen Kritik zu bestehen vermag."[3] Der Reisebericht - ein ausgearbeitetes Reisetagebuch - zeugt von umfassendem Interesse völkerkundlicher, geographischer, islamkundlicher Art - auch die Nachbarkulturen der Nabatäer, Byzantiner u.a. werden berührt. Ebers bedauert, daß er durch einen gebrochenen linken Arm - er war bei den Vorbereitungen der Expedition am 9.Februar 1870 in Cairo von einem galoppierenden Esel gefallen - recht behindert war, und er nimmt sich vor, sollte eine zweite Reise ihn in dieses Gebiet führen, Mineralien zu sammeln, Herbarien herzustellen und eine vollständige Sammlung von Abdrücken der Sinaiinschriften anzufertigen.[4] Leider ist es auch dazu nicht gekommen.

Ebers schildert die Reiseroute von Cairo durch das Delta über Zagazig und Bubastis, Gosen, das Wadi Tumilat, Suez[5] und dann mit den Israeliten des Exodus auf den Sinai, zum Mosesbrunnen und durch das Wadi Maghara, Wadi Feiran und Wadi Mokatteb zum Serbal. Immer gehen damit einher Kapitel über den Exodus wie "Die Zeit der Bedrückung", "Aufbruch der Hebräer", "Auszug der He-

---

1 Eine zweite Auflage erscheint 1881.
2 Ebers, Durch Gosen, VIII.
3 Ebers, Durch Gosen, 72.
4 Ebers, Durch Gosen, X.
5 Zur Teilnahme an den Eröffnungsfeierlichkeiten siehe 246f.

bräer" und rationale Erklärungen für den Durchzug durchs Rote Meer, die Feuersäule, das Manna[1] u.v.a.

Dann folgen Beschreibungen des Katharinenklosters, des Sinaigebirges mit Moses- und Katharinenberg und eine ausführliche Diskussion der "Sinai-Serbâl-Frage", wobei sich Ebers entschieden für das Serbalgebirge als den Ort der Gesetzgebung ausspricht. Leider wird die Expedition durch ein mehrtägiges Unwetter, das Ebers eindrucks- und humorvoll beschreibt[2], so verzögert, daß für die geplante Untersuchung von Serabit el-Chadim keine Zeit mehr bleibt und Ebers in diesem Kapitel eine reine Literaturübersicht geben muß. Zwei exakte Karten in Baedeker-Qualität lassen die Reiserouten der Israeliten und der Ebers-Expedition detailliert verfolgen.

Den zweiten Teil stellt der Anmerkungsapparat. Die wichtigeren Anmerkungen sind im Inhaltsverzeichnis mit Seitenangaben nach dem System eines numerisch geordneten Stichwortverzeichnisses aufgeführt, eine Anmerkung kann auch mehrere Stichwörter umfassen. Teilweise weiten sich die Anmerkungen zu richtigen Aufsätzen aus, wie Anm.24 "Die Landschaft Gosen" über 24 Seiten (mit 17 Stichwörtern im Inhaltsverzeichnis). Die wissenschaftliche Diskussion kontroverser Themen ist in diese Anmerkungen verlegt, die Ebers auch folgerichtig nicht als solche bezeichnet, sondern als "Bibliothek". In der Tat ist diese auch weitgehend ein umfassendes Literaturverzeichnis aller bisher zu diesem Thema erschienenen Werke und v.a. eine Fundgrube von Reiseberichten vom 19.Jh. bis zurück zu den Kreuzfahrern. Manche paläographischen und religionsgeschichtlichen Erkenntnisse können noch heute bestehen.

Die Redaktion des Exodus-Buches setzt Ebers in die erste Königszeit[3] also ins 9.Jh.v.Chr.[4] Mit den ägyptischen Belegen verfährt Ebers wieder recht großzügig, indem er Textstellen von der Pyramiden- bis zur Ptolemäerzeit für seine Exodusfragen heranzieht. Dabei ist die damals recht dünne Materialbasis der veröffentlichten Texte zu bedenken. Die Problematik seiner Vorgehensweise scheint ihm bewußt, jedenfalls lehnt er eine naive Tradierung von Orten, Namen und Fakten bis zu seiner

---

1 Ebers diskutiert ausführlich die Erklärungen für das Wachtel- und Mannawunder, dabei referiert er auch die Theorie, daß die Wachteln Heuschrecken gewesen seien und bemerkt dazu in einer Fußnote: "Diese Hypothese wird demjenigen weniger absurd erscheinen, der wie wir in der Lage gewesen ist, zerstossene und gebratene Heuschrecken auf geröstetem Brote zu essen. Wir haben diesen Leckerbissen in Nordafrika gekostet und konnten ihn nur mit Schnepfendreckbrötchen vergleichen", Ebers, Durch Gosen, 236.

2 "An Schlaf konnte freilich bei der Heftigkeit des Donners, dem Lärm der auf das Zeltdach niederströmenden und den Boden unter uns durchrauschenden Regenfluten nicht gedacht werden. Mein Lager spannte sich als Brücke über den improvisirten Strom, dem Haschim, um die bei Seite gelegten Teppiche zu bewahren, ein eigenes Bett grub, an welchem er fortwährend meinem Schlafe nicht eben förderliche Ufermeliorationen vorzunehmen hatte", Ebers, Durch Gosen, 441.

3 Ebers, Durch Gosen, 236.

4 Ebers, Durch Gosen, 385. Nach heutiger Auffassung ab 1000 v.Chr.

Zeit ab: "An eine Continuität der Tradition von den Tagen des Exodus bis heute darf nur in den seltensten Fällen gedacht werden."[1] Von "Gutgläubigkeit"[2] im Sinne von Naivität kann jedenfalls keineswegs die Rede sein, ganz im Gegenteil legt Ebers den Grund zu deren Überwindung.

Gattungsgeschichtlich ist dieses Werk ein interessanter, wenn auch vergeblicher Versuch, zwei auseinanderstrebende Gattungen beisammenzuhalten, nämlich die des Reiseberichts, der bis Ebers durchaus als wissenschaftliches Genre anerkannt wird, und die der wissenschaftlichen Abhandlung. Manche Stellen, v.a. poetische Naturschilderungen, haben durchaus literarische Qualitäten und gestalten das Lesen vergnüglich. Ebers hat wohl erkannt, daß beide Gattungen nicht mehr ein Publikum haben, daß der "interessirte Leser" nicht mehr bereit oder in der Lage ist, dem "Forscher und Kritiker" überallhin zu folgen, wie er das im Vorwort formuliert. Und so hat diese Form auch keine Nachfolge gefunden. Ebers leistet hiermit seinen Beitrag zur Konjunktur der Reisebeschreibungen von Ägyptologen über den Sinaï[3] und qualifiziert sich damit auch für seinen Baedeker über Unterägypten und den Sinai (1877). Der Wert des Ebers'schen Werkes zeigt sich weniger in mancher Neuentdeckung[4] oder Schilderungen von heute Verschwundenem[5], sondern vielmehr in den kulturhistorischen Schilderungen und dem poetisch-unterhaltenden Wert, während zahlreiche Detailfragen v.a. der Identifizierung von biblischen mit altägyptischen Orten[6] naturgemäß heute überholt sind.

Ebers bietet in den beiden besprochenen Büchern - seinen umfänglichsten wissenschaftlichen Werken - die Erkenntnisse seiner jungen, neuen Wissenschaft der älteren Bibelwissenschaft zur Erhellung von dort lange und heftig umstrittenen Themen an. Indem seine Bücher dort diskutiert werden, liefert er den Beweis für die Nützlichkeit der Ägyptologie: "Ist es nicht dankenswert, wenn es uns gelingt die Quellen, aus denen Moses sein ewig gültiges Gesetz zu schöpfen wußte, bis zur Durchsichtigkeit zu klären."[7] Über den Nutzen der neuen Wissenschaft herrscht keineswegs allgemeine Übereinstimmung. Erman erinnert sich, "wie ernste Gelehrte auf die Ägyptologie herabsahen, die sie für nicht viel mehr

---

1 Ebers, Durch Gosen, 122.

2 Erman, Mein Wandern, 257.

3 Z.B.: Brugsch, Wanderungen nach den Türkis-Minen (1868); Wilkinson, A Handbook for Travellers in Egypt etc. (1858) (= J.Murrays Handbook); Lepsius, Briefe aus Aegypten, Aethiopien und der Halbinsel Sinaï (1852).

4 Z.B. "zwei kleine noch unpublizierte Stelen", Ebers, Durch Gosen, 137f. Ebers behandelt sie auf den zwei Seiten der Anm.92.

5 Z.B. der Ruinen von Bubastis auf S.17. Es ließen sich "die Spuren des zum, nunmehr spurlos verschwundenen, Hermestempel führenden gepflasterten Weges über tausend Schritte weit verfolgen" und "auch finden sich Spuren sowol der kleineren Umfassungsmauer, die das eigentliche Tempelgebäude, als auch der weiteren, die zugleich den heiligen Hain und See (...) umgeben haben soll".

6 V.a. 493ff.

7 Brief von Ebers an die Universität Jena mit Gesuch um die Habilitation, UAJ M Nr.390, Bl.73/2. Vollständig zitiert oben 125-127.

als für eine bedenkliche Spielerei hielten."[1] Auf diese Weise kann sie sich ihren Weg in den Kreis der anerkannten Wissenschaften bahnen, denn "die weltgeschichtliche" - und in diesem Zusammenhang auch: heilsgeschichtliche - "Bedeutung des alten Aegyptens ist es allein, welche die Aegyptologie zu einer (...) Wissenschaft macht."[2] Ebers leitet damit eine Entwicklung ein, die die Ägyptologie beinahe zu einer Zweigwissenschaft der Bibelwissenschaft, einem "Hilfsmittel der Theologie"[3], gemacht hätte - durchaus teilweise ohne die Gegenliebe der Etablierten, von deren Vorbehalten die o.a. Rezension W.Fells zum Moses-Kommentar beredtes Zeugnis ablegt.

So trägt Ebers auch gegen die Skepsis der Vertreter der Bibelwissenschaft zu deren Fortschritt bei, indem er erstmalig von ägyptologischer Seite die Historizität der Bibel stützt[4] und damit die Wende von der naiven zur kritischen Lesung vollzieht. Die Ägyptologie greift bald in breiter Front diese Themen auf. Maspero[5], Naville[6], Petrie[7] und Spiegelberg[8] u.v.a. äußern sich dazu, und als 1896 Petrie in Theben-West die "Israel-Stele"[9] mit der einzigen Erwähnung Israels in Ägypten findet, erhält die Diskussion neue Nahrung.[10] Erst langsam löst sich die Ägyptologie wieder aus dieser Vereinnahmung. Zwar ist die Diskussion auch heute noch keineswegs abgeschlossen, doch steht sie nicht mehr im Vordergrund, und die fruchtbare Zusammenarbeit beider Wissenschaften scheint fast abgebrochen.[11] Der Initiator dieser Israel-Diskussion in der Ägyptologie wird aber gleichzeitig mit der Thematik vergessen. So fehlt sein Name bereits im Spiegelbergschen Bändchen in der Aufzählung der "wichtigsten ägyptologischen Arbeiten über die Exodusfrage."[12]

---

1 Erman, Mein Werden, 255.

2 Brief Ebers an die Universität Jena, UAJ M Nr.390, Bl.73/2.

3 Christ, Nekrolog auf Georg Ebers, 153. Das vollständige Zitat lautet: "So glückte es ihm [Ebers] schon in Jena als Privatdocent (...) durch das ausgezeichnete Buch, Aegypten und die Bücher Mose's, einem sachlichen Commentar zu den ägyptischen Stellen in Genesis und Exodus (1868), auch weitere Leserkreise für die Aegyptologie als Hilfsmittel der Theologie zu gewinnen".

4 Wer Ebers mit modernen Autoren "populärwissenschaftlicher" Werke, wie etwa "Und die Bibel hat doch recht", die noch heute von diesen Erkenntnissen zehren, vergleicht, tut Ebers Unrecht.

5 Maspero, Histoire ancienne. Über Moses und den Exodus: Bd.II, 442ff. Um sich einen Begriff von der Beliebtheit des Themas zu machen, muß man nur das Anschwellen der sich darauf beziehenden Artikel z.B.in PSBA etwa zwischen 1880 und 1890 beobachten.

6 Naville, The Store-City.

7 Petrie, Hyksos.

8 Spiegelberg, Der Aufenthalt.

9 Cairo JE 31408 = CG 34025, Zeit des Merenptah, gefunden in dessen Totentempel.

10 Es ist hier nicht der Raum, auf die Konjunktur der Josephs- und Exodusgeschichte in der europäischen Kulturlandschaft (Musik, Theater, Ballett, Literatur, bildende Kunst) einzugehen. Es scheint aber nicht vermessen, der Ägyptologie und Ebers einen Anteil daran zuzusprechen.

11 Auch die PSBA, das Kind dieser Ehe, sind wieder eingestellt worden, als sich die Eltern entfremdeten. Seit 1979 knüpft die von Manfred Görg herausgegebene Reihe "Ägypten und Altes Testament. Studien zu Geschichte, Kultur und Religion Ägyptens und des Alten Testaments" wieder an diese Tradition an.

12 Spiegelberg, Der Aufenthalt, 51.

III. 5. 3. DIE SCHRIFTEN ZUM PAPYRUS EBERS

III. 5. 3. 1. "PAPYROS EBERS. DAS HERMETISCHE BUCH ÜBER DIE ARZENEIMITTEL DER ALTEN AEGYPTER IN HIERATISCHER SCHRIFT."

1873 kann Ebers auf seiner zweiten Ägyptenreise den medizinischen Papyrus, dem er selbst seinen Namen geben sollte[1], erwerben. Mit großer Neugier studiert Ebers schon in Luxor den Inhalt: "In jeder Mussestunde arbeiten wir [Ebers und Stern] an dem Papyros. Das kann nur mit äußerster Vorsicht geschehen, macht mir aber große Freude."[2] Zurückgekehrt nach Deutschland macht Ebers die Publikation zu seinem Hauptanliegen, sollte doch durch sie sein Name in Fachkreisen denen von Lepsius, Mariette u.a. ebenbürtig werden. In seinen Briefen läßt sich der Fortgang der Arbeit an der Edition verfolgen, immer wieder beklagt sich Ebers über andere Tätigkeit, die ihn von seiner Hauptaufgabe abhielt, selbst eine Arbeit, die ihm sonst viel Freude bereitet, mißfällt ihm nun: "Übermorgen fängt mein Colleg an. Ich wollte, ich brauchte in diesem Semester nicht zu lesen, denn die Publicationen des Papyros und die Ausarbeitung des Handbuches geben mir genug zu tun. Da man nicht zweien Herren dienen soll, so dien' ich in diesem Semester dreien."[3] Besonders die Verpflichtung, den Baedeker über Ägypten zu schreiben, ist Ebers nun lästig: "Es kostet mich immer Überwindung, mich von dem Papyros zum Bädecker zu wenden."[4]

1875, "nach der überaus kurzen Frist von noch nicht 3 Jahren"[5], erscheint der Papyrus in einer aufwendigen, zweibändigen Ausgabe in Folioformat. "Papyros Ebers. Das hermetische Buch über die Arzneimittel der Alten Ägypter in Hieratischer Schrift. Herausgegeben, mit Inhaltsangabe und Einleitung versehen von Georg Ebers. Mit einem hieroglyphisch-lateinischen Glossar von Ludwig Stern."[6] Der Zweck des Buches ist eine detailgenaue Wiedergabe des Papyrus in 110[7] lithographischen Faksimiletafeln in farbgetreuer Wiedergabe auch des Materials, dessen Struktur und

---

1 Erman, Mein Werden, 257.

2 Brief von Ebers aus Luxor an seine Frau, undatiert, etwa März 1873, SBB.

3 Brief von Ebers aus Leipzig an seine Mutter vom 27.10.1873, SBB.

4 Brief von Ebers aus Leipzig an seine Mutter vom 12.7.1874, SBB.

5 Lepsius, Papyros Ebers, in: Lit. Centralbl. (1875), Sp.1582.

6 Beide Bände liegen in einem Neudruck, Osnabrück 1987, in einem Band vor. Der Druck der Tafeln erfolgt darin allerdings in schwarz-weiß, so daß die im Original und der Ausgabe von 1875 roten Rubra im Neudruck nur durch den Kontrast zum etwas dunkleren Text zu erschließen sind.

7 Eigentlich sind es nur 108, da bei der Zählung die Nummern 28 und 29 übersprungen werden, ohne daß sich eine Lücke im Text ergibt. Die 110 durchnumerierten Kolumnen stehen auf 46 Blättern. Die Vorderseite endet mit Kolumne 102, die Kolumnen 103-110 stehen auf der Rückseite von 102-94. Der berühmte Kalender aus dem Jahr 9 von Amenophis I. findet sich auf der Rückseite von Kolumne 1. Der Papyrus mit einer Länge von über 20m und 0,30m Höhe ist vorzüglich geschrieben und war so gut wie unversehrt.

Umriß.[1] Der erste Band enthält neben der Einleitung und den Vorbemerkungen von Ebers die Tafeln I-LXIX, der zweite Band ein lateinisches Vorwort, das Glossarium von Stern und die Tafeln LXX-CX.

Ebers gibt keine vollständige Übersetzung und Kommentierung, da zu diesem Zeitpunkt noch zu viele Begriffe, v.a. medizinischer Art, ungeklärt sind, und er es ablehnt, "halb Verstandenes zu geben"[2]. Darin gibt ihm Lepsius in seiner Rezension "vollständig Recht."[3] Die Edition soll der wissenschaftlichen Welt den Papyrus zugänglich machen und die Grundlage künftiger Bearbeitungen und Kommentierungen sein, wobei Ebers beabsichtigt, diese Aufgabe mit Hilfe von Fachgenossen selbst zu übernehmen. Der Vorwurf von versäumten "eingehenden wissenschaftlichen Untersuchungen" zum Papyrus und von mangelndem Interesse daran[4] trifft deshalb nicht.

Auf den 36 Seiten der Einleitung gibt Ebers Ausführungen zu Erwerbung, Datierung - wobei Ebers bei der falschen Bicheris-Lesung der Kartusche bleibt -, Herkunft - die Bücher sind trotz der Erwerbung in Qurna in Heliopolis oder Sais entstanden[5] -, "Eigenthümlichkeiten", wie Handschrift, Varianten und Fehler, Inhaltsübersicht und vergleichende Tafel hieratischer Zeichen. Die Umschrift der Kolumnen 1 und 2 in Hieroglyphisch und lateinischer Schrift bieten dem Leser eine Hilfe zum Einlesen in die Eigenheiten der Handschrift des Schreibers - noch gibt es keine paläographischen Hilfsmittel. Ein Verzeichnis aller Überschriften in Übersetzung erleichtert die Orientierung.

Ein Vergleich der folgenden Faksimiletafeln etwa mit denen der vorzüglichen Marietteschen Papyrus-Veröffentlichung des Boulaq-Museums von 1871[6] zeigt gleiche Qualität der Bilder, da Mariette jedoch weder Kommentar noch Übersetzung und nur einen Satz über Herkunft, Inhalt und Datierung gibt, ist die Ebers-Edition insgesamt überlegen.

Gerade die aufwendige Ausstattung hat später den Blick auf die Verdienste Ebers' verstellt.[7] Die Zeitgenossen urteilen anders; Lepsius nennt das Werk "äußerlich überaus stattlich und geschmackvoll

---

1 Daneben gibt es auch eine billigere Ausgabe desselben Jahres, in der nur die ersten sechs Tafeln in dieser Weise gedruckt sind. Alle folgenden in Schwarz und Rot.

2 Ebers, Papyros Ebers, 20.

3 Lepsius, Papyros Ebers, in: Lit. Centralbl. (1875), Sp.1583.

4 Blumenthal, Altes Ägypten, 9.

5 Auch hier verfällt Ebers wieder in den alten Fehler einer unhistorischen Betrachtungsweise, wenn er die Bedeutung von Sais und Heliopolis als religiöser und wissenschaftlicher Zentren für die Entstehung des Papyrus zu Beginn des Neuen Reiches durch späte Quellen, etwa Herodot, belegt.

6 Mariette, Les Papyrus. Etwa Bd.1, Taf.33-35 des Pap.No.6 medizinisch-magischen Inhalts aus Theben.

7 "Ebers (...) publizierte ihn [den Papyrus] in kostspieliger Ausstattung, aber die eigentliche editorische Arbeit ließ er von Ludwig Stern besorgen", Blumenthal, Altes Ägypten, 9.

ausgeführt"[1], "ein Prachtwerk (...) wie es in der deutschen wissenschaftlichen Literatur nur wenige gibt."[2] Maspero schreibt: "Le soin avec lequel a été dessiné le facsimile, la correction et la beauté de l'impression font du *Papyros Ebers* un ouvrage unique jusqu'à présent dans la série des publications égyptologiques."[3]

Zeitgenössische Kollegen fällen durchwegs ein günstiges Urteil auch über die wissenschaftliche Leistung. In einem Brief äußert sich Richard Lepsius dazu unmittelbar nach dem Erscheinen: "Auch ohne nähere Prüfung des so eben erst vorgelegten Werkes lehrt der Augenschein, daß nur eine große Akribie in der Reproduktion des Originals, und eine gute Sprachkenntniß so wie eine glückliche Kombinationsgabe in der Erklärung ein solches Resultat herbeiführen konnte. Diese sprachphilologische Arbeit ist namentlich eine sehr günstig hervorzuhebende Ergänzung seiner [Ebers'] früheren Publikationen."[4] In größerem Abstand erfolgt noch einmal eine umfangreichere und differenziertere Würdigung im Literarischen Centralblatt. Dabei formuliert Lepsius einzelne Einwände etwa gegen die Kartuschenlesung, die Erklärung für die Auslassung der Zahlen 28 und 29 bei der Kolumnenzählung und die Transkriptionsmethode[5], nennt aber die Publikation "ein ehrendes Zeugniß nicht nur von größter Sorgfalt und Genauigkeit in der Wiedergabe des Originals und in der ganzen geschmackvollen äußeren Ausführung, sondern von angestrengtestem, mit voller Einsicht in die vorliegende schwierige Aufgabe der wissenschaftlichen Behandlung erfolgreich aufgewendetem Fleiße."[6] Auch Maspero ist voll des Lobes über Ebers' wissenschaftliche Leistung: "L'introduction qu'il a mise en tête de la présente édition montre ce que sera son ouvrage et le profit qu'on pourra tirer pour l'Egyptologie. En attendant, on ne saurait trop louer le désinteressement absulue avec lequel il s'est depouillé du trésor qu'il avait acquis à haut prix et l'a livré au public."[7]

Aus konservatorischen Gründen wird der Papyrus in Leipzig in 29 Teile zerschnitten und in verglasten Holzrahmen aufbewahrt. Im 2.Weltkrieg verschwinden drei Tafeln - darunter "das große Schlußstück, welches (...) eine Zierde des Ausstellungsraumes der Universitätsbibliothek bildete"[8] -, zwei weitere

---

1 UAL PA 427, Bl.23.

2 Lepsius, Papyros Ebers, in: Lit. Centralbl. (1875), Sp.1582.

3 Maspero, Papyros Ebers, in: Revue critique XV (1876), 239.

4 Brief vom 25.April 1875 über die Tätigkeit von Ebers für die Universität Leipzig aus Anlaß der geplanten Umwandlung der a.o.Professur von Ebers in einen Lehrstuhl. UAL PA 427, Bl.22/23.

5 Ebers und Stern ergänzen nämlich die Londoner Transkriptionsmethode, die der Orientalistenkongreß vom September 1874 eingeführt hatte, um ein kompliziertes System von Akzenten, das aus der Umschrift auf die hieroglyphische Schreibung rückschließen lassen soll.

6 Lepsius, Papyros Ebers, in: Lit. Centralbl. (1875), Sp.1583.

7 Maspero, Papyros Ebers, in: Revue critique XV (1876), 233-239. Zitat 239. Die Rezension von Maspero enthält nach einer kurzen - sehr fehlerhaften - formalen Beschreibung des Papyrus und der zitierten zusammenfassenden Wertung am Schluß nur Übersetzungen.

8 Debes (Hg.), Zimelien, 34.

werden schwer beschädigt, so daß es Ebers' tatsächlich gelungen ist, "das wichtige Schriftwerk (...) durch rasche und möglichst treue Vervielfältigung uns für alle Zukunft zu sichern", wie Lepsius 1875 voraussschauend meint.[1]

Das Glossar von Stern wird von Ebers Korrektur gelesen, wobei er sich von einem Studenten im zweiten Semester helfen läßt. Über 50 Jahre später schreibt dieser: "Das war ein großes Glück für mich, denn ich lernte viel dabei, und da ich als Autodidakt gewohnt war, die Augen selbst offen zu halten, so fiel mir beim Korrigieren etwas auf: wo die Endung -f der dritten Person an einen Dualis angehängt war, erhielt sie ebenso wie dieser die Dualendung -j. Die Sache war evident, und Ebers, der sich immer freute, anderen beizustehen, ließ sie mich niederschreiben und sandte den kleinen Aufsatz an Lepsius für dessen ägyptische Zeitschrift. Da ist denn diese meine ersten kleine Arbeit auch 1875 im Mai-Juliheft erschienen."[2] Der junge Student ist Adolf Erman.

III. 5. 3. 2. "PAPYRUS EBERS. DIE MAASSE UND DAS KAPITEL ÜBER DIE AUGENKRANKHEITEN".
"UNSERE WISSENSCHAFT SCHREITET SCHNELL VORWÄRTS."

Im XI. Band der Abhandlungen der philologisch-historischen Klasse der Königlich Sächsischen Gesellschaft der Wissenschaften erscheint 1889 dieses Werk in den beiden Teilen "Die Gewichte und Hohlmaasse des Papyrus Ebers" (67 Seiten) und "Das Kapitel über die Augenkrankheiten. Umschrift, Übersetzung und Commentar" (137 Seiten).

14 Jahre nach der Veröffentlichung hält Ebers nun die Zeit für Übersetzung und Kommentar zumindest eines Abschnitts für gekommen, wobei er hofft, auch den verbleibenden Rest des Papyrus in gleicher Weise noch bearbeiten zu können. War der Papyrus bisher vor allem eine Fundgrube für Grammatiker, Kulturgeschichtler und Medizingeschichtler gewesen, so will er ihn jetzt den nicht-ägyptologischen Medizinern erschließen, und die Anmerkungen geben Aufschluß, daß er sich der Hilfe zahlreicher Naturwissenschaftler versichert hat: Pharmazeuten, Ärzte[3], Botaniker, Zoologen, Metrologen, Mineralogen, Chemiker und Physiker, so wie er es im Vorwort der Veröffentlichung 1875 gewünscht hatte.

Der erste Teil behandelt die bestimmten und unbestimmten Maße, Dosen und Gefäße, Gewichte und Wägung, Hohlmaße, Strich ı, Zeichen verschiedener Bedeutung u.a. Das Problem liegt darin, daß vielfach die angegebenen Behältnisse in ihrer Größe und ihrer Eichung unbestimmt sind und daß der

---

1 Lepsius, Papyros Ebers, in: Lit. Centralbl. (1875), Sp.1583.
2 Erman, Mein Werden, 257.
3 Hier sei besonders der bekannte Pathologe und Politiker Rudolf Virchow erwähnt.

Schreiber meistens den Substanzen zwar die Anzahl, jedoch keine Maß- oder Gewichtseinheit beigibt, also diese wohl vorausgesetzt wurden. Ebers ermittelt als Hohlmaße ⟨hierogl.⟩ = ⟨hierogl.⟩ , das er *dnåt* liest (heute *ḫ3r*) mit 0,608 Liter, ⟨hierogl.⟩ *hnw* mit 0,456 Liter und ⟨hierogl.⟩ *ro* mit 0,0141 Liter; als pharmazeutische Gewichtseinheit, "Medicinalgewicht", soll gelten 2/3 ⟨hierogl.⟩ *qd* von 6,064 Gramm, das er als Drachme bezeichnet. Doch gelingt es Ebers nicht, ein stringentes, widerspruchsfreies System aufzustellen, immer wieder muß er die "Erfahrung des Apothekers" zu Hilfe rufen: "Wo eine Reihe von Droguen, hinter denen allen (...) der Strich steht, das Recept bildet, sollen die einzelnen Substanzen zu je 1 Ro (...) genommen werden. Nur in gewissen Fällen, die der Arzt leicht erkannte, war der Strich hinter dem Bindemittel, das die Verordnung abschloss, für ein grösseres Maass, wahrscheinlich für 1 Hin zu halten."[1]

Der bekannte Metrologe Friedrich Hultsch[2], "der gründlichste und scharfsinnigste Kenner auf dem Gebiet des Messwesens der Alten"[3], widmet der Abhandlung, die als Einzeldruck vor den "Augenkrankheiten" erscheint, eine zustimmende Besprechung im "Literarischen Centralblatt"[4], worin er den Ausführungen "einen hohen Grad von Wahrscheinlichkeit"[5] zumißt und den Wunsch ausspricht, daß durch den "hochverdienten Gelehrten" "recht bald auch der übrige Inhalt des Papyrus dem allgemeinen Verständniß zugänglich gemacht werde."[6]

Das Augenkrankheitskapitel umfaßt von den 110 Tafeln des pEbers die Nummern 55-64. Ebers gibt Zeile für Zeile die Umschrift, darunter die Übersetzung und die medizinischen Fachbezeichnungen der Leiden. Für die Umschrift verwendet Ebers ein eigenes, nicht sehr glückliches System, das er zu Beginn des ersten Aufsatzes vorgestellt hatte, nämlich für ⟨hierogl.⟩ *e*, für ⟨hierogl.⟩ *å*, für ⟨hierogl.⟩ *ᶜa*, für ⟨hierogl.⟩ *u* u.s.w., so daß für das heute ⟨hierogl.⟩ *wзd* gelesene *ueť* steht. Der rapide Wandel der Wissenschaft zeigt sich darin, daß das Ebers'sche System bei seinem Erscheinen schon überholt ist: Brugsch und Erman haben inzwischen das heute noch gültige angeregt. "Leider kam uns die Kenntnis dieser Methode zu spät zu, als dass wir uns ihrer in dem Folgenden hätten bedienen können. Später werden wir uns ihr vielleicht im Ganzen, sicher aber bei der Transscription der Consonanten anschliessen, da uns z.B. für ⟨hierogl.⟩ *h* besser gefällt als ⟨hierogl.⟩ , *d* für ⟨hierogl.⟩ mehr zusagt als *ť*."[7]

Da Ebers die hieroglyphische Transkription wegläßt, muß er die Determinative, da diese wichtigen Aufschluß über die Natur der Substanzen geben, in die Umschrift einfügen, was ein höchst eigenartiges Gemisch ergibt. LVIII,1 sieht so aus:

---

1 Ebers, Papyrus Ebers, 191.
2 Www ²1972, 147.
3 Ebers, Papyrus Ebers, 161.
4 Hultsch, Ebers, Georg, Prof., in: Lit. Centralbl. (1889), Sp.1744-1747. Der Artikel ist nur mit F.H. signiert.
5 Hultsch, Ebers, Georg, Prof., in: Lit. Centralbl. (1889), Sp.1746.
6 Hultsch, Ebers, Georg, Prof., in: Lit. Centralbl. (1889), Sp.1747.
7 Ebers, Papyrus Ebers, 138, Anm.7.

ᵐᶜantĕ 👁️, *šu* ☉ *nṱ* 👁️ *ḥr ḥse* 〰️ *n ᶜaueyt* 〰️ 👁️.
Trockene Myrrhen zerrieben mit geronnener (saurer) Milch."[1]

Platzgründe können für diese Methode nicht ausschlaggebend gewesen sein, da Ebers sonst sehr übersichtlich für jede Substanz mit Mengenangabe eine eigene Zeile verwendet. Außerdem druckt er die Rubra in roter Farbe.[2] Da dieser Teil trotzdem durch ausführliche Fußnoten und seitenlange Kommentare im Text z.B. über *msdmt* = Stibium, die Zwiebel (über sechs Seiten), die *prt*-Frucht (über 11 Seiten) unübersichtlich wird, fügt Ebers eine "fortlaufende Übersetzung des Kapitels" an. Zum Schluß folgen drei Seiten Nachschrift, in der Ebers schon wieder Aussagen des Hauptteils korrigieren muß.[3] Obwohl Ebers diese Nachschrift mit den Worten "Unsere Wissenschaft schreitet schnell vorwärts"[4] beginnt, enthält die neuere Übersetzung von Ebbell[5] ebenso viele Fragezeichen hinter den Substanzen und gibt bei manchen nur die Umschrift ohne Übersetzung, während Ebers alle seine Stoffe benennt.

Unter der Rubrik "Medicin" erscheint 1889 eine Rezension dieser Abhandlung im "Literarischen Centralblatt."[6] Der Autor[7] dürfte Ophthalmologe gewesen sein und hat Einwendungen gegen verschiedene Diagnosen von Ebers, trotzdem zollt er Ebers hohes Lob, da es ihm gelungen sei, den verschiedenen Wissenschaften gerecht zu werden "und die meisten Bezeichnungen zu erklären oder wenigstens bis zu einem hohen Grade von Wahrscheinlichkeit zu deuten."[8] "Die Geschichte der Medicin darf schon heute das Urtheil fällen, daß die alten Aegypter bereits manche Thatsache kannten, deren Auffindung man bis jetzt den Griechen und Römern zuzuschreiben gewöhnt war."[9]

Der berühmte französische Kollege Gaston Maspero widmet der Ebers'schen Veröffentlichung eine Rezension in der "Revue critique d'histoire et de littérature" 1889.[10] Er beschränkt seine Besprechung auf das Augenkrankheitskapitel, denn die Maße "ne sont point de ma compétence."[11] Maspero

---

1 Ebers, Papyrus Ebers, 236.
   Hieroglyphisch: [hieroglyphs]
   Mod. Umschrift: ᶜntjw   šw   nḏ   ḥr   ḥs3   nj   ᶜw3yt

2 In der moderneren Übersetzung von Ebbell, The Papyrus Ebers (1937), kann man die Rubra nicht erkennen, die hieroglyphischen Transkriptionen (z.B. Grapow, Grundriß der Medizin oder: Wreszinski, Papyrus Ebers) machen sie durch Unterstreichung kenntlich.

3 Z.B. daß das msdmt kein Stibium ist.

4 Ebers, Papyrus Ebers, 332.

5 Ebbell, The Papyrus Ebers.

6 P-nn, Ebers, Georg, Prof., in: Lit. Centralbl. (1889), Sp.1676-1679.

7 Nur mit "P-nn." bezeichnet.

8 P-nn, Ebers, Georg, Prof., in: Lit. Centralbl. (1889), Sp.1676f.

9 P-nn, Ebers, Georg, Prof., in: Lit. Centralbl. (1889), Sp.1679.

10 Maspero, G.Ebers, in: Revue critique d'histoire et de littérature (1889), 363-366.

11 Maspero, G.Ebers, in: Revue critique d'histoire et de littérature (1889), 363.

meint, daß die Schwierigkeiten des Textes nach einem Fachmann mit Spezialwissen verlangen, über das ein Philologe normalerweise nicht verfügt. Zum Augenkrankheitskapitel bemerkt Maspero einleitend: "Le travail est executé avec un soin et même avec un luxe qu'on rencontre rarement dans les ouvrages scientifiques."[1] Er bescheinigt Ebers insgesamt "ingénosité"[2], wenn auch manche Zuweisung (noch) unmöglich oder unsicher sei, da die altägyptischen Namen keineswegs das Spektrum der modernen Begriffe abdecken müssen,"il n'est qu'une approximation à la vérité antique."[3] Die Übersetzung ist so genau wie es dem Stand der Wissenschaft in Botanik und Mineralogie entspricht. Insgesamt leistet Ebers einen gewichtigen Beitrag zur Geschichte der Medizin, "c'est par là que la découverte et la publication de M.Ebers doit intéresser plus le grand public que ne font d'ordinaire les découvertes et les publications des égyptologues."[4]

III. 5. 3. 3. "DIE KÖRPERTEILE. IHRE BEDEUTUNG UND NAMEN IM ALTÄGYPTISCHEN"

Im Jahre vor seinem Tode kommt Ebers noch einmal auf sein Lieblingsobjekt, den Papyrus, zurück. Aufgrund seines schlechten Gesundheitszustandes steht auch jetzt eine vollständige Veröffentlichung nicht zur Debatte, doch will Ebers in einer zweiteiligen Schrift die Körperteile zuerst allgemein kulturgeschichtlich behandeln, dann in einer "zweiten Abtheilung" die Ausdrücke für die einzelnen Gliedmaßen philologisch untersuchen mit ausführlicher Berücksichtigung des Papyrus. Dieses Vorhaben kommt nur mehr in seinem ersten Teil zur Ausführung. Ebers faßt dazu zwei Vorträge vor der philosophisch-historischen Klasse der Königlich-bayerischen Akademie der Wissenschaften am 1.2.1896 und am 3.7.1897 zu einem Bändchen von 96 Seiten Quart in den "Abhandlung der k. bayer. Akademie der Wiss. I.Cl. XXI Bd. I.Abth. München 1897" zusammen.

Ebers untersucht die auffallende Rolle, die die Körperteile von Göttern, Menschen und Tieren in Sprache und Denken der Ägypter spielten. Sie ist für den Autor Ausdruck des hohen Ansehens, das Heilkunst und Ärzte in Ägypten schon seit den mythischen Zeiten der Götter genossen.

Nach einem allgemeinen Kapitel, in dem er zu dem Ergebnis kommt, daß der alte Ägypter sich körperlich nicht vom modernen unterscheidet[5], behandelt er die Körperteile in Schrift und Sprache (bildliche Ausdrücke) und die anthropomorphen Vorstellungen der Ägypter für die sie umgebenden

---

1 Maspero meint hier besonders den roten Druck der Rubra (in Hieroglyphisch, Transkription und Übersetzung) wie es dem Original entspricht. Maspero, G.Ebers, in: Revue critique d'histoire et de littérature (1889), 364.

2 Maspero, G.Ebers, in: Revue critique d'histoire et de littérature (1889), 365.

3 Maspero, G.Ebers, in: Revue critique d'histoire et de littérature (1889), 365.

4 Maspero, G.Ebers, in: Revue critique d'histoire et de littérature (1889), 366.

5 Ebers, Die Körpertheile, 6, "Der Prognathismus, der den dunklen Völkern Afrikas gemeinsam ist (...) ist dem alten Aegypter so wenig eigen wie der Plattfuss und das Wollhaar".

Dinge der Geographie: die Bezeichnungen Ägyptens als Herz[1], als Auge - an dieser Stelle sind die Ausführungen zu den Geheimbezeichnungen der Medikamente, die Ebers in der Akademiesitzung vom 3.7.1889 vorgetragen hat, eingefügt -, Ägypten und die Gleichsetzung mit Osirisgliedern, Bezeichnungen für den Nil. Es folgen die anthropomorphen Vorstellungen der Naturerscheinungen: Himmel (Himmelsgötter, wḏȝt-Auge), Substanzen und Mineralien als Ausflüsse der Götter, die Kosmogonie als menschlicher Akt, die Gestirne als Körperteile. Schließlich der Anthropomorphismus von Maßen (Elle, Hand, Finger u.a.) und bei den "Benennungen von mancherlei Erscheinung im Leben des Hofes und Staates."[2]

Die Abhandlung bricht unvermittelt ab - es sollte ja der zweite Teil, der die Erkenntnisse auf den pEbers anwendet, folgen. Trotzdem läßt sich mit Ebers' eigenen Worten ein Fazit ziehen: "Je bestimmter der Mensch als Urbild aller Beseelten erkannt worden war, desto natürlicher erscheint es, dass bei dieser (...) vergegenständlichenden und illustrierenden Thätigkeit das Meiste dem menschlichen Organismus und seinen Theilen entlehnt wurde. Diese finden (...) reichliche Verwendung bei der Verbildlichung, die die Aegypter der eigenen Umgebungswelt angedeihen lassen, und bei der Benennung vieler Vorstellungen, die sich an sie knüpfen."[3]

Die Arbeit ist weitgehend eine lockere Aneinanderreihung von Gedanken. Das auf den ersten Blick wenig textkritische Verfahren, das Pyramidentexte neben ptolemaische Texte aus Dendera und Edfu stellt und das mit dem Erscheinen von Ermans "Neuägyptischer Grammatik" (1880) überwunden sein sollte, ist hier durch die umfassende Themenstellung, die vom "Altägyptischen" insgesamt spricht, gerechtfertigt. Außerdem sollte diese Abhandlung nur den allgemeinen Einleitungsteil zu einer differenzierten Behandlung des Themas anhand des Papyrus darstellen. Daß Ebers zu philologisch differenzierender Betrachtungsweise fähig war, zeigt die Abhandlung über den Leipziger Spätzeitsarg.

III. 5. 4. "DER GESCHNITZTE HOLZSARG DES HATBASTRU IM AEGYPTOLOGISCHEN APPARAT DER UNIVERSITÄT ZU LEIPZIG"

Diese Quartveröffentlichung von 59 Seiten erscheint 1884 als N° III "des IX. Bandes der Abhandlungen der philologisch-historischen Classe der Königl. Sächsischen Gesellschaft der Wissenschaften" auf den Seiten 204-262 mit drei Lichtdrucktafeln der Gesamtansicht, des Kopfteils

---

[1] Ebers sieht diese Bezeichnung, die Horapollon bezeugt, nirgends belegt. Ebers, Die Körpertheile, 38.

[2] Ebers, Die Körpertheile, 81. Ebers meint hier z.B. den König als "Fleisch des Re" oder die Königin (heute: Gottesgemahlin) als "Gotteshand" und Hoftitel wie "Die beiden Augen des Königs", "Die beiden Ohren des Königs", oder "Gefährte der Füße des Königs".

[3] Ebers, Die Körpertheile, 31.

des Deckels und des Fußteils des Deckels, sowie zwei Ausklapptafeln mit den schematischen Umzeichnungen der Hieroglyphenbeschriftung. Es handelt sich um eine einfache Veröffentlichung dieses - auch heute noch - bedeutendsten Objekts des Leipziger Museums.

Nach der Erwerbungsgeschichte und Beschreibung folgt eine Diskussion des Inhabers und der Datierung. Hierbei kommt Ebers zu differenzierten Ergebnissen: aufgrund genauer epigraphischer Beobachtungen setzt er die Entstehung zwischen die 26.Dynastie und den Beginn der Ptolemäerherrschaft. "In dieser Zeit war der Schriftstil der Saitischen Epoche noch nicht vergessen, und wo wir in derselben nicht der eigenartigen, schnörkelhaften und aenigmatischen Schreibweise begegnen, finden wir Texte, welche viele Besonderheiten der 26.Dynastie teilen."[1] Die hieroglyphischen Texte werden - soweit wiedergeben - in den Berliner Drucktypen gesetzt, übertragen und ausführlich kommentiert - es handelt sich um Totenbuchkapitel. Ebers ergeht sich in einigen Abschweifungen über Kanopen oder den Bart, weiß jedoch, daß seine Textuntersuchung nicht erschöpfend ist. "Es gibt wenige schöner geschriebene Texte als der unsere; aber leider ist er im höchsten Grade verderbt. Dieser Umstand hat uns verhindert ihn einer genauen Analyse zu unterziehen."[2]

Erst ein Vergleich mit gleichzeitigen Veröffentlichungen von Objekten gleicher Denkmalsgattung, z.B. der des Sarkophags des Usai im Museo Civico di Bologna durch Giovanni Kminek-Szedlo (1876)[3] oder der des Sarkophags des Panehem-ese in Wien durch Ernst von Bergmann (1882)[4], läßt Ebers' Leistung erkennen. Die Schrift von Szedlo besteht zum größten Teil aus allgemeinen Einführungen zu Jenseitsvorstellungen und Mythen der Ägypter, die kurze Behandlung des Sarkophags ist rein philologisch-deskriptiv und mit reichlich Fehlern versehen. Vier Ausklapptafeln geben die Ansichten des Sargs in ikonographisch, stilistisch und epigraphisch unbeholfener Ausführung. Bergmanns Arbeit dagegen benützt zwar schon die Berliner Typen und enthält 10 kleinformatige Stiche von Details, diskutiert den Sarg allerdings ebenfalls rein philologisch mit paläographischen Ansätzen. Bei Ebers nimmt die philologische Beschreibung nur mehr etwa ein Drittel des Umfangs ein. Hierbei kommt er durch eine paläographische Betrachtung (Textstilistik) zu einer genaueren Datierung als alle späteren Erwähnungen.[5] Erstmalig erfolgt eine ausführliche Diskussion von Datierung und Inhaber. Die Photos - allerdings noch keine Seit- oder Rückansichten - werden durch beigegebene Ausklapptafeln

---

1 Ebers, Der geschnitzte Holzsarg, 216.

2 Ebers, Der geschnitzte Holzsarg, 262.

3 Szedlo, Il grande sarcofago. In: Kminek-Szedlo, Catalogo di Antichità, 1895, beschreibt er 219-223 denselben Sarkophag jetzt bereits mit den Berliner Typen.

4 Bergmann, Der Sarkophag.

5 Die Angabe in modernen Katalogen geben entweder keine Datierung, Krauspe, Ägyptisches Museum 57 (Nr.77) oder nur pauschal "Spätzeit", Blumenthal, Museum Aegyptiacum, Nr.7, auch: "Spätzeit (1.Hälfte 1.Jt.v.u.Z.)", A.O. in: Elke Blumenthal, Museum Aegyptiacum, 7 oder genauer "um 400 v.u.Z.", A.O. in: Kunstschätze der Karl-Marx-Universität Leipzig, 18.

der Hieroglyphenaufschrift des Sarges in Drucktypen in originaler Anordnung ergänzt. Stilistische Analysen sind noch nicht üblich und auch nicht erfolgversprechend, da das differenzierte Instrumentarium einer Kunstgeschichte noch fehlt. Noch immer ist Ebers Büchlein die einzige Veröffentlichung dieses bedeutendsten Objektes der Leipziger Sammlung.

III. 5. 5. "RICHARD LEPSIUS. EIN LEBENSBILD".
"ZWAR MIT LIEBE, ABER DOCH MIT ALLER OBJEKTIVITÄT"

Als am 10.7.1884 Richard Lepsius stirbt, empfehlen sich als Autoren einer Biographie dieses bedeutenden Mannes aufgrund ihrer engen Verbindung besonders Johannes Dümichen und Ebers. Heinrich Brugsch, ebenfalls der "älteren Generation" angehörend, schied wegen seiner Intimfeindschaft[1] aus. Ebers empfindet sich als Schüler, in späteren Jahren auch als Freund des Verstorbenen.[2] Daß der Wunsch nach dieser Würdigung von der Familie kommt, ist anzunehmen, stellt diese doch alle ihre Unterlagen zur Verfügung. Die Vertrauensstellung, die Ebers in der Familie genießt, geht aus der Überlassung des sehr persönlichen Tagebuchs von Elisabeth Lepsius hervor.

Schon Anfang 1885 erscheint "Richard Lepsius. Ein Lebensbild" bei Engelmann, dem Verlag für Ebers' wissenschaftliche Werke. Es umfaßt 353 Seiten Text, einen Anhang mit Dokumenten und einen Index der Schriften mit 142 Nummern. Die Schnelligkeit der Bearbeitung ist erstaunlich, besonders wenn wir den Umfang der auszuwertenden Quellen beachten. Das waren zuerst die 27 Bände Tagebücher von Frau Lepsius, die Tagebücher, Briefe und Aufzeichnungen von Lepsius selbst, dann Mitteilungen des ältesten Sohnes, von Freunden, auch Auskünfte und Akten von Behörden. Aber "die wichtigsten Unterlagen haben natürlich die Werke des Meisters und die eigenen lebendigen Erinnerungen an seine Person ergeben"[3], schreibt Ebers. Die Biographie wendet sich sowohl an den Fachmann als auch an den Laien, den "Nichtgelehrten", dem Ebers immer wieder Erläuterungen gibt.[4]

Das Buch hat noch heute Bedeutung durch seine zahlreichen biographischen Daten, da es, trotz der Bedeutung von Lepsius, bisher kein moderneres Werk, auch keine Edition der Briefe, gibt. Die chronologische Beschreibung des Lebens von Lepsius reicht von der Kindheit, den Knabenjahren, Lehrjahren, Wanderjahren bis zu den "Berliner Meisterjahren", schildert die Beamtenlaufbahn, die

---

1 Siehe Kap.III.1.2, 109-114, besonders: 112, Anm.4.

2 Im Brief vom 13.7.1884 aus Tutzing, SBB, meldet er seiner Mutter: "Lepsius ist todt.(...) Er war mein Lehrer und ist später mein treuer, immer gleicher Freund gewesen. Die Wissenschaft verliert viel an ihm."

3 Ebers, Richard Lepsius, IX.

4 Z.B. Ebers, Richard Lepsius, 211, über den ägyptischen Kalender.

Ämter am Museum, an der Universität, im Preußischen bzw. dann Deutschen Archäologischen Institut, als Leiter der kgl. Hofbibliothek[1], die Veröffentlichungen und Forschungsschwerpunkte, die drei Ägyptenreisen, natürlich unter besonderer Berücksichtigung der ersten, der berühmten Preußischen Expedition. Kapitel über die Familie: "Das Lepsius'sche Haus" und "Richard Lepsius als Mensch" schließen sich an den chronologischen Abriß an und runden das Bild ab.

Die Bedeutung über die biographischen Daten hinaus liegt in Ebers' Zustandsschilderung der aktuellen Ägyptologie und deren Selbstverständnis. Dies geht aus einem eigenen Absatz: "Die ägyptologischen Studien, wie Lepsius sie 1834 vorfand"[2] und aus vielen verstreuten Bemerkungen hervor. Ebers schildert eine verwilderte Wissenschaft, die "bei dem hastigen und leichtfertigen Vorgehen der nächsten Nachfolger Champollion's (...) Irrthum auf Irrthum" häuft[3] und zu Schlüssen kommt, "auf welche wir heute nur noch mit Spott und Grauen zu blicken vermögen."[4] Zwar nennt Ebers außer den großen Verderbern Sickler, Klaproth und Seyffarth keine Namen, doch kann man zwischen den Zeilen auch Kritik an de Quincy, de Sacy, de Luynes und v.a. Salvolini, dem wissenschaftlichen Erben Champollions, lesen. Lepsius' Bedeutung sieht Ebers nun darin, daß er die Ägyptologie zwang, sich "derselben kritischen Methode zu fügen, welche für andere Disziplinen maßgebend geworden ist (...). Er hat die Wege gewiesen, auf denen es der Aegyptologie einzig und allein gelingen konnte, sich den Namen einer Wissenschaft zu erwerben."[5] Die Methode liest sich als das Credo des Positivismus: "Er faßte die ganze Fülle des von ihm selbst zusammengetragenen und sonst für ihn erreichbaren Denkmälermaterials in's Auge, zerlegte es in Gruppen, sichtet diese und behandelt das Wesentliche, das er herausgefunden, nach derselben kritischen Methode, an die er sich auf anderen Gebieten der Wissenschaft (...) gewöhnt hatte."[6]

Interessant sind die fast deckungsgleichen Ansichten politischer, wissenschaftlicher und menschlicher Natur von Ebers und Lepsius, die oft schwer unterscheiden lassen zwischen Gedanken von Ebers und referierten Überlegungen. So kehren z.B. die Aussagen zur Kunst[7] fast wörtlich in Ebers' Oeuvre wieder. Diese Identifikation des Schülers mit seinem Lehrer findet ja auch Ausdruck im gegenseitigen Einsatz der beiden Männer füreinander: in Lepsius' Gutachten für Ebers' akademische Laufbahn und

---

1 Ebers berichtet, daß Lepsius bei der Übernahme des Amtes 1874 für den ihm als Bedingung versprochenen Neubau genau das Geviert an der Straße Unter den Linden fordert, wo dann Ernst von Ihne 1913/14 das neubarocke Gebäude der Kgl.Bibliothek, der heutigen Staatsbibliothek, errichten wird. Ebers, Richard Lepsius, 245.

2 Ebers, Richard Lepsius, 83-94.

3 Ebers, Richard Lepsius, 126.

4 Ebers, Richard Lepsius, 127.

5 Ebers, Richard Lepsius, 127.

6 Ebers, Richard Lepsius, 127f.

7 Ebers, Richard Lepsius, 143.

umgekehrt in Ebers' Anhänglichkeit, die Lepsius immer an erster Stelle zitiert und ihn verteidigt.[1] In Lepsius findet Ebers (s)einen idealen Gelehrten, den ein Streben nach "allgemeiner Ausbildung"[2] im intellektuellen Bereich, über umfassende wissenschaftliche Ausbildung hinaus[3], bei Lepsius sich auch auf Musik und Dichtung erstreckend[4], und im handwerklichen Bereich, bei Lepsius das Erlernen der Technik des Kupferstechens und Lithographierens, auszeichnet. Die "schöne und tiefe humanistische Durchbildung"[5] gilt als erstrebenswertes Ideal. Damit einer geht die Ablehnung des "Stubengelehrten"[6] und der "Neueren, welche sich schon als Studirende auf ihr Specialfach beschränken und banausisch nicht über den Acker hinaussehen, auf dem sie pflügen, säen und ernten wollen."[7] Auch auf die gesellschaftlichen Verpflichtungen, institutionalisierte und informelle, als wesentlichem Teil des Gelehrtenlebens, geht Ebers ein.[8] In Lepsius als "freidenkenden Mann von leidenschaftsloser Gelassenheit"[9] mit den hervorstechenden Eigenschaften von Besonnenheit, Nüchternheit, Gewissenhaftigkeit und großem Ordnungssinn, zeichnet Ebers auch sein Selbstverständnis als Wissenschaftler.

Da Ebers "zwar mit Liebe, aber doch mit aller Objektivität den Pinsel" führen will[10], muß er auch einiges beanstanden. Bei aller Kritik an Details wahrt Ebers jedoch immer die Anerkennung der grundlegenden Verdienste. Zwar hätte man besser die Finger von der Pfeilerseite aus dem Sethos-Grab lassen sollen[11], doch alle anderen Erwerbungen für Berlin - wie die drei Mastabas, die Wandmalerei, Amenophis I. und Ahmes-Nefertari darstellend, sowie die Säule aus Philae - werden als "rettende Tat" gerechtfertigt.[12] Auch Lepsius' Reserve gegen pädagogische Aktivitäten[13] verschweigt Ebers nicht. Lepsius' dürftige Schülerliste bessert Ebers durch eigene Schüler wie Wiedemann und die "Enkelschüler" aus Leipzig auf.[14] Ausführlich würdigt Ebers die Einrichtung des

---

1 So wie Lepsius sich seinerseits lebenslange Loyalität zu seinem Mentor Bunsen bewahrt.

2 Ebers, Richard Lepsius, 45.

3 Ebers, Richard Lepsius, 215: "Lepsius war ein tüchtiger Philolog, Linguist, Archäolog und Historiker, bevor er Aegyptolog ward."

4 Lepsius singt und komponiert. Vgl. auch Dümichen, von dem die SBB Kompositionen aufbewahrt. Mariette schrieb Erzählungen, Erman nach eigenem Bekenntnis Gedichte.

5 Ebers, Richard Lepsius, 215.

6 Ebers, Richard Lepsius, 46.

7 Ebers, Richard Lepsius, 215

8 Ebers, Richard Lepsius, 321-324: Einladungen, Freundschaften; Vereine wie "Die alte Griechheit", die "Mittwochsgesellschaft" u.a.

9 Ebers, Richard Lepsius, 259.

10 Ebers, Richard Lepsius, IX.

11 Ebers, Richard Lepsius, 175.

12 Ebers, Richard Lepsius, 219.

13 In Lepsius' eigenen Worten: Ebers, Richard Lepsius, 152. Weiter unten 152 schreibt Ebers von der "schon früher zu Tage getretene Abneigung gegen den Ruf des Pädagogen". Auch in der eigenen Familie war Lepsius kein Pädagoge: Ebers, Richard Lepsius, 262.

14 Dümichen, Ebers, Erman, Naville. Ebers, Richard Lepsius, 229.

Museums.[1] Die Kritik an der historischen Anordnung und Ausmalung kann Ebers zwar verstehen[2], sieht aber Lepsius' Anliegen einer Hilfestellung für den Laien als vorrangig.[3] Auch in der Totenbuch-Edition ist die Einteilung der bleibende Wert, auch wenn die Grundlage, das Turiner Totenbuch, unglücklich gewählt war. Überhaupt verteidigt Ebers die chronologische Methode als grundsätzlich richtig, wenn sie auch in manchen Details falsche Ergebnisse gezeitigt habe.

Der neuen Generation der Ägyptologen schreibt Ebers ins Stammbuch: "Mit Ehrfurcht und Freiheit will die Wissenschaft geübt sein (...). Diesen herrlichen Grundsatz hat er [Lepsius] auch seinen Schülern eingeprägt und wir möchten ihn den Jüngeren in's Gedächtnis rufen, welche sich in unserer Zeit so gern von Allem, was »Ehrfurcht« heißt, loslösen, und sich für die Größeren und Stärkeren halten, wenn es ihnen gelingt, Bewährtes zu erschüttern."[4] Für seine gewaltige Leistung gebührt Lepsius "Ehrfurcht und Dankbarkeit"[5], und so liegt diese Maxime auch Ebers' Biographie zugrunde. Besser als in einem Privatbrief Ebers' läßt sich Lepsius' Bedeutung für die Wissenschaft nicht ausdrücken: "Champollion ist der Schöpfer der Ägyptologie, Lepsius der Erzieher."[6] Das klar zu machen, ist das Anliegen der Biographie.

III. 5. 6. ZWEI NEUE BEREICHE DER ÄGYPTOLOGIE

III. 5. 6. 1. "ANTIKE PORTRAITS. DIE HELLENISTISCHEN BILDNISSE AUS DEM FAJJUM"

Der Wiener Kaufmann Theodor Graf hatte in Ägypten 1887 ein Korpus von etwa 100 Mumienportraits erworben, die aus der Nekropole von er Rubayat am Ostrand des Fajjum stammen, und diese 1888 nach Deutschland gebracht.[7] Er legt 66 dieser Bildnisse seinem Schulfreund Ebers zur Begutachtung vor. Dieser beschreibt sie in den Beilagen Nr.135-137 zur Allgemeinen Zeitung, Jahrgang 1888 unter dem Titel "Eine Gallerie antiker Portraits. Erster Bericht über eine jüngst entdeckte Denkmäler-Gruppe."[8] Diesen Artikel von 27 Seiten erweitert der Autor zu einem selbständigen Bändchen "Antike Portraits. Die hellenistischen Bildnisse aus dem Fajjûm. Untersucht und gewürdigt von Georg Ebers. Leipzig 1893" von 73 Seiten im Oktavformat mit zwei Tafeln Grundrissen und Aufrissen und zwei Photos. Durch die Ebers'schen Berichte tritt damit eine neue Denkmälergruppe in größerem Umfang ins Bewußtsein der Öffentlichkeit und der Wissenschaft. Erst später (1910/11) entdeckt Petrie bei Hawara einen weiteren Komplex dieser Portraits.

---

1 Ebers, Richard Lepsius, 220-227.

2 "Es liegt etwas Wahres in diesem Einwand." Ebers, Richard Lepsius, 225.

3 Ebers, Richard Lepsius, 225. Eine Frage, die sich heute aktuell stellt bei der Rekonstruktion der Innenausstattung des im Krieg schwer beschädigten Neuen Museums.

4 Ebers, Richard Lepsius, 213f.

5 Ebers, Richard Lepsius, 214.

6 Brief von Ebers aus Tutzing an seine Mutter vom 27.7.1884, SBB.

7 Über Fundumstände, Verkauf u.s.w. siehe: Parlasca, Mumienportraits, 22ff.

8 Unter demselben Titel erschien der Artikel als Sonderdruck, Berlin 1889.

Ebers möchte mitteilen, "was meine Forschungen, die gleichartigen Monumente, denen sie angereiht werden müssen, die Zeit und den Culturkreis, denen sie die Entstehung verdanken, sowie die Beschaffenheit der einzelnen Portraits ergaben."[1] Ebers datiert die Stücke aufgrund von Kleidung, Haartracht u.a. vom 2.Jh.v.Chr. bis zum Edikt des Theodosius 392 n.Chr., das die heidnischen Kulte verbot, und klassifiziert alle Exemplare als heidnisch. Ihm fällt auf, daß die Portraits hauptsächlich Frauen und Männer in mittleren Jahren darstellen[2], daß die Bilder also "in guten Jahren gemalt"[3] worden sein mußten und dann bis zum Tode aufbewahrt wurden, ja daß einige "vielleicht gar keine Portraits, sondern (...) auf Vorrath fabrikmäßig hergestellt worden"[4] seien, daß die Mumien wohl noch einige Zeit im Hause aufbewahrt worden seien, daß die unterschiedliche Qualität der Werke vom Vermögen des Künstlers abgehangen habe. Viele seiner Erkenntnisse sind auch noch die heutigen.[5] Leider gibt Ebers keine Abbildungen, so daß seine seitenlangen psychologisierenden Beschreibungen - so gut sie sich auch lesen lassen - nicht nachzuvollziehen sind.

Auf fünf Portraits von jungen, männlichen Erwachsenen bemerkt Ebers eine Seitenlocke, die er sich bei Erwachsenen nur als das altägyptische, prinzliche Rangabzeichen erklären kann. Diese Meinung, die er in seiner Erstveröffentlichung vertrat[6] und die viel Widerspruch erfuhr[7], bewegte Graf zusammen mit der allgemein überschwänglichen Würdigung durch Ebers, die Denkmäler zu Spekulationszwecken zu benützen, überhöhte Preise zu fordern und mit den Bildern in einer Wanderausstellung unter großem Reklamerummel durch die Lande zu ziehen.[8] Ebers nimmt nun diese Aussage in dem hier besprochenen Bändchen insoweit zurück, als er in den Lockenträgern die Söhne höherer Beamter, sog. "Anverwandter des Königs", die Mitglieder eines "Cadetten- oder Pagencorps des Königs", "einer Art von junger Nobelgarde" sehen will.[9]

---

1 Ebers, Antike Portraits, 4.

2 Ebers, Antike Portraits, 20.

3 Ebers, Antike Portraits, 22.

4 Ebers, Antike Portraits, 22.

5 Wrede, in: LÄ IV, Sp.218-222, s.v. Mumienporträts.

6 Ebers, Eine Gallerie, 14.

7 Erman, Mein Werden, 225.

8 Als sich der Rummel und die Preise gesetzt hatten, kann Erman viele Stücke für Berlin erwerben. Erman, Mein Werden, 225. Trotz der Reklametrommel, die Ebers - freiwillig oder unfreiwillig - schlägt, bleiben nämlich die meisten der Werke unverkauft. Bis 1903, als der letzte Verkaufskatalog erscheint, sind erst 28 der 96 Nummern verkauft, fünf davon an die "Neue Königliche Pinakothek München" - sie sind heute die Nr.1-5 der Staatl.Sammlung Ägyptischer Kunst dort. Graf verkauft 1888 Erman 160 der später so berühmten Amarnatafeln.

9 Ebers, Antike Portraits, 37.

Ergebnis der Ebers'schen Betrachtungen ist, daß es sich um "echte und rechte, so ansprechende wie interessante Kunstwerke, die dem Schönheitsgefühl nicht weniger bieten als dem Sinn für culturgeschichtliche, ethnographische und, wenn der Ausdruck erlaubt ist, völkerphysiognomische Forschung" handele, um Werke nicht nur für den Fachmann, "sondern aller Freunde der Malerei und ihrer Geschichte."[1] Ebers erreicht diese Modernität durch die Ausblendung des spezifisch ägyptisch-funerären Charakters der Portraits. Das Kunstwerk wird seiner kulturellen Einbindung und Fremdheit entkleidet, das "Befremdliche"[2] wird rational erklärt und in das eigene Weltbild integriert. Und so könnten auch die bedeutendsten Künstler der Gegenwart, ein Lenbach, Kaulbach, Menzel, Alma Tadema den Werken ihre lebhafteste Bewunderung zollen.[3] "So hätte Apelles sie für eine Roxane oder Galatea, so ein deutscher oder französischer Meister unserer Epoche sie für eine Philippine Welserin oder, wäre ihr wahres Bildniss nicht erhalten geblieben, für eine Königin Louise als Modell benützen können. Welchen überzeugenden Beleg für die allgemeine Gültigkeit des echt und wahrhaftig Schönen bietet dies mit den schlichten Kunstmitteln einer längst vergangenen Zeit ausgeführte Mädchenbildniss!"[4]

Wenn auch sein Urteil in all seiner Zeitgebundenheit heute nicht mehr bestehen kann, so bleibt doch das Verdienst Ebers' unbestritten, dieses Gebiet initiiert zu haben. Siegfried Morenz schreibt 1969: "Die Forschung [über Mumienportraits] hat einst von Leipzig ihren Ausgang genommen, war doch der dortige Ägyptologe G.Ebers mit dem ersten Entdecker und Sammler, Th.Graf, befreundet."[5]

III. 5. 6. 2.   "SINNBILDLICHES. DIE KOPTISCHE KUNST"

In die erste Direktion Masperos (1881-1886) des Boulaq-Museums fällt die Einrichtung einer koptischen Abteilung.[6] Bisher war der koptischen Kunst keinerlei Aufmerksamkeit geschenkt worden, ja deren wenige und bescheidene Zeugen standen den Ausgräbern der altägyptischen Monumente häufig im Wege und wurden achtlos beiseite geräumt. Albert Gayet würdigt 1889 erstmals in seiner Veröffentlichung der koptischen Stücke dieses Museums[7] die koptische Kunst in kulturhistorischer und teils auch künstlerischer Hinsicht. 1884 erscheint das zweibändige Werk A.J.Butlers über die

---

1   Ebers, Antike Portraits, 3.

2   Ebers, Antike Portraits, 61.

3   Ebers, Antike Portraits, 69 und 61.

4   Ebers, Antike Potraits, 66.

5   Morenz, Die Begegnung, 104.

6   Ein eigenes Koptisches Museum in Cairo wird erst 1908 als Privatunternehmen gegründet. 1931 wird es verstaatlicht.

7   Gayet, Les momuments coptes. Ebers kennt dieses Werk, da er es in seiner Königstochter zitiert, Ebers, Königstochter I, 1893, 361, Anm.94. 1902 erscheint dann Gayets große koptische Kunstgeschichte: L'Art Copte, im selben Jahr auch der CG-Band Coptic Monuments von Crum.

koptischen Kirchen[1], im Jahr zuvor Ebers' Studie "Sinnbildliches. Die koptische Kunst. Ein neues Gebiet der altchristlichen Sculptur und ihre Symbole", ein 64seitiges Quartbändchen mit 14 Zinkotypien.

Ebers stützt sich in seiner Abhandlung auf die Gayetsche Veröffentlichung und möchte einen Teilbereich des noch völlig unbearbeiteten Gebietes erschließen. Auch hier begibt er sich wieder, wie bei der Veröffentlichung der Mumienportraits, auf Neuland, spricht er den Denkmälern doch trotz häufiger ästhetischer Mängel einen so hohen Stellenwert zu "dass sie es sicher verdienen, den Kunsthistorikern, den Theologen und besonders den Freunden der älteren christlichen Kunst bekannt zu werden. Auch dem Kunsthistoriker und Völkerpsychologen wird es anziehend erscheinen, das Ineinandergreifen verschiedener Ideen und Kunstkreise (...) näher ins Auge zu fassen."[2] Besonders interessiert ihn der Rückgriff auf die pharaonische Kunst und die Tradierung altägyptischer Motive wie (Apis-)Stier, Sonnenscheibe, Mutter-Kind-Darstellungen, Göttertriaden, Phönix, Taube, Straußenfedern, Djed-Pfeiler, Ka-Arme und Orantengestus, Palmenzweige, Löwe, Adler und Geier, Fisch u.a. Ausführlich geht Ebers auf die Isis-Horus-Vorläuferschaft der Madonna lactans-Darstellungen ein, zeigt, daß die Georgsdarstellungen aus dem Horus-Seth-Kampf kommen und daß der Wen-nefer-Hase des Osiris zum Symbol des auferstandenen Christus geworden ist.[3] Ebers betrachtet die koptische Kunst als Ausläufer der pharaonischen, nicht als eigenständige. Mit Bedauern sieht er durch "fanatischen Übereifer"[4], "irrenden Glaubenseifer"[5] der Kopten der freien Entwicklung der Kunst das Todesurteil gesprochen und damit Wahrheit und Freiheit, Aufschwung und Grösse, Schönheit und Eleganz in Nachahmung der Natur vernichtet. Diese "Werke wirken darum auch in der That erkältend wie gefrorenes Leben."[6] Tausend Jahre mußte dann die Menschheit warten, bis nach dem Mittelalter in Michelangelo oder Raffael der Erlöser kam, der die Kunst wieder aus ihrem Starrkrampf befreite. Die Ungeschicklichkeit der koptischen Kunst, ihren Primitivismus sieht Ebers beabsichtigt, um allem sinnlichen Reiz aus dem Wege zu gehen, doch ahnt er auch schon die soziologische Ursache: "Dennoch hätte die koptische Kunst vielleicht einen ansprechenderen Typus der menschlichen Gestalt herausgebildet, wenn nicht durch die Noth und die blutigen Unruhen in der Zeit ihrer Uebung dem

---

1 Butler, The Ancient Coptic Churches.

2 Ebers, Sinnbildliches, III.

3 Den Osterhasen spricht er nicht direkt an. Auch tut er den Schritt nicht, den Hasen als Symbol der Fruchtbarkeit aufzufassen. Aber auf S.48 bringt er schöne Beispiele für mittelalterliche Hasen-Symbolik. Der Strassburger Domherr Geiler von Kaiserberg †1510 vergleicht den Heiland mit dem Hasen, weil beide fortwährend der Verfolgung ausgesetzt sind.

4 Ebers, Sinnbildliches, 17.

5 Ebers, Sinnbildliches, 15.

6 Ebers, Sinnbildliches, 16. Dieses Thema der Auseinandersetzung zwischen christlich-asketischer Barbarei und heidnischem Ästhetentum hatte Ebers in dichterischer Form in seinem "Serapis. Historischer Roman" (1884) um die Zerstörung des Serapisbildes von Alexandria im Jahre 392 behandelt.

Fortschreiten überall Schranken gesetzt worden wären."[1] Nach einem Ausblick auf Poesie und Epik der Kopten und dem Wunsch, auch die Tradierung von Ideen, Legenden, Kultus und Geräten zu untersuchen, schließt Ebers seine Studie mit dem Fazit: "Wo aber der Kunst das Vermögen noch abgeht, Schönes, Grosses und Tiefes über sich selbst hinauszuführen, es gleichsam zu verklären und ihm den Stempel des Göttlichen aufzudrücken, da reicht ihr die Religion als Verbündete das Symbol."[2]

Im Gegensatz zu dem nach heutigen Maßstäben geringen Umfang und der eher dürftigen Bebilderung des Buches - beides können die Zeitgenossen jedoch nicht so empfinden - stehen dessen Auswirkungen, findet doch die "schön ausgestattete, an feinen Beobachtungen und Gedanken reiche Schrift"[3] weite Beachtung, wie Rezensionen im Literarischen Centralblatt[4] und in den Göttingischen Gelehrten Anzeigen[5] zeigen. Die umfangreiche Besprechung in den Göttingischen Gelehrten Anzeigen stammt vom jungen Carl Schmidt, der später ein bekannter Koptologe werden sollte. Dieser würdigt Ebers' Verdienst, die "Voreingenommenheit" gegen dieses Gebiet gebrochen zu haben und beginnt mit den Worten: "Mit der vorliegenden Abhandlung ist wiederum ein neues Gebiet dem Forscher erschlossen"[6], geht aber danach zu einer detaillierten Ablehnung aller von Ebers vorgeschlagenen Motivtradierungen aus dem Altägyptischen über. Überhaupt hat der künftige Koptologe eine erheblich schlechtere Meinung von den Kopten[7] als der Ägyptologe Ebers. Es ist hier nicht möglich, der reizvollen Diskussion in ihre Verzweigungen zu folgen. Es sei nur darauf hingewiesen, daß die Einordnung einer Stele als christlich durch Ebers eine Diskussion entfacht, die Schmidt veranlaßt, seine in der Rezension geäußerten Bedenken in der AeZ 1895 ausführlicher zu wiederholen[8], was Ebers in derselben Ausgabe repliziert.[9] Auch Ermans Artikel "Heidnisches bei den Kopten"[10] nimmt im

---

1 Ebers, Sinnbildliches, 56.

2 Ebers, Sinnbildliches, 60.

3 V.S., Ebers, Georg, Sinnbildliches, in: Lit. Centralbl. (1893), Sp.1120.

4 V.S., Ebers, Georg, Sinnbildliches, in: Lit. Centralbl. (1893), Sp.1120f.

5 Schmidt, Ebers, Georg, Sinnbildliches, in: Göttingische Gelehrte Anz. (1893), 795-814.

6 Schmidt, Ebers, Georg, Sinnbildliches, in: Göttingische Gelehrte Anz. (1893), 795.

7 Schmidt, Ebers, Georg, Sinnbildliches, in: Göttingische Gelehrte'Anz. (1893), 802: "die banausische Kunst ist nicht ein Produkt der Selbstbeschränkung, sondern ein Zeugnis des künstlerischen Unvermögens."

8 Schmidt, Über eine angebliche altkoptische Madonna-Darstellung, in: AeZ XXXIII (1895). Schmidt hatte bei seinem Besuch in Kairo eine koptische Inschrift auf der Rückseite der Stele entdeckt, was ihm als untrüglicher Beweis für die heidnische Herkunft der Vorderseite gilt: "Der erste Blick lehrte, daß ein koptischer Handwerker eine ägyptische Stele zu einer Grabinschrift benutzt hatte", Schmidt, Über eine angebliche altkoptische Madonna-Darstellung, in: AeZ XXXIII (1895), 61.

9 "Nun frage ich, indem ich mich eines Beispiels aus einem anderen Kunstgebiete bediene, wer wohl, wenn er auf einem Gemälde, über dessen niederländische oder italienische Provenienz Zweifel herrscht, eine italienische Inschrift findet, aus diesem Umstande das Recht herleiten möchte, jenes Bild für holländisch zu erklären?" Ebers, Altkoptisch, in: AeZ XXXIII (1895), 136.

10 Erman, Heidnisches, in: AeZ XXXIII (1895), 47-51.

selben Band der AeZ dazu Stellung, ebenso soll sich Gayet an entlegenem Ort nach Schmidts Angaben[1] noch in drei Artikeln dazu geäußert haben. In der Tat dürfte damit Ebers' Wunsch nach mehr Aufmerksamkeit für das "neue Gebiet" erfüllt worden sein. Doch über dieser Wirkung soll ein stilleres Verdienst nicht vergessen werden, ist doch Ebers so kühn, mit Nachdruck von koptischer Kunst zu sprechen, was noch heute keine Selbstverständlichkeit ist.[2] Allerdings wird auch hier der Name des Begründers der deutschen koptischen Kunstgeschichte bald vergessen sein.[3]

III. 5. 7. "DIE HIEROGLYPHISCHEN SCHRIFTZEICHEN DER ÄGYPTER"

1890 veröffentlicht Ebers in bibliophiler Ausstattung ein kleines Bändchen mit einer Liste der "hieroglyphischen Schriftzeichen der Aegypter im Besitz der Herren Breitkopf und Härtel". Der Innentitel enthält auf zwei gegenüber liegenden Seiten den Buchtitel, der durch seine Umständlichkeit wie eine Übersetzung aus dem Ägyptischen wirken soll, links in Deutsch, auf der rechten Seite die dazugehörige Version in Hieroglyphen. Über die ästhetische Funktion hinaus hatte solch eine heute eher scherzhaft anmutende Übung die Aufgabe, Beherrschung und Brauchbarkeit der alten Schrift zu belegen.[4] Ebers gibt nun auf den ersten dreißig Seiten eine sowohl für den Fachmann als auch für den Laien bestimmte Einführung in die Geschichte der Entzifferung, das Wesen und die Entwicklung der Schrift und die Geschichte der Drucktypen:

> "Solche wurden zuerst in Leipzig in der Lorck'schen Officin für den Gebrauch von Schwartze und Seyffarth hergestellt, doch fielen sie so stillos und incorrect aus, dass sie längst nicht mehr benutzt werden können. Die in der französischen Staatsdruckerei unter Leitung des Vicomte Emanuel de Rougé, des würdigen Nachfolgers Champollions, geschnittenen Lettern sind weit schöner, doch nicht in Umrissmanier gehalten, und darum ergeben die ganz schwarzen, oft recht breiten Bilder hart von dem weißen Papier abstechende Flächen, welche schliesslich auch dem guten Geschmack ihrer französischen

---

ABBILDUNGEN FOLGENDE SEITEN:
EBERS, DIE HIEROGLYPHISCHEN SCHRIFTZEICHEN DER AEGYPTER, LEIPZIG 1890
SEITE 241: INNENTITEL LINKS; SEITE 242: INNENTITEL RECHTS

---

1 Schmidt, Über eine angebliche altkoptische Madonna-Darstellung, in: AeZ XXXIII (1895), 58.

2 Zaloscer, Die Kunst im christlichen Ägypten, 7, "anonyme Werke des Volkstums, eine Primitivkultur". Ähnlich Wessel, Kunst der Kopten.

3 Zaloscer, Die Kunst im christlichen Ägypten, erwähnt weder in ihrer Bibliographie noch im Text den Namen Ebers. In diesem Zusammenhang verweisen wir auf die kürzlich erschienene Arbeit von Blumenthal: Koptische Studien in Leipzig, deren Urteil auf Seite 95 über Ebers, nämlich, daß das Koptische in "seiner Forschung zu keiner Zeit eine nennenswerte Rolle gespielt hat", wir nicht zustimmen. Blumenthal belegt ihre Meinung in einer Fußnote mit eben dem hier behandelten Buch von Ebers.

4 Vgl. die hieroglyphische Lepsius-Inschrift auf der großen Pyramide von Gizeh, an der Uhlemann eine lange Übersetzungsübung durchführt, Uhlemann, Handbuch, 105-120.

LISTE

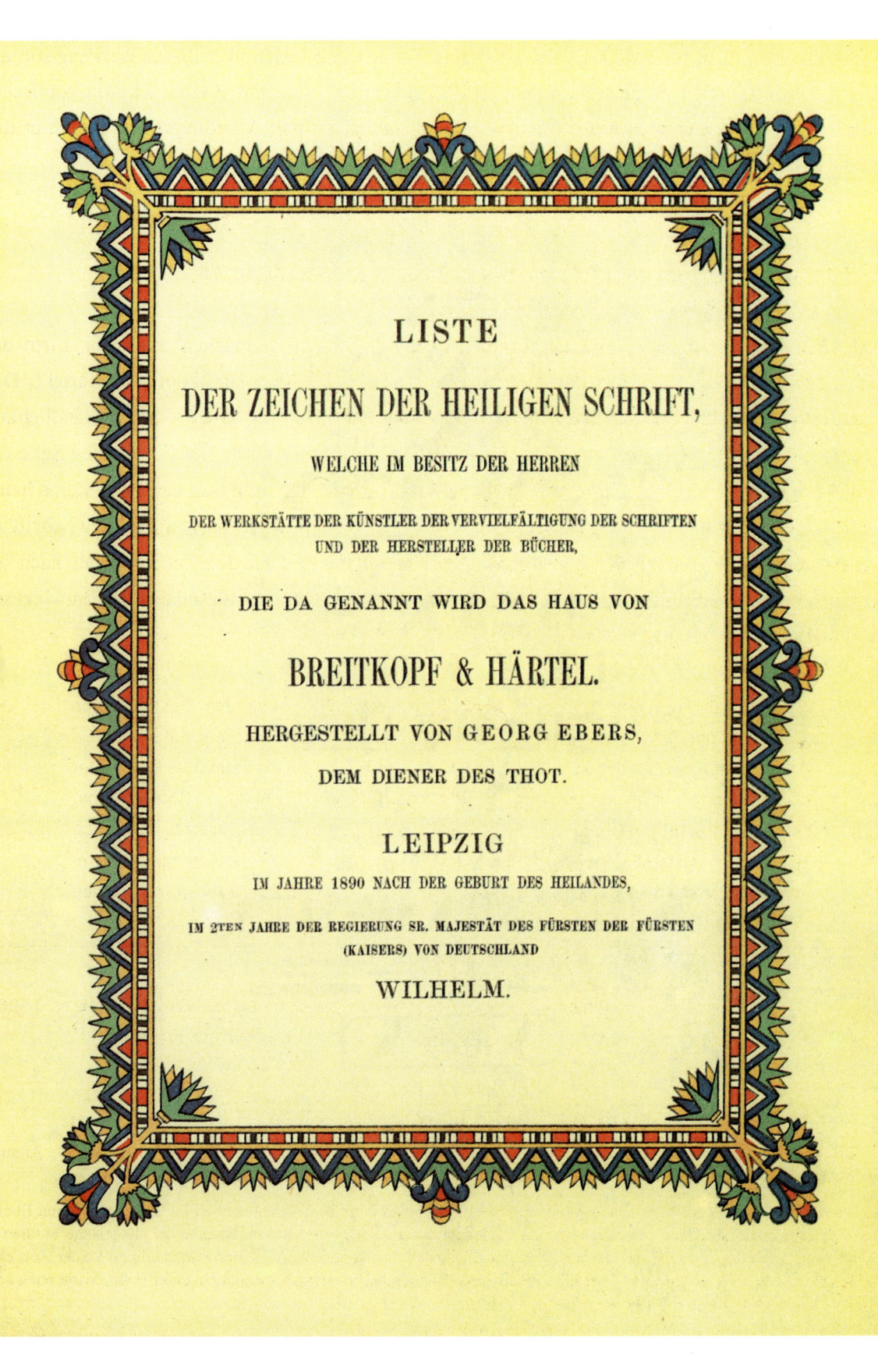

DER ZEICHEN DER HEILIGEN SCHRIFT,

WELCHE IM BESITZ DER HERREN

DER WERKSTÄTTE DER KÜNSTLER DER VERVIELFÄLTIGUNG DER SCHRIFTEN
UND DER HERSTELLER DER BÜCHER,

DIE DA GENANNT WIRD DAS HAUS VON

BREITKOPF & HÄRTEL.

HERGESTELLT VON GEORG EBERS,

DEM DIENER DES THOT.

LEIPZIG

IM JAHRE 1890 NACH DER GEBURT DES HEILANDES,

IM 2TEN JAHRE DER REGIERUNG SR. MAJESTÄT DES FÜRSTEN DER FÜRSTEN
(KAISERS) VON DEUTSCHLAND

WILHELM.

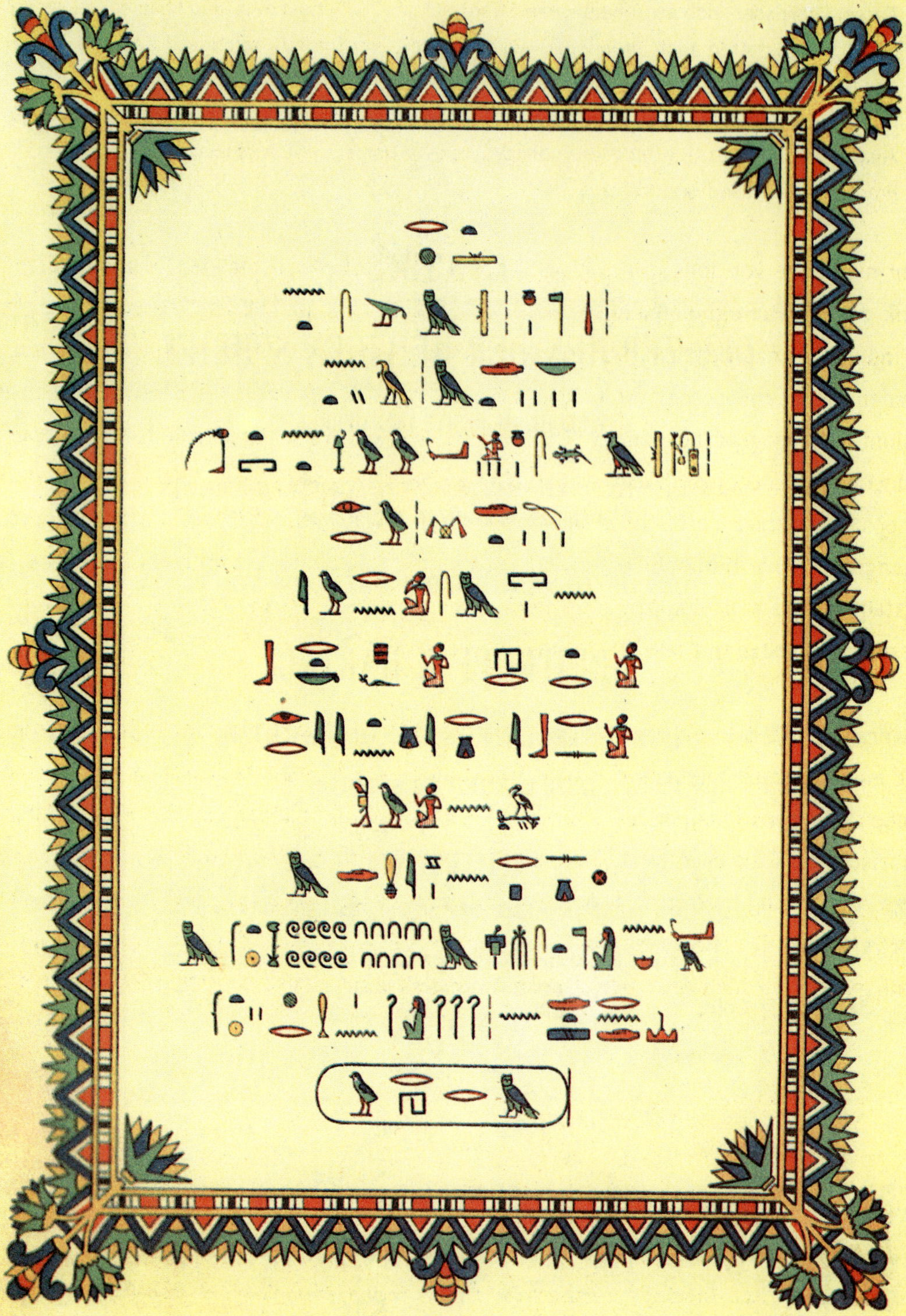

Schöpfer so sehr widersprachen, dass sie von ihrer Benutzung abstanden, sobald die Berliner sehr viel schöneren Lettern hergestellt waren. Diese in der That jeder Anforderung entsprechenden, unter Lepsius' Leitung von Weidenbach gezeichneten und in der Theinhardtschen Officin zu Berlin unter den Auspicien der dortigen Akademie hergestellten Typen schliessen sich an den schönen Schriftstil der 26.Dynastie, sind in linearer Manier gehalten, gestatten auch ihr Inneres, wo es die Vorbilder fordern, zeichnend auszuführen und stechen nicht zu grell von dem Papier und den Lettern unserer Druckschriften ab. Es möchte schwer sein, sie zu übertreffen, und man bedient sich ihrer gegenwärtig, wo man Aegyptologie treibt, d.h. in allen Culturstaaten, besonders in Deutschland und England, Frankreich, Holland und Italien."[1]

Ebers gibt nun diese von ihm so gelobten Typen der Berliner Akademie der Wissenschaften in der Systematik der 25 Hieroglyphenklassen von "A. Männer" bis "Z. Striche", ergänzt die einzelnen Klassen, indem - gemäß Lepsius' Forderung - "nachgetragene Typen den einzelnen Abtheilungen mit fortlaufenden Nummern acceccionsmäßig hinzugefügt werden."[2] Da Ebers aber den alten Zeichenvorrat ausdünnt, also ungebräuchlichere Zeichen ausscheidet[3], bleibt die Gesamtzahl insgesamt etwa gleich, obwohl bei Ebers jede Klasse mit erheblich höheren Nummern endet. Ebers' Liste stellt nicht die von Lepsius in seiner Veröffentlichung der Berliner Drucktypen (1875) für die Zukunft geforderte Neuordnung dar.[4] Den bibliophilen Ambitionen Ebers' entsprechend und um "eine Probe von der Leistungsfähigkeit der Breitkopfschen Druckerei zu geben"[5], sind Titel und Vorwort in Farbe gedruckt und alle Seiten mit farbiger Randleiste versehen.

Die aufwendige Ausstattung erinnert sehr an die pEbers-Edition und sticht hier besonders im Vergleich zur schlichten Theinhardtschen Liste ins Auge. Ein Gegensatz zwischen wissenschaftlicher Nüchternheit und Funktionalität und ästhetisch ansprechender Gestaltung war der Ebers-Zeit auch auf dem editorischen Sektor eher fremd und eine "eigentliche editorische Arbeit"[6] sollte durchaus auch die üppige Ausstattung besorgen, schien durch diese doch der Bedeutung des Inhalts angemessener Ausdruck verliehen. Diese Situation ist heute - vorzüglich aus wirtschaftlichen Gründen - nicht mehr wiederholbar, sollte jedoch nicht den Zugang verstellen und zu falschen Schlüssen verleiten.

---

1 Ebers, Die hieroglyphischen Schriftzeichen, 14. Bezeichnend ist in diesem Zitat die Definition von "Culturstaat" als überall dort, wo man Ägyptologie betreibt.

2 Liste der hieroglyphischen Typen, VI.

3 Ebers Beteuerung: "die Breitkopf & Härtel'sche Officin verfügt über einen vollständigen Satz", Ebers, Die hieroglyphischen Schriftzeichen, 15, stimmt also nicht.

4 Liste der hieroglyphischen Typen, VI.

5 Adolf Erman in seiner Rezension: Erman, Georg Ebers, Die hieroglyphischen Schriftzeichen, in: Berl.Phil.Wschr. XI, (1891), 183.

6 Blumenthal, Altes Ägypten, 9.

III. 6. DIE ÄGYPTENREISEN

Das Reisen diente seit alters her sowohl dem Vergnügen als auch der Belehrung. Mit der "Grand Tour", meist in Begleitung des Erziehers, schloß der junge Adelige, dann auch der reiche Bürgerssohn, seine Erziehung ab. Ursprünglich nur eine künstlerische Pilgerfahrt nach Italien, erstreckte sich das Interesse bald auch auf Frankreich und die Schweiz mit den Alpen. Mit der wachsenden Neugier auf die Vergangenheit wurden dann auch Griechenland und Kleinasien einbezogen - Neapel und die Ausgrabungen der Vesuvstädte hatten die Aufmerksamkeit auf die Archäologie gelenkt. Die rasch anwachsende Reiseliteratur gab Regeln und Hinweise für den Kenner. Vage Eindrücke wurden so durch Bücher und unter Anleitung eines Erziehers zu tieferem Verständnis entwickelt.

Von den zahlreichen Reisen Ebers' werden hier die beiden Ägyptenreisen der Jahre 1869/70 und 1872/73 näher behandelt. Die erste Reise ist eine "Grand Tour", die Ebers als "Erzieher" leitet, mit der bezeichnenden Ausweitung auf Ägypten, ganz entsprechend dem neuen archäologischen Trend. Daß als Reisebegleiter nicht ein Kunsthistoriker oder klassischer Archäologe ausgewählt worden war, sondern ein Ägyptologe, zeigt, daß Ägypten kein Randgebiet sein sollte, sondern ein gewichtiger Teil der Bildungstour und kennzeichnet sowohl die gewachsene Bedeutung der Ägyptologie als auch den Bekanntheitsgrad von Ebers. Besonders die erste Reise steht am Übergang von der alten Expedition zur bequemeren Bildungsreise, die dann später in den gebahnten Wegen des Tourismus verlaufen wird. Die zweite ist dagegen eine archäologische Reise, allerdings hauptsächlich finanziert von einem bedeutenden Reisehandbuchhersteller und so wieder mit dem entstehenden Tourismus verknüpft. Beide Reisen werden von Ebers in seiner Professorenzeit unternommen und bezeichnen eine moderne Ausweitung der traditionellen Aufgabe des Professors, der den Gegenstand seiner Lehre jetzt aus eigener Anschauung kennen soll, internationale Kontakte knüpfen und selbst in fernen Landen Ausgrabungen leiten sollte.

III. 6. 1. DIE ERSTE REISE. "BESSER MIT ARABERN ALS UNTER IHNEN"

Ebers plant schon vor seiner Verehelichung mit Antonie Beck 1865 eine Reise nach Ägypten[1], verschiebt diese jedoch zugunsten der Gründung eines Hausstandes und der Habilitation in Jena. Anfang 1869 ergibt sich erneut eine Gelegenheit: Ebers soll als Organisator und Führer den Sohn eines reichen Unternehmers begleiten. Zweimal ist Ebers zu den Verhandlungen in Berlin bei Bethel Henry Strousberg (1805-1884), einer der schillernden jüdischen Unternehmerfiguren der Gründerzeit.[2] Der erfolgreiche und millionenschwere Industrielle und Mitglied des norddeutschen Reichstags hatte 1868 zu seinen Konzessionen in Deutschland, Rußland und Ungarn von König Carol I. die Konzession für ein Eisenbahnnetz von 9000 km für Rumänien erhalten. So kann bei der Bildungsreise des Sohnes aus dem Vollen geschöpft werden, weder an Reisemitteln, Route, Zeit, noch Personal sollte man sparen:

> "Also: ich soll mit dem Sohn des Dr.Strousberg reisen, aber nicht als Bärenführer, sondern als freier Begleiter. Den verantwortlichen Bärenführer des übrigens gutmüthigen und freundlich aussehenden Jungen spielt ein preußischer Lieutenant von Falcken. Ich habe die Reise zu bestimmen, alles Ägyptische zu erklären und für mich zu lernen. Umsonst ist alles, selbst das Taschengeld, das mir der wirklich fabelhaft geniale und bedeutende Dr.Str. mitzugeben gedenkt. (...) »Auf 12000 Thaler kann es mehr oder weniger auf dieser Reise nicht ankommen«, sagt der Doktor. »Sie müssen mir Ihr Wort geben, nie an das Geld zu denken und immer nur das Nützliche, Angenehme und Bequeme im Auge haben«."[3]

Ebers bricht am 18.Mai 1869 zu dieser lange geplanten Reise auf.[4] Die angekündigten Lehrveranstaltungen des Sommersemesters in Jena, das am 12.April begonnen hat, läßt er ausfallen. Der Zweck der Reise für Ebers ist, sowohl die Wissenschaft, als auch die Karriere zu fördern. "Ich hoffe, daß ich mit manchem schönen Fund und mit geklärten Anschauungen, besser zurückkommen werde als ich gegangen bin", schreibt Ebers an den Leipziger Dekan Zarncke.[5] Die Reise sollte 13 Monate dauern, Ebers kehrt also im Juni 1870 nach Deutschland zurück, nicht mehr nach Jena allerdings, sondern auf die erstrebte Professur in Leipzig. Da Ebers damals gerade in den Vorarbeiten zum zweiten Band von "Aegypten und die Bücher Mose's" steckt, soll die Reise, die sich auch auf die

---

1 Gosche, Georg Ebers, 36.

2 Ebers nennt in seinen Briefen den Vornamen von Strousberg nicht, doch geht die Identität aus dem Todesjahr hervor, das Ebers im Brief aus Wildbad an seine Mutter vom 8.6.1884, SBB, erwähnt. Barthel Heinrich Straussberg ändert seinen Namen nach einem längeren Englandaufenthalt in Bethel Henry Strousberg und läßt sich taufen. Der "Eisenbahnkönig" gerät Anfang der 70er Jahre in Schwierigkeiten und macht Bankrott.

3 Brief von Ebers aus Berlin an seine Mutter vom 4.4.69, SBB.

4 So das Reisetagebuch, DLAM. In seinem Brief vom 9.5.1869 an seine Mutter, SBB, ist allerdings von "Heute am Vorabende meiner Abreise" die Rede. Jedenfalls ist der von Gosche, Georg Ebers, 36, angegebene Monat Februar nicht richtig.

5 Brief von Ebers aus Jena an Zarncke vom 30.4.1869, UBL.

Grenzgebiete Ägyptens erstreckt, auch dieses Vorhaben fördern.[1] Der zweite Band ist allerdings nie erschienen, er wird verdrängt durch ein neues Werk, die Reisebeschreibung "Durch Gosen zum Sinai".

Die Route geht aus dem Reisetagebuch hervor.[2] Zwar ist die Reise ihrem Zweck als Bildungsreise für den jungen Strousberg nach keine rein ägyptologische, doch zeigt auch die Auswahl der europäischen Reiseziele Zentren der Ägyptologie. In Paris besucht Ebers mehrmals den Louvre und den alten Vicomte de Rougé[3] und nimmt Kontakte auf zu Pierret[4] und Czermak.[5] Auch in Turin steht das ägyptische Museum im Mittelpunkt. "Ich habe gestern und heute im Ägyptischen Museum tüchtig gewühlt und das meine gefunden. Rossi[6], der Direktor, hatte eben mein Buch gelesen und empfing mich wie die Minerva selbst."[7]

Am 9.November betreten die Reisenden mit dem Schiff aus Tunesien kommend in **Alexandria** ägyptischen Boden. "Professor Eisenlohr, der auf dem Consulat von meiner Ankunft gehört, stellt sich mir vor.(...) Lepsius und Dümichen auf Rückweg von Oberägypten, Brugsch in Cairo. Das wird ein familiärer Aegyptologen Congreß."[8] In **Kairo** - Quartier ist das berühmte Hotel Shepheards - trifft Ebers Lepsius, Brugsch und Naville.

Vom 16.-18.November nimmt Ebers an den **Einweihungsfeierlichkeiten für den Suezkanal** teil: "Die Feier und das Fest selbst war echt orientalisch großartig, nie dagewesen tausendundeinenacht-haft. Wir selbst sind 5 Tage lang gespeist und befördert, logiert und getränkt worden auf Vizekönigs Kosten."[9]

> "Tausend Fahnen in allen Farben der Heraldik überwehten Häuser und Strassen, und Ehrenpforten breiteten sich über die Wege, an denen Illumiationsvorrichtungen sich hinzogen. Speisehallen, eine Stadt von Zelten und improvisierten Herbergen waren in wenigen Wochen für die Fremden aufgeschlagen und gezimmert worden, und die letzteren

---

1   Gosche, Georg Ebers, 36.

2   Ebers, Reisetagebuch, DLAM. Der Reiseverlauf im Überblick: 18.Mai 1869 Abreise; einige Tage in Paris; französische Kanalküste mit Inseln; vom 22. bis 29.Juni erneut Paris; Zentralfrankreich; Genf und Umgebung; Norditalien mit Turin und Genua; retour an der Côte d'Azur bis Marseille; Provence: Abstecher nach Korsika; dann weiter nach Biarritz; 5.-13.September Madrid; Toledo; 18.-21.September Lissabon; Sevilla; Cordova; Granada; Überfahrt nach Algier; Tunis; nach Abstecher nach Malta, vom 9.November - 14.März 1870 ÄGYPTEN; Überfahrt nach Triest; Udine; Venedig; Florenz (Ende des Tagebuches). Der Rest der Reise ist durch die Briefe zu rekonstruieren: Florenz; Rom; Neapel; dann Paestum; Sizilien; von dort ein zweiter Besuch von Tunis; dann zurück.

3   WwW ²1972, 84,

4   WwW ²1972, 233.

5   WwW ²1972, 75.

6   WwW ²1972, 254.

7   Brief von Ebers aus Turin an seine Mutter vom 29.7.69, SBB.

8   Ebers, Reisetagebuch 9.11.1869, DLAM. Die folgenden Zitate finden sich, soweit nicht anders vermerkt, unter den angegebenen Tagen im Reisetagebuch.

9   Brief von Ebers an seine Mutter "Auf dem Nil 69", SBB.

füllten die staubigen, mehrfach mit jungen Baumanlagen gezierten Strassen mit solchem Leben, dass man sich in einem glänzenden Weltbade zu befinden glaubte. Dieser Wahn ward verstärkt durch viele aus Kairo verschriebene Equipagen und Esel, durch die reichen Livreen des Dienerpersonals und die Uniformen des Hofstaats der fürstlichen Gäste. Im Timsah-See erhob sich ein Wald von Masten, und in dem brausenden Menschengewimmel am Hafen konnte der lauschende Wanderer die Sprachen aller Völker Europas unterscheiden. Die Kaiserin Eugenie war die hochgefeierte Sultana."[1]

Nach einigen weiteren Tagen in Kairo zur Vorbereitung der **Nilreise** erfolgt am 1.Dezember der Aufbruch nach Süden. Bis zum 15.Januar befindet sich die Gesellschaft "Auf dem Nil" an Bord der "Delta", einer Dahabija mit elf Matrosen mit ihrem Rais und dem Dragoman Abdul Medjid. Über diese sechswöchige Nilfahrt ist über Terminplan und Reiseroute hinausgehend nichts bekannt: Auf der Innenseite des Umschlags des Reisetagebuchs befindet sich folgender kurzer Zeitplan:

"6. Dec.	Benihassan	1/2 Tag
9. Dec.	Abydos	1 Tag
11. Dec.	Karnak	1/2 Tag
19.-21.Dec.	Assuan	4 Tage
25. Dec.	Edfu	1 Tag
26. Dec.	al Kab	1 Tag
27. Dec.-1.Jan.	Luxor	6 Tage
3.4. Jan.	Karnak	1 1/2 Tage
	in Dendera	
	Siut	1/2 Tag
	El Amarna	1/2 Tag"[2]

Ein Aufenthalt in **Kairo** vom 16.-25.Januar schließt sich an. Hier erfährt Ebers vom Ruf nach Leipzig, den er annimmt.[3] Von Kairo aus wird für fünf Tage das **Delta** besucht. "Morgen früh reis' ich in das Delta, (...) wo die alten Juden wohnten und ich Studien machen muss."[4] Der Ausflug hat als Hauptorte Abu Kebir, Faqus (Phacusa) und Tanis.

Darauf folgt als letzter großer Abschnitt in Ägypten die Expedition auf den **Sinai**, über den wir durch die Schilderungen in "Durch Gosen zum Sinai" gut unterrichtet sind. Am 9.2.70 schließt Ebers den Kontrakt mit dem Dragoman. Am 16.2.70 erfolgt der Aufbruch mit der Eisenbahn nach Suez. Die Karawane mit dem arabischen Hilfspersonal folgt zu Fuß. Es sind dies ein Koch, ein Küchenjunge, 15 Kamele mit Beduinen vom Tuara-Stamm mit zwei Schechs und das Gepäck, bestehend aus den Zelten, dem Proviant, den Möbeln mit Betten, Tisch, Stühlen u.v.a. Die Ebers-Karawane schließt sich mit einer amerikanischen zusammen und umfaßt jetzt 35 Kamele mit 40 Ägyptern. Die Reisenden brechen jeweils nach dem Frühstück auf, während das Personal die Zelte abbaut, die Ausländer überholt

---

1 Ebers, Durch Gosen, 26.

2 Ebers, Reisetagebuch, DLAM.

3 Brief von Ebers aus Kairo an seine Mutter vom 25.1.70, SBB.

4 Ebers, Reisetagebuch, DLAM.

und diese am nächsten Rastplatze erwartet. Zunächst geht es mehrere Tagesreisen "auf asiatischem Boden vorwärts, während zu unserer Rechten, fast greifbar nah, nur durch einen schmalen blaugrünen Meeresstreifen von ihm getrennt (...) der afrikanische Continent mit steilen und nackten Uferbergen sich erhob."[1] Die Kupfer- und Türkisminen des Wadi Maghara sind das erste archäologische Ziel, im Wadi Mokatteb kopiert Ebers einige der Felsinschriften. Schließlich wird das Katharinen-Kloster erreicht, wo vom 25. bis zum 28.Februar Aufenthalt genommen wird. Ebers erweist sich als scharfer, oft auch spitzer Beobachter der Zustände im Kloster:

> "Wol mag es keinen Ort geben, der sich für die Erfüllung des Lebenszweckes der christlichen Eremiten so vortrefflich eignete, als das Sinaikloster. Die frommen Väter in seinen Mauern scheinen aber der A r b e i t abhold zu sein, die N o t h auf die Festtage zu beschränken und jenem gewaltigen, mit herben Schmerzen verbundenen Leid der Seele, das nur mit gebrochenem Willen und nach gänzlicher Umformung des Sinnes und Wesens zur Wiedergeburt zu gelangen vermag, jenem Leid, dem sich die älteren Bewohner dieser Stätten mit Leidenschaft hingaben, möglichst weit aus dem Wege zu gehen."[2] "Ich sah im Refektorium einer Mahlzeit der Mönche zu, welche aus Brot und dunkelgrauem Reisbrei bestand (...). Selten habe ich s c h l e c h t e r, niemals m e h r essen sehen, als von den frommen Vätern."[3]

Ebers beschreibt Kirche, Garten und vor allem aber die Bibliothek, für deren Schätze die Mönche wenig Verständnis haben: "Das früher übliche Verfahren, umherliegende und unbrauchbar erscheinende Manuscriptstücke durch Verbrennung aus den Wege zu räumen, ist jetzt glücklicher Weise nicht mehr möglich; denn wie man früher die alten Schriften ungebührlich vernachlässigte, so überschätzt man jetzt den Werth der Handschriften und glaubt, dass jede späte und flüchtige Abschrift eines Evangelienstückes ein Capital repräsentire."[4] Dieses unverdächtige Zeugnis ist im Zusammenhang mit der Erwerbung des "Codex Sinaiticus", einer der großen Kostbarkeiten der Leipziger Universitätsbibliothek, durch Constantin von Tischendorff in diesem Kloster 1844, die später von den Mönchen mit dem Vorwurf der Illegalität versehen wird, von Bedeutung.[5] Ebers selbst wird wenige Jahre später die zweite ägyptische Kostbarkeit für die Leipziger Bibliothek beisteuern!

Nach dem Aufstieg auf den Gebel Músa entschließt sich die Gesellschaft zur Rückreise. Man wählt trotz des Zeitdrucks - der Urlaub des Hauptmanns nähert sich seinem Ende - statt der günstigeren Schiffsverbindung von der Hafenstadt Tôr aus, mit der man unter günstigem Wind Suez in 16 Stunden erreichen würde, den Landweg, um Serabit el-Chadim zu besuchen. Auf dem Weg dorthin ereilt das Unglück die Wanderer:

---

1 Ebers, Durch Gosen, 110.

2 Ebers, Durch Gosen, 259.

3 Ebers, Durch Gosen, 265.

4 Ebers, Durch Gosen, 300.

5 Darüber: Debes (Hg.), Zimelien, 39f. Den größeren Teil des Codex - 199 Blätter gegen die 43 Leipziger Blätter - konnte Tischendorff erst 1859 für den Zaren als Geschenk erwirken. Dieser befindet sich seit 1933 in der Bibliothek des BM.

"Als ich gegen zwei Uhr erwachte, war es, als befänden wir uns wiederum im Wogendrange des Meeres, umsaust vom Orkane, umpeitscht vom Segeltuch, inmitten einer rufenden Mannschaft.(...) Ich wusste, dass wir in der Wüste rasteten, und doch hörte ich immer noch das Rauschen des Meeres.(...) Wir wohnten in einem leichten Gebäude von Leinwand. Als der Orkan seine Seiten traf, stürzte es krachend zusammen und das Zeltdach begrub uns.(...) Mühsam arbeiteten wir uns aus den uns bedrückenden Leinwandmassen, den umgeworfenen Gerätschaften mancherlei Art und den die Luft durchpeitschenden Stricken heraus. Keiner hatte ein Kleidungsstück gefunden. Der Regen goss in Strömen auf uns hernieder, und sobald wir im Freien standen, fasste ein neuer heftiger Windstoss unser Zelt, wirbelte es hoch in die Luft und jagte sein Dach weit fort in die Wüste (...)."[1]

Da Sturm und Regen anhalten, ist auch bei Tage kaum an ein Fortkommen zu denken, denn die Beduinen weigern sich zu marschieren. Als Ebers schließlich zu harten Worten greift und den Anführer der Feigheit beschuldigt, bringt der junge Strousberg eine Flasche Dattelbranntwein zum Aufwärmen. "Der alte Schech nahm die Flasche zuerst, nahte sich mir feierlich und sagte: »Ich werde dir zeigen, Abu Bâlos[2], dass ich kein Weib, sondern ein Mann bin.« - Mit diesen Worten setzte er die grosse Flasche an seine bärtigen Lippen, trank sie zur Hälfte aus, schüttelte sich und wand sich (...) wie ein Dreh-Derwisch.(...) Zwei Stunden später fand ich den Alten, wie er ohne Turban am Feuer lag und mit eiserner Consequenz versuchte, sich statt des neben ihm liegenden Tarbusch einen nassen Stein auf den nackten Kopf zu setzen."[3] Durch den Sturm geht die für Serabit el-Chadim eingeplante Zeit verloren. Als Ebers sich allein aufmacht um Serabit zu erreichen, zwingt ihn ein weiteres Unwetter nach einer Stunde Marsch wieder zu den Zelten zurückzukehren. Am nächsten Morgen muß der Heimweg angetreten werden, ohne die Ruinen besucht zu haben und nach 4 Tagesmärschen wird schließlich Suez erreicht. Am Tag darauf - es ist der 14.März - verlassen unsere Reisenden von Alexandria aus an Bord des Lloyddampfers "Hungaria" Ägypten.[4]

Am 19. März kommt die Reisegesellschaft in Triest an, wo Ebers am folgenden Tag seine Frau wiedersieht. Von hier verläuft die Reise weiter im Schema des klassischen "Grand Tour", diesmal in Begleitung der Ehefrau. Sie besuchen Italien mit Venedig, Florenz, verbringen Ostern in Rom, und reisen dann nach Neapel, Paestum, Sizilien mit einem Abstecher nach Tunis und Karthago.

Wenn man bedenkt, daß die Reise insgesamt über ein Jahr dauert, nimmt Ägypten mit vier Monaten fast ein Drittel ein, ein erstaunliches Gewicht im Verhältnis zu den bereisten europäischen Ländern.[5] Hauptabschnitte in Ägypten waren dabei Kairo, die Nilfahrt mit sechs Wochen und der Sinaibesuch

---

1 Ebers, Durch Gosen, 432-435.

2 "Vater des Bartes", Ebers' arabischer Name.

3 Ebers, Durch Gosen, 444.

4 Hier ergibt sich eine Unstimmigkeit: Während Ebers in "Durch Gosen" zutiefst bedauert, daß der Zeitdruck der Dampferpassage den Besuch von Serabit verhindert habe und sie Alexandria gerade noch rechtzeitig erreicht hätten, berichtet das Reisetagebuch von einem Aufenthalt von 5 Tagen in Alexandria, wo sie schon am 9.März eingetroffen wären.

5 Bemerkenswerterweise fehlen Griechenland, Kleinasien und Palästina!

mit vier Wochen. Die Berichte von Ebers über seine erste Reise sind über ihren Unterhaltungswert hinaus lesenswert als kulturhistorisches Zeugnis, enthalten sie doch zahlreiche interessante Beobachtungen und verdienen eine größere Beachtung. Es sei hier nur auf die - teils uns Heutigen noch vertrauten - Gedanken zu Kulturerscheinungen Ägyptens[1], zum Kolonialismus[2] und auf Sozialkritisches[3] hingewiesen.

Die Reise ist gekennzeichnet durch den großzügigen Reisestil, sowohl was das Personal, das Reisegerät - sei es Kamel oder Nilbarke -, als auch die aufgewendete Zeit betrifft. Die Route abseits des Nil hat noch die Züge einer echten Expedition. Es gibt noch keine Anzeichen für das später bei Ebers so ausgeprägte Gefühl für das islamische Ägypten und seine pittoresken Aspekte und das Verhältnis der Reisegesellschaft zur modernen Bevölkerung trägt fast noch koloniale Züge, die Ägypter treten nur als Angestellte auf. Gekennzeichnet wird dies durch Ebers' Ausspruch: "Besser mit Arabern als unter ihnen."[4]

Der wissenschaftliche Ertrag sind das umfangreiche Werk "Durch Gosen zum Sinai", ein Zeitschriftenaufsatz über Feuersteinmesser und die Inschriftenabklatsche aus Karthago.[5]

---

1 Z.B. über die Bakschischriten, Ebers, Durch Gosen, 31f.; das Seefahrertum der Araber, Ebers, Durch Gosen, 56; Eßgewohnheiten, Ebers, Durch Gosen,195; Kamelpsychologie, Ebers, Durch Gosen, 104f.

2 Gegen andere Europäer z.B. Deutschtümelei, Ebers, Durch Gosen, 47f., 489; gegen die Franzosen, Ebers, Durch Gosen, 47f., 53, 55, 60; für die Engländer, Ebers, Durch Gosen, 59.

3 Z.B. über die Preise, Ebers, Durch Gosen, 471; Ausbeutung des Volkes durch den Vizekönig, Ebers, Durch Gosen, 11; Ausbeutung durch die Europäer, Ebers, Durch Gosen, 20 und 48.

4 Ebers, Durch Gosen, 59.

5 Von den Abgüssen vom zweiten Karthagoaufenthalt berichtet Ebers in seinem Brief an seine Mutter vom Mai 1870, SBB. Die Karthagoabgüsse befinden sich in der Bibliothek der Deutschen Morgenländischen Gesellschaft Halle/Saale als "22 Papierabklatsche phönizischer Inschriften aus Nordafrika". Dem weiteren Schicksal der Begleiter wird in: Ebers, Durch Gosen, 8, kurz Erwähnung getan als "meinem Freund Arthur, einem blühenden Jüngling, der, kaum heimgekehrt, hoch zu Ross gegen die Franzosen zu Felde zog und endlich meinem edlen, trefflichen Hauptmann Hans, der bei Vionville den Tod eines Helden fand.". Zur Zeit der Ägyptenreise ist Herr von Falcken noch Leutnant. Arthur Strousberg stirbt bereits 1873.

III. 6. 2. Die zweite Reise. Das Abschöpfen der Fettaugen.

Im Sommer 1872 tritt der Verleger Karl Baedeker an den berühmten Autor und Ägyptologen heran, für die Reihe seiner Reiseführer den Band "Ägypten" zu verfassen. Dazu will er Ebers eine Ägyptenreise finanzieren. "Ich darf wohl hoffen und annehmen dass sich Ihr schöner Entschluß, Ihr altes Aegypten nochmals zu bereisen, seit unserer kurzen Unterredung immer mehr befestigt hat (...)! Waren Sie durch mein plötzliches, unvorbereitetes Anerbieten überrascht, so erging es mir wahrlich nicht anders, denn um offen zu sein hatte ich Sie eigentlich gar nicht zu Hause vermuthet, (...) und nun fand ich mich einmal vor Ihnen und falle gut oder schlecht, mit der Thür ins Haus. Haben sich nun einmal unsere Wünsche und Interessen in so angenehmer Weise begegnet, so unser Ziel auch wohl zu erreichen!"[1] Ebers schreibt dazu an seine Mutter: "Das Angebot dieses Verlegers ist sehr verführerisch. (...) Heute nachmittag sind mir in der Stadt allerhand Bedenken gekommen. Es wäre viel besser, wenn ich auf Staatskosten reisen könnte. Ich werde in Dresden sehen, was sich machen läßt. Der König hat sich über meinen Vortrag so besonders günstig ausgesprochen, daß ich, zumal ja die Milliarden kommen[2], immerhin einige Aussichten habe."[3] Da die Milliarden jedoch zumindest nicht auf so direktem Wege der Ägyptologie zugute kommen, muß Ebers auf das Angebot des Verlegers zurückgreifen, was ihm umso leichter fällt, als dieser sein Angebot von 2000 auf 2300 Taler erhöht.[4] Zu dieser Erhöhung dürfte Ebers' Zögern sicher beigetragen haben - Ebers ist ja immer auch ein geschickter Geschäftsmann. Endgültig erhält Ebers schließlich sogar eine Summe von 3000 Taler von Baedeker.[5] Ebers wird von Ludwig Stern begleitet: "Ich gehe nicht allein. Ein tüchtiger junger Ägyptologe, Herr Stern, kommt mit mir."[6] Unklar ist, wodurch oder durch wen Ebers auf Stern aufmerksam wird. Später wird eine enge Beziehung daraus.[7]

Neben dem dann 1877 erscheinenden Baedekerband sollten **Abgußformen** von berühmten altägyptischen Kunstwerken aus dem Kairener Museum die geplante Ausbeute der Reise darstellen. Diesem Vorhaben stellen sich jedoch in der Person des mächtigen ägyptischen Antikendirektors Mariette einige Schwierigkeiten entgegen - daß die Amenemheb-Biographie und vor allem der medizinische

---

1 Brief von K.Baedeker an Ebers aus Koblenz vom 8.8.1872, SBB.

2 Gemeint sind die französischen Kriegsentschädigungen, die in Deutschland den "Gründerzeitboom" auslösen.

3 Brief von Ebers aus Crostewitz an seine Mutter vom 7.8.1872, SBB.

4 Brief von Ebers aus Crostewitz an seine Mutter vom 14.9.1872, SBB.

5 Der Vertrag vom 25.11.1875 (SBB) - also erheblich nach der Reise - bestimmt, daß vom Vorschuß von 3500 Talern die Summe von 500 Talern rückerstattet werden muß.

6 Brief von Ebers aus Leipzig an seine Mutter vom 11.11.1872, SBB.

7 Siehe 158f.

Papyrus die wichtigeren Ergebnisse sein sollten, ist nicht abzusehen. Mariette[1] lehnt jede Abformung strikt ab, so daß Ebers vorsorglich über Bismarck an den Vizekönig selbst in dieser Angelegenheit herantreten will. "Die wichtigsten Werke, die wir besonders ins Auge gefaßt hatten, werden so bewacht, daß an kein Herankommen zu denken ist. Diese Engherzigkeit ist gemein. Sollte es mir gelingen, durch Bismarcks persönliche Empfehlung (...) den Vizekönig für mich einzunehmen, so erlang ich vielleicht über Mariette hinweg die Erlaubnis, wichtige Abgüsse zu vervielfältigen."[2]

Nach einer Schiffspassage von Brindisi nach Alexandria treffen die Reisenden im Dezember in **Kairo** ein. Die Taktik, Mariette zu übergehen und auf höchster Ebene durch den deutschen Kanzler beim Vizekönig zu intervenieren, erweist sich als erfolgreich. Mariette gibt seine "Erlaubnis". Ebers bemerkt dazu mit gespielter Unschuld:

> "Hier in Cairo ward ich als alter Bekannter von vielen Seiten empfangen und die neuen Freunde mehrten sich bald. Mariette war sehr nett und zuvorkommend. Ich muß doch eine gewisse Liebenswürdigkeit, persuasive Kraft oder etwas ähnliches haben, denn ich setzte hier in 8 Tagen etwas durch, woran Lepsius, der Generalkonsul und Brugsch seit Jahren arbeiten. Es ist mir gestattet worden, alle Granitdenkmäler des Museums in Bulaq (...) abformen zu lassen und die Formen nach Berlin zu senden. Wie mir das gelungen, weiß ich kaum selbst.(...) Eh die Formerarbeiten nicht begonnen, kann ich nicht ruhig reisen."[3]

Ebers läßt tatsächlich die bedeutendsten Werke von Boulaq abformen, darunter den berühmten Falkenchephren.[4] Am Ende der Reise hat Ebers Gelegenheit, sich persönlich beim Vizekönig für die Erlaubnis zu den Abformungen zu bedanken.[5] In Kairo lernt Ebers auch den Münchner Professor Franz Joseph Lauth kennen und vereinbart mit diesem einen Austausch von Gipsabgüssen.[6]

Zur Fahrt nach Oberägypten mietet Ebers eine Dahabija, die er auf den Namen seiner Frau "Toni" tauft. Anfang Dezember gibt er ein Champagner-Abschiedsfest an Bord des Schiffes[7], dann bricht er nach Süden auf. Das Empfehlungsschreiben von Bismarck hat ihm einen Firman des Innenministers an alle Mudire von Ägypten eingebracht, was ihm Vieles ermöglicht. Von Minia aus wird mit Bahn, Pferd und Boot das Fajjum durchzogen.[8]

---

[1] Mariette wacht eifersüchtig über seine Schätze. Vgl. dazu: Brugsch, Die Aegyptologie, 133 und 136: Brugsch wirft dabei seinem "Freund" Mariette "übertriebene Vorsicht" und "Geheimthuerei" vor.

[2] Brief von Ebers aus Leipzig an seine Mutter vom 15.10.1872, SBB. Das Empfehlungsschreiben ist nicht erhalten, aber als gegeben vorauszusetzen, wie der Erfolg beweist.

[3] Brief von Ebers aus Kairo an seine Frau vom 5.12.1872, SBB.

[4] Zu den Gipsabgüssen siehe 180-190. Liste: 187.

[5] Brief von Ebers aus Tanta an seine Frau vom 2.4.1873, SBB.

[6] Siehe 183. Über Lauths befremdliche Vorliebe für Biergärten in Kairo und deren weibliches Bedienungspersonal: Reil, Offenes Sendschreiben.

[7] Brief von Ebers aus Kairo an seine Frau vom 2.-6.12.1872, SBB.

[8] Brief von Ebers aus "Minieh" an seine Frau vom 18.12.1872, SBB.

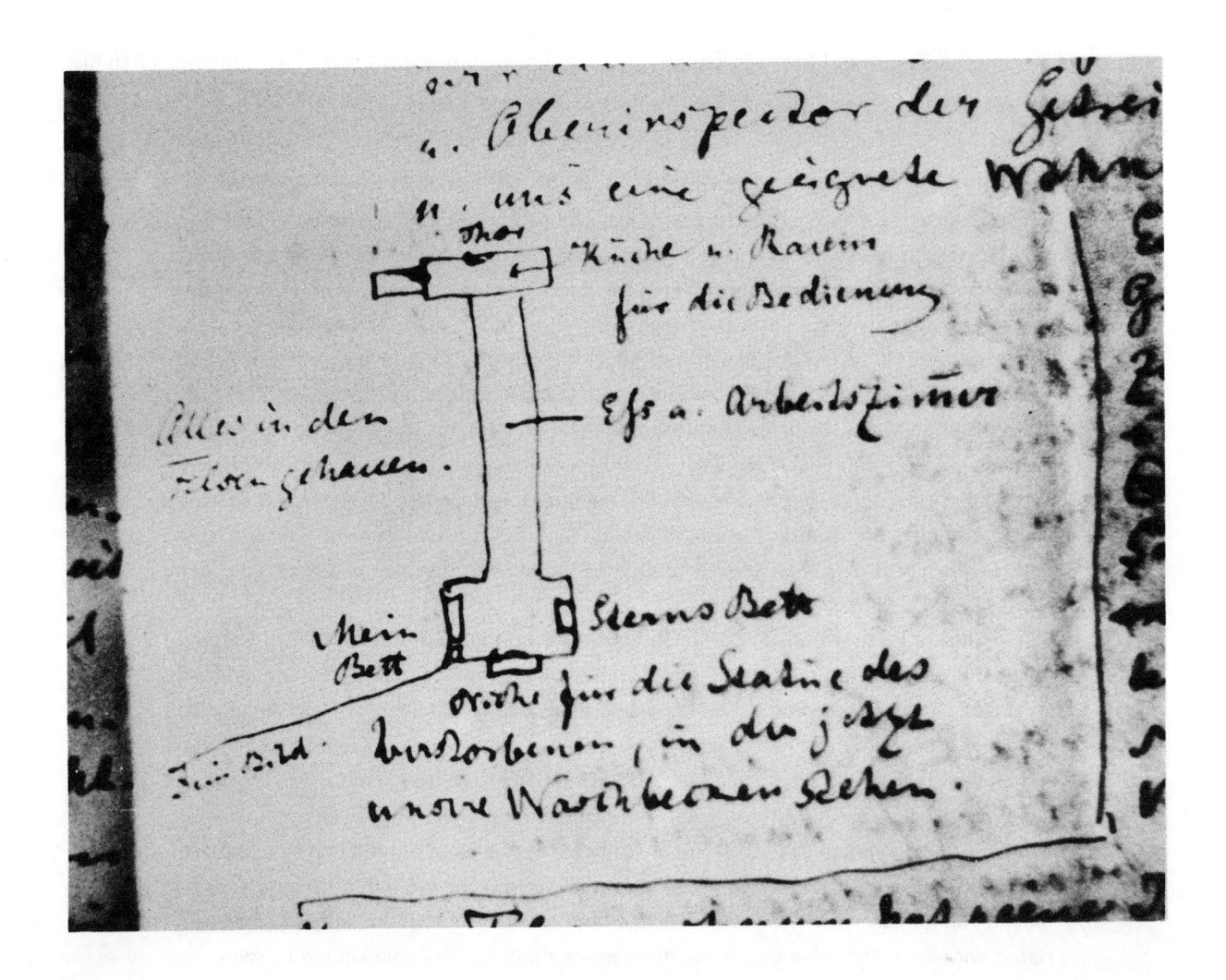

Im Brief von Ebers an seine Frau "In der Gruft des Tepmer zu Schech Abd el Qurnah (Theben)" vom 15.1.1872 (SBB) befindet sich diese, hier stark vergrössert wiedergegebene Skizze der Wohnung von Ebers und Stern, in der diese während ihrer Arbeit am Grab des Amenemheb lebten, mit seiner "Möblierung".

"In dem letzten die ganze Anlage abschliessenden Gemach befand sich, wie in den meisten von diesen Felsengräbern, ein senkrechter Schacht, der bei der Kammer mündete, in der die Leichen aufgestellt zu werden pflegten. Dieser Schacht war völlig mit Steinen und Geröll verschüttet. Ueber ihm wurde mein Feldbett aufgestellt, während mein Waschgeräth auf einem in einer Nische stehenden altarartigen Tische, der die Statue des Verstorbenen und seiner Gattin getragen hatte, Platz fand. Der zweitnächste Raum nach dem Eingang hin diente uns zum Arbeits- und Speisezimmer und in einem Seitengemache schlief mein Freund Stern, ein talentvoller, nunmehr allen Aegyptologen durch vortreffliche Leistungen wohlbekannter junger Gelehrter, der mich als lieber Gefährte eifrig bei meinen Arbeiten unterstützte."[1]

---

1 Ebers, Mein Grab, in: Nord und Süd IV (1878), 26.

Am 6.1.73 kommen Ebers und Stern in **Luxor** an. Um ihrem Arbeitsfeld näher zu sein, beziehen sie in Theben-West das Grab des "Tepmer".[1]

> "Ich hatte die Denkmäler zu überblicken und für das Handbuch [den Baedeker] zu registrieren; außerdem aber waren Stern und ich uns darüber einig geworden, dass wir, als grösstes Reiseresultat, ein noch unpubliziertes Grab auscopieren u. zu Hause herausgeben wollten. Die grossen Tempel bieten viel Interessantes, doch hat man da längst das Beste fortgenommen, die Fettaugen abgeschöpft.(...) Von Luqsor aus konnte das nicht vollendet werden, da uns der bloße Weg hin u. her täglich 2x2 Stunden gekostet haben würde. So suchten wir in der Gräberregion eine Unterkunft. Die alte casa Lepsius, in der dieser fleissige Mann 1 Jahr lang gewohnt hat, besteht aus einer leeren Gruft, die von ihm ziemlich gut eingerichtet worden war, jetzt aber verwüstet ist. Unweit von ihr fanden wir ein anderes Felsengrab, das einem alten Prinzen und Oberinspektor der Getreidemagazine gehört hat, und uns eine geeignete Wohnung für uns zu bieten schien. Einige Araber mußten die alte Gruft schön säubern u. den 12. zogen wir mit Sack und Pack über den Nil nach Abd el Qurnah hinauf.(...)
>
> Unsere Felsenwohnung hat keine Thür, eine Portière ward aber vor den Eingang unseres Eß- u. Arbeitszimmers befestigt. Treten wir ins Freie, so begrüßt uns zuerst die an unserer Pforte flatternde schwarz, weiß, rothe Fahne. Erheben wir die Augen, so begegnet ihnen eine fabelhaft schöne Fernsicht. (...) Dicht vor uns liegen die nächsten Höhen des libyschen Gebirges mit ihren 1000 Grabhöhlen, weiterhin nach Osten beginnt das Fruchtland. An seiner Grenze erheben sich die Trümmer des Ramesseums u. die aus der Ferne höchst wirkungsvollen Memnonscolosse. Der Nil fließt so breit und majestätisch an grünen Palmen reichen Gefilden unter uns vorbei u. spiegelt weiterhin nach Norden die Säulen von Karnak wieder. Nach Süden zu erhebt sich der Tempel von Luqsor, in dessen Hafen wir jetzt 6 Dahabiah liegen sehen. Wenn wir des Abends heimkehren so wird das Alles von der scheidenden Sonne mit unerhörtem Farbenglanze begossen u. treten wir in der Nacht vor unsere Thür so gießt der Mond sein sanfteres Licht freundlich über diese wahrhaft bedeutende Landschaft aus."[2]

Ebers und Stern kopieren zuerst Inschriften aus dem Grab Ramses' VI. im Tal der Könige, als es im Januar 1873 Ebers glückt, "ein Grab zu entdecken, welches allen früheren Forschern entgangen war."[3] Zwar muß er diese Behauptung später revidieren[4], die Entdeckung der **biographischen Inschrift im Grab des Amenemheb** bleibt jedoch Ebers' Verdienst. Er beschreibt den Fund so:

---

1 Von Stern, Koptische Grammatik, XVI, Tep-Meri genannt.

2 Brief von Ebers aus "Gruft des Tepmer zu Schech abd el Qurnah (Theben)" an seine Frau ("Herzensmieze") vom 15.1.1873, SBB. Ebers übernimmt große Passagen aus dieser ebenso poetischen wie freien Schilderung wörtlich für seinen Aufsatz "Mein Grab" in: Nord und Süd IV (1878), 32-41.

3 Ebers, Das Grab, in: ZDMG XXX (1876), 391. Es handelt sich um TT 85, Theben-West, Scheich Abd el-Gurna.

4 In: Mein Grab, in: Nord und Süd IV (1878), 39f. schreibt Ebers, daß Champollion vor ihm am Eingang gewesen sei. Champollion führt es als No.12, "Tombeau du céraste" auf, gibt Namen und Titel des Inhabers und seiner Frau an und war in beiden Grabräumen gewesen, Champollion, Monuments, Bd.I, 505. Trotzdem wird auch weiterhin Ebers die Entdeckung des Grabes zugeschrieben. So z.B. mehrmals in: Perrot/Chipiez, Geschichte der Kunst (1884), Übers. v. Pietschmann.

"Ein Matrose unserer Dahabiah, den wir als Wächter und Helfer mit hinaufgenommen hatten, war in der Nähe unseres Grabes herumgebummelt und hatte ein Loch in der Erde gefunden. Da ich jedem, der mir eine neue Graböffnung zeigen würde, ein Bakschisch versprochen, u. er wusste, wie eifrig wir nach Inschriften suchten, hatte er den Schutt weggeräumt, einen lothrecht in das Gestein gehauenen, wohl 8 Meter tiefen Schacht bemerkt, war ohne Leiter herabgeklettert, hatte unten ein Grab mit Inschriften gefunden, und theilte uns nun das Gesehene mit, dass durch den Umstand an Bedeutung gewann, dass keiner in der Nähe eine Ahnung von dem Vorhandensein der Gruft hatte. Der Vater unseres Ali u. der alte Quad, welcher nicht nur Lepsius, sondern vor ihm auch Champollion geführt hatte, wurden gerufen. Beide kannten das Grab, das wenige Inschriften enthalten sollte und eifrig versteckt worden war, weil sich gerade zu Lepsius' Zeit die jungen Leute zu bergen pflegten, welche der Recrutierung entgehen wollten. Immerhin gäbe es Inschriften in der Gruft, sagte Quad, die kein Europäer vor mir gesehen habe. In 1/4 Stunde war ein Loch in der verstopften u. dem Boden gleichen Pforte hergestellt, das uns bäuchlings hineinzukriechen gestattete, aber fragt mich nur nicht, wie? Bald sah Stern, bald ich etwas Neues. Ich liess Schutt forträumen, wo es ging, und stand bald im ersten Saal, einer grossen, schön geschriebenen u. nur an kleinen Stellen beschädigten Inschrift von 46 Zeilen gegenüber, die mein ganzes Interesse in Anspruch nahm. Du kannst Dir denken, was ich empfand, als ich lesend wahrnahm, dass hier die Feldzüge beschrieben wurden, an denen der verstorbene Amon el Heb teilgenommen hatte.(...) Da nun das Grab einmal offen steht, u. Lauth aus München täglich erwartet werden kann, so hat es Eile mit der Veröffentlichung unserer Inschrift. Unsere Copie ist nach vielfältigen Collationierungen bis auf den Punkt diplomatisch genau geworden. Unter welchen Umständen sie gemacht ward, lässt sich schwer beschreiben. Die Lungen vermochten in dem dumpfen Loche kaum zu athmen, u. schon beim Hineinkriechen in den Backofen unseres Helden waren wir geradezu vom Staub durchdrungen."[1]

Die Abschrift der Amenemheb-Biographie jedoch schickt Ebers sofort nach Berlin, so daß die Veröffentlichung noch im ersten Heft der AeZ 1873 erscheint. Nach Beendigung dieser Arbeit geht die Suche nach neuen interessanten Texten weiter. Ebers und Stern finden erneut ein interessantes Objekt:

"Vom frühen Morgen bis in den späten Abend haben wir wieder auf dem anderen Nilufer (...) in einem Grabe gearbeitet.(...) Überall sahen uns kleine, gut mit schwarzer Farbe geschriebene, halb hieratische Hieroglyphen entgegen. Wir prüften die langen Texte und fanden über 30 Kapitel des Todtenbuches, unter denen sich die beiden allerwichtigsten, das 17. und das 125., zeigten.(...) Wir hatten den Muth zu beschließen, das ganze Grab bis auf den letzten Buchstaben auszuschreiben. Früh morgens zogen wir unsere schlechtesten Sachen an, liessen uns versenken, -- krochen durch Staub und Gebein (...)

---

[1] Brief von Ebers aus Luksor an seine Frau vom 27.1.1873, SBB. Eine weitere Ausbeute dieses Grabes für Leipzig ist der Schädel der Mumie des Amenemheb, den Ebers den in Raum 5 des Grabes gefundenen Trümmern der Mumie entnimmt und der 1876 in der Anatomie zu Leipzig konserviert wird, Ebers, Das Grab, in: ZDMG XXX (1876), 409, Anm.2, und der Phallus des Amenemheb, den Ebers "wegen der an ihm nachzuweisenden Beschneidung" mitnimmt, Ebers, Das Grab, in: ZDMG XXX (1876), 409, Anm.3. Heute befindet sich der Schädel des Amenemheb im Bereich Medizin, Anatomisches Institut der Universität Leipzig.

liessen uns aus Steinen Stühle bauen, klemmten unsere Lichter in die Schlundöffnung von Mumienschädeln, oder, wenn es höher angebrachten Zeilen galt, banden sie an ein Mumienbein, das zwischen Steine geklemmt ward."[1]

Ebers bezeichnet diese Inschriften als einen "Schatz"[2] und kopiert sie vollständig. Die Abschriften bleiben jedoch unveröffentlicht - das Grab läßt sich auch deshalb nach den wenigen Angaben nicht mehr identifizieren - da der Zufall ihm einen bedeutenderen Fund in die Hände spielen sollte, der ihm die gewünschte Aufmerksamkeit in Fachkreisen und in der interessierten Öffentlichkeit erregen kann.

Schon seit Jahren kursierten in der Ägyptologie als Auszug von einem umfangreichen Papyrus die mehr oder weniger genauen Abschriften eines Kalenders und hatten in mehreren Artikeln in der AeZ Beachtung gefunden. Im Rahmen einer generalstabsmäßigen Geheimaktion, in der Ebers' kaufmännische Fähigkeiten zur Geltung kommen, gelingt es ihm, das Original, dessen Bedeutung und Umfang weit über den Kalender hinausgehen, zu einem erstaunlich geringen Preis zu erwerben, obwohl der finanzkräftige Direktor des Britischen Museums gerade in Luxor weilt, um Einkäufe zu tätigen.

Mit diesem Papyrus ist in der Ägyptologie noch heute der Name Ebers am engsten verbunden. Die erste Erwähnung findet sich in einem Brief vom 22.Februar 1873: "Von einem grossen **medizinischen Papyros**, der sich hier im Hause eines Kopten befindet, u. über den ich an Martin geschrieben, kann ich Dir hier aus gewissen Gründen nichts weiter mittheilen. Ich kann nicht wissen, wer ausser Dir diesen Brief liest, ehe er Ägypten verlässt. Der an Martin ist seine eigenen Wege bis zu Schiff gewandelt."[3] Da Ebers die geforderte Kaufsumme nicht aus seiner Reisekasse bestreiten kann, wendet er sich an seinen Bruder Martin, Arzt in Berlin, ihm die Kaufsumme vorzustrecken. Inzwischen reist er nach Süden weiter[4] und ist am 28.2.1873 wieder in Luxor, um den Papyrus endgültig zu erwerben.

Bis heute haben sich widersprüchliche Angaben über die Erwerbung, v.a. aber über den Verkäufer gehalten. Der Papyrus war Ebers schon 1869 auf der ersten Reise von Edwin Smith, einem zwielichtigen Händler[5], in Luxor angeboten worden. Dabei bekam Ebers aber nur die Abschrift eines Teils zu Gesicht. Smith war dabei offensichtlich nur der autorisierte oder selbsternannte Zwischenhändler. 1873, auf seiner zweiten Ägyptenreise, kauft Ebers den Papyrus von seinem "wahren Besitzer", der nicht Smith war.[6]

---

1 Brief von Ebers aus Luksor an seine Frau vom 22.2.73, SBB.

2 "(...) nun sind wir herzensfroh, dass wir diesen Schatz haben u. können weiterreisen mit dem Gefühle, dass wir, wenn wir auch weiter nichts finden sollten, überreiche Reiseresultate mit nach Hause nehmen", Brief von Ebers aus Luksor an seine Frau vom 22.2.73, SBB.

3 Brief von Ebers aus Luksor an seine Frau vom 22.2.73, SBB.

4 Am 10.2.73 ist er in Assuan. Brief von Ebers aus Philae an seine Frau vom 10.2.73, SBB.

5 WwW ²1972, 273. Ebers bezeichnet Smith als "Lumpen", das WwW als "forger".

6 Die Angabe in: LÄ IV, 704, s.v. Papyrus Ebers, daß Ebers ihn von Smith kauft, ist also falsch.

"(...) uns hält hier noch etwas Anderes, von dem Du bisher nur andeutungsweise gehört hast.(...) Unser Papyros ist der grösste, schönste und best erhaltene, den Deutschland bisher gesehen hat. In Turin, Paris und London sind einige Ähnliche; im Ganzen nur drei, die grösser sind, als der unsere. Ähnlichen Inhalts ist ein kaum 1/6 so grosser in Berlin. Er enthält ein Compendium der altägyptischen Medizin mit vielen langen Exkursen und Recepten. Auf der Rückseite befindet sich ein doppelter Calender von höchstem Interesse; diesen hat ein hier wohnender Americaner früher hier abgeschrieben, als ihm der anonyme Besitzer den Papyros zeigte, u. ihn in die Zeitschrift gesandt, wo er Aufsehen erregte. Von dem Besitzer des Papyros hatte Niemand die rechte Kenntnis. Seit Jahren steckte er in einer Blechbüchse, die sich, ausser dem Americaner, bisher nur uns geöffnet hat. Die Publicationen des Calenders vor uns u. der Umstand, dass Mr.Smith, ein grosser Lump, noch einige Seiten des Textes durchgezeichnet hatte (als Gast das Vertrauen mißbrauchend), sollte uns zu großem Vortheil gereichen, denn er ermöglichte uns den Kauf. Der Besitzer hatte 500 Pfund[1] gefordert, erklärte, um keinen Pfennig billiger verkaufen zu wollen u. zuletzt sogar statt 500 - 600 Pfund verlangt. Ich schrieb, sobald ich den Werth dieses Schatzes erkannt hatte, an Martin, und bat ihn um die grosse, zum Ankauf nöthige Summe, die er doch nicht zu verlieren fürchten brauchte. Er konnte sicher sein, wenn Deutschland diesen Schatz nicht haben wollte, in England das Doppelte seiner Auslagen zurückzuerhalten. Den Papyros gleich an Lepsius zu empfehlen, konnte mir nicht einfallen. Er würde sich dann die Publication vorbehalten und den mir gebührenden Ruhm in seine Tasche gesteckt haben. Ich bat ihn um telegraphische Antwort, die an das Consulat in Cairo zu richten war. Dieses sollte mir im Bejahungsfalle telegraphieren: »Die Kisten sind angekommen«. Alle Telegramme kommen hier offen in die Hand der Empfänger und der Besitzer des Papyros sieht sie alle. Hätte er gelesen, ich sei zum Kaufen autorisiert worden, so würden seine Forderungen in die Puppen gegangen sein. Ich kam von Philae zurück und hörte unterwegs, dass Mr.Deutsch, der Direktor des british Museum, 40 Tage in Theben zu bleiben gedenke, um dort Einkäufe zu machen. Du kannst meine Unruhe denken! Als wir in Luksor landeten, eilte ich zum Consulat u. fand dort eine Depesche mit der Nachricht: »Dr.Ebers wird schreiben, wie die Koffer abzuschicken sind«. Martin hatte also telegraphiert: »Ich werde schreiben, unter welchen Bedingungen der Pap. zu erwerben ist«. Ich lief in fieberhafter Unruhe auf dem Deck hin und her, das überlegend, was ich da tun konnte. Da erscheint ein nett aussehender, mir bis dahin unbekannter Herr, der mit dem Compagniedampfer reiste, stellte sich mir als Leipziger vor, der aber schon lange in Paris wohnt u. der Commerzienrath Günther heisst, u. ist erfreut, mich kennen zu lernen. Ich höre u. sehe dem Manne an, dass er sehr reich ist u. wirkliches Interesse an ägyptischen Alterthümern zeigt, trage ihm meinen Fall vor u. erhalte von ihm sofort die Zusage, dass er die Hälfte des Kaufpreises tragen u. den Ganzen in Cairo erheben u. uns vorschiessen wolle. Es handelte sich damals um 500, also für ihn um 250 Pfund Sterling. Bis nachts 12 Uhr blieb er bei uns in der Dahabiah; dann musste er nach Assuan. Er überliess es mir, den Kauf abzuschliessen, u. wollte bei seiner Rückkehr (den 1.März) Alles in Ordnung bringen. Stern und ich konnten, aufgeregt, wie wir waren, nicht ins Bett. Da fällt es Stern ein, daß er eine Copie des Calenders auf der Rückseite des Papyros aus der Zeitschrift bei sich habe. Wir sehen, dass des Americaners Abschrift ungenau sei, u. ich benutze sie, um den Papyros-Besitzer uns günstig zu stimmen. Ich gehe zu ihm, zeige ihm,

---

[1] Es handelt sich um englische Pfund, wie weiter unten im Brief erwähnt. Die Summe entspricht 50000 Taler, also 62,5 Monatsgehälter von Ebers als a.o.Professor.

dass ein Theil seines Besitzes veröffentlicht sei, suche ihm zu beweisen, dass der Papyros dadurch jeden Werth verloren habe, und bringe ihn, so feilschend, dass ich mich selbst nicht wiederzuerkennen vermochte, dahin, uns den Papyros für 350 Pfund zu überlassen. Der Handel ist gemacht und die fehlenden 100 Pfund (Günther übernimmt 250), treib' ich schon auf, auch wenn sie Martin nicht gibt. Solche Summe wird uns schon von unserer Regierung bewilligt. Zur Noth zahlt sie die Bibliothek, lass ich einen Vortragszyklus dafür los oder sonst etwas. Das Recht der Publication bleibt mir immer, u. wenn man bedenkt, dass der weit kleinere Pap. d'Orbiney vom British Museum mit 2500 oder 3000 Pfund bezahlt wurde, hab' ich einen brillianten Kauf gemacht. Wenn Alles fertig ist, so erfährst Du es unter diesen Zeilen. Ja, in wissenschaftlicher Beziehung hat diese Reise ungewöhnliche Frucht getragen, Gott sei Dank! (...) *Nachschrift:* Herr Günther kam an. Alles ist abgemacht. Der Papyros liegt in der Dahabiah."[1]

"Am letzten Tag ass Herr Günther, mein Papyros-Compagnon, bei uns. Er hat dem Besitzer 2000 Fr. anbezahlt u. wird ihm das Andere über Cairo schicken. Er riskiert die Hälfte des Kaufpreises 175 Pfund Sterling, ich, oder hoffentlich Martin, die andere. Ich weiss genau, was ich gethan habe. Das British Museum würde ohne Weiteres das Doppelte für das ehrwürdige Denkmal geben, welches sich nun in unserer Dahabiah befindet. Es enthält 110 Seiten, jede ist vollgeschrieben mit 20 Zeilen, u. kein Untäthchen an dem Ganzen, das nahezu 100' messen muss. Unser Papyros ist mehr als vier mal so lang, wie der beste Berliner. Hoffentlich bleibt unser Schatz, den ich gleich nach meiner Heimkehr zu publizieren gedenke, Deutschland erhalten (...). Der Papyros hat all' meine Reisepläne geändert. Ich kann ihn weder dem Reis (Kapitän) anvertrauen, u. durch ihn nach Cairo schicken, noch mit ihm die Wüstenreise unternehmen."[2]

Ebers sendet den Papyrus schließlich von Kairo aus in ein Holzkistchen verpackt und mit 16000 Francs versichert auf Anraten des Konsulats direkt an das Dresdener Königliche Hausministerium, da dieser Empfänger der wertvollen Fracht größtmöglichen Schutz gewähren soll. Daß Ebers schon an Ort und Stelle über den allgemein euphorischen Eindruck seines Fundes hinaus eine sehr genaue Vorstellung von dessen weitreichender Bedeutung gewonnen hatte, zeugt von wissenschaftlichem Scharfblick. Im Begleitschreiben an den Minister schreibt er:

"Das Kistchen enthält den größten und schönsten Papyros, den Deutschland bisher besitzt, den drittgrößten von allen überhaupt.(...) Ich werde kaum irren, wenn ich die Abfassung des Papyros in die XVIII aegyptische Dynastie (...) verlege. Unser Document enthält nichts Geringeres, als ein Compendium der gesammten aegyptischen Medicin und beginnt mit den Worten: »Anfang des Buches von den Krankheiten aller Glieder der Menschen«, und nun folgen Beschreibungen aller denkbaren Leiden mit Recepten, welche der Arzt anzuwenden und Gebeten, die der Kranke zu sprechen hat. Den Augenkrankheiten sind allein 9 Seiten gewidmet. Auf der Rückseite befindet sich ein sehr werthvoller Kalender und ein Text, durch den wir erfahren, dass man unser Buch einem der ersten

---

1 Brief von Ebers aus Luksor an seine Frau vom 28.2.73, SBB.

2 Mit dem Baedeker-Verlag war ursprünglich noch eine Reise durch den Sinai vereinbart, da Ebers' Ägyptenband auch die Sinaihalbinsel umfassen wird. Brief von Ebers aus Luksor an seine Frau vom 4.3.73, SBB.

Könige von Aegypten zuschrieb. Später soll es zu Sechem zu Füssen einer Anubisstatue gefunden worden sein.

Ähnliche Notizen bringt ein schon bekannter medizinischer Papyros, der im Berliner Museum conservirt wird, und der mir ein Auszug aus den unseren zu sein scheint. Unser Buch der Krankheiten enthält 110 gänzlich intacte, der Berliner Papyros 23 Seiten, von denen viele mehr oder weniger stark beschädigt oder zerlöchert sind.

Schon durch das Berliner Fragment sind viele neue Wörter für das aegyptische Lexicon gewonnen worden, unser grosses Buch schenkt uns gewiss 200 Pflanzen-, Thier- u. Mineraliennamen, anatomische und physiologische Ausdrücke, von denen man bisher keine Ahnung hatte.

Neben dem Papyros auf der Erde liegend (er musste mit grosser Vorsicht aufgerollt werden) habe ich, ich kann wohl sagen mit furchtbarer Anstrengung, Seite für Seite studirt und so den Inhalt des ganzen Werkes so weit erfasst, dass ich der Hauptsache nach seinen Inhalt übersehe. Dieser bietet das grösste Interesse, nicht nur für die Geschichte der Medicin. Für die Veröffentlichung der Abschnitte über die Augenkrankheiten, die Eingeweidewürmer, die Frauenkrankheiten, die Verzweigung der Nerven und die Störungen am os ventriculi werden mir vielleicht auch die Aerzte Dank wissen."[1]

In Leipzig setzt Ebers alles daran, den Papyrus für Deutschland bzw. Sachsen zu erhalten. Über die Ankaufssumme durch die Leipziger Universitätsbibliothek gibt es unterschiedliche Darstellungen. Auszuschließen ist, daß Ebers den Papyrus dem König geschenkt hat, wie Gosche, der erste Ebers-Biograph schreibt.[2] Steindorff[3] nennt als Kaufsumme 400 Pfund, was 40000 Talern entspräche, wovon der König 15000 bezahlte, der Universitäts-Reisestipendienfonds 25000.[4] Der Papyrus wird nach seinem Entdecker benannt, ob von Ebers selbst, wie Erman meint, ist nicht weiter belegt, aber wahrscheinlich. Noch heute ist der Papyrus, der "schönste aller Papyri"[5], eines der wertvollsten Stücke der Leipziger Universitätsbibliothek.

Von Kairo aus führt der weitere Reiseverlauf ins Delta - vom 2.4.73 ist ein Brief aus Tanta datiert[6] - und zum Abschluß erhält Ebers einen Orden durch den Vizekönig. Er wird als einziger Professor neben Brugsch Commandeur des Medjidje-Ordens. "Ce monsieur là ne peut pas être Chevalier, je le nomme Commandeur", sagt der von einer Ebers'schen Privatstunde über ägyptische Kunst beglückte Vizekönig zu ihm.[7] Am 23.4.73 meldet sich Ebers aus Leipzig brieflich bei seiner Mutter zurück.[8] Zur Begrüßung wird Ebers vom König von Sachsen der Albrechtsorden verliehen.

---

1 Brief von Ebers an "Excellenz" auch Kairo vom 26.3.1873, UBL. Dieser Brief ist vollständig veröffentlicht bei Debes, Zur Erwerbung, in: FS Karl Bulling, Leipzig 1966, 139-141.

2 Gosche, Georg Ebers, 38.

3 Steindorff, Das Ägyptologische Institut, 71.

4 Blumenthal, Altes Ägypten, Anm.65.

5 Diesen Ausspruch von Grapow überliefert Debes (Hg.), Zimelien, 34.

6 Brief von Ebers aus Tanta an seine Frau vom 2.4.1873, SBB.

7 Brief von Ebers aus Tanta an seine Frau vom 2.4.1873, SBB.

8 Brief von Ebers aus Leipzig an seine Mutter vom 23.4.1873, SBB.

Zusammenfassend läßt sich mit Ebers sagen:

> "Wenn jemand denkt, ich hätte diesmal eine Vergnügungsfahrt in den Orient gemacht, so irrt er sehr, denn ich habe seit fast 3 Monaten kaum eine Erholungsstunde gehabt --- Meine Augen haben sich unberufen sehr gut gehalten; (...) Schlechter als ihnen ist es meinen Hosen ergangen, die alle miteinander zerlöchert sind. In welche Gruben sind wir aber auch geklettert, gerutscht und gekrochen! An Stricken liessen wir uns versenken, durch Schutt und Staub bohrten wir uns Bahn, u. drinnen in den Gruben arbeiteten wir hier bei 40 Grad Hitze, dort im ewigen Kampf mit den Fledermäusen, die uns ins Gesicht flogen, am Barte hängen blieben, und nicht selten das Licht verlöschten."[1]

Ebers betrachtet seine Reise nicht als kommerzielles Unternehmen und die Aegyptiaca nicht als Spekulationsobjekte, die sich mit erheblichem Gewinn verkaufen lassen, wie es die meisten Ausgräber vor ihm getan hatten, jedoch strebt auch er nach Gewinn, wenn auch nicht nach materiellem. Die Ägyptologen betrachten jetzt die wissenschaftlichen Erkenntnisse als ihre "Beute", die sie eifersüchtig hüten. Darin ist auch die Eile so mancher Veröffentlichung, etwa von Inschriften in situ begründet. "Angenehm ist es auch, daß der Papyros für unsere Leipziger Universitätsbibliothek angekauft ward. Ich habe dabei weniger verdient, doch steht er mir nun zur freien Benutzung offen. Das ist die Hauptsache."[2] Diese Bemerkung erweist Ebers' als wissenschaftlichen "Schatzgräber". Der Zweck der Reise ist eine Entdeckung, die den Finder in die Annalen der Wissenschaft eingehen lassen sollte. "Er hat doch fabelhaftes Glück, und diese Reise ist der wahre Segen für ihn.(...) Es ist herrlich, daß Georg nun auch, gleich Lepsius und Dümichen, einen so wichtigen Fund gethan hat."[3] Obwohl man in England einen höheren Preis hätte erzielen können, lassen eine Mischung aus Patriotismus und dem Wunsch nach Anerkennung, was die Publizierung voraussetzte, das Finanzielle zurücktreten, denn Ebers will niemandem, nicht einmal Lepsius, den Ruhm, den er für sich beansprucht, überlassen. So kann er doch noch ein Fettauge abschöpfen.

---

1 Brief von Ebers aus Luksor an seine Frau, undatiert, etwa März 1873, SBB.

2 Brief von Ebers aus Dresden an seine Mutter vom 2.5.73, SBB.

3 Brief von Toni Ebers aus Leipzig an ihre Schwiegermutter vom 13.2.73; Begleitschreiben zu einem Brief von Georg Ebers aus Ägypten, den Toni an die Mutter weiterleitet, SBB.

IV. DER DICHTER

IV. 1. DIE VORAUSSETZUNGEN

Dieses Kapitel soll einen Beitrag zu Form und Inhalt einer Sonderform des historischen Romans - des ägyptischen Romans nämlich - in Deutschland leisten. Wir beschränken uns auf die beiden ersten Romane Ebers', die "Ägyptische Königstochter" (1864) und die "Uarda" (1876). Dabei sind als Voraussetzungen zu beachten, daß die Ergebnisse nur beschränkt auf das gesamte Genre übertragbar sind - auch auf die späteren Romane von Ebers selbst. Zum einen stellen diese beiden Romane eine Sonderform mit Handlungsteilen von fast verwirrender Personenfülle und umfangreichen kulturgeschichtlichen Schilderungen mit hunderten von Anmerkungen dar. Zum anderen nimmt Ebers als Person eine Sonderstellung ein durch seine Doppelbegabung als Wissenschaftler und Dichter und drittens ist eine ungewöhnlich ferne Vergangenheit für die Handlung gewählt worden, die weit abliegt von der sonst üblichen eigenen deutschen Vorgeschichte und daher den Rekurs auf die besonderen wissenschaftsgeschichtlichen Voraussetzungen nötig macht.

IV. 1. 1. LITERATURGESCHICHTLICHE VORAUSSETZUNGEN. "WISSENSCHAFT UND TUGEND"

Als der junge Ebers 1864 seinen Erstling, die "Ägyptische Königstochter", vorstellt, wird dieser in den Besprechungen immer wieder mit den Werken eines Barthélemy und Becker verglichen. In der Tat ist leicht zu erkennen, was Ebers diesen beiden Autoren verdankt. Doch soll über diese frühen Vertreter des "Professorenromans" im engeren Sinne in Frankreich und etwas später in Deutschland hinaus, zurückgegangen werden zur Einführung Ägyptens in den Roman.

Der französische Abbé Jean Jacques Barthélemy, Philosoph, Altertumskundler, Philologe, Numismatiker u.v.a. (1716-1795) verfaßte in 30-jähriger Arbeit einen Roman "Voyage du jeune Anacharsis en Grèce vers le milieu du quatrième siècle avant l'ère vulgaire."[1] Das Werk erregte trotz seines ungünstigen Erscheinungstermins 1788 kurz vor der französischen Revolution erhebliches Aufsehen.

---

[1] Originalausgabe in 10 Bänden. Uns lag die vierte Auflage Paris ca.1798 in sieben Bänden vor: Bd.1: CLII, 367 Seiten; Bd.2: 517 S.; Bd.3: VII, 496 S.; Bd.4: VIII, 507 S.; Bd.5: VIII, 495 S.; Bd.6: 454 S.; Bd.7: 552 S.; mit Atlas, Recueil de Cartes géographiques, Plans, Vues et Médailles de l'Ancienne Grèce; Relatifs au Voyage du jeune Anacharsis, Paris ³1790 (Hg.v. Barbié de Bocage). Die erste deutsche Übersetzung - allerdings nur in 3 Bänden - erscheint bereits 1792/3 in Neuwied unter dem Titel: "Auszug aus des jungen Anacharsis Reise nach Griechenland in der Mitte des vierten Jahrhunderts vor Christi Geburt" (Übers. Schröder).

Gebildete, Literaten und v.a. "Frauenspersonen"[1] verfolgten gespannt die Abenteuer des Titelhelden im eleganten Griechenland. Barthélemy schildert die Reise des jungen Skythen Anacharsis einige Jahre vor Alexander nach Athen und von dort aus in die verschiedenen Provinzen. Anacharsis beobachtet Sitten und Gebräuche des Volkes, v.a. aber der Oberschicht, nimmt an Festen teil, studiert das Regierungssystem und diskutiert mit den führenden Geistern der Epoche wie Phokion, Xenophon, Platon, Aristoteles, Demostenes etc. Barthélemy stellt dem Roman eine Einleitung voran, worin er alles ausbreitet, was seine Zeit über die Griechen wußte, über ihre Kriege, Sitten, Kunst von der Frühzeit bis zur Zeit Philipps, dem Vater Alexanders. Am Fuße jeder Seite finden sich Belegstellen antiker Schriftsteller, am Ende jedes Bandes Exkurse über Philosophie, Theologie u.a.; der 7.Bd. enthält Tabellen von Jahreszahlen, Monatsbezeichnungen, griechischen Kolonien, Magistraten von Athen, auf 33 Seiten umfangreiche Literaturangaben, ein Stichwortverzeichnis von 179 Seiten und ein Lexikon geographischer Begriffe von 41 Seiten. Der Atlas bringt Karten von Griechenland, die es ermöglichen, die Reiseroute zu verfolgen. Dazu kommen Pläne der Schlachten von Salamis, Plataä u.a., von Städten wie Byzanz oder Athen, Grund- und Aufrisse der Akropolis, von Delphi, Olympia, von einem Theater, von Häusern und Abbildungen von Medaillen und Münzen.

Aus dieser Inhaltsübersicht geht hervor, wie eng sich Ebers an das Schema des Vorbilds anlehnt. So läßt sich dieser Roman nicht nur als ein frühes Beispiel für den historischen Roman[2] oder für die Gattung des Bildungsromans - Goethes Meisterwerk auf diesem Gebiet, der Wilhelm Meister, erscheint erst 1795/96[3] - betrachten, sondern als der Urtyp des späteren "Professorenromans". Der Autor geht nicht nur in die Vergangenheit, sondern ist mit der Zeit seines Sujets auch außerliterarisch professionell-professoral verbunden. Als Handlung - auch diese sollte historisch belegt sein - dient hier eine "Bildungsreise" eines "Barbaren" in ein altes Kulturland. Durch eingeschobene kulturhistorische Blöcke, Anmerkungen, einen umfangreichen Anhang wird der Roman aber zu einem unterhaltsamen kulturgeschichtlichen Kompendium und damit zu einem Bildungsinstrument für den Leser.

Wie bekannt Barthélemys Werk noch in der Mitte des 19.Jhs. auch in Deutschland ist, geht daraus hervor, daß Prof.Schmidt aus Jena in seiner Würdigung der "Ägyptischen Königstochter" den Kurztitel ohne weitere Angaben zitiert. Schmidt schließt dann im gleichen Satz dem "Anacharsis"

---

[1] Auch bei Ebers ist der besondere Anklang bei einer weiblichen Leserschaft, auf den die Kritiker immer wieder etwas abschätzig hinweisen, auffällig. Darüber 105f.

[2] Barthélemy versichert, um die Priorität seiner Erfindung zu wahren, daß er einen Vorläufer, die "Lettres athéniennes", Cambridge 1757, nicht gekannt hat. Übrigens hat Barthélemy 1758 auch ein Buch mit dem interessanten Titel: "Les Chinois, colonie égyptienne" geschrieben.

[3] Die zeitgenössische Kritik scheut sich übrigens nicht, zumindest Züge aus dem Ebers'schen Oeuvre mit Goethes Meisterwerk zu vergleichen. So heißt es in: Gosche, Georg Ebers, 128: "Hier ist Ebers' Darstellung von ebenso einfacher als wunderbarer Hoheit. Wer müßte bei Tachot nicht an das Hinsterben der Goethe'schen Mignon denken?"

einen "Charikles" an, womit er das Werk des Nachfolger Bartélemys im deutschen Sprachraum Wilhelm Adolf Becker meint.[1]

Wilhelm Adolf Becker wurde 1796 in Dresden geboren, studierte in Leipzig u.a. bei Spohn, der auch der Lehrer von Seyffarth war, wurde 1836 a.o.Professor, 1842 o.Professor für Klassische Archäologie in Leipzig und starb 1846 in Meißen. Er veröffentlichte zwei Romane: "Gallus oder römische Szenen aus der Zeit Augusts. Zur Erläuterung der wesentlichsten Gegenstände aus dem häuslichen Leben der Römer. 2 Thle, Leipzig 1838" und "Charikles. Bilder altgriechischer Sitte zur genauen Kenntniss des griechischen Privatlebens. 2 Thle, Leipzig 1840."

Becker knüpft einerseits im Aufbau seiner Werke deutlich an Barthélemy an, kritisiert aber dessen Personengestaltung: "Auch die in Barthelemys Reisen des jüngern Anacharsis, einem für seine Zeit allerdings verdienstlichen Werke, gegebenen, leider nur mit dem Firnisse moderner Eleganz übertünchten Schilderungen werden den, welcher die Griechen durch sie selbst kennen gelernt hat, wenig ansprechen, ja oft ihn anwidern. Seine Figuren gleichen nur zu oft antiken Statuen im französischen Staatskleide mit Spitzenmanschetten; es sind Gemälde von Le Brun oder Coypel, in denen die subjektive Auffassung des Künstlers allen Charakter des antiken Motivs verwischt hat, und die geistreiche Behandlung des Einzelnen kann für den verfehlten Ausdruck des Ganzen keine Entschädigung gewähren."[2] Auf diesen Vorwurf, der sich später genauso gegen Ebers und seine Ägypter erheben wird, werden wir unten ausführlicher zurückkommen.

Becker dient die Romanhandlung als Anlaß, ein kultur- und auch sozialgeschichtliches Panorama zu entrollen. Die Romanhandlung ist - so betont er - eher nebenher entstanden: "Hätte ich es für möglich gehalten (...) so würde ich gar gern die darstellenden Scenen, bei Weitem den schwierigsten Theil meiner Arbeit, mir erspart haben."[3] Becker nimmt damit die Position ein, die innerhalb des historischen Romans am weitesten vorgeschoben ist, wenn er auch wenig später etwas abschwächt: "Und doch möchte ich diese Scenen nicht nur als Träger des Gelehrten Apparats betrachten, ich möchte ihnen noch einen anderen Werth zugestanden wissen", sie sollen "wirklich ein Bild des griechischen Lebens" bieten, "gleichsam ein Panorama der Sitte vor Augen"[4] stellen. Becker verteilt

---

1 Brief von Schmidt an den Dekan der Philosophischen Fakultät der Universität Jena, Eingangsvermerk vom 13.Februar 1865, UAJ M Nr.391, Bl.112,1+2. Diese Aufzählung findet sich, diesmal ergänzt um das zweite Werk Beckers, noch in: UAJ M Nr.391, Bl.108, 108/2, auch diesmal nur die Titel ohne die als bekannt vorausgesetzten Autorennamen.

2 Becker, Charikles, Bd.1, VII.

3 Becker, Charikles, Bd.1, XIII.

4 Becker, Charikles, Bd.1, XIV.

sein Material, wie er selbst schreibt, auf die einzelnen Szenen[1], "wohl aber möchte ich in Bezug auf die hier gegebene Erzählung dem Tadel begegnen, dass sie zu sehr den Charakter des Romans an sich trage. Es hat sich das im Grunde ohne mein Zuthun so gestaltet. Als ich beim Ordnen des Materials den vorhandenen Stoff auf die einzelnen Scenen verteilte, da ergab sich in der Hauptsache der Plan der Erzählung von selbst, so dass es nur des verbindenden Kitts bedurfte."[2] Das Werk sei ein Mosaikbild, "fast ganz aus Fragmenten griechischer Schriftsteller zusammengesetzt."[3]

Welch hoher Wertschätzung sich auch Beckers Werke in der 2.Hälfte des 19.Jhs. noch erfreuen, zeigt uns der Artikel in der ADB: "Sowol die griechischen als die römischen Privatalterthümer behandelte er in zwei in ihrer Art classischen Werken, die letztern in seinem »Gallus oder römische Szenen aus der Zeit August's«, (...) worin am Leben eines vornehmen, zuletzt in Ungnade gefallenen Zeitgenossen August's das Privatleben der Römer geschmackvoll und gelehrt geschildert wird. Wissenschaftlich sind natürlich nur die Anmerkungen und Excurse bedeutend, sie sind eine Fundgrube der mannigfaltigsten Belehrung und zeigen eine seltene Vereinigung der Kenntnisse der Litteratur und der Monumente. Das Buch, auch ins Englische übersetzt, wurde mit allgemeinem Beifall aufgenommen. Noch weniger Vorarbeiten der Neuern konnte B. für sein zweites Werk »Charikles. Bilder altgriechischer Sitte« (...) benutzen. Ebenso sorgfältig und mit kritischer Genauigkeit ausgearbeitet, fand es dieselbe Gunst."[4] Trotz des abschließenden Urteils "Nimmt man den seltenen Fleiß, die umfassenden litterarischen und monumentalen Kenntnisse, die sichere Methode, die Wahrheitliebe und begeisterte Hingabe dieses Forschers an seine Aufgaben zusammen, so wird man ihn den Zierden der deutschen gelehrten Welt beizählen dürfen"[5] sind sowohl Barthélemy als auch Becker heute weitgehend vergessen, die Namen finden sich in keinen modernen Literaturgeschichten oder Nachschlagewerken mehr, der Name des einst hochgelobten Becker nicht einmal mehr in der neuen Ausgabe der Deutschen Biographie.

Wie das folgende Kapitel zeigen wird, kann das Urteil der ADB über Becker bis ins Detail auch auf Ebers angewendet werden. Ebers teilt als Person in seinen Vorzügen und Schwächen, in seiner Vereinigung von Kenntnissen der "Litteratur und der Monumente", in Hingabe und Wahrheitsliebe, seiner Doppelbegabung als Wissenschaftler und Dichter und in seinen Werken in Intentionen und Formalien, das Los von Becker.[6] Statt der "antiken Statuen im französischen Staatskleide mit Spit-

---

1 Becker, Charikles, Bd.1, XIV f..

2 Becker, Charikles, Bd.1, XV.

3 Becker, Charikles, Bd.1, XV.

4 ADB II, 231 (Leipzig 1875).

5 ADB II, 231 (Leipzig 1875).

6 Es ist interessant zu beobachten, wie in den Kritiken die Wertungen als "Vorzüge" oder "Schwächen" innerhalb weniger Jahre immer wieder einmal die Plätze untereinander vertauschen.

zenmanschetten", die Becker an Barthélemy störten, heißt es von Ebers' Ägyptern: "In den ernsten Tempeln und Säulenhallen, in den Todtenstätten der alten Aegypter treibt sich eine bunte Faschingsgesellschaft umher."[1] Ebers ist deutlich von diesen Vorbildern beeinflußt und kann durch sie besser verstanden werden. Vor allem aber wird eine geistige Verwandtschaft deutlich.

Barthélémy und Becker gehen in eine zwar vergangene, aber den gebildeten Zeitgenossen nicht fremde Zeit, indem sie zu den Wurzeln des eigenen Kulturkreises hinabsteigen. So betreten sie zwar mit ihrer romanhaften Gestaltung gattungsmäßig, nicht jedoch geographisch, Neuland. Dies hatte erstmals Abbé Jean Terrasson getan, dessen "Séthos, histoire ou vie tirée de monuments anecdotes de l'ancienne Egypte"[2] 1731 in Paris erschienen war. 1777 folgt die deutsche Übersetzung von Matthias Claudius unter dem Titel: "Geschichte des egyptischen Königs Sethos. Aus uebrig gebliebenen Monumenten des alten Egyptens gezogen. Uebersetzt aus einem griechischen Manuscript."[3] Das Werk ist ein Entwicklungsroman - es geht darum, "einen vollstaendigen Begriff von der Erziehung eines Helden zu geben"[4] -, läßt sich aber auch als erster äyptisierender Roman betrachten und gibt als solcher den Anstoß für freimaurerischen Ägyptenmystizismus und Ägyptophilie. Dem tugendhaften Helden, einem "Heiden", werden "schlechte Menschen, und Menschen von einer schwachen und wankenden Tugend"[5] gegenüber gestellt. Die "Erdichtung" soll anhand der Geschichte belehren und nützen, "Geschichte und Gedichte", wie Claudius in der Vorrede übersetzt, werden verquickt und damit wird in einem Roman ein breites kulturgeschichtliches Panorama entrollt, ein Wissenskosmos dargestellt, der auch in "dem Text beygefuegten Anmerkungen", den "Citations"[6], d.h. Fußnoten, bis hin zum "Suezkanal"[7] seinen Ausdruck findet. Im Vorwort weist der Autor auf das Vorbild von M.de Scuderis "Le grand Cyrus" und Fénelons "Les Aventures de Télémaque"[8] hin. Letzterer spielt kurzzeitig in Ägypten, denn der Held Telemach besucht dieses Land auf seinen Reisen. Bei Terrasson jedoch ist Ägypten der Hauptschauplatz: "Eine zweyte Absicht meines

---

1 Kritikus, Georg Ebers und sein neuester Roman, in: Die Literatur I (1880), 43.

2 Terrasson, Séthos, histoire ou vie.

3 Terrasson, Geschichte des egyptischen Königs Sethos.

4 Terrasson, Geschichte des egyptischen Königs Sethos, Vorrede, o.S.

5 Terrasson, Geschichte des egyptischen Königs Sethos, Vorrede, o.S.

6 Terrasson, Geschichte des egyptischen Königs Sethos, Vorrede, o.S.

7 Terrasson, Geschichte des egyptischen Königs Sethos, 1.Theil, 387.

8 Madeleine de Scudéry, "Artamène ou Le grand Cyrus", erschienen 1649-1653, schildert in zehn Bänden die Abenteuer und die Entwicklung des Artamenes, der eigentlich Cyrus ist, des Sohnes des Kambyses; François de Salignac de La Mothe-Fénélon, "Les aventures de Télémaque", entstanden 1695/96, erschienen 1699, deutsche Ausgabe 1700. Es ist hier nicht der Ort, ausführlicher auf diese "historischen" Romane einzugehen, da der ägyptisierende historische Roman im Vordergrund stehen soll. Ob diese Werke noch zum Bildungsschatz des Bürgertums z.Z. des jungen Ebers gehört haben, läßt sich nur schwer feststellen. Die persische Zofe der Nitetis in Ebers' "Ägyptischer Königstochter" trägt jedoch denselben Namen "Mandane" wie eine Hauptfigur im "Cyrus", auch eine "Sappho" taucht beiderseits auf.

Autors[1] ist, bey Gelegenheit eines Egyptischen Helden eine große Menge sonderbarer Anecdoten, diese beruehmte Nation und ihre Gelehrsamkeit betreffend, in sein Werk einzumischen. (...) Das Beyspiel des Herodots, Polybius, Diodorus und sonderlich des Plutarchs, konnten ihn auch wuerklich berechtigen, seiner Erzaehlung nicht allein politische oder militarische Alterthuemer, sondern auch historische Winke ueber den Ursprung und Fortgang menschlicher Kenntnisse einzumischen."[2] Selbstverständlich steht auch hier die moralische Absicht im Vordergrund: "Ich habe die Absicht gehabt den Geist meines Autors zu erhalten, der die Wissenschaften und die Tugend lieb hat, und erstere, bey einer Nation ueberhaupt genommen, als die Quelle und Stuetze menschlicher und buergerlicher Tugenden ansieht."[3] Bedeutend aber ist, daß dieses Anliegen erstmals an den Ägyptern demonstriert wird.

Auch wenn nun Ägypten im Zentrum steht, so werden doch immer wieder die vertrauteren Griechen und Römer zu Vergleichen herangezogen. Auch dies finden wir bei Ebers wieder, der seine Leser durch einen "Hellenischen Vorhof"[4] nach Ägypten führen will. Noch andere Züge der oben besprochenen Werke, die dieser Romanform immanent zu sein scheinen, werden wir in den Ebers'schen Romanen, wenn auch abgeschwächt, wiederfinden. So ist zum einen eine Weitschweifigkeit oder Diskursivität festzustellen: Es wird über alles geredet, über Wissenschaft, Kunst, Philosophie u.s.w., was ein Übergewicht der Rede über die Handlung ergibt - und zum anderen eine Sentimentalität oder Empfindsamkeit, die bis zum Kitsch gehen kann und zuletzt eine komplizierte Handlung, die zur Unwahrscheinlichkeit und Gesuchtheit führt. Überdies handelt es sich um Schlüsselromane, die die Figuren nach zeitgenössischen, historischen Personen zeichnen. Es wäre an der Zeit, diese Romane als wichtigen Ausdruck des wissenschafts- und kulturgeschichtlichen Zustands zu würdigen, statt sie nur als literarisch-ästhetisch überholt zu verwerfen.

Für die Ägypten-Thematik steht mit Ebers' "Königstochter", die 1864 erscheint, Deutschland die Priorität einer professionell-wissenschaftlichen Behandlung des Stoffes zu. Zwei Werke aus England und Frankreich können diesen Rang nicht einnehmen. Die zweibändige "Hypathia" des Charles Kingsley (1819-1875), eines Theologen und Historikers, war 1853 erschienen, die deutsche Übersetzung 1858 in Leipzig. Zwar ist dieses Werk definitionsgemäß ein Professorenroman, behandelt aber ein Ägypten erst des 5.Jhs.n.Chr. Die Auseinandersetzung von Christentum und Heidentum, die in der Tötung der Hypathia 415 thematisiert wird, greift Ebers 1884 in seinem "Serapis" mit fast gleicher Handlungszeit, nämlich 392 n.Chr., wieder auf.

---

1 Der Autor hält die Fiktion aufrecht, nur Herausgeber und Übersetzer eines griechischen Manuskripts aus Alexandrien, dem Zentrum der Wissenschaft an der Wende des ersten zum zweiten Jahrhundert, zu sein.

2 Terrasson, Geschichte des egyptischen Königs Sethos, Vorrede, o.S.

3 Terrasson, Geschichte des egyptischen Königs Sethos, Vorrede, o.S.

4 Ebers, Königstochter I, 1864, XI. Siehe unten 271f.

Der fünf Jahre nach Kingsley und sechs Jahre vor Ebers' "Königstochter" 1858 erschienene "Roman de la momie" von Théophile Gautier hätte als erster der "wissenschaftlichen" Ära eine ausführliche wissenschafts- und motivgeschichtliche Untersuchung verdient.[1] Zwar erfüllt er wegen der Person des Autors nicht die Kriterien des Professorenromans, doch hat er eine Reihe von Motiven mit den ägyptischen Romanen von Ebers gemeinsam. So soll im folgenden fallweise auf ihn zurückgekommen werden. Dabei sind sowohl die Ähnlichkeiten als auch die Unterschiede bezeichnend. Da sich nicht nachweisen läßt, daß Ebers den Roman Gautiers gekannt hat, ist bei den Motivverwandtschaften eher von grundlegenden, gemeinsamen, allgemein verbreiteten Konstituenten auszugehen, als von einer Beeinflussung.

In einem Prolog wird die Entdeckung eines Grabes in Theben mit der Mumie einer wunderschönen Ägypterin namens Tahoser, in die sich der Geldgeber, ein Lord, verliebt, geschildert. Diese Rahmenhandlung enthält die Handlungsmuster, die sich an der Entwicklung der Wissenschaft vorbei bis in die Gegenwart tradiert haben: Der "Ägyptologe" - übrigens ein ehrgeiziger deutscher Doktor, der seinen Namen schon neben dem von Champollion wähnt und Lepsius vor Neid erblassen sieht - ist mit Meißel und Brechstange in einem labyrinthischen Grab auf der Suche nach Schätzen, ohne der Malereien und Reliefs zu achten.[2] In der Handlung selbst wird dann die Geschichte der schönen Mumie im alten Ägypten erzählt, eine Geschichte um unerwiderte Liebe, die sich unvermittelt weitet zur biblischen Historie mit den Plagen, dem Auszug aus Ägypten und dem Untergang des Pharao im Roten Meer - auch Moses tritt hier, wie später in Ebers' "Uarda", persönlich auf. Dies und der Königspalast, der deutlich an Medinet Habu erinnert, lassen den König mit Ramses II. bzw. III. identifizieren. Zwar zeigt Gautier in seinem Werk die Kenntnisse eines interessierten, die charakteristischen Mißverständnissen seiner Zeit[3] nicht vermeidenden Laien mit Ägyptenerfahrung, benützt aber Zeit und Kultur zur ausführlichen Schilderung eines märchenhaften Orients, ebenso phantastisch reich wie

---

[1] Ein eigenes Kapitel sind die deutschen Übersetzungen: Die erste durch Ilna Ewers-Wunderwald erscheint 1903 in Leipzig, ist willkürlich gekürzt und auch sprachlich sehr ungenau mit Druck-, Grammatik- und Übersetzungsfehlern. Ein erheiterndes Beispiel: "Am Horizont aber streckte sich die libysche Bergkette gegen die klare Luft hin, die Abhänge waren mit Syringen bewachsen", Gautier, Der Roman (1903), 36. Gautier dachte bei "Syrinx" natürlich an die griechische Bezeichnung für ein (Königs-) Grab, die Übersetzerin wohl an "Syringa", eine Fliederart! Auch die spätere Übersetzung, Wien 1923, zeigt viele Kürzungen und Vereinfachungen. So werden die meisten Fachausdrücke weggelassen. Heißt es im Original: "Aux angles du sarcophage étaient posés quatre vases d'albâtre oriental du galbe le plus élégant et le plus pur, dont les couvercles sculptés représentaient la tête d'homme d'Amset, la tête de cynocéphale d'Hapi, la tête de chacal Soumaoutf, la tête d'épervier de Kebsbniff: c'étaient les vases contenant les viscères de la momie enfermée dans le sarcophage", Gautier, Le roman, Paris ²1859, 40, so wird daraus in der deutschen Version: "An den vier Ecken des Sarkophags prangten Alabastervasen. Sie enthielten die Eingeweide der Mumie", Gautier, Der Roman (1923), 28. Aus dem Meißel als "Handwerkszeug" des "Ägyptologen" wird Sprengstoff. Der Übersetzer bleibt ungenannt.

[2] Diese Rahmenhandlung ist trotz ihres Inhalts von Rationalität gekennzeichnet, der alle sich anbietenden und später auch haussierenden Gruseleffekte wie Flüche, Wiedererweckungen u.a. fehlen.

[3] Die Totentempel werden durchgehend, wie z.B. bei Champollion, als Paläste betrachtet; die alten Ägypter als Afrikaner mit platten Nasen und Wulstlippen, Gautier, Der Roman (1903), 59.

grausam, allerdings mit einer Prise Ironie gewürzt, die in keine der Übersetzungen übergegangen ist. Er nähert sich seinem fiktionalen Stoff ohne wissenschaftliche, archäologische Ambitionen.[1]

IV. 1. 2. BIOGRAPHISCHE VORAUSSETZUNGEN: STUDIUM UND KRANKHEIT. WISSENSCHAFT UND DICHTUNG. ODER: PFLICHT UND NEIGUNG?

1894 verfaßt Ebers für den Sammelband "Die Geschichte meines Erstlings" einen kleinen Aufsatz über die Entstehung der "Ägyptischen Königstochter". Darin bringt er diese in Zusammenhang mit den umfangreichen Vorarbeiten zu einem geplanten großen wissenschaftlichen Werk über die 26.Dynastie und erweckt den Eindruck, daß die Habilitationsschrift, die auf diesen "Forschungen" beruhte, vor dem Roman liege.[2] Die Biographie jedenfalls zeigt, daß die dichterische Gestaltung zwischen "Forschung" und Habilitationschrift liegt und auch die Tatsache, daß das große Geschichtswerk über die 26.Dynastie nie über die vierjährige Planung hinauskommt, läßt berechtigte Zweifel an dieser Darstellung aufkommen.

In dem erwähnten Aufsatz betont Ebers auch, daß Roman und Habilitationsschrift aus derselben Wurzel entstanden sind.[3] Dies widerspricht der verbreiteten Behauptung, daß Ebers die Gegenstände seiner Forschungen in populäre Verpackungen steckt um sie einem größeren Publikum schmackhaft zu machen, wie es schon Becker forderte und wie der Begriff "Professorenroman" beinhaltet und daß der Autor später, als er feststellt, daß sich damit leicht Geld und Ruhm erwerben läßt, seine

---

1 Es sei hier noch wegen des ägyptischen Schauplatzes, der Konkurrenz zu Ebers und der Zugehörigkeit zur Gilde der deutschen schreibenden Professoren George Taylor erwähnt. Mit seinem Roman "Antinous", der 1880 wenige Tage vor Ebers' "Der Kaiser" erscheint, behandelt er denselben Stoff, allerdings in völlig anderer Weise. Ebers erkennt das sehr wohl: "Auf dem Spiegel der Seele Deines Sohnes haben sich, denk' ich, die Menschen und Dinge in edlerer Weise reflectirt. (...) Sehr übel an diesem Buch ist, daß es die gräßlichste Unsittlichkeit, die sich jeder poetischen Behandlung entzieht, den Lesern zeigt. Man glaubt, Hadrian habe Antinous auch benutzt, um an ihm seine Lust zu befriedigen. Das nimmt auch Taylor an und erzählt es seinen Lesern. Ich mußte die betreffenden Stellen um Tilla's und Emmy's wegen [beim Vorlesen] mit großer Kunst umgehen", Brief von Ebers aus Leipzig an seine Mutter vom 14.11.1880, SBB. Paradoxerweise wird gerade von einem "christlichen" Kritiker Taylor und auch Ebers vorgeworfen, "daß sie aber das greuliche Laster der »Knabenliebe« mit falschem Anstandsgefühl nur in ganz zarter Weise andeuten", während gerade "vom Boden des Christentums aus in schärffster Weise jene tiefe sittliche Verirrung (...) ans Licht gestellt werden" sollte, Kraus, Der Professorenroman, 61. Für uns interessant ist, daß Adolph Hausrath (1837-1909), der sich hinter dem Pseudonym Taylor verbirgt, seit 1880 in Heidelberg o.Professor für Kirchengeschichte, sich auf seinem eigenen Gebiet bewegt. Ebers dazu: "Der Verfasser ist ein gründlicher Kenner der Zeit", Brief von Ebers aus Leipzig an seine Mutter vom 14.11.1880, SBB. Dieser Taylor ist nicht zu verwechseln mit Bayard (James) Taylor (1825 - 1878), dem amerikanischen Dichter, der mehrere Reiseberichte aus Ägypten verfaßt hat und von dem die Library of Congress, Washington ein Manuscript mit dem Titel: "Ancient Egypt" aufbewahrt. Mit B.Taylor, der auch germanistische Werke (z.B. eine metrisch genaue Faust-Übersetzung) veröffentlicht und der amerikanischer Gesandter in Berlin wird, steht Ebers in brieflichem und persönlichem Kontakt. So erhält Ebers "gestern reizende Briefe des amerikanischen Dichters Bayard Taylor und seiner Frau über Uarda", Brief von Ebers aus Wildbad an seine Mutter vom 22.7.1877, SBB.

2 "(...) könnte ich mich wieder versucht fühlen, sie [die Habilitationsschrift] mein Erstlingswerk zu nennen", Ebers, Mein Erstling, 187.

3 Ebers, Mein Erstling, 187.

dichterische Phantasie auch in andere Zeiten und Räume schweifen läßt und jedes Jahr, möglichst rechtzeitig zu Weihnachten, einen neuen "Ebers" produziert. Diesen Eindruck hat Ebers zumindest mitverschuldet durch die oben zitierte nachträgliche Darstellung von der Priorität des wissenschaftlichen Werkes. Wahrscheinlich ist die folgende Darstellung Ebers' zutreffend: Je intensiver er sich mit dem Zeitraum der 26.Dynastie und der diese behandelnden Erzählung Herodots beschäftigt, desto vertrauter sind ihm die Personen geworden "und eines Tages faßte ich den Entschluß, die ägyptische Königstochter zur Heldin einer frei erfundenen Erzählung zu machen."[1] So erhält die Problematik des historischen Romans als Bastard von Geschichtsschreibung und Roman, vom Dichter als Wilderer in fremden Gründen[2] oder vom Historiker, der für seine Kenntnisse eine breitere Öffentlichkeit sucht, durch Ebers eine neue Variante des untrennbar amalgamierten Dichter-Wissenschaftlers. Diese Darlegung der Wechselwirkung in der Entstehung von Ebers' erstem Roman und der Planung eines großen wissenschaftlichen Werkes erhellt, daß die immer wieder aufgeworfene Frage der Priorität von Wissenschaft oder Dichtung bei Ebers unentschieden bleiben muß.[3]

Auch ein Blick in die Biographie bringt keine Klarheit. Wie wir gesehen haben, schreibt Ebers bereits auf dem Gymnasium Gedichte, als an eine wissenschaftliche Laufbahn noch nicht gedacht wurde, und mit einer formalistischen Argumentation nimmt ihn sein erster Biograph Richard Gosche gegen den Vorwurf, "Professorenromane" zu schreiben, in Schutz, da für den Erstling der Königstochter schon rein zeitlich-biographisch der Terminus nicht angewendet werden kann.[4] Sicher lassen sich die ersten Gedichte als übliche pubertäre Versuche ansehen, Ebers selbst rechnet jedoch zumindest sein 81-strophiges Gedicht "Atys und Adrast", das 1857 von ihm zur Abiturfeier verfaßt und vorgetragen wird, zu seinen Werken.[5]

So bleibt festzuhalten, daß die dichterische Disposition immer - wenn auch manchmal latent - Bestandteil von Ebers' Persönlichkeit ist. Da er in seiner frühen Studienzeit in Göttingen, in einer Zeit

---

1 Ebers, Mein Erstling, 188.

2 Vgl. dazu den Roman von Hermann Kurz: "Der Sonnenwirt", für den dieser ausführlich die Prozessakten gegen die Hauptperson Friedrich Schwan studiert. Darüber und zur Abgrenzung Scheffels gegenüber der Geschichtsschreibung, siehe: Eggert, Studien zur Wirkungsgeschichte, 60f.

3 Ein Fall ähnlicher Ausgangssituation, aber mit anderem Ergebnis stellt Scheffels "Ekkehard" dar, der aus den Vorarbeiten zu einer geplanten, dann aus einer bewußten Zuwendung Scheffels zur Laufbahn eines Dichters aufgegebenen Habilitationsschrift entsteht. Den Stoff fand Scheffel in den Monumenta Germaniae, die er dazu studierte. Darüber siehe: Eggert, Studien zur Wirkungsgeschichte, 66f.

4 Gosche, Georg Ebers, 231.

5 In: Ebers, Mein Erstling, 186, schreibt er, daß dieses Werk erst 33 Jahre nach seiner Entstehung gedruckt worden sei, also 1890, und zwar in der nicht im Buchhandel erhältlichen Festschrift zum 350 jährigen Jubiläum des Quedlinburger Gymnasiums. Der volle Titel lautet "Atys und Adrast. Zum Aktus 1837 [richtig: 1857] gedichtet und vorgetragen von dem Abiturienten ec. Georg Ebers". Als 1892 die Autobiographie "Geschichte meines Lebens" erschien, wurde es als Anhang abgedruckt, allerdings wieder mit der falschen Jahresangabe. Die Handlung des Gedichtes stammt übrigens von Herodot.

großer äußerer Aktivität, weiter an dem in Cottbus begonnenen "Weltgedichtsmonstrum"[1], einem Riesengedicht, sowie an der Tragödie "Panthea und Abradat" oder etwas "anderem Poetischem"[2] arbeitet, läßt sich auch die häufig gehörte Behauptung, daß er - vereinfacht ausgedrückt - nur dichtet, wenn er krank ist, nicht aufrecht erhalten. Bei Gosche heißt es dazu: Die Schmerzen nehmen "den Charakter schwerer Lähmungen an. An Stelle der regen wissenschaftlichen Arbeit mußte jetzt als Trösterin die dichterische Phantasie herbeigerufen werden."[3] Dichtertum und Wissenschaft laufen vielmehr parallel, je nach den Lebensumständen tritt lediglich bald das eine, bald das andere in den Vordergrund. Ein Kampf zwischen "Neigung und Pflicht"[4], den die Biographen so gerne sehen, findet bei Ebers nicht statt, vielmehr erfüllt Ebers die Erfordernisse beider Begabungen mit gleicher Hingabe. Gerade am akademischen Unterricht von Ebers wird immer wieder die Lebendigkeit, Anschaulichkeit und Sprachgewalt gerühmt, während den Literaturkritikern die Romane zu trocken, papieren und zu wissenschaftlich erscheinen. Der Topos der romantischen Antithese von Gesundheit, Beruf und Pflicht gegen Krankheit, Dichtung und Neigung, also ein Tagleben als Beamter - vielleicht als Kammergerichtsrat - und bei Nacht Dichter, paßt auf Ebers nicht. Doch kann auch er die sich ständig verbreiternde Kluft zwischen akademischem und dichterischem Wort nicht mehr überbrücken, liegen doch die Geschichtsvorlesungen Schillers in Jena schon rund 70 Jahre zurück als Ebers seine Antrittsvorlesung dort hält.

---

1 Ebers, Die Geschichte meines Lebens, 400. Ebers vernichtet es später.

2 Ebers, Die Geschichte meines Lebens, 400.

3 Gosche, Georg Ebers, 40. Diese Ansicht übernimmt auch Schilbach, Georg Ebers, 2: "Während der traurigen Leidenszeit, die ihm wissenschaftliche Arbeit unmöglich machte, suchte und fand sein lebhafter Geist Erhebung und Trost in der Dichtkunst".

4 Müller, Georg Ebers, 95. Auch hier leistet Ebers wieder Vorschub durch zweideutige Formulierungen in: Ebers, Mein Erstling, 191.

IV. 1. 3. Wissenschaftsgeschichtliche Voraussetzungen. Oder: "Durch den hellenischen Vorhof ... vorbereitet nach Ägypten."

Der deutsche historische Roman greift zuerst auf die eigene Geschichte zurück. Erst spät werden antike Stoffe in Deutschland aufgenommen. "Vor 1875 sind es überhaupt nur 6 von 388 Romanen (= 1,5 Prozent), die diesen Zeiten gewidmet sind, während sich der Anteil nach 1875 auf 14,5 Prozent (35 von 242) erhöht. Hinter diesen Zahlen verbirgt sich das Wirken des Ägyptologen Ebers."[1] Mit den antiken Stoffen ist hauptsächlich die klassische Antike gemeint, denn nur in ihrem Rahmen ist ein "Rekurs auf die Wurzeln der humanistischen Traditionen"[2] möglich.

Diesen Weg muß auch Ebers gehen, auch er muß den (Um)Weg über die griechisch-römische Antike machen. Darin spiegelt sich sowohl der Weg des Studenten und jungen Doktors des Jahres 1864 zum Ordinarius für Ägyptologie von 1876, als auch der Wandel seines Faches in diesen 12 Jahren. Zunächst dient Herodot als Gewährsmann für die Romanhandlung und begründet die für ägyptische Verhältnisse späte Handlungszeit, die Zeit der Berührung Ägyptens mit Griechenland. Auch die Ägyptologie tastet sich über die Wissenschaft von der klassischen Antike an ihren eigentlichen Bereich heran. Das gilt für die ägyptische Geschichtswissenschaft ebenso, wie für die ägyptische Kunstgeschichte. Die ägyptischen Altertümer sprechen noch nicht so vernehmlich, daß ein ganzer Roman mit (kultur-)historischen Details aus erster Hand aus dem alten Ägypten zu füllen gewesen wäre, und - noch wichtiger - die Disposition des Publikums ist noch nicht so weit, solches zu akzeptieren. Lepsius hat das richtig erkannt, als er seinem Schüler "darauf aufmerksam macht, daß eine ausschließlich auf ägyptischem Boden stehende Kunstdarstellung den Leser ermüden würde"[3] und Ebers gibt vor, ihm zu folgen: "Seinem Winke gemäß hab ich meinen (...) Stoff so disponiert, daß ich den Leser zunächst, gleichsam einleitend, in einen griechischen Kreis führe, dessen Wesen ihm nicht ganz fremd zu sein pflegt. Durch diesen hellenischen Vorhof gelangt er vorbereitet nach Aegypten, von dort nach Persien und endlich wieder zum Nile zurück. Er soll sein Interesse gleichmäßig auf die genannten Völker vertheilen."[4] Dies ist tatsächlich Ausdruck des Standes der Ägyptologie zu dieser Zeit: Lep-

---

[1] Eggert, Studien zur Wirkungsgeschichte, 90, bes.: Kapitel III.1. "Schwerpunkte in der Stoffverteilung zwischen 1850 und 1900." Eine Statistik gibt dort Abb.4. Eggert differenziert hier nicht zwischen "altem" Ägypten und griechisch-römischem.

[2] Eggert, Studien zur Wirkungsgeschichte, 91.

[3] Ebers, Königstochter I, 1864, XI.

[4] Ebers, Königstochter I, 1864, XI. Eine der gelungenen Mystifizierungen Ebers'. Die Entstehung der Königstochter schildert er 1894 in: Mein Erstling, 189, ganz anders: Richard Lepsius legt er das Werk vollendet vor und die Dreiteilung in Ägypter, Griechen, Perser begründet er aus der geschichtlichen Situation: "(...) die lange und eingehende Beschäftigung mit ihr [der 26.Dynastie] führte mich so tief in das staatliche und private Leben der drei Weltmächte ein, die sich damals in freundlichem und feindlichem Sinne am nächsten berührten (...) daß es mich drängte, der (...) interessanten Epoche eine ausführlichere Darstellung zu widmen", Ebers, Mein Erstling, 187f.

sius und Ebers als dessen Student betrachten Ägypten sowohl für die Wissenschaft als auch die Dichtung noch als zu fremd, um ohne Hinleitung dort eintreten zu können.[1]

Das breite Publikum bleibt denn zunächst auch reserviert, die "Königstochter" wird kein Publikumserfolg, was die Kritik aber meist geflissentlich außer acht läßt.[2] Der Erfolg stellt sich erst kurz vor dem Erscheinen der "Uarda", also fast 12 Jahre später, ein. Dieser zweite Roman spielt nun gänzlich und nur in Ägypten, wo es "am ägyptischsten" ist, so glaubt man damals wenigstens, nämlich unter Ramses II., der Blütezeit Ägyptens. Die Ägyptologie war inzwischen mit vorzüglicher Hilfe von Ebers etabliert worden.[3]

Ebers holt sich seine Inspiration nun auch nicht mehr aus der griechischen Literatur, sondern aus Ägypten selbst. Das ist ganz wörtlich zu verstehen: "Im Winter 1873 wohnte ich lange Wochen in einer der Grüfte der Nekropolis von Theben, um die Denkmäler der ehrwürdigen Todtenstadt zu studieren. Damals bildeten sich mir während langer Ritte durch die schweigende Wüste die Keime, aus denen später dieses Buch erwachsen ist."[4] Ebers kennt jetzt das Land aus eigener Anschauung, und die Ägypter sprechen selbst aus ihren Texten zu ihm und nicht mehr durch griechische "Übersetzung".

Mit diesem Roman ist aber bereits das Ende erreicht, es ist der erste und gleichzeitig der letzte, der im "klassischen Ägypten" und nur dort handelt. Obwohl einige von den zahlreichen noch folgenden Werken Ebers' ihren Schauplatz in Ägypten haben, sind sie doch nicht rein "ägyptisch", sie handeln in den Übergangszeiten der Ptolemäer und der römischen Kaiser, Randgebieten wie dem Sinai oder unter den Juden in Ägypten.

Wollte man den historischen Roman als eine Skala darstellen, deren Enden die Dichtung auf einer Seite und die (Geschichts)Wissenschaft auf der anderen Seite bilden, so strebt der "Professorenroman" vom Ende der Wissenschaft zur Mitte. Die äußerste Position auf dieser Seite wäre von Becker mit seiner Aussage, daß die Handlung eine unerwünschte Zutat sei, besetzt. Ebers wäre genau in der Mitte anzusiedeln.

---

1 Vgl. auch die Einführung Ägyptens in den englischen historischen Roman durch Kingsley 1853 in seiner "Hypathia".

2 Z.B. Erman, Mein Werden, 255. "Ebers hatte die Sage von der ägyptischen Prinzessin (...) zu einem Romane ausgestaltet und hatte dies so geschickt gemacht, daß jedes junge Mädchen dafür schwärmte; jeder Buchhändler konnte dies Buch als eines empfehlen, das auf dem Weihnachtstische nicht fehlen dürfe. Und da dieser Roman einen so großen Erfolg hatte, so folgte ihm nun alljährlich ein anderer, und der neue »Ebers« wurde in jedem Herbste mit Spannung erwartet". Die später im jährlichen Abstand folgenden Romane sind dann allerdings keine "ägyptischen" Romane mehr.

3 Siehe 142 Anm.3. Auf Jena (a.o.Professur für Ebers 1869) bzw. Leipzig (o.Professur 1870) folgen noch 1872 Heidelberg mit A.Eisenlohr und im gleichen Jahr Straßburg mit J.Dümichen.

4 Ebers, Uarda I, 1893, VII (Vorwort zur ersten Auflage).

IV. 2. Die "Ägyptischen Romane" und die Wissenschaft

Mit seinen ägyptischen Romanen setzt sich Ebers zwischen die Stühle. Die Wissenschaft registriert sie zwar als Beitrag zur Popularisierung der Ägyptologie, jedoch ohne dies als Verdienst zu rechnen, galten doch solche Werke - nicht nur die von Ebers - als nicht "serious".[1] Die Literaturkritiker dagegen nennen sie ein "Wissenschaftsgeschnatter."[2]

Die beiden untersuchten Romane **"Eine ägyptische Königstochter"** und **"Uarda"** nehmen eine zeitliche Sonderstellung im Schaffen von Ebers ein, da sie die beiden ersten sind und zwischen ihnen ein großer zeitlicher Abstand liegt, während Ebers nach der "Uarda" dann fast jährlich ein Werk produziert. Nur für diese beiden Werke kann die Bezeichnung "Professorenroman" zutreffen, denn nur in ihnen bewegt sich Ebers auf seinem ureigenen Gebiet als Ägyptologe, einem Gebiet, von dem er sich zunehmend entfernt, bis er sich 1888 mit seinem "Wanderbuch" in der Konversationskomödie der Gegenwart findet. Und nur diese Werke stattet Ebers mit einem umfangreichen wissenschaftlichen Anmerkungsapparat aus. Beide Eigenschaften treffen zusammen auf keines der zahlreichen folgenden Werke zu. Für den Leser, der mit Ebers' Romanen nicht vertraut ist, wird eine Inhaltsangabe der beiden Romane im Anhang gegeben.[3]

Zwar schreibt Ebers noch 8 Romane und das Epos Elifên, deren Schauplatz Ägypten, bzw. der Sinai ist, davon ist jedoch nur mehr einer in pharaonischer Zeit angesiedelt: "Josua. Eine Erzählung aus biblischer Zeit" (1889) schildert die Exodusgeschichte, handelt aber nur anfänglich in Ägypten z.Z. Merenptahs, der Hauptteil spielt auf dem Sinai. Die anderen in Frage kommenden Romane umfassen die weite Periode von Ptolemaios II. ("Arachne"), Ptolemaios VI. Philometor und Ptolemaios VIII. Euergetes II. ("Die Schwestern") über Kleopatra VII. ("Kleopatra"), Hadrian ("Der Kaiser" und "Elifên"), Caracalla ("Per aspera"), Konstantin ("Homo sum") bis zu Theodosius I. ("Serapis"). Bereits der kurz nach "Uarda" entstandene Roman "Homo sum" enthält keine einzige Anmerkung mehr, und Ebers wendet in seinem weiteren künstlerischen Schaffen die "wissenschaftlichen" Maximen seiner beiden ägyptischen Romane nicht mehr an, ohne sich jedoch von diesen zu distanzieren. Er schreibt dazu im Vorwort von "Homo sum": "Während in meinen früheren Romanen sich der Gelehrte dem Dichter und der Dichter dem Gelehrten Konzessionen zu machen gezwungen sah, habe ich in diesem, ohne nach rechts oder links zu schauen, ohne belehren oder die Resultate

---

[1] WwW ²1974, 94: "in all he published over 200 books, articles, reviews, and novels (...), among his serious works being, Aegypten und die Bücher Mose's: sachlicher Commentar zu den aegyptischen Stellen in Genesis und Exodus, 1868 (...)." Häufig wird die Anerkennung der populären Verdienste mit einem "nicht förderlich für die Wissenschaft" verbunden. So Erman, Mein Werden, 256.

[2] Kraus, Der Professorenroman, 29. Das Wort bezieht sich zwar auf "Die Schwestern", läßt sich jedoch auch auf die früheren Werke anwenden.

[3] "Eine ägyptische Königstochter": 434-437. "Uarda": 438-446.

meiner Studien in Gestalten von Fleisch und Bein umsetzen zu wollen, nichts und gar nichts bezweckt, als in abgerundeter Form eine meine Seele bewegende Idee zum künstlerischen Ausdrucke zu bringen."[1] Damit ist die Gattung des "Professorenromans" verlassen, ab "Homo sum" schreibt Ebers "reine Dichtung".

Bei der "Königstochter", deren Handlung und Personal sich aus den drei großen Nationen der Ägypter, Griechen und Perser zusammensetzt, befassen wir uns vorzüglich mit den ägyptischen Stellen des Romans, da Ebers sich ja nur hier auf seinem Fachgebiet der Ägyptologie bewegt - für die Perser versichert er sich ab der 11.Auflage der Nachhilfe seines Leipziger Kollegen, des Assyriologen Friedrich Delitzsch.[2] Diese Einschränkung muß für die völlig unter Ägyptern handelnde "Uarda" nicht gemacht werden.

Einen wesentlichen Teil dieses Kapitels nimmt das Aufspüren der Vorbilder der Personen, Vorlagen der Handlungen und die Quellen der kultur- und religionsgeschichtlichen Schilderungen und deren Vergleich mit der Verarbeitung durch Ebers ein. Dieser Blick in die Werkstatt eines Autors ist in ähnlichem Falle von A.Grimm[3] für die Josephs-Romane Thomas Manns geleistet worden, und einen Vergleich Ebers - Mann zieht auch Karl Kerényi in einem Brief an Mann vom 18.9.1936. Darin heißt es: "Ein großes Erlebnis meiner Jugend war Ebers' Uarda. Wenn ich jetzt auf diesen, in jeder Hinsicht veralteten historischen Roman zurückdenke, wie viel mehr Ausdrucksfähigkeit muß ich im »Joseph« feststellen!"[4] Kerényi hält sich zwei Hintertüren offen, gebraucht den Terminus "Ausdrucksfähigkeit" doppeldeutig, indem er fortfährt: "Diese Ausdrucksfähigkeit bedeutet (...) auch, daß heute überhaupt eine Fähigkeit b e s t e h t, Dinge auszudrücken, die dem Zeitalter Ebers' ganz verborgen waren"[5] und: "An Ihren Αἰγύπτιοι λόγοι sieht man mit Erstaunen, wie weit wir in der ethnologischen, mythologischen, archäologischen und philologischen Wissenschaft vorgedrungen sind - nicht weil Sie von diesen Wissenschaften abhängig sind (das sind Sie, glaube ich, viel weniger als Ebers es war), sondern weil höchstes Künstlertum und der Höhepunkt der allgemeinen, nicht individuellen Reifezeit des Geistes immer zusammenfallen."[6] Von diesen beiden Kriterien, "Ausdrucksfähigkeit" und Wissenschaftlichkeit, soll zweites hier zuerst untersucht werden. Da die wissenschaftliche Zuver-

---

1 Ebers, Homo sum, Ges.Werke VI, XI, (Vorwort zur 1.Auflage).

2 "Die Anmerkungen sind, soweit sie sich auf Babylonien beziehen, von (...) dem berühmten Assyriologen Friedrich Delitzsch schon für die elfte Auflage neu durchgesehen worden", Ebers, Vorwort zur 13.Auflage der Königstochter, 1888. Auch in botanischer und philologischer Hinsicht bediente sich Ebers fachlicher Hilfe.

3 Grimm, Joseph und Echnaton.

4 Brief von Kerényi an Mann aus Siófok vom 18.9.1936. Zitiert nach: Kerényi, Romandichtung, 54.

5 Brief von Kerényi an Mann aus Siófok vom 18.9.1936. Zitiert nach: Kerényi, Romandichtung, 54.

6 Brief von Kerényi an Mann aus Siófok vom 18.9.1936. Zitiert nach: Kerényi, Romandichtung, 54. Über die Anregerfunktion von Hermann Ebers, dem jüngsten Sohn von Georg Ebers, für diese Josephs-Romane Thomas Manns, siehe: Grimm, Joseph und Echnaton, 14.

lässigkeit und Aktualität der Bearbeitung mit den Vorbildern verglichen werden sollen, müssen dazu nicht nur die Ergebnisse vorgelegt werden, sondern auch, um eine Nachprüfbarkeit zu gewährleisten, die Untersuchungen dazu dargelegt werden. Schon 1878 schreibt Chabas zur Besprechung der Uarda: "Il faudrait faire un autre livre pour une analyse de ce genre."[1]

Staatsaktionen, wie Schlachten und Zeremonien, sind auf den Denkmälern zahlreich überliefert, doch gibt Ebers seinen öffentlichen Personen ein "Privatleben", über das die vorliegenden Quellen schweigen. Daher soll neben das Aufspüren der Vorlagen für das öffentliche Leben die Frage treten, wie Ebers die Informationslücken im Privatbereich ausfüllt, wie er seine Personen denken und fühlen läßt, wie er den Hintergund, das "Volksleben" gestaltet und welche Ziele er damit verfolgt. Hier wird die Zeitgebundenheit, der in der Ebers-Zeit erreichte Stand in der Wissenschaft, aber auch in Denkweise, Geschmack und Ausdruck - also Kerényis "Ausdrucksfähigkeit" - eine Rolle spielen.

IV. 2. 1. DIE HANDLUNG.
"DIE SCENERIE DER HIER GESCHILDERTEN EREIGNISSE HABE ICH DER WIRKLICHKEIT NACHZUZEICHNEN VERSUCHT."

Gemäß dem Ursprung der Romanpläne aus seinen wissenschaftlichen Arbeiten und Forschungen, gestaltet Ebers nicht nur den Hintergrund, die Folie, vor der sich eine fiktionale Handlung abspielt, als "ein in kulturhistorischer Beziehung der Wahrheit möglichst nahe kommendes Bild"[2], sondern wählt auch für die Handlung historische, überlieferte Ereignisse als Grundlage. Dabei dient ihm beide Male Herodot als Gewährsmann - wie auch schon bei seinem ersten gedruckten Werke.[3] Ebers führt den Leser in beiden Romanen in die hohe Politik: In der Königstochter" erscheinen die Pharaonen Amasis und Psammetich III. mit Familie, der Perserkönig Kambyses mit Familie sowie andere historische Persönlichkeiten, während in der "Uarda" Ramses II. und dessen Familie auftreten. Damit hält Ebers sich nicht an die Empfehlung Beckers, der meint: "Hinsichtlich der Form blieb mir keine Wahl: Es konnte die Erläuterung der tausend vereinzelten und doch für die Sitte so charakteristischen Züge nur an Bilder aus dem Leben selbst geknüpft werden. Ich würde es höchst unpassend finden, wenn man einer Bearbeitung der Staatsalterthümer diese Einkleidung geben würde. (...) Anders aber verhält es sich mit dem Privatleben, dessen bunte, in zahllosen Varietäten wechselnde Bilder jeder strengen Klassifikation widerstreben, und das nur eben durch sich selbst dargestellt sein will."[4] Ebers

---

1 Chabas, Uarda, in: L'Égyptologie I, II (1878), 142.

2 Ebers, Uarda I, 1893, IX (Vorwort).

3 Auf Herodot, Hist.I, 34-45 beruht auch sein 1837 entstandenes vielstrophiges Gedicht "Atys und Adrast", gedruckt 1890.

4 Becker, Charikles, Bd.1, XIII (Vorrede).

geht über Becker, der die dichterische Freiheit auf die Schilderung von "Privatleben" beschränken und historische Ereignisse nur als Hintergrund gelten lassen will, hinaus. Wir befinden uns mitten in der hohen Politik, bei den Herrschern und deren Umgebung, bei Schlachten und religiösen Zeremonien. Wir wollen nun untersuchen, wie Ebers diese offiziellen Ereignisse nach den Denkmälern, den "Staatsalterthümern", schildert.

Die Tochter des Apries gab dem ersten Werk auch den Namen, "weil durch das Schicksal der Nitetis das Wohl und Weh aller anderen handelnden Personen bedingt wird, und diese also als der Mittelpunkt des Ganzen betrachtet werden darf."[1] So kommt schon in der Wahl des Titels der Gegensatz zu Becker zum Ausdruck.

IV. 2. 1. 1. DIE HANDLUNG DER "ÄGYPTISCHEN KÖNIGSTOCHTER"

Ebers schildert das "staatliche und private Leben der drei Weltmächte"[2] - gemeint sind die Ägypter, Griechen und Perser - , deren historische Exponenten die Pharaonen Amasis und Psammetich III., der Perserkönig Kambyses und die Griechen Rhodopis, Phanes und Krösus sind.

Die Haupthandlung entnimmt Ebers der bekannten Geschichte Herodots von der untergeschobenen Prinzessin Nitetis, die Amasis als eigene Tochter ausgibt und dem Kambyses als Gemahlin schickt. Diesen Betrug nennt Herodot als Grund für die persische Eroberung Ägyptens 525 v.Chr.:

> "Gegen diesen Amasis nun zog Kambyses, der Sohn des Kyros, zu Felde, (...) und zwar aus folgendem Grund. Er hatte einen Herold nach Aigypten geschickt und Amasis um seine Tochter gebeten. Er bat auf Betreiben eines aigyptischen Mannes, der dies aus Groll gegen Amasis betrieben hatte, weil er ihn unter allen Ärzten in Aigypten von seiner Frau und seinen Kindern getrennt und an die Perser damals herausgegeben hatte, als Kyros zu Amasis schickte und um einen Augenarzt bat, der der beste in ganzen Aigyptenland sei. Darum also grollte der Aigyptier und trieb ihn durch seinen Rat an, indem er empfahl, Kambyses solle Amasis um seine Tochter bitten, damit er, wenn er sie gebe, dadurch betrübt werde, oder, wenn er sie nicht gebe, Kambyses zum Feind bekomme. Amasis war über die Macht der Perser ungehalten und in Furcht, doch wußte er nicht, ob er sie ihm geben oder verweigern solle. Er wußte nämlich wohl, daß Kambyses sie nicht als seine Gemahlin, sondern als Nebenfrau haben wollte. Indem er dies bedachte, tat er folgendes. Vom früheren König Apries war noch eine sehr schöne und sehr hübsche Tochter namens Nitetis allein vom ganzen Haus übriggeblieben. Dieses Mädchen also stattete Amasis mit

---

1 Ebers, Eine ägyptische Königstochter I, 1864, XI, (Vorwort).
2 Ebers, Mein Erstling, 188.

Gewändern und Goldschmuck aus und schickte es zu den Persern als seine Tochter. Einige Zeit danach, als Kambyses sie begrüßte und mit ihrem Vatersnamen anredete, sprach das Mädchen zu ihm: »König, Amasis hat dich hintergangen! Du weißt es nicht. Er hat mich schön ausgeschmückt und mich zu dir geschickt und dir als seine Tochter gegeben. In Wahrheit bin ich die Tochter des Apries, den jener ermordet hat, nachdem er sich gegen ihn als einzigen Herrn mitsamt den Aigyptiern empört hatte.« Dieses Wort also und diese Schuld, die jener auf sich geladen hatte, führten Kambyses, den Sohn des Kyros, schwer erzürnt nach Aigypten."[1]

Ebers muß nun allerdings die von Herodot verkürzt erzählte Geschichte rational aufrüsten, um ein für den modernen Leser nachvollziehbares Handlungsgerüst zu erhalten. Da er den Bericht Herodots bis ins Detail glaubt, muß er zu einigen zwar möglichen, aber nicht immer plausiblen Konstruktionen greifen.

Die Geschichte handelt gegen Ende der Regierung des Amasis als Vorspiel der persischen Eroberung Ägyptens. Für Amasis gibt schon Herodot die Regierungsdauer von 44 Jahren an.[2] Da die relativen und absoluten Zahlen der Regierungszeiten der saitischen Pharaonen auch der Wissenschaft damals schon genau bekannt sind[3], kann Ebers die Regierungszeit des Amasis nicht verkürzen, um Nitetis, die Tochter des Vorgängers, jung zu halten, ohne auch gegen seine wissenschaftlichen Maxime zu verstoßen. So muß der natürliche Altersunterschied zwischen den Töchtern Nitetis und Tachot der beiden Pharaonen, durch eine gewagte Konstruktion aufgehoben werden, denn "Amasis würde kaum gewagt haben, dem Großkönige von Persien eine vierzigjährige Jungfrau zum Weibe anzubieten. Dabei muß noch bedacht werden, daß eine vierzigjährige Dame vom Nil geringeren Reiz besitzt als eine sechzigjährige Europäerin."[4] Ebers läßt also den Apries so lange in der Gefangenschaft seines Nachfolgers leben, daß die beiden Königstöchter gleich alt werden, meint aber "es ist, trotz der von Herodot gerühmten Milde des Amasis, ziemlich unwahrscheinlich, daß König Hophra noch zwanzig Jahre nach seinem Sturze gelebt hat."[5] Als Beleg, daß dies aber nicht völlig unmöglich ist, führt Ebers ein altäyptisches Dokument an.[6] Und so werden bei Ebers die beiden Königinnen, die entthronte und die regierende, gleichzeitig schwanger. Da aber die entmachtete Königin im Kindbett stirbt,

---

1 Herodot, Hist. III, 1.

2 Herodot, Hist. III, 10.

3 Siehe Ebers' Habilitationsschrift über die 26.Dynastie oben 210-214. 1893 hat er die Jahresdaten modernisiert: Apries: 588-569, Amasis: 570-526, Ebers, Königstochter I, 1893, Anm.17 und Anm.18. Für die Thronbesteigung Psammetichs I. gibt Ebers gar den 5.Februar 664 an, Ebers, Königstochter I, 1893, Anm.50.

4 Ebers, Königstochter II, 1893, Anm.48.

5 Ebers, Königstochter I, 1893, IX, (=Vorrede zur zweiten Auflage). Eine andere Lösung bietet Wiedemann in seiner Ägyptischen Geschichte, 640, nämlich eine Koregenz.

6 "Ein gewisser Psamtik, welcher der gestürzten Dynastie angehörte, lebte wenigstens, wie ich auf der Stele in Leydener Museum fand, bis ins 17.Jahr der Regierung des Amasis und starb 75 Jahre alt", Ebers, Königstochter I, 1893, IX, (= Vorrede zur zweiten Auflage).

beschließen Amasis und Ladice das elternlose Kind mit dem eigenen Kind Tachot als Zwillingsschwester aufzuziehen[1], ohne daß jemand davon erfahren soll. Nitetis selbst weiß nicht um ihre wahre Herkunft und wird zum unschuldigen Opfer und die Enthüllung des Betrugs muß von außen erfolgen. Auch wenn Kambyses ursprünglich Herodot gemäß vorgehabt haben sollte, Nitetis seinem Harem einzuverleiben, so wird diese doch bei Ebers bald von ihm als seine Hauptgemahlin betrachtet. Ebers verschlimmert dadurch den Betrug des Amasis und gibt der Eroberung von Ägypten durch Kambyses neben dem Recht des Stärkeren auch eine Legitimation: Durch seine Ehe mit Nitetis als letztem Nachkommen des rechtmäßigen Hauses der Saiten erhält er über die matrilineare Sukzession einen Anspruch auf den Pharaonenthron. Dies wird dem Kambyses durch den verbannten ägyptischen Oberpriester Onuphis dargelegt.[2]

Weitere Handlungselemente, die Ebers von Herdot übernimmt, sind der Überfall der Memphiten auf das Parlamentär-Schiff des Kambyses nach der Niederlage von Pelusium[3], die kampflose Übergabe der Libyer, Kyrenaier und der Barkaier[4], die Schändung der Mumie des Amasis[5] - bei Ebers nicht einer Stellvertreter-Mumie - und über Herodot hinaus sogar die der ersten Gemahlin des Königs in deren Grab zu Theben[6], die drei erfolglosen Feldzüge des Kambyses von Ägypten aus[7] und die Apis-Geschichte.[8] Diese Reihe ließe sich noch fortsetzen mit den weiteren Schicksalen der Personen in Persien, wir wollen hier aber nur die ägyptischen Personen und Ereignisse berücksichtigen.

Mit dichterischer Freiheit - die Becker bei den königlichen Personen nicht angewendet wissen will - muß Ebers die dürr gezeichneten Charaktere des Herodot auffüllen. So läßt uns Herodot über die Beziehung zwischen Nitetis und Kambyses im ungewissen. Ebers dagegen schildert, den Erfordernissen eines Romans des 19.Jhs. entsprechend, eine Liebesheirat, da Kambyses tief beeindruckt ist von der "emanzipierten" Ägypterin, die er als einzige von seinen zahlreichen Frauen als ebenbürtige Partnerin anerkennen kann. Deshalb erhebt er sie - wie schon oben erwähnt - von der Nebenfrau zur

---

1 "Das Gesetz sagt, man solle sich der verlassenen Waisen annehmen", Ebers, Königstochter II, 1893, 152.

2 Ebers, Königstochter II, 1893, 155. 60 Jahre später wird dieser Gedanke wieder aufgenommen, allerdings ohne die romanhafte Verbrämung: "Le recit d'Hérodot paraît bien n'être qu'une légende inventée après coup dans le but de légitimer l'accession de Cambyse au thrône d'Égypte en le représentant comme le véritable héritier d'Apriès aux dépens de l'usurpateur Ahmasis et du fils de ce dernier, Psamtik III., Gauthier, Livre des Rois V, 113.

3 Herodot, Hist. III, 13.

4 Herodot, Hist. III, 13.

5 Ebers, Königstochter II, 1893, 331 nach Herodot, Hist. III, 16.

6 Ebers wird darauf durch eine dort gefundene, halb verbrannte Mumie mit dem Namen der Anchnas gebracht, Ebers, Königstochter II, 1893, Anm.189.

7 Karchedonier-Feldzug: Herodot, Hist. III, 17,19, bei Ebers, Königstochter II, 1893, 328 sind die Karthager gemeint; Äthiopen-Feldzug: Herodot, Hist. III, 17, 20-25 und 30, bei Ebers, Königstochter II, 1893, 327; Ammonier-Feldzug: Herodot, Hist. III, 17, 26, bei Ebers, Königstochter II, 1893, 327f.

8 Herodot, Hist. III, 27-29.

Hauptgemahlin. Solche Psychologisierungen wendet Ebers bei zahlreichen weiteren Motiven an, die er häufig durch mehr oder minder plausible Verknüpfungen verbindet. So wird der gefangene Apries nach Herodot von den Ägyptern ermordet.[1] Ebers benennt den Urheber des Überfalls auf Apries als "einen Großen seines Hofes, Namens Patarbemis, den Apries im Zorn ungerechterweise schmählich verstümmelt hatte"[2], eine Geschichte, die von Herodot überliefert wird, von diesem jedoch nicht in Zusammenhang mit der Ermordung des Apries gebracht wird. Ebers verknüpft damit zwei Handlungsstränge und motiviert den Mord als private Racheausübung.

Der Athener Phanes, der bei Herodot eine periphere Rolle spielt[3], rückt im Roman ins Zentrum der Ereignisse. Um seinen Verrat zu begründen - Herdot gibt nur ein pauschales "dieser Phanes grollte wohl wegen irgend etwas Amasis"[4] - entwickelt Ebers eine umfangreiche Nebenhandlung. Den großen Einfluß bei den griechischen Truppen und seine vorzügliche Kenntnis des Landes, die er bei Herdot besitzt, begründet Ebers mit seiner Karriere vom Obersten der griechischen Leibwache[5] über den Feldherren bei der Eroberung Zyperns zum Oberbefehlshaber aller Söldnertruppen in Ägypten.[6] Amasis muß Phanes wegen eines "Katzenverbrechens"[7] aus Ägypten verbannen, der Kronprinz Psammetich trachtet ihm aus vielen Gründen[8] nach dem Leben und setzt schließlich nach der Flucht des Vaters nach Persien die beiden kleinen Kinder als Geiseln gefangen. Phanes' Rolle beim persischen Feldzug gegen Ägypten wird genau referiert und stärker motiviert dadurch, daß der Kronprinz den Sohn des Phanes schon unmittelbar nach der Flucht des Vaters und nicht erst vor der Entscheidungsschlacht bei Pelusium, wie bei Herodot, ermorden läßt. Phanes führt auch die Verhandlungen mit den arabischen Stämmen um den sicheren Durchzug des persischen Heeres durch die Wüste. Der Mord an der kleinen Tochter des Phanes, bei Herodot ist nur unspezifisch von "den Kindern" die Rede, vor den versammelten Heeren im Angesicht des Vaters durch die griechischen Söldner verstärkt noch einmal das Rache-Motiv. Die Wasserträgerinnen-Geschichte[9], nicht nur als literarischer Topos verwendet[10], wird von Ebers erweitert: Die Königstöchter, die Tochter des Hohenpriesters Neithotep

---

1 Herodot, Hist. II, 169.

2 Ebers, Königstochter II, 1893, 148 nach Herdot, Hist. II, 162.

3 Herodot, Hist. III, 4 und 11. Ebers macht übrigens aus dem Harlikarnassier, abweichend von Herdot, einen Athener.

4 Herodot, Hist. III, 4.

5 Ebers, Königstochter I, 1893, 25.

6 Ebers, Königstochter I, 1893, 58.

7 Phanes läßt neugeborene Katzen ertränken und wird dabei erwischt. Der Ausdrck "Katzenverbrechen" stammt von Gosche, Georg Ebers, 120.

8 Weil Phanes seine Entführung der Sappho verhindert hat, weil er an seiner Stelle zum Oberbefehlshaber bei der Eroberung Zyperns gemacht wurde und weil Phanes Kenntnis von der Herkunft der Nitetis hat.

9 Herodot, Hist. III, 14f. und Ebers, Königstochter II, 1893, 269ff.

10 Als Bildmotiv vgl. das Gemälde von Adrien Guignet (1816-1858): Der persische König Kambyses als Sieger über Psammetich, Paris, Musée du Louvre, Département des Peintures 3255.

und die anderen Jungfrauen müssen das Wasser für die Bäder des Phanes tragen, und der anonyme "Trinkgenosse" des Herodot wird zu eben diesem Neithotep, dessen unedles Verhalten beim Anblick seiner Tochter unter den Sklavinnen allerdings schwer in Einklang zu bringen ist mit der von Ebers sonst so betonten, ostentativ zur Schau getragenen Würde ägyptischer Priester. Die Hinrichtung des Sohnes von König Psammetich III. - bei Ebers heißt er Necho - wird von einer unglücklichen Übereilung zu einer bewußten Gehorsamsverweigerung eben wieder dieses rachebesessenen Phanes.

Eine ähnliche Aufwertung wie Phanes erfährt die Person des Bartja[1]: Diese historische, aber bei Herodot untergeordnete Figur - sie tritt bei Herodot erst spät nach der Eroberung Ägyptens auf[2] - wird zusammen mit der fiktionalen Figur Sappho zum jugendlichen Liebespaar, das von Ebers als Pendant zum tragischen Heldenpaar Nitetis-Kambyses den Erfordernissen des Romans entsprechend fungiert. Sappho, die Gattin des Bartja, wird die Mutter der Parmys, die bei Herodot dann den Darius heiraten wird. Während Sappho bei Ebers als Enkelin der Rhodopis eine wichtige Rolle spielt, kommt sie bei Herodot nicht vor. Auch die Person der Rhodopis[3] wird stark aufgewertet. Einige Handlungselemente des Herodot werden wie Anekdoten eingefügt: Die Fußbecken-Geschichte, die bei Ebers durch Amasis dem Krösus erzählt wird[4], der Bogen-Vergleich des Amasis[5], die Geschichte vom Ring des Polykrates[6], die in einem langen Brief der Ladike an die in Babylon weilende Ziehtochter Nitetis reichlich unmotiviert berichtet wird und einige historisch nachprüfbare Tatsachen, wie die Eroberung Zyperns[7], und die rege Bautätigkeit des Amasis[8], die dann von vielen Ägyptologen zitiert wird, obwohl sich keine archäologischen Bestätigungen fanden.[9] Auch die Verhandlungen des glücklosen Psammetich III. mit den unter Psammetich I. wegen Bevorzugung der griechischen Söldner nach Äthiopien ausgewanderten ägyptischen Truppen über deren Rückkehr in den ägyptischen Militärdienst werden berichtet.[10]

---

1 Ebers verwendet diesen Namen anstelle des von Herodot gebrauchten griechischen Smerdis. Begründung bei Ebers, Königstochter I, 1864, XIIf.

2 Herodot, Hist. III, 30.

3 Herodot, Hist. II, 134f. Auf die Diskussion um die Historizität der ägyptischen Rhodopis und ihre Gleichsetzung mit Nitokris soll hier nicht eingegangen werden.

4 Ebers, Königstochter I, 1893, 74 nach Herodot, Hist. II, 172.

5 Ebers, Königstochter I, 1893, 94 nach Herodot, Hist. II, 173.

6 Ebers, Königstochter I, 1893, 283 nach Herodot, Hist. III, 40-43.

7 Mit Phanes als ägyptischem Feldherrn. Ebers, Königstochter II, 1893, 51, und II, 1893, 72.

8 Herodot, Hist. II, 175f. und danach Ebers, Königstochter II, 1893, 219; über die Granitkapelle, Ebers, Königstochter I, 1893, 80.

9 Als Beispiel diene Wiedemann, Ägyptische Geschichte, 654: "Sehr bedeutend war die bauliche Thätigkeit des Amasis". Oft wird die mangelnde archäologische Evidenz mit der Zerstörung durch die Zeit und besonders durch Kambyses begründet.

10 Ebers, Königstochter I, 1893, 293 nach Herodot, Hist. II, 29f. und Diodor I, 67. Über die Auswanderung auch: Ebers, Aegypten und die Bücher Mose's, 163.

Problematisch ist das Schlußkapitel. Ebers hätte eigentlich mit dem Ende des 14. Kapitels den Roman abschließen können, die letzten Sätze haben auch deutlich finalen Charakter:

> "Im Sommer bewohnte Sappho die hängenden Gärten zu Babylon und dachte dort oftmals in Gesprächen mit Kassandane und Atossa an die unschuldige, holde Urheberin so vieler für große Reiche und edle Menschen verhängnisvollen Ereignisse, die ä g y p t i s c h e K ö n i g s t o c h t e r."[1]

Ebers widerstrebt es aber, Schicksale und Handlungsstränge, sei es auch Nebenpersonen betreffend, offen zu lassen, und so klappt das 15. Kapitel, inhaltlich weitgehend unverbunden[2] mit dem Pseudo-Smerdis-Aufstand, der Wahl des Dareios zum persischen König und der Belagerung von Babylon mit der Selbstverstümmelung des Zopyros nach. Hier wird nur mehr ein Handlungsgerüst, ein leicht dramatisiertes Geschichtsbuch geboten. Ebers verteidigt den Schluß als notwendig, um die Handlung zu Ende zu führen.[3] In der Diskrepanz zwischen den poetischen Erfordernissen und den wissenschaftlichen Maximen entscheidet sich Ebers für letztere.

Auch die bisher eingehaltene Form des Erzählens verläßt Ebers: Die Fiktion wird aufgegeben, indem der Erzähler im Text seine Quellen nennt: "In eine Wand des glatt polierten Felsens von Bisitum oder Behistân (...) ließ Darius die Geschichte seiner Thaten (...) einmeißeln. Der assyrische und persische Teil dieser Inschriften sind jetzt mit Sicherheit zu lesen. Es findet sich in ihnen auch eine, mit unserer und der Erzählung des Herodot[4] im ganzen übereinstimmende Mitteilung von den in den letzten Kapiteln geschilderten Ereignissen."[5] Ebers war sich dieses erzählerischen Bruchs durchaus bewußt. Das Schlußkapitel wurde selbst von den Apologeten bemängelt und dem Urteil von Gosche ist nichts hinzuzufügen: "Wir wollen angesichts der Fülle von Gutem, wahrhaft Künstlerischem, dieses einzigen zu gelehrten Schlußkapitels wegen ihn nicht tadeln."[6]

So läßt sich sagen, daß die Handlung doch auf geschickte Weise alle Herodotschen Vorgaben unterbringt: Amasis erklärt die Tochter seines entthronten Vorgängers vor der Öffentlichkeit als eigenes Kind, um keine Thronansprüche von deren Seite aufkommen zu lassen, muß den Mitwisser - den

---

1   Ebers, Königstochter II, 1893, 343.

2   Sicher gibt es auch hier lose Zusammenhänge: Der Tod des Kambyses wird hier noch nachgetragen, auch wurde die Person und die Verstümmelung des Pseudo-Smerdis/Bartja schon vorher in die Romanhandlung eingebaut.

3   Ebers, Königstochter II, 1893, 344. Ähnliches Vorgehen sieht Eggert bei Hermann Kurz "Das prägnanteste Beispiel ist in dieser Hinsicht in seinem Sonnenwirt-Roman zu finden, in dem er im vorletzten Kapitel offen vor den Lesern aus der Rolle des Romanerzählers in die eines quellendarstellenden und -interpretierenden Historikers überwechselt", Eggert, Studien zur Wirkungsgeschichte, 86.

4   Ebers hatte Herodot schon vorher ein einziges Mal im Text als "einen Schriftsteller, der beinahe zu seinen [Kambyses] Zeitgenossen gehört" erwähnt. Ebers, Königstochter II, 1893, 327.

5   Ebers, Königstochter II, 1893, 361.

6   Gosche, Georg Ebers, 130.

Sohn des bei der Geburt anwesenden Arztes - aber mundtot machen und schickt diesen bei günstiger Gelegenheit auf Dauer an den persischen Hof. Der Arzt tritt aber gerade aus Rache die Lawine los, indem er den Perserkönig bewegt, um die Hand der ägyptischen Prinzessin bei Amasis anzuhalten und indem Amasis die falsche Königstochter nach Persien schickt, geht er in die Falle. Ägypten verliert seine Unabhängigkeit und wird persische Satrapie.

IV. 2. 1. 2.   DIE HANDLUNG DER "UARDA"

Bei Ebers' zweitem Roman werden die griechischen Quellen durch altägyptische erweitert. Die Geschichte vom Brandanschlag des Statthalters auf den König und seine Familie bei der Rückkehr von der siegreichen Schlacht bei Qadesch in Pelusium[1] findet Ebers wieder bei Herodot. Bei dem Griechen ist der Stellveteter allerdings der Bruder König Sesostris', d.h. Ramses' II., nicht sein Oheim.[2]

> "Von diesem Aigyptier Sesostris also erzählen die Priester, als er zurückkehrte, (...) da habe, als er im pelusischen Daphnai auf der Rückkehr anlangte, sein Bruder, dem Sesostris Aigypten anvertraut hatte, ihn selbst zu Tisch eingeladen und mit ihm seine Kinder. Dann habe er von außen das Haus mit Holz umschichtet und nachher unten angezündet. Als Sesostris dies bemerkt habe, habe er sich sogleich mit seiner Frau beraten, denn auch seine Gattin habe er mit sich genommen. Sie aber habe ihm geraten, von ihren sechs Kindern zwei über den Holzstoß zu legen und das Feuer so zu überbrücken, selbst aber über jene hinwegzuschreiten und sich so aus der Gefahr zu retten. Das habe Sesostris getan und zwei seiner Kinder seien auf diese Weise verbrannt. Die übrigen aber hätten sich gerettet samt dem Vater."[3]

Diese Anekdote wird auch von Diodor überliefert.[4] Obwohl Ebers die sog. Haremsverschwörung gegen Ramses III. bekannt ist, will er die Herodot-Geschichte nicht auf diese bezogen wissen: "Wir können denen nicht beistimmen, welche den Verrat des Statthalters gegen Ramses III. und nicht gegen Sesostris (Ramses II.) gerichtet sein lassen."[5] Die Verschwörung gegen Ramses II. hat sich bis heute nicht belegen lassen.

---

1   Ebers, Uarda III, 1893, 13.

2   Ebers läßt aber den Statthalter sich "des Ramses treuer Bruder und Statthalter" nennen, Ebers, Uarda II, 1893, 146. Natürlich handelt es sich dabei um eine Höflichkeitsform, die aber auch der Herodotschen Quelle zugrundegelegen haben könnte und von diesem - oder seinen modernen Lesern - dann wörtlich genommen worden ist.

3   Herodot, Hist. II, 107/8.

4   Diodor I, 57.

5   Ebers, Uarda III, 1893, 142, Anm.

Ein neuer Grad der Authentizität wird dadurch erreicht, daß Ebers jetzt auch direkt, d.h. ohne griechische Vermittlung, auf altägyptische Schriftquellen zurückgreift. Ein bedeutendes altägyptisches Literaturwerk, das sog. Qadesch-Gedicht, war 1856 von Emmanuel de Rougé erstmals nach dem in London aufbewahrten pSallier III unter dem Titel "Le poëme du Pen-ta-our" publiziert worden.[1] Es schildert den Kriegszug Ramses' II. nach Syrien gegen die Hethiter, in dessen Verlauf der König bei Qadesch in einen Hinterhalt gerät. Nur durch seinen persönlichen Einsatz und die Hilfe des Gottes Amun, zu dem der König in höchster Not ruft, wird eine Niederlage abgewendet. De Rougé "revealed for the first time the great wealth of Egyptian literature preserved in hieratic books."[2] Im pSallier fehlt jedoch der Anfang der Schilderung, also die Einleitung mit der Datierung des Feldzugs ins Jahr 5 des Königs und die Beschreibung des Auszugs. Eine erneute Ausgabe folgt 1870[3], in der de Rougé auch die fehlende Einleitung nach dem pRaifet (Paris) gibt. Als Ebers dann diesen Text 1876 in weitesten Kreisen durch seinen Roman bekannt macht, übernimmt er nicht die neue Datierung, bleibt vielmehr dabei, die Schlacht - was durchaus logisch, aber durch die Forschung bereits überholt ist - unmittelbar vor den Friedensvertrag zu setzen, obwohl ihm die Neuausgabe de Rougés bekannt gewesen ist, wie eine Fußnote zeigt.[4] Indem Ebers Ramses den Krieg, der schon vier Jahre gedauert hat, mit der siegreichen Schlacht beenden und den König danach im Triumph nach Ägypten zurückkehren läßt, hält er sich wieder strikt an seine Quelle, d.h. er durchschaut deren Propagandacharakter nicht. Tatsächlich fand die Schlacht im Jahr 5 des Königs statt und der Krieg mit den Hethitern zog sich danach noch Jahre hin. Der lange Zwischenraum von 16 Jahren zwischen Schlacht und Vertrag wird wohl von Ebers als unglaubhaft betrachtet. Da Ebers jedoch das Datum des Friedensschlusses im 21.Jahr beibehält, muß er den Ramses der Qadesch-Schlacht um 16 Jahre älter machen. So wird Ramses zum Witwer mit vielen Kindern und folgerichtig wird die Beinahe-Katastrophe von Qadesch nicht mit der jugendlichen Unerfahrenheit des Königs erklärt, sondern der verräterischen Fehlinformation des Chefs der ägyptischen Aufklärung zugeschrieben.[5]

---

1   De Rougé, Le poëme de Pen-ta-our.

2   WwW ²1972, 84.

3   De Rougé, Le poëme de Pentaour. Eine letzte Ausgabe, basierend auf den Aufzeichnungen des Vaters, besorgt durch den Sohn Jacques, erscheint in: RevEg III (1883) bis X (1902).

4   Ebers, Uarda III, 1876, 108, Anm. = Ebers, Uarda III, 1893, 108, Anm.

5   Die große Zeitspanne zwischen Entscheidungsschlacht - wie man glaubte - und Friedensvertrag hatte allgemein Unbehagen ausgelöst. Manche sahen im Brief des Hethiterkönigs an Ramses eine Andeutung des Vertrags. So z.B. Müller, Asien und Europa, (1893), 216, Anm.1, wo er auch den Vorschlag macht, die vorliegenden Fassungen des Qadesch-Gedichts als späte Redaktion zu sehen, in der der Schreiber "den Friedensschluß im Jahr 21 schmeichlerisch mit dem Lieblingssieg des Königs verbindet". Den wiederaufgenommenen (zweiten) Kampf in der Qadesch-Schlacht sieht er als "die spätere Fortsetzung des Krieges", a.a.O. Ebers führt dieses Werk seines Schülers übrigens bei den Belegen für die Lage von Qadesch, Ebers, Uarda III, 1893, 96, Anm. an. In der Erstausgabe der Uarda fehlt dieser Beleg naturgemäß noch. Ob Ebers die Gedanken Müllers angeregt oder beeinflußt hat, kann nicht mehr nachgeprüft werden, ist aber anzunehmen.

Da die hieratische Abschrift mit dem Vermerk endet: "Ce (livre) a été écrit en l'an 7 (...). Fait par le grammate Pentaour"[1], glaubte de Rougé nun, in diesem Namen nicht den Abschreiber, sondern den Autor vor sich zu haben. Allerdings hatte er erkannt, daß es sich bei der Fassung um eine Schülerabschrift handelte, wie aus seiner Bemerkung, eine "très mauvaise copie d'une excellente édition"[2] vor sich zu haben, wohl geschlossen werden darf. Er muß angenommen haben, der Abschreiber hätte den Autorenvermerk aus seiner Vorlage mit abgeschrieben. Die Ansicht Pentaur sei der Autor verbreitet sich nun in der gesamten Ägyptologie. Erst 1880 heißt es in Ermans "Neuaegyptischer Grammatik": "So schreibt z.B. Pentaur, der Schreiber von Sall.I und Sall. III, viel liederlicher als Annana, der Schreiber des Orb. und des An.6; daher entschlüpfen ihm auch mehr Vulgärformen (...) als seinem gebildeteren Collegen. Anm.) »Berühmte Dichter«, wozu man diese z.Th. gewiss noch jugendlichen Schreiber gemacht hat, waren sie nicht; das ⋙ in den Subscriptionen der Handschriften bezeichnet den Schreiber, nicht den Verfasser."[3] Trotzdem kreidet man diese Verwechslung speziell Ebers an, denn durch ihn sind Dichter und Gedicht populär geworden, durch ihn wird Pentaur zum strahlenden Helden eines Romans, die Arbeit de Rougés hätten wohl nur wenige gekannt: "Ursprünglich kannte man das Lied nur aus der Abschrift eines Schülers namens Pentoere, der noch obendrein auf der Eselbank saß; aber da sein Name unter der Aufgabe stand, hat Georg Ebers, der berühmte Erfinder eines Ägypten für höhere Töchter, ihn für den Dichter gehalten und in einem seiner verzuckerten Libretti verewigt."[4]

Die Kapitel, die sich mit den Begebenheiten um die Qadesch-Schlacht beschäftigen, eignen sich gut, die Arbeitsweise Ebers' zu erhellen. Ebers bezieht nämlich auch Bildvorlagen in seine Schilderungen ein. So wird das Lager nach den Reliefs auf den Pylonen von Luxor- und Ramesseumstempel geschildert[5], die Schlacht nach den entsprechenden Reliefs des Ramesseums[6] und altägyptischen Textvorlagen, dem "Epos des Pentaur" aus dem pSallier III und pRaifet und nach den Texten der Tempelwände von Luxor, Karnak, dem Ramesseum und aus Abu Simbel[7] und nach den griechischen Texten des Diodor[8] und des Herodot[9], der Empfang bei der Rückkehr nach Ägypten nach einem Relief Sethos' I. auf der nördlichen Außenwand des Säulensaals von Karnak.

---

1 De Rougé, Le poëme de Pentaour, 8.

2 De Rougé, Le poëme de Pentaour, 2.

3 Erman, Neuaegyptische Grammatik, 6f.

4 Friedell, Kulturgeschichte Ägyptens, 311f. Es ist dies übrigens die einzige Erwähnung von Ebers auf den 480 Seiten dieses Werkes. Die Veröffentlichung des Gedichtes durch de Rougé firmiert bis ins Jahr 1902 unter dem Namen des Pentaur. Und noch 1910 schreibt Breasted, daß der wahre Verfasser unbekannt sei, "Obwohl »Pentaur« noch ziemlich allgemein diesen Ruf genießt", Breasted, Geschichte Aegyptens, 349.

5 Ebers, Uarda III, 1893, 109, Anm. und 110, Anm.

6 Ebers, Uarda III, 1893, 105, Anm.

7 Ebers, Uarda III, 1893, 108, Anm.

8 Ebers, Uarda III, 1893, 110, Anm.

9 Ebers, Uarda III, 1893, 117, Anm. Das Brand-Motiv stammt, wie schon erwähnt, von Herodot.

Im folgenden sollen als Auswahl zwei ikonographische Topoi untersucht werden, die schon damals eine gute Dokumentierung und Tradierung aufweisen und Allgemeingut der Ägyptologie sind. Daß sie das auch für die gebildete Öffentlichkeit werden, ist Ebers' Verdienst.

Da Ebers zwar die Quellen angibt, nicht jedoch die benutzten Editionen, kann die Frage der Vermittlung nicht mit letzter Sicherheit geklärt werden. Unwahrscheinlich ist jedenfalls wegen der Detailfreudigkeit, daß Ebers, wiewohl er sicher alle dargestellten Reliefs aus eigener Anschauung gekannt hat, seine Schilderungen nur aus dem Gedächtnis gemacht hat. In Frage kommen nun folgende Editionen: Die Description, Champ.Mon., insbesondere LD, nachweislich mehrerer Quellennachweise in den Romanen und durch die zeitlebens engen Beziehungen des Schülers zum Lehrer[1] und Ros.Mon.civ., Ros.Mon.del culto, Ros. Mon.stor. und Wilk.Man. Letztes war Ebers, wie aus einer Anmerkung - allerdings erst in den Gesammelten Werken - hervorgeht, ebenfalls bekannt. Ebers' Beschreibung des ägyptischen Lagers vor der Qadesch-Schlacht sei nun verglichen mit den vermittelnden Editionen LD (1.Zahl, Ramesseum)[2] und Ros.Mon.stor. (2.Zahl, Luxor).[3]

	"Die Soldaten hatten sich nicht wie sonst zur Ruhe begeben.
[1/1]	Schwerbewaffnete Scharen, die in der Hand einen Schild in halber Manneshöhe, in der andern die
[2/2]	Schlachtsichel oder ein spitzes Dolchschwert führten, bewachten das Lager (* Anm.: Darstellungen des Lagers des Ramses blieben erhalten auf den Pylonen des Tempels von Luqsor und des Ramesseums.), worin zahlreiche Feuer brannten, die von rastenden Kriegern im Kreise umgeben wurden.
[3/-]	Hier wanderte ein Weinschlauch von einem Munde zum andern, dort briet man Fleisch an hölzernen Spießen,
[-/4]	dort wurde um die zu erringende Beute gewürfelt und Mora gespielt.
	Dabei ging es lebhaft her,
[5/5 Ebers meint hier wohl die Übungskämpfe]	und manches hitzige Handgemenge mußte von den Lagerwächtern auseinandergebracht werden.
[6/6, ein Mann ist mit den Hufen eines Esels beschäftigt]	In der Nähe der Hürden, die die Rosse umgaben, waren Schmiede thätig; denn es gab noch Hufe frisch zu beschlagen
[7?/-]	und Lanzenspitzen zu schärfen. Die Diener der Wagenkämpfer hatten vollauf zu thun; denn
[-/8 Pferdegeschirr] und [9/9 Esel mit Lastengeschirren] [10/-- zerlegte Wagen]	viele Streitwagen waren über die Berge gekommen und hatten auseinandergenommen den Pferden und Lasteseln auf den Rücken gelegt werden müssen. (* Anm.: Sowohl die einzelnen Teile der Wagen als die Lastesel finden sich auf dem Bilde des Lagers Ramses II. im Ramesseum dargestellt.) Jetzt setzte man die

---

1 Ebers schafft das Werk später auch für die Leipziger Institutsbibliothek an.

2 Lager: LD III, 153-155.

3 Lager: Ros.Mon.stor. 106, 107.

285

RAMESSEUM RELIEFS, FIRST PYLON; THE C
(Upper left-hand corner belongs a

AMP (*LD.*, III, 153-5)
(right end)

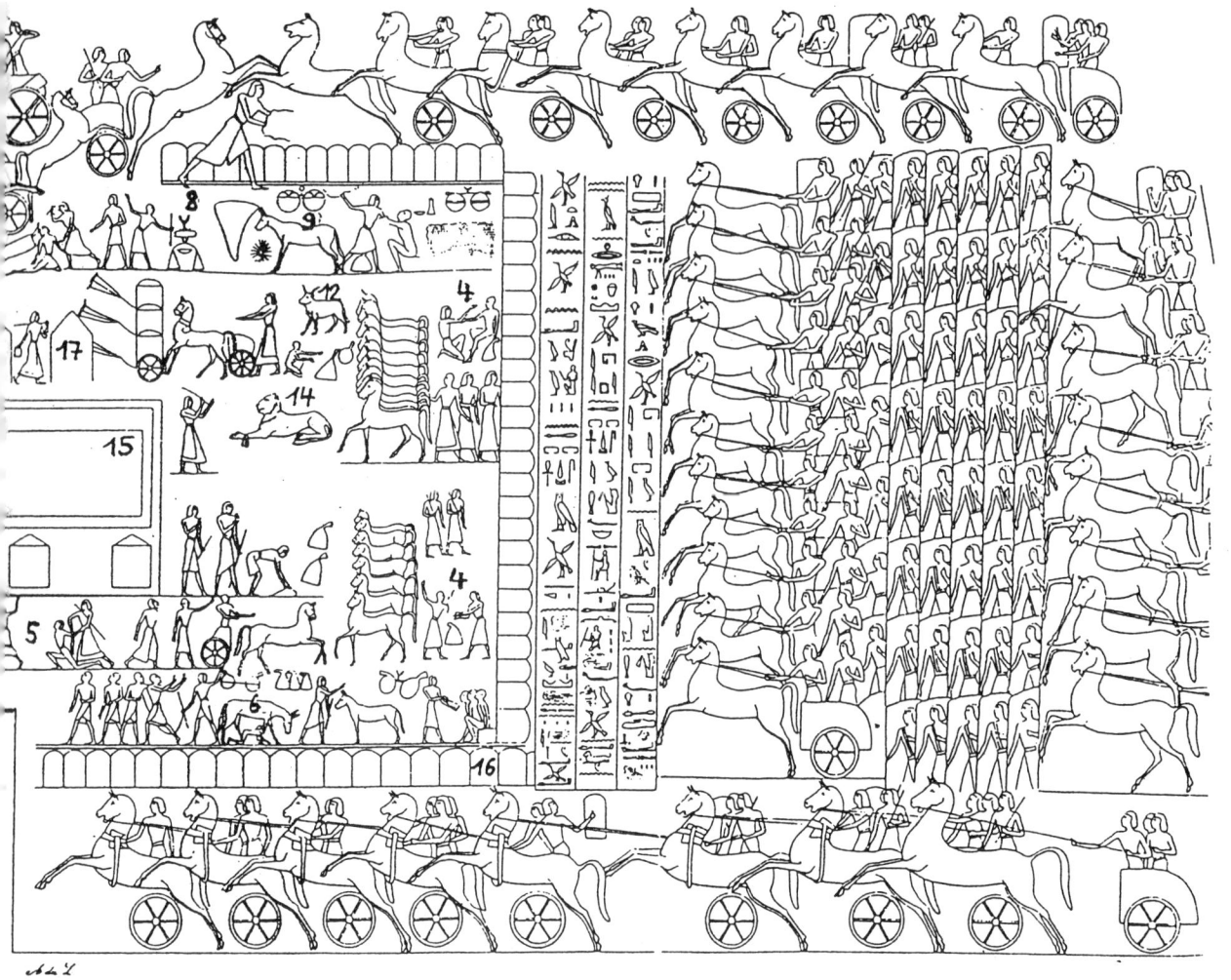

Mon. stor., 106, 107)

18

Luxor Reliefs; the Camp (Ros.

[11/--]	leichten Fahrzeuge wieder zusammen und schmierte die Räder. Im Osten des Lagers waren neben dem Baldachin, unter dem die Standarten aufbewahrt wurden, zahlreiche Priester[1] thätig, die Krieger zu segnen,
[12/12 Opferrinder(?)]	Opfer zu schlachten und Hymnen zu singen.
	Oft wurden die frommen Lieder übertönt von den lauten Stimmen der Spieler und Trinker, dem Schlage der Hämmer,
[13/--]	dem brünstigen Geschrei der Eselhengste und dem Gewieher der Pferde.
[14/14]	Manchmal ließ sich auch das laute Gebrüll der gezähmten Schlachtlöwen (* Anm.: Diodor I,47 und Darstellungen des in den Kampf stürzenden Königs.) des Königs vernehmen, die ihm in den Kampf folgten, und die man heute, um ihre Wut zu steigern, ungefüttert ließ.
[15/15]	In der Mitte des Lagers standen die Königszelte.
[16/16]	Die dicht zusammengestellten beinahe mannshohen festen Schilde der Schwerbewaffneten umgaben dieselben wie eine schützende Mauer,
[17/17]	hinter der sich diejenigen der Garden und Wagenkämpfer erhoben. Die Hilfstruppen lagerten völkerweise zusammen. Hier sah man schwarze Aethiopier mit verfilzten Haaren, aus denen einige Federn hervorragten, und schön und ebenmäßig gebaute »Söhne des Sandes« aus der das Schilfmeer von Aegypten trennenden Wüste, die Hüften krampfhaft schüttelnd und Lanzen schwingend, Kriegstänze aufführen, dort
[--/18 Schardana]	rasteten weiße Sardinier mit großen Helmen und Schwertern,
[19/--]	hier hellfarbige Libyer mit tättowirten Armen und Straußenfedern am Scheitel, da bei ihren Rossen spitzbärtige, bräunliche Araber, von denen einige mit Lanzen, andere mit Pfeil und Bogen kämpften. Verschiedenartig wie das Aussehen dieser Hilfsvölker war der Klang ihrer Sprachen, aber alle gehorchten dem Kommandoworte des Ramses."[2]

In verschiedenen Einzelheiten, wie den opfernden Priestern oder den Fremdvölkern hält sich Ebers nicht an die von ihm angegebenen Quellen aus Luxor und dem Ramesseum, sondern greift offensichtlich auch auf andere Vorlagen, wie die Reliefs von Abu Simbel oder auf Abbildungen in Wilk.Man[3], zurück.

Den Verlauf der anschließenden Schlacht schildert Ebers nach den Texten. Hinter dem König steht sein Wagenlenker Mena, der für Zügel und Schild zuständig ist und der uns aus den Lager-Reliefs zwar bekannt ist, der aber nirgends bei seinem Herrn im Wagen im Einsatz abgebildet ist. Bei der Betrachtung des Qadesch-Gedichtes als Quelle muß beachtet werden, daß nicht nur zwischen dem Informationsträger - hier Papyrus, dort Tempelwand - , sondern auch zwischen Bild und Text auf demselben Medium unterschieden werden muß. Die bildliche Schilderung der Schlacht auf Tempel-

---

1 Priester sind in den Schlachtenreliefs Ramses' III. bei Ros.Mon.stor. abgebildet. Ein Tempelzelt in der Qadesch-Schlacht von Abu Simbel, "un piccolo sacrario", Curto, L'arte militare, o.S.

2 Ebers, Uarda III, 1893, 109-111.

3 Die Shasu: Wilk.Man.I (ed.Birch), 246.

wänden ist propagandistischer als die Texte - seien sie auf Stein oder auf Papyrus. Konsequenterweise fehlt der Rosselenker Mena also auf den Reliefs im Streitwagen des Königs.[1] Es war trotz der relativ großen Freiheiten, die ramessidische Schlachtenreliefs den Künstlern gewährten, unmöglich, neben dem König eine weitere Person in dessen Streitwagen wiederzugeben, obwohl zur Besatzung eines Streitwagens immer zwei oder drei Mann gehörten - ein Lenker, ein Schildträger und der Kämpfer. Dies zeigen die Abbildungen der gewöhnlichen Streitwagen und es wird auch im Gedicht immer wieder betont. Jedenfalls ist bei Ebers der König - zumindest kurze Zeit - allein auf dem Streitwagen, denn der Wagenlenker Mena erblickt im Kampf seinen persönlichen Rivalen, stürzt sich auf diesen und läßt so den König auf dem Wagen im Stich. Doch bei Ebers schleifen die Zügel des königlichen Streitwagens am Boden, während der König auf allen altägyptischen Reliefs die Zügel um die Hüften geschlungen hat!

In der Schlacht wüten neben dem Wagen des Königs seine Löwen unter den Hethitern, womit Ebers erneut über die angegebenen Reliefs hinausgehende Quellen einsetzt. Wir wollen hier nicht auf die Diskussion um die Existenz von Kampflöwen eingehen[2], können Ebers aber nicht unterstellen, daß er die Dekorationslöwen, die die Wangen des Wagenkorbs schmücken, für echte gehalten habe. Die Quellenangabe an früherer Stelle: "Diodor I,47 und Darstellungen des in den Kampf stürzenden Königs"[3] weisen eher auf andere Bildquellen, wie die in den Tempeln von Beit el-Wali und el-Derr. Im übrigen ging auch Maspero vom Einsatz von Schlachtlöwen bei Qadesch aus.[4] Für die Schilderung der Schlacht zieht Ebers also hauptsächlich die Reliefdarstellungen als Quelle heran, denn auch die Namen der gefallenen Hethiter, die er nennt, sind nur auf den Reliefs ersichtlich.

Da naiver Wunderglaube in einem modernen Roman schlecht am Platze ist, hat Ebers den Beistand des Amun rationalistisch umgedeutet: Das Gebet des Königs wird durch das Auftauchen des jungen Helden Pentaur, der sich auf den Wagen des Königs schwingt, die Zügel ergreift und dem ermatteten König über die Augenblicke bis zum Eintreffen des Entsatzes hinweghilft, erhört.

An diesen Beispielen lassen sich gut die weitverzweigten Wurzeln, aus denen diese eine, allerdings prominente Szene erwächst, erkennen. Griechische Quellen (Diodor), altägyptische Textquellen und

---

1 Schlacht: LD III, 157-161, 164-165.

2 Das hat Breasted ausführlich gemacht in: The Battle, 44f., wo er zwischen dem "decorative lion" und dem Qadesch-Löwen als "tame lion as pet" unterscheidet. Es scheint aber doch reichlich aufwendig, einen ausgewachsenen Löwen als königliches Spielzeug fast tausend Kilometer auf einen Kriegszug mitzunehmen.

3 Ebers, Uarda III, 1893, 110, Anm.

4 Maspero, Histoire ancienne II, 393. Der Topos der Kampflöwen ist auch heute noch in der populärwissenschaftlichen Literatur virulent. Vgl. Miquel, So lebten sie zur Zeit der Pharaonen, 46, wo in einer großen, farbenprächtigen Zeichnung "Pharao Ramses führt auf seinem Streitwagen die Armee (...). Schon der Anblick des Löwen versetzt die Feinde in Schrecken" der angreifende Löwe im Bildmittelpunkt steht.

altägyptische Bildquellen aus einer Reihe von Tempeln, vermittelt durch bekannte Editionen, vermischen sich mit Kenntnissen aus Ebers' eigener Anschauung.

Ein weiterer Handlungskomplex, nämlich die Schilderung des berühmten Talfestes, sei als Beispiel für Ebers' erzählerische Umsetzung altägyptischer Bildvorlagen herausgegriffen.[1] Hier lassen sich nicht nur die Wurzeln feststellen, denen die Ebers'sche Schilderung entwächst, sondern auch die Verzweigungen, in denen sie ausläuft: Ebers bietet nämlich drei Versionen: Zwei in seinen populären Ägyptenhandbüchern: "Aegypten in Bild und Wort" und dem "Cicerone", eine dritte in der Handlung der "Uarda".[2]

Das zwölfte Kapitel des II.Bandes der "Uarda" ist ganz dem Schönen Fest vom Wüstental (*Hb nfr p3 jnt*) gewidmet, in dessen Mittelpunkt die große Festprozession steht. Bent-Anat und Rameri beobachten sie aus der Ferne, da sie beide wegen ritueller Unreinheit von der Feier ausgeschlossen worden waren, und man könnte meinen, sie beschrieben und kommentierten die Reliefs im zweiten Hof des Totentempels Ramses' III. von Medinet Habu, nach dessen Reliefzyklus der Min-Prozession Ebers seinen Text abfaßt.[3] Eine ausführliche, frühe Beschreibung der "marche triomphale de Medynet-abou" liefert der Textband zur Description, der beispielhaft zeigt, wozu eine gute Bildbeobachtung fähig ist, denn bei seinem Erscheinen waren die Texte noch nicht lesbar. Wir geben die beiden Texte aus "Uarda" und "Aegypten in Bild und Wort"[4] ungekürzt in Parallelsetzung und originaler Reihenfolge, die Nummern in Klammern im Text verweisen auf die Abbildung, die Wilk.Man. entnommen ist.[5]

---

1 Daneben gibt es noch mehrere andere, z.B. die Gastmahlszene in: Ebers, Uarda I, 1893, 47, die Ebers nach Thebanischen Grabmalerein schildert, die Beschreibung des Hauses eines Vornehmen in: Uarda I, 138-141, die er der Abbildung solcher aus den Gräbern von Amarna aus LD III entnimmt oder die Empfangsszene des Königs, Uarda III, 1893, 148f. nach der berühmten Darstellung des heimkehrenden Sethos' I. auf der nördlichen Außenwand des großen Säulensaales von Karnak. Abbildungen davon in: Champ.Mon.CCXCII (1835-47); LD III, 128 b (1859-59); Maspéro, Histoire ancienne II, Fig.S.123 (1875). Seine eigene Version liefert Ebers (B.Straßberger) in: Aegypten in Bild II, Fig.S.26 (1880).

2 Die Versionen in "Aegypten in Bild" und im "Cicerone" sind bis auf geringste Abweichungen in Wortwahl und Zeichensetzung identisch. Eine vierte in: Baedeker II (1891), 200-202 scheint aufgrund von Wortwahl, Inhalt und Fehlern nicht von Ebers zu stammen.

3 Die Wahl dieses Vorbilds, das ja erst rund 50 Jahre nach Ramses II. entstanden ist, liegt darin begründet, daß der entsprechende Zyklus im Ramesseum weniger vollständig erhalten ist und daß der Medinet Habu-Zyklus weitgehend eine Kopie aus dem Ramesseum darstellt.

4 Ebers, Uarda II, 1893, 187-190. Ebers, Aegypten in Bild II, 320-322.

5 Wilk.Man.ed.Birch III, Pl.LX, op.355. Die Umzeichnung in Description II, pl.11. enthält Fehler.

| Uarda (1893) | Aegypten in Bild und Wort (1880) |

Uarda (1893) | Aegypten in Bild und Wort (1880)

"»Es wird ein dünner und armseliger Zug werden ohne den Vater und uns,« sagte Rameri, »das ist mein Trost. Das Musikchor [1-4] ist stattlich! Nun kommen die Federträger [5-12] und Sänger. Da ist der erste Prophet des Reichstempels, der alte Bek en Chunsu. Wie ehrwürdig er aussieht! Aber das Gehen wird ihm schon sauer.

Jetzt naht der Gott [13; 14]; denn schon riech' ich den Weihrauch."[15-18]

Dabei warf der Prinz sich auf die Kniee und die beiden Frauen folgten seinem Beispiel, wie sich zuerst ein herrlicher Stier [19; 20], in dessen hellem glattem Fell sich die Sonne spiegelte und der eine goldene, mit glänzend weißen Straußenfedern geschmückte Scheibe zwischen den Hörnern trug, zeigte, und sodann, nur durch einige Wedelträger von dem Stiere getrennt, der Gott selbst erschien. Oft war er sichtbar, öfter noch ward er durch die großen, halbkreisförmigen, an langen Stäben befestigten Schirme von schwarzen und weißen Straußenfedern [21; 22], mit denen ihn die Priester beschatteten, den Blicken entzogen.

Geheimnisvoll wie sein Name war sein Gang; denn er schien auf dem kostbaren Sitze von der Tempelpforte aus dem Strom langsam entgegen zu schweben. Sein Thron stand auf einem mit Blumensträußen und Guirlanden überreich geschmückten Tische[1], der mit Decken von purpurnem Goldbrokat verkleidet war, die auch die Priester verhüllten, welche die Tafel langsam und in gleichem Schritt forttrugen.

Sobald der Gott im Festschiffe Platz gefunden hatte, erhoben sich die Geschwister und Nefert von den Knieen.

Auf seiner Sänfte thronend wird der König in's Freie getragen. Seine Leibwache, Wedelträger und Prinzen seines Hauses begleiten ihn, Musiker steigern mit Trompetengeschmetter und Trommelschlag die Lust des Tages, kahlköpfige Priester verbrennen Weihrauch und der Festredner leitet mit dem Hymnenbuch in der Hand die feierlichen Gesänge. Die Fortsetzung der Gemälde zeigt als Ziel der Prozession die Bildsäule des Gottes Chem. Einmal sieht man sie unter ihrem Baldachin, dann auf einem mit Teppichen verhüllten und mit großen Blumensträußen geschmückten Gestell stehen, das von Priestern und Wedelträgern getragen wird, und dem andere Geistliche mit Zierpflanzen und einem Segel, dem Symbol des Lufhauches, der Frische und Freude, folgen. Der König bringt dem Gotte Rauch- und Trankopfer dar, und über ihm schwebt, wie fast überall, wo sich der Pharao dem Volke zeigt oder wo er als in den Kampf ziehend dargestellt wird, der Siegesgeier. Nun erscheint der weiße Stier des Chem mit der Lieblingsgattin des Königs und dem Festredner.

---

1 Wilk.Man.ed.Birch III, 357: "The shrine was decked with fresh-gathered flowers and rich garlands".

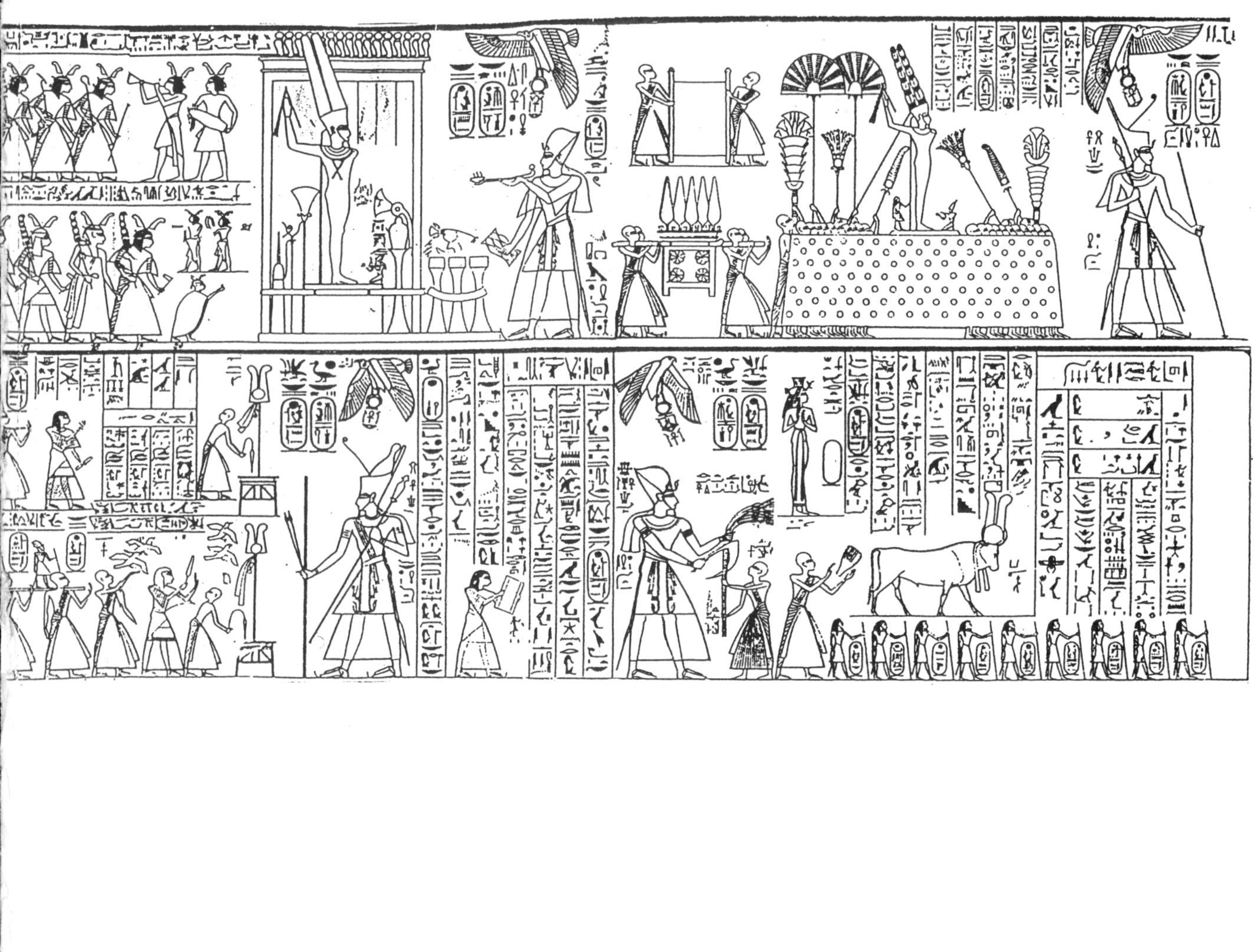

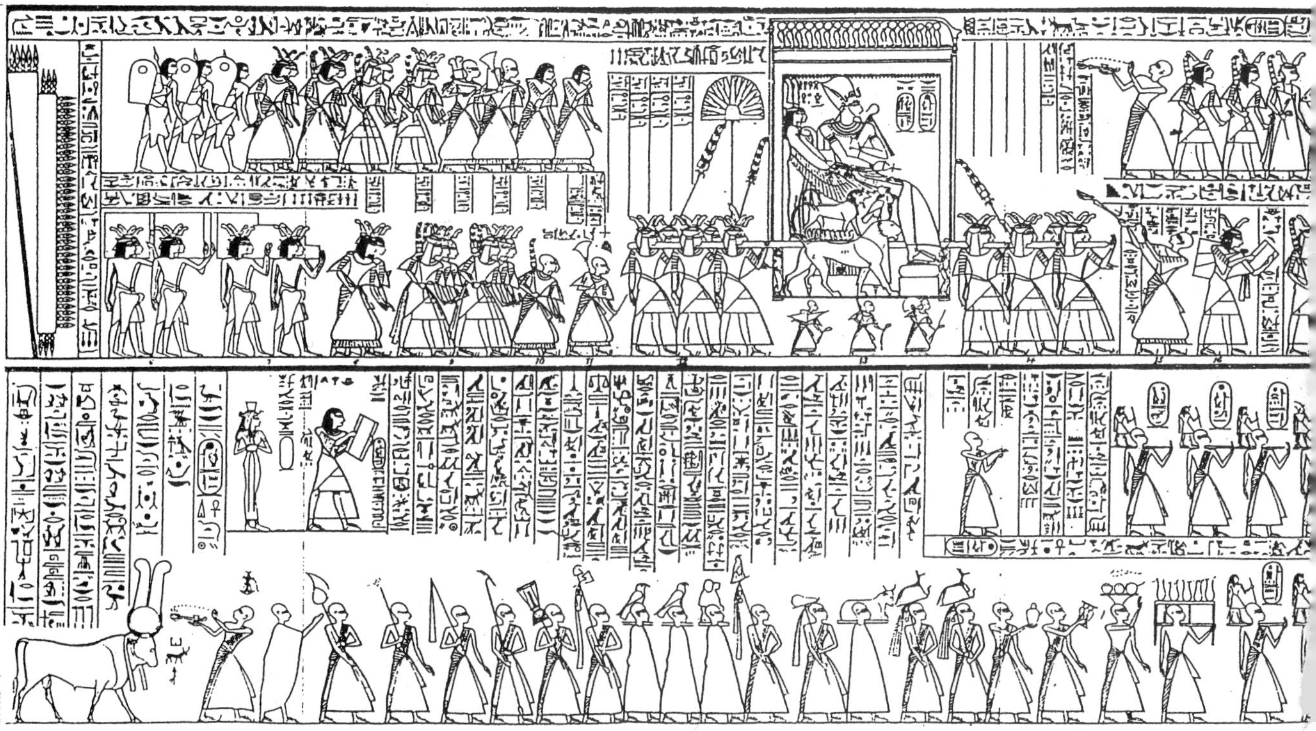

Es zeigten sich die Priester, die eine Kiste mit den immergrünen heiligen Bäumen [23] des Amon trugen[1] und als von neuem Liedergesang und Weihrauchduft das Ohr und Auge der Königskinder, die von der Feier ausgeschlossen waren, erreichten, murmelte Bent-Anat: »Jetzt würde der Vater kommen.«

»Und Du!« rief Rameri. »Und gleich dahinter Neferts Gatte Mena mit den Garden. Der Oheim Ani geht zu Fuß. Wie sonderbar er sich gekleidet hat, wie ein umgekehrter Sphinx!«

»Ein Sphinx,« lachte Rameri, »hat einen Löwenkörper und Menschenkopf, und der Oheim trägt an seinem Leib ein friedliches priesterliches Gewand und auf dem Kopfe den Helm des Kriegers.«

»Wäre der König hier, der Leben spendende,« rief Nefert, »Du, Rameri, würdest nicht unter seinen Trägern fehlen.«

»Gewiß nicht!« versetzte der Prinz; »und das Ding macht sich doch anders, wenn des Vaters Heldengestalt den goldenen Thron [25] schmückt, hinter ihm die Bildsäule der Wahrheit und Gerechtigkeit ihre Schwingen schützend ausspannt, vor ihm sein gewaltiger Schlachtgenosse, der Löwe, ruht und über ihm der Baldachin mit den aufgebäumten Uräusschlangen am Dache sich breitet. Die Horoskopen und die Pastophoren mit den Standarten und Götterbildern [26-39] und die Herden des Schlachtviehs nehmen gar kein Ende! Sieh nur, auch das Nordland hat Festgesandte geschickt, als ob der Vater hier sei. Ich unterscheide die Zeichen auf den Standarten. Erkennst Du die Bilder der königlichen Ahnen [40-46], Bent-Anat? Nicht recht? Ich auch nicht; aber mir war es, als hätte der erste Ahmes, der Vertreiber der Hyksos, dem unsere Großmutter entstammt, und nicht der Großvater Seti den Zug eröffnet, wie sich's doch ziemte. Nun kommen die Krieger![47-49] Es sind die Scharen, die Ani ausgerüstet hat und die erst heute nacht siegreich aus Aethiopien

Dem heiligen Rinde geht ein langer Zug von Pastophoren voran, die verschiedene Embleme, Götterbilder, Opfergeräthe und die Bilder der Ahnen des Königs tragen. Dieser feierliche Zug geht dem Herrscher entgegen, vor dessen Augen sich eine der Krönungsceremonien vollzieht, indem man vier Gänse, welche den Namen der Horuskinder führen, fliegen läßt, damit sie dem Süden und Norden, dem Osten und Westen die Kunde bringen, daß Ramses III. die Krone auf seinen Scheitel gesetzt habe. Weiter nach rechts hin findet sich die Darstellung der zweiten Ceremonie, bei welcher der König mit der Sichel eine Aehrengarbe zerschneiden hatte, die ein Priester ihm reichte. Die Königin wohnt diesem nach einem Bilde im Ramesseum schon von früheren Pharaonen verrichteten Handlungen bei, und eine zweite Darstellung des weißen Stiers nebst einem neuen Aufzuge der Ahnenbilder des Königs beschließen diesen Teil des Gemäldes. Weiterhin sieht man Ramses mit all' seinen Kindern, - 18 Söhnen und 14 Töchtern, die sämmtlich durch eine Schnur mit ihrem Vater verbunden sind. Beischriften erläutern überall das bildlich Dargestellte und dieses wirkt an sich großartig, obgleich ja statt einer ansehnlichen Kriegerschaar nur wenige Soldaten, statt ganzer Chöre von Sängern und Musikern nur wenige Repräsentanten derselben auf den keineswegs kleinen und doch nicht genügend großen Wandflächen Platz finden konnten. Durch den Griechen Kallixenos ward ein ähnlicher Aufzug, den Ptolemäus Philadelphos veranstalten ließ, beschrieben, und aus diesem Berichte des Augenzeugen leiten wir das Recht her, für einen Mann im Gefolge des Königs deren hundert zu setzen.

---

1 Die Gruppe [24] darüber deutet Ebers als "Geistliche mit (...) einem Segel, dem Symbol des Lufthauches, der Frische und Freude." Siehe: Paralleltext aus "Aegypten in Bild" oben 291 rechts. Murnane, United with Eternity, 34, nennt das Objekt "screen".

heimkehrten. Wie das Volk ihnen zujauchzt; sie haben sich auch wacker gehalten! Denkt nur, Bent-Anat und Nefert, wie das erst sein wird, wenn der Vater zurückkehrt mit hundert gefangenen Fürsten, die seinem Gespanne, das Dein Mena lenkt, demütig folgen, mit den Brüdern allen, den Edlen des Landes und den Garden auf den prächtigen Wagen."

"Noch denken sie nicht an die Heimkehr," seufzte Nefert.

Während immer neue Scharen der Truppen des Statthalters, Musikchöre und seltene Tiere sich in der Prozession zeigten, stieß das Festschiff des Amon von der Landungstreppe ab."

Diese beiden Verarbeitungen durch Ebers sind die ersten in Deutschland.[1] Die Parallelen zwischen den beiden Texten sind leicht zu erkennen. Daneben weisen die beiden Ebers-Versionen natürlich gattungsspezifisch bedingte Unterschiede auf. Der Erzähler und seine beiden Personen Bent-Anat und Rameri beschreiben in einer Mauerschau dem Leser die Prozession und kommentieren sie.[2] Der Autor kommentiert in Fußnoten. Während die Relief-Beschreibung eines Reiseführers oder Handbuches ihre Vorlage vollständig schildern muß und dabei den Gesetzen der ägyptischen Sichtweise folgt, die den Ablauf des Geschehens in mehreren Phasen nebeneinandersetzt, so daß manches mehrmals auftaucht (König, Königin, Gott, Stier), muß Ebers seine Roman-Version natürlich dem Handlungsverlauf anpassen: Da Ramses Witwer ist, worauf auch unmittelbar vor der Prozessionsszene mehrmals hingewiesen wird[3], ist ein Auftritt der Königin, die allerdings auch in der Vorlage eine untergeordnete Rolle spielt, unmöglich. Dafür hätte eigentlich Bent-Anat als "Königin" an der Prozession teilnehmen sollen. Konsequenterweise bleiben auch so charakteristische und ungewöhnliche Szenen wie das Freilassen der Gänse/Tauben und das Schneiden der Getreidegarben, die ja dem König vorbehalten sind, im Roman ausgespart, da der König an der Prozession nicht teilnimmt und diese Szenen zu den Krönungszeremonien gehören, die mit dem Talfest nichts zu tun haben.[4] Der Erzähler vervielfältigt die auf den Reliefs dargestellten Prozessionsteilnehmer, läßt "immer neue Schaaren der Truppen (...), Musikchöre und seltene Tiere"[5] auftreten. Im Text der Handbücher begründet Ebers

---

1 In Frankreich die erwähnte in der Description. Wilk.Man. gibt keine Beschreibung seines Bildes.

2 Der "Vorlesepriester/Festredner" erscheint ebenfalls auf dem Relief [50-52] und in: Aegypten in Bild (Paralleltext siehe oben 291 rechts). In "Uarda" ist der Held Pentaur der Festredner/Vorlesepriester des Festes. Siehe 347.

3 Ebers, Uarda II, 1893, 185.

4 Ebers, Aegypten in Bild II, 320.

5 Ebers, Uarda II, 1893, 190.

diese Freiheit durch eine griechische Überlieferung. Im Roman kann diese Quelle natürlich nur in einer Fußnote erscheinen, erweitert durch eine altägyptische Quelle, nämlich Darstellungen aus dem Grab des Rechmire (TT 100): "Solche [wilden Tiere] wurden in großer Menge bei dem Festzug aufgeführt, den Ptolemäus Philadelphus veranstaltete (...). Der Lagide ahmte damit eine Sitte nach, welche schon, wie die Darstellungen im Grabe des Rech ma Ra (18.Dynastie) und in anderen Grüften lehren, in früher Zeit geübt ward."[1]

In diesen Szenen, die aus Bildbeschreibungen und Literaturübersetzungen als mixtum compositum zusammengefügt sind, erweist sich Ebers deutlich als Eklektiker und Kompilator, der die großen Handlungszüge Tempelwänden mit ihren Reliefs, d.h. ganzen Reliefzyklen mit ihren Texten in Hieroglyphen, Papyri mit hieratischer Schrift und Grabmalereien oft für ein und dieselbe Stelle entnimmt und diese dann mit Details aus ergänzenden, variierenden Vorlagen, anderen Redaktionen oder auch passenden Szenen aus anderem Zusammenhang bereichert. Dabei bedient sich Ebers für alle diese Vorlagen der Hilfe moderner Editionen. Das ist nach Ebers' Ansicht kein unschöpferisches Reproduzieren, wie manche Kritiker anmerken, sondern gewissenhaftes, wissenschaftlich gestütztes Verfahren, ist Ausdruck des Strebens nach historischer Wahrheit. So soll ein umfassendes und authentisches Bild altägyptischen Lebens entstehen.

Ähnlich multimedial wie die Erarbeitung ist auch die Verwertung in wissenschaftlichen Werken, wie der Habilitationsschrift und dem geplanten großen Geschichtswerk über die 26.Dynastie, populären Werken, wie Reiseführern und Dichtung. In wenigen Fällen, die nicht durch Fußnoten oder nur pauschal als "belegt" gekennzeichnet werden (Kampflöwen, König Ramses allein im Streitwagen), läßt sich diese collageartige Technik auch mit dem breiten Wissen eines versierten Ägyptologen erklären, der sich nicht immer Rechenschaft über die Herkunft seiner Informationen ablegt. In diesem Sinne wäre Ebers' Äußerung, daß sich ihm der Stoff zur Uarda "aufgedrängt"[2] hatte, zu verstehen.

In einer wünschenswerten Rezeptionsgeschichte ägyptischer Kunstwerke, seien sie bildlicher oder literarischer Natur, im Medium von Bild - von der Zeichnung bis zur Photographie - und Sprache - von der Dichtung oder Nachdichtung zur Beschreibung - würden diese ausführlicher behandelten Beiträge von Ebers eine prominente Rolle spielen.

---

1   Ebers, Uarda II, 1893, 190, Anm. Hier wieder: Wilk.Man.ed.Birch I, Pl.II A u.B, opp.S.38.
2   Ebers, Mein Erstling, 191.

IV. 2. 2. Die Personen.
Urbild (Ägypten) - Vorbild (Publikationen) - Abbild (Text und Illustrationen bei Ebers)

Aus einem ägyptologischen Blickwinkel sollen die historischen Personen gezeigt werden, wie sie sich dem Erkenntnisstand der 2.Hälfte des 19.Jhs. darbieten und verglichen werden, wie Ebers diese im Spannungsverhältnis von archäologischer Treue und dichterischer Freiheit darstellt. Dabei ist die wissenschaftsgeschichtliche Situation zu berücksichtigen: die meisten Hauptpersonen gehören den bei der ersten Generation der Ägyptologen prominenten alten Ägyptern an: Amasis, Nitetis und Kambyses; Ramses und Bent-Anat. Von Ebers werden diese nun zusammen mit den fiktionalen Figuren in seinen Romanen einer breiteren Öffentlichkeit vorgestellt.

Aber auch von einer literaturgeschichtlichen oder auch musikgeschichtlichen Tradierung der Personen ist auszugehen. Eine ägyptische Königstochter gehörte zur Prominenz, lange vor der Ägyptologie: die Prinzessin der Mosesgeschichte der Bibel. Die Titelwahl des ersten Ebers-Romans erfolgt wohl kaum zufällig. Später bemüht sich der amerikanische Ägyptologe William Groff sogar, die Prinzessin Bent-Anat, das historische Vorbild der Hauptperson des zweiten Ebers'schen Romans, mit eben dieser ägyptischen Königstochter der Bibel zu identifizieren.[1] Die andere "Königstochter" nach Herodot und Diodor, die Prinzessin der 26.Dynastie, erlebt durch Pietro Metastasios Libretto "Nitetis"[2] am 23.Sept.1756 in Buen Retiro, Madrid, mit der Aufführung der ersten Vertonung eine Wiederauferstehung. Bis 1812 komponieren 13 Komponisten den Text, darunter auch Deutsche, wie Johann Adolf Hasse, Venedig 1758 oder Ignaz Holzbauer, Turin 1757. In Deutschland sind Aufführungen in Kassel 1770 (Ignazio Fiorillo) und Wien 1800 (Angelo Benincori) belegt. Die letzte ging noch 1817 in Darmstadt (Ignaz Nepomuk Poiszl) über die Bühne! Es ist nicht auszuschließen, daß der Name der Nitetis noch zur Ebers-Zeit auf dem Theater bekannt war. Dort erscheint er nochmals 1873 mit Lindolfs Drama "Nitetis" nach Ebers' Roman in Detmold.

---

[1] Groff, La Fille. Groff identifiziert in zwei völlig titelgleichen Schriften den Granitsarkophag einer "Ba-nu-ta-anth" in Besitz des M.Gavillot mit der Tochter Ramses' II. und diese mit der ägyptischen Prinzessin, die Moses aus dem Nil rettete.

[2] Die Handlung spielt unter des Amasis Regierung ausschließlich in Canopus in Ägypten. Es geht um die verwickelte Liebesgeschichte zwischen dem Thronfolger Sammete (Psammetich) und der Tochter des gestürzten Aprio (Apries), Nitteti (Nitetis). Amasi (Amasis), dessen Freund und Feldherr, der gegen seinen Willen an die Spitze der Rebellion gelangte, mußte dem sterbenden König diese Heirat versprechen. Die Suche nach der in den Wirren des Aufruhrs verschwundenen Prinzessin, die Vereinigung der Liebenden und die glückliche Heirat sind der Inhalt des Librettos.

IV. 2. 2. 1. Ägypter - Griechen - Perser: Die Personen der "Ägyptischen Königstochter"

Nicht nur in der Handlung, sondern auch in der Zeichnung der historischen Personen seiner ägyptischen Romane folgt Ebers Herodot. Wenn auch dessen Charaktere nur selten Plastizität erlangen - am lebendigsten zeichnet Herodot Amasis - so bleibt für Ebers doch immer entscheidend, den Quellen zu folgen und griechische und ägyptische Überlieferung in Einklang zu bringen, da er beider Autorität anerkennt.

Nachdem wir den "griechischen Vorhof" der ersten drei Kapitel durchschritten haben, die in oder bei der griechischen Kolonie Naukratis im Westdelta unter Griechen spielen, betreten wir das eigentliche Ägypten in Sais, der Hauptstadt der 26.Dynastie und begegnen auf Seite 68 erstmals dem König. Ebers bildet diesen zwiespältigen Charakter, in seinem Schwanken zwischen Griechentum und Ägyptertum, als Spiegel des Zustandes seines Landes. **Amasis** ist ein Griechenfreund, dessen höchstes Ziel es ist, "griechischen Geist, griechischen Formensinn, griechische Lebenslust und freie hellenische Kunst in diesem bunten und üppigen und doch so finsteren Lande einzuführen."[1] Trotzdem bleibt er in seinem innersten Wesen Ägypter.[2] Auch bei den weiteren Beschreibungen legt Ebers Herodot zugrunde[3]: alle Morgen ohne Ausnahme verrichtet Amasis seine Regierungsgeschäfte[4], er ist von niedriger Herkunft[5], von leichtem Sinn: "Ganz Aegypten kannte mich, den armen Sohn eines Hauptmanns, wegen meines fröhlichen Herzens, meiner Schelmenstreiche, meines leichten Sinns und meines Uebermuts"[6], er ist liebenswürdig[7] und ein "verwegener Zechbruder."[8] Nicht überliefert ist, daß Amasis auch in "ziemlich fließendem Griechisch"[9] spricht und daß er an seinem Lebensende eine Wandlung vom Freigeist zum Gläubigen durchmacht, einhergehend mit einer Erblindung.[10]

---

1 Ebers, Königstochter I, 1893, 75 und passim nach Herodot, Hist. II, 178.

2 Ebers, Königstochter I, 1893, 78.

3 Herodot, Hist. II, 172-174: "Zunächst schätzten die Aigyptier Amasis gering und achteten ihn nicht sehr, da er ja zuvor ein einfacher Mann aus dem Volk und aus keinem angesehenen Haus gewesen war. Danach aber gewann sie Amasis durch seine Schlauheit, nicht durch Leichtfertigkeit, für sich. (...) Er führte seine Angelegenheiten in folgender Weise. Am Morgen bis zur Zeit des Marktverkehrs betrieb er eifrig die Angelegenheiten, die an ihn herangetragen wurden. Von da an aber trank er, verspottete seine Trinkgenossen und war leichtfertig und spaßhaft. (...) Es heißt von Amasis, er habe, noch als er Privatmann war, einen guten Trunk und einen Scherz geliebt und sei durchaus nicht auf Arbeit versessen gewesen". Es folgt dann die Diebes- und Orakel-Geschichte.

4 Ebers, Königstochter I, 1893, 68f, 93f.

5 Ebers, Königstochter I, 1893, 69, 72; II, 1893, 107: "hergelaufener König".

6 Ebers, Königstochter I, 1893, 73, auch 87, 162, 163, 154, 170.

7 Ebers, Königstochter I, 1893, 68.

8 Ebers, Königstochter I, 1893, 87.

9 Ebers, Königstochter I, 1893, 70.

10 Ebers, Königstochter I, 1893, 288.

Insgesamt paßt dieses Verhalten mehr zum Bild eines Königs, der lockeren Umgang mit seinem Hof pflegte, als daß es dem entspräche, was uns von den Pharaonen auf den Monumenten vorgeführt wird. Das Bild, das Herodot von Amasis und auch teilweise von Ägypten liefert - wir denken daran, wie Amasis "die Ägypter" insgesamt zusammenrief, um ihnen etwas mitzuteilen - ist bedingt von griechischen Vorstellungen und Verhältnissen. Es läßt mehr an einen Stammeshäuptling als an den König eines größeren Reiches denken. Ebers verlegt diese Diskrepanz, die sich objektiv zwischen ägyptischen und griechischen Quellen auftut, in die Person des Amasis selbst. So beklagt sich Amasis folgerichtig, z.B. seine freien Umgangsformen in den Zwang eines "Jahrtausende alten Hofzeremoniells" fügen zu müssen.[1]

Über die äußere Erscheinung des Amasis erfahren wir nichts von Herodot, und Ebers muß sich bei den diesbezüglichen Schilderungen auf die Denkmäler stützen: "Bei der Charakteristik des Amasis bin ich der meisterhaften Schilderung des Herodot gefolgt, welche durch das von Rosellini auf einem alten Denkmale gefundene Bild dieses Königs bestätigt wird."[2] Tatsächlich gibt Ros.Mon.stor. ein Bild des jugendlichen Amasis[3] mit der Herkunftsangabe "Sopra un edifizio a tramontana del palazzo di Karnac."[4] Ebenfalls ein Portrait des Amasis bringt Champ.Mon.[5], welches bis ins Detail identisch mit dem Rosellinischen ist, lediglich die Achse des Kopfes ist schräg gelegt, so daß Amasis nach oben blickt. Champollion gibt als Herkunft an: Karnak, "petit edifice du nord". Es handelt sich um die Osiriskapelle des Amasis und der Nitokris nördlich des Großen Säulensaales von Karnak.[6]

Nach diesem Vorbild beschreibt Ebers den König so: "Sein Antlitz war wohlgeformt, aber voller Falten. Aus seinen kleinen, blitzenden Augen leuchtete ein frischer Geist und seine übervollen Lippen wurden fortwährend von einem schalkhaften, neckischen, oftmals spöttischen Zuge umspielt. Die niedrige, aber breite Stirn des Greises und sein großer, schön gewölbter Schädel bezeugten die Kraft seines Geistes."[7] Obwohl Ebers hier einen Greis beschreibt und die Vorlage "das Portrait des Amasis als Jüngling"[8] zeigt, bleiben doch die kleinen Augen und der spöttische Zug seines Mundes unverkennbar.

---

1 Ebers, Königstochter I, 1893, 77.

2 Ebers, Königstochter I, 1864, XI (Vorwort).

3 Ros.Mon.stor.I, XIII, 53.

4 Damit ist der Karnaktempel gemeint, Ros.Mon.stor.Text 2, 498.

5 Champ.Mon.III, CCLXXXII,1: "Buste du roi Amasis, de la XXVIe dynastie. Il est coiffé de la partie supérieure du pschent, symbole de la domination sur la haute Égypte". Die Zeichnung ist signiert: N.L'hôte, del'.

6 PM.²II, 192f. Nach PM stammen beide Portraits vom linken Türsturz des Eingangs zum Sanktuar.

7 Ebers, Königstochter I, 1893, 69.

8 Ebers, Königstochter I, 1863, Anm.109. In Ebers, Königstochter I, 1893, Anm.113 fügt er dem "bei Rosellini" ein "und in Lepsius' Denkmälerwerk" hinzu. Da sich in LD kein Amasis-Portrait findet, liegt eventuell eine Verwechslung mit Champ.Mon. vor.

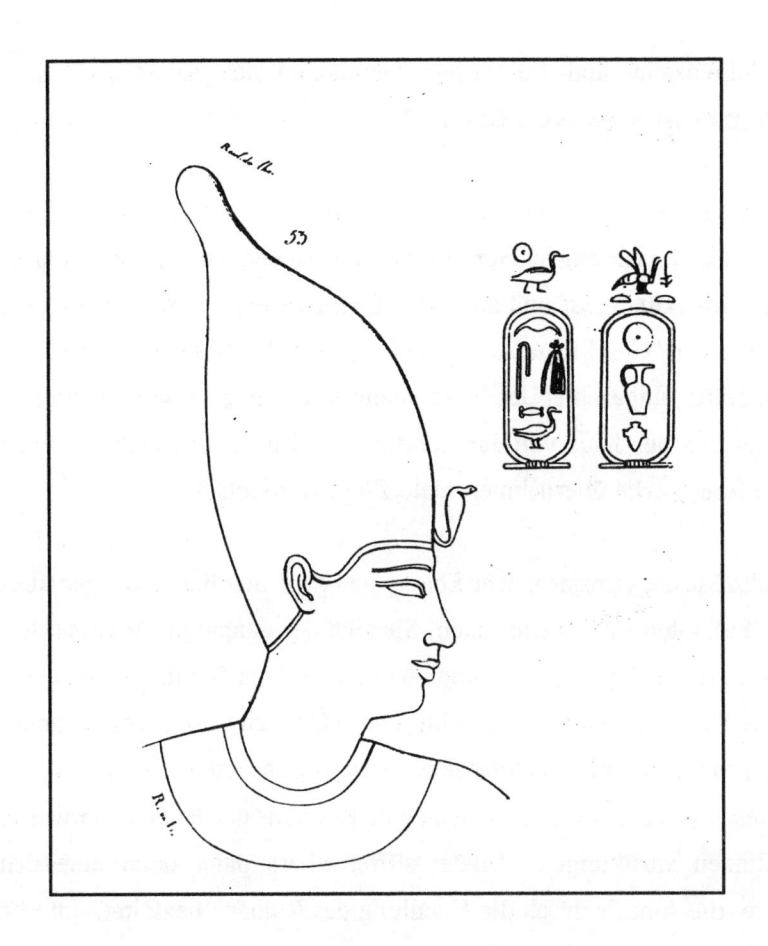

ROSELLINIS PORTRAIT DES AMASIS[1]
"RITRATTO DI AHMES AMOSIS, AMASI PENULTIMO RE DI QUESTA DINASTIA"[2]

Für die Namen des Amasis führt Ebers als Quellen an: "Namen oder Bilder desselben finden sich auf Steinen der Festung Kairo, zu Florenz, einer Statue im Vatikan, auf Sarkophagen zu Stockholm und London, einer Statue in der Villa Albani, einem Tempelchen zu Leyden ec."[3] Seine Titel bei den Ägyptern sind: "»der große Gott«, »die Sonne der Gerechtigkeit«, »der Sohn der Neith«, »der Herr des Kriegsruhms«."[4] Später fügt Ebers dieser Anmerkung als Beleg noch hinzu: "Noch andere Denkmäler sind in Wiedemanns Geschichte Aegyptens[5] angeführt. Siehe auch desselben Gelehrten

---

1 Ros.Mon.stor.I, T.XIII, 53.

2 Ros.Mon.stor. Text 2, 498.

3 Ebers, Eine ägyptische Königstochter I, 1893, Anm.18.

4 Ebers, Königstochter I, 1893, 73. Auch Anm.115. Ebers nennt für diese Titel, "viele ihm angehörende Monumente". Den "Herrn des Kriegsruhms" leitet er von *"nb pḥty"* ab. Ros.Mon.stor.CLIII bietet Inschriftenblöcke mit Namen und Titel des Amasis: Es finden sich dort das *nfr nṯr, s3 Njt, s3 Ptḥ nj ḫtf mj R‘* und ein *mry Ptḥ rsj jnb·f*.

5 Wiedemann, Ägyptische Geschichte.

Geschichte der 26.Dynastie[1] und Ed.Meyers Geschichte des Altertums I.S.601.[2] Ein schöner Portraitkopf des Amasis ist in unserem Besitze."[3]

Daß Ebers in einem fiktionalen Werk, auch wenn es mit wissenschaftlichem Anspruch versehen ist, seine Charakteristik des Amasis eng an Herodot anlehnt, ist verständlich, zumal die Graecozentrie der frühen Ägyptologie offenkundig ist und auch von Ebers verteten wird, eigenartig aber mutet es uns an, daß Breasted in seiner "Geschichte Aegyptens"[4] noch 1909/10 seine Charakteristik dieses Königs völlig auf Herodot stützt, ungeachtet des Wiedemann'schen Herodotkommentars, der seit 1890 vorliegt, und der seinerseits durchaus von der Lehrtätigkeit Ebers' in Leipzig beeinflußt gewesen sein dürfte. Auch aktuellere Werke übernehmen viele Züge Herodots.[5]

Die Familienverhältnisse des Amasis macht Ebers nicht ganz deutlich. Eine genauere Genealogie muß sich der Leser aus Fußnoten zusammensuchen. Sie sind der damaligen Wissenschaft auch noch nicht völlig geläufig. Nach den altägyptischen Monumenten ist Amasis mit Tent-cheta, der Tochter eines Priesters und Mutter Psammetichs III., vermählt. Diese Quellen sind Ebers bekannt. In erster Ehe läßt er jedoch Amasis - pro forma - mit Anchnesneferibrê verheiratet sein. Die zweite Gemahlin Tentcheta macht er zur Schwester des Apries. Hier scheint eine Kenntnis der Bruder-Schwester-Verhältnisse bei den Gottesgemahlinnen anzuklingen. Zuletzt stiftet Ebers dann noch eine dritte Ehe, um die Herodotsche Ladice, die Amasis durch die Handlung des Romans begleitet, unterbringen zu können.

Bei Ebers ergibt sich also folgende Genealogie der Verbindung zwischen den Saiten und Amasis (die nur durch Herodot überlieferten Personen sind durch *Schrägdruck* gekennzeichnet):

---

1 Ebers meint hier wohl: Wiedemann, Geschichte Aegyptens von Psammetich I. Wiedemann hatte im SS 1878 bei Ebers promoviert. Siehe oben 155.

2 Meyer, Geschichte des Alterthums.

3 Ebers, Eine ägyptische Königstochter I, [18]1902, Anm.18. Ebers meint hier wohl ein deutsches oder europäisches Museum. Die Aufzählung in Wiedemanns "Ägyptischer Geschichte", 656ff., die Ebers ebenfalls anführt, enthält noch keinen "Portraitkopf". Dieser muß also zwischen 1884 und 1893 entdeckt worden sein oder er war Wiedemann unbekannt. Ev. ist auch der Berliner "Amasis" (Inv.Nr.11864), erworben um 1894, gemeint.

4 Breasted, Geschichte Aegyptens. Die auf den Seiten 441f. gelieferte Schilderung des Charakters des Amasis liest sich bis in alle Details wie eine Paraphrasierung des Herodot.

5 Z.B. Otto, Ägypten. Hier erscheinen die Epitheta "volkstümlich, unzeremoniell, trunkliebend, Griechenfreund", jetzt mit der Einschränkung, "wenn das Bild, das Herodot von ihm zeichnet, zutrifft". Hornung, Grundzüge, 130: "trinkfreudig, volksnah". Bei Meulenaere in: LÄ I, Sp.181f. s.v. Amasis stammen einzelne Charakterzüge ("Philhellène", "un bon vivant") offensichtlich von Herodot, ohne daß dieser genannt wird.

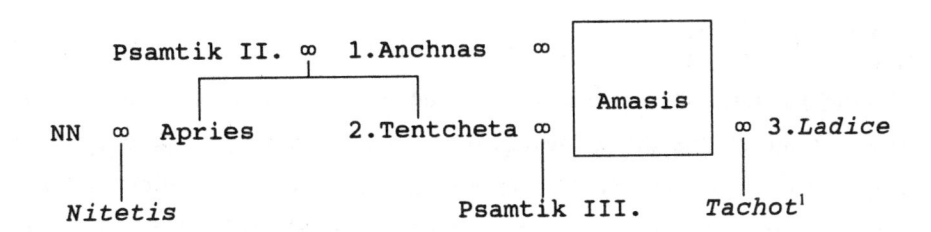

```
            Psamtik II.  ∞  1.Anchnas    ∞   ┌─────────┐
                     └──────┬──────┘         │ Amasis  │
       NN  ∞  Apries      2.Tentcheta ∞      │         │  ∞  3.Ladice
            │                   │            └─────────┘      │
          Nitetis            Psamtik III.                  Tachot¹
```

Die erste Gattin des Amasis, **Anchnas**, wird von Ebers nur in einer Anmerkung als die Witwe Psamtiks II. genannt[2], wobei Ebers die "politischen Gründe" erwähnt, die hinter der Heirat mit dieser "ziemlich bejahrten" Dame standen, nämlich das Bestreben, sich mit der legitimen Familie der Saiten zu verschwägern. Ebers läßt die Mumie der Anchnas von Kambyses, wie die ihres Gemahls Amasis, zerstören, denn "die Offiziere der französichen Fregatte Luqsor, die den Obelisken von Theben holten, fanden zu Abd el-Qurnah die Mumie wahrscheinlich der Gattin des Amasis, halb verbrannt in einem Sarkophage."[3] Die Franzosen verlassen im August 1832 Luxor und etwa gleichzeitig wird der Sarkophag der Anchnesneferibrê (𓋹𓈖𓇓𓃀), der sich heute im BM befindet, gefunden.[4] Die Ebers'sche "Anchnas" ist also die historische Anchnesneferibrê, die damals allgemein als AnXnes oder Anch-en-s gelesen wird. Diese war allerdings nicht die Gemahlin, sondern die Tochter Psammetichs II., war also keine ältere Dame, sondern gehörte etwa derselben Generation an wie Amasis. Sie überlebte Amasis auch, da sie bis zur Perserzeit als Gottesgemahlin in Theben belegt ist und sie war auch keineswegs mit Amasis verheiratet. Die Verwirrung wurde hervorgerufen durch den Gottesgemahlinnentitel, den Anchnesneferibrê trug, und den die Wissenschaft damals - so noch Ebers in seinem Aufsatz über die "Naophore Statue des Harual" 1873 - mit "Königin" übersetzt. Da nun Anchnesneferibrê über die gesamte Regierungszeit des Amasis belegt ist, auf Denkmälern gemeinsam mit diesem auftritt und von diesem auch als Regentin der Thebais anerkannt worden ist, muß sie damals als mit Amasis verheiratet betrachtet werden. Auch Wiedemann stellt dies 1884 in seiner "Ägyptischen Geschichte" so dar.[5] Allerdings hätte Ebers stutzig machen können, daß sie nicht bei ihrem Gatten in den von Herodot überlieferten Königsgräbern von Sais beigesetzt war, sondern in Theben! So wird eine Ehe durch eine fehlerhafte Übersetzung gestiftet.

---

1   Der Name ist von Ebers erfunden, nicht jedoch die Person.

2   Ebers, Königstochter I, 1893, Anm.129 nennt sie Anchnas, die Witwe Psamtiks II. mit Hinweis auf Lepsius, Königsbuch II, XXXVIII (Richtig: XLVIII), wo die AnXnes-Ranofrehet allerdings als "Pallas" bezeichnet wird im Gegensatz zu den sonstigen Bezeichnungen als "K.Gemahlin".

3   Ebers, Königstochter II, 1893, Anm.189.

4   Leclant, in: LÄ I, Sp. 265 s.v. Anchnesneferibrê, im Jahre 1833, allerdings in Deir el-Medineh.

5   Wiedemann, Ägyptische Geschichte, 654 und 658. Sogar heute noch kann man lesen, Amasis "was the official husband of Ankhnesneferibre", Rose, The Sons, 130.

Ihr Amt übergibt die historische Anchnesneferibrê zusammen mit dem des ersten Propheten des Amun übrigens an eine Tochter des Amasis namens Nitokris (II.).[1]

Tentcheta ( ) ist die zweite Gemahlin des Amasis, bei Ebers die Schwester des Apries[2] und Mutter Psammetichs III. Sie stirbt bei der Geburt des Thronfolgers.[3] Amasis sagt, er habe den Apries "gestürzt und ihn gezwungen, mir seine Schwester Tentcheta zum Weibe zu geben."[4] In Wahrheit war Tentcheta Tochter eines Priesters und wahrscheinlich über ihre Mutter mit den legitimen Saiten verwandt - das Motiv der Legitimation ist jedenfalls vorhanden, wenn auch nicht so direkt wie bei Ebers.

Ladice, nach Herodot aus Kyrene geholt, da Amasis Verlangen nach einer griechischen Frau hatte[5], erscheint in den ägyptischen Quellen nicht. Trotzdem nennt sie noch Otto 1953 ohne Einschränkung oder Verweis auf Herodot, Gemahlin des Amasis.[6] Ladice ist die Mutter der Tachot. Daß schon Herodot die Herkunft der Ladice nicht sicher angeben kann[7], spricht gegen deren Authentizität.

Nitetis, die Hauptperson, ist nur von Herodot überliefert. "Le nom hiéroglyphique de cette princesse ne nous a encore été rélévé par aucun monument"[8], die Form geht ev. auf die ägyptische Form *Njt-jj·tj*[9] zurück. Ebers gibt die Form ( ) "Nitetis. Cambysis uxor, Huaphis filia."[10] Sie ist durch ihre körperlichen Merkmale als echte Ägypterin charakterisiert - Ebers legt darauf großen Wert - und muß deshalb "rabenschwarze Haare"[11] haben. Als Königstochter trägt sie die "volle Flechte an ihrer linken Seite, das Zeichen ägyptischer Fürstentöchter."[12] Die von Ebers vertretene Idee der "Geblütsheiligkeit" tritt in dem ihr angeborenen natürlichen Adel zutage, eine Idee, die weiterwirkt im Bild von Keller (s.u.) und im Nitetis-Stück von Lindolf, wo es heißt: "So schön wie Deine Seele/ Muß auch Dein Antlitz sein."[13] Die Zweisprachigkeit der Familie findet sich auch bei Nitetis, die griechisch spricht[14], was plausibel wird durch die griechische "Mutter".

---

1 Leclant, in: LÄ I, Sp.264 s.v. Anchnesneferibrê und Gitton/Leclant, in: LÄ II, Sp.805, s.v. Gottesgemahlin.

2 Ebers, Königstochter I, 1893, 100.

3 Ebers, Königstochter I, 1893, 101.

4 Ebers, Königstochter I, 1893, 100.

5 Herodot, Hist. II, 181. Gegen den Widerstand der Priester, Ebers, Königstochter I, 1893, 85.

6 Otto, Ägypten, 240.

7 Herodot, Hist. II, 181 bietet drei Varianten an.

8 Gauthier, Le livre des Rois V, 113.

9 Belegt bei Ranke, PN 181, 25.

10 Ebers, Disquisitiones, Anhang.

11 Ebers, Königstochter I, 1893, 231.

12 Ebers, Königstochter I, 1893, 198 mit Verweis auf Ros.Mon.stor.II, 123.

13 Lindolf, Nitetis, 51. Siehe unten 385-388.

14 Ebers, Königstochter I, 1893, 203.

Berühmte Künstler der 2.Hälfte des 19.Jhs. schaffen für die sog. "Ebers-Gallerie - Gestalten aus den Romanen von Georg Ebers". Auf Blatt Nr.3 zur Königstochter von Ferdinand Keller (1842-1922)[1] sehen wir unsere Nitetis. Folgende Stelle aus dem Roman kann als Anregung der Bebilderung betrachtet werden:

> "[Die Dienerin] kannte ihre [Nitetis'] Gewohnheiten und wußte, daß sie allabendlich beim Aufgang der Sterne an dem dem Euphrat zugekehrten Fenster zu sitzen und von dort aus, ohne jemals nach einer Dienerin zu verlangen, stundenlang in den Strom und in die Ebene zu schauen pflegte."[2]

Bei Keller sitzt Nitetis dekorativ im Phantasiegewand auf einer Bank in den Hängenden Gärten von Babylon. Sie stützt sich auf eine Löwenfigur, hinter ihr befindet sich ein Lamassu, beide sollen Ägypten und Persien symbolisieren. Der Block am rechten Bildrand trägt persische Reliefs, während die Tonvase im Ringständer ägyptische Malqata-Ware ist. Von der ägyptischen Tracht - Ebers betont, daß Nitetis vor dem Einzug in Babylon ihre ägyptische Kleidung ablegt[3] - ist nur das Königskopftuch mit dem Uräus an der Stirn, der sie als ägyptische Königstochter ausweist, geblieben. Sie denkt an Ägypten. Es ist der Zeitpunkt dargestellt, an dem Nitetis, nachdem sie durch die Intrige ihrer persischen Gegner das Vertrauen des Kambyses verloren hat, in ihrem Palast gefangen gesetzt, resigniert wartet und entschlossen ist, dem Todesurteil des Königs durch Gift zuvorzukommen. "Dann sah sie hernieder in die Ebene. Da floß, dem Nil ähnlich, der Euphrat mit seinen gelblichen Wellen. Zahlreiche Dörfer schauten, wie in ihrer Heimat, aus den üppigen Saatfeldern und Feigengebüschen hervor."[4] Es ist eine eigentümlich düstere und schwermütige Szene. Die Unbestimmtheit des Ausdrucks spiegelt die Diskrepanzen der Beschreibungen, die den Betrachter zwischen Morgen- und Abenddämmerung schwanken läßt. Während nämlich die zuletzt zitierte Stelle einen Morgen mit aufgehender Sonne beschreibt, meint Gosche zu der Szene: "Einen der schmerzlichsten Momente in Nitetis' Seelenleben hat in dem dritten Bilde der "Ebers-Gallerie" Ferdinand Keller zum Vorwurf genommen. Uns ist der Künstler bereits einmal in den Gestalten aus »Uarda« begegnet. Hier erscheint er uns ebenso charakteristisch, aber seelisch größer. Auf dem steinernen Sitz, den die Bilder des Löwen und des geflügelten Stier-Menschen umgeben, sitzt im Prachtgewande die arme Königin. Sie starrt in die nur ein klein wenig nach rechts offene Palmenlandschaft: vor ihrer tief bewegten Seele dämmert jeder Sonnenschein des Lebens ab - es wird alles Glück bald zertrümmert und Nacht um sie sein."[5]

---

1 Blatt 1: Paul Thumann, Sappho und Bartja im Garten; Blatt 2: Franz Simm, Kambyses reitet Nitetis entgegen. Die Vorlage für das Blatt von Keller ist bekannt: "Nitetis. Bz.l.u.FK (monogrammiert) 1884, Öl/Lwd. - 87,3 x 65,3 cm, Rastatt, Alfed Seiler, Vorlage für die photographische Abbildung in »Ebersgalerie«, Nr.3, verwendet", Koch, Ferdinand Keller, 85 (Nr.159).

2 Ebers, Königstochter II, 1893, 45.

3 Ebers, Königstochter I, 1893, 198f.

4 Ebers, Königstochter II, 1893, 50.

5 Gosche, Georg Ebers, 128.

FERDINAND KELLER.
Nitetis.
Eine aegyptische Königstochter.

G. EBERS-GALLERIE.

So drückt Gosche die Seelenlage der Dargestellten in Naturbildern aus, setzt den Tagesabend mit dem Lebensabend gleich.

Wie schon erwähnt, ist unsere **Tachot** ägyptisch nicht überliefert, von Herodot wird jedoch eine Tochter des Amasis, allerdings ohne Namen, genannt, um die ja Kambyses wirbt. Ebers hat einen üblichem Namen der 26.Dynastie[1] gewählt, wie aber Wiedemann in seiner "Ägyptischen Geschichte"[2] ebenfalls auf diesen Namen kommt, läßt sich nicht nachvollziehen, da er ihn nur in seinem Stammbaum der Dynastie, den er "auf Grund der Denkmäler in ziemlicher Vollständigkeit" wiederherstellt, angibt und ihn im Text nicht weiter erwähnt.[3] Da die Mutter eine Griechin ist, unterscheidet Tachot sich schon äußerlich deutlich von ihrer "Zwillingsschwester" Nitetis. "Tachot war blond und blauäugig, klein und zierlich gebaut, während Nitetis, groß und voll, mit schwarzen Haaren und Augen, durch jede Bewegung erraten ließ, daß sie einem königlichen Hause entstamme."[4] Wie schon in diesen Worten angedeutet, ist auch ein auffallender Charakterunterschied festzustellen. Nitetis besitzt die "Majestät des Wesens"[5], die Tachot fehlt und, möchte man hinzufügen, fehlen muß als Tochter eines Emporkömmlings. Sie ist sanft, blaß und stirbt schließlich an gebrochenem Herzen in einem euphorischen Glückstaumel - an der "romantischen" Krankheit des 19.Jhs., ein wahrlich opernhaftes Schicksal einer Schwindsüchtigen.[6]

Durch glückliche Umstände sind die Briefe zwischen Autor und Maler über die Entstehung des vierten Bildes der "Ebers-Gallerie" erhalten. Es stellt die sieche Prinzessin vor. Nachdem Tachot anläßlich einer Prozession in der Menge völlig überraschend ihren geliebten, aber sie nicht wieder liebenden Bartja erblickt hat, läßt sie sich auf die Terrasse des Palastes tragen. "Vor dem Prachtbau des väterlichen Schlosses ruhend, umgeben von ihren sorglichen Sklavinnen - eben sind die Töne der Harfe der einen verklungen - sieht das kranke Königskind noch einmal in die Landschaft voll goldenen Sonnenscheins hinaus und dann wird es um sie dunkeln auf immer. Es ist ein unbeschreiblich wehmüthiges Bild des tief empfindenden Düsseldorfer Malers."[7] Es handelt sich um Paul Grot-Johann.

---

1 T3-ḥ3-wst ist einmal für eine Gemahlin des Necho und ein andermal für die des Psammetich II. belegt.

2 Wiedemann, Ägyptische Geschichte, 604.

3 Er macht die "Tachut" aber zur Tochter der Anch-en-s und verheiratet sie mit Psammetich III.

4 Ebers, Königstochter I, 1893, 85. Ebers begründet in Anm.130 diese Beschreibung literarisch mit Manetho und bildlich mit Rosellini. Da die Mutter eine Griechin ist, scheinen Haar- und Augenfarbe keineswegs unmöglich.

5 Ebers, Königstochter I, 1893, 81.

6 Ebers untermauert diese seine Diagnose durch genaue Syptome: abgezehrter Körper und leiser Bluthusten, Ebers, Königstochter II, 1893, 216 und 220.

7 Gosche, Georg Ebers, 129.

P. GROT JOHANN.
Die kranke Tachot hatte sich mit ihrem Ruhebette auf einen Altan des Schlosses
tragen lassen.
Eine aegyptische Königstochter, Bd. III, Kap. 5.

G. EBERS-GALLERIE.

Die zugehörige Romanstelle lautet:

> "Indessen war die kranke Königstochter heimgekehrt, hatte sich des festlichen Schmuckes, der sie beengte, entkleiden und mit ihrem Ruhebette auf einen Altan des Schlosses tragen lassen, woselbst sie während der heißen Sommertage, von Blattpflanzen*) und einem zeltartigen Tuche überschattet, am liebsten verweilte.
>
> Sie konnte von dort aus den großen, mit Bäumen bepflanzten Vorhof des Schlosses überschauen (...).
>
> [Sie wandte] das Ohr von den Gesprächen der Höflinge ab und schaute, als suche sie dort einen Trost, auf das Sistrum, das Bartja ihr in die Hand gegeben und das sie mit auf den Altan genommen hatte.
>
> Jene der Ohnmacht gleichende Mattigkeit, welche die Schwindsüchtigen oftmals überkommt, hatte sie ergriffen, und schmückte ihr die letzten Stunden mit lieblichen Träumen.
>
> Die Sklavinnen, die mit Fächern und Wedeln die Fliegen aus der Nähe der Schläferin scheuchten, versicherten später, Tachot niemals gleich schön und lieblich gesehen zu haben."[1]

*) Wilk.II,121 u.129

Das Bild von Grot-Johann vereinigt den Assemblagen-Charakter der altägyptischen Bilder eines Alma Tadema[2] mit dem Rekonstruktions-Trend von Hector Horeau. Wir denken bei letzterem besonders an dessen "Thèbes vue de la terrasse du II*e* pylône"[3], hier übertragen auf Sais mit dem Rosette-Nilarm im Hintergrund. Der herausgehobene Ort bietet einerseits einen Blick über die Umgebung, belegt andrerseits das raumsparende Bauen in die Höhe in einer alten, dichtbevölkerten Stadt - hier Sais, dort Theben - , das Ebers auch im Text schon erwähnt hatte.[4] An der entsprechenden Stelle des Romans, die als Bildbeschreibung dienen könnte, führt uns Ebers durch seinen Verweis auf Wilkinson zur Vorlage der Szene. Auf Seite 122 gibt nämlich Wilkinson die nebenstehende schematisierte Darstellung als Illustration zu folgender Beschreibung: "Sometimes a part of the house exeedes the rest in height, and stood above the terrace

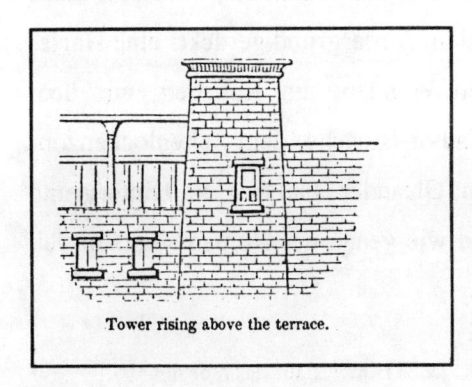

Tower rising above the terrace.

WILK. MAN. (1837), 122, ABB. 111.

---

1 Ebers, Königstochter II, 1893, 218f. Eine der Dienerinnen heißt übrigens Tent-rut, Ebers, Königstochter II, 1893, 221.

2 Wir wollen diesen Ausdruck von Traunecker übernehmen, der damit "Lamentation d'une veuve" von Alma Tadema aus "Ägypten in Bild und Wort" charakterisiert: "Mais quel assemblage! (...) tout est mélangé", Traunecker, Karnak, 151, Text zur Abb.134.

3 Aus: Hector Horeau, Panorama d'Égypte. Abbildung bei Traunecker, Karnak, 115, Abb. 94 mit Text von Traunecker: "A la chute du jour les habitants du palais prennent le frais sur la terrasse du second pylône."

4 Ebers, Königstochter I, 1902, 121 meint, daß manche Häuser der Vornehmen in Sais bis fünf Stockwerke hoch waren.

like a tower; and this was ornamented with columns."[1] Der pylonartige Turm mit der säulengetragenen Loggia bei Wilkinson, vermittel durch Perrot/Chipiez ist eindeutig das architektonische Vorbild für die Illustration von Grot-Johann. Er schreibt 1889 an Ebers: "Ich habe viel Neues im Perrot u. Chipiez gefunden und Sie werden nicht verkennen können, daß ich die Darstellungen (...) mir genau angesehen habe. Ich nahm seine auf einem Backsteinbau in Holzkonstruction ausgeführte Etage als Colonade an und werde die bemalten Holzsäulen dafür möglichst schlank halten. Hinten an der gemörtelten und dann mit Pflanzen und Vögeln bemalten Wand stehen Gestelle mit Kübeln zum Verdunsten des Wassers."[2]

Für den modernen Betrachter scheint sich der Altan mehr auf dem Dach des Umgangs eines Säulenhofes hinter dem Pylon eines Tempels zu befinden, doch unterscheiden die Autoren jener Zeit nicht strikt zwischen Sakral- und Profanarchitektur, was häufig anzutreffende irrtümliche Bezeichnungen z.B. in Champollions Monuments oder auch bei Wilkinson[3] belegen. Aus heutiger Sicht wirkt das Ensemble architektonisch wenig stimmig in seinem asymmetrischen Aufbau mit der offenen Säulenhalle auf der Seite des Betrachters und der Unklarheit beim Übergang des Pylons in den Knick. Doch sind die bekannten Versatzstücke, die mit ägyptischer Architektur assoziiert werden, vertreten: die Pylone mit bewimpelten Flaggenmasten, Rundstab und Hohlkehle, die Papyrusbündelsäulen. Im Gegensatz zu dem oben erwähnten Bild von Horeau ist bei unserem Bild aber kein konkretes Vorbild auszumachen - stand und steht in Sais doch kein Stein mehr auf dem anderen! Auch bei Horeau wird die Pylonplattform als Dachterrasse durch die Bewohner in der Kühle des Abends benutzt. Durch den erhöhten Standpunkt des Betrachters sind bei Horeau die Utensilien wie Sitzmöbel, Wedel, Vasen, Gefäße nur von Ferne zu sehen. Diese sind bei Grot-Johann in den Vordergrund gerückt: eine Harfe, ein Spiegel, ein Sistrum und Vasen, die Malereien an den Wänden, am Ruhebett, auf dem Sonnensegel, die Tracht der Prinzessin mit Uräus und einer Hathor-Brosche, dem Seitenlockenzopf und "les inévitables plantes vertes"[4] als Fächerpalmen in Töpfen, Oleander, Papyros, im Hintergrund Dattelpalmen.[5] Welche Sorgfalt auf die Details gelegt wird und wie genau der Roman sogar in den

---

[1] Wilk.Man.I (1837), 121. Leider fehlt außer der vagen Angabe "Thebes" jeder Hinweis auf das Vorbild.

[2] Brief von Grot-Johann aus Düsseldorf an Ebers vom 2.11.1889, SBB. Eigenartigerweise fehlt bei der Abb. in: Perrot/Chipiez, Geschichte der Kunst, 442, Fig.275 "Wohnhaus mit Turm. Nach einer Abbildung. (Wilkinson, I, 361)" gerade der Teil, auf den es ankommt, nämlich der Teil links vom Turm.

[3] Z.B. stellt Wilk.Man.II (1837), 131 offensichtlich das Grab des Scheschonq (TT 27) dar, nennt es aber "egyptian villas". Vgl. auch die Bildbeschreibung von Horeau: oben 307 Anm.3.

[4] Traunecker, Karnak, 151, Text zu Abb.134.

[5] Da Ebers in seinen Angaben nicht genauer auf die bezogenen Stellen eingeht, muß unklar bleiben, ob er seinen und Grot-Johanns Dachgarten mit einer weiteren Illustration bei Wilkinson belegen wollte, die ein Haus darstellt, aus dessen Dach zwei Dattelpalmen zu wachsen scheinen (Wilk.Man. II (1837), Abb.110: "The mulquf for catching the wind), was ev. aufgrund der ägyptischen "Perspektive" dahinterstehende Bäume vorstellen sollte, die aber eigentlich in Pflanzlöchern darüber hätten gesetzt werden müssen.

minimalen Veränderungen der einzelnen Auflagen gelesen wird, zeigt ein weiterer Brief Grot-Johanns an Ebers:

> "Nun müssen Sie schon die Güte haben mir zu helfen, da Sie mir in Ihrer letzten Auflage Sachen wegnahmen welche Sie mir in den früheren zugaben.
>
> Sie sprachen früher von Rosen und Oleandern jetzt nur von Blattpflanzen. Was dürfen das für welche sein. Diejenigen welche ich mit meiner dürftigen Botanik als hiesige Zierpflanzen kenne, wachsen in Aegypten wild, werden dort nicht als solche benutzt worden sein. Ihre Anmerkung 78 aber verweist nur auf Wilkinson, welcher mir leider nicht zugängig ist (...).[1] Es wäre da allerdings wünschenswerth etwas zu erfahren, denn die wenigen mir bekannten Darstellungen von Musikinstrumenten (...), die ich meiner Darstellung zu Grunde legen kann, bieten wenig.
>
> Wie groß glauben Sie das Sistrum? Die Figur aus der Ptolemaerzeit welche dasselbe in der Rechten hält läßt annehmen daß der Bügel circa Gesichtslänge habe. Bei den aegyptischen älteren Darstellungen sind die Proportionen der Geräthe nicht immer eingehalten.
>
> Kann man über die Pforte welche auf den Altan resp das Dach führt auch eine Sonnenscheibe geflügelt anbringen oder was halten Sie als das beste Symbol über dem Eingang resp Ausgang.
>
> Lothos werde ich im Haar nicht anbringen dürfen dagegen auf den Fußboden einige Knospen oder Blüthen legen sosehr verführerisch das Violetweiß der Pflanze als Schmuck des blonden blassen Kopfes wäre.
>
> So daß ist vor der Hand Alles womit ich Sie wehrter Herr Professor behelligen möchte bitte beantworten Sie die paar Fragen Ihres ganz für Ihr herrliches Werk gewonnenen Ihr ganz ergebener Grot Johann."[2]

Trotz dieser Sorgfalt lassen sich Fehler des Malers[3] feststellen - der einzelne Pylon weit im Hintergrund z.B. ist schwer möglich, und so mancher moderne Kritiker stellt fest, daß auch die Kombination der Elemente nicht stimmig sei. Doch ist darauf zu erwidern, daß die beiden Urheber Ebers/Grot-Johann zuerst alle ihnen zu ihrer Zeit zur Verfügung stehenden archäologischen Mittel ausgeschöpft hatten und daß es ihnen dann vor allem darauf ankam, das Empfinden einer Flucht nach der tropischen Hitze des Tages aus dem Haus auf den Turm und das Gefühl des Mitleidens im

---

1 Im Brief aus Düsseldorf an Ebers vom 2.11.1889, SBB, geht es ebenfalls um die Pflanzen, deren eine Grot-Johann im Perrot/Chipiez "pagin 421 in obener Reihe" gefunden habe. Es handelt sich um die Strichzeichnung eines Reliefs aus Amarna von Haus und Garten mit Bäumen und Stäuchern.

2 Brief von Grot-Johann aus Düsseldorf an Ebers o.Datum, SBB. Der Künstler hatte offensichtlich noch mehrere Illustrationen zur "Königstochter" entworfen. In einem anderen Brief ist noch von einer Nilbarke und von einem Bild des Hohenpriesters Neithotep die Rede.

3 Auch ein so exakter Beobachter wie Horeau machte Fehler: Sein oben zitiertes Bild läßt uns 2x6 rekonstruierte Säulen (der sog.Taharqa-Kiosk) im ersten Karnak-Hof sehen. Dies ist aber wohl weniger Horeaus Fehler. Die Description gibt zuerst in ihrem Grundriß diese Falschinformation.

Leser/Betrachter hervorzurufen.[1] Denn wenn bei Ebers/Grot-Johann auch nicht der Sonnenuntergang eines Horeau thematisiert wird, so soll doch wie bei Kellers Nitetis-Blatt die Stimmung eines lebenszeitlichen Abends evoziert werden, das Verlöschen der jungen Prinzessin. Verstehen wir die Illustrationen ebenso wie den Text der Ebers'schen Maxime unterworfen: "Wollte er [der Autor] rein antike Menschen und Zustände schildern, so würde er für den modernen Leser theils unverständlich, theils ungenießbar werden"![2]

Bei Horeau fehlen die Personen, die bei Alma Tadema immer die Hauptrolle spielen.[3] So findet der anekdotische Charakter des Bildes Grot-Johanns bei den sprechenden Figurengruppen eines Alma Tadema und die Architektur-Phantasie bei Horeau ihr Gegenstück. Die archäologische Legitimation aber liefert Wilkinson.

Für **Hophra** (= Apries) - Ebers wählt die biblische Namensform[4] - gibt Ebers die Regierungsdaten 588-570 an. Neben Herodot führt Ebers als Beleg für die Erzählung vom Aufstand des Amasis und Sturz des Apries die Bibel an.[5] Weder über eine Tochter, noch über seine Gemahlin geben die Denkmäler Auskunft.

Psamtik III. (= Psammetich) wird von Ebers als unsympathischer, mürrischer Finsterling geschildert. Wieder zeigt sich das Wesen eines Menschen in seiner Erscheinung: Psamtik ist von ungesunder, gelblicher Hautfarbe und rothaarig, was von Ebers als Zeichen seines "typhonischen Wesens" gedacht ist. Er ist vom Pech verfolgt und bringt seinen Mitmenschen Unglück, die Mutter starb bei seiner Geburt, seine Frau stirbt, ebenso seine Kinder. In seinem Konservativismus und seinem Fremdenhaß ist er ein williges Werkzeug der Priester, aber politisch erfolglos, da gegen den Strom der Entwicklung schwimmend, was in der Niederlage von Pelusium kulminiert. Visionär weist Amasis den Sohn zurecht und faßt zusammen: "Kennst Du, großsprecherischer, rachedürstiger Sohn des Unheils, den zukünftigen Verderber dieses herrlichen, uralten Reichs? Du bist es, Du, Psamtik, der von den Göttern gezeichnete, von den Menschen gefürchtete Mann, dessen Herz keine Liebe,

---

1 Eine orientalische Hitze, welche in Europa im Treibhaus mit einer Topfpflanzen-Dschungelschwüle in Wintergärten und Glaspalästen oder Makart-Ateliers simuliert wurde (Stichwort: Orient-Sehnsucht).

2 Ebers, Königstochter I, 1863, X (Vorwort zur 1.Auflage).

3 Auch Alma Tadema hat Illustrationen zur "Königstochter" geschaffen: Der Katalog: Royal Academy of Arts, Exhibition of works by Sir Lawrence Alma-Tadema R.A.O.M., winter exhibition, Forty fourth year, London 1913, gibt als Nr.81 eine solche als Kreidezeichnung im Besitze einer Schwägerin Alma Tademas an. Der Auktionskatalog von Sotheby-Parke-Bernet New York 4-VI-1975 gibt als Nr.265 eine Bleistiftzeichnung mit den Titel "The Pharoah's Daughter". Sollte der Datierungsvorschlag 1852-55 von Sotheby richtig sein, kann es sich allerdings nicht um eine Illustration zu Ebers' gleichnamigem Roman, der 1861/62 entstanden ist, handeln. Die Darstellung einer sitzenden Prinzessin muß allerdings keineswegs unsere Nitetis sein, wenn sie sich auch als solche besser verkaufen ließ.

4 Jerem. 44, 30.

5 Jerem. 44, 30; 46, 24-26. Letztere Stelle scheint sich mir eher im Gegensatz zu Ebers Königstochter I, 1893, Anm.17 auf die Eroberung durch Kambyses zu beziehen. Herodot, Hist. II, 169.

dessen Brust keine Freundschaft, dessen Antlitz kein Lächeln, dessen Seele kein Mitleid kennt! - Ein Fluch der Götter belastete Dich mit dem Dir eigenen abstoßenden Wesen, und der Unsterblichen Feindschaft endet mit schlimmen Erfolgen, was Du beginnst."[1]

Für **Rhodopis** dienen neben Herodot[2], der die sagenhafte Verbindung von Rhodopis mit der Mykerinospyramide ablehnt, die Griechin vielmehr in die Zeit des Amasis setzt, die Strabo- und Aelian-Erzählungen als Vorbild.[3] Die Verwicklung der Hetäre in die Geschichte der 26.Dynastie ist jedoch eine Erfindung von Ebers. Lepsius habe die Rhodopis, so Ebers[4], in seine "Königsreihen aufgenommen", was weder durch die Denkmäler, noch durch das Königsbuch bestätigt wird. Zur literarischen Tradierung finden sich Angaben im Lexikon der Ägyptologie[5], das dabei auch Ebers' Königstochter erwähnt.[6] Amüsant ist Gosches Bemerkung, in den geselligen Runden im Hause der Rhodopis hätten wir "eine griechisch-ägyptische Vorstufe des besten Salons vor uns, etwa der Récamier oder der Rahel."[7]

Das historische Personal wird bereichert durch den Griechen Phanes, der bei Herodot[8] nur eine periphere Rolle gespielt hatte, hier aber zu einer durchgehenden Romanfigur wird. Daneben stehen völlig frei erfundene Personen wie Sappho.

Zusammenfassend läßt sich sagen, daß zu der in der Sache liegenden Diskrepanz zwischen den Erfordernissen an die handelnden Personen als Romancharaktere und dem offiziellen Bild, das diese "steifen" Ägypter auf den Monumenten und Texten bieten, hier noch das Problem der griechischen Vermittlung tritt: Während Ebers eine fast widerspruchsfreie Übereinstimmung der beiden oft entgegengesetzten Überlieferungen in der Handlung anstrebt und auch, zwar nicht immer ohne den "Zufall" auskommend, errreicht, will er dies in der "Geistesgeschichte" nicht. Aus dem Amasis wird kein homogener Charakter, sondern er erscheint brüchig, zerrissen und schwankend und gerade deshalb interessant. Dies genau ist Ebers' künstlerische Absicht, im Bild des Königs den "Charakter", d.h. den Zustand des Landes in einer bestimmten historischen Epoche vorzuführen, denn die Aufgabe eines historischen Romans ist es, den Geschichtsunterricht in die Handlung, und die Kulturschilderung in seine Charaktere zu verlegen. So findet in Amasis also die Spannung zwischen griechischer und

---

1   Ebers, Königstochter I, 1893, 100.
2   Herodot, Hist. II, 134/5.
3   Strabo, 17, 808; Aelian, Var.13, 33.
4   Ebers, Königstochter I, 1863, XV (Vorwort zur 1.Auflage).
5   LÄ IV, Sp.513 s.v.Nitokris. Vermischung von Rhodopis mit Nitokris.
6   LÄ IV, Sp.514, s.v.Nitokris, Anm.22.
7   Gosche, Georg Ebers, 120. Gemeint sind Jeanne Françoise Julie Adélaïde Récamier und Rahel Varnhagen von Ense, deren Salons Mittelpunkt ihrer kulturellen Gesellschaft in Paris und Berlin waren.
8   Herodot, Hist. III, 4 und 11.

ägyptischer Kultur - in den jeweiligen Quellen gespiegelt - ihren Ausdruck, eine Zustandsschilderung des Landes, das in allen Bereichen wie Militär, Religion, Sitten und Gebräuchen zwischen Griechen und Ägyptern gespalten ist. Die anderen Charaktere bleiben dagegen eindimensional - für sie waren die altägyptischen Quellen nicht mit der griechischen Überlieferung nach Herodot in Einklang zu bringen. So sind z.B. Bartja und Sappho nichts als die Stereotypen eines jugendlichen Liebespaars.

IV. 2. 2. 2. RAMSES UND UMGEBUNG: DIE PERSONEN DER "UARDA"

Mit dem Stoff seines zweiten Romans geht Ebers zurück ins Zentrum der ägyptischen Kultur. Wissenschaftler und Autor waren sich in den zwölf Jahren seit dem Erscheinen der Königstochter ihrer selbst so sicher geworden, daß der Versuch gewagt werden konnte, ein Sitten- und Geschichtsbild zu entwerfen, das ganz auf ägyptischem Boden steht. Hier kann sich Ebers allerdings kaum auf Herodot stützen, dessen Sesostris/Ramses-Darstellung im Vergleich zu seinem Amasis, sicher durch den erheblich größeren zeitlichen Abstand bedingt, gänzlich unindividuell bleibt - Amasis war für Herodot ja fast noch ein Zeitgenosse gewesen. Zwar tritt Ramses selbst bei Ebers erst sehr spät auf, doch spielen zwei Mitglieder seiner Familie von Anfang an Hauptrollen: Tochter Bent-Anat und Sohn Rameri. Beide sind historisch überliefert, Bent-Anat als älteste Tochter ist gut belegt, Rameri als 18.Sohn bleibt jedoch nur episodenhaft. Ramses liebte es, seine Kinderschar in vielen Tempeln in Prozession aufmarschieren zu lassen. Die früheste Veröffentlichung einer solchen Liste aus dem Ramesseum bieten Champollion in seinen Notices descriptives[1] und Rosellini.[2] Dann nimmt Lepsius diese "Prinzenprozession"[3] aus dem Ramesseum in seine Denkmäler auf. Hier tauchen auch Prinzessinnen auf, denn auf den 23.Prinzen folgen zwei Prinzessinnen.

Dem Bild von **Bent-Anat**, ältester Tochter und "Lieblingskind"[4] des Ramses, will Ebers auf seiner zweiten Ägyptenreise bei seinem wochenlangen Aufenthalt auf der Thebanischen Westbank selbst begegnet sein: "Unter den Töchtern des Ramses, die wir gleichfalls kennen lernen, war Bent-anat, der sogar der Schild der Königinnen[5] gewährt wird, die geehrteste."[6] Diese Stelle beschließt die Beschreibung der Prinzenprozession aus dem Ramesseum. Tatsächlich ist von den Beischriften bei den beiden Prinzessinnen nur noch die Titulatur der ersten zu lesen. Sollte Ebers noch den Namen entzif-

---

1 Champollion, Notices Descr. I 886/7 gibt die Titel und Namen der Söhne 1-11. Ramesseum: Westwand des ersten Hofes links von der Mitteltür.

2 "La serie nel Ramsesseion e nel maggiore Speco d'Ibsambul", Ros.Mon.stor.Text.I, 272-277. XI. 1-23, 1832, Nr.11 u.18. Zitat 272.

3 LD III, 168: "Theben. Memnonia. Tempel Ramses II. Hypostyl. Westseite. a.links. b.rechts von der Thür". Terminus "Prinzenprozession" aus: LD Text III, Hgg. v. Naville 1897-1914, 131.

4 Ebers, Uarda III, 1893, 153.

5 Gemeint ist die Kartusche.

6 Ebers, Aegypten in Bild II, 311.

fert haben können - den allerdings Lepsius über 20 Jahre früher schon nicht mehr angibt - oder ist seine Zuschreibung nur assoziativ, da Bent-Anat an diesem Platz hätte erwartet werden können? Jedenfalls gehört die Prinzessin zur Prominenz der frühen Ägyptologie, ihr Bild fehlt in keinem der alten Standardwerke. Ebers beschreibt die Physiognomie der Prinzessin so:

"Die jungfräuliche Königstochter (...) hatte kaum das neunzehnte Lebensjahr erreicht (...). Ihr hoher Wuchs überragte den der Freundin beinahe um Hauptes Länge, die Haut war heller, der Blick ihrer guten und klugen blauen Augen ohne Schwärmerei, aber klar und entschieden, das Profil war edel, aber scharf geschnitten, und dem des Vaters so ähnlich (...). Die kaum merklich gebogene Nase war das Erbteil ihrer semitischen Voreltern,*) und das Gleiche galt wohl von der leichtgelockten Fülle des braunen Haares (...)."[1]

*) Viele Portraits des Ramses sind auf uns gekommen; das schönste ist seine herrliche, zu Turin konservierte Statue. In der 1881 entdeckten Cachette von Der el-Bahri in Theben ward die Mumie dieses Königs gefunden. Das Profil mit der leicht gebogenen Nase blieb wohl erkennbar.

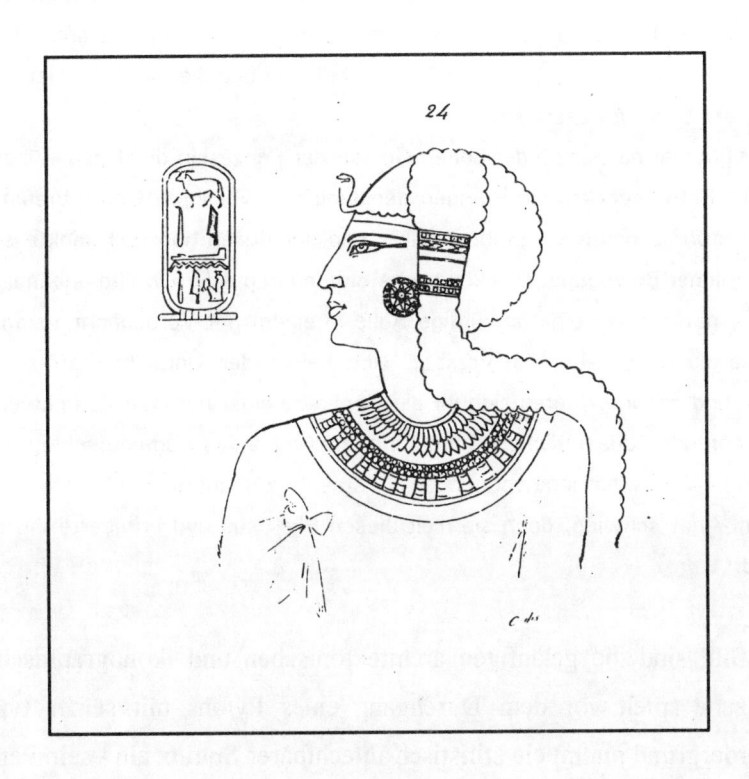

ROSELLINS ABBILDUNG DER BENT-ANAT
"RITRATTO DI BOTIANTE, FIGLIUOLA DI RAMSES II, CHE TROVASI IN
UNA DELLE CAMERE DEL MAGGIORE SPECO D'IBSAMBUL"[2]

---

1 Ebers, Uarda I, 1893, 71f. Die beiden letzten Sätze der Anmerkung fehlen in der Erstausgabe.
2 Ros.Mon.stor.Text. II, 492. Auch: Ros.Mon.stor.Text I, 277f., wo Rosellini sie beschreibt als "un altra figlia di questo Ramses, che fu regina, percio il suo nome è chiuso in cartello".

Das Bild, das mit großer Wahrscheinlichkeit als Vorlage für diese Beschreibung in Frage kommt, stammt aus Rosellinins Monumenti.[1] Besonders die ungewöhnliche Frisur, das "leichtgelockte" Haar, das bei den anderen frühen Wiedergaben[2] fehlt, begründet diese Entscheidung.

Ein Bild der "Ebers-Gallerie" zeigt uns die Prinzessin Bent-Anat. Das Blatt von Keller wird im Werkverzeichnis von Koch als Nr.159 unter dem Titel der "Ebers-Gallerie" aufgeführt. "Bz.l.u.FK (monogrammiert) 1884. Technik, Malgrund und Maße unbekannt. Verbleib unbekannt."[3]

Die passende Romanstelle lautet:

> "Bent-Anat erschrak und hemmte den Fuß. Dann schritt sie weiter.
>
> Aber hinter der Schwelle der Pforte trat Ameni in vollem Priesterornat ihr in den Weg, streckte ihr den Krummstab wie zur Abwehr entgegen und rief laut und eifrig:
>
> »Segen bedeutet diesem Heiligtum das Nahen der r e i n e n Tochter des Ramses; aber diese Herberge der Götter verschließt ihre Pforten den Verunreinigten, mögen sie Sklaven sein oder Fürsten. Im Namen der Himmlischen, denen Du entstammst, frage ich Dich, Bent-Anat, bist Du rein oder hast Du Dich befleckt und die fürstliche Hand durch die Berührung der Unreinen besudelt?«
>
> Der Priester hatte sich der hohen Gestalt der Prinzessin dicht gegenübergestellt.
>
> Helle Röte bedeckte die Wangen der Jungfrau, vor ihren Ohren brauste es, als brande ein stürmisches Meer in ihrer Nähe, und der Busen hob und senkte sich ihr in leidenschaftlicher Bewegung. Das königliche Blut in ihren Adern wallte unbändig auf, sie fühlte, daß man ihr hier eine unwürdige Rolle in einem mit Vorbedacht veranstalteten Schauspiele zuerteilt habe; ihr Vorsatz, sich selbst der Unreinheit zu zeihen, war vergessen, und schon öffneten sich ihr die Lippen zu einer heftigen Zurückweisung der sie tief empörenden priesterlichen Anmaßung, als Ameni das Auge aufschlug und es mit der ganzen Fülle des ihm innewohnenden Ernstes ihr zuwandte.
>
> Bent-Anat schwieg, doch sie hielt diesen Blick aus und erwiderte ihn stolz und abweisend."[4]

Auch auf diesem Bild sind die geläufigen architektonischen und ikonographischen Versatzstücke vorhanden. Die Szene spielt vor dem Durchgang eines Pylons mit seiner typisch ägyptischen Böschung. Den Vordergrund nimmt ein stilistisch anfechtbarer Sphinx ein - sein Pendant ist verdeckt. Ungewöhnlich ist die Form der Sockelplatte. Der Unterbau des Sphinx läuft in einer Hohlkehle aus. Die dem Betrachter zugewandte Breitseite ist mit doppelten Flügeln bemalt. Der Pylondurchgang zeigt

---

1 Ros.Mon.stor.I.T.VI.24.

2 Bei Champ.Mon.CCXXXI, 2 mit dem "Schild der Königinnen" und bei LD III 172, e aus ihrem Grab QV 71.

3 Koch, Ferdinand Keller, 85. Abbildung auch bei Gaertner, Ferdinand Keller, 57, Abb.32.

4 Ebers, Uarda I, 1893, 119.

FERDINAND KELLER.
Bent-Anat zuckte zusammen und sagte dumpf: „Ich gehe".
Uarda, Bd. I, Kap. 7.

G. EBERS-GALLERIE.

in Relief die untere Hälfte einer Schreitfigur, die in ihrer stilistischen Unsicherheit noch klar das Vorbild der Description-Stiche erkennen läßt und in deutlichem Gegensatz zur gekonnten Anatomie der dargestellten Menschen steht, also nicht auf Unfähigkeit zurückzuführen ist, sondern in ihrem Stilwillen "ägyptisch" wirken soll. Der Ornat von Priestern und Prinzessin mit dem Kopftuch, Uräus, der Armspange und dem hängenden Gürtel, die Details der Diener mit Halskragen, Kappe und Kopftuch, Armreif, Wedel und Dolch sind ägyptisch, ohne ein exaktes Vorbild zu verraten. Ebenso sind die Hieroglyphen am Relief und am Unterbau des Sphinx[1] und die Verzierung des Wedels so unklar gehalten, daß sie mehr der Assoziation "ägyptisch" dienen, als daß sie eine genauere Analyse vertrügen. Hierin liegt ein Unterschied zur exakteren Detailbeobachtung eines Alma Tadema. Die Perückenform der Priester ist wieder die charakteristische "Ebers-Perücke", die schon bei Alma Tadema begegnete.[2] Deutlich wird aber der Versuch, Ebers' Intentionen gemäß, die Priester als unheimliche Finsterlinge zu zeichnen. Zur Stilistik schreibt Gosche : "Das fünfte Bild der Ebers-Gallerie von Ferdinand Keller von Karlsruhe hat den Augenblick gewählt, da Ameni Bent-Anat den Eintritt in den Tempel verwehrt. Wir sind von diesem Künstler gewohnt, das Landschaftliche und Genrehafte in den Dienst des großen historischen Stils gestellt zu sehen (...); aber in der überaus charakteristischen Behandlung des Ebers'schen Stoffes hat er doch Bent-Anat's seelische Energie nicht zu jenem stolzschönen Ausdruck gebracht, den Pentaur an ihr liebt. Es ist eine ergrimmte Bestürzung, was uns der stark vorwärts geneigte Kopf und der lang herabhängende linke Arm mit den ausgespreizten Fingern verräth, nicht der edle Stolz eines königlichen Weibes."[3]

Neben der Prinzessin Bent-Anat wird das Königshaus hauptsächlich durch deren Bruder **Rameri** (= Meri-Ra) vertreten. In den Prinzenlisten erscheint er auf den hinteren Rängen, im Ramesseum als zwei Prinzen an 11. oder 18., in Luxor als der 17. und letzte Sohn des Ramses.[4] Leider zeigt die Ramesseums-Liste heute durchgehend zerstörte Gesichter. Zur Ebers-Zeit waren die Reliefs wohl noch unbeschädigt, wie uns die Lepsius-Wiedergabe zeigt, denn Lepsius pflegte zerstörte Stellen nicht zu rekonstruieren!

---

1 Es läßt sich ein *s3-R^c* und ein *ḏd mdw* ausmachen.

2 Siehe oben 90 und Anm.2.

3 Gosche, Georg Ebers, 89f.

4 Auch Rosellini erwähnt ihn als Mai-Re oder Mephre, Ros.Mon.Stor.Text.I, 275 und "Il decimottavo chiamasi come l'undecimo", Ros.Mon.Stor.Text.I, 276.

MERI-RA, DER 11. SOHN RAMSES II. IN DER RAMESSEUMS-LISTE, THEBEN,
WESTWAND DES HYPOSTYLS (HEUTIGER ZUSTAND, PHOTO)[1]

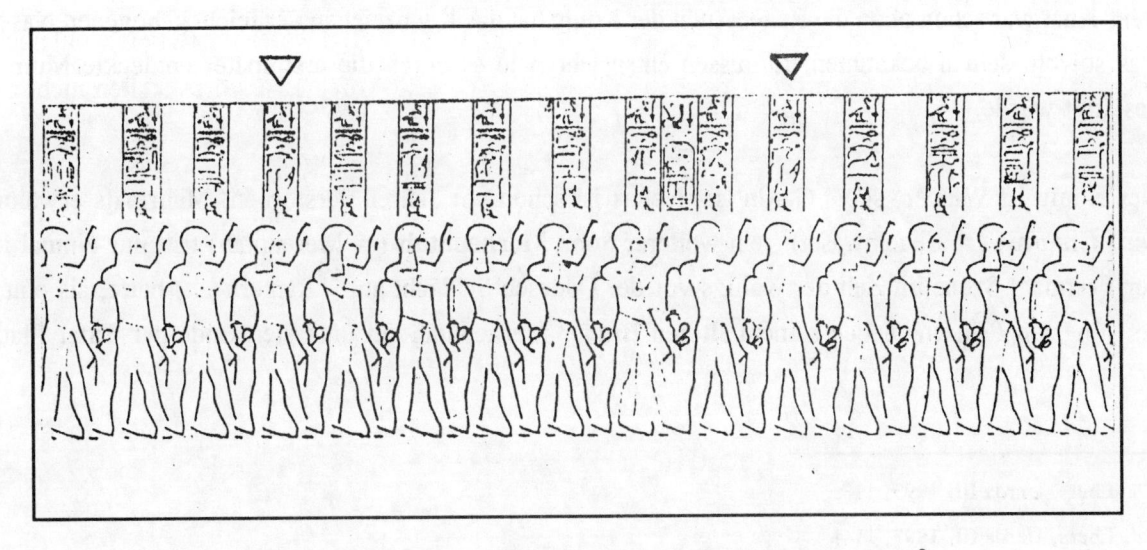

EBERS' VORBILD: DIE WIEDERGABE DER PRINZENLISTE DURCH LEPSIUS[2]

1   PM ²II, 438, 19.
2   LD III, 168: Theben. Memnonia. Tempel Ramses II. Hypostyl, Westwand, a.links von der Tür. Als Meri-Ra sind auf diesem Ausschnitt die Gekennzeichneten (▽) benannt.

Ramses II., den wir erst im 8.Kapitel des III.Bandes[1] kennenlernen, ist jedoch von Anfang an normgebendes Zentrum der Handlung und geistiger Mittelpunkt. Nachdem viel von ihm berichtet worden war, tritt er selbst endlich auf:

> "Gewaltig war die Gestalt des Pharao, gebieterisch das bärtige Haupt mit der hohen Stirn, um die sich ein Diadem schlang, aus dessen Mitte die goldenen, mit den Kronen von Ober- und Unterägypten geschmückten Köpfe zweier Uräusschlangen hervortraten. Ein breites Halsband von Edelsteinen bedeckte ihm die Hälfte der Brust, die andere Hälfte war mit einem schärpenartigen Tragbande bekleidet. Die nackten Ober- und Unterarme wurden von goldenen Reifen geschmückt. Wie aus Erz gegossen waren die ebenmäßigen Formen dieses Mannes und kupferfarbig die glatte, sich über die schwellenden Muskeln spannende Haut. (...)
> Nichts Kleines war an diesem Mann, und doch nichts Erschreckendes, denn wenn sein Auge auch gebieterisch glänzte, so war doch der Ausdruck seines Mundes von besonderer Milde, und der aus der breiten Brust dringenden tiefen Stimme, die den Lärm der Schlacht übertönte, standen weiche und herzgewinnende Klänge zu Gebot."[2]

Die Familienverhältnisse bleiben eigenartig unbestimmt. Zwar werden die Eltern Ramses', **Seti I.** (= Sethos I.) und **Tuaa** (=Tui), einige Male erwähnt, größeren Wert als auf die Namen legt Ebers aber auf die Herkunft der Dynastie, die keinerlei Verbindung zur legitimen 18.Dynastie hat, aus dem Ostdelta stammt und sogar mit einer semitischen Herkunft, eventuell sogar von den Hyksos[3], versehen ist. So steht die konservative Priesterschaft auch aus Gründen der Tradition in Gegnerschaft zu Ramses. Öfters wird Ramses von den anderen Figuren als "Emporkömmling"[4] bezeichnet, eine Charakterisierung, der sich Ebers in seiner Zeichnung des Herrschers als vornehm, edel- und großmütig nicht anschließt. Die ausländische Herkunft schlägt sich auch in der Schilderung der Physiognomien nieder. Von den braunen Haaren, den blauen Augen und der kaum merklich gebogenen Nase der Bent-Anat war schon oben die Rede. Auch der König hat das Kennzeichen der leicht gebogenen Nase, was sowohl seinen bekannten Bildnissen entspricht, wie es durch die erst später entdeckte Mumie bestätigt wurde.

Der König ist Witwer, seine Gattin Isis-Nefert ist schon vor Jahren verstorben. Mehrmals erwähnt wird **Chamus** (= Chaemwaset)[5], ein weiterer Sohn **Mernephtah** (= Merenptah) tritt nur einmal in der Festmahl-Szene im Zelt des Königs vor der Qadesch-Schlacht auf: "Rameri (...) hatte, als einer der jüngsten Prinzen, neben seinem älteren Bruder Mernephtah am untersten Ende der Tafel Platz

---

1 Ebers, Uarda III, 1893, 113.

2 Ebers, Uarda III, 1893, 114f.

3 Uarda II, 177. Ebers läßt hier das Ramsesgeschlecht als unstetes und nomadisches "Amugelichter" bezeichnen. Andere Stellen: Uarda III, 40; Uarda III, 179.

4 Ebers, Uarda III, 1893, 147.

5 Z.B. Ebers, Uarda II, 1893, 150; Ebers, Uarda III, 1893, 114, 115, 127, 149.

gefunden."[1] In der Schlacht kämpfen vier Söhne zusammen mit dem König, namentlich wird jedoch nur Rameri genannt[2].

Die historischen Hauptfiguren werden kombiniert mit fiktionalen: Bent-Anat mit Pentaur, Rameri mit Uarda. Von **Pentaur** ist außer dem Namen historisch wenig greifbar. Der pSallier enthält am Ende die Bemerkung *jrj nj sš Pn-tˁ-wr*.[3] Über die gewandelte Beurteilung dieses Autorenvermerks haben wir schon geschrieben.[4] Ebers jedenfalls hat im Sinne eines mittelalterlich-ritterlich anmutenden Ideals aus seinem Pentaur einen Helden gemacht, der intellektuelle Brillianz mit männlichem Kämpfertum vereinigt. Ebers variiert damit das Scottsche Schema des "mittleren Helden", der bei Scott noch unentschieden zwischen den Fronten steht und erst im Verlauf der Handlung die Seite der guten Partei ergreift. Bei Ebers erringt der Held seinen ihm zustehenden hohen sozialen Status im Verlaufe der Handlung und erreicht damit die entsprechende politische Orientierung. Eggert macht auf einen ähnlichen Fall in Scheffels "Ekkehard" (1855) aufmerksam.[5] Auch dort bricht sich in einem friedfertigen Geistlichen unwillkürlich die Heldennatur Bahn: "Er stand auf, stark, groß, frei - so hatte sie ihn noch nie gesehen"[6], wie Pentaur, als ihn "der Geist des Kriegsgottes Menth erfaßte"[7], die angegriffene Uarda verteidigt:"Mit flammenden Augen wie ein Löwe, den die Meute von dem Wilde verjagen will, das er fällte, stand er da, und einen Augenblick wichen die Gegner zurück."[8] Beide bewähren sich in der Schlacht, Ekkehard gegen die Hunnen, Pentaur gegen die Hethiter.

Auf die Spur der dem gesamten Werk den Namen gebenden **Uarda** hat uns Ebers durch seine Widmung, die sich auf seine Frau Antonie bezieht, geführt:

> "Du weißt es ja, wie dieses Buch entstand,
> Als mich das Leid umfing, das grenzenlose,
> Da hegte mich und pflegt' mich Deine Hand.
> Und an dem Dornenstrauch erwuchs die Rose."[9]

---

1 Ebers, Uarda III, 1893, 114.

2 Breasted, The Battle, 34, Anm.116, meint, Ramses war wenigstens 30 bei der Qadesch-Schlacht und hatte 4 waffenfähige Söhne.

3 pSallier XI, 11, ed. de Rougé.

4 Siehe oben 284.

5 Auf die Ähnlichkeit durch die Anmerkungen und die Genese der Romane wurde schon hingewiesen. Siehe oben 269, Anm.3.

6 Zitiert nach: Eggert, Studien zur Wirkungsgeschichte, 169 = Scheffel, Ekkehard, in: Scheffels Werke (Hg. v. Fr.Panzer), Leipzig u.Wien o.J.[1919], Bd.3, 226.

7 Ebers, Uarda II, 1893, 210.

8 Ebers, Uarda II, 1893, 208.

9 Ebers, Uarda III, 1893, (Widmung).

Durch Chabas wissen wir, daß Ebers die Hieroglyphengruppe 𓍯𓂋𓏏𓆰 w₃rtj als "Rose" übersetzt hat.[1] Eine Belegstelle gibt Chabas jedoch nicht, und eine solche konnte weder im WB, noch im unveröffentlichten Material des WB in Berlin festgestellt werden, darüber hinaus ist überhaupt umstritten, ob es Rosen im alten Ägypten gegeben hat.[2]

Über die Stellung des Wagenlenkers hat Ebers schon in der Königstochter 1864 referiert: "Daß die Wagenlenker vornehme Leute waren, ergibt sich aus der Art und Weise, in der die Könige mit denselben verkehren. S. das Bild des Ramses u. seines Wagenlenkers zu Theben. Wilkinson I. 338."[3] Der Wagenlenker ist aus den Lagerszenen-Reliefs bekannt, in den Qadesch-Texten erscheint auch sein Name **Mena**.[4] Allerdings fehlt der in den Texten überlieferte Rückzugsvorschlag des Mena während des Verlaufs der Qadesch-Schlacht bei Ebers. Das bei Ebers auf der Siegesfeier von Pelusium uraufgeführte Gedicht verschweigt Mena überhaupt, was sich ja zwingend aus dem Ebers'schen Handlungsverlauf ergibt, denn Pentaur, Autor und Vortragender, konnte erst nach dem Abgang des Mena in die Schlacht eingreifen!

Auch die Nebenpersonen rekrutieren sich gleicherweise aus der ägyptischen Prominenz des 13.Jhs.v.Chr. und der ägyptologischen Prominenz des 19.Jh.s. So **Bek en Chunsu** (= Bekenchons), der als Oberhaupt der königstreuen Priesterfraktion, die ihren Sitz auf der thebanischen Ostseite hat, eine Rolle spielt und der mehrmals auch persönlich auftritt.[5] Seine berühmte Statue aus der Glyptothek in München gliederte Ebers in sein Museum in Leipzig als Abguß ein.[6] Aber schon vorher hatte er ihm in seinem ersten wissenschaftlichen Werk "Aegypten und die Bücher Mose's", das ja noch in Jena entstanden ist, einige Seiten gewidmet und aus der biographischen Inschrift von seinem Rückenpfeiler zitiert.[7] Kollege Deveria hatte Bekenchons einen frühen Artikel in der RAr gewidmet, wo er ihn schon im Titel als "Contemporain de Moïse" in Verbindung zu den Juden

---

1 Chabas, Uarda, in: L'Égyptologie I,II (1878), 141, "Ce nom est le mot égyptien qui signifie *la rose*, en copte ⲞⲨⲎⲠⲦ. L'Égyptien 𓍯𓂋𓏏𓆰 devrait avoir la même prononciation, *ouert*. Une variante copte, assimiliant le Ⲃ à l'ⲞⲨ, donne la lecture ⲂⲈⲢⲦ analogue au nom français *Berthe*, qui serait à la fois plus euphonique et plus exact que Uarda."

2 Keimer bejaht diese Frage eindeutig, Keimer, Die Gartenpflanzen I, 57-59; Germer schreibt: "Im pharaonischen Ägypten aber war die Rose unbekannt", Germer, Flora, 64.

3 Ebers, Königstochter III, 1864, Anm.105. Allerdings ist auf dem bei Wilkinson abgebildeten Relief nur "The Son of King Ramses with his Charioteer" zu sehen, wie wir denn auch den König nie mit dem Wagenlenker zusammen im Wagen abgebildet finden! Diese Anmerkung wird erweitert in Ebers, Königstochter II, 1893, Anm.135 durch: "In dem sogenannten Gedichte des Pentaur, dem in mehreren Exemplaren erhaltenen Nationalepos der Aegypter, wird der Pharao als in nahem Verhältnisse zu seinem Rosselenker stehend dargestellt. Zudem besitzen wir im Papyrus Anastasi III eine Schilderung der Leiden, die ein junger ägyptischer Wagenkämpfer zu bestehen hat. Wir sehen ihn eine Militärschule besuchen und, nachdem er diese verlassen, vom Pharao, der sie ihm eigenhändig übergibt, aus dem königlichen Stalle seine Pferde erhalten. So konnte doch nur mit auserwählten Jünglingen verfahren werden."

4 Z.B. pSallier und Karnak-Inschrift (südliche Außenwand). Bei de Rougé: P.S. V,2 und K.47, in: RevEg VI (1891), 81.

5 Ebers, Uarda III, 1893, 8ff, 183, 134, 146.

6 Siehe 183, auch Anm.1.

7 Ebers, Aegypten und die Bücher Mose's, 348f.

brachte.[1] Der Wegeführer **Paaker** ist als Person fiktional, die Aufgaben seines Berufsstandes werden jedoch im pAnastasi I geschildert.[2] **Ameni**, der Vorsteher des Setihauses, also des Qurna-Tempels, und damit Oberhaupt der Priester der thebanischen Westseite und Führer der rebellischen Priesterfraktion, könnte identisch sein mit dem Ameneman, "Chef du collège des hiérogrammates", den de Rougé einführt.[3]

Auch die anderen ägyptischen Namen, selbst von Nebenrollen, sind belegt und und sogar die Namen der Hethiter entnimmt Ebers den Quellen, den Beischriften zu den Schlachtenreliefs, was erneut von antiquarischer Besessenheit zeugt, die nichts dem Zufall überläßt.

Wie den Pentaur entnimmt Ebers auch noch andere "Dichter" aus Papyri, wobei allein ein **Kagabu** eine etwas wichtigere Rolle spielt, dessen Enkel dann der Verfasser berühmter Werke werden sollte. Einem **Anana**, der als Freund des Prinzen Rameri und mit diesem als Schüler der Tempelschule des Setihauses eingeführt wird, wird das Überdauern seiner Schriften über Jahrtausende vom Erzähler in seinem Schlußausblick prophezeit.[4] Diese "Autoren" nennt Ebers dann mit einer Reihe von anderen in der Ausgabe der Königstochter von 1893 als aus dem pAnastasi IV und Anana aus dem pD'Orbiney bekannt.[5]

In diesem Kapitel haben wir uns vor allem damit beschäftigt, wie Ebers Personen und Staatsaktionen, d.h. die öffentliche Sphäre schildert. Da die privat-menschliche Sphäre dieser historischen Personen kaum aus den Denkmälern und Überlieferungen ersichtlich ist, müssen diese Leerstellen durch die Fiktion ausgefüllt werden. Eggert schreibt über "das Problem und den historischen Ort der Scheidung von öffentlicher und privater Sphäre" aus der Sicht der von ihm untersuchten Romane: "Es fällt an all diesen Romanen auf, daß die Sphäre der Privatheit - auch bei Mitgliedern von Fürstenhäusern - eindeutig Züge bürgerlich-familialen Lebens trägt, sie zugleich aber als die Sphäre des »Menschen schlechthin« gilt."[6] Bei den Ägyptern, die uns besonders ferngerückt sind, nicht nur zeitlich, sondern auch durch die hieratische Strenge ihrer überlieferten Bilder, die die junge Ägyptologie, deren Blick von der griechischen Kunst geprägt war, strenger empfunden hat als wir heute, fällt dies besonders ins Gewicht. Ebers schildert Ramses als Bild eines edlen, aufgeklärten, humanen Herrschers und liebevollen, besorgten Familienvaters. Daran entzündet sich viel Kritik, wie wir unten noch sehen

---

1 Devéria, Bakenkhonsou. Grand prêtre, in: RAr IV (1862), XX-XX. Auch: Déveria, Monument biographique de Bakenkonsou.

2 pAnastasi 18, 4-21. Vgl. Erman, Aegypten und aegyptische Leben I, 508ff. Über den Titel "Mohar" siehe unten 347.

3 De Rougé, Pentaour, 9, Anm. 50.

4 Ebers, Uarda III, 1893, 239.

5 Ebers, Königstochter II, 1893, Anm.40. Es werden genannt Anana, Kagabu, Hora, Merapu, Bek en Ptah, Amen mes, Sunro und Mer Ptah. Die Anmerkung fehlt in der Erstausgabe von 1864.

6 Eggert, Studien zur Wirkungsgeschichte, 142. Über die Annäherung der Distanzen zwischen öffentlich und privat durch das "Inkognito-Spiel der Könige": Eggert, Studien zur Wirkungsgeschichte, 136. Beispiel in der "Uarda": Bent-Anats und Rameris Teilnahme am Talfest in Verkleidung.

werden. "Mit der größten Ruhe malte er [Ebers] die intimsten Züge des heutigen deutschen Familienlebens in die Zeit Ramses des Großen hinein."[1] Gerade für die Personen trifft also das zu, was Erman an Ebers widerwillig anerkennt, nämlich, daß er die Figuren von den Sockeln holt, so daß man zu ahnen beginnt, "daß sie Menschen waren, wie andere auch. Diese Erkenntnis angebahnt zu haben ist das große Verdienst von Ebers."[2] Das geht nicht ohne Verzeichnung. Daß Erman nicht erkannt hatte, daß Vergangenes nur vom Standpunkt und mit den Fragen der jeweiligen Gegenwart erfahrbar ist, zeigt die Beschränktheit auch seiner Auffassung.

IV. 2. 3. KULTUR- UND RELIGIONSGESCHICHTLICHES. "ES SOLL ... IN ZWEITER LINIE EIN IN KULTURHISTORISCHER BEZIEHUNG DER WAHRHEIT MÖGLICHST NAHE KOMMENDES BILD ... GEGEBEN WERDEN."

Auch heute noch werden der "Königstochter" ihre akribische, antiquarische Detailbesessenheit, die "umständlich-deskriptiven Kulturbilder"[3] vorgeworfen. Das ist schon nach dem Erscheinen der Erstausgabe im Jahre 1864 so. Ebers schreibt dazu 1876 im Vorwort seines zweiten Romans "Uarda": "Es soll in dieser Dichtung keine Geschichte gelehrt, es soll in ihr auch nur in zweiter Linie ein in kulturhistorischer Beziehung der Wahrheit möglichst nahe kommendes Bild der Zeit des Sesostris gegeben werden. Zwar blieb für diesen Zweck nichts unbenützt, was die Denkmäler und die Papyri lehren; dennoch ist das vorliegende Buch nichts als ein Roman."[4] Unbeeindruckt von dieser Versicherung wiederholen die Kritiker jedoch ihr Verdikt ebenso häufig wie hart-näckig: "Noch mehr als in der »egyptischen Königstochter« wird der Leser [der "Uarda"], unter Verweisung auf die Noten des ersten Romans, mit kulturgeschichtlichem Detail, mit egyptischem Religionswesen beglückt. (...) Ein ganzes Kapitel handelt von den Mumisierungen. Kurz, es gehört eine solide deutsche Geduld dazu, um sich durch drei Bände hindurch mit jenem altheidnischen Kram von Sperberköpfen, Katzenliebe, Katzenverehrung und dergl. bruchstückweise abspeisen zu lassen."[5] Ebenso hartnäckig jedoch verweigern sie sich der Mühe, die kritisierten Details sowohl auf ihre Stimmigkeit zu untersuchen, als auch auf ihre Funktion im ganzen der Komposition hin zu befragen.

---

1 Bölsche, An der Mumie, 122.

2 Erman, Mein Werden, 257.

3 Wolfgang Clauss in: KLL I, Sp.177.

4 Ebers, Uarda I, 1893, IX (Vorwort zur ersten Auflage 1876). Mit Sesostris ist Ramses II. gemeint.

5 Kraus, Der Professorenroman, 13.

IV. 2. 3. 1. Die Saitenzeit. Oder: "Das echte Gold wahrhaften Bürgerglückes und friedlicher Wohlfahrt"

Im sechsten Kapitel der Königstochter stellt Psamtik, der Thronfolger, seinem Vater Amasis die rhetorische Frage: "Wann waren wir am größten?" und beantwortet sie selbst: "Damals, als wir allen Fremden ohne Ausnahme die Pforten unseres Landes verschlossen und, auf eigenen Füßen stehend, der eigenen Kraft vertrauend, nach den uralten Gesetzen unserer Väter lebten.[1] Jene Zeiten haben gesehen, wie der große Thutmes und Ramses mit unseren Waffen die Welt unterjochten, jene Zeiten haben gehört, wie alle Völker Aegypten das erste, größte Land der Erde nannten."[2] Amasis erwidert darauf: "Aegypten war niemals so blühend und groß wie jetzt! (...) An den Ufern des Nil erheben sich zehntausend volkreiche Orte, kein Fuß breit Landes ist unbebaut, kein Kind in Aegypten entbehrt der Wohlfahrt, des Rechtes und Gesetzes, kein Bösewicht kann sich den wachen Augen der Obrigkeit entziehen. (...) So steht es um Aegypten! Den Flitterstaat eitlen Ruhmes bezahlte es einst dem Ramses mit blutigen Thränen. Das echte Gold wahrhaftigen Bürgerglückes und friedlicher Wohlfahrt schuldet es mir und meinen Vorgängern, den saïtischen Königen!"[3]

Damit ist das kulturgeschichtliche Thema des Romans angesprochen, nämlich, parallel zu Ägyptens politischer Stellung in der Konstellation der Weltmächte, seine innere Befindlichkeit zwischen Überfremdung oder Befruchtung durch das Ausland darzustellen. Im Gegensatz zu fast allen Handlungsmotiven, die sich, wie wir gesehen haben, von Herodot herleiten lassen, ist diese historische Hintergrundfolie weitgehend eine Eigenschöpfung von Ebers, gewachsen auf seinen ägyptologischen Kenntnissen.

Die Kulturschilderungen Altägyptens nehmen jedoch in der "Königstochter" noch nicht den Raum ein, den sie in der "Uarda" beanspruchen werden, und da die Handlung, ebenfalls im Gegensatz zur "Uarda", nur in den Herrscherhäusern spielt, bleibt das "Volksleben" eher peripher. Aussagen dazu finden sich hauptsächlich in den Fußnoten, die erst in der Gesamtausgabe auf das umfängliche Niveau der "Uarda" gebracht werden.

---

[1] Wir werden sehen, wie Ebers und die Ägyptologie diese Meinung in 14 Jahren revidieren. In der "Uarda" werden die Ägypter der Ramseszeit als weltoffen und fremdenfreundlich, ja begierig nach allem Fremden dargestellt, wobei allerdings auch hier sich an der konservativen, allem Neuen und Fremden feindlichen Haltung der Priester nichts geändert hat.

[2] Ebers, Königstochter I, 1893, 97.

[3] Ebers, Königstochter I, 1893, 98f.

Ägyptologisches Basiswissen wird aber durchaus erläutert, indem immer wieder kulturgeschichtliche Beobachtungen einfließen, ohne jedoch zu eigenen Exkursen zu führen. Als Beispiel möge eine kurze Schilderung eines Straßenzuges in Sais dienen mit Bemerkungen über die Bauweise der Häuser und die ägyptische Reinlichkeit[1], eine Marktszene[2]; die Schilderung eines Festes[3] oder eines Festzuges.[4] Auch der hohe Wohlstand des Landes wird betont[5], Kaufleute und Reeder besuchen Ägypten und holen Waren, "Pferde und Wagen, die berühmtesten in jener Zeit"[6], es ist ein Zentrum der Wissenschaft, denn viele Ausländer kommen nach Ägypten, um "zu Heliopolis Astronomie und ägyptische Weisheit zu studieren."[7] Die Ägypter sind überlegene Ärzte, die, wie auch bei Herodot, ins Ausland geschickt werden.[8]

Der Ägypter gilt dem Ausland als intolerant und arrogant, das Ausland ist umgekehrt für den Ägypter "unreines Land"[9], alle Ausländer "Typhonsbrut" und "Götterverächter."[10] Der echte Ägypter pflegt keine Gemeinsamkeit mit solchen, weder beim Essen, Schlafen, Reisen. Daß Ebers diese Einschätzung nicht so ganz ernst nimmt, zeigt dem Leser die burleske Schilderung der Arroganz des Hib, des Dieners des Nebenchari, gegen die Perser.[11] Alle diese Eigenschaften treffen in gesteigertem Maße für die Priesterkaste zu, die sich als reaktionär und chauvinistisch zeigt: "Er war ein echter Aegypter, ein echtes Kind jener Priesterkaste, deren Mitglieder selbst in ihrer Heimat, sobald sie sich öffentlich zeigten, feierlich und würdevoll einherzugehen und niemals zu scherzen pflegten."[12] Die Ägypter gelten insgesamt als konservativ und besonders die Griechen haben für diese Eigenschaft wenig Verständnis. Der "unwandelbar beständige Sinn der Aegypter"[13] wird von Phanes nur als "ägyptische Thorheit"[14] bezeichnet.

---

1 Ebers, Königstochter I, 1893, 121f.

2 Ebers, Königstochter II, 1893, 210.

3 Ebers, Königstochter I, 1893, 83f.

4 Ebers, Königstochter II, 1893, 215.

5 Ebers, Königstochter I, 1893, 98 nach Herodot, Hist. II, 177.

6 Ebers, Königstochter I, 1893, 15. Mit ausführlicher Anmerkung zur ägyptischen Pferdezucht von Salomo bis zur P(anch)i-Stele.

7 Ebers, Königstochter I, 1893, 15. Der nach Babylon verbannte Onuphis leistet dort diesbezüglich Entwicklungshilfe, Ebers, Königstochter II, 1893, 12.

8 Ebers, Königstochter II, 1893, 130, Nebenchari - so heißt der Augenarzt bei Ebers - ist ein besonders schönes Beispiel für ägyptischen priesterlichen Chauvinismus: er kuriert zwar an den Augen der persischen Königin herum, denkt aber garnicht daran, sie zu heilen, obwohl er den Starschnitt beherrscht, "weil ich nicht gewohnt bin, meinen Feinden Geschenke zu machen", Ebers, Königstochter II, 1893, 129.

9 Ebers, Königstochter II, 1893, 114.

10 Ebers, Königstochter II, 1893, 107.

11 Ebers, Königstochter II, 1893, 108ff.

12 Ebers, Königstochter II, 1893, 112.

13 Ebers, Königstochter I, 1893, 23.

14 Ebers, Königstochter I, 1893, 24.

Ebers legt dem Amasis auch die Aussage des Herodot in den Mund, daß die Ägypter das frömmste aller Völker sind[1], läßt aber sofort ergänzen, daß sie keineswegs nur dem Jenseits zugewandt sind und es kaum ein freudigeres Volk gibt.[2] Trotzdem ist natürlich die Hauptsorge jedes echten Ägypters dem Leben nach dem Tode zugewandt und der Jenseitsglaube, der in der "Uarda" eine zentrale Rolle spielen wird, tritt auch schon hier deutlich hervor: So sagt Amasis: "Habe ich auch manches Hellenische angenommen, so bleibe ich dennoch im innersten Wesen Aegypter. (...) Soll ich mir, um der kurzen Lebenstage willen, die langen Jahrtausende des Todes verderben?"[3] Die Balsamierung wird als Voraussetzung für das Weiterleben der Seele geschildert[4], auch die im Ausland gestorbene Nitetis muß balsamiert werden.[5] Die Schilderung der ägyptischen Götterwelt bleibt jedoch oberflächlich. Zwar wird eine ganze Reihe von Götternamen genannt, doch werden diese nur sehr pauschal, wenn überhaupt mit Inhalt gefüllt, meist nur in Form eines Nebensatzes wie: Er wollte im "Tempel der Nechebt,* (* Anm.: Die Eileithyia) einer ägyptischen Göttin, der man glückliche Geburten zuschreibt, Opfer bringen"[6] oder "Toth, der die Wissenschaft beschirmt."[7]

Besonders die Tierverehrung ist ein Stein des Anstoßes für die Griechen. Ebers agiert aber sehr geschickt, indem nicht der Erzähler oder gar der Autor selbst Aberglauben, Obskurantismus oder Zoolatrie oder etwa den im Altertum allgemein verbreiteten Polytheismus verurteilen, die Mißbilligung geschieht vielmehr durch die Griechen oder Perser, also innerhalb der Handlung. Der Autor tritt nur in den Anmerkungen zutage, und in denen wirbt er um Verständnis für die Tierverehrung. Ebers begründet die ablehnende Meinung der Griechen damit, daß diese und die Römer vielfach "nur die bizarren äußeren Formen der ägyptischen Religion sahen."[8] Ebers vermeidet die Haltung des Besserwissens des Nachgeborenen gegenüber den Alten.[9] Die ägyptische Katzenverehrung wird auch für die Handlung bedeutend, denn die Verbannung des Phanes, des verdienten Feldherrn und

---

1 Herodot, Hist. II, 37; Ebers, Königstochter I, 1893, 75.

2 Ebers, Königstochter I, 1893, 76.

3 Ebers, Königstochter I, 1893, 78. Auf der vorhergehenden Seite läßt Ebers den Amasis sagen, "daß die Priester über jeden Verstorbenen ein Totengericht halten, und denjenigen, welchen sie schuldig befinden, der Grabesruhe berauben". Die dazugehörige Anmerkung sieht dieses Totengericht, das von vielen Monumenten und den Griechen überliefert ist, nicht identisch mit dem bekannten Gericht über die Seele. Über dieses und die Unterwelt, Ebers, Königstochter II, 1893, 222f.

4 Ebers, Königstochter II, 1893, 48f.

5 Ebers, Königstochter II, 1893, 138 und 139.

6 Ebers, Königstochter II, 1893, 148.

7 Ebers, Königstochter II, 1893, 122.

8 Ebers, Königstochter I, 1893, Anm.20.

9 Das war nicht überall Sitte: "L'égyptologue allemand A.Erman n'hésite pas à sourire devant la naïveté des anciens Egyptiens", Traunecker/Golvin, Karnak, 207.

der Stütze des Thrones, geht auf das Konto seines "Katzenverbrechens".[1] Die "Katzenschilde" der Perser in der Schlacht von Pelusium[2] tragen zu deren Sieg bei.

Die Integrität der Priesterschaft wird von Anfang an in Zweifel gezogen, sie gilt als herrschsüchtig[3], intrigant, unlauter und bereit, für ihre Ziele über Leichen zu gehen, ja selbst Ägypten[4] und den König[5] zu verraten. Die Priester überwachen und beherrschen den König, die Kunst und das Volk. Hinter diesen deutlich "jesuitischen" Zügen der Priester steht der Ebers'sche Antiklerikalismus, auch die Priester der Perser schildert er nicht anders.[6]

Der einzige größere zusammenhängende religionsgeschichtliche Abschnitt ist dem Osirismythos gewidmet. Ebers beschreibt darin eine nächtliche Mysterienfeier auf dem heiligen See im Neith-Tempel zu Sais.[7] Dieses Fest wird von Herodot zwar erwähnt, jedoch aus Ehrfurchtsgründen nicht beschrieben.[8] Ebers baut diese Geschichte als Bericht eines Zuschauers ein, der durch die Handlung kaum motiviert ist, ganz im Sinne der belehrenden Beckerschen Exkurse. Die Vorlage liefert Plutarch, aber im Gegensatz zu ihm wird nicht der Mythos selbst, sondern die diesen aktualisierende Darstellung geschildert:

> "»Vor mir lag ein spiegelblanker, von schönen Bäumen und bunten Blumenbeeten umgebener See, auf dessen Fläche goldene Boote schwammen, in denen liebliche, schneeweiß gekleidete Knaben und Mädchen, süße Lieder singend, fuhren. (...) Inmitten dieser Kähne schwamm ein herrliches, großes Schiff, dessen Bord von Edelsteinen glänzte. Ein schöner Knabe schien sein einziger Leiter zu sein; aber wunderbar, das Steuer, welches er regierte, bestand nur aus einer weißen Lotosblume, deren zarte Blätter die Fluten kaum berührten. In der Mitte des Fahrzeuges ruhte auf seidenen Kissen ein wunderholdes, mit königlicher Pracht gekleidetes Weib. An ihrer Seite saß ein übermenschlich großer Mann, der eine mit Epheu umrankte hohe Krone auf den wallenden Locken, ein Pantherfell über den Schultern und einen gekrümmten Stab in der Rechten führte. Im Hinterteile des Schiffes stand, unter einem von Rosen, Epheu und Lotosblumen gebildeten Dach, eine schneeweiße Kuh mit goldenen Hörnern, über deren Rücken sich eine purpurne Decke breitete. Der Mann war Osiris, das Weib Isis, der Knabe am Steuer Horus, der Sohn des Götterpaares, die Kuh das heilige Tier der unsterblichen Frau. (...)

---

1 Gosche, Georg Ebers, 120. Das "Verbrechen" ist natürlich nur ein Vorwand für die Priester den lästigen Phanes loszuwerden. Phanes selbst vermutet, daß die Priester ihrereseits die überflüssigen Katzen beseitigen, Ebers, Königstochter I, 1893, 27.

2 Ebers, Königstochter II, 1893, 252. Diese Idee ist so kurios, daß es kaum glaublich scheint, daß sie Ebers' Phantasie entsprungen sei.

3 Ebers, Königstochter I, 1893, 292.

4 Ebers, Königstochter I, 1893, 167.

5 Ebers, Königstochter I, 1893, 31 und II, 1893, 227.

6 Ebers, Königstochter II, 1893, 350.

7 Über die Gleichsetzung der Isis mit der Neith zu Sais siehe: Wiedemann, Herodots zweites Buch, 590.

8 Herodot, Hist. II, 62 und 170f.

Plötzlich ließ sich ein Donner vernehmen, dessen Grollen immer lauter erscholl und zu herzerschreckendem Krachen wurde, als ein furchtbar anzuschauender, mit dem Fell eines Ebers bekleideter Mann, dessen rotes Haar in struppigem Gewirr ein scheußliches Angesicht umgab, aus der Nacht des Haines hervortrat und sich, in den See springend, von siebzig ihm ähnlichen Männern begleitet, dem Schiffe des Osiris näherte.

»Windesschnell enteilten die kleinen Nachen, und die Lotosblume entfiel der zitternden Hand des steuerführenden Knaben. Das scheußliche Ungetüm stürzte sich, schnell wie der Gedanke, auf Osiris, erschlug ihn mit Hilfe seiner Genossen, warf den Leichnam in den Mumienkasten und diesen wiederum in den See, welcher den schwimmenden Sarg wie durch Zauber entführte. Indessen hatte sich Isis in einem kleinen Boote an Land gerettet und lief mit fliegendem Haar, laute Wehklagen ausstoßend und von den Jungfrauen, welche, gleich ihr, den Nachen entstiegen waren, begleitet, am Randes des Wassers umher. Sie alle suchten unter seltsam rührenden Tänzen und Gesängen, bei denen die Mädchen mit schwarzen Byssustüchern wunderbare Bogen schwangen und schlangen, den Leichnam des Verstorbenen. - Auch die Jünglinge blieben nicht müßig und bereiteten unter Tänzen und Klapperschlagen einen kostbaren Sarg für die verschwundene Leiche des Gottes. Als er fertig war, vereinten sie sich mit dem weiblichen Gefolge der wehklagenden Isis und schweiften mit ihr, suchend und Schmerzenslieder singend, am Randes des Wassers umher.

»Da plötzlich erhob sich eine leise Stimme von unsichtbarem Munde, die in einem immer lauter werdenden Gesange verkündete, daß die Leiche des Gottes von der Stömung des Mittelmeeres nach Gebal im fernen Phönizien getragen worden sei. (...)

»Kaum hatte Isis die frohe Kunde vernommen, als sie die Trauerkleider abwarf und, begleitet von den Stimmen ihres liebreizenden Gefolges, ein helles Jubellied anstimmte. Das Gerücht hatte nicht gelogen, denn die Gattin fand in der That am nördlichen Ufer des Sees den Sarkophag und die Leiche ihres Gatten. Sobald beide unter Tänzen ans Land gebracht worden waren, warf sich Isis über die geliebte Leiche, rief Osiris beim Namen und bedeckte die Mumie des Toten mit tausend Küssen, während die Jünglinge ein wundervolles Grabgewölbe von Lotusblumen und Epheuranken für ihn zusammenflochten.

»Nachdem der Sarkophag beigesetzt war, verließ Isis die Stätte der Trauer, um ihren Sohn aufzusuchen. Sie fand ihn am östlichen Endes des Sees, woselbst ich schon lange einen wunderschönen Jüngling bemerkt hatte, der sich mit zahlreichen Altersgenossen im Waffenspielen übte. Dieser stellte nun den nunmehr herangewachsenen Horus dar.

»Während sich die Mutter mit dem schönen Kinde freute, ließ sich ein neuer Donner vernehmen, der zum zweitenmale das Nahen des Typhon verkündete. Das Ungeheuer stürzte sich auf das blühende Grab seines Opfers, entriß es dem Sarkophag und zerhieb die Mumie in vierzehn Stücke, welche er unter Posaunen- und Donnerschall am Randes des Wassers umherstreute.

»Als sich Isis den Grabmale wiederum näherte, fand sie nichts als verwelkte Blumen und einen leeren Sarkophag; am Ufer des Sees aber flammten an vierzehn verschiedenen Stellen vierzehn Feuer in wunderbaren Farben. Die Beraubte eilte mit ihren Jungfrauen diesen Lichtern entgegen, während sich die Jünglinge mit Horus vereint hatten und, von ihm geführt, am jenseitigen Ufer des Wassers mit Typhon kämpften.

---

*) Bekannter in der griechischen Form Byblos.

»Ich wußte nicht, wohin ich Augen und Ohren zuerst wenden sollte. Hier tobte unter Donnerschlägen und hellem Trompetengeschmetter eine furchtbare Schlacht, von deren Verlauf ich die Blicke nicht losreißen mochte; dort sangen liebliche Frauenstimmen herzbestrickende Lieder zu zauberischen Tänzen, denn Isis hatte bei jedem der plötzlich entflammten Lichter eins der Glieder ihres Gatten wiedergefunden und feierte jetzt ein Freudenfest. (...)

»Kaum hatte Isis das vorletzte Glied des Osiris gefunden, als auch vom jenseitigen Ufer des Sees triumphirende Fanfaren und Lieder erklangen.

»Horus hatte Typhon geschlagen und drang nun, um seinen Vater zu befreien, in die offene Pforte der Unterwelt, welche sich auf der Westseite des Sees, bewacht von einem grimmigen weiblichen Nilpferde, aufthat.

»Jetzt ertönten, näher und näher kommend, liebliche Harfen- und Flötentöne, himmlischer Wohlgeruch stieg auf, ein rosiges Licht verbreitete sich heller und heller über den Hain, und an der Hand seines siegreichen Sohnes trat Osiris aus der offenen Pforte der Unterwelt. Isis eilte in die Arme des erlösten, von den Toten erstandenen Gatten, gab dem schönen Horus von neuem, statt des Schwertes, eine Lotusblume in die Hand und streute Blüten und Früchte aus, während sich Osiris unter einen mit Epheu umrankten Baldachin setzte und die Huldigung aller Geister der Erde und Unterwelt empfing.«"[1]

In insgesamt elf Anmerkungen (Fuß- und Endnoten) kommentiert Ebers diese Schilderung. Selbstverständlich gibt er die Belege bei Herodot, Plutarch und Diodor und den moderne Autoren, v.a. die Naville-Edition des Horus-Mythos von Edfu.[2] Er begründet die Abweichungen, würde in Lepsius' weiblichem Nilpferd, der Fresserin, lieber ein Mischwesen sehen, verschweigt auch den verlorenen Phallus des Osiris nicht. Nach der oben abgedruckten Schilderung gibt er durch den Mund eines der Zuhörer folgende rationalistische Deutung des Geschehens:

"»Isis scheint mir die gütige Erde zu sein, Osiris die Feuchtigkeit oder der Nil, welche dieselbe fruchtbar machen, Horus der junge Lenz, Typhon die alles versengende Dürre. Letztere vernichtet den Osiris oder die Feuchtigkeit. Die gütige Erde, der Zeugungskraft beraubt, sucht wehklagend den geliebten Gatten, den sie im kühleren Norden, wohin der Nil sich ergießt, wiederfindet. Endlich ist Horus, die junge Triebkraft der Natur, erwachsen und besiegt Typhon oder die Dürre. Osiris war, wie die Fruchtbarkeit, nur scheintot, entsteigt der Unterwelt und beherrscht mit seiner Gattin, der gabenreichen Erde, von neuem das gesegnete Nilthal.«"[3]

Da es Ebers als seine Aufgabe betrachtet, Verständnis für eine fremde Kultur und die Wissenschaft von dieser zu wecken, betont er - vielleicht zu sehr - das Gemeinsame, Zeitüberspannende. Er legt großen Wert auf die Darstellung moralischer Maximen, die er als "absehend von allem Nationalen, die allgemein menschliche Quintessenz der Moral"[4] verkörpernd ansieht und die vor allem im

---

1 Ebers, Königstochter II, 1893, 288-293.

2 Naville, Textes relatifs au mythe d'Horus.

3 Ebers, Königstochter II, 1893, 293f.

4 Ebers, Königstochter I, 1893, Anm.251.

Totenbuch überliefert sind, in dem sich, besonders in der negativen Rechtfertigung, "fast das ganze mosaische Sittengesetz wiederfindet."[1] Gefordert werden Tugenden wie Treue, Wahrhaftigkeit, Wohltätigkeit, v.a. den Witwen und Waisen gegenüber.[2] Die Pflicht der Kinder, die Eltern zu ehren ist altägyptischer Herkunft: "Im Papyrus Prisse, der ältesten erhaltenen Handschrift, findet sich das vierte Gebot selbst mit der Verheißung."[3] Ebers betont also den hohen ethischen Gehalt, der hinter den vielfach kruden Ausformungen der ägyptischen Frömmigkeit steht und der historisch durchaus als Grundlegung unserer christlichen Ethik gesehen werden kann.[4]

In den 13 Kapiteln von insgesamt 30 der "Königstochter", die im Perserreich, v.a. in Babylon, spielen[5], treten hier naturgemäß ägyptische Sitten und Gebräuche nur indirekt und vermittelt durch die am Perserhof weilenden Ägypter, Nitetis, den Augenarzt Nebenchari und seinen Diener Hib, den verbannten Oberpriester Onuphis und Erzählungen über Ägypten auf. Über weite Teile werden breite Schilderungen von Sitten, Riten und Gebräuchen der Perser gegeben. So ist die Fest-Schilderung in Ägypten zur Feier der persischen Gesandtschaft nur kurz im Vergleich mit dem ausführlich geschilderten und auch in die Handlung eingebauten Geburtstagsfest des Kambyses in Babylon mit Opferriten, Empfang der Gesandten und dann dem abendlichen Festgelage. Auch den persischen Trauergebräuchen um Nitetis wird breiter Raum gewidmet.[6]

Ebers will die drei großen Nationen der Ägypter, Griechen und Perser schildern. Dabei glaubt er, daß "die Perser und Griechen, die ihrer Herkunft nach mit uns verwandt sind, (...) in dieser Hinsicht weniger Schwierigkeiten" der Einfühlung bieten würden[7], also, wie oben dargelegt, der Eintritt in die fremde Welt der Ägypter durch diesen "Vorhof" der Griechen und Perser erleichtert würde. Zwar spielt kein Teil des Romans in Griechenland, doch erfolgt der Zutritt nach Ägypten räumlich und inhaltlich in Naukratis, d.h. über 60 Seiten lang wird Ägypten zuerst mit der griechischen Brille des Herodot vorgestellt. Psychologisch richtig wird Ebers nicht müde, mit diesem beteuern zu lassen, daß Ägypten ein seltsames Land ist und seine Bewohner ein wunderliches Volk.[8] Später wird dann - wie schon gesagt - Ägypten durch die Perser reflektiert.

Diese Kontrastierung ergibt die Möglichkeit, Vergleiche zu ziehen und Rangordnungen zu zeichnen: An einigen Bereichen soll dies nun aufgezeigt werden. Es ergibt sich ein vielseitiges und gebrochenes

---

1 Ebers, Königstochter I, 1893, Anm.251.

2 Ebers, Königstochter II, 1893, 89.

3 Ebers, Königstochter II, 1893, Anm.51.

4 Über den "Monotheismus" besonders 369-371.

5 Band I, 12-15. Band II, 1-8 und 15.

6 Fest in Ägypten: Ebers, Königstochter I, 1893, 83f.; Fest in Babylon: Ebers, Königstochter I, 1893, 257-276 und I, 312-324; Trauer: Ebers, Königstochter II, 1893, 138.

7 Ebers, Königstochter I, 1893, IX.

8 Ebers, Königstochter I, 1893, 5, 11, 26 u.s.w.; Herodot, Hist. II, 35.

Geflecht von Betrachtungen der Ägypter - Griechen - Perser zueinander mit ihren spezifischen Ansichten, Urteilen, Vorurteilen. Diese dürfen aber nicht einfach als die des Autors und/oder der Wissenschaften genommen werden.

Dem Leser wird sich bald bei der Verfolgung der Intrige gegen Nitetis die Frage stellen, warum die Anwesenheit der Angeklagten bei der entscheidenden Verhandlung zu ihrer Rechtfertigung als nicht nötig erachtet wird. Dann nämlich würde die ganze Intrige klanglos in sich zusammenbrechen. Doch wird die Frau, die bei den Persern als ein Ding betrachtet wird, nicht um ihre Meinung gefragt. Auf das freie Auftreten der Nitetis als Repräsentantin Ägyptens und des Phanes für Griechenland dem Kambyses gegenüber, dem sich sonst alles gebückt naht, wird großer Wert gelegt.[1] Auch darin erweist sich der freiere Geist Ägyptens. Die Perserin und die Griechin dagegen muß gleicherweise "in den Weibergemächern das Leben verbringen und froh sein, wenn man ihr ausnahmsweise gestattet, tiefverschleiert und von mißtrauischen Sklaven begleitet über die Straße zu gehen"[2], während der freie Umgang der Ägypterinnen, auch der Frauen des königlichen Hauses, auch mit Fremden, durchgehend und ohne viel Aufhebens geschildert wird. Ebers verwendet großen Raum auf die Beschreibung des schwülen Lebens in den "Weibergemächern" - literarische Widerspiegelung des beliebten ikongraphischen Topos wilhelminischer "Haremsphantasien."[3] Die Vielweiberei ist durchgehendes Thema des Romans und in vielen Äußerungen von Persern kommt Geringschätzung den Frauen gegenüber zum Ausdruck. "Man wählt die Frauen doch nur wie Nüsse nach dem Aussehen der Schale. Wer mag wissen, ob ein guter, ein verdorbener oder vielleicht gar kein Kern darin steckt."[4] Zwar bezeichnen die Griechen die asiatische Vielweiberei als Unsitte[5], doch halten auch sie ihre Frauen in Unmündigkeit, Abhängigkeit und Unwissenheit. "In Aegypten ist alles anders", so faßt Ladice ihre Schilderung der Zustände in Griechenland - Ladice ist ja selbst Griechin aus der Cyrenaika - zusammen mit dem Fazit: "Ich wage dreist zu behaupten, daß keine Frau so glücklich ist, wie das Weib eines Aegypters!"[6] Und auch Nitetis sagt zu Kambyses: "Bedenke aber, daß ich (...) einem Lande entstamme, wo das schwache Weib die Rechte des starken Mannes teilt."[7] Neben humanen Gründen steht als anderes Motiv des Amasis, Nitetis als seine Tochter in Unkenntnis ihrer wahren Herkunft aufzuziehen, die für griechische und persische Verhältnisse undenkbare

---

1 Ebers, Königstochter II, 1893, 80f.

2 Ebers, Königstochter II, 1893, 237.

3 Ebers, Königstochter I, 1893, 304-312. "In der schwebend heißen Luft der stark überheizten Halle tummelten sich mehr als dreihundert Weiber, umwallt von einer dichten Wolke feuchten Wasserdampfes. Wie Nebelbilder bewegten sich die halbnackten Gestalten, deren dünne seidene Ueberwürfe sich, von der Nässe durchdrungen, an die zarten Formen schmiegten, in buntem Durcheinander über die heißen marmornen Fließen des Bades (...)" Ebers, Königstochter I, 1893, 304f.

4 Ebers, Königstochter II, 1893, 3.

5 Ebers, Königstochter I, 1893, 185.

6 Ebers, Königstochter I, 1893, 116f;

7 Ebers, Königstochter I, 1893, 208f.

selbständige Regierungsfähigkeit der Frau am Nil[1], also die matrilineare Sukkzession, die ihm als Usurpator gefährlich werden könnte. So steht der Aphorismus des Griechen Hipponax als Brennspiegel griechischer Auffassung:

> "An zweien Tagen nur kann dich ein Weib erlaben,
> Am Tag der Hochzeit und - am Tag, wo sie begraben."[2]

gegen den Ausruf der Atossa, der jungen Schwester des Kambyses, bei den Schilderungen der Nitetis vom Leben der Frauen in Ägypten:

> "Beim Mithra, Mutter, ich möchte eine Aegypterin werden."[3]

Phanes ist von Ebers konzipiert als der Vertreter des "humanen" Griechentums der vorklassischen Ära - Ebers macht aus diesem Grunde diesen aus einem Harlikarnassier zu einen Athener. Obwohl Phanes immer wieder vom Erzähler durch allerlei positive Epitheta geehrt wird, ist doch sein Charakter wenig schmeichelhaft gezeichnet. So sein glühendes und blindes Verlangen nach Rache für die Ermordung seines Sohnes, das die gesamte Person beherrscht und für das er bereit ist, sein zweites Kind, ein Töchterchen, zu opfern. "Sie möge sterben. Lieber kinderlos, als ohne Rache zu Grabe gehen!"[4] Für diesen Zug, den Ebers nicht bei Herodot findet, können wir durchaus dem Erzähler den unterschwelligen Zweck unterstellen, die Idealgestalt des aufgeklärten Griechentums als Korrektiv obskurantistischen und intoleranten Ägyptertums zu verdunkeln. Der naive Leser nahm und nimmt wohl die abschätzigen Urteile über die Ägypter, die den ersten Teil des Romans füllen, für die Meinung des Autors, während sich Ebers immer wieder leise von den griechischen Ansichten distanziert, die ihrerseits tatsächlich ja auch durchaus ambivalent und keineswegs homogen waren. So wurde die Weisheit der ägyptischen Priester einesteils von den Griechen mit größter Ehrfurcht betrachtet, die Religion im Gegenzug aber auch als abgeschmackt. Umgekehrt relativiert der Erzähler die griechischen Sitten und Ansichten, indem er die Nichtgriechen - Ägypter, Perser, Juden - darüber die Köpfe schütteln läßt.[5] Überhaupt wirken die griechischen Ehrvorstellungen eher übertrieben, wenn Aristomachus schildert, wie er sich den angeschmiedeten Fuß abgehackt hat, um aus dem Schandblock entfliehen zu können. Eigentlich hätte er sich mit dem Schwert ja lieber umgebracht, aber das verbot ihm die Aufgabe der Rache![6] Ähnliches gilt für die Perser. Deren Kriegslüsternheit und mi-

---

1 Ebers, Königstochter II, 1893, 115: "Am Nil sind ja auch die Weiber regierungsfähig!" sagt Phanes zu Nebenchari und Ebers bestätigt dies dem Leser in Anmerkung 31.

2 Ebers, Königstochter I, 1893, 118.

3 Ebers, Königstochter I, 1893, 236.

4 Ebers, Königstochter II, 1893, 158. Darin spricht sich natürlich auch die Minderschätzung des Mädchens gegen den Sohn aus.

5 Z.B. Ebers, Königstochter I, 1893, 45: Der Vater vergießt Freudentränen, als er vom Tod seines siegreichen Sohnes in Olympia erfährt: "Der Israelit, entsetzt über diesen Ausspruch, der ihm frevelhaft und unnatürlich erschien, schüttelte nur mißbilligend den Kopf."

6 Ebers, Königstochter I, 1893, 90.

litaristisches Getön macht uns durch die ständige Wiederholung diese keineswegs sympathischer. "Ihr könnt euch denken, mit welchem Jubel die Hoffnung auf einen Krieg mit Aegypten aufgenommen wurde", berichtet Bartja[1], und wenig später sagt er: "Wie aber wächst der Mann im wilden Streit, wie weitet sich sein Herz, wie schwillt sein Arm! (...) Ein Perserweib muß sich der Schlachten freuen; denn ihres Gatten Leben ist ihr lieb, doch lieber noch ist ihr sein Heldenruhm."[2] Wie moderat und bürgerlich-besonnen sind dagegen doch seine Ägypter! Der Erzähler konterkariert den permanenten gnadenlosen Heroismus der Perser durch seine "pazifistische" Schilderung der Pelusium-Schlacht, die sage und schreibe ganze neun Zeilen umfaßt.[3]

Die Beeinflussung der Anfänge der griechischen Kunst durch die Ägypter wurde damals eifrig diskutiert, Ebers zitiert die Arbeit von Lepsius: "Ueber einige ägyptische Kunstformen und ihre Entwickelung" (1871)[4] und läßt auch in seinem Roman in Kunstgesprächen die verschiedenen Auffassungen aufeinander prallen. Ein griechischer Bildhauer referiert, daß die Griechen zwar die Schüler der Ägypter seien, jedoch haben diese zur Zeit ihrer Blüte den Lehrer, der sich nicht aus seinem starren Regelwerk lösen konnte, längst übertroffen. Im Handwerklichen, in Sicherheit, Sauberkeit und Verarbeitung des Hartgesteins sind die Ägypter zwar immer noch Meister, jedoch verdient keine ägyptische Statue den hohen Namen eines Kunstwerks. Die moderne Kunst, also die saitische, ist "glätter, aber lange nicht so kraftvoll als die älteren Werke."[5] Durch die Herrschaft der Priester sei es zu jenem Stillstand gekommen, der Proportionskanon verhindert jede weitere Entwicklung. Dies war die verbreitete Ansicht in der Ägyptologie. Ebers stellt in seiner Anmerkung die 1811 aufgefundenen Aegineten als das höchste Zeugnis der griechischen Kunst in ihrem Ziel der Naturnachahmung und der freien Bewegung vor.[6] Jedoch scheint ihm möglich, daß diese Ansicht nicht die endgültige ist und so läßt er seine Nitetis sagen: "Unsere Kunstwerke sind so verschieden von denen der Hellenen! Wenn ich in unsere Tempel ging, um zu beten, so war es mir immer, als müsse ich mich vor der Größe der Götter in den Staub werfen und sie bitten, mich kleinen Wurm nicht zu zerschmettern; auf den Stufen des Hera-Heiligtums zu Samos aber mußte ich die Hände erheben und den Göttern fröhlich danken, daß sie die Erde so schön bereitet."[7]

Zwar heißt es, "daß in Ägypten Staat und König eins sind"[8], doch die Macht des Königs ist beeinträchtigt durch die Priester - das ägyptische Königtum wird ausdrücklich als faktisch eingeschränktes erklärt - im Gegensatz zum persischen. Durch den Ebers'schen Antiklerikalismus

---

1 Ebers, Königstochter II, 1893, 172.

2 Ebers, Königstochter II, 1893, 198f.

3 Ebers, Königstochter II, 1893, 261f.

4 Lepsius, Ueber einige ägyptische Kunstformen.

5 Ebers, Königstochter I, 1893, 136, das ganze Gespräch: 134-137.

6 Ebers, Königstochter I, 1893, Anm.26.

7 Ebers, Königstochter I, 1893, 238.

8 Ebers, Königstochter II, 1893, 113.

erscheint das auf den ersten Blick als Hemmschuh, was doch eigentlich ein konstitutionelles Element der Gewaltenteilung darstellt. Da die Priester die oberste Gerichtsbarkeit besitzen, muß Amasis diesen erhebliche Zugeständnisse im Prozeß gegen den "Katzenverbrecher" Phanes machen. Konsensfindung, Kompromiß und Machtbalance sind dagegen dem Perserreich völlig fremd, der König herrscht dort in der Tat despotisch[1], ein Urteil, das der König fällt, ist dort unumstößlich, auch wenn es sich als falsch herausstellen sollte.[2] Damit erweist sich Ägypten - wie sehr auch das Bild unhistorisch sein mag - als eindeutig modernerer Staat. Das ägyptische Königtum des Amasis als ein aufgeklärtes, dessen Ziel es ist, die Wohlfahrt des Volkes zu fördern[3], steht fernab dem persischen als orientalisch-despotischem. Dem König obliegt die schwierige Aufgabe eines Vermittlers der gesteigerten Gegensätze zwischen Ägyptern und Griechen, wobei Ebers die in den modernen Geschichten erwähnte Partei der "Libyer" mit den Ägyptern gleichgesetzt. Psammetich III. wird als unausgeglichen geschildert und somit als unfähig, das Werk seines Vaters weiterzuführen. Der sterbende Amasis gibt seinem Sohn die Lehre: "Erinnere Dich (...) stets daran, daß Du und die Priester für das Volk und nicht das Volk für Dich und die Priester da ist. Ehre die Religion um ihrer selbst willen und als die wesentlichste Stütze des Gehorsams der Völker gegen die Könige."[4]

Die "Königstochter" ist also keineswegs mit "Kulturbildern" überfrachtet, diese sind vielmehr funktional in die Handlung intergriert. Nationale Exklusivität, vielleicht sogar Chauvinismus, ungestörter Frieden und höchste innere Wohlfahrt, aufblühender Handel - auch durch die Griechen - Entstehung der übermächtigen Stellung des Isis- und Osiriskultes, der bis in die Römerzeit weiterwirken wird, Übertreibung des Tierkultes, Absonderung des Priesterstandes und peinliche Beobachtung äußerer Gebräuche und zeremonieller Reinheitsgebote, daneben Archaismus und klassizistische Glätte in der Kunst sind die Schlagworte, die wir aus der Beobachtung der Kulturschilderung der Königstochter gewinnen konnten.[5] Und diese Charakterisierung der Saitenzeit ist aktuell geblieben. Das bestätigt ein Blick in spätere Gesamtdarstellungen dieser Epoche, etwa in Breasteds "Geschichte Aegyptens", worin wir alle diese Begriffe wörtlich wiederfinden. So wenig hatte sich also fast 50 Jahre nach Ebers verändert.

Nur oberflächliche Betrachtung läßt den Eindruck einer simplen Darstellung aufkommen, tatsächlich jedoch erschließt sich der genaueren Betrachtung ein differenziertes Geflecht unterschiedlicher Ebenen: Da sind einerseits die handelnden Personen aus den verschiedenen Völkern, die sich gegenseitig und untereinander kommentieren, dann der Erzähler, der z.B. in den Epitheta Wertungen vornimmt

---

1   "Die Perser nannten ihre Fürsten nur Söhne der Götter, und dennoch herrschten diese in der That weit unbeschränkter als jene" (d.h. die der Ägypter), Ebers, Königstochter I, 1893, 259.

2   Ebers, Königstochter II, 1893, 103.

3   Das geht bis in die Details einer rationalen Staatshaushaltsführung durch die Ägypter, die Darius von diesen erlernen wird, Ebers, Königstochter II, 1893, 359, gegen die maßlose Verschwendung am Perserhof.

4   Ebers, Königstochter II, 1893, 227.

5   Diese Punkte werden größtenteils nochmals zusammengefaßt in den rückblickenden Gesprächen am Sterbebett des Amasis, Ebers, Königstochter II, 1893, 218f.

und endlich der Autor, der sich in Fußnoten und Endnoten ausspricht und seinerseits auch die Anschauungen und Aussagen der Personen und des Erzählers korrigiert, wie er z.B. die Tierverehrung, die die Griechen ablehnen, in einer Anmerkung verteidigt.

Dagegen kann dem Roman der Vorwurf nicht erspart bleiben, daß das Bild, das er von Ägypten als einem friedlichen, wohlhabenden, satten Staat, der von einem aufgeklärten, laizistischen, konservativen, fast konstitutionellen Landesvater regiert wird, entwirft, eher dem Ebers'schen Ideal der bürgerlichen eigenen Zeit entspricht als der historischen Wirklichkeit. Die Idee, Amasis habe manche Züge von Friedrich Wilhelm IV. erhalten, wird uns weiter unten beschäftigen. Darin kann eine Bestätigung, Variante und v.a. Weiterschreibung der These Syndrams gesehen werden, die die Ägyptenrezeption des Klassizismus, die ja vorwiegend von der Aristokratie getragen worden war, darin begründet sieht, daß im Anschluß an den "Recueil d'Antiquités" des Comte de Caylus[1] Ägypten als das Beispiel eines "konservativen, aber auch in Teilen aufgeklärten Absolutismus, ja als »Goldenes Zeitalter« der Vorzeit erscheinen ließ" und damit "ein Gegenbild zu Winckelmanns demokratischem Griechenland"[2] bot. Ebers erweitert diese Antithese: Ägypten steht bei ihm zwischen dem keineswegs idealen Griechenland und der persischen Despotie, als Angebot zum Wiedererkennen für den bürgerlichen Liberalen.

---

1 Caylus, Recueil d'antiquité.
2 Syndram, Die "Urzeit", in: Kunst und Antquitäten (1989) Heft 3, 54.

IV. 2. 3. 2. DIE RAMSESZEIT

Inhaltlich und umfangsmäßig erheblich ausgeweitet präsentieren sich in "Uarda" die kulturhistorischen Themen. Nachdem diese im ersten Kapitel neben den Handlungselementen exponiert worden sind, liefern sie in den folgenden den Hintergrund und werden mit Leben erfüllt: Das Verhältnis von Königtum und Priestertum, Volksfrömmigkeit und hoher Theologie und deren Manifestationen in Totenkult und Festen, das Leben des Volkes. Diese drei Bereiche aus einer Mehrzahl von Themen sollen im folgenden untersucht werden.

Eine verwirrende und personenreiche Handlung läuft ab vor der mit historischen Fakten belegten (außen)politischen Geschichte der Auseinandersetzung zwischen Ägypten und dem Ausland. War dieses in der "Königstochter" durch Persien und die Griechen in Ägypten vertreten, so erscheinen in der "Uarda" die Hethiter. Auch in der "Uarda" zeigt sich bald mehr oder minder deutlich ein innerer Gegensatz, der schon in der Exposition angedeutet wurde und der im Verrat des "Wegeführers" in der Qadesch-Schlacht kulminiert und auf die Außenpolitik einwirkt. Hinter allen Intrigen, z.B. um den Verrat des Statthalters, steht der Konflikt zwischen König und Priestertum, exponiert einerseits in Ramses und seiner Familie, der "Ramsesbrut"[1], und andrerseits dem Vorsteher des "Setihauses", dem Sethostempel von Qurna, Ameni und allen Tempeln der Westseite von Theben. Ebers stellt in seiner Handlung also den wachsenden Gegensatz zwischen König und Priesterschaft, die eine Verschiebung des Machtgefüges zu ihren Gunsten anstrebt, dar. Wie in einem Brennspiegel sind alle die Anklagepunkte gegen den König zusammengefaßt in einem Gespräch des Ameni mit seinem alten Lehrer Kagabu:

> "»Er [Ramses] ist unser Feind! Nicht Deiner, nicht meiner, auch nicht unserer Götter, wohl aber der altehrwürdigen Satzungen, nach denen dies Volk und dies Land gelenkt werden soll, und darum vor allem auch d e r e r, denen es obliegt die heiligen Lehren der Vorzeit zu hüten und dem Herrscher die Wege zu weisen, der Priesterschaft, mein' ich. (...) Wir krönten die Fürsten, wir nannten sie Götter und lehrten das Volk, sie als solche zu ehren; denn die Menge bedarf einer Hand, die sie leitet und vor der sie erzittert wie vor der Faust des übermächtigen Schicksals. Wir dienten gern dem Gott auf dem Throne, der, wie der eine nach ewigen Gesetzen, nach u n s e r e r Satzung gebot und herrschte. Aus unserer Mitte erwählt' er die Rater, wir thaten ihm kund, was dem Lande fromme, er hörte uns willig und führte es aus. Die alten Könige waren die Hände, wir aber, die Priester, waren das Haupt. Und n u n, mein Vater, was sind wir geworden?«"[2]

Dann folgt die Aufzählung der Verstöße: die Aufhebung der Exemption der Tempel von der Heerfolge ihrer Hörigen, der Bau eines Kanals zwischen Nordmeer und Schilfmeer, die Änderung der Landeseinteilung, das ständige Führen von Kriegen, die Begünstigung von Ausländern und ihren

---

1 Ebers, Uarda II, 1893, 216.
2 Ebers, Uarda II, 1893, 173 und 175.

fremden Göttern. Diese Klagen des Priesters sind keineswegs aufgesetzt, im Verlauf der Handlung wird vielmehr immer wieder die Sprache auf sie gebracht.[1] Und alle sind belegt. Ebers sah den Kanalbau erstmalig unter Sethos I. und Ramses II. in Angriff genommen - das Kanalthema gehörte zu den diachronen Konstanten in Ebers' Biographie und Schaffen. Die Neueinteilung des Landes entnimmt Ebers Herodot.[2]

Die Tendenz enthüllt eine wichtige Grundströmung der Zeit: Seit der 18.Dynastie vergrößerten riesige Stiftungen den Besitz der Tempel, bis schließlich "besonders dem Amuntempel von Karnak ein Besitz an Land und Menschen und Einkünften zu eigen war, der das Tempelgut als Staat im kleinen erscheinen läßt."[3] Die Frage der Steuerfreiheit des Tempelbesitzes sieht man jetzt differenzierter: Während diese früher rundweg bejaht wurde[4], ist man heute unschlüssig, ob der Tempelbesitz regelmäßig oder nur in Ausnahmefällen oder überhaupt nicht besteuert werden durfte. Jedenfalls waren ungeheure Teile des Staatsgebietes zumindest dem unmittelbaren Zugriff des Königs entzogen, und die zunehmend gewaltigere ökonomische und politische Macht der Priesterschaft, die am Ende der 20.Dynastie dann im sog. Gottestaat endet, ist unbestritten. Doch steht hinter der Emanzipation des Königs von seinen Priestern, was Helck als die Trennung von Staat und Religion bezeichnet, eine neue Frömmigkeit, die allgemein die Emanzipation des Laien von der Leitung und Bevormundung der Priester bedeutet. Ebers läßt seine Priester das folgendermaßen ausdrücken: "Die Menge festhalten an dem Glauben und den Satzungen der Väter (...) ist jedes Priesters Pflicht. Die Zeiten haben sich geändert, mein Sohn. (...) Jetzt sehe ich Risse in den alten Schranken, und die Augen der uneingeweihten Sinnenmenschen haben sich verschärft, und der Eine erzählt dem Anderen, was er, halb geblendet, durch die glühenden Spalten erspäht zu haben meint."[5] Daß jeder selbst der Gottheit gegenüberzutreten wagte ohne Vermittlung der Priester, nennen wir heute "persönliche Frömmigkeit" und benennen danach das ganze Zeitalter.

Unbestritten ist auch, daß sich das Land in der Ramessidenzeit ausländischen Einflüssen öffnete wie noch nie, und zwar in vielfältigster Hinsicht, fremde Götter und fremde Sitten treten in Ägypten auf, die Sprache wurde von Semitizismen durchsetzt: "Zu keiner Zeit gebrauchten die ägyptischen Schriftsteller mehr semitische Fremdwörter, als in der Ramses II. und seines Sohnes Mernephtah."[6] Seine älteste Tochter nannte Ramses nach der semitischen Gottheit Anat Bent-Anat, das Ostdelta, der

---

1 Zur Besteuerung der Tempel: erstmals Exposition, Uarda I, 1893, 53, dann: II, 148 und 167; zu den Ausländern II, 167; zur "Überfremdung" erstmals Exposition, Uarda I 1893, 52, dann: 95, Anm.; II, 61; III, 237; II, 167; zur usurpatorischen, ausländischen Herkunft der Ramessiden: erstmals Exposition, Uarda I, 1893, 52, dann: II, 178.

2 Herodot, Hist. II, 109.

3 Otto, Ägypten, 187.

4 Breasted, Geschichte Ägyptens, 372: "(...) daß dieser ungeheure Besitz (...) keiner Art von Besteuerung unterlag."

5 Ebers, Uarda I, 1893, 28.

6 Ebers, Uarda I, 1893, 52, Anm.

traditionelle Herkunftsort der Dynastie war seit alters her dem Seth-Baal-Typhon geweiht, es entstanden Tempel für fremde Gottheiten.

Einen breiten Raum nahm und nimmt in der Ägyptologie und besonders im Bewußtsein der Öffentlichkeit der Totenkult ein - Mumien und Pyramiden waren seit jeher fast zu Synonymen für Ägypten geworden. Auch Gautiers "Roman der Mumie" konnte daran nicht vorbeigehen. Während aber bei Ebers dieser Komplex unter den Kulturschilderungen großen Raum einnimmt, widmet Gautier ihm nur einen einzigen Abschnitt[1], der aber wie eine Folie mit all den Begriffen fremdartiger Handhabungen, wie Kolchyten, Paraschisten, Taricheuten, Natron, Bandagen, Särgen, Hieroglyphen, Leichen u.s.w. aufwartet, ohne deren Funktion zu erklären und um Verständnis zu werben. Bei Ebers jedoch wird der Leser schon in den ersten Abschnitten auf die Westseite von Theben geführt: "Auch an demjenigen Sommerabend des Jahres 1352, an dem wir den Leser ersuchen, die Totenstadt von Theben mit uns zu betreten, wurde es (...) still in der Nekropole"[2], auch werden wir für weite Teile des Romans dort bleiben. Ebers nimmt gleich eingangs die Gelegenheit wahr, den Bestattungsbetrieb ausführlich zu schildern:

> "Außerdem fehlte es nicht an Fabriken und Verkaufsstätten. In jenen wurden Sarkophage von Stein und Holz, Leinwandbinden zur Umwicklung der Mumien und Amulete für die Ausstattung derselben verfertigt, in diesen hielten Kaufleute Spezereien und Essenzen, Blumen und Früchte, Gemüse und Backwerk feil. Rinder, Gazellen, Ziegen, Gänse und anders Geflügel wurden auf eingehegten Weideplätzen gefüttert, und die Leidtragenden begaben sich hieher, um sich unter den von den Priestern für rein erklärten Exemplaren die Opfertiere, deren sie bedurften, auszusuchen und mit dem heiligen Siegel versehen zu lassen. Viele kauften bei den Schlachtbänken nur einzelne Fleischstücke. - Die Armen blieben dieser Stätte fern. Sie erstanden nur buntes Gebäck in Tiergestalt, das die teuren Rinder und Gänse, die ihnen zu erwerben ihre Mittel untersagten, symbolisch zu vertreten hatte. In den stattlichsten Läden saßen priesterliche Diener, welche Bestellungen auf Papyrusrollen annahmen, die man in den Schreibstuben der Tempel mit jenen heiligen Texten versah, welche die Seele der Verstorbenen zu wissen und zu sagen hatte, um die Genien der Tiefe abzuwehren, die Thore der Unterwelt zu öffnen und vor Osiris und den zweiundvierzig Beisitzern gerecht befunden zu werden."[3]

Damit sind schon die Themen dieses Bereichs angesprochen: Mumifizierung und Beigaben, Bestattungs- und Opferbetrieb und der Überbau, das Totenbuch mit seinem Totengericht. Auf alle diese Dinge wird auf den folgenden 700 Seiten immer wieder eingegangen werden. Es geht Ebers - gemäß seinem Credo, daß die Grabbilder nur einen steifen Ausschnitt des tatsächlichen Lebens zeigen - um eine anschauliche Darstellung mit den Balsamierungsfabriken, Verkaufs- und Devotionalien-

---

1   Gautier, Der Roman (1903), 36.
2   Ebers, Uarda I, 1893, 8.
3   Ebers, Uarda I, 1893, 5

buden, den "Totenbazaren" und "Modellräumen"[1] für die Särge und das Zubehör wie Kanopen[2], Amulette, Grabkegel, Uschebtis, Stelen, Totenbücher. Ebers vergißt nicht, auf die verschiedenen sozialen Klassen hinzuweisen und daß die Namen und Titel des Verstorbenen auf die Grabbeigaben noch aufgeschrieben werden mußten. Auch die Werkstätten mit ihren Schreinereien, Webereien, Schlachtereien und Tierzuchtanstalten, mit allen Angestellten wie Priestern, Schreibern, Verkäufern und Balsamierern werden beschrieben. So erweitert und vertieft er dieses Bild später in einem zusammenhängenden Abschnitt.[3] In Details ist er wie gewöhnlich sehr gewissenhaft, so überliefert er mehrmals, daß die Balsamierer aus religiösen Gründen mit Steinmessern arbeiteten, obwohl Metallmesser längst bekannt waren.[4]

Doch bei allem "Realismus" vergißt Ebers den religiösen Überbau nicht: Die Balsamierung, d.h. die Erhaltung des Körpers als Voraussetzung des Weiterlebens der Seele, wird gleich zu Anfang erklärt[5], dann folgen die Mythen vom Jenseitsleben in den Gefilden der Seligen[6], das Totenbuch[7], Totengericht[8], die Geschichten von Isis und Osiris[9], Horus und Seth[10].

Für alle Personen ist es selbstverständlich, sich die größten Sorgen um ihr Weiterleben im Jenseits zu machen, gerade die Unterprivilegierten glauben unbeirrbar daran. Der Paraschit Pinem hofft auf ein besseres Jenseits als Ausgleich für das harte Leben eines Ausgestoßenen, die sterbende, mittellose Zauberin Hekt wechselt im letzten Augenblick die Front und läuft zur Königspartei über, da sie sich von dieser eher die Balsamierung verspricht als von ihren bisherigen Bundesgenossen.

Die Volksfrömmigkeit wird viel mit Aberglauben, Amulettewesen[11], Magie und Betrug[12] verquickt. Hinter einer auf den ersten Blick albern wirkenden, langen dialogischen Genre-Szene, in der es um den aufwendigen Opferdienst für verstorbene Angehörige geht - die einem dann nicht einmal wohlgesonnen sind - und in den viel Aberglaube verwoben ist, verbirgt sich ein Phänomen der Volksfrömmigkeit, das heute unter dem Begriff der "Briefe an die Toten" geläufig ist.[13]

---

1   Ebers, Uarda II, 1893, 99f.
2   Ebers, Uarda II, 1893, 2 mit Anm.
3   Ebers, Uarda III, 1893, 98-104.
4   Z.B. Ebers, Uarda II, 1893, 95.
5   Ebers, Uarda I, 1893, 40.
6   Ebers, Uarda I, 1893, 98 und II, 3.
7   Ebers, Uarda II, 1893, 4; Wiederholung: Ebers, Uarda II, 1893, 93.
8   Ebers, Uarda II, 1893, 4f mit Anm.
9   Ebers, Uarda III, 1893, 4f.
10 Ebers, Uarda III, 1893, 3f.
11 Ebers, Uarda II, 1893, 247; III, 126, 151.
12 Ebers, Uarda III, 1893, 120.
13 Ebers, Uarda II, 1893, 155f.

Zu den religiösen Gebräuchen gehört auch das Fest. Von Ebers wird mehrmals das "Fest der Treppe", das besonders in Medinet Habu gefeiert worden ist, erwähnt und das dem Amun-Chem (= Amun-Min) gewidmet ist.[1] Gemeint ist damit der "Auszug des Min zur Treppe" *prt Mnw r ḫt*.[2] Den größten Raum aber nimmt das Talfest ein, das im Kap.XII des II.Bandes ausführlich geschildert wird.[3] Die zeremonienhafte Festprozession ist laut Ebers' Fußnote nach eben dem Reliefzyklus gezeichnet, der in Medinet Habu das Min-Fest schildert.[4] Auch der Prozessionsweg ist minutiös geschildert: Nach dem Übersetzen auf das Westufer in der *Wsr-ḥ3t-Imn*-Barke wird das Götterbild auf die Prozessionsbarke des Westufers, die Sem-Barke des Sethostempels, zu dessen Allerheiligsten der Weg zuerst führt, verladen. Der Weg führt dann über den Tempel Amenophis' III. zum Tempel Thutmosis' III. von Medinet Habu, dann am Abhang des Gebirges entlang wieder nach Norden - Ebers gibt in den Fußnoten die exakten topographischen Begriffe Qurnet Murai und Abd el-Qurnah an - zum Hatschepsut-Tempel mit kurzem Aufenthalt an den "Gräbern der älteren Könige"[5] und weiter zum Eingang des Königsgräbertales. Während der Gott dann schon bei Dunkelheit auf die Ostseite zurückkehrt, beginnt "auf dem heiligen See im äußersten Süden der Totenstadt"[6] das Festspiel, "das die Schicksale von Isis und Osiris zur Darstellung brachte."[7] Aber vor allem die Vorbereitungen und die Begleitumstände sollen uns hier interessieren, wird in ihnen doch das offizielle Bild, das Ebers eben nach den Reliefs schildert, konterkariert und ergänzt, von Ebers aus der Ferne ins "wirkliche Leben" geholt, auch um den Preis von "Anachronismen". Die Vorbereitungen beginnen am Tag vor dem Fest, Händler sorgen sich um ihre Verkaufsbuden[8], die Priester reinigen die Tempel, putzen die Geräte - es werden "Götterbilder abgestaubt und bekleidet"[9] - lüften die Festgewänder, proben die Gesänge und Kultspiele auf dem heiligen See und wählen den "Festredner" oder "Cherheb" (=*ḥrj-ḥb*). Dann folgt das Fest mit der Prozession und während die anderen Festteilnehmer in den "Grabkapellen (...) bei Braten und Früchten, Bier und Wein ihrer Verstorbenen so gedachten als seien diese Reisende, die in der Ferne hohes Glück gefunden und die sie früher oder später wiederzusehen hoffen durften"[10], versammeln sich nach dem Abschluß der offiziellen Feiern um Mitternacht auch die obersten Priester und höchsten Würdenträger zu einem Festmahl im Sethostempel. Dabei stellt der Befehlshaber der thebanischen Wachmannschaften fest: "Das heutige Fest verlief überhaupt in ungewöhnlicher Ruhe", es gab nur vier Tote und vier Verletzte bei einer Schlägerei und die üblichen

---

1   Ebers, Uarda I, 1893, 50; II, 187.
2   LÄ II, Sp.178f. (s.v. Feste).
3   Ebers, Uarda II, 1893, 180-193 und 194-203.
4   Siehe oben 290ff.
5   Ebers gibt hier die Gebiete "el Assassif und Drah abu'l Negga" an, meint aber wohl die Gräber der 11.Dynastie in el-Târif.
6   Ebers, Uarda II, 1893, 196. Ebers interpretiert hier den Birket Habu genannten See Amenophis' III. als Heiligen See.
7   Ebers, Uarda II, 1893, 219.
8   Ebers, Uarda II, 1893, 156f.
9   Ebers, Uarda II, 1893, 158.
10 Ebers, Uarda II, 1893, 198.

Festnahmen von Taschendieben[1] - die tätliche Auseinandersetzung an der Landungstreppe zwischen dem Prinzen Rameri und Paaker nicht mitgerechnet.

Auch das Leben der untersten Schicht, nämlich der Balsamierer, der Kolchyten, Taricheuten und Paraschiten wird geschildert, da Uarda durch ihre Pflegefamilie dieser als Kaste von den anderen Menschen abgetrennten Schicht angehört.[2] Dem gegen Ebers erhobenen Vorwurf der Schönfärberei steht so eine Reihe von Belegen entgegen. Eine besonders gelungene Stelle des Romans in ihrer gekonnten Mischung aus gewollt Betulichem und Schauerlichem - fast könnte man an den Stich Carl Werners "Inneres des sog. Apet-Tempels zu Karnak"[3] denken, ist die Beschreibung des Mittagessens des alten Paraschiten Pinem im "Sektionssaale" des Balsamierungshauses auf der Thebanischen Westseite. Der Alte sitzt in einer Ecke auf dem Boden:

> "Das steinerne Gemach, wo er seine Mahlzeit verzehrte, war schlecht beleuchtet; es empfing Licht durch eine kleine Öffnung im Dache, über der die Mittagssonne senkrecht stand und ein Bündel von glänzenden Strahlen, in denen wirbelnde Stäubchen ihr Spiel trieben, durch den dämmerigen Raum niederschoß. An allen Wänden lehnten Mumienkästen, und auf glatt polierten Tischen lagen mit groben Tüchern bedeckte Leichen. Ueber den Estrich huschte dann und wann eine Ratte, und aus den breiten Fugen der Steinplatten, die den Boden bedeckten, krochen träge Skorpione hervor.
>
> Der alte Paraschit war längst abgestumpft gegen die Schauer, die diese Stätte umgaben. Er hatte ein grobes Tüchlein vor sich hingebreitet und legte die Speisen, die ihm seine Frau in den Vorratsbeutel gesteckt hatte, bedächtig nieder; erst einen halben Brotkuchen, dann ein wenig Salz, und dann einen Rettich."[4]

Die schlichte Ernährung der Unterschicht wird des öfteren hervorgehoben. Von Pinem heißt es: "Seit einem Jahre war in seinem Hause kein Fleisch genossen worden."[5] Dem stehen Schilderungen der Oberschicht gegenüber, deren Frühstück aus Weizenkuchen und Wein[6] besteht, die täglich Fleisch essen kann, von den Festschmausereien zu schweigen. Der Glanz der Tempel wird kontrastiert mit den Kosten, die er verursacht hat und täglich verursacht: Nachdem von der Großartigkeit des fast vollendeten großen Säulensaales des Amuntempels berichtet worden war - auch Ebers schließt sich dieser Meinung an: "Die Reste dieser ungeheuren Halle mit ihren 134 Säulen haben nicht ihres-

---

1 Hier führt Ebers die berühmte Stelle Diodor I, 80 von der kastenmäßig organisierten Diebeszunft in Ägypten an.

2 Ebers, Uarda II, 1893, 92.

3 Ebers, Aegypten in Bild II, 333. Die Schildkröte ist in der "Uarda" durch Ratten und Skorpione ersetzt.

4 Ebers, Uarda II, 1893, 108.

5 Ebers, Uarda II, 1893, 6.

6 Ebers, Uarda II, 1893, 130.

gleichen auf der Welt"[1] - erwähnt der Arzt Nebsecht, daß er einmal dorthin gerufen wurde, "weil über hundert Arbeiter auf einmal beim Steinschleifen im Sonnenbrande zu Tode geprügelt worden waren."[2] In den Steinbrüchen und Türkisminen schuften Verurteilte. Die zahlreichen Kriege rotten ganze Familien aus.

Auch in der Uarda wird die herausgehobene Stellung der Frau, der "Herrin des Hauses"[3], der es als Tochter obliegt, die Eltern zu erhalten und nicht dem Sohn[4], wieder hervorgehoben. Der Autor meldet sich zu Wort und belegt deren Rechts-, Testier- und Dispositionsfähigkeit, so daß diese emanzipierte Stellung dem Bereich der Fiktion enthoben wird[5], allerdings entfällt hier die so wirkungsvolle Kontrastierung zu den ausländischen Frauen.

Diese drei Beispiele stellen eine Auswahl aus dem großen Bereich der Kulturschilderungen dar. Ein ähnliches Vorgehen läßt sich über das Pantheon berichten: sukzessive ersteht vor dem Leser die ganze ägyptische Götterwelt mit ihrem Synkretismus und Tierkult; über Orte, Gaue, Naturerscheinungen wird berichtet, so daß ein landeskundliches Bild vom Delta bis nach Nubien entsteht; über Topographisches, das uns Bilder von Tempeln mit ihren Obelisken, Flaggenmasten, Pylonen, Allerheiligsten bis zu den Magazinen, Werkstätten, angegliederten Instituten wie Schulen als Bauwerk und Wirtschaftseinheit vorführt. So setzt sich durch Text und Anmerkung mosaikmäßig ein kulturgeschichtliches Bild Ägyptens zusammen, scheinbar ohne Absicht, mit manchen didaktischen Wiederholungen, manchen "Anachronismen", indem späteres Denken eines Herdot oder Diodor oder auch moderne Ansichten einfließen.

So glauben wir, daß der Roman zu Recht - entsprechend seinem Vorbild Becker - den Untertitel tragen könnte: "Bilder altägyptischer Sitten". So skeptisch auch Erman Ebers und vor allem dessen populären Werken gegenübersteht, ein Verdienst muß er ihm doch zugestehen: "Aber gut war es doch, daß unserem Volke die alten Ägypter so etwas vertrauter wurden. Die Scheu (...) begann zu schwinden, und sie galten nicht mehr als ein seltsames Volk, das durch alle Jahrtausende hindurch unverändert geblieben sein sollte. Auch ein »Volk frommer Beter«, das nur für Tempel und Gräber Interesse gehabt haben sollte, waren sie nicht mehr."[6]

---

1 Ebers, Uarda II, 1893, 24, Anm.
2 Ebers, Uarda II, 1893, 24.
3 Ebers, Uarda II, 1893, 79, Anm.; III, 1893, 154 u. passim.
4 Ebers, Uarda II, 1893, 146. Auch: Pflicht der Kinder, besonders die Mutter zu ehren, Ebers, Uarda II, 1893, 244f.
5 Ebers, Uarda III, 1893, 40, Anm.
6 Erman, Mein Werden, 256f. Selbstverständlich folgt auf dieses Lob sofort ein "aber".

IV. 2. 3. 3. Nachdichtungen altägyptischer Texte: Hymnus, Epos und Ägyptizismen

Ebers erwirbt sich große Verdienste als Popularisierer altägyptischer Texte. Seine Märchenübersetzungen, wie die des sog. Zwei-Brüder-Märchens oder des Märchens vom verwunschenen Prinzen, erscheinen in populären Zeitschriften oder in Zeitungen.[1] In die Romane sind Ebers'sche Übertragungen alter Texte eingestreut.

In der "Königstochter" interessieren uns natürlich die "altägyptischen Gedichte", nicht die Ebers'schen Übersetzungen aus dem Griechischen.[2] So begrüßt die heimwehkranke Nitetis am Ufer des Euphrat die aufgehende Sonne mit einem alten Hymnus aus ihrer Heimat. Die Quelle dieses Textes findet sich auf einer Stele des Berliner Museums.[3] Ebers kannte dieses Gebet durch die Übersetzung von de Rougé, die Brugsch unter dem Titel "Stück eines ägyptischen Hymnus an die Sonne" veröffentlicht hatte.[4] Diese "Sonnenhymnen" gelten schon bald als eigene Gattung und erfreuen sich zunehmender Wertschätzung unter den Ägyptologen. So schreibt Erman 1885: "Verhältnismäßig das Beste unter dieser religiösen Poesie sind die viel verbreiteten *Verehrungen des Rê^c*."[5] Das Gedicht wird in Parallele zu der Vorlage, die Ebers benutzt, gesetzt, um zu zeigen, wie ganau die Ebers'sche Nachdichtung dieser Vorlage folgt - nur die Zeilen 11 und 12 weichen ab. Die Prosaübersetzung von de Rougé wird in Stropheneinteilung wiedergegeben, ohne dabei die Zeilenfolge zu verändern.

"Und statt des Mithra sah sie in dem Gestirn des Tages den Gott, den sie in Aegypten so oftmals gelobt hatte, den großen Ra Harmachis, und statt des Hymnus der Magier sang sie das Lied, mit dem die ägyptischen Priester die Morgensonne zu begrüßen pflegten:

---

[1] Siehe oben 30f.

[2] In die Romane sind zahlreiche Übersetzungen von Gedichten, v.a. aus dem Griechischen eingefügt. Auch hier wären Veränderungen zu beobachten. So ersetzt Ebers seine Übertragung eines Gedichtes der Sappho, Ebers, Königstochter II, 1864, 94, in der Gesamtausgabe durch die ästhetisch, nicht philologisch deutlich gelungenere Nachdichtung von Friedrich Rückert, Ebers, Königstochter I, 1893, 290. Auch andere Gedichte übernimmt Ebers in Nachdichtungen, z.B. von F.W.Richter, Ebers, Königstochter, 1893, 119. Die meisten Übersetzungen stammen aber von Ebers selbst.

[3] Passalacqua, Catalogue raisonné Nr.1373; Erman, Ausführliches Verzeichnis Nr.1316, Äg.Mus.7316: Stele des Upuaut-Mose. De Rougé und Brugsch lesen den Namen des Steleninhabers als Tapherumes.

[4] De Rougé und Brugsch, Stück eines ägyptischen Hymnus, in: ZDMG IV (1850), 374-394. Die darin angegebene Nummer 1393 der Sammlung Passalacqua ist falsch. Die Abschrift de Rougés enthält in ihrer letzten Zeile (= Äg. Inschr. Bln II, 135, D 7) vier unerhebliche Fehler (Gruppen 66, 69, 70 und 72), außerdem wurde die Zeile 5, die durch einen Bruch schwer lesbar ist, ausgelassen.

[5] Erman, Aegypten II, 521. Erman nimmt von seiner negativen - fast kann man sagen weitgehend verständnislosen - Beurteilung der altägyptischen Literatur diese Litaneien aus. "Wenn diese Sonnenhymnen - es gibt sie in hundert Variationen für den Morgen und für den Abend - in der Regel geniessbarer sind, als es die *Verehrungen* anderer Götter zu sein pflegen, so liegt dies daran, dass das Aufleuchten und das Untersinken des gewaltigen, allbelebenden Gestirnes tiefere und wahrere Gefühle im Menschen erregt, als es eine Osirisfigur oder ein Bild des Ptaḥ vermag", Erman, Aegypten und aegyptisches Leben II, 522.

Der großen Gottheit eure Knie beugt	Adoration au dieu Ra, Tmou,
Dem Herrn des Himmels, dem erhab'nen Ra,	Horus de deux zônes
Ihm, der aus eigner Urkraft sich erzeugt,	Gloire à toi, le Sahou! Enfant divin,
Den, frisch erneut, ein jeder Morgen sah.	qui prend naissance de lui même chaque jour.
Dir schalle Ruhm, der du im Himmelsmeer,	Gloire à toi, qui luis dans les eaux du ciel
Gedeihen spendend, wallest durch das Blau;	pour donner la vie!
Du schufest alles, alles rings umher,	Il a créé tout ce qui existe
So weit sich wölbt die hohe Himmelsau.	dans les abymes célestes.
Du bist der Wächter, dessen milder Strahl	Gloire à toi, Ra! C'est lui qui veille et dont les rayons
Den Reinen allen süßes Leben bringt;	portent la vie aux pures.
Dir schalle Ruhm; und wenn im Himmelsthal	Gloire à toi, qui a fait les types divins
Dein heller Pfad sich durch die Bläue schlingt	dans leur ensemble! Etre caché, ses voies sont inconnues
So beben alle Götter, die dir nah,	Gloire à toi, lorsque tu circules dans la région supérieure;
Vor süßer Wonne, Herr des Himmels, Ra!"[1]	les dieux qui t'approchent tressaient de joie.

Der Vergleich zeigt, daß der Gott *Ḫprj*, der in der ersten Zeile mit Re, Atum und Harachte die Vierheit der Aspekte des Sonnengottes bildet, bereits in der französischen Übersetzung und daran anschließend im deutschen Text fehlt[2], woraus man schließen darf, daß Ebers nicht vom Original aus übersetzte. Es ergibt sich so eine komplizierte Tradierung vom Original zur lateinischen Übersetzung de Rougés, dann in die französische Prosa von de Rougé und von dort ins Deutsche mit Versen mit Endreim. Die genaueste, wörtlichste Übersetzung ist die ins Lateinische, da de Rougé Gruppe für Gruppe übersetzt. Die französiche Fassung gibt die erste "Anrufung" (*rdj j3w*) als ein "Adoration", die übrigen sechs (*jnd ḥr·k*) als ein fünfmaliges "Gloire a toi" wieder. Ebers schwächt den Parallelismus der Vorlage ab. Die Berechtigung einer strophischen Anordnung ergibt sich nach damaliger Ansicht daraus, daß schon der alte Schreiber seinen Text in dieser Weise rhythmisch gliederte - wie schon Brugsch als Herausgeber der Übersetzung feststellte: alle Zeilen "beginnen mit denselben Gruppen, und der Parallelismus derselben ist leicht zu bemerken."[3] In den beiden Aufsätzen "Der Klang des Altägyptischen und der Reim" und "Ein strophisch angeordneter Text auf einer Mumienbinde"

---

1 Ebers, Königstochter II, 1864, 186 (mit gegenüber der Gesamtausgabe anderer Orthographie) und Ebers, Königstochter II, 1893, 49.

2 Man könnte Ebers' "Urkraft" als *Ḫprj* deuten. Auf diese Weise erhielte man die Vierheit der Vorlage: Re, Atum, Chepre und Harachte. Tatsächlich betrachtet de Rougé Chepre als Form des Re, "als Urquell des Seins und als Schöpfer", De Rougé und Brugsch, Stück eines ägyptischen Hymnus, 375. Dadurch wird aber die symmetrische Zeilenabstimmung bei Ebers, der je eine ägyptische für zwei deutsche ansetzt, durchbrochen, d.h. die Übersetzung der ersten ägyptischen Zeile würde in die dritte deutsche übergreifen.

3 De Rougé und Brugsch, Stück eines ägyptischen Hymnus, 375.

in der AeZ von 1877 und 1878 können wir nachgelieferte theoretische Begründung zur Praxis lesen[1], denn obwohl Ebers darin einen Unterschied zwischen echten Parallelismen und den "zu Tausenden wiederkehrenden Wiederholungen der gleichen Anfangsworte einer Zeile (...), welche den Ohren der Aegypter ebenso behagt haben müssen, als sie den unseren widerstreben"[2], aufstellt, zählt er letztere doch zu den Reimen - neben Anlautreim (Stabreim, Alliteration) und Endreim. Dies erklärt uns, warum er den ägyptischen "Zeilenanfangsreim", also den litaneimäßigen Gleichklang der ersten Worte, nicht übernimmt, sondern im Sinne einer echten Nachdichtung diesen uns unangenehmen Reim durch den unserem Kulturraum angemesseneren Endreim[3] ersetzt. So führen Ebers und de Rougé erstmals diesen später so vielbeachteten Typus der Sonnenhymnen ein, de Rougé in der Fachliteratur und Ebers in der Populärliteratur.[4]

Die auf den ersten Blick harmlose Adaption der de Rougé-Übersetzung durch Ebers gewinnt bei Berücksichtigung der wissenschaftsgeschichtlichen Hintergründe durchaus Gewicht als Stellungnahme in einer noch nicht entschiedenen Kontroverse: Ebers stellt sich damit auf die Seite der Champollion-Schule, denn in derselben Ausgabe der ZDMG, in der die Veröffentlichung de Rougés und Brugschs erschien, läßt Gustav Seyffarth eine Berichtigung der de Rougé-Übersetzung unter dem Titel folgen: "Der Hieroglyphenschlüssel. Nachschrift zu vorstehender Abhandlung", in der er nach heftigen Angriffen auf Champollion und Lepsius zu dem Schluß kommt, es wird "keinen Leser leicht befremden, wenn behauptet wurde, dass Hr. de Rougé den Sinn obiger Inschrift, von wenigen Worten abgesehen, nicht getroffen habe. Wir wollen nun untersuchen, wie jener Text hätte gelesen und übersetzt werden sollen."[5] Dann liefert Seyffarth seine Übersetzung und schließt: "Bei Vergleichung beider Uebersetzungen wird man finden, dass Herr de Rougé (...) von den 60 verschiedenen Wörtern der Inschrift bloss gegen 18 mehr oder minder richtig übersetzt hat (...), dass er mithin durchschnittlich von 3 Wörtern noch nicht e i n e s getroffen."[6] Seyffarth war zu dieser Zeit apl.Professor für Archäologie in Leipzig.

---

1   Da die Übersetzung also noch den neuen Erkenntnissen entspricht, revidiert Ebers diesen Hymnus für die Gesamtausgabe nicht. Dagegen verändert er ein weiteres, auf der übernächsten Seite folgendes Gedicht, nämlich das "83. Kapitel des Totenbuchs in deutsche Verse gebracht vom Verfasser" (Ebers, Königstochter II, 1864, Anm.112) für die Gesamtausgabe erheblich. Erstausgabe: Ebers, Königstochter II, 1864, 187; Revidierte Fassung: Ebers, Königstochter II, 1893, 51.

2   Über diese beiden Aufsätze siehe oben 199f.

3   Den Endreim hat Ebers übrigens ebenfalls im Ägyptischen vorhanden gesehen. Siehe oben 200. De Rougé sind Binnenreime (voies, toi, joie) trotz der übernommenen ägyptischen "Anfangsreime" wohl unbewußt unterlaufen.

4   Moderne Übersetzung: Assmann, Ägyptische Hymnen, 170, Nr.60. Auch: Assmann, Liturgische Lieder, 121.

5   Seyffarth, Der Hieroglyphenschlüssel, in: ZDMG IV (1850), 381.

6   Seyffarth, Der Hieroglyphenschlüssel, 391. Als Beispiel für Seyffarths Übersetzung dienen die Zeilen 3, 4 und 6 der Stele (die Zeile 5 ist eine Leerzeile) - sie entsprechen den Zeilen 5-12 der Ebers-Fassung: "Preis deinem Antlitze, Lichtstrahlender an den Wassern der Feste; Auferwecker des Lebens, Abbild dessen, der Herr ist, welcher bereitet den Himmel, seine Fenster, seine Säulen. Preis deinem Antlitze, o Sonne; die du bist der Auferwecker des Phoenix, welcher erleuchtet das Leben der Heiligen der Menge. Preis deinem Angesichte, der du bereitest das Brod den Entsprossenen des Urlichts. Fürst und Fürsorger derer, die er entkleidet." Seyffarth endet: "Es wird daher der Leser sich wohl die Frage aufwerfen: mit welch' einer Litteratur wird das gelehrte Europa, wenn die bisherige beliebte Behandlung der ägyptischen Denkmäler in Champollion's Weise fortgesetzt werden sollte, in einigen Jahren beschenkt sein!"

Nicht marginal wie das angeführte Beispiel aus der "Königstochter", sondern im Zentrum der Handlung steht ein anderes ägyptisches Literaturwerk für die "Uarda", die Qadesch-Schlacht. Dieses wird durch einen altägyptischen Text, das sog. Epos des Pentaur, überliefert.[1] Selbstverständlich läßt Ebers es sich nicht nehmen, den Text selbst auch in eigener Übersetzung in den Roman einzubauen. Bei der Siegesfeier in Pelusium trägt der priesterliche Dichter Pentaur, in dem der König während des Vortrags seinen Retter erkennt, sein Epos vor. Ebers bemerkt dazu, dies sei "eine wörtliche Übersetzung aus dem »das Epos des Pentaur« genannten altägyptischen Heldengedicht."[2] Als Vorlage kommt die 1870 aktualisierte Übertragung von de Rougé in Frage. Eine Parallelsetzung zur Ebers-Fassung 1876 soll dies deutlich machen. Die Übereinstimmung ist überzeugend:

"Dann begann er in erzählendem Tone zu berichten, wie Ramses vor Kadesch sein Lager aufgeschlagen, wie er die Truppen geordnet und gegen die mit den Cheta verbündeten Asiaten ins Feld geführt habe.

Gewaltiger und immer gewaltiger klang seine Stimme, als er den Wendepunkt des Kampfes, die Rettung des von Feinden umzingelten Königs zu feiern begann. Hoch aufgerichtet lauschte der Pharao, als Pentaur sang:

»Da erhob sich der König mit freudigem Mute	"Voici que sa Majesté se leva comme son père *Month*,
Die Waffen ergreifend und panzerumgürtet,	il saisit ses armes et revêtit sa cuirasse,
Vergleichbar dem Baal in der Stunde des Kampfs.	semblable à *Baar*, dans son heure.
Die erhabenen Rosse, welche ihn trugen,	Les grands chevaux, qui portaient sa Majesté
»Für Theben der Sieg« ward das eine genannt,	»Victoire à Thèbes« était leur nom,
Das andere aber »befriedigte Nura«,[3]	
Sie traten hervor aus den Ställen der Sonne,	(sortaient) des écuries du *Soleil*
Des Lieblings des Amon, des Meisters der Wahrheit,	Seigneur de justice choisi de Ra
Den sich Gott Ra zum Vertreter erkoren.	aimé d'Ammon.
Auf schwang sich der König und drang in die Mitte	Le roi s'étant élancé, pénétra au milieu
Der wogenden Reihen der elenden Cheta.	des rangs de ces *Khet* pervers.
E r b e f a n d s i c h a l l e i n ;	Il était seul de sa personne, aucun autre avec lui;
k e i n a n d r e r w a r b e i i h m !	
Und als er hervortrat, von allen gesehen,	s'étant ainsi avancé à la vue
Die hinter ihm waren, da ward er umzingelt	de ceux qui étaient derrière lui, il se trouva enveloppé
Von feindlichen Wagen zweitausendfünfhundert.	par deux mille cinq cents chars,
Versperrt war der Rückzug durch zahllose Massen	(coupé) dans sa retraite par tous les guerriers
Der elenden Cheta und aller der Völker,	du pervers *Khet* et par les peuples nombreux
Die mit ihm verbündet: die Krieger von Arad,	qui les accompagnaient; par les gens d'*Aratou*,
Das mysische Heer, die pidisischen Streiter.	de *Masa* et de *Pidasa*.
Drei Krieger von ihnen trug jeglicher Wagen	Chacun de leurs chars portait trois hommes
Und brüderlich waren sie alle vereint«."[4]	et ils s'étaient tous réunis."[5]

---

1 Über die Überlieferung und wissenschaftliche Entdeckung siehe 282ff.

2 Ebers, Uarda III, 1893, 164.

3 Man war noch unentschlossen, ob das 𓏏 im Namen des Pferdes als *mwt* oder *nrt* (bzw. *nrw*) zu lesen sei. Vgl. de Rougé, Le poëme de Pentaour, in: RevEg VII (1896), 28.

4 Ebers, Uarda III, 1893, 164. Die Nachdichtung geht noch einschließlich Seite 166.

5 De Rougé, Le poëme de Pentaour, 4.

Diese 21 von 94 von Ebers übersetzen Zeilen, die wiederum nur einen kleinen Teil des überlieferten Textes darstellen, genügen, die Anlehnung aufzuzeigen. Ebers nimmt sich nur zwei Freiheiten, indem er - durchaus sinngemäß - de Rougés "Comme son pére Month" als "mit freudigem Mute" übersetzt und den Namen des zweiten Pferdes, der in der de Rougé-Fassung fehlt und den dieser in einer Anmerkung mit "*Maut* ou *Noura satisfaite*"[1] angibt, ergänzt. Ebers muß in seiner Übertragung die Mena-Episode auslassen, da der vortragende Pentaur deren ja nicht Zeuge gewesen sein konnte. Ebers verwendet vierhebige daktylische Verse. Die ästhetische Überlegenheit der rhythmischen Fassung ist offensichtlich, zumal sie nicht durch eine Einbuße an Genauigkeit erkauft ist. Das Bemühen, einen Homer-Ton herzustellen, ist deutlich, sollte doch das "Epos des Pentaur" "zur Ilias der Aegypter"[2], zu deren "nationalem Heldengedicht"[3] werden, ein Vergleich, den Ebers schon bei de Rougé vorgefunden hatte.[4] Schon die fiktive improvisatorische Entstehung während eines mündlichen Vortrags weist auf diese Gleichsetzung hin. In diese "Bewunderung begeisterter Ägyptologen" kann Erman zwar schon wenig später nicht mehr einstimmen. Er muß jedoch anerkennen, "die Thaten des Pharao (...) auch einmal poetisch zu erzählen, ist in der uns erhaltenen Litteratur nur in einem einzigen Beispiele verwirklicht"[5], nämlich im Qadesch-Gedicht.

Es ist eine alte Streitfrage, ob ein historischer Roman seinen Antiquitätenkult bis in die Sprache ausdehnen sollte, also sprachliche Archaismen, d.h. einfache Syntax, Parataxen, altertümliche Ausdrücke usw. verwenden (oder gar konstruieren) sollte.[6] Ebers stilisiert seine Romane nicht konsequent in dieser Richtung, wir können jedoch ägyptische Begriffe, Übersetzungen ägyptischer Ausdrücke und Übertragungen deutscher Redewendungen ins "Ägyptische" (Germanizismen) feststellen. Die o.a. Stelle aus dem Qadesch-Gedicht zeigt, daß Ebers ägyptische Ausdrücke, die keine Personennamen und die auch nicht, wie etwa "Pharao", allgemein geläufig sind, unübersetzt und

---

1 De Rougé, Le poëme de Pentaour, 8, Anm.16. Die Namen der Pferde werden heute mit: "Sieg in Theben" und "Mut ist zufrieden" wiedergegeben.

2 Ebers, Uarda III, 1893, 239.

3 Ebers, Uarda III, 1893, 108, Anm.

4 De Rougé, Le poëme de Pentaour, 9, Anm.36.

5 Erman, Aegypten und aegyptisches Leben II, 525 und 524.

6 Ein bekanntes Beispiel aus einer anderen Gattung sind die konstruierten Konjugationen und die "germanische" Stabreimerei Richard Wagners im "Ring des Nibelungen". Auch Wilhelm Jordan, mit dem Ebers in regem Briefwechsel steht und mit dem ihn eine Freundschaft verbindet, beschäftigt sich mit der Wiederbelebung dieser Reimform. Wieweit ihn Ebers dabei unterstützt oder beeinflußt, sei dahingestellt. Schließlich ist noch auf das Bestreben von Ebers hinzuweisen, allgemeinverständlich zu sein, indem er Änderungen und Vereinfachungen der Schreibweisen in den verschiedenen Auflagen vornimmt. Er schreibt: die Eigennamen "gebe ich nunmehr statt in der griechischen, in der lateinischen Form; denn mehr als eine meiner schönen Leserinnen versicherte mich, daß sie Ibykus und Cyrus als bekannte Namen begrüßen würde, während die "Ibykos" und "Kyros" der ersten Auflage ihr fremd, gelehrt, und d e s w e g e n abschreckend erschienen. Das k zog ich dem c überall vor, wo dem römischen c der Wert des deutschen k zukommt." Ebers, Königstochter, Stuttgart ²1868, Vorwort. Einige Beispiele: Kypros > Cypern; Paedanomos > Pädanomos; Pharos > Pharus; Apollon > Apollo; Paean > Pän u.s.w. Orthographische Neuerungen in Text und Fußnoten: Erdkundliche Namen auf -er jetzt die moderne Großschreibung: berliner Museum > Berliner Museum und andere Adjektive: vorzügliche > gewöhnliche.

größtenteils auch unkommentiert in seinem Text verwendet. Als Beispiele seien "Cheta"[1], "Schasu"[2], "Amu"[3], "Ta Mafka"[4], "Satiland"[5], "Rehabaum"[6] und das "Gefilde Aalu"[7] angeführt. Diese Liste läßt sich beliebig fortführen. Interessant ist die Verwendung von Titeln, die Ebers zuerst zwar mit Erklärung gibt, dann aber bei häufigerem Gebrauch abwechselnd mit der Übersetzung verwendet, so z.B. "Cherheb", alternierend mit "Vorlesepriester", von Hrj-hb.[8] Den Titel der wichtigen Person Paaker entlehnt Ebers dem pAnastasi von und führt ihn zuerst in Deutsch als "Wegeführer", d.h. Chef der Aufklärung ein, erst später in der ägyptischen Form als "Mohar"[9], "Urma" von Wr-$m3w$, dem Titel des Hohenpriesters von Heliopolis.[10] Daneben erfindet Ebers Eigennamen wie Hib als Name des Dieners des Arztes Nebsecht von hb, Ibis[11] und Descher, die rote Dogge von $dšr$ (rot).[12]

Daß zeitgenössische Kritiker gerade diese Begriffe, die damals in den Wortschatz der Ägyptologie eingeführt worden sind und heute zu deren festem Bestand gehören oder als unverfänglich betrachtet werden wie "Kiosk", "Festredner", "Mohar", "Prozession" u.a., als unangebrachte Modernismen geißelten[13], spricht nur mehr für Ebers.

Ebers gebraucht auch die Übersetzungen ägyptischer Ausdrücke, wie "Schwarzes Land" oder "Schwarze Erde" für Ägypten[14], "Wanderer am Himmel" oder "Nimmerruhende" für die Planeten[15], "seliger Geist", "verklärter Geist" oder "leuchtender, allwissender Geist"[16] als Um-

---

1 Ebers, Uarda I, 1893, 98 mit Erklärung: Aramäer, dann passim.

2 Ebers, Uarda I, 1893, 10 mit Erklärung.

3 Ebers, Uarda II, 1893, 26 ohne Erklärung.

4 Ebers, Uarda III, 1893, 53; später: "Mafkatthal" ohne Erklärung.

5 Ebers, Uarda I, 1893, 14 mit Erklärung: "Asien".

6 Ebers, Uarda II, 1893, 135 mit Erklärung:"Weihrauchbaum".

7 Ebers, Uarda I, 1893, 98.

8 Erstmals: Ebers, Uarda II, 1893, 119 mit Erklärung: Festredner, Vorleser; 209 ebenfalls mit (kürzerer) Erklärung; 233 und 235 als "Festredner".

9 pAnastasi I (Umschr. u. Übers.: Gardiner, Eg. Hieratic Texts, Series I, Part 1, Leipzig 1911, 1*-34*; Übers: Erman, Lit.270-294; pAnastasi erstmals Übersetzt von Chabas, Voyage d'un Egyptien 1866, also 10 Jahre vor der Uarda). Von Ebers zuerst eingeführt als "Wegeführer", Ebers, Uarda I, 1893, 13. Als "Mohar" mit Erklärung erstmals, Ebers, Uarda I, 1893, 57. WB II, 116: "Bezeichnung eines jungen Helden, ev. Fremdwort".

10 Ebers, Uarda II,1893, 26 als "Sonnenpriester"

11 Erstmals: Ebers, Uarda I, 1893, 126, ohne Erklärung, dann passim.

12 Ebers, Uarda II, 1893, 214f. ohne Erklärung; 222, 240, schreibt nur später im Text von der "Roten Dogge", so daß der Fachman die Herkunft des Namens zu erklären weiß.

13 Kraus, Der Professorenroman, 17.

14 Ebers, Königstochter I, 1893, 67 mit Erklärung, 287 ohne Erklärung.

15 Ebers, Königstochter I, 1893, 171 mit Erklärung. Ebers, Uarda II, 165 mit Erklärung.

16 Ebers, Königstochter II, 1893, 52 ohne Erklärung.; Ebers, Uarda II, 1893, 155 ohne Erklärung und 246 ohne Erklärung, für den Fachmann aus $3h$ herleitbar.

schreibung für Verstorbene (Seele) oder "heiliger Vater"[1] für Priester oder "osirisch" für "verstorben."[2] Einer der bekanntesten Ausdrücke, der "Pharao", wird von Ebers öfters in Übersetzung als "Großhaus" o.ä. gebraucht.[3] Hierher gehören auch Epitheta, wie "Chonsu, Erteiler guter Ratschläge" von *Hnsw-p3-jr-shrw* (gr.: Chespisichis)[4] und "lichte Tochter des Ra" als Umschreibung für Wahrheit bzw. deren Göttin Maat.[5]

Ebers übersetzt auch ganze Redewendung, wie "Voll von jemandem sein" für "verliebt sein in jemanden"[6], "Hervortreten des Gottes" von *prt ntr*[7], "Buch vom Hinausgang in den Tag" von *h3t m r3 nj prj m hrw*[8], das "Scheiden des Re" für "abends".[9] Umgekehrt gebraucht er auch Germanizismen wie "Toth/Isis sei gelobt"[10] für "Gott sei gelobt" und für "Bäume ausreißen" schreibt er: ich fühle mich so kräftig, daß "ich eine Palme entwurzeln könnte."[11] Die "Ägyptische" Redewendung, "jemandem [sc. einem Priester] das Pantherfell von den Schultern reißen" für "jemanden degradieren", ist vom Deutschen: "Jemandem die Epauletten von den Schultern reißen"[12] abgeleitet.

Manchen Ausdrücken beläßt Ebers die Qualität von Eigennamen, indem er sie unkommentiert und unübersetzt verwendet. Wieweit es sich dabei um eine bewußte Produktion von Archaismen handelt und wieweit diese dem Ägyptologen Ebers unbewußt in die Feder geflossen sind, ist schwer zu entscheiden. Wie wir gesehen haben, beinhalten die ägyptischen Romane jedoch ein reicheres Spektrum von wechselseitigen Beziehungen von ägyptischer und deutscher Sprache als nur ins Ägyptische übersetzte Germanizismen - von denen man nicht ausschließen kann, daß sie augenzwinkernd gemeint sind. Eine Betrachtungsweise, die sich nur darauf beschränkt[13] und nicht die zahlreichen anderen ernsthaften Belege anführt, kann kein objektives Bild vermitteln. Gerade durch seine Fassung des Qadesch-Gedichtes, sei es im engeren Sinne als rezitiertes Epos oder im weiteren Sinne als die "Uarda" insgesamt, hat Ebers sicher mehr zur Verbreitung von Kenntnissen über ägyptische Literatur in der Öffentlichkeit beigetragen als manches wissenschaftliche Werk.

---

1   Erstmals: Ebers, Uarda I, 1893, 26 ohne Erklärung, dann passim, von jt ntr herleitbar.
2   Ebers, Uarda II, 1893, 237 ohne Erklärung.
3   Ebers, Uarda I, 1893, 23, mit Erklärung aus "Peraa", auch als "Hohe Pforte" u.a. Später kommentarlos im Text als "Hohe Pforte" gebraucht, Ebers, Uarda I, 1893, 251.
4   Ebers, Königstochter I, 1893, 123 ohne Erklärung.
5   Ebers, Uarda II, 1893, 170 ohne Erklärung.
6   Ebers, Uarda I, 1893, 253 mit Erklärung..
7   Ebers, Uarda II, 1893, 182 ohne Erklärung.
8   Ebers, Uarda II, 1893, 4 mit Erklärung.
9   Ebers, Uarda II, 1893, 75 mit Verweis in der Anm. auf: Uarda III, 1893, 6: "die Sonnenbarke verschwindet dort bei den Bergen des Westens" für "abends".
10 Ebers, Uarda I, 1893, 40 und 41.
11 Ebers, Uarda I, 1893, 41.
12 Ebers, Uarda II, 1893, 184 ohne Erklärung.
13 Siehe: Abdel-Noor, Ägypten in der deutschen Literatur, 205.

IV. 2. 4. DIE WISSENSCHAFTLICHE AKTUALITÄT. DIE ÄGYPTOLOGIE IN DEN FUSSNOTEN. "UM DEN VERFASSER DEN GELEHRTEN GEGENÜBER ZU RECHTFERTIGEN"

Als im Jahre 1864 die Königstochter erstmals erscheint, umfaßt die erste Anmerkung zur Beschreibung einer Barke auf dem Nil zwei Zeilen mit einem Literaturhinweis. 1893 enthält diese Anmerkung in der Ausgabe der Gesammelten Werke schon neun Literaturangaben mit einer Bibelstelle und jetzt auch allgemeinen Werken über das alte Ägypten auf 25 Zeilen. 1896 schließlich, in der 13. und letzten von Ebers verbesserten Auflage, ist die Anmerkung auf 12 Literaturangaben, wieder mit der Bibelstelle, und 37 Zeilen angewachsen.

Die Kritik an Ebers' Romanen hat sich besonders gegen diese Anmerkungsflut gewandt. Selbst Richard Gosche, der erste Biograph von Ebers und sein eifriger Apologet kann leise Kritik daran nicht unterdrücken[1], und noch heute wird das Verdikt von Ebers' "antiquarischer Detailbesessenheit" mit den zahlreichen Anmerkungen belegt. Dabei werden öfter mit Vergnügen Vorurteile tradiert, als daß man sich der Mühe unterzieht, die Anmerkungen zu untersuchen und diese dann objektiv zu würdigen. Da nur die beiden ersten Romane Anmerkungen enthalten, sahen die Kritiker in mangelnder Publikumsresonanz den Grund, daß Ebers von dieser Sitte abließ. Zeitgenossen sprechen von den Ebers'schen Romanen mit "ihren vom löblichen Publico mißachteten und darum in den drei letzten Romanen[2] weggelassenen Noten."[3]

Es ist darum nötig, zuerst die Fakten festzustellen, da selbst der gewissenhafte Artikel über Ebers von Elke Blumenthal diesbezüglich mit einer Fehlinformation aufwartet.[4] Ebers versieht seinen Erstling, die "Königstochter", mit einem umfangreichen Anmerkungsapparat (= Endnoten) am Ende jedes Bandes und mit kürzeren Anmerkungen (= Fußnoten) auf jeder Seite. Um Veränderungen festzustellen, bietet sich ein Vergleich der verschiedenen Auflagen an. Wir haben uns auf die beiden Ausgaben von 1864 als Erstausgabe der "Königstochter", bzw. von 1876 als die der "Uarda" und die in den Gesammelten Werken von 1893 beschränkt, da eine Vergleichung aller zahlreicher Auflagen

---

1 "Durch die Gewissenhaftigkeit der beigegebenen Anmerkungen [kann die] Wirkung der Darstellung leicht geschädigt erscheinen, Gosche, Georg Ebers, 108.

2 Gemeint sind "Homo sum", "Die Schwestern" und "Der Kaiser".

3 Kraus, Der Professorenroman, 38.

4 E.Blumenthal schreibt. "In seinem nächsten Roman, »Uarda« (1876), (...) verzichtete er auf die Fußnoten, mit denen er in seinem ersten Buch mehr als 500 Fakten dokumentiert hatte, denn »jeder Blick unter die Seite muß notwendigerweise die Wirkung des Kunstwerks unterbrechen oder gar schmälern«", Blumenthal, Altes Ägypten, 12. Das ist, wie ein Blick in die "Uarda" mit ihren 350 Fußnoten lehrt, falsch, und auch das angeführte Ebers-Zitat fährt fort: "Der Text dieses Buches ist auch in einem Gusse hergestellt und erst nach seiner Vollendung mit Anmerkungen versehen worden", Ebers, Uarda I, 1876, VIII.

schon wegen der Schwierigkeit, aller Exemplare habhaft zu werden[1], unmöglich ist und wohl das Bild differenzieren, nicht jedoch der Tendenz nach verändern könnte.

Eine Übersicht der Entwicklung der Anmerkungen, d.h. der Endnoten und Fußnoten, gibt die folgende Tabelle.

| | EINE ÄGYPTISCHE KÖNIGSTOCHTER ||||||
| | Erstausgabe (1864) ||| Gesammelte Werke (1893) |||
	Seitenzahl inkl.Anm.	Endnoten Zahl	Endnoten Seiten	Fußn. Zahl	Seitenzahl inkl.Anm.	Endnoten Zahl	Endnoten Seiten	Fußn. Zahl
Bd.I	206	210	27	15	408	314	72	52
Bd.II	253	120	16	20	404	212	40	104
Bd.III	293	183	23	79	-	-	-	-
Zus.	752	513	66	114	812	526	112	156

Bei der Erstausgabe kommt rechnerisch also 1 Endnote auf 1,46 Seiten, wobei die Endnoten in Kleindruck stehen (37 Zeilen/Seite gegen 31 Zeilen/Seite im Normaldruck). Die Ausgabe der "Königstochter" bei den Gesammelten Werken ist erheblich überarbeitet. Der Gesamtumfang hat um 60 Seiten zugenommen, wovon der größte Anteil, nämlich 46 Seiten, auf die erweiterten Endnoten zurückzuführen sind. Die Zahl der Anmerkungen wird um 13 auf jetzt insgesamt 526 Stück erhöht. Während die Frequenz (pro 1,54 Seiten eine Endnote) fast gleich geblieben ist, entsteht ein erheblich anderes Bild der Umarbeitung und Veränderung bis 1893, wenn man den Seitenumfang der Endnoten berücksichtigt. Er hat sich von 66 auf 112 Seiten fast verdoppelt! Ebers verwendet aber auch Fußnoten, wobei als Unterscheidungskriterium gelten könnte, daß Worterklärungen neben Verweisen auf andere Stellen als Fußnoten gegeben werden, während diskursive Ausführungen und Literaturangaben an den Schluß des Bandes gesetzt werden, ohne daß dieses System jedoch konsequent durchgeführt wird.

In seinem zweiten Roman reduziert Ebers die Anmerkungen von Anfang an wesentlich, nicht weil er deren Sinn in Frage stellt, sondern weil er "gezwungen sein würde, Vieles des in den Noten zu einem ersten Roman Gesagten zu wiederholen."[2] Er unterscheidet nicht mehr zwischen den Endnoten, die er als Block an das Ende jeden Bandes setzte, und den Fußnoten, sondern wendet nur noch das

---

1 Selbst der Verlag konnte durch Kriegsverluste nicht mehr alle Auflagen zur Verfügung stellen.
2 Ebers, Uarda I, 1876, VII.

System der Fußnoten unter der jeweiligen Seite an. Auch bei der "Uarda" soll die Erstausgabe von 1876 mit den Gesammelten Werken (1893) verglichen werden.[1]

	UARDA			
	Erstausgabe (1876)		Gesammelte Werke (1893)	
	Seitenzahl	Zahl Fußnoten	Seitenzahl	Zahl Fußnoten
Band I	258	128	256[2]	129
Band II	263	139	263	141
Band III	240	97	240	98
Zusammen	761	364	759	368

Durchschnittlich hat also etwa jede zweite Seite eine Fußnote. Entgegen Ebers' Begründung für den eingeschränkten Umfang der Anmerkungen findet sich kein einziger Verweis auf das im "ersten Roman Gesagte", was sich gerade bei der Ausgabe der Gesammelten Werke angeboten hätte, da "einzelne Werke aus dieser Gesamt-Ausgabe nicht abgegeben werden."[3]

Im folgenden soll nun die Beschaffenheit der Anmerkungen an dem Maßstab gemessen werden, den Ebers selbst anlegt. Sie sollten nämlich den Zweck erfüllen, "Erstens (...) dem Text erklärend zur Seite stehen, zweitens Bürgschaft leisten für die Sorgfalt, mit der ich bemüht gewesen war, das archäologische Detail in all seinen Einzelheiten treu nach den Denkmälern und Klassikern zu zeichnen; drittens aber wünschte ich in ihnen den wißbegierigen Lesern einige Hilfsmittel zu eigenen Studien an die Hand zu geben."[4] Aber "auch ohne Anmerkungen kann jeder Abschnitt dieses Buches verstanden werden."[5]

---

1 Abweichend von Ebers werden hier I, II und III auf die drei Bände des Romans bezogen. Wenn Ebers in den Gesammelten Werken bandübergreifend verweist, zitiert er nach der Gesamtbandzählung. Bd.III bei Ebers wird hier also als Uarda I zitiert. Die "Uarda" der Gesammelten Werke dürfte etwa der 14.Auflage entsprechen. In den Bänden selbst findet sich die Auflage nicht angegeben.

2 Der Text hat sich außer orthographischen Aktualisierungen, z.B. Niltal statt Nilthal, nicht verändert. Die Verringerung der Seitenzahl ist auf einen geringfügig kleineren Druck zurückzuführen. Der Seitenunterschied gleicht sich meistens am Kapitelende wieder aus. Da dies aber nicht durchwegs der Fall ist, erklärt sich eine Reihe von falschen bandübergreifenden Verweisen - romanübergreifende gibt es nicht -, die um ein bis zwei Seiten falsch liegen wohl dadurch, daß Ebers für die Gesammelten Werken seine Fußnoten nach der Erstausgabe oder einer anderen vorhergehenden Ausgabe, die noch den alten Druck hatte, eingerichtet hatte und es unterließ, den Umbruch zu korrigieren.

3 Ankündigung des Verlags in: Jubiläums-Katalog der Deutschen Verlags-Anstalt in Stuttgart und Leipzig 1848-1898, 36.

4 Ebers, Uarda I, 1876, VIIf. Das Vorwort zur 1.Auflage wird auch allen folgenden Auflagen vorangestellt.

5 Ebers, Uarda I, 1876, VIII.

Außerdem kann eine ägyptologische Untersuchung der Anmerkungen einen Beitrag leisten zur Zustandsbeschreibung der frühen Ägyptologie und ihrer raschen Entwicklung in den ersten Jahren. Besonders geeignet ist dafür die "Königstochter" in den beiden Ausgaben von 1864 und 1893, die in den 30 Jahren eine bemerkenswerte Entwicklung dokumentieren. Eine Beobachtung der Veränderungen soll auch Aufschluß geben über die wissenschaftliche Aktualität, d.h. die Ebers'sche Rezeption der ägyptologischen Literatur, der neuen Erkenntnisse, Ausgrabungen und Entdeckungen. Verbreiterungen, Kürzungen, werden zeigen, ob und welche Verbesserungen zu beobachten sind. Wir halten uns dabei an Ebers' eigene Einteilung.

IV. 2. 4. 1. INHALTLICHE ANMERKUNGEN. "DEM TEXT ERKLÄREND ZUR SEITE STEHEN"

Viele Fußnoten sind im eigentlichen Sinne kurze, reine Worterklärungen wie Nekropole > Totenstadt; Menth > Der Kriegsgott der Aegypter; oder Wortübersetzungen nach beiden Seiten z.B. gr. Hausflur > Trinakria; Thyroreion > Sicilien; äg. Tuat > Die Tiefe. Die Unterwelt der Ägypter; Bennu > Der Phönix. Eine Reihe von Begriffen, die in den Erstausgaben unerklärt bleiben, also wohl fälschlich als geläufig vorausgesetzt werden, erhalten in der Gesamtausgabe Erklärungen, z.B. Pharao; Pylonen, vor allem aber handelt es sich dabei um griechische Begriffe, was die schwindende Bedeutung humanistischer Bildung im Publikum aufzeigen könnte.

Anmerkungen dagegen beinhalten meist längere Exkurse. So werden die wichtigeren Götter von Ebers ausführlich vorgestellt. Den Göttern Ra, Hathor, Seth, Thoth, Apis, Pacht (Sechet/Bast) sind in der "Königstochter" längere Ausführungen gewidmet.[1] Daneben erscheinen die Stichworte Tempel und Priester. Erweitert wird das Pantheon dann in der "Uarda" durch Isis, Anubis, Hathor, Imhotep, Seth, Sechet, Amun, Thoth/Hermes und Ptah - um auch hier nur die wichtigeren zu nennen. Osiris erhält die umfangreichste Anmerkung von 25 Kleindruckzeilen. Ein Vergleich von Götter-Anmerkungen in "Königstochter" und "Uarda" zeigt im ganzen, daß die ausführlicheren und grundsätzlicheren Anmerkungen in der "Königstochter", also in den ersten Bänden der Gesamtausgabe zu finden sind, was durchaus dem aufbauenden Prinzip entspricht, das Ebers im o.a. Zitat aus dem Vorwort der "Uarda" zur Einschränkung der Anmerkungen angekündigt hatte. Dem widersprechen jedoch manche leicht variierende Wiederholungen.[2] Der religiöse Bereich mit Jenseitsvorstellungen, Seele, Weltbild,

---

1   Wir behandeln hier unserem Thema entsprechend hauptsächlich die ägyptischen Erscheinungen. Ebers geht darüber hinaus auch auf die vorderasiatische, persische und griechische Götterwelt ein. V.a. die griechische Abteilung (Götter/Kulturgeschichte/Literatur) nimmt noch in der Königstochter einen dem ägyptischen Bereich wenig untergeordneten Raum ein.

2   Z.B. bei Hathor: "Sie ist (...) die Schöngesichtige, die da erfüllt Himmel und Erde mit ihren Wohlthaten. In späterer Zeit ward sie geradezu zur Muse. Tanz, Gesang, Scherz, ja selbst der Genuß und Rausch beim Weintrinken standen unter ihrem Schutze" und "Sie wird die Schöngesichtige genannt, und alle reinen Freuden des Lebens sind ihr Geschenk. Später wird sie zur Muse, die mit Fröhlichkeit, Liebe, Sang und Tanz das Leben schmückt". Ebers, Königstochter I, 1893, Anm.55 und Ebers, Uarda I, 1893, 12, Anm.

Totenbuch liegt Ebers besonders am Herzen, wobei manche der Stichwörter zweimal und öfter aufgegriffen werden.

Daneben spielt das profane Leben mit Haus, Gastmahl, Jagd, Ärzten, Augenkrankheiten, Medizin, Chirurgie und die Topographie, z.B. Memphis, Naukratis eine wichtige Rolle.

Ebers baut innerhalb eines Romans mehrmals in späteren Fußnoten ein Thema ergänzend aus, manchmal mit ausdrücklichem Rückverweis auf die Basisfußnote. So erfahren wir z.B. zu "Anubis" in drei späteren Fußnoten von seiner Nebenform "Apheru", aus dem in den Gesammelten Werken "Ap-uatu" geworden ist, von seinem heiligen Tier "Schakal" und von seiner Hauptstadt "Kynopolis".[1] Ebers wertet dabei und fertigt "unwichtige" Götter, wie Maa, Seb/Keb oder Month, kürzer ab. So ergibt sich ein hierarchisch strukturiertes Geflecht von Beziehungen, das didaktische Züge aufweist. Inwieweit sich dies bewußter Planung oder pädagogischer Intuition verdankt, muß dahingestellt bleiben.

IV. 2. 4. 2.   NEUE ERKENNTNISSE. "DAS ARCHÄOLOGISCHE DETAIL TREU NACH DEN DENKMÄLERN"

Ebers bleibt weder in seiner wissenschaftlichen, noch in seiner dichterischen Tätigkeit beim einmal Erreichten. Neue Erkenntnisse der Wissenschaft werden vor allem in den Fußnoten seiner Romane verarbeitet. Ebers zögert nicht, Aussagen zu modifizieren oder gar in ihr Gegenteil zu verkehren, wenn dies erforderlich ist. Die apodiktische Sicherheit oder "Gläubigkeit" an die (antiken) Autoren weicht so differenzierenden Ansichten.

Einige Beispiele sollen das belegen: So wird das Strychnin vom "den Aegyptern wohlbekannten Gift" zum "kaum bekannten."[2] Ein gleicher Fall ist das Verschwinden der Lotospflanze.[3] In der "Uarda" schreibt Ebers noch lapidar: "Es gab keine weibliche Sphinx in Aegypten". Als dann doch solche bekannt werden, erweitert Ebers die Anmerkung. Sie lautet jetzt: "Es gab keine weibliche Sphinx in Aegypten. (...) Frauenköpfe kommen an ihnen nur ganz vereinzelt und in späterer Zeit vor."[4] Der Wolf ist zuerst im modernen Ägypten ausgerottet, später gibt es ihn wieder.[5] Modifikationen verlegen

---

1   Ebers, Uarda I, 1893, 7, Anm.; 107, Anm.; 246, Anm.; Ebers, Uarda II, 1893, 217, Anm.

2   Ebers, Uarda I, 1876, 42 und Ebers, Uarda I, 1893, 42.

3   Ebers, Uarda I, 1876, 225 und Ebers, Uarda I, 1893, 225.

4   Ebers, Uarda II, 1876, 118. Diese Behauptung hat Ebers sicher - da es eine denkmälermäßige Widerlegung noch nicht gibt - von Herodot, Hist.II, 175 übernommen, wo dieser sie im Gegensatz zur weiblichen griechischen Sphinx sieht, und Ebers, Uarda II, 1893, 118.

5   Ebers, Uarda II, 1876, 105 und Ebers, Uarda II, 1893, 105.

die Einführung des Münzwesens von der Ptolemäerzeit in die Perserzeit vor[1] und die Entdeckung der heiligen 7-Zahl (neben 8,9,13,15) wird in eine bestehende Anmerkung eingefügt.[2] Relativiert wird die Aussage, daß die "sam-Hieroglyphe" ♀ einen Feuerbohrer darstellt, durch ein "doch ist es zweifelhaft."[3] Häufig können Hypothesen an Sicherheit gewinnen, verifizierend oder falsifizierend, was "nicht zuzutreffen scheint" wird "unbedingt falsch"[4], was echt war, wird unecht.[5] Die Fehldeutung des Harpokrates in Text und zugehöriger Anmerkung als Gott des Schweigens wegen des Fingers am Mund wird in der Fassung der Gesammelten Werke gestrichen.[6] Den Grabkegel betrachtet Ebers als "Stempel von gebranntem Ton, welche in die Erde vergraben wurden, um bei etwaigen Grenzstreitigkeiten anzuzeigen, wie weit das Gebiet des Erbbegräbnisses[7] reiche."[8] Er erweitert dann seine Anmerkung und referiert einen neuen Erklärungsversuch, wie öfters ohne den Text zu ändern, in dem Falle aber darin begründet, daß er wohl der Erklärung seines Schülers nicht folgt: "Jüngst von A.Wiedemann behandelt, der sie an Stelle von Opfergaben, deren Gestalt sie tragen, in den Boden versenkt werden läßt."[9]

Änderungen betreffen aber auch Grundsätzliches wie eine Bemerkung über die Kunstgeschichte lehrt. In der "Königstochter" kommentiert nämlich Ebers Platos Bericht, daß sich in der Kunst der Ägypter seit tausend Jahren nichts verändert habe, mit einem lapidaren "Dies wird durch die Denkmäler bestätigt". Später fährt er hier fort: "obwohl doch jede Epoche ihren eigenen dem Kenner ins Auge fallenden Kunststil besaß".[10]

In bedeutenderen Fällen ändert Ebers auch den Text: "In der ersten Auflage führten wir dem Leser Daniel selbst (...) vor: dies scheint uns aber nach den kritischen Untersuchungen des Holländers Kuenen und andrer Bibelforscher nicht mehr zulässig zu sein."[11] Und so läßt Ebers den reichen und angesehenen Juden Beltsazar - lt. Daniel I,7 Daniels babylonischer Name - der die jüdische Delegation dem Kambyses vorstellt, nicht mehr mit Daniel identifizieren und streicht im Text auch die

---

1 Ebers, Uarda I, 1876, 103 und Ebers, Uarda I, 1893, 103.

2 Ebers, Uarda II, 1893, 42.

3 Ebers, Uarda II, 1876, 91 und Ebers, Uarda II, 1893, 91. Ein ähnlicher Fall: Ebers, Königstochter I, 1864, Anm.141 und Ebers, Königstochter I, 1893, Anm.144, wo die Angabe jetzt mit zwei Fragezeichen versehen wird.

4 Ebers, Königstochter I, 1864, 104 und Ebers, Königstochter I, 1893, 106.

5 Ebers, Königstochter I, 1864, Anm.200 und Ebers, Königstochter I, 1893, 205.

6 Ebers, Königstochter III, 1864, 15.

7 Modern: Totenstiftung.

8 Ebers, Uarda II, 1876, 100 und Ebers, Uarda II, 1893, 100.

9 Wiedemann, Die altägyptischen Grabkegel.

10 Ebers, Königstochter I, 1864, Anm.168 und 169 und Ebers, Königstochter I, 1893, Anm.173. Diese Anmerkung enthält eine scharfsichtige Charakteristik des Wesentlichen der einzelnen künstlerischen Epochen: Altes Reich, Neues Reich, Saiten, Kopten. Seine folgende Anmerkung liefert dann Beispiele für die hohe Kunstblüte des Alten Reiches.

11 Ebers, Königstochter I, 1893, Anm.274.

Anspielung auf die Löwengruben-Geschichte.[1] Ein wesentlicherer Eingriff betrifft die Charakteristik des Kambyses: Führt dieser sich zuerst von Anfang an in Ägypten als der von Herodot belegte Wüterich auf, so sieht sich Ebers später veranlaßt eine halbe Seite Text einzufügen, die Kambyses als anfänglich gerecht und milde in Ägypten waltend schildert. Verursacht wird dieser Wandel Kambyses' und Ebers' durch die gründliche Veröffentlichung der Inschrift einer "naophoren Statue im Gregor. Museum des Vatikans (...). Neu und genau publizirt von H.Brugsch in seinem Thesaurus inscr. aegyptiacarum 636 ff."[2] Ebers verschweigt die Erstveröffentlichung dieses wichtigen Dokuments durch de Rougé in RAr VIII (1851) nicht, obwohl er dadurch eine eigene Unterlassung dokumentiert.[3] Der Besitzer der Statue Udjahorresnet berichtet nämlich von der Wohltätigkeit des Kambyses dem Neith-Tempel gegenüber. Dies hatte als erster de Rougé beobachtet, obwohl schon vor ihm Champollion und Rosellini diese Statue gewürdigt hatten[4]: "Le vainqueur [Kambyses] s'y montra humain et modéré. La période de fureurs et de dévastations ne commenca qu'après la désastreuse expédition d'Éthiopie."[5] Das Dokument wurde also schon 1851 als wichtiges Korrektiv zu einer irrigen Anschauung betrachtet, ohne daß die griechischen Quellen oder Herodot beim Namen genannt worden wären: "pour rectifier les idées exagérées que l'on pouvait avoir sur la tyrannie de Cambyse."[6] Damit haben die ägyptischen Quellen begonnen, den Alleinvertretungsanspruch der Griechen zu relativieren, ihn aber noch nicht abgelöst. Ebers allerdings kannte 1861/62, als er seinen ersten Roman schrieb, diesen Text noch nicht. Erst zur Ausgabe der Gesammelten Werke 1893 wird er durch Brugsch auf Udjahorresnet aufmerksam und so bemüht er sich jetzt, die widersprüchlichen Angaben zu vereinen. In dieser Schilderung der Kambyses-Herrschaft als zwiespältig folgt Ebers auch die zünftige Geschichtsschreibung.[7]

Während viele Stellen in den Erstausgaben der beiden Romane noch durch einen bestimmten Verweis auf Wilkinson oder Rosellini belegt werden, spiegelt sich die verbreitete Materialbasis in den späteren Ausgaben durch ein pauschales "auf vielen Monumenten belegt", zahlreiche Erscheinungen sind also Gemeingut geworden und bedürfen keines gesonderten Beleges mehr.

---

1   Statt: "Ich halte euren großen Geist, welcher Dich in der Löwengrube beschützte und aus Deinem Munde so wunderbare Deutungen gehen ließ, nicht für machtlos", Ebers, Königstochter II, 1864, 72 ist nun zu lesen: "Ich halte euren großen Geist, welcher große Wunder geübt haben soll, nicht für machtlos", Ebers, Königstochter I, 1893, 267.

2   Ebers, Königstochter II, 1893, Anm.142. Gemeint ist: Brugsch, Thesaurus, (1883-1891), 636-642, Kommentar und Übersetzung: 682-698.

3   De Rougé, Mémoire sur la statuette.

4   Champollion, Grammaire égyptienne, Paris 1836, 500-501. Ros.Mon.Stor.Text II, 153: "Io non ho la copia di tutta l'iscrizione che adorna la veste di questa statua".

5   De Rougé, Mémoire sur la statuette, 40.

6   De Rougé, Mémoire sur la statuette, 40.

7   Z.B. heißt es in: Wiedemann, Ägyptische Geschichte, 672 lapidar: "Die Rückkehr des Kambyses aus Äthiopien bildet einen Wendepunkt von einschneidender Bedeutung in der Geschichte seiner Regierung. Der König, welcher von Jugend auf an epileptischen Anfällen gelitten hatte, wurde wahnsinnig."

Andere Anmerkungen spiegeln den Fortschritt der Feldforschung in Ägypten zwischen 1864 und 1893. So findet zwar die Deir el-Bahari-Ausgrabung durch Mariette schon in der Erstausgabe der "Uarda" ihren Niederschlag, deren Veröffentlichung, die auf sich warten läßt, wird erst in den Gesammelten Werken erwähnt.[1] Selbstverständlich wird auf die sensationelle Entdeckung der Cachette von Deir el-Bahari 1881 mehrmals hingewiesen[2], ebenso daß der Luksor-Tempel "jüngst unter Masperos Leitung frei gelegt" ward[3], während die Karnak-Veröffentlichung Mariettes (1875) mit "trefflichen Grundrissen aller Teile des Tempels" schon in der "Uarda"-Erstausgabe Erwähnung findet.[4] Auch ein Hinweis auf die Naukratis-Ausgrabung, die Petrie und Gardner 1885/86 im Auftrag des EEF durchführen, wird in der "Königstochter", die ja zu weiten Teilen in dieser Stadt spielt, eingefügt.[5] Auf Ebers' Einsatz für die Graf'schen Mumienportraits wurde schon hingewiesen[6], jetzt widmet ihm Ebers eine der wenigen neugefaßten Fußnoten der ganzen "Uarda"[7] und verschweigt natürlich auch seinen eigenen Beitrag dazu, die "Gallerie antiker Portraits" (1888), nicht.

Manche Erweiterungen sind als Reaktion auf Kritik, Unverständnis oder Mißverständnisse zurückzuführen. Auf später eingefügte Worterklärungen wurde schon oben hingewiesen und eine in der "Uarda" passim gebrauchte Bezeichnung des "Paraschiten" (i.Ggs. zum gebräuchlichen "Paraschisten") muß Ebers in seinem Vorwort zur 9.Auflage (1881) rechtfertigen.[8] Der erste Band "Uarda" hat eine einzige neue Fußnote, die sich auf den "Beichtraum" altägyptischer Tempel bezieht, den Ebers in der Erstausgabe kommentarlos anbietet, der dann wohl in den Gesammelten Werken einer Apologie bedarf.[9]

Ebers religionsphilosphische Ambitionen tragen ihn in der Tat oft über sein Ziel hinaus. In der "Königstochter" läßt er ein Kolleg über den Monotheismus halten: hier belehrt Krösus die Nitetis.[10] Dieses Statement über mehr als eine Seite bleibt in der Erstausgabe unkommentiert, wird in der Gesamtausgabe jedoch verteidigt: "Wer die ungefähr derselben Zeit enstammenden Aussprüche des Xenophanes kennt, der wird diese Rede kaum anachronistisch finden."[11]

---

1 Ebers, Uarda I, 1876, 230 und Ebers, Uarda I, 1893, 228.

2 Ebers, Uarda I, 1893, 72 und 321 und mit Hinweis auf die Mumie Ramses' II: Ebers, Uarda III, 1893, 114.

3 Ebers, Uarda II, 1893, 220.

4 Ebers, Uarda II, 1876, 220.

5 Ebers, Königstochter I, 1893, Anm.2 und Anm.90.

6 Siehe oben 235-237.

7 Ebers, Uarda II, 1893, 104.

8 Wieder abgedruckt in der Gesamtausgabe.

9 Ebers, Uarda I, 1893, 237, Anm. Die beiden neuen Fußnoten des zweiten Bandes beziehen sich auf die Graf'sche Entdeckung (s.o.) und auf ein unspezifisches "On".

10 Ebers, Königstochter II, 1864, 47f.

11 Ebers, Königstochter I, 1893, Anm.255.

Interessanterweise haben die neuen wissenschaftlichen Erkenntnisse nur selten auf die Textgestalt selbst zurückgewirkt. Die Flexibilität Ebers' bei den Fußnoten ist deutlich höher als bei der Gestaltung des Erzähltextes. Wenn Ebers erkennen mußte, daß er etwas Unmögliches vorgestellt hat, räumt er das zwar in einer Anmerkung der nächsten Auflage ein, streicht das Unmögliche aber nicht immer aus dem Text.

Die Anmerkungen machen den Leser mit der Gesamtheit der ägyptologischen Prominenz bekannt und lesen sich wie ein "Who is Who", alle namhaften Vertreter des Faches sind aufgeführt. Es ist hier nicht der Ort, die Zitate im einzelnen zu würdigen, meist handelt es sich um Literaturangaben. Jedoch soll die Aufzählung wenigstens der Namen einen Eindruck von der Vielfalt vermitteln. So finden wir berühmte Pioniere der Ägyptologie wie Lepsius, Minutoli, Wilkinson, Bonomi, neben weniger bekannten wie Peyron oder Czermak, die Kollegen Ebers' und die Schülergeneration.

Insgesamt werden in der "Königstochter" der Gesammelten Werke (mit Anzahl der Nennungen) erwähnt: Wilkinson (54), Ebers (53; davon beziehen sich etwa 1/3 auf den pEbers), Lepsius (36), Rosellini (28), Brugsch (27), Curtius (16), Mariette, Chabas, Dümichen (je 11), Becker (10), Layard (9), de Rougé, Birch (je 7), Wiedemann, Maspero, Naville (je 6), Overbeck, Champollion, Welcker (je 5), Duncker (4), Schack, Bunsen, Minutoli, Le Page Renouf, Parthey (je 3), Wilcken, Gardener, Petrie, Caviglia, Sloane, Virchow, Pierret, Lauth (je 2), Steindorff, Pietschmann, Sayce, Reinisch, Droysen, Pettigrew, H.H.Simon, Herder, Prisse d'Avennes, Strauß von Torney, Deveria, Spiegelberg, Pleyte, Leemans, Ewald, Müller, Bonomi, Hultsch, Mommsen, Letronne, Blumenbach, Gayet, Unger, Harris, Bouriant, Stickel, Passalacqua, Lieblein, Delitzsch, Pietschmann, Galen, Barth, Baker, Eyth, Chélu, Zuendel und Barthélemy (je 1).

Die "Uarda" der Gesamtausgabe enthält: Ebers (27), Mariette (11), Lepsius (9, davon 5 LD), Brugsch (9), Chabas und de Rougé (je 7), Maspero (6), Stern, Dümichen, Naville und Müller (je 4), Czermak und Meyer (je 3), Minutoli, Grebaut, Erman, Parthey, Deveria, Le Page Renouf und Birch (je 2), Revillout, Hesse, Wilkinson, Leemans, Pleyte, Lenormand, Pietschmann, Wiedemann, Graf, v.Lemm, Peyron, de Horrak, Palmer[1], Wilson, Bonomi, Linant-Pascha, v.Bergmann und Harris (je 1).

---

1   Über Palmer erfahren wir als Aktualisierung einer schon in Ebers, Uarda III, 1876, 53, Anm. angeführten Literaturangabe: "der unglückliche, tief gelehrte Verfasser wurde während des englisch-ägyptischen Krieges von den Beduinen der Sinaihalbinsel gezwungen, sich durch den Sturz von einem hohen Felsen das Leben zu nehmen", Ebers, Uarda III, 1893, 53, Anm. Das widerspricht der Angabe in WwW [2]1972, 221: "He (...) was later shot, probably by robbers, 11 Aug.1882". Die Ebers'sche Todesart scheint der schillernden Persönlichkeit angemessener zu sein. Wie dem auch sei, "his story probably surpasses even that of the legendary Lawrence" (WwW [2]1972, 221). Auch über seine Vornamen herrscht keine Einigkeit: Ebers, Uarda III, 1876 und 1893, 53, Anm.:" M.A."; WwW [2]1972, 221: "Edward Henry".

In der "Königstochter" sind noch die Klassiker als Quellenangaben in der deutlichen Mehrzahl: Herodot (171), Diodor (51), Plutarch (28), Xenophon (23), Strabo (17), Plinius (11), Homer (8), Aristophanes (7), Tacitus, Anakreon, Aischylos, Aristoteles, Clemens Alexandrinus (je 6), Athenäus, Aelian, Plato, Cicero (je 5), Arrian (4), Jamblichus, Pindar, Sappho, Tukydides (je 3), Polybios, Pausanias, Horappolon, Seneca, Ovid (je 2), Gellius, Josephus, Catull, Livius, Justin, Hekatäus, Theokrit, Lucian, Sophokles, Aventinus, Vergil, Appian, Longinus, Catull, Alcäus, Dioscurides, Ibykus, Anaximander, Pollux, Vitruv, Eusebius, Diogenes, Petronius, Heliodor, Kallimachus, Alcibiades, Polyän, Aesop (je 1). Eine Sonderstelle nehmen die Bibelbelege (30) ein.

Schon ganz anders ist das Bild in der "Uarda". Hier sind die Klassiker in die Minderzahl geraten, wenn auch ihre Belege immer noch zahlreich sind: Diodor (15), Herodot (13), Plutarch (9), die Bibel (5), sonst je einmal: Aristoteles, Theokrit, Dioskurides, Flavius Vopiscus, Plinius, Plato, Horapollon, Juvenal, Kallixenos, Jamblichus, Procop, Eusebius, Aelian, Lucian, Athenäus, Clemens von Alexandrien.

Die folgende Übersicht der Erwähnungen zeigt deutlich die Verschiebung zwischen den Wissenschaften der Klassischen Philologie und der Ägyptologie und im Wissenschaftsbild der Ägyptologie selbst innerhalb von 12 Jahren.[1]

		KÖNIGSTOCHTER	UARDA
Klassiker	Insgesamt	420	54
	davon: Herodot Diodor Plutarch	171 51 28	13 15 9
Ägyptologen	Insgesamt	376	131
	davon: Ebers Wilkinson Lepsius Rosellini Brugsch	53 54 36 28 27	27 1 9 - 9

Die Klassikernennungen werden also von der "Königstochter" zur "Uarda" auf fast 1/8 reduziert, die der Ägyptologen oder Wissenschaftler verwandter Disziplinen auf etwa 1/3. Das Verhältnis Klassiker : Ägyptologen ist in der "Königstochter" 1,1 : 1, in der "Uarda" 1 : 2,5. Besonders der auffällige Rückgang der Belege aus den großen, grundlegenden, aber allgemeinen ägyptologischen Werken von Wilkinson, Lepsius, Rosellini und Brugsch ist auffallend und läßt weitere Schlüsse zu.

---

1 Die Zählung wurde nach den Gesammelten Werken vorgenommen, die zwar einzelne Angaben, nicht jedoch die Tendenz der Erstausgaben verändert hatten.

IV. 2. 4. 3. ÄGYPTOLOGISCHE LITERATUR. "DEN WISSBEGIERIGEN LESERN EINIGE HILFSMITTEL ZU EIGENEN STUDIEN ... GEBEN"

Die Literaturangaben im engeren Sinne - die antiken Schriftsteller und Dichter seien hier ausgenommen - zeigen, welche Editionen von Denkmälern vorhanden waren, was der ägyptenbegeisterte Student Ebers in Berlin verwenden konnte, was ihm erreichbar war und auch, was er übersehen hat, denn es geht ihm darum, seinem "Leser" - und das war bei der "Königstochter" auch sein Lehrer Lepsius - zu zeigen, daß er nicht vor "leeren Fiktionen" stehe. Sein zweiter Roman, der ja erscheint, als Ebers schon die akademische Laufbahn bis hin zum Ordinarius durchlaufen hatte und auch die revidierten Anmerkungen der Gesammelten Werke sollen auch der gelehrten Fachwelt gegenüber seine Kompetenz belegen.

Welches sind die Werke, die damals das noch schwankende Gerüst der frühen Ägyptologie bilden? Zunächst benützt Ebers für seinen ersten Roman die Standardwerke von Rosellini, die drei Bände der "Monumenti" (1832-44); Wilkinsons "Manners and Customs" (1837); Birchs "Gallery of Antiquities" (1842) und Bunsens "Aegyptens Stellung in der Weltgeschichte" (1844-57), erstaunlicherweise nicht jedoch Lepsius' "Denkmäler"! Für die Chronologie jedoch war Lepsius mit seiner "Chronologie" (1849) und dem "Königsbuch" (1858) ausschlaggebend.

Der Fortschritt zeigt sich dann in der Ausgabe der Gesammelten Werke. Dort treten als neue Standardwerke hinzu: Ermans "Aegypten und aegyptisches Leben" (1885), Navilles "Todtenbuch" (1886), auch Ebers' "Aegypten und die Bücher Mose's" (1868). Die Belege aus den alten Werken werden noch ausgebaut. Erst jetzt treten Lepsius' "Denkmäler" (1849-59) auf.[1] Auch Champollions "Lettres écrites d'Égypte" (1833) erscheinen erstmals.

Einige Werke dagegen sind jetzt obsolet geworden und werden eliminiert, so Bunsens "Aegyptens Stellung in der Weltgeschichte" und v.a. Uhlemann, Schüler von Seyffarth und Vertreter von dessen Hieroglyphenentzifferungssystem. So hatte Ebers schon in der Erstausgabe gegen die Totenbuchübersetzungen von Uhlemann und Birch bei Bunsen Stellung genommen und Champollion und Brugsch den Vorzug gegeben[2], jetzt aber erwähnt er verdientermaßen nur noch Navilles "Todtenbuch" thebanischer Rezension (1886) und die Basisedition von Lepsius (1842) und deren Verbesserung durch Pleyte (1881/2).[3] Über viele Fragen waren inzwischen Spezialuntersuchungen erschienen. So ist die

---

[1] In: Ebers, Königstochter I, 1893, Anm.128 ergänzt LD jetzt Ros.Mon. Auch: Ebers, Königstochter I, 1876, Anm.110 und Ebers, Königstochter I, 1893, Anm.113. Vorher werden einmal "die großen Werke von Wilk., Ros., Lepsius" erwähnt, Ebers, Königstochter I, 1876, Anm.122, wobei jedoch sicherlich mit Lepsius das Königsbuch gemeint ist.

[2] Ebers, Königstochter II, 1876, Anm.35. Auch Charles Lenormants Übersetzungen aus dem Totenbuch werden erwähnt, Ebers, Königstochter III, 1876, Anm.31. Pierrets Übersetzung ist "vollständig, aber leider ohne genügende Textkritik", Ebers, Königstochter II, 1893, Anm.34.

[3] Ebers, Königstochter I, 1893, Anm.251.

Chronologie engmaschiger geworden, wie z.B. der Vergleich der Artikel über die Fremdherrschaften von Hyksos und Äthiopiern deutlich zeigt.[1] Wird hier noch Bunsen als Zeuge aufgeführt und die Vertreibung der Hyksos dem Amasis (d.h. Ahmose) und Thutmes III. zugeschrieben, so werden jetzt als Quellen pSallier und pRhind, der Königspapyrus von Turin, Denkmäler aus Ausgrabungen Navilles in Bubastis, die 400-Jahr-Stele, Grabmalereien, die Pi(anch)i-Stele in der Edition von de Rougé, als Sekundärquellen Ebers, Maspero, Brugsch, Wiedemann und Meyer angegeben.

Als Ebers dann seinen zweiten Roman, die "Uarda" schreibt, hat sich die Situation erheblich gewandelt. An Literatur benutzt Ebers Navilles "La litanie du soleil" (1875)[2], Philippe-Jacques de Horraks "Les lamentations d'Isis et de Nephthys d'apres un manuscrit hiératique du Musée royal de Berlin", Paris 1866[3], Lepsius' "Die altägyptische Elle und ihre Eintheilung" (AAdW Berlin 1865)[4], "Chronologie der Aegypter"[5] und die "Denkmäler", passim, Sterns "Nilstele von Gebel el Silsileh" in der AeZ XI (1873), 129[6], de Rougés "Poëme de Pentaour", in Rec.Trav.(1870)[7], Deveria, "Le Payrus judiciaire de Turin."[8]

Einige Literaturhinweise läßt Ebers weg, ohne neue an deren Stelle zu setzen: Dümichens Behandlung des Kalenders von Medinet Habu[9], Chabas' Bemerkungen über den pAnastasi I in seiner "Voyage d'un Egyptien"[10], Lefébure, "Le mythe osirien. Première partie: les yeux d'Horus" (1874/5)[11], wohl weil er sie als nicht mehr dem neuesten Stande entsprechend betrachtet.

Andere Angaben ergänzt er: Zu Brugsch werden Revillout und Hesse hinzugefügt als Editoren demotischer Papyri aus Boulaq.[12] Neu erschienen und benutzt sind außerdem in den Gesammelten

---

1 Ebers, Königstochter I, 1864, Anm.108 und Ebers, Königstochter I, 1893, Anm.111.

2 Ebers, Uarda III, 1876 und 1893, 3, Anm.

3 Ebers, Uarda III, 1876 und 1893, 4, Anm.

4 Ebers, Uarda III, 1876 und 1893, 9, Anm.

5 Ebers, Uarda III, 1876 und 1893, 141, Anm.

6 Ebers, Uarda III, 1876 und 1893, 19, Anm.

7 Ebers, Uarda III, 1876 und 1893, 109, Anm. und Ebers, Uarda III, 1893, 123, Anm. mit der Nennung von de Rougés Autorenschaft der Identifizierung der Gegner des Ramses mit den modernen Namen. Dieselbe Fußnote in der Erstausgabe nennt de Rougé nicht.

8 Ebers, Uarda III, 1876 und 1893, 142, Anm. Das Buch erscheint erstmals 1848 in Paris, Neuausgabe 1897 in: Bibliothèque Egyptologique Tome V. Dieses Jahr wird in WwW [2]1972, 86, fälschlich als Erscheinungsjahr angegeben. Dort wird auch 85 "his first contribution to Egyptology" ins Jahr 1854 datiert.

9 Ebers, Uarda I, 1876, 44, Anm.

10 Ebers, Uarda I, 1876, 57, Anm.

11 Ebers, Uarda III, 1876, 3, Anm.

12 Ebers, Uarda I, 1893, 63, Anm. Gemeint ist Jean-Jacques Hess (van Wyss).

Werken: Müller, "Europa und Asien" (1893)[1]; Naville, "The shrine of Saft el Henneh and the land of Goshen, 1885" (1887)[2]; Erman, "Neuägyptische Grammatik und die Sprache des Papyrus Westcar" (1880)[3]; Meyer, "Geschichte des Alten Ägyptens" (1887).[4] Daneben werden ältere Werke, die schon vor der Erstausgabe veröffentlicht worden waren, eigenartigerweise erstmals in den Gesammelten Werken genannt. Umgekehrt sind wohl Wilk.Man. von 1837 außer Mode gekommen, denn Ebers erwähnt seinen Hauptzeugen der "Königstochter" in der Erstausgabe der "Uarda" nicht mehr und in der Gesamtausgabe der "Uarda" nur ein einziges Mal.[5] Ebenfalls neu werden in die Gesammelten Werke eingefügt Lenormants und Pietschmanns Werke über die "phönizischen Kulte"[6] und Masperos "Histoire ancienne des peuples de l'Orient", die zwar schon 1875 erschienen war, jedoch jetzt erstmals Erwähnung findet.[7]

IV. 2. 4. 4. DER NIEDERSCHLAG DER LEHRTÄTIGKEIT IN DEN ANMERKUNGEN DER ROMANE

Eine Wechselbeziehung zwischen der dichterischen Produktion und der Universitätstätigkeit Ebers' kann sich nur bei der "Uarda" und der "Königstochter" der Gesamtausgabe nachweisen lassen. Ebers selbst erwähnt in den Romanen immer wieder seine wissenschaftlichen Werke und seine Universitätstätigkeit, wie ja überhaupt beide Romane Ausfluß seiner wissenschaftlichen Arbeiten sind, die "Königstochter" seiner Habilitationsschrift, die "Uarda" seiner zweiten Ägyptenreise.

In der "Königstochter" spielt er mit der "Prinzenlocke" auf seine Antiken Portraits an[8], erwähnt seine Amen-em-heb-Entdeckung[9] und seine Tätigkeit als Direktor des ethnographischen Museums zu Jena.[10] Wie schon die Tabelle der Nennungen gezeigt hat, geht Ebers mit Eigenbelegen keineswegs sparsam um - in der "Königstochter" insgesamt 53, wobei indirekte mitgezählt sind: 20x pEbers (darunter auch einige ausführlichere Darstellungen); 13x "Aegypten in Bild und Wort"; 9x "Aegypten

---

1 Ebers, Uarda I, 1893, 252, Anm.

2 Ebers, Uarda II, 1893, 7, Anm. und 8, Anm.

3 Ebers, Uarda II, 1893, 28, Anm.

4 Ebers, Uarda II, 1893, 61, Anm.

5 Ebers, Uarda I, 1893, 68, Anm.

6 Ebers, Uarda II, 1893, 61, Anm. Lenormant, Les Premières Civilistions, Bd. II, Assyria, Chaldea, Phonicia, 1874. Bei Pietschmann ist wohl seine Dissertation, Thot-Hermes-Trismegistos nach aegyptischen, griechischen und orientalischen Überlieferungen, Leipzig 1875, gemeint.

7 Ebers, Uarda II, 1893, 61, Anm.

8 Ebers, Königstochter I, 1893, Anm.220.

9 Ebers, Königstochter I, 1893, Anm.239.

10 Ebers, Königstochter I, 1893, Anm.248.

und die Bücher Mose's"; 5x "Durch Gosen zum Sinai"; je 1x "Sinnbildliches"; "Palästina" und der "Cicerone". Indirekte Nennungen sind z.B. Amen-em-heb-Hinweise und der Baedeker von Aegypten. Da alle diese Belege erst später eingefügt werden, ist der angestrebte Eigenwerbeeffekt nicht zu übersehen. Zwar enthält die "Uarda" weniger Eigenbelege, doch sind diese differenzierter, da sie mit der Entstehung des Werkes mitgewachsen sind und nicht nachträglich in ein fertiges Werk eingefügt worden sind. In der "Uarda" erwähnt Ebers 7x seinen Papyrus, 6x sein "Aegypten und die Bücher Mose's", 5x "Durch Gosen zum Sinai", daneben seinen Palästina-Band und das "Hieroglyphische Schriftsystem". Auf seinen Josua-Roman wird 4x hingewiesen. Auch die Aufsätze vergißt Ebers nicht, so "Eine Gallerie antiker Portraits" (1888).[1] In der "Uarda" wird auf die eigene "Erklärung eines Abschnittes des XXV.Kapitels des Totenbuches"(1871) angespielt, wobei jedoch mit ungewohnter Zurückhaltung verschwiegen wird, daß Ebers dieses Thema in der AeZ publiziert hat.[2] In der "Uarda" finden sich ferner Hinweise auf den ZDMG-Aufsatz "Das Grab und die Biographie des Amen em heb."[3]

Ebers zitiert aber auch seine Schüler. Während Wiedemanns Werk "Herodots zweites Buch mit sachlichen Erläuterungen" (1890) zeitlich nach der "Königstochter" und inhaltlich nach den Ebers'schen Vorlesungen zu diesem Thema entstanden ist, zitiert Ebers seine "Geschichte Aegyptens" (1884) in der Ausgabe der Gesammelten Werke.[4] W.Max Müller, der sich selbst als Schüler von Ebers bezeichnet, wird von Ebers mit seinem Hauptwerk "Asien und Europa nach altägyptischen Denkmälern" (1893) schon 1893 mehrmals zitiert.[5] Ebers hat also unmittelbaren Zugang gehabt - das Buch wurde ja auch in Leipzig gedruckt und ist Ebers gewidmet, während sein Autor in den USA lehrt. Eduard Meyers im SS 75 entstandene Dissertation "Seth-Typhon. Eine religionsgeschichtliche Studie" wird bereits im Jahr danach angeführt.[6] Ebenso die letzte von Ebers vergebene Dissertation, O.v.Lemms "Studien zum Ritualbuche des Ammondienstes" (1882).[7] Diese Schriften werden von Ebers zwar nicht in den Text eingearbeitet, sondern dienen ihm nur als Beleg für schon früher Geschriebenes, was bei von ihm betreuten Dissertationen nicht verwunderlich ist - da sie ja weitgehend auf seinen Anregungen beruhen dürften - im Gegensatz zu fremden Arbeiten. U.Wilcken, der

---

1 Ebers, Uarda II, 1893, 104, Anm.

2 Ebers, Uarda II, 1876 und 1893, 112, Anm.

3 In: Ebers, Uarda III, 1876, 203, Anm. natürlich nur auf den ersten Teil von 1876. In: Uarda III, 1893, noch ein zweiter Hinweis: 96, Anm.; hier (203, Anm.) wird dann auch ein Hinweis auf die Fortsetzung in der ZDMG 1877 eingefügt.

4 Ebers, Königstochter I, 1893, Anm.18.

5 Ebers, Uarda I, 1893, 252, Anm.; Ebers, Uarda II, 1893, 228, Anm. (hier sogar mit Ort, Jahr und den Seitenangaben des Buches); Ebers, Uarda III, 1893, 96, Anm.

6 Ebers, Uarda II, 1876 und 1893, 61, Anm.

7 Ebers, Uarda II, 1893, 158, Anm.

um 1880 in Leipzig bei Ebers Ägyptologie und bei Delitzsch Assyriologie studiert hatte, wird mit seinen Berliner Papyrusurkunden zitiert.[1]

IV. 2. 4. 5. FORMALIA

Um zu gültigen Schlüssen zu gelangen, ist es noch nötig, die formalen Eigenschaften wie Zuverlässigkeit und Zitierweise zu untersuchen.

Zunächst sind Abschnitte und ganze Kapitel größerer Anmerkungsfrequenz festzustellen[2] und solche geringerer oder fehlender.[3] Man kann so zwischen "kulturgeschichtlichen Teilen" und "Action-Teilen" unterscheiden.

Zu den formalen Eigenheiten gehören Ebers' willkürliche Abkürzungen in den Erstausgaben. So stehen z.B. Rosellini m.c., Rosellini Mon.civil. oder gar nur Ros., ebenso nebeneinander wie Wilk., Wilkins., Wilkinson. Diese Unregelmäßigkeit weicht in den Gesammelten Werken einer fast einheitlichen Abkürzungsweise. Dafür treten hier falsche Verweise, falsche Seitenangaben und falsche Numerierungen[4] gehäuft auf. Dieser teilweise durchaus chaotische Eindruck rührt wohl daher, daß Ebers trotz der immer schneller notwendig werdenden Neuauflagen und der anwachsenden Flut der Fachliteratur, ständig die Anmerkungen auf dem neuesten Stand halten will und sich damit selbst überfordert.[5]

Außerdem zitiert Ebers in einer heute ungewohnten Weise. Hinter seiner Anmerkung: "In den von Naville edirten »Lobpreisungen des Ra« wird der Gott in der 21. Anrufung »Remi«, d.i.»der Weinende« genannt"[6], verbirgt sich Navilles "Litanie du soleil", Leipzig, 1875. Oder wir lesen von dem "Papyrus, den v.Lemm behandelte", was dann heißt: Lemms Dissertation über das Amunritualbuch. Ebers zitiert oft einfach: "N.N.s berühmtes/ grundlegendes/ bedeutendes Werk" ohne (Kurz-)Titel, wobei häufig noch Jahr und meist auch noch der Ort weggelassen wird, also das Werk

---

1   Ebers, Königstochter II, 1893, Anm.83.

2   Z.B. Ebers, Uarda II, 1893, 96ff. über 11 Seiten 23 Anmerkungen.

3   Z.B. Ebers, Uarda III, 1893, Kap V. mit nur einer kurzen Anmerkung.

4   Z.B. erklärt die Anmerkung 51 in Ebers, Königstochter III, 1876, drei Begriffe der Seite 81 und taucht deshalb dort dreimal auf. In den Gesammelten Werken werden nun die drei Begriffe durchgezählt, nicht jedoch die dazugehörige Anmerkung dreigeteilt, so daß sich bei allen folgenden Zahlen eine Verschiebung ergibt und im ganzen folgenden neunten Kapitel die Nummerierung der Anmerkungen falsch ist, bis schließlich die Differenz sich zu Beginn des zehnten Kapitels durch die doppelt Verwendung zweier Zahlen wieder ausgleicht. Insgesamt sind hier 17 Anmerkungen am Stück falsch gezählt!

5   Daneben stehen sicher auch technische Probleme: die zahlreichen veränderten Auflagen variierten manchmal auch in der Druckgröße geringfügig. Siehe dazu oben 351, Anm.2.

6   Ebers, Uarda III, 1876 und 1893, 3.

als bekannt vorausgesetzt wird. In der Tat ist eine Identifizierung meist möglich, oft aber nicht ganz sicher. Eine weitere Schwierigkeit stellen bei frühen Standardwerken die verschiedenen Editionen und Übersetzungen dar. Da Ebers kaum genauer zitiert, also mit Seitenangabe oder wenigstens Kapitelangabe, muß unklar bleiben, ob er z.B. eine Erstausgabe bewußt nicht zitiert hat, weil die bezogene Stelle erst in einer späteren Ausgabe auftaucht oder ob ihm das ganze Werk erst später bekannt geworden ist.

Zu bedenken ist natürlich, daß zu Ebers Zeiten einerseits die ägyptologische Literatur weder diachron noch synchron zur Unüberschaubarkeit angeschwollen war und andrerseits, daß heute aus oft über hundert Jahren Entfernung, z.B. Sitzungsberichte vom 17.Mai 1866[1] nicht mehr so leicht greifbar sind. Trotzdem bedeutet diese Feststellung, daß ein Laie mit den meisten Literaturangaben Ebers'- scher Zitierweise wenig anzufangen weiß. Es ist anzunehmen, daß das auch auf die zeitgenössische Leserschaft zugetroffen hat. Wir meinen hier nicht den Fachmann, der sicher nicht der Adressat der vierzehn Auflagen der "Uarda" von 1876 bis 1893 gewesen ist. Sollte das der Fall gewesen sein, so hätten viele der Ebers'schen Zitate mehr den Zweck gehabt zu beeindrucken als hilfreich zu sein. Sie waren nicht geeignet, wie Ebers postuliert, "den wißbegierigen Lesern einige Hilfsmittel zu eigenen Studien an die Hand zu geben."[2] Für den "Laien" war die Nachprüfbarkeit also nicht gegeben. Was Eggert über die Fußnoten von Scheffels "Ekkehard" schreibt, trifft auch hier zu: "Sie vermitteln ihm [dem Leser] eine - kaum überprüfbare - Gewißheit, die über die Frage der historischen Treue beruhigte, und erst recht eine kulinarische Einstellung ermöglichten."[3] Erfüllt ist jedoch der andere Zweck, den Ebers im Vorwort der Königstochter formulierte: "Die zahlreichen Anmerkungen (...) waren nötig, theils, um den Leser weniger bekannte Namen und Zustände zu erläutern, theils um demselben zu zeigen, daß er vor keinen leeren Fictionen stehe; von der anderen Seite aber, um den Verfasser, den Gelehrten gegenüber zu rechtfertigen."[4] Letzteres ist durchaus gelungen, wenn auch die Fachgenossen, v.a. die deutschen, nicht immer geneigt waren, dies anzuerkennen!

Ein besonderes Kapitel sind die Zahlenangaben, mit denen Ebers offensichtlich auf Kriegsfuß steht. So sind die meisten Angaben in Thalern und in Mark bei einer Umrechnung nicht in Einklang zu bringen.[5] Gewissenhafte inhaltliche Beobachtungen[6] stehen in deutlichem Widerspruch zu zahlreichen

---

1 So in Ebers' Angabe in: Uarda III, 1893, 142, Anm.: "Lepsius, Sitzungsberichte der Berliner Akademie der Wissenschaften, 17.Mai 1866", ohne Titelangabe. Eine Zitierweise ohne Titel oder wenigstens Kurztitel ist bei nichtmonographischen Veröffentlichungen leider auch heute in der Ägyptologie noch verbreitet.

2 Ebers, Uarda I, 1876, VIIf. Das Vorwort zur ersten Auflage wird auch allen folgenden Auflagen vorangestellt.

3 Eggert, Studien zur Wirkungsgeschichte, 167.

4 Ebers, Königstochter I, 1864, XVI. Diese Stelle wird im Vorwort zur zweiten Auflage wörtlich wiederholt und dieses dann in allen weiteren Auflagen zitiert.

5 Z.B. Ebers, Uarda I, 1876, 201, Anm.; Ebers, Uarda I, 1893, 199, Anm.; Ebers, Uarda II, 1876 und 1893, 94, Anm.; Ebers, Uarda II, 1876 und 1893, 102, Anm.

6 Ein Beispiel für fast pedantische Genauigkeit: Ebers, Uarda I, 1876, 235, Anm. wird ergänzt in: Ebers, Uarda I, 1893, 233, Anm. durch ein "†" hinter dem Namen eines offensichtlich inzwischen verstorbenen "Pastors Haken zu Riga". Ebers, Uarda II, 1893, 181, Anm. fügt vor dem Namen von Chabas ein "zu früh verstorben" ein (Chabas war 1882 im Alter von 65 Jahren verstorben).

formalen Unkorrektheiten, so daß der stringente inhaltliche Aufbau der Fußnoten eher auf pädagogische Intuition, denn auf planvolles Wirken zurückzugehen scheint.

IV. 2. 4. 6. DIE ÄGYPTOLOGISIERUNG DER ROMANE. VOM "GERICHTSSAALE DES HADES" ZUM TOTENBUCH

Obwohl Ebers ab dem dritten Roman, dem "Homo sum" (1877), auf Anmerkungen völlig verzichtet, verbessert, erweitert und aktualisiert er bis zu seinem Tode die Anmerkungen seiner beiden ersten Romane von Auflage zu Auflage. Die "Königstochter" erlebt zwischen 1877, als der "Homo sum" ohne Anmerkungen erscheint, und Ebers' Tod 1898 etwa 10 Auflagen! Ebers besteht also für seine "ägyptischen" Romane auf der Wissenschaftlichkeit und diese erhalten und behalten auch dadurch eine Sonderstellung in seinem Oeuvre.

Die Ägyptologisierung der Anmerkungen weg von der griechisch-römischen Antike v.a. der Klassiker spiegelt die Emanzipation der ägyptologischen Wissenschaft und Ebers' Weg vom Studenten zum Ordinarius. Anfänglich überwiegen die griechischen und lateinischen Quellenangaben. Wie zu Beginn dieses Kapitels gezeigt, kommt die literarische Gattung von Barthélemy und Becker, die Ebers beide in den Anmerkungen seines ersten Romans auch einige Male anführt. Bezeichnend ist die Veränderung des Schlusses von Kapitel IX der "Königstochter": In der Erstausgabe wird vom Ende des Phanes berichtet, indem Rhodopis einen 14-seitigen Brief verliest, in dem Phanes breit von der Philosophie des Pythagoräismus berichtet. Ebers ist sich des Anachronismus bewußt und entschuldigt diesen ausdrücklich damit, daß er "dem Leser das Bild des pythagoräischen Lebens nicht vorenthalten" will.[1] Dieser Einschub Beckerscher Provenienz - bei Becker waren diese Exkurs ja die erklärte Hauptabsicht des Werkes gewesen - wird bald formal (kompositionstechnisch) und inhaltlich (wissenschaftlich) als Fremdkörper empfunden und wird samt seinen 6 Anmerkungen, deren eine sich auch ausdrücklich auf Barthélemys Anacharsis berufen hatte, in den Gesammelten Werken (dort Kap.XIV) unterdrückt. "Am selben Tage", heißt es dort bündig, "erhielt Rhodopis die Nachricht, daß Phanes, nachdem er zu Kroton in der Nähe des Pythagoras, an seiner Wunde dahinsiechend, in ernsten Betrachtungen gelebt hatte, vor einigen Monden in der Ruhe eines Weisen gestorben sei."[2] Es ist nicht übertrieben, anzunehmen, daß die "Königstochter" zuerst nach dem Beckerschen System konzipiert wurde, denn manche Romanstellen muten wie ein gesuchter Aufhänger für kulturgeschichtliche Exkurse, sei es im Text oder in den Anmerkungen, an. Manifest wird dieses System bei einigen Anmerkungen. Z.B. wird in nebensächlichem Zusammenhang im Text Ramses der Große

---

[1] Ebers, Königstochter III, 1864, Anm.163.
[2] Ebers, Königstochter II, 1893, 342.

erwähnt, um dem Autor Gelegenheit zu geben, in einer langen Anmerkung auf diesen einzugehen, später dann an selber Stelle der "große Thutmes" im Text dem Ramses hinzugefügt, was die Anmerkung verlängert und darüber hinaus Ebers die Möglichkeit gibt, auf die von ihm entdeckte Biographie des Amen-em-heb hinzuweisen.[1] Es wird also - zumindest an diesen Stellen - deutlich, daß der Text den Absichten der Anmerkungen gehorcht und es ist möglich, daß dieses Verfahren auch dort der Texterstellung zugrunde liegt, wo es sich nicht so unmittelbar nachweisen läßt.

Bei der Besprechung der ägyptischen Jenseitsvorstellungen unterläuft Ebers die verräterische Formulierung vom "Gerichtssaale des Hades", aus dem die ungerechte Seele vertrieben werde.[2] Immer noch bleibt die Herkunft von den Autoren der klassischen Antike spürbar. Diese griechische Brille nimmt er später ab, ergänzt die "griechischen Stellen" durch "ägyptische"[3] und wendet auch die Tendenz: er betont die Herkunft griechischen Denkens und griechischer Sitte aus Ägypten. Dies gilt vor allem für die "Königstochter", die Tendenz zur Entgraecisierung setzt sich aber, von niedrigerem Niveau ausgehend, in der "Uarda" fort - in ihr waren die klassischen Belege ohnehin schon zugunsten der ägyptischen eingeschränkt worden.

Das erstarkte Wissenschaftsbild der Ägyptologie findet seinen Ausdruck in der "Verwissenschaftlichung" der Anmerkungen, dem Wegfall der Wilkinson- und Rosellini-Belege, d.h. in der Tendenz weg von den allgemeinen Rundum-Editionen hin zu den Spezialisten und hin zu den Originalen. Anders ausgedrückt: aus einem "findet sich bei Wilkinson" wird ein "findet sich im Ramesseum".

Beide Romane - auch die in "klassischen altägyptischen" Zeiten handelnde "Uarda" - sind vom Bild einer "ägyptologischen Mischkultur" geprägt. Sie beschreiben damit den aktuellen Zustand der Wissenschaft, bieten eine Augenblicksaufnahme vom Prozeß der Befreiung der Ägyptologie von der Dominanz der klassischen Überlieferung. "Herodot" ist relativiert, aber noch nicht außer Kraft gesetzt und kämpft mit "Udjahorresnet" um den Charakter des Kambyses. Das griechische Versatzstück (Muschelarchitektur, Putti, Rosen- und Lorbeerkränze) schmückt zwar noch den Palast des Ramses beim Siegesfest in Pelusium, gemäß der Beschreibung des Festes des Ptolemaios Philadelphos bei Athenäus nach Kallixenos, ist aber nur mehr Accessoire.

1　Ebers, Königstochter I, 1876, Anm.140. Ebers, Königstochter I, 1893, Anm.143.

2　Ebers, Königstochter II, 1864, Anm.109, ohne den Begriff "Totenbuch" zu erwähnen, den die entsprechende Anmerkung Ebers, Königstochter II, 1893, Anm.13 als bekannt voraussetzt.

3　Ebers, Königstochter I, 1864, Anm.150 und Ebers, Königstochter I, 1893, Anm.155.

So ist zwar die Zitierweise zeitgemäß formal nonchalant, teils auch verwirrend, jedoch inhaltlich korrekt und seriös. Es wäre zu wünschen, daß moderne, populäre Ägypten-Verarbeitungen, sei es nun in Literatur, Bild (Werbung), Film, Theater (Oper) - soweit historische Treue oder Naturalismus angestrebt ist - mehr von dieser "antiquarischen Detailbesessenheit" besäßen.

Die Bezeichnung der Noten als oberflächlich, als überflüssig oder gar als störend ist also keineswegs berechtigt. Das kritisierte "bruchstückweise Abspeisen"[1] erfüllt vielmehr im Aufbau der Romane eine didaktische Funktion für das Publikum. Dies gibt auch der Kritiker zu: "Die Begriffe der altaegyptischen Anschauungswelt erlebten das Schicksal eben von Kuriositäten, sie wurden M o d e und mit ihnen wurde auf einige Zeit Georg Ebers der meistgenannte und meistgelesene Autor Deutschlands."[2] So kann der Ausspruch des Kritikers als Lob aufgefaßt werden. Auch die Beschränkung der Anmerkungen auf die ersten beiden Romane wurde offensichtlich mißdeutet, wie aus der Bemerkung, "vielleicht gerade der Noten wegen ist die zum erstenmale 1864 erschienen »Königstochter« erst nach vier Jahren neu aufgelegt worden"[3], hervorgeht. Von diesem Vorwurf, nur nach der Publikumsgunst zu schielen, ist Ebers - zumindest in diesem Punkte - freizusprechen, hat er doch die Noten der beiden ersten Romane in allen Neuauflagen nicht nur beibehalten, sondern bis zu seinem Tode ständig erweitert und aktualisiert. Daß die Romane ab "Homo sum" keine Anmerkungen mehr aufweisen, ist ein Zeugnis wissenschaftlicher Redlichkeit, indem Ebers hier, wo er sein Gebiet als Ägyptologe verläßt, sich eines wissenschaftlichen Apparates enthält. Für den zeitgenössischen Kritiker jedoch war der Unterschied der "ägyptischen Romane" zu den drei folgenden Romanen "Homo sum", "Die Schwestern" und "Der Kaiser" nicht einsichtig, spielen doch auch diese in Ägypten.

---

1 Kraus, Der Professorenroman, 13.
2 Kraus, Der Professorenroman, 39.
3 Kraus, Der Professorenroman, 7.

IV. 2. 5. Die sog. Anachronismen. "Memphis in Leipzig"[1]

Ebers bewegt sich als Wissenschaftler bei den ägyptischen Romanen auf seinem Gebiet. Da er aber dabei Dichter ist, d.h. die historischen Situationen und Gestalten nicht nur referieren kann, sondern auch psychologisch beglaubigen muß, gestaltet sich das Bestreben, ihm Anachronismen, d.h. Zeitwidrigkeiten, nachzuweisen, schwierig und leicht zugleich. Als Ausgangspunkt ist zunächst Ebers' eigener Anspruch zu berücksichtigen. Schon im Vorwort der Erstausgabe seines ersten Romans schreibt er 1864:

> "Ferner sind die Nachrichten, welche wir aus dem sechsten Jahrhundert vor Christi Geburt besitzen, so spärlicher Art, daß es in einer Darstellung wie der vorliegenden, durchaus unmöglich erscheint, den Anachronismus vollständig zu vermeiden. Gröbere Irrtümer äußerer Art lassen sich mit Fleiß und Aufmerksamkeit wohl umgehen, dagegen kann und darf sich der Autor niemals ganz frei machen von den Grundanschauungen der Zeit und des Landes, in denen er geboren wurde; denn, wollte er rein antike Menschen und Zustände schildern, so würde er für den modernen Leser theils unverständlich, theils ungenießbar werden. Die handelnden Personen werden zwar Persern, Aegyptern u.s.w. ähnlich sehen können; man wird aber doch ihren Worten und Handlungen den christlich germanischen Darsteller, den nicht ganz über der Sentimentalität seiner Zeit stehenden Erzähler anmerken müssen."[2]

Hier beschreibt Ebers klar den Zwiespalt, indem er differenziert zwischen den "gröberen Irrtümern äußerer Art", die sich durch einen wissenschaftlichen Anspruch ausschließen lassen, und zwischen Psychologie und geistigem Überbau. Letzter Bereich ist erneut zu unterteilen, denn das Gefühlsleben der Menschen entzieht sich uns durch den Abstand von Jahrtausenden und soll hier außer Betracht

---

1 Titel einer Schrift aus dem Jahre 1880 von H.Steinhausen über Ebers' Roman "Die Schwestern".

2 Ebers, Königstochter I, 1864, X. Diese Passage ist im Vorwort zur zweiten Auflage 1868 folgendermaßen modifiziert: "Bei den spärlichen Nachrichten, die wir über das häusliche Leben der Griechen und Iranier vor den Perserkriegen besitzen (von den Aegyptern wissen wir mehr), könnte übrigens auch der streng gelehrte Darsteller eines Privatlebens der Kulturvölker des sechsten Jahrhunderts v.Chr. der Mitwirkung solcher Kräfte nicht entraten, die in das Gebiet der Phantasie gehören. Freilich wäre der Historiker im stande, den Anachronismus durchaus zu vermeiden, dem der Autor eines Werkes, wie das von mir unternommene, an gewissen Stellen rettungslos anheim fällt. Irrtümer äußerer Art lassen sich mit Fleiß und Aufmerksamkeit wohl umgehen, dagegen mochte und durfte ich mich nicht ganz frei machen von den Grundanschauungen der Zeit und des Landes, in denen meine Leser und ich geboren wurden; denn hätte ich rein antike Menschen und Zustände schildern wollen, so würde ich für den modernen Leser teils schwer verständlich, teils ungenießbar geworden sein und also meinen Zweck von vornherein verfehlt haben. Die handelnden Personen werden demnach zwar Persern, Aegyptern u.s.w. ähnlich sehen können, man wird aber ihren Worten mehr noch als ihren Handlungen den deutschen Darsteller, den nicht immer über den Sentimentalitäten seiner Zeit stehenden Erzähler anmerken müssen, der im 19.Jahrhundert nach der Geburt Jesu Christi geboren wurde (...).", Ebers, Königstochter I, 1893, VIII. Eggert, Studien zur Wirkungsgeschichte, 115, drückt das so aus: "Die Modernisierung der Geschichte (...) kann sich (...) geradezu als eine wichtige Voraussetzung für die Breitenwirksamkeit der Werke und die Aneignung der in den Romanen enthaltenen Informationen und Wertungen erweisen."

bleiben. Ebers handelt davon im Text: "»Die Liebe bleibt sich immer gleich,« unterbrach sie der Dichter; »wie Sappho vor fünfzig Jahren liebte, so hat man vor Aeonen geliebt, so wird man nach Jahrtausenden lieben.«"[1] So verbleibt, an den geistigen Hintergründen "Anachronismen" aufzuzeigen und zu bewerten. Die Kritiker haben uns dabei die Beispiele vorgegeben.

IV. 2. 5. 1. ANALYSE AN DEN DREI BEISPIELEN MONOTHEISMUS, EHESITTEN UND RASSE

Gegenstand der Kritik war in besonderem Maße das, was heute als "latenter Monotheismus"[2] bezeichnet wird. Ebers soll, so die Kritiker, diese Erscheinung als Konzession für sein Publikum seinen Handlungen unterlegt haben. Aus naheliegenden Gründen - sie werden unten erläutert - wird diese Kritik nicht von den Zeitgenossen geäußert, sondern erst retrospektiv. So schreibt Abdel-Noor in ihrer Untersuchung des Ägyptenbildes in der deutschen Literatur des 19.Jhs. über die "Uarda": "Selbst der ja nun wirklich bis in die Spätzeit nicht leugbare Glaube der Ägypter an eine Vielzahl von Gottheiten ist für das Publikum des 19.Jahrhunderts nicht erträglich. Also muß zumindest die Hauptperson ein »Eingeweihter« sein, der von dem Einen Gott zu künden weiß" und "Wenn Ebers Pentaur hier als »Eingeweihten« eines (...) monotheistischen Mysteriums schildert, so v.a., um ihn seinem Publikum nahezubringen. Denn wie könnte ein »Heide« mit dem Glauben an eine Vielzahl von Göttern eine positive Figur sein.[3] (...) Es ist hier nicht der Ort, die historische Möglichkeit oder Unmöglichkeit einer solchen Begegnung mit Mose zu diskutieren. Interessant und bezeichnend erscheint nur, daß Ebers es nicht über sich bringt, bzw. es seiner Leserschaft zuzumuten wagt, d i e positive Gestalt seines Romans einen echten alten Ägypter mit seinem »Heidenglauben« sein zu lassen."[4]

Der Tatbestand ist offensichtlich: bei Ebers sind die ägyptischen Priester die Bewahrer einer monotheistischen Geheimlehre. Das gilt nicht nur für die Ägypter, sondern auch für die "aufgeklärten" Vertreter der anderen Religionen. So verwundert es nicht, daß Krösus seine "Vorlesung" für Nitetis so beschließt: "Bedenke wohl, daß nicht die ägyptischen, nicht die griechischen und nicht die

---

1 Ebers, Königstochter I, 1893, 291.

2 Z.B.: Wildung, Sonnenkönig - Sonnengott, 15.

3 Diese These zu begreifen fällt schwer, gibt es doch eine ganze Reihe literarischer Werke aus der vorchristlichen Ära mit "Positiven Helden", die zum bewunderten Bildungsgut des 19.Jhs. gehörten. Es sei hier nur an die griechischen Dramen erinnert.

4 Abdel-Noor, Ägypten in der deutschen Literatur, 207f. und 208f. Abdel-Noor gibt leider keine Auskunft, wie ein "echter alter Ägypter" im Abstand von 3000 Jahren auszusehen hat.

persischen Götter abgesondert von einander die Welt regieren, sondern daß sie alle eins sind und eine unteilbare Gottheit, so verschieden man sie auch benennt und darstellt, die Geschicke aller Völker und Menschen leitet."[1] Zum Kristallisationspunkt der Monotheismusdiskussion wird in der "Uarda" neben zahlreichen anderen Stellen die Begegnung des Pentaur mit Moses auf dem Sinai. Pentaur steht bei Sonnenaufgang auf einer Bergesspitze:

> "Wo war hier der Osten, den in Aegypten ein langer Höhenzug sicher bezeichnete? (...) Zu seiner Rechten lag der Süden, die heilige Heimat des Nil und der Kataraktengötter; aber hier wogte kein Strom, und wo war hier eine Stätte für die sichtbare Wirksamkeit des Osiris und der Isis, des im Papyrusdickicht aus einer Lotosblume erwachsenden Horus oder der Segensgöttinnen Rennut und Zesa? Zu wem von ihnen konnte er hier die Hände erheben? (...)
>
> »Zu euch,« murmelte er, »bete ich nicht! Hier, wo der Blick wie der eines Gottes die Ferne umfaßt, hier fühl' ich den Einen, hier ist er mir nah, hier ruf' ich ihn an, hier will ich ihm danken!«
>
> Und nochmals erhob er die Arme und betete laut: »Du Einer, Du Einer, Du Einer!«
> (...)
>
> Pentaur schaute dem bärtigen Manne prüfend ins Antlitz. Dann sagte er: »Ich erkenne Dich jetzt; Du bist Mesu.* Ein Knabe war ich, als Du das Setihaus verließest, aber Deine Züge prägten sich mir in die Seele. Wie Dich, so weihte Ameni auch mich in die Lehre vom Einen.«"[2]

---

*) Der ägyptische Name des Mose.

Schon der Name des Moses macht den wissenschaftsgeschichtlich denkenden Kritiker hellhörig und führt ihn auf die richtige Fährte, vertritt damals doch die religionsgeschichtlich orientierte Ägyptologie die Idee einer in ihren Ursprüngen monotheistischen Religion, die später im Zwange, dem Volk verständlich zu bleiben, zu Polytheismus und Zoolatrie entartet sei, jedoch im Bewußtsein des höheren Klerus, zumindest als Geheimlehre, immer als im Kern montheistisch gegenwärtig geblieben sei. "En 1857 le successeur de J.-F. Champollion, E.de Rougé, émet l'idée d'une religion égyptienne monothéiste aux origines"[3] und vier Jahre später beginnt der 23-jährige Student Ebers mit der Arbeit an seiner "Königstochter". Auf die wechselseitige Beziehung zwischen der Bibelwissenschaft und der jungen Ägyptologie wurde schon hingewiesen[4] und auch Ebers hat in seinem "Durch Gosen zum Sinai" (1872) seinen wissenschaftlichen Beitrag zur Monotheismusdiskussion geliefert, indem er schreibt: "Ein einiger Gott, der sich selbst erzeugt hat und die Quelle seines eigenen Seins ist, der

---

1 Ebers, Königstochter I, 1893, 244.
2 Ebers, Uarda III, 1893, 73ff.
3 Traunecker/Golvin, Karnak, 205.
4 Siehe oben das Kapitel: Die "Biblischen" Schriften, 214-222.

der doppelte Gott, zugleich sein eigener Vater und Sohn, der das heute, das gestern und morgen »ich bin, der ich bin« 𓇾𓊃𓇾 ánuk pu ánuk genannt wird, tritt uns kenntlich aus den theologischen Schriften der alten Aegypter entgegen."[1] Zwar will die Ägyptologie dieser Zeit nicht so weit gehen, den Monotheismus der Juden aus Ägypten herzuleiten, eine Beeinflussung aber wird angenommen, der Aufenthalt Moses' in Ägypten gilt als historisch gesichert und 1862 bezeichnet de Rougé Bekenchons, den Hohepriester des Amun unter Ramses II., als "contemporain de Moïse"! Diese Haltung war auch in der breiteren Öffentlichkeit vertreten, wie eine Stelle aus Gautiers "Roman der Mumie" (1858) bezeugt, in der Tahoser folgendes träumt: In einem Tempel sind die Götter des ägyptischen Pantheons versammelt und ihr Vater, der verstorbene Hohepriester Pétamounoph befiehlt ihr: "»Interroge-les, et demande-leur s'ils sont des dieux.« Et Tahoser allait posant à chacun la question, et tous répondaient: »Nous ne sommes que des nombres, des lois, des forces, des attributs, des effluves et des pensées de Dieu; mais aucun de nous n'est le vrai Dieu.«"[2] Ebers spiegelt in seinen Romanen also nur den aktuellen Stand, indem er die vorwissenschaftliche Ansicht eines reinen Polytheismus und reiner Zoolatrie aus der Zeit vor der Entzifferung der Texte aufgegeben hatte - Stichwort dazu sind Goethes "hundsköpfige Götter". Sicher geht später die Entwicklung weiter - wieder parallel zur Erweiterung der Textbasis[3], aber für die Ebers-Romane bleibt festzuhalten, daß von einer anachronistischen Verwendung des Monotheismus bei einer wissenschaftsgeschichtlich differenzierten Betrachtungsweise nichts übrig bleibt.

Ergiebiger würde sich zur Demonstration von Anpassungen bzw. Verfälschungen die Untersuchung der Ehesitten v.a. bei den Persern gestalten. Beim jugendlichen Liebespaar Bartja und Sappho wollte Ebers diese große Liebe nicht im Harem des Königssohns enden lassen und so versichert Bartja, monogam zu bleiben - von Ebers wird dies jedoch ausdrücklich als ungewöhnlich geschildert, und die Umgebung des Prinzen reagiert entsprechend mit Tadel oder Spott. Auch das hohe oder ältere Liebespaar hat seine Schwierigkeit mit dem persischen Haremswesen, denn Kambyses verliebt sich sofort in die ursprünglich nur politisch umworbene Nitetis und ordnet diese nicht seinem unübersehbaren Harem ein, sondern erhebt sie zu seiner Hauptfrau - entgegen der Berichterstattung des Herodot - was dann die "Haremsintrige" gegen Nitetis auslöst.

---

1 Ebers, Durch Gosen, 528 (Anm.65). Im Text, auf den sich diese Anmerkung bezieht, heißt es 65: "Erst wenn er [Mose] diese Ziele erreicht hatte, konnte bei seinen Brüdern die auch den priesterlichen Esoterikern in Aegypten nicht fremde Lehre von einem einigen und unsichtbaren Gotte die rechte Stätte finden."

2 Gautier, Le roman, Paris [2]1859, 238. Auch Gautier läßt in seinem "Roman de la momie" Moses auftreten.

3 V.a. durch die Pyramidentexte. Die Entwicklung geht dann zum genuinen Polytheismus parallel zum modernen Darwinismus, Positivismus und Antiklerikalismus, dann zu Anfang des 20.Jhs. der Animismus und Fetischismus (A.Moret). Es folgen die Symbolisten (Schwaller de Lubicz und Schüler E.Varille) und Mystiker. Heute sind alle Richtungen vertreten. So bekannte sich der Ägyptologe und katholische Abbé É.Drioton, bis zur Revolution 1952 letzter ausländischer Antikendirektor Ägyptens, bis in jüngste Zeit zur Idee des "latenten Monotheismus", so ein gutes Beispiel für ein erkenntnisleitendes Interesse bietend.

Da wir uns aber auf den Bereich der Ägypter beschränken, interessiert uns mehr die fremde Seite an deren Ehesitten und deren Behandlung durch Ebers. Über die hohe Stellung der Frau in Haus und Gesellschaft wurde schon oben gehandelt[1], andere Befremdlichkeiten, wie die Geschwisterehe, spricht Ebers direkt an, allerdings bei Nebenpersonen.[2] Auch die Tochterheirat ist kein Tabuthema, wenn sie auch bei Ramses im Verhältnis zu seiner Lieblingstochter Bent-Anat nur angedeutet wird.[3] Allgemein war die Stellung der Bent-Anat als Königin durch den Gebrauch der Kartusche für ihren Namen auf den Denkmälern bekannt, aber in 19.Jh. als lediglich zeremoniell-repräsentativ betrachtet worden und so läßt sie auch Ebers in voller Übereinstimmung mit seiner Wissenschaft die Stellung ihrer Mutter einnehmen. Auch heute werden Bent-Anat und ihre Genossinnen wie mehrere Töchter Amenophis' III. und IV. nur als "Titularköniginnen"[4] betrachtet und die Einnahme der Stellung ihrer Mütter nicht als echte Tochterheirat betrachtet.[5]

Abdel-Noor meint, daß Ebers die "gründerzeitliche Tendenz zu scharf abgegrenzten Rangklassen" nach Ägypten überträgt[6] und damit dem "klassischen Trivialschema"[7] folge, für das Zeit und Ort unerheblich seien, denn "dasselbe Schema funktioniert zu allen Zeiten und in allen Gegenden, vorausgesetzt, es herrscht dort eine aristokratisch geprägte Gesellschaftsordnung."[8] Als Beleg stellt Abdel-Noor fest, daß eine Heirat von Pentaur und Bent-Anat ursprünglich unmöglich sei: "Eine Königstochter liebt einen Dichter, der als Sohn eines einfachen Gärtners natürlich unstandesgemäß ist, sodaß eine Verbindung nicht in Frage kommt."[9] Tatsächlich jedoch wird die Verbindung der Königstochter mit dem Priester niederer Herkunft vor der Enthüllung von dessen ebenbürtiger Herkunft beschlossen und vom König gebilligt - daß die Aufdeckung einer Kindesvertauschung den Pentaur in den Hochadel katapultiert, ist dann nur eine Belohnung für diese Liebe über die Standesgrenzen hinweg. Bent-Anat verlobt sich beim Festmahl von Pelusium nach dem Sieg von Qadesch öffentlich mit Pentaur, indem sie ihm ihren Blumenkranz aufs Haupt setzt. Als sie ihr Vater, nachdem die Gäste gegangen sind, zu Rede stellt, sagt sie: "Der höchsten Ehren erwies er sich würdig; aber wär' er auch noch so gering, der Hand Deiner Tochter würde doch die Macht gegeben sein, ihn über alle Fürsten dieses Landes zu erheben" und Ramses anwortet: "Sie hat diese Macht, und Du sollst sie

---

1 Siehe oben 330ff.

2 Z.B. Ebers, Uarda I, 1893, 180: "Sie war die Gattin ihres eigenen, früh verstorbenen Bruders gewesen." Der Sachverhalt wird auch in einer Anmerkung erläutert.

3 Ebers, Uarda III, 1893, 153.

4 Schmitz, in: LÄ III, Sp.659 s.v. Königstochter.

5 Schmitz, in: LÄ III, Sp.661 Anm.3 s.v. Königstochter.

6 Abdel-Noor, Ägypten in der deutschen Literatur, 201.

7 Abdel-Noor, Ägypten in der deutschen Literatur, 198.

8 Abdel-Noor, Ägypten in der deutschen Literatur, 199.

9 Abdel-Noor, Ägypten in der deutschen Literatur, 198.

gebrauchen!"[1] So ist Ebers hier nicht nur nicht "trivial", sondern im Gegenteil emanzipatorisch: Er stellt seiner Zeit, die eine solche Verbindung, wie er sie hier darstellt, nicht toleriert hätte, ein Vorbild aus der Vergangenheit vor, ohne diese verfälschen zu müssen, denn bei den Ägyptern war sie durchaus auch in höchsten Kreisen möglich, wenn auch nicht gerade häufig.

Auch an Ebers' rassischer Charakterisierung des Ramses-Geschlechtes ist nichts Tadelnswertes zu finden. Ebers schildert diese Familie mit ausländischem Einschlag, d.h. mit gebogener Nase und blauen Augen, hält er sie doch für semitischer Herkunft: "Es berechtigen viele Gründe zu der Vermuthung, daß semitisches Blut in Ramses I. Adern floß und daß er aus Tanis im Delta stammte."[2] Deutlich wird die Ebers'sche Absicht in der oben schon zitierten Stelle, wo Bent-Anat der reinrassig ägyptischen Nefert mit dunklerer Hautfarbe, gerader Nase und rabenschwarzem Haar gegenübergestellt wird.[3] Die Herkunft der Ramessiden aus dem Ostdelta ist heute unumstritten. Ebers verweist dazu auch auf die blauen Augen der Semiten und der Beduinen in den Wandmalereien der Gräber von Beni Hasan, die tatsächlich mit blauen Augen wiedergegeben wurden.[4] Wer sich jedoch nur an die blauen Augen hält, kann die Tendenz leicht mißverstehen und projiziert sein Bewußtsein auf Ebers, was zu unhistorischen Ergebnissen führen muß. Einen Anachronismus kann man nur beweisen, wenn man Ebers unterstellt, die blauen Augen für einen "deutschen Helden" benötigt zu haben[5], wobei dann ein rassistischer Schluß nicht mehr weit liegt. Dabei liegt der Anachronismus dann auf Seiten des Kritikers.

Es ist ein schmaler Grat zwischen gerechtfertigten, d.h. durch das Ziel einer Akzeptanz für das Publikum begründeten Konzessionen, und Verfälschungen. Je nach Standpunkt wird ein Urteil anders ausfallen. Aber von den oben erhobenen Vorwürfen muß Ebers freigesprochen werden. Diese "Anachronismen" sind nicht Ebers anzulasten, sondern, wenn man überhaupt von solchen sprechen will, dem Stand der Wissenschaft! Aber das sollte man besser als Zeitgebundenheit bezeichnen. Alle Lösungen/Ansichten, die die Wissenschaft anbot und anbietet sind durch den Zeitgeist geprägt. Das sollten die Kritiker, die Ebers Fehler nachzuweisen such(t)en, mehr beachten.

---

1 Ebers, Uarda III, 1893, 169.

2 Ebers, Aegypten in Bild II, 305.

3 Ebers, Uarda I, 1893, 71. Zitiert 314.

4 Newberry, Beni Hasan I (= ASE) 1893, Tf.XLV, zeigt eine Ausländerfrau mit Kind mit blauen Augen. Auch Tachot wird als Tochter des Emporkömmlings Amasis und der Griechin Ladice im Gegensatz zur reinrassigen Ägypterin Nitetis als blauäugig geschildert.

5 Abdel-Noor, Ägypten in der deutschen Literatur, 205, zitiert die angeführte Beschreibung der Bent-Anat ebenfalls, allerdings ohne den Hinweis auf die semitische Herkunft und auf die blauen Augen beschränkt. So läßt Bent-Anat sie "mehr an eine Frau aus Ebers' eigener Zeit - oder vielmehr an das Idealbild einer solchen denken", 205. Daran kann man in der Tat denken - aber nicht der "blauen Augen" wegen. Und sie versieht ihr Zitat der "blauen Augen" mit einem "[!]". Von Ebers' Herkunft aus einer prominenten jüdischen Familie ist bei ihr in ihrer "Biographischen Skizze des Autors", 193-196, nicht die Rede. So werden falsche Spuren gelegt.

IV. 2. 5. 2.   TRIVIALISIERUNG UND/ODER POPULARISIERUNG?

Einige Kritiker meinen, daß Verzeichnung und Glättung der alten Ägypter dem Schema der Trivialisierung und des Trivialromans entspreche. In der Tat schildert Ebers ein hierarchisch-festgefügtes soziales System, ein Standesideal, er vertritt die Idee, die Oberen seien schöner und edler als die Untergebenen, daß Haltung und Aussehen einer Person den Stand ablesen lassen, daß Schönheit ein Privileg der Oberschicht sei. So sagt der alte Sklave der Rhodopis:

> "Er hatte recht, als er sagte, meine Haltung würde mich leicht verraten. Ach, nur der Freie schreitet gerade und aufrecht einher; des Sklaven Nacken ist immer krumm, und seine Bewegungen entbehren der Anmut, die ihr Edlen in den Schulen und Gymnasien erlernt. So wird es ewig bleiben; denn unsere Kinder werden ihren Vätern ähnlich; entwächst doch der garstigen Zwiebel keine Rose und dem grauen Rettich keine Hyazinthe. Das Dienen krümmt den Nacken, wie das Bewußtsein der Freiheit den Wuchs hebt!"[1]

Anerzogene Haltung wird hier zur rationalistischen Erklärung des angeborenen Adels, der in der "Uarda" eine wichtige Rolle spielt. Dieser äußert sich einerseits in ererbten körperlichen Merkmalen und bricht sich als edler und kämpferischer Sinn der Ahnen in Pentaur, obwohl seit seiner Säuglingszeit in der Familie eines Gärtners erzogen, dann im Tempel, unweigerlich Bahn. Paaker dagegen ist von bäurischem Aussehen und kann, obwohl er eine gute Erziehung erhalten hat, sein grobes, ungehobeltes Wesen nicht ablegen. Keiner der zeitgenössischen Leser kritisiert diese Idee, die z.B. auch in Gautiers "Roman de la momie" vertreten wird.[2] Diese uns heute stereotyp anmutenden Schilderungen rühren her von einer Idee, die dem höfischen Epos unseres feudalen Mittelalters zugrunde lag und die man mit Habermas als "Repräsentative Öffentlichkeit" bezeichnen könnte. Objektive Gegebenheiten wie körperliche Merkmale, Charaktereigenschaften werden durch diese repräsentative Öffentlichkeit, d.h. die Forderung nach Ungetrenntheit von öffentlich und privat, von materiellen und ethischen Anlagen, mit der Gesellschaft verknüpft. Statt persönliche Tugenden finden wir so gesellschaftliche. Adel bedeutet Schönheit, und Schönheit ist repäsentative Öffentlichkeit, d.h. der sichtbare Ausweis von Tugend. Und ebenso bedeutet repräsentative Öffentlichkeit die Forderung nach ständiger Bestätigung und Betätigung von ethischen und materiellen Anlagen.

---

1   Ebers, Königstochter I, 1893, 148.

2   So denkt Rachel beim Anblick von Tahosers Äußerem: "Diese Schönheit beruhigte sie (...), sie konnte nicht glauben, daß solche Vollkommenheit eine gemeine Seele beherbergen sollte", Gautier, Der Roman (1903), 105f. Umgekehrt ist die Dienerin Thamar, als sozial niedrig gestellt, häßlich und bösartig: "Durch die strähnigen, schmutzigen Haare, die bis zur Erde über das Gesicht hinabfielen, sah man die gelben Eulenaugen in hämischer Freude und bösartiger Genugtuung leuchten", Gautier, Der Roman (1903), 131. Über den Widerspruch, daß die gepflegte und edle Rahel diese Dienerin gleichsam Mutterstelle an ihr vertreten läßt, hat man sich offenbar keine Gedanken gemacht.

Diese Idee degeneriert im echten "Trivialroman" zur undifferenzierten Folie von Reichtum, Schönheit, Luxus, Fest gegen materielle Beschränktheit, Durchschnittlichkeit, Arbeit, Alltag u.s.w. Bei Ebers dagegen muß der Stand durch charakterliche, intellektuelle, moralische Eigenschaften, "Tugend" legitimiert werden. Paaker gelingt es trotz seiner (vermeintlich) edlen Herkunft, seines Reichtums, seines hohen Amtes nicht, sich Ansehen zu erwerben, da er die dazugehörenden edlen Eigenschaften vermissen läßt: Aus Reichtum wird so Verschwendung, aus Freigebigkeit Protzerei, aus Ahnenstolz Hochmut. Pentaur dagegen erwirbt sich trotz seiner (vermeintlich) niederen Herkunft lange bevor seine edle Abstammung bekannt wird, Ansehen durch Unbestechlichkeit, Wahrheitsliebe, Intellektualität.

Beinhaltet nicht die altägyptische Kunst selbst diese Unterscheidung? Die bildlichen Darstellungen zeigen die ägyptischen Vornehmen stets von strengem Stil und Adel, groß, schlank, stolz, feingliedrig und gepflegt, die Unteren - nicht die Diener, die diesem höfischen Bereich als Abglanz ihrer Herren angehören - sondern die Bauern, Arbeiter und die Ausländer sind struppig, ungepflegt, unrasiert u.s.w. Warum sollte man nicht versuchen, trotz der spärlichen Quellen und der großen zeitlichen Distanz, den Begriff der "Repräsentativen Öffentlichkeit" auf Altägypten anzuwenden?

Es sei auch nochmals auf Punkte hingewiesen, die durchaus nicht in das Bild vordergründiger Harmonie passen und die sogar störenden Charakter tragen. Einige Züge, die sich natürlich dem Zielpublikum gemäß, nicht aufdrängen, wurden schon oben aufgezeigt: Mangelnde Ernährung, Glanz der Tempel auf Kosten der Arbeiter auf der Baustelle und im Steinbruch. Hierher gehört auch die anschauliche Schilderung des am Boden der Anatomie hockenden Balsamierers, der dort zwischen Ratten und Skorpionen sein kärgliches Essen verzehrt.[1]

Auch durch das happy-end hat Ebers den Vorwurf der Trivialität auf sich gezogen. Das "glückliche Ende, das die bestehende Sozialordnung bestätigt, läßt den Leser sich hinausträumen aus seiner eigenen unbefriedigenden Situation und befestigt doch zugleich sein Gefühl, daß alles in Ordnung ist, so wie es ist."[2] Es muß aber unterschieden werden zwischen der "formalen Harmonie", der (Ab-)Geschlossenheit der Handlung, in der die Schicksale aller Personen zu Ende gebracht werden, und der "inhaltlichen Harmonie", dem glücklichen Ausgang für die Personen, der Belohnung der Guten, Edlen, Bestrafung der Bösewichter, Rechtfertigung der unschuldig Verfolgten u.s.w.

---

1 Zitert oben 340.
2 Abdel-Noor, Ägypten in der deutschen Literatur, 199.

Wie der Wissenschaftler dem Poeten in die Quere kommt und den Romanschluß über das Ende der eigentlichen Handlung hinaus auf den Abschluß der geschichtlichen Prozesse verschiebt, wurde oben erwähnt.[1] Der gute inhaltliche Ausgang läßt sich nur für die "Uarda" bestätigen, die Ordnung ist wiederhergestellt, der Aufruhr im Inneren niedergeschlagen, der äußere Feind besiegt, die Hauptpersonen überleben.[2] In der "Königstochter" jedoch ist am Ende das gesamte Personal ausgerottet[3]: Es bleibt nur ein Ausblick auf eine segensreichere Regierung des edlen Darius. Allerdings ist hier wie dort eine Gleichsetzung mit der sozialen Ordnung im Deutschland der Entstehungszeit nicht zulässig, wird keine "bestehende Sozialordnung bestätigt", vielmehr eine bessere vorgeschlagen. In dieser ist die Religion die Stütze des Volkes und die Dienerin des Thrones, der Monarch ein aufgeklärter, konstitutiuoneller erster Diener seines Volkes, bedeuten Reichtum, Adel und Macht gleichzeitig auch Wohltätigkeit, Großmut, Edelmut und Klugheit.

IV. 2. 5. 3. DER "CHRISTLICH GERMANISCHE DARSTELLER"[4] IM ALTEN ÄGYPTEN. ODER: DER ÄGYPTOLOGE ALS HISTORIKER DER BÜRGERLICHEN GESELLSCHAFT.

Ebers' Romane sind keine Geschichtsschreibung, sondern Dichtungen. Jeder Autor reflektiert notwendig immer die Probleme und Fragen der Gegenwart in dem Verständnis, welches das seiner Zeit ist. Da Ebers aber auch Wissenschaftler ist, lautet der Vorwurf gegen seinen historischen Roman: Personen und Charaktere sind die der Gegenwart des Autors, in historische Kostüme gesteckt. Der naturalistische Schriftsteller Ludwig Bölsche, dem wir eine kritische, aber einfühlsame Würdigung Ebers' danken, schreibt 1901: "Mit der größten Ruhe malte er die intimsten Züge des heutigen deutschen Familienlebens in die Zeit Ramses des Großen hinein."[5] Die Ungerechtigkeit des Vorwurfs wird deutlich durch einen Vergleich der Besprechungen der "Ägyptischen Königstochter" mit der des Romans "Pharao" von Boleslaw Prus, erschienen 1895/96, im KLL. So heißt es dort von Ebers' Werk: "Indem es ein der Gefühlskultur und Denkart des zeitgenössischen Bürgerlebens angepaßtes Geschehen zwischen altägyptischen Kulissen ablaufen läßt, repräsentiert es einen bestimmten Typ historischer Rekonstruktion. (...) Neben DAHNS *Kampf um Rom* dürfte Ebers' Roman für die Ablehnung des historischen Genres in der Folgezeit mitverantwortlich sein. Eine ähnlich negative

---

1 Siehe oben 281.

2 Aber auch hier geht eine edle Seele, der Arzt Nebsecht, unter.

3 Die Pharaonendynastie ist erloschen: Amasis ist tot, Psammetich III. hingerichtet, Tachot stirbt an TBC. Das hohe Paar: Nitetis begeht Selbstmord, Kambyses stirbt in Wahnsinn. Das niedere Paar: Bartja wird gemeuchelt, die junge Sappho bleibt als Witwe allein.

4 Ebers, Königstochter I, 1864, X.

5 Bölsche, An der Mumie, 122.

Bedeutung hat er als Symptom eines zum Antiquitätenkult verflachten Historismus."[1] Andrerseits lesen wir dort über Prus: "Thema des Romans ist der zum Scheitern verdammte Kampf eines Individualisten [Ramses] gegen die Herrschaft einer mächtigen Kaste [Amunspriesterschaft unter Herhor], die Diskrepanz zwischen Ideal und Wirklichkeit. Prus geht es um die Problematik der gesellschaftlichen und politischen Entwicklung seiner eigenen Zeit, er verlegt die Handlung jedoch in das Ägypten des 11.Jh.s. v.Chr., das der Autor dank eingehendem Quellenstudium eindrucksvoll, wenn auch in ziemlich freier Behandlung der historischen Fakten, schildert."[2] Weiter: "Die Parallelen zur Situation der unter die Nachbarvölker aufgeteilten polnischen Heimat des Autors, die nach dem Scheitern des Aufstands von 1862/63 planmäßig russifiziert wurde, die Prus aber auch von Preußens Ostpolitik bedroht sah, liegen ebenso auf der Hand wie die Notwendigkeit, daß dieser politischen Situation wegen der Roman ein historisches Gewand erhalten mußte."[3] Sicher war Ebers' Anlaß zu seinem Schaffen kaum die Absicht, zu aktuellen Themen in historischer Einkleidung Stellung zu nehmen, wie dies Prus tun wollte, oder die Handlung wegen der Zensur in eine ferne Zeit zu verlegen. Daß aber Ebers eine politische Kontextebene zumindest nicht fremd war, belegt seine eigene Aussage, daß er seine Romangestalten auch nach ihm bekannten Zeitgenossen geschildert habe, so den Amasis nach König Friedrich Wilhelm IV. von Preußen. Umgekehrt wird in Amasis als liberalem, aufgeklärtem, konstitutionellem Monarchen, als erstem Diener seines Volkes, Friedrich Wilhelm IV. und später Wilhelm I. ein Vorbild gezeigt. Zu dieser gleichsam öffentlich-biographischen Ebene, tritt eine privat-biographische: Phanes wird nach einem Präsidenten Seiffart gezeichnet, Rhodopis nach der Mutter Fanny und Sappho nach einer Cousine Betzy und dem befreundeten Fräulein Lina von Adelsson.[4]

Eine dem Autor wohl bewußte Vielschichtigkeit, die sich einem naiven Leser kaum erschließt und auch nicht erschließen muß, zeugt von einer kunstvollen Struktur. Dies läßt sich in folgendem Schema verdeutlichen:

---

1 Wolfgang Clauss in: KLL I, Sp.177.

2 Mikolai Dutsch und KLL in: KLL II, Sp.2745.

3 Mikolai Dutsch und KLL in: KLL II, Sp.2746.

4 Ebers, Geschichte meines Lebens, 506. Auch Nitetis und Atossa sind nach lebenden Vorbildern gestaltet, ohne daß Ebers deren Identität preisgibt.

	Politische Geschichte	Sozialgeschichte	Geistesgeschichte
Kontext I (= hist. Ebene)	Ägypten gegen die Hethiter (1260 v.Chr.) Ägypten gegen die Perser (525 v.Chr.) Amasis nach den altägypt. Quellen und Herodot	Kastengesellschaft (1260 auch: Paraschiten) Ausländer in Ägypten (1260 und 525)	Zuspitzung der Gegensätze zwischen Priestertum und Königtum (1260) Klerikal bedingte Abschottung gegen griechische Innovationen und künstlerische Erstarrung in der 26.Dynastie
Kontext II (= Entstehungszeit)	Krise Preußens 1859 Dualismus Preußen - Österreich Amasis nach Rosellini als Friedrich Wilhelm IV.	Beginnender Klassengegensatz zwischen Bourgeoisie und Proletariat	Materialismusstreit (1854) Dogma v.der Unbefleckten Empfängnis (1869) und Erstes Vaticanum (1870) mit Unfehlbarkeitsdogma (Biographisch: Ebers' Antiklerikalismus)
Kontext III (= Rezeptionszeit)	Was hat uns das heute zu sagen? Dem "naiven" Leser? (Unterhaltungs- und Bildungswert) Dem "wissenschaftlichen" Leser? (Literaturgeschichtliche und ägyptologisch-wissenschaftsgeschichtliche Erkenntnisse)		

Ein moderner, kompetenter Leser wird die Schale nicht für den Kern nehmen. Die modern-jesuitisch anmutenden Sentenzen der Priesterschaft an einem Sommerabend des Jahres 1352 wie "Denn auch ein schmutziger Weg ist gut, wenn er zum Ziele führt"[1] und "Selbst die Gottheit leitet oft durch das Böse zum Heil"[2] lassen deutlich werden, daß hinter den historischen Differenzen zwischen König und Priestertum, dem wachsenden Gegensatz zwischen "Staat und Kirche", auch an den Antiklerikalismus Bismarckscher Prägung in Preußen gedacht wird. Ebers nimmt - sicher nicht immer leicht erkennbar - Stellung zu den kritischen Fragen seiner Epoche. So wird die von Ebers angestrebte wissenschaftsgeschichtliche Wirksamkeit durch eine aktuell politische Ebene ergänzt. Warum soll der "Kulturkampf" literarisch nicht auch bei Qadesch ausgetragen werden?

IV. 2. 5. 4. Vorschlag eines differenzierten Standpunktes

Im Sinne methodischer Klarheit ist zu unterscheiden zwischen "Anachronismen", die sich aus heutigem Blickwinkel ergeben, und solchen, die schon zur Entstehungszeit erkennbar sind, und die von Ebers in Kauf genommen werden, um seine Absicht der Belehrung nicht durch Ungenießbarkeit zu gefährden. Dadurch wird vereinfachende und oberflächliche Kritik unmöglich, die sich im wesentlichen daran festmacht, daß Ramses in Familienverhältnissen von deutscher Innerlichkeit und Sentimentalität geschildert wird. Dabei werden die Ausführungen über Re und Osiris, die im Text,

---

[1] Ebers, Uarda I, 1893, 65.

[2] Ebers, Uarda I, 1893, 65.

in den Fußnoten und Anmerkungen, stehen und die durchaus fremd und sehr ägyptisch sind, übersehen. Die Romanhandlung dient als Vehikel, die Personen sollen nicht abstoßend, sondern für den modernen Leser verdaulich, geschildert werden, wie Ebers sich in einem Vorwort ausdrückt. Wenn nun Bölsche schreibt: "Man fühlte beim Lesen ganz deutlich, daß diese Dinge dem Dichter das Wichtigste, das Wesentliche waren. Um der Familienzüge, der kleinen, zarten, romantischen Liebesfügungen willen wurden uns eigentlich diese ganzen Romane erzählt"[1], so verkehrt er Mittel und Zweck. Ist dieses Sentiment vielleicht ein anreizendes Moment für den Zeitgenossen, die Werke zu kaufen und zu lesen, so ist der Zweck aber ebenso ein "Prodesse".

In der Wissenschaft geht Ebers keinen Kompromiß ein: dort ist alles "echt ägyptisch", so weit es damals eben erkennbar ist. Sicher: Den anspruchsvollen modernen, nicht wissenschaft(sgeschicht)lich interessierten und orientierten Leser "befremdet (...) das Mißverhältnis zwischen der peinlich genau gezeichneten historischen Kulisse und den Personen, die als Menschen des 19.Jahrhunderts denken und handeln und oft nach dem Vorbild berühmter oder dem Verfasser nahestehender Zeitgenossen gestaltet sind."[2] Es befremdet aber weniger das "Mißverhältnis", der Abstand zwischen dem alten Ägypten und der Entstehungszeit der Romane, dem 19.Jh., sondern das zwischen dem 19. und dem 20.Jh. Gerade dadurch, daß Ebers die Ägypter für seine Zeitgenossen genießbar machen wollte, hatte er sie zeitgebunden gemacht, während die altägyptische Kulisse dagegen heute noch zu bestehen und zu interessieren vermöchte! Der Anreiz, die Romane, in denen sie zu finden sind, zu lesen, ist jedoch verschwunden.

Spannungsorientiertes Schreiben bedeutet eine Betonung der Handlung und "längere Beschreibungen des Zuständlichen wirken (...) spannungs-mindernd."[3] Ebers bietet zwar in beiden Romanen eine Fülle von Personen in dramatischen und verwickelten Aktionen, daß er aber die Kulturschilderungen in seinem zweiten Roman noch ausbaut, zeigt, daß er sich nicht nach den Erwartungen des "Normallesers" richten will. Dazu sind Fußnoten und Anmerkungen störend und mühsam für den Leser. Sicher mag das altägyptische Kolorit durch seinen Exotismus größeren Reiz auf den deutschen Leser ausgeübt haben, als die "eigene" germanische oder mittelalterliche Vergangenheit, doch daß beide Romane schließlich Erfolge geworden sind, zeigt auch, daß das Lesepublikum bereit war, Ebers auf seinem Weg zu folgen und gibt Hinweise auf dessen Zusammensetzung.[4] Obwohl der Leser die wissenschaftliche Exaktheit nicht nachprüfen konnte, war diese - wie wir gezeigt haben - durchwegs gegeben. All das läßt eine mitleidige Herablassung, mit der Ebers' ägyptischen Romanen begegnet wird, als unangebracht erscheinen.

---

1   Bölsche, An der Mumie, 122.

2   Blumenthal, Altes Ägypten, 12.

3   Eggert, Studien zur Wirkungsgeschichte, 103.

4   Der Verfasser hatte eine seiner frühesten Begegnungen mit Altägypten durch eine Ausgabe der "Königstochter" als Jugendbuch, ohne die Anmerkungen und befreit von allen ausführlichen Beschreibungen. Es handelte sich um eine der sog. Volksausgaben.

IV. 3. DIE WIRKUNG AN BEISPIELEN

Reaktionen von Kritikern, Dichterkollegen und Literaten wurden in den vorhergehenden Abschnitten zitiert, ebenso Äußerungen von ägyptologischen Kollegen. Hier sollen nun die dezidierten Reaktionen zweier Ägyptologen und einer kulturschaffenden Öffentlichkeit, d.h. von Theatern, Theatertextautoren und Parodisten vorgestellt werden. Auch diese Resonanz ist ein Maßstab der Wirkung in der kulturellen Öffentlichkeit, sind doch direkte Äußerung des kulturkonsumierenden Publikums (Leser) nur selten manifest geworden.[1] So müssen Indizien wie Auflagenzahlen oder Äußerungen der professionellen Kritik, komme sie nun von ägyptologischer oder literaturwissenschaftlicher Seite, Aufschluß geben. Ist Aktualität bei den Rezensionen selbstverständlich, so spiegelt diese bei der Bearbeitung, sei es nun Parodie oder Dramatisierung, noch unmittelbarer die Popularität von Vorlage bzw. Autor, da Bearbeitungen sich schnell den Erfolg des Vorbilds zunutze machen müssen.

IV. 3. 1. RESONANZ IN DER ÄGYPTOLOGIE: KARL RICHARD LEPSIUS UND FRANÇOIS CHABAS. ROMAN HISTORIQUE ET HISTOIRE ROMANESQUE

Vom Begründer der deutschen Ägyptologie gibt es leider keine gedruckten Äußerungen über die "Königstochter" oder die "Uarda". Ebers selbst überliefert aber, daß Lepsius dem dichterischen Versuch seines Schülers zunächst skeptisch gegenüber stand: "Als ich sie [die Dichtung] für vollendet hielt, legte ich sie (...) dem Altmeister meiner Wissenschaft, Richard Lepsius, vor. Er (...) zeigte sich nicht wenig erstaunt (...) und er ließ mich auch merken, daß ihn mein Ausflug in das alte »romantische Land« nicht eben angenehm überraschte. Als ich aber etwa vierzehn Tage später wieder bei ihm vorsprach, gab er mir die Freude über »dies neue, fesselnde und eigenartige Gemälde aus dem Altertum« - diese Worte entnehme ich einem seiner späteren Briefe - so lebhaft zu erkennen und wußte dabei einzelnes, was er gerne noch anders gesehen hätte, so verständnisvoll hervorzuheben, daß ich ihn glücklich und dankbar verließ."[2] Daß dieser Bericht im Abstand von 32 Jahren gegeben wird[3] und für eine Öffentlichkeit bestimmt ist, schmälert die Authentizität nicht, denn Ebers hatte die Königstochter, als sie 1864 bei Eduard Hallberger, Stuttgart, erscheint, tatsächlich Lepsius gewidmet:

---

1 Mündliche Überlieferungen, briefliche Äußerungen von Lesern sind mit zunehmendem Abstand schwerer erreichbar, oft zufällig und deshalb kaum repräsentativ.

2 Ebers, Mein Erstling, 189.

3 Die berichtete Episode hatte sich 1862 zugetragen, der Aufsatz "Mein Erstling" erscheint 1894.

"**Herrn Richard Lepsius,**

ordentlichem Professor, Doctor der Theologie ec. ec.

widmet dieses Buch

in

hoher Verehrung

der Verfasser.

Als ich Sie, hochverehrter Herr Professor, um die Erlaubniß ersuchte, Ihnen vorliegendes Werk widmen zu dürfen, verhehlte ich mir keineswegs, daß es beinah all zu kühn sei, einem so bedeutendem Manne, wie Ihnen, die Pathenstelle bei einem so schlechten Kinde, wie dieses Buch, anzutragen. - Sie haben meine Bitte nicht zurückgewiesen und mir, als schönste Ermunterung, das von mir erwählte Feld der Wissenschaft rüstig weiter zu durchpflügen, in liebenswürdigster Weise gestattet, an die Spitze meiner Arbeit Ihren weltberühmten Namen zu setzen. Es ist mir, als wenn ich in diesem Zeichen siegen müßte! Sollte mein Werk aber auch keinen Erfolg erringen, verurtheilt oder gänzlich übersehen werden, so wird mir doch das Bewußtsein bleiben, dasselbe mit Fleiß und Liebe vollendet, und Ihnen durch meine Widmung bewiesen zu haben, daß ich nicht fähig bin des Dankes zu vergessen, welchen ich Denjenigen schulde, die mir in schweren Leidenjahren ermunternd und belehrend zur Seite standen. Hosterwitz, den 21. Oktober 1863."[1]

Eine Äußerung von Lepsius unmittelbar nach dem Erscheinen der "Uarda "ist leider ebenfalls nur indirekt durch einen Brief Ebers' überliefert, in dem es heißt: "Lepsius hat das Buch besonders gefallen. Er schreibt, es wäre ihm, als hab' ich es für ihn und nur für ihn geschrieben."[2]

Eine offizielle Stellungnahme zur "Uarda" gibt François Chabas in seiner kurzlebigen Reihe "L'Égyptologie", in der mehrmals auch Literaturbesprechungen erscheinen. 1878 zeigt er die Ende 1876 erschienene "Uarda" an. Dieser kurze Artikel verheimlicht keineswegs seine Absicht, um einen Übersetzer zu werben für einen Roman, der in Deutschland schon in zweiter Auflage erschienen war und dessen "version anglaise a déjà familiarisé nos voisins d'outre-Manche."[3] Obwohl der größte Teil aus einer Inhaltsangabe besteht, die genanntem Zweck dienen soll, enthält diese Würdigung interessante Feststellungen aus der Sicht des Zeit- und ägyptologischen Fachgenossen.

---

1 Ebers, Königstochter I, 1864, Widmung.

2 Brief Ebers aus Leipzig an seine Mutter vom 17.12.1876, SBB.

3 Chabas, Uarda, in: L'Égyptologie I,II (1878), 140.

Chabas meint, daß es nach den Taten "de notre immortel Champollion"[1] an der Zeit für den littérateur ist, den Bereich der freien Erfindung zu verlassen, "il a été dès lors possible aux littérateurs d'abord, relativement à l'Égypte, le roman archéologique et historique."[2] Der erste dieser neuen Gattung in Frankreich ist Gautiers "Roman de la Momie" von 1859, der durch seinen brillanten Stil die Ungenauigkeiten, die dem Fachmann auffallen, aufwiegt. Ebers aber hatte den echten historischen ägyptischen Roman erfunden. "M.le docteur Ebers a inauguré le véritable roman historique égyptien dans un premier essai intitulé: *Une Fille de roi d'Égypte.*"[3] Der "Königstochter" überlegen ist aber die neue "Uarda", da sie im Gegensatz zum "Roman de la Momie" ein Fachmann geschrieben hat, sie eine echte "histoire romanesque" ist. Doch geht sie noch über eine bloße Geschichte in Romanform hinaus, indem sie ein Panorama ägyptischer lebendiger Kulturschilderung und des Lebens aller Schichten gibt: "l'oeuvre entière se recommande par les excellents renseignements qu'elle donne sur la vie ordinaire des Égyptiens de toutes les classes, sur les fêtes, les cérémonies des funérailles, les embaumements, la vie et les occupations des pharaons, etc."[4] Ebers ist wohlbewandert im ägyptischen Schulwesen[5], der Mythologie und Philosophie. Und darüber hinaus: "un parfum de poésie orientale répand un charme fascinateur sur tout le livre."[6]

IV. 3. 2. RESONANZ IN DER ÖFFENTLICHKEIT. "SIND DOCH DIE SCHWÄCHEN UNSERER LITERATUR VORZÜGE FÜR DEN GESCHMACK DES PUBLIKUMS"[7]

Ebers will den modernen Menschen die Scheu vor den alten Ägyptern nehmen und zeigen, "daß sie Menschen waren, wie andere auch."[8] Wie wichtig dieses Anliegen ist, zeigt eine Besprechung seines vierten Romans, "Die Schwestern" in den Monatsheften "Die Literatur", heißt es doch dort: "Die Cultur der Aegypter ist eine unfertige und halb barbarische, was wir von ihrem Leben und Wirken wissen, ihr Schaffen und Denken hat etwas Finsteres, Weltfeindliches an sich, von den Gastmählern mit ihrem Memento mori an bis zu den Geheimnissen der Tempel- und Götterculte, zu den verrückten, wahnsinnigen Sphynx- und Götzenfratzen. Die Personen der Ebers'schen Romane sind

---

1 Chabas, Uarda, in: L'Égyptologie I,II (1878), 140.

2 Chabas, Uarda, in: L'Égyptologie I,II (1878), 141.

3 Chabas, Uarda, in: L'Égyptologie I,II (1878), 141.

4 Chabas, Uarda, in: L'Égyptologie I,II (1878), 141.

5 Chabas, Uarda, in: L'Égyptologie I,II (1878), 141, hält sogar das altägyptische Schul- und Erziehungswesen für geeignet, dem französischen seiner Zeit einige "exemples excellents à suivre" zu geben.

6 Chabas, Uarda, in: L'Égyptologie I,II (1878), 141.

7 Kritikus, Georg Ebers und sein neuester Roman, in: Die Literatur I (1880), 38.

8 Erman, Mein Werden 257.

aber durch und durch harmonische, in sich abgeschlossene Charaktere, aus denen uns nichts wie Wahnsinn, Blutgeruch und Opferbrand entgegenschlägt."[1] Im Kopfe dieses "Kritikus" spuken - und er dürfte damit nicht allein gestanden haben - also noch immer die Ansichten und Vorurteile der alten vorwissenschaftlichen Ägyptologie.[2] Ebers ist nun angetreten, dieses Bild zurechtzurücken. Vielleicht ist er zu weit gegangen, indem er die alten Ägypter zu sehr mit der Sentimentalität seiner Zeit ausstattete, "aber gut war es doch, daß unserem Volke die alten Ägypter so etwas vertrauter wurden", wie Erman anerkennen mußte.[3]

Im Spektrum der Beurteilung vertritt der "Kritikus" den Standpunkt völliger Ablehnung. Sowohl für die Literatur sei das Genre ein Unglück, denn "jede sogenannte Zwitterart von Poesie, die »didaktische« Poesie, all diese archäologischen, biographischen, ethnologischen Romane, sobald sie neben den Zwecken der Poesie andere Zwecke verfolgen, die der Belehrung, der Moral u.s.w. - mögen alles sein, nur sind sie keine Dichtungen!"[4] Ebenso unheilvoll sei diese Art von Literatur auch für die Wissenschaft, besonders für die Ägyptologie, deren Daseinsberechtigung der Kritiker keineswegs als bewiesen ansieht, denn "die Cultur des alten Pyramidenvolkes ist für uns ganz irrelevant, und wenn sich eine Reihe von Gelehrten trotzdem mit ihr beschäftigen, so ist das gewiß gut, aber bei unserem Publikum sind diese Kenntnisse einstweilen ganz werthlos und dienen höchstens der Eitelkeit der Halbbildung."[5] Wir sehen, daß es diesem Kritiker keineswegs recht ist, daß ein Wissenschaftler sich in der relativ mühelosen Form des Romans an den interessierten Laien wendet. Von der literaturimmanenten Ästhetik dieses Kritikers ist nur schwerlich ein Brückenschlag möglich zu Ebers' Absicht, Interesse und Verständnis für seine Wissenschaft im Publikum zu wecken. Ihm ist seine Dichtkunst Mittel zum Zweck, wohingegen der Kritiker sagt: "Der historische Roman hat sein volles Recht, sobald er nicht Geschichte liefern will, sondern nur Poesie und immer wieder Poesie."[6] Wissenschaft und Dichtkunst sind dem Kritiker unvereinbar: "Ebers will uns mit den Sitten und Gebräuchen der Aegypter bekannt machen. Das ist jedoch die Aufgabe eines Gelehrten."[7]

---

1   Kritikus, Georg Ebers und sein neuester Roman, in: Die Literatur I (1880), 43. Diese Kritik bezieht sich auf den vierten Roman "Die Schwestern" (erschienen 1879), ist aber in ihren literatur- und kulturkritischen Bemerkungen ausdrücklich auf alle bisher erschienen "vier Arbeiten unseres Professors" bezogen, Kritikus, Georg Ebers und sein neuester Roman, in: Die Literatur I (1880), 44. Gemeint sind damit "Königstochter", "Uarda", "Homo sum" und "Die Schwestern".

2   Ein Schlüsselwort der vorwissenschaftlichen Ägyptologie, nämlich die Qualifizierung der ägyptischen Kulturäußerungen als "grotesk", spielt auch hier eine auffällige Rolle. Daneben tauchen auch noch weitere Bestandteile dieses alten Sprachschatzes wie "düster, barbarisch, grausam, Halbkultur" auf.

3   Erman, Mein Werden, 256.

4   Kritikus, Georg Ebers und sein neuester Roman, in: Die Literatur I (1880), 49.

5   Kritikus, Georg Ebers und sein neuester Roman, in: Die Literatur I (1880), 45.

6   Kritikus, Georg Ebers und sein neuester Roman, in: Die Literatur I (1880), 49.

7   Kritikus, Georg Ebers und sein neuester Roman, in: Die Literatur I (1880), 49.

Selbstverständlich muß der Kritiker "seinen [Ebers'] ganz undichterischen Zweck der Belehrung"[1] auf schärfste verurteilen und sieht hinter der gattungsmäßigen und thematischen Beschränkung nur den Zwang einer mangelnden Phantasie walten und die "Spekulation"[2], durch exotisches Kolorit Interesse zu schaffen, da die Handlungen, dieses Reizes entkleidet, trivial seien, "abgestandene Gerichte in pikanter Sauce."[3]

Der Kritiker beobachtet scharfsichtig. In seiner strikten Ablehnung ist ex negativo zu erkennen, wie weit Ebers erfolgreich war, sich seinem Ziel zu nähern, singt er doch mit "kluger Sirenenstimme: »So werdet ihr [die Leser] über Nacht Aegyptologen, kennt das geheimnisvolle Land an Nil, wie die besten Gelehrten, und es kostet euch nicht die geringste Mühe«".[4] So ist diese Kritik eine Bestätigung für Ebers, der nicht nur wesentlichen Anteil hat, die Ägyptologie im Kreise der Wissenschaft durchzusetzen, sondern ihr auch im breiten Publikum durch literarische und populärwissenschaftliche Arbeiten Aufmerksamkeit und Anerkennung zu schaffen weiß.

IV. 3. 3.   THEATRALISIERUNGEN

Auch Dramatisierungen sind ein Prüfstein der Popularität. Der Direktor eines Theaters, besonders eines Privattheaters, spekuliert mit der Attraktivität des Vorbilds und der Zugkraft seines Autorennamens. Umgekehrt zeugt die Bearbeitung vom Ruhm der Vorlage. Selten erlangt jedoch eine Bearbeitung eine über tagesaktuelles Interesse hinausgehende Bedeutung. Von Ebers sind dementsprechende briefliche Äußerungen überliefert, die ihn nicht sehr begeistert über die ihm zur Kenntnis gelangten Dramatisierungen zeigen. Nur die entgangenen Tantiemen als Ursache dieses Mißbehagens anzunehmen, würde sicher zu kurz greifen. Obwohl Ebers, wie Briefstellen zeigen werden, den werbewirksamen Effekt keineswegs geringschätzt, dürften sich vielmehr andere gewichtige Gründe für Ebers' Ablehnung zeigen.

---

1   Kritikus, Georg Ebers und sein neuester Roman, in: Die Literatur I (1880), 48. Interessanterweise verliert der Kritiker kein Wort über die Anmerkungsflut der ersten beiden Romane, die ihm doch der Höhepunkt an Greuel sein müßte!

2   Kritikus, Georg Ebers und sein neuester Roman, in: Die Literatur I (1880), 45.

3   Kritikus, Georg Ebers und sein neuester Roman, in: Die Literatur I (1880), 44.

4   Kritikus, Georg Ebers und sein neuester Roman, in: Die Literatur I (1880), 44.

IV. 3. 3. 1. Die "Königstochter" als Dramatisches Gedicht im Fürstlichen Hoftheater Detmold

Am 21.2.1873, also erst 8 Jahre nach dem Erscheinen der Vorlage, gelangt eine Dramatisierung der "Ägyptischen Königstochter" unter dem Titel: **"Nitetis. Dramatisches Gedicht in fünf Akten. Mit freier Benutzung eines Romans des Georg Ebers von Alfred Lindolf"** am Fürstlichen Hoftheater Detmold zur Uraufführung. Hinter dem Pseudonym verbirgt sich Nikolaus Stieglitz, ein deutscher Autor, Verfasser einer Reihe von Theaterstücken und Gedichten. Dieser ist 1833 geboren[1], hat es im österreichischen Militärdienst in Wien und Linz zum Rittmeister gebracht und lebt zur Zeit der "Nitetis", die als sein Hauptwerk gilt, als Autor in Hannover.

Lindolfs "Nitetis" ist allerdings kaum ein Zeugnis einer Ägyptenrezeption als vielmehr einer Ebers-Rezeption. Der Autor konzentriert nämlich die Handlung auf die kurze Zeitspanne des Zusammenseins der Nitetis mit Kambyses, d.h. die Handlung spielt gänzlich bei oder in Babylon, Ägypten wird nur in der Person der Königstochter und in Berichten und Briefen vergegenwärtigt. Die Handlung beginnt mit dem ersten Zusammentreffen der Nitetis mit Kambyses in einem Stationshaus an der Landstraße vor Babylon (1.Akt). Es folgt die Intrige von Boges und Phädime im 2.Akt. Die Bühnenbildanweisung des 3.Akts (und des 1.Bildes des 5.Akts) wird 1884 vom entsprechenden Bild von Keller für die "Ebers-Gallerie" wieder aufgenommen: in den Hängenden Gärten erhält Nitetis den Brief, der sie bittet, sich für Tachot und Bartja zu verwenden. Das Fürstlich-Lippische Regierungs- und Anzeigeblatt schreibt dazu: "Gegen den Schluß des dritten Acts kommt endlich etwas Leben in die bis dahin äußerst lahme Handlung. Nitetis weiß, daß Bartja ihre Schwester liebt, und fällt in Ohnmacht, wie ihr Kambyses mitteilt, daß er seinen Bruder mit einer anderen verheirathen will. Dadurch wird der Verdacht des Kambyses, daß Nitetis den Bartja liebe, fast zur Gewißheit."[2] Der 4.Akt in einem Saal im Palast bringt die Katastrophe, die Enthüllung der "Untreue" der Nitetis durch einen abgefangenen Brief - er kommt im Roman nicht vor -, die kompromittierende Aussage des Boges und die Bestätigung durch Krösus. Eine Verwandlung zum Kerker zeigt den gefangen gesetzten Bartja. In ihrem Gemach auf den Hängenden Gärten erfährt dann Nitetis im 5.Akt ihr Urteil; es folgt der sich überstürzende Schluß: Phanes als Deus ex machina enthüllt die Intrige, aber die Boten kommen zu spät, die Hinrichtung Bartjas zu verhindern und die herbeigerufene Nitetis, die sich vorsorglich vergiftet hatte, stirbt auf offener Bühne. Das Schlußwort hat der weise Krösus:

---

1   Geboren am 5.2.1833; nach anderen Angaben 1830. Das Todesdatum läßt sich nicht feststellen.
2   Detmold. Fürstliche Schauspiele, in: Fürstlich-Lippisches Regierungs- und Anzeigeblatt Nr.46 vom 24.2.1873.

> "Wie Größe enden kann, o sieh's an mir
> Und lerne hier, (auf Nitetis zeigend) wie alles Glück vergänglich,
> Wie es ein Wahn, ein Hauch verschlingen kann. -
> Des Glückes Keim ist Jedem eingepflanzt,
> Bei dem nur geht er auf, der ihn nicht selbst erstickt. -
> Kannst Du das Glück nicht aus Dir selbst gebären,
> Kann Dir's nicht Gold, nicht Macht, nicht Ruhm gewähren! -
> (Kambyses sinkt zerknirscht an Nitetis Leiche auf die Knie.)
>
> (Der Vorhang fällt.)"[1]

Zwar wird durch diese Bearbeitung das Urteil manchen Kritikers widerlegt, daß Ebers' Romane nur durch das exotische Beiwerk interessant sind, doch bedeutet das auch, daß das ägyptische Leben, auf das Ebers so großen Wert legt, hier so gut wie nicht vorkommt. Nur vereinzelt klingen im Dialog die Ebers'schen Themen an: die emanzipierte Stellung der ägyptischen Frau[2], Ägypten als "die Wiege aller Weisheit"[3], die kritische Zeichnung der Priester[4] und das vielgestaltige Ebers'sche ägyptisch-griechisch-persische Pantheon ist auf eine einzige Erwähnung des Zeus geschrumpft[5]. Mit einem Wort: Das reichbelebte Kulturpanorama, das Ebers in seiner Vorlage ausbreitet, ist nicht mehr vorhanden.

Wo Ebers eine intrigenreiche Handlung erfindet, um seinen Kern, die Herodot-Geschichte von der untergeschobenen Königstochter als Anlaß der Eroberung Ägyptens durch die Perser plausibel nacherzählen zu können, eliminiert nun Lindolf die gesamte politische Geschichte. Von Ägyptens Königshaus wird nur indirekt durch einen Brief berichtet, gerade, daß der Name des Amasis einige Male fällt.[6] Schon die Titeländerung zeigt die Konzentration auf die Personen - das nationale und politische Element, das im Titel "Eine ägyptische Königstochter" ihren Ausdruck fand, ist durch den Eigennamen ersetzt. Darüber hinaus erfolgt noch eine Beschränkung auf wenige Personen und drei Hauptpersonen, deren Schicksal und deren Charaktere. Kennzeichnend für das Desinteresse Lindolfs an historisch-politischen Zusammenhängen ist der Einsatz der Bogen-Geschichte Herodots[7], die ihm zwar ebenso wie Ebers in Erweiterung von Herodot dazu dient, die Abneigung des Kambyses zu seinem Bruder zu verstärken, die hier jedoch sorglos an falschem Ort untergebracht ist: Wie könnte Kambyses einen Feldzug nach Äthiopien beabsichtigen, wenn er sich eben mit Ägypten durch eine Heirat verbunden hat, also eine Eroberung Ägyptens, die ja in jedem Falle Voraussetzung für diesen zweiten Schritt wäre, noch außerhalb jeder Erwägung steht?

---

1 Lindolf, Nitetis 103.

2 Lindolf, Nitetis 10.

3 Lindolf, Nitetis 23.

4 Lindolf, Nitetis 26, 39.

5 Lindolf, Nitetis 92.

6 Lindolf, Nitetis 16, 18, 47, 79, 90; auch Psamtik: Lindolf, Nitetis, 16, 93; Ladice: Lindolf, Nitetis 47; Tachot: Lindolf, Nitetis, 47.

7 Herodot, Hist. III, 22. Lindolf, Nitetis 54f., 61f.

Diese Sorglosigkeit um geschichtliche Zusammenhänge geht noch über das Postulat des "Kritikus", nämlich das Historische von allem außerpoetischen und kulturgeschichtlichen Ballast zu befreien und die Geschichte auf die reinen Charaktere zu beschränken, hinaus, wie uns die moralische Nutzanwendung in der oben zitierten Schlußansprache des Krösus bestätigt: Das Historische wird vielmehr bis zur Fehlerhaftigkeit verkürzt. Das stellt auch der anonyme Rezensent des "Fürstlich-Lippischen Regierungs- und Anzeigeblattes" fest, indem er schreibt, "daß der Dichter von der Handhabung der exacten, durchschlagenden Handlung noch weit entfernt ist. Unbedingt zu loben ist dagegen die schöne und gedankenreiche, stellenweise wuchtige und poetische Sprache."[1] Von einer solcherart verkürzten Sichtweise werden natürlich auch die Ebers'schen "Anachronismen" nicht verschont. Die monogame Einstellung des Bartja, die bei Ebers durch den ägyptischen Einfluß, d.h. die hervorragende Stellung der dortigen Frauen und die Monogamie des Pharao, hervorgerufen wird und glücklich mit seiner Liebe zu Sappho harmoniert, wird hier dem Prinzen mißverstanden als selbstentwickelte Idee zugeschrieben.[2] Wer Ebers kennt, wird insgesamt von diesem Stück enttäuscht sein, wird sich umgekehrt aber in der Lage sehen, einige unverständliche Anspielungen zu verstehen.

Über die Aufführung selbst sind leider sehr wenige Nachrichten erhalten. Diesbezügliche Archivmaterialien des Hoftheaters[3] finden sich nicht mehr.[4] Das ist umso bedauerlicher, als der Rezensent schreibt: "Die Darstellung als solche können wir, mit einer Ausnahme, nur rühmen. Die Direction hatte das Stück so glänzend wie möglich ausgestattet und Herren und Damen überboten sich durch geschmackvolle, reiche Kostüme."[5] Dieser Bericht ist der einzige Hinweis, der uns über die Darbietung selbst unterrichtet. Interessant sind die grundsätzlichen Bedenken des Kritikers historischen und gar antiken Stoffen gegenüber, meint er doch, "daß Stoffe aus so ferner Vergangenheit wenig Anziehungskraft auf unser modernes Publikum ausüben."[6] Er zeigt uns damit, daß wir hier noch vor dem Ausbruch des Exotismus als Garanten des Erfolgs stehen und daß Ebers und sein Opus noch nicht den Durchbruch erlebt haben, folgerichtig in diesem Bericht nicht genannt werden und das Original zum Vergleich nicht herangezogen wird. Umgekehrt gibt es keinerlei Äußerungen von Ebers über die Detmolder Aufführung, was wohl hauptsächlich darauf zurückzuführen ist, daß Ebers im Winter 1872/73 sich auf seiner zweiten Ägyptenreise befindet, von der er erst Ende April zurückkehrt. Die Novität scheint wohl ursprünglich keinen besonderen Erfolg gehabt zu haben: "Man hörte vor der Aufführung ein entschieden absprechendes Urtheil über die Wahl des Stoffes, während

---

1 Detmold. Fürstliche Schauspiele, in: Fürstlich-Lippisches Regierungs- und Anzeigeblatt Nr.46 vom 24.2.1873.

2 Lindolf, Nitetis 57.

3 Diese befinden sich heute in der Lippischen Landesbibliothek Detmold.

4 Briefliche Mitteilung durch Diplom-Bibliothekarin K.Sievert von der Lippischen Landesbibliothek vom 14.3.1991: "Leider ist der Bestand sehr lückenhaft. So fehlen unerklärlicherweise auch jegliche Unterlagen zu besagter Aufführung."

5 Detmold. Fürstliche Schauspiele, in: Fürstlich-Lippisches Regierungs- und Anzeigeblatt Nr.46 vom 24.2.1873.

6 Detmold. Fürstliche Schauspiele, in: Fürstlich-Lippisches Regierungs- und Anzeigeblatt Nr.46 vom 24.2.1873.

über den Inhalt selbstverständlich nur dunkle Gerüchte gingen. Dieser Anschauung entsprach ein spärlich besetztes Haus."[1] Ein gewisses Interesse scheint aber doch bestanden zu haben, bzw. sich entwickelt zu haben, da noch im selben Jahr der Text im Buchhandel in Hannover, "Seiner Durchlaucht dem regierenden Fürsten Leopold zur Lippe ehrfurchtsvoll gewidmet", erscheint. Auch über diese Buchausgabe, die Ebers durchaus zur Kenntnis gelangt sein dürfte - die damalige deutsche Kleinstaaterei spricht nicht dagegen, denn Hannover war 1864/66 von Preußen annektiert worden und Ebers' Mutter lebte damals noch in Berlin wie auch Altmeister Lepsius - gibt es keine Äußerung Ebers'.

Die begrenzte Leistungsfähigkeit der kleinen Hofbühne, die sich an der Personalbeschränkung und den bescheidenen Anforderungen an die Ausstattung zeigt - von einem Orchester, Chor oder Ballett ist nicht die Rede - kontrastiert deutlich zum Wagemut, die Dramatisierung eines bisher wenig erfolgreichen Romans zur Uraufführung zu bringen - möglicherweise sogar als Auftragswerk. Ein großer Kontrast, was Voraussetzungen (Popularität des Autors), Mitteln (Ausstattung) und Inhalt (Revue) betrifft, zeigt sich auch zum Berliner Einsatz für die "Uarda".

IV. 3. 3. 2. "UARDA" ALS GROSSES AUSSTATTUNGSSTÜCK, "GESCHMACKVOLL ARRAGIRT" IN BERLIN

Am 20.September 1878 kündigt die Vossische Zeitung in Berlin für den folgenden Sonnabend, den 21., "Z.1.M.: **Uarda. Gr.Ausstattungsstück mit Ballets nach Georg Ebers Roman**"[2] von Karl (Carl) Ludwig an. Hinter dem Pseudonym verbirgt sich ein Karl (Carl) Ludwig Höpfner, über den jedoch nichts weiter bekannt ist.

Das am 21.12.1859 eröffnete Victoria-Theater, von Karl Ferdinand Langhans erbaut, dem Sohn des Architekten des Brandenburger Tors, benannt anläßlich der Hochzeit von Prinz Friedrich Wilhelm, dem späteren Kaiser Friedrich III. mit Prinzessin Victoria, Tochter von Königin Victoria von England, war nicht nur das größte Theater der Hauptstadt, sondern sogar das größte Europas nach der berühmten Mailänder Scala und war als Unikum konzipiert, nämlich mit zwei gegenüberliegenden

---

1 Detmold. Fürstliche Schauspiele, in: Fürstlich-Lippisches Regierungs- und Anzeigeblatt Nr.46 vom 24.2.1873.

2 Victoria-Theater, Vossische Zeitung. Königlich privilegierte Berlinische Zeitung von Staats- und gelehrten Sachen. 20.Sept.1878. Die erste Ankündigung war am Dienstag, dem 17.Sept.1878, erfolgt als: "Zum 1.Male: Uarda. Gr.Ausstattungsstück".

Zuschauerhäusern beiderseits der großen Bühne[1], als "Sommertheater" mit 1268 Plätzen und als "Wintertheater" mit 1413 Sitzen. Ein größerer Gegensatz zu Detmold läßt sich kaum denken. Der Bau an der Münzstraße wurde von dem tatkräftigen Unternehmer Emil Hahn geleitet und hatte sich mit seiner Spezialität des "dramatischen Märchenzaubers"[2], der sog. Feerien einen festen Platz im Berliner Theaterleben erobert.

Die Victoria-Theater-Uarda bleibt ungedruckt. Der Text hat sich jedoch in einem handschriftlichen Textbuch, dem sog. Zensurexemplar, erhalten, da alle Theaterstücke der kgl. Zensur in Berlin vorgelegt werden mußten.[3] Die vier Akte gliedern sich in acht Bilder und zahlreiche Szenen. Das Personenverzeichnis umfaßt 16 Hauptdarsteller und 11 Nebenpersonen, neben der Statisterie.[4] Zwar gibt es fast keine Aussagen zur Szene, doch aus den Dialogen der Personen läßt sich ein häufiger Wechsel erschließen. Das Textbuch zeigt eine enge Anlehnung an Eber's Vorlage sowohl im Aufbau und Inhalt bis in die Wortwahl hinein. Erst beim Brandanschlag von Pelusium wird das Vorbild verlassen. Hier bricht das Stück abrupt ab: Der Anschlag wird im Gegensatz zur Vorlage rechtzeitig verraten und vereitelt. In der letzten Szene fliehen die Verschwörer, ihr Ende bleibt offen als der Vorhang fällt.[5] Es scheint, daß der Autor nicht mehr rechtzeitig zu Ende gekommen ist. Dafür spricht auch, daß die Zensurbehörde erst am 14.September 1878, also ganze sieben Tage vor der Première, die Genehmigung erteilt.[6] Bezeichnend ist darin der erste Satz, der besagt, daß das Stück "das Leben der Ägypter unter dem pharaonischen Könige Ramses II zur Anschauung" bringe. Der Rest gibt eine - teilweise mißverstandene - Inhaltsangabe.[7]

Leider sind keine weiteren Aufführungsmaterialien überliefert, etwa die Bühnenbild- oder Kostümentwürfe. Aus der Rezension der Vossischen Zeitung sind die Namen der Schauspieler zu entnehmen: der König wird von Direktor Hahn selbst gespielt, der Darsteller des Pentaur ist gleichzeitig der Regisseur. Auch war an der Ausstattung nicht gespart worden: "Für die Ausstattung

---

1 "Umfangreichste Bühnenanlage Europas", Dellé, Das Victoria-Theater, 51.
2 Dellé, Das Victoria-Theater, 240.
3 LAB, Pr.Br.Rep.30, Nr.U 5.
4 Ameni und Ani werden in einer Person zusammengezogen. Statisterie: "Aegypter, Judaeer, Soldaten, Priester, Tempeldiener, Amalekiter, Syrer, Gefangene, Gaukler, Tänzer."
5 Diesem unwirksamen Schluß wird wohl von der Direktion aufgeholfen, wie das unten angeführte Zitat des Besuchers Gentz vom Schlußtableau als "Meisterstück von Feuerwerkskünsten" belegt.
6 BLHA, Pr.Br.Rep.30 Bln C Polizeipräsidium Berlin Th Nr.394: Anzeigen über die auf dem Victoria-Theater zur Aufführung zu bringenden Theaterstücke, 1864-1878, Bl.36, 36 verso. Die "Anlage", also das Textbuch, wird am 28.September 1878, 7 Tage nach der Uraufführung entnommen.
7 Dekuvrierend ist die Deklassierung der Ebers'schen Paraschitentochter zu einer "Parasitentochter". Den vollständigen Wortlaut der Zensurakte siehe unten 446f.

ist durch eine Reihe schöner Prospekte gesorgt: Veranda und Park des ägyptischen Königspalastes, ein Hafenplatz am Nil, ein prunkvoller Festsaal im Palaste des Ramses wurden lebhaft bewundert. Die zahlreichen Massenscenen sind geschmackvoll arragirt. Das Ballet kommt zweimal, im vierten Bilde (das Fest des Nils[1]) und dem achten (das Fest des Königs Ramses[2]) zu seinem Rechte."[3] Dellé schreibt dazu, leider ohne seine Quellen anzugeben: "Die Spielzeit wurde mit dem französischen »Sensationsdrama« »Jean Renaud« (...) und dem Ausstattungsstück »Uarda« begonnen. Für die letztere Aufführung, der Darstellung des alten Ägypten, war die Bühne eigens terrassenförmig umgebaut worden."[4] Dies bestätigt auch das "Berliner Fremdenblatt" vom 12.8.1897: "Die Dekorationsmalerkunst hatte in den alten egyptischen Tempelbauten, Königspalästen, Nil- und Wüstenbildern Aufgaben gelöst, die das gerechte Erstaunen des Publikums hervorriefen. Die Requisiten waren genau nach den Originalen des Berliner Königlichen Museums und anderen Vorlagen angefertigt."[5] Anders hört sich das Urteil des Fachmannes an. So berichtet der mit Ebers befreundete Berliner Maler Wilhelm Gentz an Ebers: "Die dramatische Bearbeitung scheint mir auch nicht ungeschickt gemacht zu sein. Die Dekorationen sind nur mittelmäßig gemacht, die Kostüme mit wenigen Ausnahmen zu unecht, um Ihr schönes Werk (...) zur richtigen Geltung zu bringen. Einige Scenen sind jedoch auszunehmen u. machen sich recht gut. Das Schlußtableau ist sogar ein Meisterstück von Feuerwerkskünsten, u. erregte im Publicum gerechten Beifall."[6]

Die Uraufführung verläuft wohl erfolgreich, denn die Vossische Zeitung schreibt: "Das Publikum bei der vorgestrigen ersten Wiederholung des Stückes, der wir beiwohnten, wurde von Akt zu Akt animirter und rief den Direktor Hahn und die Hauptdarsteller wiederholt hervor."[7] Trotzdem scheint der weitere Publikumszuspruch nicht befriedigend zu sein. Zwar unterrichtet Hahn noch anfangs Oktober Ebers von seiner Absicht, auch die Königstochter zu dramatisieren, doch wird dieses Vorhaben aufgegeben, als das laufende Stück nach nur 62 Vorstellungen abgesetzt werden muß. Der Kritiker der Vossischen Zeitung deutet den Grund an:

> "In der Novität (...) »Uarda« von *Georg Ebers*, ist der Text nicht, wie in den meisten Stücken dieses Genres, ein nothwendiges Uebel, das man zu den decorativen Herrlichkeiten und den Ueberraschungen der Maschinerien mit in den Kauf nehmen muß, sondert bildet einen wesentlichen, ja, den hauptsächlichen Factor des Ganzen. Während der Text sonst ein Nebensächliches ist, auf das man kaum hinzuhören pflegt, wird die Aufmerksamkeit diesmal nicht sowohl durch die Vorgänge des Stücks, als auch - ein gewiß seltener Fall - sogar durch den Dialog in Anspruch genommen.(...) In den mancherlei religionsphiloso-

---

1 Gemeint ist das Ebers'sche Talfest. Das vierte Bild heißt im Textbuch "Das Fest des Thales".

2 Wohl das Siegesfest in Pelusium.

3 Victoria-Theater, Vossische Zeitung vom 24.Sept.1878. Vollständig siehe unten 447.

4 Dellé, Das Victoria-Theater, 174.

5 Berliner Fremdenblatt, 36ster Jahrgang No.287, Do.12.8.1897, 2.Blatt.

6 Brief von Gentz aus Berlin an Ebers vom 17.10.1878, SBB.

7 Victoria-Theater, Vossische Zeitung vom 24.Sept.1878.

phischen Erörterungen, die in den Rahmen eines Ausstattungsstückes wenig passen, sollte noch energisch gekürzt werden. Ueberhaupt dürfte es fraglich sein, ob die ernste Stimmung, welche das Stück verlangt, dem Publikum des Victoria-Theaters behagt. Einiges, wie die Liebeserklärung Uarda's, wurde denn auch ganz entschieden von der heiteren Seite genommen."[1]

Die "religionsphilosophischen Erörterungen" werden durch das Textbuch bestätigt: die dritte Szene des sechsten Bildes enthält die Begegnung Pentaurs mit Moses, wo über den "Einzigen, den unausprechlich Großen" philosophiert wird: "Betet ihr nicht zu vernunftlosen Thieren, zu Strom u. Wind u. Sternen! - Ihr seht ihn nicht, nur seine Creaturen, nur die Werke seiner Hand.- Die Sonne selbst ist nur ein Schatten seiner Allmacht, - die so groß ist, so unendlich wie seine Liebe!"[2]

Die Unzulänglichkeit der Schauspieler bestätigt auch Gentz: "Die Schauspieler sind aber wieder von einer Mittelmäßigkeit, sprachen fast alle so schlecht und schnell, daß man verwundert ist, in Berlin so geringe Kräfte auftreten zu sehen."[3]

Briefliche Äußerungen zeigen die Reaktion Ebers', den im September 1878, als er in Tutzing am Starnberger See auf dem Schloß seines Freundes und Verlegers Hallberger weilt, aus Berlin die Nachricht der "Uarda"-Aufführungen erreicht. "Als Aufregungsmittel kam die Nachricht über Uarda als Ausstattungsstück zu mir. Ich hätte mir das Ding gefallen lassen, wenn man mir den Text vorgelegt und meine Verbesserungen zugelassen hätte. Aber das ließ Herr Hahn klugerweise bleiben, und nun muß ich mir's gefallen lassen. Daß (nach Ludo's[4] Brief) mein armes Buch, das doch Fleisch von meinem Fleische ist, so jämmerlich verunstaltet wird. Dabei bleibt mir gar kein Mittel des Protestes. Ja, wenn ich Hahn die Autorisation verweigere, so dürfen sich alle kleinen Theater des Dinges bemächtigen und ich mache die Sache noch schlimmer. Hallberger amüsiert sich über meinen Ärger und meint, als Buchhändler müsse er Hahn für seinen Streich dankbar sein."[5] Und zwei Wochen später heißt es: "Über die Victoriatheater-Uarda-Verhunzung hab' ich mich doch noch etwas geärgert. Direktor Hahn bot mir für eine ähnliche Königstochter-Mißhandlung 5% Tantieme. Ich mag aber damit nichts zu thun haben und sagte »nein«. Etwas Gutes hat auch dieses Übel. Uarda ist in den letzten Wochen so stark gekauft worden, daß nächstens eine neue Auflage erforderlich sein wird."[6]

---

1 Victoria-Theater, Vossische Zeitung vom 24.Sept.1878. Zu diesem Ergebnis kommt auch Dellé, Das Victoria-Theater, 237, in seiner "Schlußbetrachtung": Die bevorzugten Stücke ließen sich am besten als "Unterhaltungsstücke" klassifizieren. "Daneben verlief auch der spürbare »Drang nach dem Höheren« im Sande, da das Publikum, in seiner breitesten Schicht und eigenartigen Zusammensetzung (...) bei Versuchen, das Schauspiel (auch im Ausstattungstil!) zu pflegen und zu kultivieren, kategorisch ausblieb und ablehnte".

2 Ludwig, Uarda, 6. Bild, 3.Szene, o.S., LAB, Pr.Br.Rep.30, Nr.U 5.

3 Brief von Gentz aus Berlin an Ebers vom 17.10.1878, SBB.

4 Ludwig Ebers, der um anderthalb Jahre ältere Bruder von Georg Ebers.

5 Brief von Ebers an seine Mutter oder Frau aus Tutzing, 29.9.1878, SBB.

6 Brief von Ebers an seine Mutter oder Frau aus Tutzing, 13.10.1878, SBB.

Diesen Äußerungen ist zu entnehmen, daß Ebers nicht prinzipiell gegen eine Dramatisierung ist, sich auch nicht vordringlich um die Tantiemen sorgt, vielmehr ihm vor allem an einem textlichen Mitwirkungsrecht liegt. Bei der fast pedantischen Genauigkeit, die er in seinen Romanen walten läßt, können wir annehmen, daß er diese archäologische Exaktheit in der Dramatisierung vermißt. Trotzdem dürfte die "Uarda" von Ludwig in ihrer Ausführlichkeit und Buntheit dem Ebers'schen Ideal der breiten Schilderung des Kolorits und auch dem reißerischen Handlungsverlauf weit mehr entsprochen haben, als die blutleere Nitetis in Detmold. Und auch die Äußerung des Kritikers der Vossischen Zeitung von den "religionsphilosophischen Erörterungen" zeigt, daß das Ebers'sche Anliegen einer Kulturschilderung in dieser Bearbeitung - wie der Rezensent meint, allerdings zu deren Schaden - noch durchgeschlagen hat. Die Chronologie der Dramatisierungen ergibt auch, daß die der Uarda (1878) - ebenso wie die Parodie (1876) - unmittelbar dem Erscheinen des Romans 1876 folgt, während die verzögerte Dramatisierung der "Königstochter" zeigt, daß der Roman nicht von Anfang an ein Erfolg war, die "Nitetis" vielmehr auf die Bühne kam, als ein Erfolg des schon acht Jahre vorher erschienenen Romans nicht mehr zu erwarten war. Die kleine Provinzbühne von Detmold ersetzt durch mutigen Einsatz Aufwand und Mittel des größten Theaters der Hauptstadt Berlin. Umgekehrt ist das Risiko bei einem Hoftheater anders abgesichert als bei einem unternehmerisch geleiteten, privaten Revuetheater.

IV. 3. 4. PARODIE. FRITZ MAUTHNERS "BLAUBEEREN-ISIS".
"MUMIENMODER, TODTENGRAUS - MASKENSCHERZE LÄCHELN DRAUS"[1]

Jede Parodie setzt die Kenntnis des Vorbilds voraus, und so ist die Sammlung "parodistischer Studien" von Fritz Mauthner: **"Nach berühmten Mustern"**[2] ein Spiegel der Popularität seiner Vorbilder und wohl auch Nutznießer dieser Bekanntheit. Mauthner selbst spricht von der "Anerkennung ihres Ruhmes."[3] Die große Nachfrage, die sich in zahlreichen Auflagen zeigt - 1880 erscheint das Bändchen bereits in 11.Auflage - , zeugt ebenso dafür wie ein zweiter Band, die "Neue Folge", den Mauthner bald anschließen muß. Ebers steht im ersten Band zwischen noch heute anerkannten Größen wie Richard Wagner, Gustav Freytag[4] und heute Vergessenen. Mauthner bekennt, nicht nur von Liebe zu seinen Vorbildern geleitet worden zu sein - die Widmung lautet "meinen lieben Originalen in herzlicher Verehrung"[5] - sondern auch die "Art und Weise von Schriftstellern nachzuahmen, die trotz einiger Berühmtheit nur den Anspruch erheben konnten, abschreckende Muster zu sein."[6]

---

1   Mauthner, Nach berühmten Mustern, Motto zu: Blaubeeren-Isis.

2   Mauthner, Nach berühmten Mustern.

3   Mauthner, Nach berühmten Mustern, 7.

4   Im 2.Band u.a. F.Dahn, P.Heyse, E.Marlitt.

5   Mauthner, Nach berühmten Mustern, Widmung.

6   Mauthner, Nach berühmten Mustern, 6.

Mauthner, Journalist, Feuilletonist und Dichter in Berlin[1], wird selbst 1892 einen historischen Roman aus der Antike verfassen, der genau das Verfahren anwendet, das er hier Ebers vorwirft.[2]

Als Einleitung zur "Blaubeeren-Isis" wird die politische Situation geschildert, der Kampf des Pharao mit seinen westlichen Nachbarn, dann tritt die Weißnäherin Ua-Ghusta auf, die "eines morgenländischen Abends" in einem Blaubeerenfeld in der Totenstadt sitzt. Neben ihr weidet eine "liebliche Kuh"[3]. Da sehen drei Kinder in ihr "die ehrwürdige Allmutter Göttin Isis mit ihrer Kuh auf dem Blaubeerenfelde."[4] Der Wirt des nahegelegenen Gasthauses bietet ihr nun zur Belebung seines Geschäftes für Tanz und Gesang in seinem Haus "ein auskömmliches Gehalt". "Da trat Ua-Ghusta aus der Kaste der Weißnäherinnen aus und wurde Isis."[5] Ihr Geliebter Me-Jer, der der Kriegerkaste angehört und im Kampf gegen den tückischen Frenkis-König weilt, muß ihr nun traurig entsagen, denn "streng hatte der Wirt »zur Isis« ihr das Heirathen verwehrt"[6], außerdem "war er ein Verehrer des Kulturkampfes."[7] Leider geht das Wirtshaus nach dem Sieg des Pharao über den Ausländer pleite und die entlassene Ua-Ghusta gedenkt auf dem Blaubeerenfeld des verlorenen Geliebten, als sie sich "vom allerdings sehr fruchtbaren Wasser"[8] der Überschwemmung eingeschlossen sieht. Da kommt der ruhmreiche Me-Jer zurück. "Kühn stürzte er sich in die Wogen und trug seine wiedergewonnene Geliebte in seinen Armen auf das Trockene, umarmte sie und sie waren fortan glücklich miteinander."[9]

Mauthner zeigt, indem er die von Ebers verwendete Methode, moderne Verhältnisse in seiner Handlung unterzubringen, zum Gegenstand seiner Parodie erhebt, daß das Publikum diesen Zeitbezug nicht nur verstanden hat, sondern offensichtlich auch als ein auffälliges Merkmal des Ebers'schen Werkes betrachtet, denn Mauthner muß das Einverständnis seines Lesers erwarten, soll seine Parodie Wirkung haben. Der erste Abschnitt lautet folgendermaßen:

---

[1] Geboren 20.11.1849 in Horzitz bei Königgrätz (Böhmen), lebt zuerst in Prag, dann in Berlin, stirbt zwischen 1914 und 1925.

[2] Mauthner, Hypathia. Roman aus den Altertum, Stuttgart 1892. Aus der Werbung, AZ 1892, Beil.Nr.128, 8: "(...) ein Spiegelbild der Gegenwart und modernen Strebens. Er schildert die Gestalten und Ereignisse vergangener Zeit mit der deutlichen Absicht, an ihnen hervorzuheben, was sie der Gegenwart interessant und verwandt macht, und in den Schwächen längst vergangener Jahrhunderte geißelt sein ironischer Humor die Schwächen der unsrigen."

[3] Mauthner, Blaubeeren-Isis, in: Nach berühmten Mustern, 20.

[4] Mauthner, Blaubeeren-Isis, in: Nach berühmten Mustern, 21.

[5] Mauthner, Blaubeeren-Isis, in: Nach berühmten Mustern, 21.

[6] Mauthner, Blaubeeren-Isis, in: Nach berühmten Mustern, 22.

[7] Mauthner, Blaubeeren-Isis, in: Nach berühmten Mustern, 24. Als Beleg für den "Kulturkampf im alten Aegypten" verweist Mauthner hier auf Ebers' "Uarda".

[8] Mauthner, Blaubeeren-Isis, in: Nach berühmten Mustern, 23f.

[9] Mauthner, Blaubeeren-Isis, in: Nach berühmten Mustern, 24.

"Die Sonne ¹) schien glühend nieder auf das Land der Pharaonen. Es war kurz nach dem großen Siege des Pharao Wilih-Elempsi I., welcher ganz Nordägypten unter seinem Szepter vereinigte; nur Südägypten widerstrebte noch, sonst könnten wir von einem einigen »ägyptischen Reiche« sprechen. Feindliche Nachbarn waren emsig bemüht, das Werk der Einigung zu hintertreiben. Im Westen lauerte der tückische König der Frenkis; er hatte eine krumme Nase und dickbäuchig, mattäugig, schnurrbartspitzig war sein Ausdruck. Im Süden, jenem verbunden, nährte der Oberpriester Klephth ²) IX. ³) die Unzufriedenheit der Südägypter."[1]

---

¹) Hieroglyphische Inschriften in den ältesten Tempel von Memphis machen es höchst wahrscheinlich, daß schon in so entlegenen Zeiten die Sonne auf der Erde geschienen habe. Es ist darum gar kein Grund vorhanden, weßhalb es nicht auch Photographen gegeben haben sollte.

²) Klephth = der Fromme.

³) Ein Fries im Tempel von Gizeh stellt einen Zug von Priestern dar, in welchem, gemäß den Gesetzen des Basreliefs, einer auf den anderen folgt. Es steht nichts im Wege, den neunten in der Reihe dadurch auszuzeichnen, daß wir ihn, wenn er wirklich Klephth hieß, »Klephth IX« nennen. Gewiß ist, daß im alten Aegypten die Zahl 9 bereits bekannt war. Siehe: Ebers, Aegypten, Seite 9.

Es ist unschwer zu erkennen, daß die politische Konstellation, die Mauthner hier seinen "Ebers" beschreiben läßt, die Deutschlands des Reichseinigungsbestrebens mit dem protestantischen Norden und dem katholischen, "ultramontanen" Süden ist. Hinter dem Pharao steckt Wilhelm I., der "tückische König der Frenkis" ist Napoleon III. und der Oberpriester Klephth IX., in der Fußnote als der Fromme ausgewiesen, ist Pius IX. († 1878). Sicher geht man nicht fehl, die falsche Isis mit dem neuen Mariendogma von der Unbefleckten Empfängnis (1869) in Verbindung zu bringen.[2] Nachdem der Pharao Nordägypten unter seinem Szepter vereinigt hatte - damit ist der Krieg von 1866 und die Schaffung des Norddeutschen Bundes gemeint - besiegt er den tückischen König der Frenkis (= im deutsch-französische Krieg von 1871/72) und damit indirekt den Oberpriester, der sich zitternd und wirkungslos in "heftigsten Verwünschungen in den öden Hallen des Vorhofes" ergeht [3], worauf "das Wirtshaus »zur Isis« verödet, während das Wirtshaus »zum Pharao« neu aufblüht."[4] Uarda wird zu Ua-Gusta von Augusta, der Arzt Nebsecht wird zu einem jüdischen Nebbsicht, der Held ein deutscher "Meier".

---

1   Mauthner, Blaubeeren-Isis, in: Nach berühmten Mustern, 18f.

2   Die Chronologie der Ereignisse verbietet, die Urheber des Aufblühens des Isiskultes, die drei Kinder, die "nicht im Mindesten zweifelten" indem sie vor der vermeintlichen Erscheinung der Isis mit ihrer Kuh auf die Knie stürzen, mit den drei Kindern der Fatima-Erscheinungen in Verbindung zu bringen.

3   Mauthner, Blaubeeren-Isis, in: Nach berühmten Mustern, 22f.

4   Mauthner, Blaubeeren-Isis, in: Nach berühmten Mustern, 23.

Die Anmerkungen waren vielfach wegen der störenden Unterbrechung des Dichtwerks Gegenstand der Kritik und Gosche glaubt, daß es auch "der Ingrimm eines so gestörten Lesers" war, "dem Fritz Mauthner in seinem geistreichen »Nach berühmten Mustern« (...) mehr drolligen als zutreffenden Ausdruck gab."[1] In der Tat wird diese Ebers'sche Eigenschaft parodiert durch die schon oben zitierte Anmerkung über "Sonne" und weitere über "Kuh"[2] oder "Kinder".[3] Die obligaten Verweise auf Wilkinson und diverse Papyri[4] fehlen ebensowenig wie auch Kollege Dümichen nicht verschont wird, der als eine "gelehrte Altertumsforscherin"[5] auftaucht. Auch die Ebers'sche Sprache - "So sprechen keine Menschen mehr, sondern Bücher, - und das fordert geradezu die Parodie heraus"[6] - wird nicht verschont. Mehrmals klingt der umständlich konstruierte Ebers-Stil an: "Ua-Gusta, ein holdes Mädchen (...), unterließ es niemals, am heiligsten Tage des Jahres die Todtenstadt zu besuchen, allwo sie die Grüfte der drei Bräutigame, deren sie bereits genossen, mit geweihten Oelen zu benetzen beflissen war."[7]

So können wir Gosches oben zitiertem Urteil des "Drolligen" nicht ganz zustimmen, ein genauerer Blick zeigt vielmehr, daß Mauthner den Finger auf Schwächen der Ebers'schen Romane gelegt hat. Dies geht auch aus Mauthners Zeitungskritiken hervor. Wie Ebers die Parodie aufgenommen hat, ist nicht bekannt, zu den Kritiken aber gibt es briefliche Äußerungen, die zeigen, wie sehr er sich getroffen fühlte, erscheinen Mauthners Äußerungen dort doch als "Invectiven" und "Bosheiten" und ihr Autor mehrmals als "Lump."[8] Diese Bearbeitungen der beiden "ägyptischen" Romane Ebers' bestätigen die Ergebnisse der Untersuchungen der vorhergehenden Kapitel: Die Bekanntheit und Wertschätzung Ebers' in breiten Kreisen und die Tatsache, daß sein Anliegen einer breiten Kulturschilderung Altägyptens erkannt wird, ebenso wie aktuelle politische Bezüge, die sich in seinen Schilderungen befinden.

---

1 Gosche, Georg Ebers, 133.

2 "Die Kuh war das heilige Thier der Isis. Ihr Gatte hieß Osiris. Unter den alten Aegyptern lebten, wie zahlreiche Bildwerke beweisen, Kühe und Ochsen in großer Zahl", Mauthner, Blaubeeren-Isis, in: Nach berühmten Mustern, 20 Anm.4.

3 "Die Existenz von Kindern im alten Aegypten zu bestreiten, kann nach den eingehenden Forschungen von Champollion und Lepsius nur eingefleischten Skeptikern einfallen. Schon die Auffindung zahlreicher Kindermumien ist für mich beweiskräftig", Mauthner, Blaubeeren-Isis, in: Nach berühmten Mustern, 20 Anm.3.

4 pEbers, pAnastasi.

5 Dies Anspielung setzt ein Insiderwissen voraus. Ebers, Uarda II, 1893, 73 belegt die Deutung der Flaggenmaste vor den Pylonen auch als Blitzableiter mit einer von Dümichen edierten Inschrift aus Dendera. Mauthner schreibt in seiner Anmerkung, diese Erkenntnis einer "gelehrten Alterthumsforscherin" zu. Mauthner, Blaubeeren-Isis, in: Nach berühmten Mustern, 23 Anm.1.

6 Kritikus, Georg Ebers und sein neuester Roman, in: Die Literatur I (1880), 48.

7 Mauthner, Blaubeeren-Isis, in: Nach berühmten Mustern, 19.

8 Briefe von Ebers aus Luzern an seine Mutter vom 11.5.1884, Baden-Baden vom 19.10.1884, Leipzig vom 28.12.1884, SBB. In letztem bittet Ebers, eine eventuell erscheinende Kritik Mauthners über "Serapis" (1884) im Berliner Tageblatt ihm zuzuschicken, während er sich das in dem vorhergehenden ausdrücklich verboten hatte: "Warum soll ich ihm die Freude machen, mich über jede seiner Bosheiten zu ärgern".

V. ANHANG

V. 1. LITERATURVERZEICHNIS

Diese Liste enthält die Monographien Ebers' und Aufsätze in der AeZ und ZDMG. Um Doppelangaben zu vermeiden, finden sich alle anderen Artikel von Ebers aus Zeitschriften, illustrierten Zeitschriften und Zeitungen in V.2.: Ergänzungen zur Ebers-Bibliographie.

Abdel-Noor, Rawhia Riad	Ägypten in der deutschen Literatur des 19.Jahrhunderts, München 1986 (Dissertation Ludwig-Maximilians-Universität München)
Altheim, Franz	Roman und Dekadenz, Tübingen 1951
Amaya, Mario	The Painter who Inspired Hollywood, The Sunday Times Magazine, London, Feb.18, 1968
Ash, Rusell	Sir Lawrence Alma-Tadema, New York 1990
Assmann, Jan	Ägyptische Hymnen und Gebete, eingeleitet, übersetzt und erläutert, Zürich und München 1975
Assmann, Jan	Liturgische Lieder an den Sonnengott, Untersuchungen zur altägyptischen Hymnik I (= MÄS XIX), Berlin 1969

Ägyptische Altertümer der Skulpturensammlung. Staatliche Kunstsammlungen Dresden 1993. Ausstellung im Albertinum zu Dresden 30.Juli 1993-24.Juli 1994, Dresden 1993.

Ägyptische Kunst aus der Staatlichen Skulpturensammlung Dresden. Hgg.von der Universität Leipzig, Leipzig o.J. (Katalog Ausstellung Leipzig 1989)

Ägyptisches Museum	Staatliche Museen Preußischer Kulturbesitz. Kunst der Welt in den Berliner Museen, Berlin 1980
Baedeker, Carl	Aegypten. Handbuch für Reisende von -- --. 1.Theil. Unter-Aegypten bis zum Fayum und die Sinai-Halbinsel. Mit 16 Karten, 29 Plänen und 76 Textvignetten. Leipzig 1877. 2.Theil. Ober-Ägypten und Nubien bis zum zweiten Katarakt. Mit 11 Karten und 26 Plänen und Grundrissen. Leipzig 1891
Barthélemy, Jean Jacques	Voyage du jeune Anacharsis en Grèce vers le milieue du quatrième siècle avant l'ère vulgaire, Paris ³1789
Becker, Wilhelm Adolf	Charikles. Bilder altgriechischer Sitte zur genauen Kenntniss des griechischen Privatlebens. 2 Thle, Leipzig 1840
Becker, Wilhelm Adolf	Gallus oder römische Szenen aus der Zeit Augusts. Zur Erläuterung der wesentlichsten Gegenstände aus dem häuslichen Leben der Römer. 2 Thle, Leipzig 1838
Bergmann, Ernst Ritter von	Der Sarkophag des Panehemisis, Wien 1882

Berner, Felix	Louis und Eduard Hallberger. Die Gründer der Deutschen Verlags-Anstalt, Stuttgart ²1985 (= Sonderdruck aus: Robert Uhland (Hg.), Lebensbilder aus Schwaben und Franken, Bd.XV)
Bescherer, J.	Zur Geschichte des Institutes für Anthropologie und Völkerkunde der Friedrich-Schiller-Universität Jena in den Jahren 1936-1953, in: Wissenschaftliche Zeitschrift der Universität Jena 3, 1953/54, Mathematisch-Naturwissenschaftliche Reihe, Heft 1, 3-12
Beutler, Christian (Hg.)	Weltausstellungen im 19.Jh. Die Neue Sammlung München (Katalog Staatliches Museum für angewandte Kunst), München 1973
Birch, Samuel	Records of the Past: being English translations of the Assyrian and Egyptian Monuments, (12 vols.), London 1873-81
Bleibtreu, Carl	Revolution der Litteratur, Leipzig o.J. (³1887)
Blumenthal, Elke	Altes Ägypten in Leipzig. Zur Geschichte des Ägyptologischen Museums und des Ägyptologischen Institutes an der Universität Leipzig, Leipzig 1981
Blumenthal, Elke	Heinrich Leberecht Fleischer und die Leipziger Ägyptologie, in: AeZ CXVII (1990), 93-103
Blumenthal, Elke	Museum Aegyptiacum. Kunstwerke pharaonischer Zeit aus Ägypten und Nubien im Ägyptischen Museum, Leipzig 1984
Blumenthal, Elke	Koptische Studien in Leipzig im Laufe des 19.Jahrhunderts, in: Peter Nagel (Hg.), Carl-Schmidt-Kolloqium an der Martin-Luther-Universität 1988, Halle (Saale) 1990, 95-104
Bonnet, Hans	Alfred Wiedemann, in: AeZ LXXIII (1937), vor Seite 1
Borger, Rykle	Drei Klassizisten. Alma Tadema, Ebers, Vosmaer. Mit einer Bibliographie der Werke Alma Tadema's. (= Mededelingen en verhandelingen van het vooraziatisch-egyptisch genootschap "Ex oriente lux" XX), Leiden 1978
Bormann, Edwin	Wehmuthszähren, nach der Lekdiere der "Uarda" vergossen un Herrn Professor Dr.Georg Ebers verehrungsvollst dargereicht von ännen alden Leibz'ger, in: ders., Leibz'ger Allerlei. Fimf Biecher Boësiegedichder ännes alden Leibz'gersch. Zu Babier gebracht von Edwin Bormann, München 1883, 105-106
Bourguet, Pierre du	Die Kopten, Baden-Baden 1980
Bölsche, Wilhelm	An der Mumie von Georg Ebers, in: Hinter der Weltstadt. Friedrichshagener Gedanken zur ästhetischen Kultur, Leipzig 1901
Breasted, James Henry	Geschichte Ägyptens. Vom Verfasser neu bearbeitete Ausgabe, deutsch von Hermann Ranke, Berlin 1910 (Originalausgabe New York 1905)
Brugsch, Heinrich	Das Todtenbuch der alten Aegypter, in: AeZ X (1872), 65-72 und 129-134
Brugsch, Heinrich	Der Tag der Thronbesteigung des dritten Thutmes, in: AeZ XII (1874), 133-145

Brugsch, Heinrich	Die Aegyptologie. Abriß der Entzifferungen und Forschungen auf dem Gebiete der aegyptischen Schrift, Sprache und Alterthumskunde. Neue billige Ausgabe, Leipzig 1897
Brugsch, Heinrich	Die Aegyptologie. Ein Grundriß der aegyptischen Wissenschaft, Leipzig 1891
Brugsch, Heinrich	Ein neues Sothis-Datum, in: AeZ VIII (1870), 108-111
Brugsch, Heinrich	Mein Leben und mein Wandern, Berlin ²1894
Brugsch, Heinrich	Sendschreiben an Professor Ebers als Entgegnung auf den vorstehenden Artikel, in: AeZ XX (1882), 55-86
Brugsch, Heinrich	Über den Lautwerth des Zeichens $\chi\tau$, in: AeZ XIX (1881), 25-41
Brugsch, Heinrich	Wanderungen nach den Türkis-Minen und der Sinai-Halbinsel, Leipzig 1868
Bunsen, Christian Carl Josias	Egypt's Place in Univeral History. An historical Investigation in 5 Books. Translated from the German by Charles H.Cotell, with additions by Samuel Birch, London 1867
Bunsen, Christian Carl Josias	Aegyptens Stelle in der Weltgeschichte, Hamburg 1845-1867 (5 Bde.)
Butler, A.J.	The Ancient Coptic Churches of Egypt, Oxford 1884 (2 Bde.)
Caylus, Anne Claude Philippe Comte de	Recueil d'antiquités égyptiennes, etrusques, grecques et romaines, 7 Bde, Paris 1752-1767
Ceram, C.W.	Götter, Gräber und Gelehrte im Bild, Reinbeck 1957
Chabas, François Joseph	Mélanges égyptologiques. Troisième série. Tome II, pls.XVI u.XVII, 279-305, Paris 1873
Champollion, Jean François	Grammaire égyptienne, Paris 1836
Christ, Wilhelm	Führer durch das K.Antiquarium in München. Unter Mitwirkung von H.Thiersch, K.Dyroff und L.Curtius, München 1901
Christ, Wilhelm	Nekrolog auf Georg Ebers, in: Sitzungsberichte der philosophisch-philologischen und der historischen Classe der k.b.Akademie der Wissenschaften zu München. Jahrgang 1899. Bd.1, München 1899, 150-157
Christ, Wilhelm und Joseph Lauth	Führer durch das K.Antiquarium in München, München 1891
Clayton, Peter A.	Das wiederentdeckte Ägypten in Reiseberichten und Gemälden des 19.Jahrhunderts, Bindlach 1987
Conner, Patrick (Hg.)	The Inspiration of Egypt. Its Influence on British Artists, Travellers and Designers, 1700 - 1900 (Katalog Brighton Museum, 7.5.-17.7.1983. Manchester City Art Galery 4.8.-17.9.1983), Brighton 1983
Crum, Walter Ewing	Coptic Monuments, Cairo 1902 (= CG 8001-8741)

Curto, Silvio	L'arte militare presso gli antichi Egizi, Quaderno N.3 del Museo Egizio di Torino, Torino 1969
De Rougé, Emmanuel Vicomte	Le poëme de Pen-ta-our. Extrait d'un mémoire sur les campagnes de Ramsès II (Sesostris), Paris 1856
De Rougé, Emmanuel Vicomte	Le poëme de Pentaour, Nouvelle traduction. Accompagné d'une planche chromolithographiée, in: RecTrav I (1870), 1-9
De Rougé, Emmanuel Vicomte	Mémoire sur la statuette naophore du musée Grégorien au Vatican, in: RAr VIII,1 (1851), 37-60
De Rougé, Emmanuel Vicomte und Heinrich Brugsch	Stück eines ägyptischen Hymnus an die Sonne. Uebersetzt von Emmanuel Vicomte de Rougé, mitgetheilt von H.Brugsch, in: ZDMG IV (1850), 374-394, mit 4 Seiten Beilage
De Rogé, Jaques Vicomte	Le poëme de Pentaour, in: RevEg III (1883), 149-161; IV (1885), 89-94, 124-131; V (1888), 15-23, 157-164; VI (1891), 36-42, 81-89, 105-112; VII (1896), 21-28, 182-188; IX (1900), 64-71; X (1902), 48-54
Debes, Dietmar	Zur Erwerbung des Papyros Ebers, in: Weite Welt und breites Leben, Festschrift Karl Bulling, Leipzig 1966, 139-141
Debes, Dietmar (Hg.)	Zimelien. Bücherschätze der Universitätbibliothek Leipzig, Leipzig 1988
Dellé, Eberhard	Das Victoria-Theater in Berlin, Berlin 1954 (Dissertation Freie Universität Berlin)
Demandt, Alexander	Alte Geschichte an der Universität Berlin, in: Berlin und die Antike, Aufsätze (Katalog Berlin 1979), 69-97, Berlin 1979
Devéria, Théodule	Bakenkhonsou. Grand prêtre d'Ammon et architecte principal de Thèbes. Contemporain de Moïse, in: RAr IV (1862), XX-XX
Déveria, Théodule	Monument biographique de Bakenkhonsou, grand prêtre d'Ammon et architecte principal de Thèbes, contemporain de Moïse. Interprété pour la première fois, Institut égyptien. Mémoires, Paris 1862
Dümichen, Johannes	Resultate der auf Befehl Sr.Majestät des Königs Wilhelm's I. von Preussen im Sommer 1868 nach Aegypten entsendeten Archäologisch-photographischen Expedition. Theil I, Berlin 1869
Ebbell, Bendix	The Papyrus Ebers. The greatest Egyptian Medical Document, Copenhagen/London 1937
Ebers Georg	1.Mennus-Mallus. 2.Eine Hathor-Astarte-Spur in Assyrien. 3. $\pi\alpha\mu\acute{\upsilon}\lambda\eta\varsigma$ - Min. 4.Der Gott ⟨⟩ Xeld, in: AeZ VI (1868), 70-72
Ebers, Georg	Aegypten und die Bücher Mose's. Sachlicher Commentar zu den aegyptischen Stellen in Genesis und Exodus. Bd.1, Leipzig 1868
Ebers, Georg	Altkoptisch oder heidnisch? Eine Gegenbemerkung, in: AeZ XXXIII (1895), 135-139

Ebers, Georg	Antichità Sarde e loro provenienza. In: AdI LV (1883), 76-135. Monumenti inediti pubblicati dall'Instituto di corrispondenza archaelogica. Vol.XI, Roma 1879-83
Ebers, Georg	Antike Portraits. Die hellenistischen Bildnisse aus dem Fajjûm, Leipzig 1893
Ebers, Georg	Bemerkenswerthes Neues, welches sich aus dem Studium der Gemming'schen Sammlung (im japanischen Palais zu Dresden) ergiebt, in: AeZ XIX (1881), 66-70
Ebers, Georg	Berichtigungen der Inschrift des Amén-em-héb aus der Zeit Thutmosis III., in: AeZ XI (1873), 63-64
Ebers, Georg	Brief an Mr.R.Stuart Poole. Zurückweisung eines anonymen Angriffes im Londoner Athenaeum gegen die Resultate der Naville'schen Ausgrabungen bei Tell-el-Maschûta, in: AeZ XXIII (1885), 45-51
Ebers, Georg	Das Grab und die Biographie des Feldhauptmanns Amén em héb, in: ZDMG XXX (1876), 391-416
Ebers, Georg	Das Grab und die Biographie des Feldhauptmanns Amén em héb. II.Kommentar, in: ZDMG XXXI (1877), 439-470
Ebers, Georg	Der geschnitzte Holzsarg des Hatbastru im aegyptologischen Apparat der Universität zu Leipzig, Leipzig 1884
Ebers, Georg	Der Klang des Altägyptischen und der Reim, in: AeZ XV (1877), 43-48
Ebers, Georg	Der wahre Lautwert des Zeichens $\chi\alpha$. Versuch einer Widerlegung der von Brugsch verteidigten Lesung $\chi\gamma$, in: AeZ XX (1882), 47-55
Ebers, Georg	Die Geschichte meines Lebens. Vom Kind bis zum Manne. Bd.1, Stuttgart [3]1893
Ebers, Georg	Die hieroglyphischen Schriftzeichen der Aegypter im Besitz der Herren Breitkopf und Härtel in Leipzig. Liste der Zeichen der Heiligen Schrift, welche im Besitz der Herren der Werkstätte der Künstler der Vervielfältigung der Schriften und der Hersteller der Bücher, die da genannt wird das Haus von Breitkopf & Härtel. Hergestellt von Georg Ebers, dem Diener des Thot. Leipzig im Jahre 1890 nach der Geburt des Heilandes, im 2ten Jahre der Regierung Sr. Majestät des Fürsten der Fürsten (Kaisers) von Deutschland Wilhelm, Leipzig 1890
Ebers, Georg	Die Körperteile. Ihre Bedeutung und Namen im Altägyptischen, München 1897 (= ABAW XXI), 79-174, München 1897
Ebers, Georg	Die naophore Statue des Harual, in: ZDMG XXVII (1873), 137-146
Ebers, Georg	Disquisitiones de dynastia vicesima sexta regum aegyptiorum, Berlin 1865
Ebers, Georg	Durch Gosen zum Sinai. Aus dem Wanderbuche und der Bibliothek, Leipzig 1872
Ebers, Georg	Ein Kyphirezept aus dem Papyros Ebers, in: AeZ XII (1874), 106-111
Ebers, Georg	Ein strophisch angeordneter Text auf einer Mumienbinde, in: AeZ XVI (1878), 50-55

Ebers, Georg	Einige Inedita, in: AeZ XVIII (1880), 53-63
Ebers, Georg	Erklärung eines Abschnittes des XXV.Kapitels des Totenbuches (I.59 und 60), in: AeZ IX (1871), 48-50
Ebers, Georg	Gustav Seyffarth. Sein Leben und der Versuch einer gerechten Würdigung seiner Thätigkeit auf den Gebiete der Aegyptologie, in: ZDMG XLI (1887), 193-231
Ebers, Georg	Mein Erstling "Eine ägyptische Königstochter", in: Karl Emil Franzos (Hg.), Die Geschichte meines Erstlings, Leipzig 1894, 185-191
Ebers, Georg	Menschenfresserei in Ägypten?, in: AeZ XXXVI (1898), 106-113
Ebers, Georg	Nochmals der Calender auf der Rückseite des Leipziger Papyros Ebers, in: AeZ XII (1874), 3-6
Ebers, Georg	Entdeckung eines Heiligtums der SeXet (PaXt) bei Antinoe am 20:Januar 1870, in: AeZ VIII (1870), 24
Ebers, Georg	Papyrus Mariette und Eudoxos' $\chi\upsilon\nu\hat{\omega}\nu$ $\delta\iota\alpha\lambda\acute{o}\gamma o\upsilon\varsigma$, in: AeZ VI (1868), 12
Ebers, Georg	Papyros Ebers. Das hermetische Buch über die Arzneimittel der alten Aegypter in hieratischer Schrift, Leipzig 1875, (2 Bde.)
Ebers, Georg	Papyrus Ebers. Das jüngst der Leipziger Universitätsbibliothek einverleibte Buch "vom Bereiten der Arzneien für alle Körperteile von Personen", in: AeZ XI (1873), 41-46
Ebers, Georg	Papyrus Ebers. Die Maasse und das Kapitel über die Augenkrankheiten. Erster Theil. Die Gewichte und Hohlmaasse des Papyrus Ebers (= ASGW XI), 131-198, Leipzig 1889
Ebers, Georg	Papyrus Ebers. Die Maasse und das Kapitel über die Augenkrankheiten. Zweiter Theil. Das Kapitel über die Augenkrankheiten. Umschrift, Übersetzung und Commentar (= ASGW XI), 199-336, Leipzig 1889
Ebers, Georg	Richard Lepsius. Ein Lebensbild, Leipzig 1885
Ebers, Georg	Richard Lepsius. Nubische Grammatik mit einer Einleitung über die Völker und Sprachen Afrika's, in: ZDMG XXXV (1881), 207-218
Ebers, Georg	Sinnbildliches. Die koptische Kunst, ein neues Gebiet der altchristlichen Skulptur und ihre Symbole. Eine Studie, Leipzig 1893
Ebers, Georg	Thaten und Zeit Tutmes III. nach einer Inschrift im Grabe des Amén-em-héb zu Abd-el-Qurnah, in: AeZ XI (1873), 1-9
Ebers, Georg	Ueber die Feuersteinmesser in Aegypten, in: AeZ IX (1871), 17-22
Ebers, Georg	Wie Altägyptisches in die europäische Volksmedizin gelangte, in: AeZ XXXIII (1895), 1-18
Ebers, Georg und J.Overbeck	Führer durch das Archaeologische Museum der Universiät Leipzig, Leipzig 1881

Eggert, Hartmut	Der historische Roman des 19.Jahrhunderts. In: Helmut Koopmann (Hg.), Handbuch des deutschen Romans, Düsseldorf 1983, 342-355
Eggert, Hartmut	Studien zur Wirkungsgeschichte des deutschen historischen Romans 1850-1875 (= Studien zur Philosophie und Literatur des 19.Jahrhunderts, Bd. XIV), Frankfurt/M. 1971
Eisenlohr, August	Der doppelte Kalender des Herrn Smith, in: AeZ VIII (1870), 165-167
El-Khadem, Saadeldin Amin	Georg Ebers und der spätgriechische Roman, Graz 1961, (Dissertation Universität Graz)
Elkhadem, Saad	6 Essays über den deutschen Roman, Bern 1969
Engel, Helmut SJ	Die Vorfahren Israels in Ägypten. Forschungsgeschichtlicher Überblick über die Darstellungen seit Richard Lepsius (1849) (= Frankfurter Theologische Studien XXVII), Frankfurt 1979
Erman, Adolf	Aegypten und aegyptisches Leben im Altertum, Tübingen 1885 (2 Bde.)
Erman, Adolf	Ausführliches Verzeichnis der ägyptischen Altertümer und Gipsabgüsse, Berlin ²1899
Erman, Adolf	Georg Ebers, Cicerone durch das alte und das neue Aegypten. Ein Lese- und Handbuch für Freunde des Nillandes. 2 Bde. Stuttgart, Deutsche Verlagsanstalt, 1886. XVI u.276, X u.358 S.gr.8°.M.12,geb.13, in: Deutsche Litteraturzeitung VII (1886), 1132f.
Erman, Adolf	Georg Ebers, Die hieroglyphischen Schriftzeichen der Ägypter. Leipzig 1890, Breitkopf & Härtel. 55 S. 4. 2 M. 50, in: Berliner Philologische Wochenschrift XI (1891), 183
Erman, Adolf	Heidnisches bei den Kopten, in: AeZ XXXIII (1895), 47-51
Erman, Adolf	Mein Werden und mein Wirken. Erinnerungen eines alten Berliner Gelehrten, Leipzig 1929
Erman, Adolf	Neuaegyptische Grammatik, Leipzig 1880
Erman, Adolf	Neuägyptische Grammatik und die Sprache des Papyrus Westcar, Leipzig 1880
Erman, Adolf † und Hermann Grapow	Das Wörterbuch der ägyptischen Sprache. Zur Geschichte eines großen wissenschaftlichen Unternehmens der Akademie (= Deutsche Akademie der Wissenschaften zu Berlin. Vorträge und Schriften. H.51), Berlin 1953
Ernst Ullmann (Hg.)	Kunstschätze der Karl-Marx-Universität Leipzig, Leipzig 1981
Ewald, Heinrich	Aegypten und die Bücher Mose's. Sachlicher Commentar zu den Aegyptischen Stellen in Genesis und Exodus. Von Dr. Georg Ebers, Privatdocent an der Universität Jena und Vorsteher des Grossherzogl. Ethnographischen Museums daselbst. Erster Band, mit 59 Holzschnitten. Leipzig, Verlag von Wilhelm Engelmann, 1868. VIII und 360 S. in 8. in: Göttingische Gelehrte Anzeigen CXXX (1868), Bd.2. N.45, 1775-1785

Fell, W.	Aegypten und die Bücher Mose's. Sachlicher Commentar zu den ägyptischen Stellen in Genesis und Exodus. Von Dr.Georg Ebers. In: Theologisches Literaturblatt IV (1869), Sp.239-249
Freier, Elke und Stefan Grunert	Eine Reise durch Ägypten. Nach den Zeichnungen der Lepsius-Expedition in den Jahren 1842-1845. Mit einem Beitrag von Michael Freitag, Berlin 1984
Friedell, Egon	Kulturgeschichte Ägyptens und des Alten Orients, München 1982 (Originalausgabe 1936)
Friedell, Egon	Kulturgeschichte der Neuzeit, München 1969 (Originalausgabe 1927)
Friederich, Karl	Die Gypsabgüsse im Neuen Museum in historischer Folge erklärt. Bausteine zur Geschichte der griechisch-römischen Plastik, Berlins Antike Bildwerke I, Berlin 1868. Neuauflage, bearbeitet von Paul Wolter, Berlin 1885
Furtwängler, Adolf	Das K.Antiquarium zu München. Kurze Beschreibung, München 1907
Furtwängler, Adolf	Beschreibung der Glyptothek König Ludwig's I zu München, München 1900
Gaertner, F.K.	Ferdinand Keller, Karlsruhe 1912
Gauthier, Henri	Dictionnaire des noms géographiques contenus dans les textes hiéroglyphiques, Bd.3, Le Caire 1926
Gautier, Théophile	Der Roman der Mumie, Wien, Lübeck, Leipzig o.J. (1923)
Gautier, Théophile	Der Roman der Mumie. Ins Deutsche übertragen von Ilna Ewers-Wunderwald, Berlin, Leipzig o.J. (1903) (= T.G., Ausgewählte Werke, Bd.2, hgg.v.Hanns Heinz Ewers und Ilna Ewers-Wunderwald)
Gautier, Théophile	Le Roman de la Momie, Paris ²1859
Gayet, Albert	L'Art Copte, Paris 1902
Gayet, Albert	Les monuments coptes du musée de Boulaq. Mémoires publiées par les membres de la Mission archéologique française au Caire. Sous la direction de M.Maspero, m.d.l'institut. Tome III, fascicule 3, Paris 1889
Gelzer	Gedächtnisrede auf Ulrich Wilcken. In: Jahrbuch der Deutschen Akademie der Wissenschaften zu Berlin 1946-1949, Berlin o.J., 244-251
Germer, Renate	Flora des pharaonischen Ägypten (= DAI. Sonderschrift XIV), Mainz 1985
Geschichte der Universität Jena 1548/58-1958. Festgabe zum vierhundertjährigen Universitätsjubiläum. Bd.1: Darstellungen, Jena 1958; Bd.2: Quellenedition zur 400-Jahr-Feier 1958, Archivübersichten, Quellen- und Literaturberichte, Anmerkungen, Abbildungskatalog, Literaturverzeichnis, Personen- und Ortsregister, Abkürzungsverzeichnis, Jena 1962	
Goodwin, Charles Wycliffe	Notes on the calendar in Mr.Smith's papyrus, in: AeZ XI (1873), 107-109

Goodwin, Charles Wycliffe	Translation of an Egyptian Fabulous Tale from an Egyptian Papyrus in the British Museum, in: TSBA III (1874), 349-356
Gosche, Richard	Georg Ebers, der Forscher und Dichter, dargestellt von Richard Gosche, ord.Prof.a.d.Universität Halle, Leipzig o.J. (1878)
Gottschall, Rudolf von	Georg Ebers, in: A.Breitner (Hg.), Litteraturbilder Fin de Siècle, Bd.2, München 1897
Görg, Manfred	Pi-Hahirot "Mündung der Wasserläufe", in: BN L (1989), 7-8
Grapow, Hermann	Die Erforschung der altägyptischen Kultur im Rahmen der Akademie, Berlin 1954
Grapow, Hermann	Grundriß der Medizin der alten Ägypter, Bd.5. Die medizinischen Texte in hieroglyphischer Umschreibung, Berlin 1958
Grimm, Alfred	Joseph und Echnaton. Thomas Mann und Ägypten, Mainz 1992
Groff, William	La fille de Pharaon: lettre à Gavillot sur un sarcophage avant appartenu à feu le Duc d'Aumont et de Villequier, in: BIE VI (1896), 313-323; Als Sonderdruck: Le Caire 1896
Gunn, Battiscombe	The Berlin statue of Harwa and some notes on other Harwa statues (with 1 plate), in: BIFAO XXXIV (1934), 135-142
Gunn, Battiscombe und Reginald Engelbach	The statues of Harwa, in: BIFAO XXX (1931), 791-815
Habermas, Jürgen	Artikel Öffentlichkeit. In: Ernst Fraenkel und Dietrich Bracher (Hg.), Staat und Politik, Frankfurt/M. [11]1969
Habermas, Jürgen	Strukturwandel der Öffentlichkeit. Untersuchungen zu einer Kategorie der bürgerlichen Gesellschaft. (= Wilhelm Hennis und Roman Schnur (Hg.), Politica. Abhandlungen und Texte zur politischen Wissenschaft, Bd.IV), Neuwied/Berlin [2]1965
Haigh, Daniel Henry	Note on the calendar in Mr.Smith's papyrus, in: AeZ IX (1871), 72f.
Hess van Wyss, Jean-Jacques	Der demotische Roman von Setne, Leipzig 1888
Hettner, Hermann	Die Bildwerke der Königlichen Antikensammlung zu Dresden, Dresden [4]1881
Hinrichsen, Alex W.	Neue Erkenntnisse in der Baedeker-Forschung, in: Reiseleben. Mitteilungen, Berichte, Dokumentarisches zur Verkehrsgeschichte, über Reisehandbücher, Post- und Eisenbahnkarten XIII (1986), 18-36
Horeau, Hector	Panorama d'Égypte et de Nubie, Paris 1841
Hornung, Erik	Einführung in die Ägyptologie. Stand, Methoden, Aufgaben, Darmstadt 1967
Hornung, Erik	Grundzüge der ägyptischen Geschichte, Darmstadt [3]1988 (erste Auflage 1965)

Hultsch, Friedrich	Ebers, Georg, Prof. Papyrus Ebers. Die Maasse u. das Capitel über die Augenkrankheiten. 1.Th. Die Gewichte u. Hohlmaasse des Papyrus Ebers. In: Literarisches Centralblatt (1889), Sp.1744-1747
Jacobs, Friedrich	Ueber die Gräber des Memnon und die Inschriften an der Bildsäule, Mem. de l'institut royal de France X (1833), 249-359
Jacobs, Friedrich	Ueber die Gräber des Memnon und die Inschriften an der Bildsäule desselben, München 1811
James, T.G.H. und W.V.Davies	Egyptian Sculpture (Katalog BM), London 1983
Joachim, Heinrich	Papyros Ebers: das älteste Buch über Heilkunde, Berlin 1890 (Reprint 1973)
Jubiläumskatalog der Deutschen Verlags-Anstalt in Stuttgart und Leipzig. 1848-1898. Mit zahlreichen Bildnissen, Stuttgart u.Leipzig 1898	
Katalog der Originalabgüsse. Heft 1/2. Ägypten. Freiplastik und Reliefs, Berlin 1968	
Kees, Hermann	Geschichte der Ägyptologie, in: B.Spuler (Hg.): HdO Bd.1, Ägyptologie, 1.Abschnitt: Ägyptische Schrift und Sprache, 3-17, Leiden 1959
Keimer, Ludwig	Die Gartenpflanzen im alten Ägypten. Bd.1, Hamburg, Berlin 1924
Kerényi, Karl	Romandichtung und Mythologie. Ein Briefwechsel mit Thomas Mann. Herausgegeben zum 70.Geburtstag des Dichters. 6.Juni 1945, Zürich 1945
Kessler, Dieter	Lauth, Franz Joseph, in: NDB XIII (1982), 741f.
Kminek-Szedlo, Giovanni	Catalogo di Antichità Egizie. Museo Civico di Bologna, Torino 1895
Koch, Michael	Ferdinand Keller. Leben und Werk, Karlsruhe 1978
Kopf, Joseph von	Lebenserinnerungen eines Bildhauers, Stuttgart-Leipzig 1899
Köhler, Ursula	Die Anfänge der deutschen Ägyptologie: Heinrich Brugsch. Eine Einschätzung, in: GM XII (1974), 29-41
Kraus, Otto	Der Professorenroman (= Zeitfragen des christlichen Volkslebens IX, H.4), Heilbronn 1884
Krauspe, Renate	Ägyptisches Museum der Karl-Marx-Universität Leipzig. Führer durch die Ausstellung, Leipzig ³1987
Kritikus	Georg Ebers und sein neuester Roman, in: Max Strempel (Hg.), Die Literatur. Monatshefte für Dichtkunst und Kritik I (1880), 38-49
Lauer, Jean-Philippe	Saqqara. Die Königsgräber von Memphis. Ausgrabungen und Entdeckungen seit 1850, Bergisch Gladbach 1977
Lauth, Franz Joseph	Erklärendes Verzeichnis (Catalogue raisonné) der in München befindlichen Denkmäler des ägyptischen Alterthums, München 1865

Lepsius, Karl Richard	Briefe aus Aegypten, Aethiopien und der Halbinsel Sinaï, geschrieben 1842-1845, Berlin 1852
Lepsius, Karl Richard	Die neue Königstafel von Abydos und Herr Dümichen, in: AeZ III (1865), 14-16
Lepsius, Karl Richard	Königsbuch der alten Aegypter, Berlin 1858
Lepsius, Karl Richard	Nubische Grammatik mit einer Einleitung über die Völker und Sprachen Afrika's, Berlin 1880
Lepsius, Karl Richard	Papyros Ebers, das Hermetische Buch über die Arzneimittel der alten Aegypter in hieratischer Schrift, in: Literarisches Centralblatt (1875), Sp.1582-1587
Lepsius, Karl Richard	Ueber die Annahme eines sogenannten prähistorischen Steinalters in Aegypten (mit 1 photogr. Doppeltafel), in: AeZ VIII (1870), 89-97 und 113-121
Lepsius, Karl Richard	Ueber dieselbe Papyrusinschrift des H.Smith (= Einige Bemerkungen über denselben Papyrus Smith), in: AeZ VIII (1870), 167-170
Lepsius, Karl Richard	Ueber einige aegyptische Kunstformen und ihre Entwickelung, in: AAdW zu Berlin 1871, Phil.-hist.Klasse, Berlin 1872, 1-26
Lepsius, M.Rainer	Die Nachkommen von Richard und Elisabeth Lepsius. Zum 100.Todestag von Richard Lepsius zusammengestellt. Privatdruck für Familienangehörige, Weinheim 1984
Letronne, Jean Antoine	Inscriptions Greques et Latins du Colosse de Memnon restitueés et expliqueés, Paris 1832
Letronne, Jean Antoine	La Statue vocale de Memnon, Paris 1833
Leyh, Georg	Kleine Mitteilungen, in: ZfB XLIV (1927), 189f.
Leyh, Georg	Richard Pietschmann zum Gedächtnis, in: ZfB XLIII (1926), 213-235
Lindolf, Alfred	Nitetis. Dramatisches Gedicht in fünf Akten. Mit freier Benutzung eines Romans des Georg Ebers, Hannover 1873
Liste der Hieroglyphischen Typen aus der Schriftgiesserei des Herrn F.Theinhardt in Berlin, Berlin 1875	
Lukács, Georg	Der historische Roman, Berlin 1955
Lüring, Henrich L.Emil	Die über die medicinischen Kenntnisse der alten Ägypter berichtenden Papyri verglichen mit den medicinischen Schriften griechischer und römischer Autoren, Leipzig 1888 (Dissertation Universität Straßburg 1888)
Mariette-Bey, Auguste	Les Papyrus Egyptiens du Musée de Boulaq. Publies en Fac-Simile. Sous les Auspices de S.A. Ismaïl-Pacha, Khédive d'Égypte, Tome premier, Paris 1871
Martini, Fritz	Deutsche Literatur im bürgerlichen Realismus, Stuttgart ³1964
Maspero, Gaston	Contes Égyptiens, Paris 1882

Maspero, Gaston	G. Ebers - Papyrus Ebers. Die Masse und das Kapitel über die Augenkrankheiten. In: Revue critique d'histoire et de littérature (1889), 363-366
Maspero, Gaston	Geschichte der morgenländischen Völker im Altertum. Nach der zweiten Auflage des Originales und unter Mitwirkung des Verfassers uebersetzt von Richard Pietschmann. Mit einem Vorworte von Prof.Georg Ebers, Leipzig 1877
Maspero, Gaston	Histoire ancienne des peuples de l'Orient classique Bd.1, Paris 1895; Bd.2, Paris 1897; Bd.3, Paris 1899
Maspero, Gaston	Le Conte du Prince prédestiné, transcrit, traduit et commenté, in: Journal Asiatique, Août-Sept.1877, 237-260
Maspero, Gaston	Les Contes populaires de l'Égypte, Paris o.J.(1911)
Maspero, Gaston	Papyros Ebers, das Hermetische Buch über die Arzneimittel der Alten Aegypter in Hieratischer Schrift, in: Revue critique d'histoire et de littérature XV (1876), 233-239
Mauthner, Fritz	Blaubeeren-Isis. In: F.M., Nach berühmten Mustern. Parodistische Studien. Stuttgart 1878 (oder: 1879), 18-24
Meyer, Eduard	Ebers, Georg, in: Anton Bettelheim (Hg.), Biographisches Jahrbuch und deutscher Nekrolog III, Berlin 1900, 86-99
Meyer, Eduard	Geschichte des alten Aegyptens.(= Wilhelm Oncken (Hg.), Allgemeine Geschichte in Einzeldarstellungen. Erste Hauptabtheilung. Erster Theil), Berlin 1887
Meyer, Eduard	Geschichte des Alterthums, Stuttgart/Berlin 1884-1902 (2 Bde.)
Meyer, Eduard	Geschichte des Altertums, Bd.3: Der Ausgang der altorientalischen Geschichte und der Aufstieg des Abendlandes bis zu den Perserkriegen, Stuttgart ^{2}1937
Minutoli, Ritter H.Frh.Menu von	Atlas von neun und dreißig Tafeln einer Reise zum Tempel des Jupiter Ammon in der Libyschen Wüste und Ober-Aegypten, Berlin 1824
Miquel, Pierre	So lebten sie zur Zeit der Pharaonen, Hamburg 1982 (Frz. Originalausgabe Paris 1979)
Morenz, Siegfried	Ägypten. Die Schatzkammer. Bd.3, Leipzig 1960
Morenz, Siegfried	Die Begegnung Europas mit Ägypten, Zürich 1969
Murnane, William J.	United with Eternity. A Concise Guide to the Monuments of Medinet Habu, Cairo 1980
Müller, Elisabeth	Georg Ebers. Ein Beitrag zum Problem des literarischen Historismus in der zweiten Hälfte des neunzehnten Jahrhunderts, München 1951 (Dissertation Ludwig-Maximilians-Universität München)
Müller, W.Max	Asien und Europa nach altägyptischen Denkmälern. Mit einem Vorwort von Georg Ebers, Leipzig 1893

Naville, Edouard	Textes relatifs au mythe d'Horus, recuellis dans le temple d'Edfou, Bâle et Genève 1870
Naville, Edouard	The Store-City of Pithom and the Route of the Exodus (= EEF I), London 1885
Niemeyer, Hans Georg	Einführung in die Archäologie, Darmstadt ³1983
Otto, Eberhard	Ägypten - der Weg des Pharaonenreiches, Stuttgart ⁴1966
Otto, Walter	Eduard Meyer und sein Werk. In: ZDMG LXXXV (1931), 1-24
P-nn	Ebers, Georg, Prof. Papyrus Ebers. Die Maasse u. das Capitel über die Augenkrankheiten. 2.Th. Das Capitel über die Augenkrankheiten. In: Literarisches Centralblatt (1889), Sp.1676-1679
Panofka, Theodor	Verzeichnis der Gypsabgüsse im Königl. Museum zu Berlin, Berlin 1844
Parlasca, Klaus	Mumienportraits und verwandte Denkmäler, Wiesbaden 1966
Passalacqua, Joseph (Giuseppe)	Catalogue raisonné et historique des Antiquités découvertes en Égypte par M.J^ph Passalacqua de Trieste, Paris 1826
Perrot, Georges und Charles Chipiez	Geschichte der Kunst im Alterthum. Aegypten. Autorisierte deutsche Ausgabe. Bearbeitet von Richard Pietschmann. Mit einem Vorwort von Georg Ebers, Leipzig 1884
Perrot, Georges und Charles Chipiez	Histoire de l'art dans L'antiquité, Bd.1, L'Égypte, Paris 1881
Petrie, Sir William M.Flinders	Hyksos and Israelitic Cities (= BSAE XII), London 1906
Pietschmann, Richard	Bericht über die Arbeit an der Herausgabe eines ägyptischen Wörterbuchs im Geschäftsjahre 1897/98, in: Nachrichten von der Königl.Gesellschaft der Wissenschaften zu Göttingen. Geschäftliche Mitteilungen an dem Jahre 1898, 19-22
Pietschmann, Richard	Ebers: Georg Moritz E., in: ADB LV (1910), 469-473
Platz-Horster, Gertrud	Zur Geschichte der Berliner Gipssammlung, in: Berlin und die Antike (Katalog Berlin), Aufsätze, 273-292, Berlin 1979
Platz-Horster, Gertrud	Zur Geschichte der Sammlung von Gipsabgüssen in Berlin, in: Berlin und die Antike (Katalog Berlin), 93f., Berlin 1979
Poethke, Günter	Georg Ebers und Jena, in: AeZ CVII (1980), 71-76
Raven, Maarten J.	Alma Tadema als amateur-egyptolog, in: Bulletin von het Rijksmuseum XXVIII (1980), 103-117
Reden gehalten in der Aula der Universität Leipzig beim Rectoratswechsel am 31. October ..., bzw. Rektoratswechsel am 31. Oktober ..., Leipzig o.J.	
Rehork, Joachim	Sie fanden, was sie kannten. Archäologie als Spiegel der Neuzeit, München 1987
Reil, Wilhelm	Offenes Sendschreiben an Professor Dr.Lauth, in München, Le Caire 1873

Rose, John — "The Sons of Re". Cartouches of the Kings of Egypt, Stockport 1985

Schäfer, Heinrich und Walter Andrae — Die Kunst des alten Orients (= Propyläenkunstgeschichte II), Berlin 1925

Scheiber, Alexander (Hg.) — Ignaz Goldziher. Tagebuch, Leiden 1978

Schilbach, Arthur — Georg Ebers, in: Lechner's Mittheilungen aus dem Gebiete der Literatur und Kunst, der Photographie und Kartographie Nr.10 (1890), 1-5

Schirnding, Albert von — Nachwort zu: Peter de Mendelssohn (Hg.), Thomas Mann, Joseph und seine Brüder I. Die Geschichten Jaakobs, Frankfurt 1983, 391-417

Schmidt, Carl — Ebers, Georg, Sinnbildliches. Die koptische Kunst, ein neues Gebiet der altchristlichen Sculptur und ihre Symbole, eine Studie (mit 14 Zinkotypien). W.Engelmann, Leipzig 1892. IV, 61S. gr. 8°. Preis Mk.4., in: Göttingische Gelehrte Anzeigen (1893), N° 20, 795-814

Schmidt, Carl — Über eine angebliche altkoptische Madonna-Darstellung, in: AeZ XXXIII (1895), 58-62

Schoske, Sylvia und Dietrich Wildung — Gott und Götter im Alten Ägypten. Sammlung Resandro (Katalog Berlin, München, Hamburg), Mainz 1992

Schulz, Regine — Entwicklung und Bedeutung des kubuiden Statuentypus, München 1984 (Dissertation Ludwig-Maximilians-Universität München)

Schweinfurt, Georg August — Brief des Herrn Prof.Dr.G.Schweinfurth an den Herausgeber, in: AeZ XXXIII (1895), 32-37

Selfridge, S.W. — Gifted Geoge Ebers. He has written twenty historical romances. The famous novelist in his mechanical arm chair - Foundations of his celebrated egyptian stories. The St.Louis Republic, Vol. 86, Sunday morning, September 3, 1893, 17f.

Sethe, Kurt — Die Ägyptologie. Zweck, Inhalt und Bedeutung dieser Wissenschaft und Deutschlands Anteil an ihrer Entwicklung (= Der Alte Orient XXIII), Leipzig 1921 (oder: 1923)

Seyffarth, Gustav — Der Hieroglyphenschlüssel. Nachschrift zu vorstehender Abhandlung, in: ZDMG IV (1850), 377-386

Seyppel, Carl Maria — Altägyptische Liebeswerbung, Düsseldorf 1885

Seyppel, Carl Maria — Die Plagen, IIIte aegyptische Humoreske. Aufgeschrieben und abgemalt bei dem Auszug der Juden aus Aegypten von C.M.Seÿppel. Hofmaler und Poët der seligen Majestät König Rhampsinit III. Memphis, Krokodilenstrasse, Villa Seyppel. Sprechstunde: 6-7 Vormittags, Düsseldorf 1884.

Seyppel, Carl Maria — Er, sie, es. IIte aegyptische Humoreske. Nach der Natur abgemalt und niedergeschrieben 1302 Jahre vor Christi Geburt durch C.M.Seyppel, Hofmaler und Poet der seligen Majestät Rhampsinit III. Memphis, Pyramidenstrasse No 36,I.te Etage. Meldung beim Portier, Düsseldorf 1883

Seyppel, Carl Maria	Rajadar und Hellmischu. Altägyptischer Gesang mit LXXX Bildern nach dem Leben von C.M.Seyppel, Berlin 1889
Seyppel, Carl Maria	Schlau, schläuer, am schläusten. I.Ägyptische Humoreske, Düsseldorf 1882
Sievernich, Gereon und Hendrik Budde (Hg.)	Europa und der Orient. 800-1900 (Katalog Berlin), Gütersloh/München 1989
Spiegelberg, Wilhelm	Der Aufenthalt Israels in Ägypten im Lichte der ägyptischen Monumente, Straßburg 1904
Spitaler, Johanna	Die poetische Namengebung bei Felix Dahn, Georg Ebers, Ernst Eckstein, Adolf Hausrath (Georg Taylor), Heinrich Steinhausen, Graz o.J. (1946) (Dissertation Universität Graz)
Steindorff, Georg	Das Ägyptologische Institut, in: FS zur Feier des 500jährigen Bestehens der Universität Leipzig, Bd.4,1, Leipzig 1909
Steindorff, Georg	Das Grab des Ti, Leipzig 1913
Steinhausen, Heinrich	Memphis in Leipzig oder G.Ebers und seine "Schwestern" (= Zufällige Herzenserleichterungen eines einsamen Kunst- und Literaturfreundes I), Frankfurt/M. 1880
Stern, Ludwig	Berichtigungen der Inschrift des Amenemheb aus der Zeit Thutmosis III., in: AeZ XI (1873), 63f.
Stern, Ludwig	Miscellanea, in: AeZ XIII (1875), 174-177
Swanson, Vern G.	Sir Lawrence Alma-Tadema. The Painter of the Victorian Vision of the Ancient World, Amsterdam 1978
Syndram, Dirk	Die "Urzeit" als Avantgarde. Italienische und französische Interieurs im Frühklassizismus, in: Kunst & Antiquitäten 1989, H.3, 48-57
Taylor, George (= Adolph Hausrath)	Antinous. Historischer Roman aus der römischen Kaiserzeit mit einem Bildnis des Antinous, Leipzig 1880
Terrasson, Abbé Jean	Geschichte des egyptischen Königs Sethos. Aus uebrig gebliebenen Monumenten des alten Egyptens gezogen. Uebersetzt aus einem griechischen Manuscript. Aus dem Französischen uebersetzt von Matthias Claudius, Breslau 1777
Terrasson, Abbé Jean	Séthos, histoire ou vie tirée de monuments anecdotes de l'ancienne Egypte, Paris 1731
Thornton, Lynne	La Femme dans la Peinture Orientaliste (= Les Orientalistes, Vol.3), Paris 1985
Traunecker, Claude und Jean-Claude Golvin	Karnak. Résurrection d'un site, Fribourg 1984
Treu, Georg	Die Sammlung der Abgüsse im Albertinum zu Dresden. Archäologischer Anzeiger. Beiblatt zum Jahrbuch des Archäologischen Instituts (1881), 1-14
Uhlemann, Max	Handbuch der gesammten ägyptischen Alterthumskunde. Erster Theil. Geschichte der Aegyptologie, Leipzig 1857

Verzeichnis der Gemälde und Statuen des Maximilianeums. Mit der Gründungsurkunde als Anhang, München o.J.

Verzeichnis der in der Formerei der königl. Museen käuflichen Abgüsse, Berlin 1914

Vilmar, August Friedrich Christian Zur neuesten Culturgeschichte Deutschlands. Zerstreute Blätter, wiederum gesammelt. Dritter Theil: Vermischtes, Frankfurt 1867

Volkoff, Oleg V.	Comment on visitait la Vallée du Nil: Les "Guides" de l'Égypte (= RAPH XXVIII), Le Caire 1967
Wenig, Steffen	Ägyptische Altertümer aus der Skulpturensammlung Dresden. Ausstellung im Albertinum Dresden Mai 1977, Dresden 1977
Wessel, Klaus	Koptische Kunst, Recklinghausen 1962
Wiedemann, Alfred	Arthur Lincke, in: OLZ I (1898), 224f.
Wiedemann, Alfred	Ägyptische Geschichte, 2 Bde. (= Handbücher der Alten Geschichte III), Gotha 1884
Wiedemann, Alfred	Die altägyptischen Grabkegel, in: Actes du 6e Congrès des Orientalistes tenu en 1883, part. 3, sect. 3, Leiden 1885, 129-155
Wiedemann, Alfred	Die Memnonskolosse, in: Bonner Jahrbücher (= Jahrbücher des Vereins von Altertumsfreunden im Rheinlande zu Bonn) CXXIV (1917), 53-72
Wiedemann, Alfred	Geschichte Aegyptens von Psammetich I. bis auf Alexander den Großen nebst einer eingehenden Kritik der Quellen zur aegyptischen Geschichte, Leipzig 1880
Wiedemann, Alfred	Geschichte der achtzehnten egyptischen Dynastie bis zum Tode Tutmes III, in: ZDMG XXXI (1877), 613-646 und ZDMG XXXII (1878), 113-152
Wiedemann, Alfred	Herodots Zweites Buch mit sachlichen Erläuterungen, Leipzig 1890
Wilcken, Ulrich und Werner Jaeger	Eduard Meyer zum Gedächtnis. Zwei Reden, Stuttgart-Berlin 1931
Wildung, Dietrich	Auf Berliner Weise, in: Pharaonen-Dämmerung. Wiedergeburt des Alten Ägypten (Katalog Berlin), Strasbourg o.J. (1990), 189-228
Wildung, Dietrich	Ägypten vor den Pyramiden. Münchner Ausgrabungen in Ägypten, Mainz 1981
Wildung, Dietrich	Ni-User-Rê. Sonnenkönig - Sonnengott (= SAS I), München 1984
Wildung, Dietrich	Sesostris und Amenemhet. Ägypten im Mittleren Reich, München 1984
Wilhelm Christ	Nekrolog auf Georg Ebers, in: Sitzungsberichte der philosophisch-philologischen und der historischen Classe der k.b.Akademie der Wissenschaften zu München. Jahrgang 1899. Bd.1, München 1899, 150-157
Wolf, Walther	Wesen und Wert der Ägyptologie, (= LÄS VIII), Glückstadt-Hamburg-New York 1937

Wreszinsky, Walter	Der Papyrus Ebers. Umschrift, Übersetzung und Kommentar. I.Teil: Umschrift, Leipzig 1913
Zaloscer, Hilde	Die Kunst im christlichen Ägypten, Wien-München 1974

V. 2. ERGÄNZUNGEN ZUR EBERS-BIBLIOGRAPHIE

*Ergänzung zur Bibliographie in: Ebers, Ägyptische Studien und Verwandtes. Zu seinem Andenken gesammelt, Stuttgart-Leipzig 1900, 511-517. Dort Fehlendes ist **fettgedruckt**, die anderen Angaben sind verbessert und vervollständigt.*

Gemäß Ebers' Vorbild in seiner Lepsius-Bibliographie (Ebers, Richard Lepsius. Ein Lebensbild, Leipzig 1885, 376-390) und seinem Ratschlag für die Bibliographie des Prinzen Hilmy ist diese Liste chronologisch geordnet: "Ich möchte dem Verfasser rathen, derselben Methode zu folgen, deren ich mich bei der Herstellung dieser Liste bediente und die Werke (...) nicht in zufälliger, sondern in chronologischer Folge zu geben. So wird jedes einem Autor gewidmete Verzeichnis der wissenschaftlichen oder schriftstellerischen Entwicklung desselben zu folgen gestatten und das vorliegende Werk ein weit methodischeres Ansehen gewinnen", (Ebers, Eine neue ägyptische Bibliographie, in: AZ Nr.96 v.6.4.1886, 1411)

1862	Das Reisen im Altertum, in: Globus II, Nr.22, 306-334; Nr.23, 335-337; Nr.24, 360-363
	Über die Herkunft des Memnon, Doktordissertation, ungedruckt
1863	Reisebriefe aus Egypten, in: Ueber Land und Meer X (Jahrg.5), H.37, 588-590; H.41, 643f.; H.46, 723-726
1864	Die Weinrebe als Kulturpflanze und der Wein als Getränk bei den verschiedenen Völkern, in: Globus VI, 172-179
	Der Canal von Suez, in: Nordische Revue II, 1-17; 167-181
1865	Der Kanal von Suez, in: Ueber Land und Meer XIV, H.51, 811-814; H.52, 828-830
1868	**Papyrus Mariette und Eudoxos' χυνῶν διαλόγους in: AeZ VI, 12**
1870	**Entdeckung eines Heiligtums der SeXet (PaXt) bei Antinoe am 20.Januar 1870, in: AeZ VIII, 24**
1873	Die naophore Statue des Harual, in: ZDMG XXVII, 137-146
	Papyros Ebers. Das Buch vom Bereiten der Arzneien für alle Körpertheile von Personen, in: AZ Nr.114 v.24.4.1873, Beil., 1729f.
	Leipzig (Papyros Ebers), Notiz in: AZ Nr.127 v.7.5.1873, Beil., 1940
1875	Papyros Ebers. Das hermetische Buch über die Arzneimittel der alten Aegypter in hieratischer Schrift, 2 Bde., Leipzig
1877	Alliteration und Reim im Altägyptischen, in: Nord und Süd I, H.1, 106-112

1878   Ein neues Prachtwerk. "Aegpten" von Georg Ebers, in: Ueber Land und Meer XXXIX, H.24, 507-509

Fiedler: Pyramiden und Sphinx (Bildtext), in: Ueber Land und Meer XL, H.40, 830

Mein Grab in Theben, in: Nord und Süd IV, 32-41

1879   Brugsch-Bey, Heinrich, dictionnaire géographique de l'ancienne Egypte, contenant plus de 2000 noms géographique, qui se rencontrent sur les mon. égyptiens. Wörterbuch der altägyptischen Geographie etc. 1.-13.Lief. Leipzig, 1877-1879. Hinrichs. (1051 S.fol.) M.335, in: Literarisches Centralblatt, Sp.1388-1390

L.Palma di Cesnola, Cypern. Seine alten Städte, Gräber und Tempel. Bericht über zehnjährige Forschungen und Ausgrabungen auf der Insel. Autorisierte dt.Bearbeitung von L.Stern, 2 Thle, Jena (Vorwort)

1880   Der Bruder-Obelisk der Nadel der Kleopatra, in: AZ Nr.17 v.17.1.1880, Beil., 244

Vorschläge für neue Ausgrabungen in Aegypten, in: Unsere Zeit, H.VIII, 161-173 und H.IX, 392-404

Gentz: Besuch im Museum von Boulak (Bildtext), in: Ueber Land und Meer XLIII, H.11, 213

1881   Das alte ägyptische Märchen von verwunschenen Prinzen. Nacherzählt und zu Ende geführt, in: Westermanns Illustrirte Deutsche Monatshefte LI Bd.81/82, 96-103

Führer durch das Archaelogische Museum der Universität zu Leipzig (zus. mit J.Overbeck), Leipzig

1882   Ursprung und Entwicklung der altägyptischen Religion, in: Die Gegenwart XXI, H.1, 5-8

Perrot und Chipiez, Histoire de l'art dans l'antiquité, Bd.I, L'Egypte, in: Literarisches Centralblatt, Sp.323-325

1883   Antichità Sarde e loro provenienza, in: AdI LV, 76-135

1885   Brief an Mr.R.Stuart Poole. Zurückweisung eines anonymen Angriffes im Londoner Athenaeum gegen die Resultate der Naville'schen Ausgrabungen bei Tell el-Maschûta, in: AeZ XXIII, 45-51

Beitrag in: Michael C. (Hg.) (= Marianne Wolf), Orientalische Märchenwelt. 30 Märchen und Erzählungen nach altägyptischen, indischen, persischen und arabischen Ueberlieferungen, Leipzig 1885 und Leipzig ²1892

E.Naville's Ausgrabungen in Gosen und die Historicität des Aufenthalts der Juden in Aegypten, in: AZ Nr.110 v.21.4.1885, Beil.1609f. und: AZ Nr.111 v.22.4.1885, Beil.1627f.

Die Freilegung des Tempels von Luqsor mit einem Worte über die Verschleppung der Obelisken und ihre Aufstellung in modernen Städten, in: Nord und Süd XXXIV, H.100, 160-170

Lorenz Alma Tadema, in: Westermanns Illustrirte Deutsche Monatshefte LIX, H.349, 1-16; H.350, 177-196

1886   Ein Friedhof ohne Gleichen und vierzig auferstandenen Könige, in: Die Gartenlaube Nr.42, 748-750; Nr.43, 762-765; Nr.45, 794-797; Nr.46, 810-812; Nr.47, 829-832

Eine neue ägyptische Bibliographie, in: AZ Nr.96 v.6.4.1886, Beilage, 1411f.

1887   Ein deutsches Institut für Orientalisten in Kairo, in: AZ Nr.143 v.24.5.1887, Beilage, 2089-2091 und AZ Nr.144 vom 25.5.1887, Beilage, 2106-2108

1888   Eine Gallerie antiker Portraits. Erster Bericht über eine jüngst entdeckte Denkmäler-Gruppe, in: AZ o.Nr.v.15.5.1888, Beil.Nr.135, 1969-1972; AZ o.Nr.v.16.5.1888, Beil.Nr.136, 1986-1988; AZ o.Nr.v.17.5.1888, Beil.Nr.137, 2003f.

Die Vollendung der Bibliographie des Prinzen Hilmy, in: AZ Nr.200 v.20.7.1888, Beil., 2939f.

1889   Dümichen. Der Grabpalast des Patuamenap 1884, in: Literarisches Centralblatt Sp.678

Altägyptische Götterlehren, in: AZ o.Nr.v.19.12.1889, Beil.Nr.50, 737f. und AZ o.Nr.v.20.2.1889, Beil.Nr.51, 754f.

G.Maspero, Aegyptische Kunstgeschichte. Dt.Ausg.v. G.Steindorff, Leipzig 1889, in: Literarisches Centralblatt, Sp.37

1890   Das Räthsel der Sphinx, in: AZ v.27.7.1890, Beil.Nr.147, 1f.

Aegyptische Kunstgeschichte, in: AZ Nr.319 v.17.11.1890, Beil.Nr.269, 3

Das altägyptische Märchen von den beiden Brüdern, ein Beitrag zur Geschichte des Volksmärchens, in: Nord und Süd LIV, H.160, 72-86

Ein Wort für das Märchen, in: Ueber Land und Meer LXIV, H.39, 783-786; H.40, 811-815

Hess, Jean-Jacques, der demotische Roman von Stne Ha-m-us. Text, Uebersetzung, Commentar und Glossar, nebst einem Verzeichniss der demotischen und der ihnen entsprechenden hieratischen und hieroglyphischen Schriftzeichen. Leipzig 1888. Hinrichs. (18 S., 205 S. Autogr. Gr.8.) M.14, in: Literarisches Centralblatt, Sp.1180f.

Erman, Ad., die Sprache des Papyrus Westcar. Eine Vorarbeit zur Grammatik der älteren ägyptischen Sprache. Göttingen, 1889. Dieterich's Verl. (158 S.4.) M.18, in: Literarisches Centralblatt, Sp.769-772

1891   Eine neue Entdeckung in der Todtenstadt von Theben, in: AZ 57 v.26.2.1891, Beil.Nr.48, 1f.

Das neuentdeckte Grab der Oberpriester des Ammon, in: AZ 69 v.10.3.1891, Beil.Nr.58, 1

Zeitbestimmungen, in: AZ Nr.89 v.31.3.1891, Beil.Nr.74, 1

1892   Die Kunst in den Athosklöstern, in: AZ Nr.105 v.14.4.1892, Beil.Nr.89, 1-4 und AZ Nr.106 v.16.4.1892, Beil.Nr.90, 4-7

Maxence de Rochemonteix und die vollständige Auscopirung des Tempels von Edfu, in: AZ Nr.154 v.3.6.1892, Beil.Nr.129, 1f.

Lieblein, J., Hieroglyphisches Namenwörterbuch. Genealogisch u. alphabetisch geordnet. Nach den ägyptischen Denkmälern herausgegeben. Leipzig, 1892. Hinrichs. (1156 S. Gr.8.) M.93, in: Literarisches Centralblatt, Sp.1128f.

1893   Der Abschiedskuss von Lorenz Alma Tadema, in: Kunst unserer Zeit, 11f.
Leopold Karl Müller. Ein Künstlerbildnis nach Erinnerungen und Briefen, in: Kunst unserer Zeit, 57-78

Crum, W.E., M.A., Coptic Manuscripts brought from the Fayyum by W.M.Flinders Petrie, together with a papyrus in the Bodleian library. London, 1893, in: Literarisches Centralblatt, Sp.891f.

Studien über die Mythologie der Aegypter, in: AZ Nr.184 v.5.7.1893, Beil.Nr.152, 1-5 und AZ Nr.185 v.6.7.1893, Beil. Nr.153, 1-4

1894   Einspruch gegen die Zerstörung der Insel Philae, in: AZ Nr.176 v.28.6.1894, Beil.Nr.146, 6

Die Entscheidung über das Schicksal Philaes, in: AZ Nr.313 v.11.12.1894, Beil.Nr.285, 1-3

Aus Alt-Aegypten. I. Mumien-Büsten und Bildnisse, in: Ueber Land und Meer LXXII, H.45, 923f.

Aus Alt-Aegypten. II. Der Königsschatz von Daschur, in: Ueber Land und Meer LXXII, H.45, 942, mit Abb.937

1895   **Gaston Maspero. Histoire ancienne des Peuples de l'Orient classique Bd.I, Paris 1895, in: Literarisches Centalblatt Sp 4**

Dem Fürsten Bismarck. Gedicht, in: AZ Nr.91 v.1.4.1895, Beil.Nr.76

Wie das neue Aegypten gut macht, was es an dem alten verschuldet, in: AZ Nr.88 v. 29.3.1895 Beil.Nr.74, 2-6

Rudolf v. Iherings letztes Werk, in: AZ Nr.201 v.22.7.1895, Beil.Nr.166

Die Literatur der alten Aegypter, in: Deutsche Revue XX, 1, 24-34; 141-155

Die Ausgrabungen in Aegypten und die deutsche Aegyptologie, in: Deutsche Revue XX, 4, 83-93

1897   Die Körperteile, ihre Bedeutung und Namen im Altägyptischen (= ABAW XXI) München

Eine neue ägyptische Culturgeschichte, in: AZ o.Nr.v.10.2.1897, Beil.Nr.32, 6

Gespräch eines Lebensmüden mit seiner Seele, in: AZ o.Nr.v.24.8.1897, Beil.Nr.189, 1-3

J. de Morgan, Fouilles à Dahchour. Mars-Juin 1894. Vienne. A.Holzhausen 1895, in: Sphinx I, 10-17

1898   Menschenfresserei in Ägypten, in: AeZ XXXV, 106-113

1900   **Catalogue of the Theodor Graf Collection of unique Ancient Greek Portraits (Einleitung von Prof.Dr.E.), Paris**

1904   Dichter und Verleger. Ein ungedruckter Brief von Georg Ebers über Eduard Hallberger, in: Blätter für Belehrung und Unterhaltung. Beilage der Leipziger Neuesten Nachrichten, Nr.9 vom 29.2.1904

V. 3. Alphabethisches Verzeichnis der Bildenden Künstler, mit denen Ebers berufliche oder private Beziehungen unterhält

unter besonderer Berücksichtigung (alt-)ägyptischer Motive und der Ägyptenreisen

Alma Tadema, Lady Laura Teresa 1852 (London) - 1909 (ebd.), Genremalerin, Illustratorin.
Ebers: Ölgemälde: Interieur der Tutzinger Villa. Ebers-Gallerie: "Bürgermeisterin".
Lit.: Thieme-Becker I (1907), 325.

Alma Tadema, Sir Lawrence 1836 (Dornryp) - 1912 (Wiesbaden), Historienmaler, Portraitist. "Hatte der junge Künstler bisher die mittelalterlichen Stoffe behandelt, so wandte er sich nunmehr dem ägyptischen und griechischen und dann entschieden dem römischen Alterthum zu, für dessen Leben und Vorstellungswelt er in der Folge in hunderten Gemälden zwar persönlich und modern beeinflußte aber immer überraschend lebensvoll wirkende Ausdrucksformen fand", Thieme-Becker I, 235.
Ebers: Eintragung im Tutzinger Gästebuch vom 30.7.1885 ("hiermit mag von meinen zukünftigen Zeichnungen zur Königstochter von Hr.Ebers gesetzt werden was ihm gefällt"); unter Dat.20.5.1890 findet sich ein Bleistiftportrait von Elly Ebers von Alma Tadema; 8.5.1890, zus.mit Laura; anläßlich der Hochzeit einer Ebers-Tochter am 10.8.1894 ist ein weiterer Aufenthalt in Tutzing durch Goldziher, Tagebuch, 178 belegt. Ebers besitzt drei Bilder von Alma Tadema: "Der alte Menander ist doch nicht gestorben" (Kreidezeichnung), heute verschollen; "Venedig" (Öl) 1875, bei Sotheby London 1978 versteigert; "Der Abschiedskuss" (Öl?) 1880, op.219, heute verschollen; Tadema zeichnet eine Ölskizze "A lake in Bavaria" mit Blick von der Seetreppe von Tutzing über die beiden Löwen auf den See, Verbleib unbekannt; Taufpate von Hermann Ebers; Illustrationen zu "Ägypten in Bild"; Ebers-Gallerie: "Homo sum" und "Eine Frage".
Lit.: Thieme-Becker I (1907), 325f. **Ebers, Lorenz Alma Tadema, in: Westermanns Monatshefte LIX (1885/86); Ebers, Der Abschiedskuss von Lorenz Alma-Tadema, in: Kunst unserer Zeit (1893), 11f.**

Baldinger, Heinrich Franz 1827 (Zurzach) - 1887 (Stuttgart), Architekt. "Seine Spezialität waren architektonische Illustrationen, wie er sie zu verschiedenen kunstgeschichtlichen Werken (...) ausgeführt hat", Thieme-Becker II, 393f.
Ebers: Illustrationen zu "Ägypten in Bild".
Lit.: Thieme-Becker II (1908), 393f.

Beer, Wilhelm Amandus 1837 (Frankfurt.a.M.) - 1907 (ebd.), Genremaler.
Ebers: Ebers-Gallerie: "Ein Wort".
Lit.: Thieme-Becker III (1909), 169.

Berninger, Edmund 1843 (Arnstadt) - wohl nach 1909 (München), Landschafts- und Architekturmaler. Ausgedehnte Studienreisen u.a. nach Algier, Ägypten und Palästina, 1877 erste Straßenszenen aus Kairo. "Eine Hauptleistung aber war das große Rundgemälde mit dem »Auszug der Israeliten aus Ägypten« mit der riesigen Architektur, der reizenden Nillandschaft und der mit vielen Episoden in der Ferne verlaufenden Exodus des wandernden auserwählten Volkes: Das Ganze einem überraschenden, fesselnden Roman von Ebers vergleichbar", Thieme-Becker III, 461. Das Panorama ist 1891 in München zu sehen.

Werke: "Die Kolosse von Theben" 1882; "Straßenszenen aus Kairo" 1877; "Inneres einer Karawanserei" 1880; "Wüstenrast" 1880; "Abendandacht in einer Moschee, arabische Märchenerzähler, Schlangenbeschwörer" 1886.

Ebers: Illustrationen zu "Ägypten in Bild".

Lit.: Thieme-Becker III (1909), 460f.

Bièfve, Edouard de

1808 (Brüssel) - 1882 (?), Historienmaler.

Ebers: Illustration zu "Ägypten in Bild" I, 335, wird aber in der darin befindlichen Liste der Künstler nicht erwähnt.

Lit.: Thieme-Becker IV (1910), 7.

Brune, Emmanuel

1836 (Paris) - 1886 (ebd.), Architekt. Liefert Grundrisse für: Perrot/Chipiez, Geschichte der Kunst im Alterthum. Ägypten.

Ebers: Illustrationen zu "Ägypten in Bild".

Lit.: Thieme-Becker V (1911), 124; Bellier-Auvray, Dict.gén. I (1882), 175.

Burger, Ludwig

1825 (Warschau) - 1884 (Berlin), Maler und Illustrator, später Monumentalmaler.

Ebers: Illustrationen zu "Ägypten in Bild" (erw.im Thieme-Becker).

Lit.: Thieme-Becker V (1911), 247.

Defregger, Franz von

1835 (Stronach/Tirol) - 1921 (München), Genre- u. Landschaftsmaler, Schüler von Piloty.

Ebers: Ein Aufenthalt in Tutzing ist durch Eintragungen im Gästebuch vom 12.Juli 1885 belegt.

Lit.: Thieme-Becker VIII (1913), 539-41.

Dillon, Frank

1823 (London) - 1909 (ebd.), englischer Maler. Studienreisen nach Norwegen, Spanien, Italien, i.d.Orient und bis nach Japan. Ägyptenreisen: 1854/55, 1861/62 (gemeinsames Atelier in Kairo mit George Price Boyce und Egon Lundgren), 1869/70, 1873/74, engagiert sich sowohl gegen die Zerstörung islamischer Baudenkmäler, als auch gegen den Bau des Assuanstaudammes.

Werke: 11 Aquarelle aus Ägypten (Victoria and Albert Mus.London), ein weiteres ägyptisches Aquarell in der Smlg.Searight, London, "Die Insel Philä im Nil" (Ölbild, Kunsthalle Hamburg), "Sunset at the Pyramids" (Guildhall Art Gallery London; Geschenk 1911).

Ebers: Ebers lernt Dillon 1869 in Kairo kennen, (Abb.v. Dillons Atelier von Ramsthal in: "Aegypten in Bild" II, 96). Es entwickelt sich eine Freundschaft, so daß Ebers in Dillons Londoner Haus wohnen kann, als er 1874 am Archäologenkongreß in London teilnimmt. Illustrationen zu "Ägypten in Bild".

Lit.: Thieme-Becker IX (1913), 299.

Fiedler, Bernhard (H.)

1816 (Berlin) - 1904 (Triest), Orient- u. Reisemaler. Bereist im Auftrag des Königs von Preußen Syrien, Palästina und Ägypten, Rückkehr 1854, 1855 Begleiter des Herzogs von Brabant, des späteren Königs Leopold II. in dieselben Länder u. zusätzlich Italien und Griechenland, später wiederholte Orientreisen.

Werke: "Granitbrüche Ägyptens" (Wallraf-Richartz-Mus. Köln).

Ebers: Illustrationen zu "Ägypten in Bild", (erw. i. Thieme-Becker).

Lit.: Thieme-Becker XI (1915), 537.

Frère, Théodore (Charles Th.) 1814 (Paris) - 1888 (ebd.), Maler, Zeichner für Holzschnitt, Radierer, Lithograph. Lebt ein Jahr in Algier, Teilnahme an der Eroberung von Constantine, ab 1839 Orientbilder, 1851-53 erneute Orientreise (Malta, Griechenland, Konstantinopel, Syrien, Kleinasien, Palästina, Ägypten), deren reiches Skizzenmaterial in zahlreichen Gemälden von Straßen-, Kaffeehaus-, Bazar- und Moscheeszenen Verwendung findet. Letzte Orientreise 1861 als Begleitung von Kaiserin Eugénie.

Werke: Ausf.Verz.in: Bellier-Auvray, Dict.gén.I (1882), 859f. u. Suppl. Darunter altägypt. Motive: "Ruines de Médinet-Abou, à Thèbes (Haute-Egypte)" 1857; "Les pyramides de Gizeh, prises du Caire, soleil couchant" 1857; "Ruines de Karnac à Thèbes" 1863; "L'Ile de Philae (Nubie)" 1865; "Ruines de Thèbes (Haute-Egypte)" 1867; "L'Ile de Philae en Nubie" 1876; "Le simoun, sphinx et pyramide de Chéops" 1882.

Ebers: Illustrationen zu "Ägypten in Bild".

Lit.: Thieme-Becker XII (1916), 427; Bellier-Auvray, Dict.gén.I (1882), 859f. u. Suppl.

Gentz, Ismaël (Wolfgang Christian Is.) 1862 (Berlin) - 1914 (ebd.), Maler und Graphiker. Sohn von W.Gentz, 1877 Reise nach Nizza und Algier, wo der 15jährige sechs Portrait-Studien von Volkstypen für Ebers zeichnet.

Ebers: Illustrationen zu "Ägypten in Bild".

Lit.: Thieme-Becker XIII (1920), 417.

Gentz, Wilhelm (Karl W.) 1822 (Neuruppin) - 1890 (Berlin), Orient-, Historien- und Genremaler. Besucht Ägypten sechs Mal, auch Nubien und Kleinasien (u.a.1850 und 1855), kommt von der biblischen Historienmalerei.

Werke: "Sphinxallee in der Thebaide" 1879 (Mus.Stettin), Fünf Federzeichnungen für die Illustrationen für Ebers' "Ägypten in Bild" (Nat.gal. Berlin)

Ebers: Illustrationen zu "Ägypten in Bild" (erw. i. Thieme-Becker). Ebers-Gallerie: "Uarda", "Homo sum".

Lit.: Thieme-Becker XIII (1920), 417f.

Gironde, Bernard de 1843 (Montauban) - ? (?), Maler.

Ebers: Illustrationen zu "Ägypten in Bild".

Lit.: Thieme-Becker XIV (1921), 191; Bellier-Auvray, Dict.gén.I (1882), 663.

Gnauth, Adolf (Gustav A.) 1840 (Stuttgart) - 1884 (Nürnberg), Architekt, Kunstgewerbler und Architekturmaler. Ägyptenaufenthalt 1875/6 zusammen mit Lenbach, Makart, Huber und Müller, Prof. am Polytechnikum Stuttgart, ab 1877 Direktor der Kunstgewerbeschule Nürnberg.

Ebers: Illustrationen zu "Ägypten in Bild".

Lit.: Thieme-Becker XIV (1921), 275; ADB 49,401-403.

Grot-Johann, Philipp 1841 (Stettin) - 1892 (Düsseldorf?), Maler und Zeichner. Zuerst Maschinenbauer, dann Studium bei Sohn in Düsseldorf, Illustrator v.a. für Klassikerausgaben, dekorative Wandmalereien in Düsseldorf und Bochum.

Ebers: Briefwechsel über diverse, auch nicht ausgeführte Illustrationen (SBB). Ebers-Gallerie: "Königstochter".

Lit: -

Hecht, Wilhelm (Karl W.) 1843 (Ansbach) - 1920 (Linz a.d.D.), Holzschneider und Radierer, Illustrator.
Ebers: Illustrationen zu "Ägypten in Bild".
Lit.: Thieme-Becker XVI (1923), 200f.

Heyn, Ernst (Friedrich) 1841 (Leipzig) - 1894 (ebd.), Maler, v.a. Aquarellandschaften aus Mitteldeutschland, Oberbayern und Tirol.
Ebers: Illustrationen zu "Ägypten in Bild".
Lit.: Thieme-Becker XVII (1924), 36.

Hildebrandt, Eduard 1818 (Danzig) - 1869 (Berlin), Landschaftsmaler. 1843 im Auftr.d.Preuß.Königs Friedrich Wilhelm IV. (auf Empfehlung A.v.Humboldts) in Nord- u.Südamerika, 1851 im Auftrag des Königs in Italien, Sizilien, Ägypten, Palästina, Türkei, Griechenland, 1862-1864 Weltreise über Alexandria und Suez, befreundet mit G.Richter, der ein Ganzportrait von ihm malt (Städt.Mus.Danzig).
Ebers: Illustrationen zu "Ägypten in Bild".
Lit.: Thieme-Becker XVII (1924), 74f.

Hofelich, Ludwig Friedrich 1842 (Leipzig) - 1903 (München), Holzschneider, Landschafts- u.Naturmaler.
Ebers: Illustrationen zu "Ägypten in Bild".
Lit.: Thieme-Becker XVII (1924), 237; Bettelheim's Biograph.Jahrb.VIII 1903 (1905), 96.

Huber, Rudolf (Carl) 1839 (Schleinz b.Wiener Neustadt) - 1896 (Wien), Tier-, Landschafts- und Portraitmaler. Erster Ägyptenaufenthalt 1875/76 zusammen mit Lenbach, Makart, Gnauth und Müller, später noch öfters.
Ebers: Illustrationen zu "Ägypten in Bild" (erw.i. Thieme-Becker).
Lit.: Thieme-Becker XVIII (1925), 18f. **Ebers, R.C.Huber, Verlag der Genossenschaft d.bild. Künstler Wiens 5.1.1897 (Begleitwort zur Gedächtnis- oder Nachlaßausst.); unveränd.Abdruck, mit Abb.,in: Kunst unserer Zeit, VII (1897), 4.**

Jerichau-Baumann, Elisabeth Maria Anna 1819 (bei Warschau) - 1881 (Kopenhagen), Portrait- u. Reisemalerin. Zahlreiche Reisen, auch in den Orient.
Ebers: Illustrationen zu "Ägypten in Bild".
Lit.: Thieme-Becker XVIII (1925), 530.

Kaulbach, Hermann 1846 (München) - 1909 (ebd.), Historien- u.Genremaler. Sohn v. Wilhelm v.Kaulbach, 1867 Schüler v. Piloty, 1889 Prof. in München.
Ebers: Ebers-Gallerie: "Bürgermeisterin" u. "Ein Wort"
Lit.: Thieme-Becker XX (1927), 22.

Keller, Ferdinand (von) 1842 (Karlsruhe) - 1922 (Baden-Baden), Historien-, Portrait- und Landschaftsmaler und Illustrator. Geht als 16-jähriger für 4 Jahre mit dem Vater (Ingenieur) nach Brasilien, über eine Orientreise ist nichts bekannt. Seit 1873 Professor in Karlsruhe, Gewinn des Wettbewerb zum Vorhang des Dresdener Hoftheaters 1876 mit "Die Phantasie mit den Musen" (heute in der Semperoper nach dem Kellerschen Originalentwurf rekonstruiert), unter 70 Entwürfen - von der Jury für einen "Makart" gehalten - ausgewählt, macht ihn schlagartig berühmt und trägt im den Namen eines "badischen Makart" ein. Zahlreiche Ehrungen, Preise, persönlicher Adel, den er aber nicht verwendet. Keller besitzt neben seinem Karlsruher Wohnsitz, der "Villa Keller", wie Ebers und Hallberger am Starnberger See einen Landsitz, die "Villa Malfried". Er schafft für Eduard Hallbergers Goethe- und Schillerausgaben Illustrationen, sowie zu "Hero und Leander". "Ein

Malerfürst, nur von den Genien der bildenden Kunst umgeben, beherrscht er souverän alle jene weiten Gebiete der schönen Künste. (...) Und wenn dereinst kurzlebigere, neue Kunstrichtungen verschwunden (...) sind, dann werden die Werke Ferdinand Kellers mit beredten Zungen noch nach Generationen verkünden, daß Deutschland in ihm einen der größten dekorativen Koloristen besaß", Gaertner, Ferdinand Keller, 10.

Ebers: Ebers besitzt ein Gemälde von ihm, wie Briefe (SBB: Herbst 1880 Arbeit daran; 24.Juni 1881 Dank für die Bezahlung) zeigen, sogar als Auftraggeber: "Page", Öl auf Lwd., noch 1912 als im Besitz der Witwe Ebers nachgewiesen, Nr.121 im Kochschen Werkverzeichnis (S.78). Zahlreiche Eintragungen im Tutzinger Gästebuch ab dessen Eröffnung 1883 bis zur Schließung: 21.7.1883, 21.8.1885, 21.7.1886, 2.8.1887, 7.7.1888, 22.7.1889, 26.8.1890, 28.7.1892, 1.7.1894, o.Datum 1896 u.Juli 1897. Illustrationen zu "Ägypten in Bild" (erw.i.Thieme-Becker). Ebers-Gallerie: "Königstochter", "Uarda" und "Der Kaiser" (erw.i. Thieme-Becker).

Lit.: Thieme-Becker XX (1927), 97-100.

Knille, Otto Keine Angaben.
Ebers: Ebers-Gallerie: "Der Kaiser"

Kopf, Joseph von 1827 (Unlingen) - 1903 (Rom), Bildhauer. Wohnt in Rom, gesuchter Portraitist, u.a. 15 Büsten Kaiser Wilhelms I., gen. "der Lenbach unter den Bildhauern", Thieme-Becker XXI, 294.

Ebers: Fertigt 1879 eine Büste von Ebers an, als Geschenk der Witwe im Ägyptologischen Institut Leipzig, im 2.WK. zerstört, Bronzeabguß auf dem Ebers-Grabmal im Münchener Nordfriedhof. Aufenthalte in Tutzing sind durch Eintragungen im Gästebuch vom 2.7.1883, 21.8.1885, 25.8.1888 und 10.9.1897 belegt.

Lit.: Thieme-Becker XXI (1927), 294f; Bettelheim's Biograph. Jahrbuch VIII 1903 (1905), 87-90.

Körner, Ernst (Karl Eugen) 1846 (Stibbe/Westphalen) - unbek.(?), Landschafts-, Architektur-, Marine u.Bildnismaler. 1873/4 erste Ägyptenreise (auch Palästina und Kleinasien), 1878, 1886, 1905 weitere Ägyptenreisen (auch Nubien). "Gehörte während seiner Glanzzeit zu den besten Koloristen der Berliner Schule und machte die Orientmalerei (insbesondere ägyptische Motive) zu seinem Hauptgebiet. Er wurde dabei in meisterhafter Art der Wiedergabe feiner Lufttöne, dem Spiel des Lichts u. dem Charakter der verschiedenen Landschaftsszenerien gerecht. Ein Hauptgewicht legte er in seinen Landschaftsschilderungen auf die Darstellung der Werke der ägyptischen Kunst, die er mit größter Sorgfalt wiederzugeben pflegte; häufig begegnet man bei K. einer gleichwertigen Behandlung von Staffage und Landschaft", Thieme-Becker, XXI, 181. Nach seiner dritten Ägyptenreise entstehen die Meisterwerke: "Die Ausgrabung der Sphinx" und "Pyramiden von Gizeh bei Morgenstimmung". Wandgemälde in der Aula der Techn. Hochschule Charlottenburg: "Insel Philae" und "Forum Romanum". Für das Kaiser-Panorama der Berl.Jubil.-Ausst.1886 malt er das erste der 5 Dioramen: "Stanleys Ankunft an den letzten Katarakten des Kongo am 12.4.1877", die Figuren werden von W. und I.Gentz ausgeführt.

Werke: "Memnonskolosse bei Sonnenaufgang" 1879 (Mus. Breslau); "Die Nadel der Kleopatra" (Mus. Königsberg); "Suez" 1874 (Mus. Stettin); "Edfu" 1888 (Birmingham);"Abydos" (Oran); "Memnossäulen bei Nilüberschwemmung" (Public Library-Mus.New York, Ankauf 1881);

"Sonnenuntergang am Nil" 1894; "Mahmudie-Kanal bei Alexandrien" 1894; "Tempel zu Edfu" 1894; "Der kleine Tempel zu Karnak" 1894; "Die Insel Philae" 1895; "Wüsten von Assuan" 1896; "Barut am Nil" 1896; "Siut in Oberägypten" 1903; "Felsentempel von Abu Simbel im Sudan" 1905; "Der Nilkararakt bei Assuan" 1905; "Ramsesstatue zu Luxor" 1905; "Tempelhof zu Philae" 1908; "Tempel zu Sebua im Sudan" 1909, "Insel Philae bei Sonnenuntergang" 1911; "Im Tempel Setis I. zu Abydos" 1913; "Der Bettler von Medinet Habu" 1913; "Nakade am Nil" 1914; "Sonnenuntergang am Nil bei Gizeh" 1915; "Insel Philae" 1915; "Suez" 1916; "Ramesseum" 1918; "Sphinx" 1918; "Der heilige Berg von Korosko am Nil (Sudan)" 1919; "Gebel Silsile am Nil" 1919; "Im Tempel Setis I. zu Abydos" 1926.

Ebers: Illustrationen zu "Ägypten in Bild".
Lit.: Thieme-Becker XXI (1927), 181f.

Kretzschmer Hermann (Johann H.) 1811 (Anklam/Pommern) - 1890 (Berlin), Genre-, Orient und Kriegsmaler, Radierer. 1839 Reise nach Griechenland, Konstantinopel und Ägypten, unterwegs Portraitaufträge, u.a. von Mohammed Ali und dessen Familie, Reise auf dem Nil bis Nubien und in die libysche Wüste, Rückkehr 1842, die zahlreichen Skizzen wertet er zu vielen Gemälden aus.

Werke: Zeichnungen aus Theben und Luksor im Stadtmuseum Danzig.
Ebers: Illustrationen zu "Ägypten in Bild".
Lit.: Thieme-Becker XXI (1927), 512f.

Kühn, Gustav Der 1872 in Guben geborene Gustav Kühn, später Schöpfer der bekannten "Neu-Ruppiner Bilderbögen" (Thieme-Becker XXII (1928), 58), kann aus chronologischen Gründen nicht identisch sein mit dem Kühn von Ebers. Vielleicht ist er der Sohn?

Ebers: Illustrationen zu "Ägypten in Bild".
Lit: -

Lenbach, Franz von (Seraph) 1836 (Schrobenhausen) - 1904 (München), Portraitmaler. Schüler von Piloty, Aufenthalt Winter 1875/76 in Kairo zusammen mit Huber, Makart, Gnauth und Müller, die Reise bleibt "ohne direkten Nachklang im künstlerischen Werk", Gollek, Lenbach in Ägypten, in: Franz von Lenbach, München, 1987, (Katalog Lenbachhaus München), 135, da Lenbach keinerlei Ambitionen in Bezug auf die Orientmalerei hatte. "Portraitist der europäischen Höfe und des Geldadels", Katolog Neue Pinakothek München, München ⁵1989, 194. In Lenbachs Werk sind Genre- und Straßenszenen sehr selten, darunter zwei Straßenszenen aus Kairo (Kat.Nr.113 und Katalog 136, Abb.10: "Straßenszene in Kairo" 1876). Lenbach bleibt auch in Ägypten Portraitmaler, vgl. "Bildnis eines Arabers", 1876, Katalog 135, Abb.7.

Ebers: Nur ein Beitrag zu "Aegypten in Bild und Wort": II, 135, "Späher", drei ganzfigurige Männer in Seitansicht. Aufenthalt in Tutzing durch Eintragung im Gästebuch vom 3.9.1895 belegt. Portraitiert Ebers 1895 (Ölgemälde im Besitz der Familie Ebers).
Lit.: Thieme-Becker XXIII (1929), 43-45.

Lepsius, Reinhold 1857 (Berlin) - 1922 (Berlin), Bildnismaler, v.a.Portraits von Gelehrten und dekorative Frauenbildnisse. Fünftes Kind von K.R.Lepsius (nach Anna Isis, Elisabeth, Richard, Bernhard) bis 1881 Studium in München bei Lenbach, lebt bis 1893 mit Unterbrechungen in München, dann in Berlin.

Ebers: Eintragung im Tutzinger Gästebuch am 31.8.1888 (mit Bruder Bernhard), nach: Müller, Georg Ebers, 42) soll er ein Portrait von Ebers gemalt haben.
Lit.: Thieme-Becker XXIII (1929), 107; M.R.Lepsius, Die Nachkommen, 100-102.

Lorie, Victor (Salomon V.Libertus) 1835 (Frankfurt a.M.) - 1913 (Montreux), Maler, Radierer und Schriftsteller. 1864 Berufung nach Konstantinopel u. Ägypten für Portraits des Khediven Ismaïl Pascha und mehrerer Minister und für orientalische Szenen. 1877/78 Teilnahme mit den Türken am russ.Krieg (türkische Militär-medaille), 1879 wieder in Konstantinopel. Illustriert Kriegserinnerungen sowie ethnographische, politische und novellistische Blätter über den Orient. Prof. u. Dir. der Kunstakademie München. Mehrere hohe ägyptische Orden.
Ebers: Illustrationen zu "Ägypten in Bild".
Lit.: Thieme-Becker XXIII (1929), 395; Bénézit VI, 1976, 744.

Löffler, August 1822 (München) - 1866 (München), Landschaftsmaler, Radierer und Lithograph. Ägyptenaufenthalt 1849.
Werke: 22 Ölskizzen aus dem Orient (Neue Pinakothek München), "Stahlstiche nach L. in M.Busch, Der malerische Orient (hgg. vom Österr.Lloyd, 1864", Thieme-Becker, XXIII, 317.
Ebers: Illustrationen zu "Ägypten in Bild" (posthum!).
Lit.: Thieme-Becker XXIII (1929), 316f.

Machytka, J. Keine Angaben (Architekt?)
Ebers: Illustrationen zu "Ägypten in Bild".

Makart, Hans 1840 (Salzburg) - 1884 (Wien), Historienmaler. Schüler von Piloty, 1875/6 Aufenthalt in Kairo zusammen mit Huber, Lenbach, Gnauth und Müller, reist anschließend nach Oberägypten weiter.
Werke: "Kleopatra" (Stuttgart).
Ebers: Illustrationen zu "Ägypten in Bild": "Kleopatra auf dem Cydnusstrome, dem Antonius entgegenfahrend" (I,20); "Orientalische Frauengruppe" (I, 157); "Mameluken-Emir" (I, 283); "Truthahn-Verkäuferin" (II, 217); "Kleopatra" (II, 259); "Altägyptische Tänzerin" (II, 279).
Lit.: Thieme-Becker XXIII (1929), 583f.

Müller, Leopold Karl 1834 (Dresden) - 1892 (Wien), österr.Genre-, Orient- und Landschaftsmaler und Zeichner. Seit 1873 Aufenthalte in Ägypten, u.a.Winter 1873/74 teilw. zus. m. Huber, Initiator der Künstlergruppen-Reise Winter 1875/6 von Huber, Lenbach, Gnauth u. Makart (Müller erhält vom Vizekönig Ismaïl für die Gruppe den unbewohnten Palast Musâfirchana im Zentrum Kairos für Ateliers und Wohnung zur Verfügung gestellt), Winter 1877/78 im Auftrag von Ebers und Hallberger für "Ägypten in Bild" in Alexandria, Kairo und im Delta. 1879 mit seinem Neffen und Schüler Swoboda in Ägypten, insgesamt bis 1886 neun Aufenthalte.
Werke: "Marktplatz vor den Toren von Kairo" von der ersten Reise (Österr. Galerie, Wien). Die meisten Werke wurden für Engländer geschaffen und sind in London.
Ebers: Illustrationen zu "Ägypten in Bild" (erw.i. Thieme- Becker); "Conseiller artistique" für "Ägypten in Bild", Thornton, La Femme dans la Peinture, 248.

Lit.: Thieme-Becker XXV (1931), 241f; ADB LII (1906), 524-527. **Ebers, Leopold Carl Müller. Ein Künstlerbildnis nach Erinnerungen und Briefen, in: Die Kunst unserer Zeit (1893), 57-78.**

Neubert, Louis 1846 (Leipzig) - 1892 (Pirna, Heilanstalt Sonnenschein), Landschaftsmaler. Seit 1872, Bilder und Zeichnungen in der Neuen Pinak., Städt.Gal. und Schack-Gal. München.
Ebers: Illustrationen zu "Ägypten in Bild".
Lit.: Thieme-Becker XXV (1931), 403.

Piloty, Karl Theodor von 1826 (München) - 1886 (Ambach/Starnberger See), Historienmaler. Seit 1874 Direktor der Münchner Akademie, "die unter seiner Führung eine Hochblüte erlebte", Thieme-Becker XXVII (1933), 47. Lehrer von Makart, Lenbach, Teschendorf u. H.Kaulbach.
Ebers: Piloty wohnt gegenüber der Ebers-Villa am Starnberger See, wodurch sich die "angenehmen Beziehungen", von denen Ebers in einem Brief an seine Mutter vom 5.8.83 aus Tutzing, SBB, spricht, ergeben, Aufenthalte in Tutzing durch Eintragungen im Gästebuch vom 19.8.1884 und 25.8.1888 belegt.
Lit.: Thieme-Becker XXVII (1933), 47.

Portaels, Jan Frans (Jean François) 1818 (Vilvorde) - 1895 (Schaerbeek-Brüssel), Historien-, Bildnis- u. Genremaler u. Radierer, auch religiöse Themen. 1843-47 Reisen nach Ägypten, Palästina, Syrien, Marokko, Spanien, Ungarn u. Norwegen, Akademiedirektor in Gand, später Prof. in Brüssel.
Ebers: Illustrationen zu "Ägypten in Bild".
Lit.: Thieme-Becker XXVII (1933), 275f; Bénézit VIII (Reprint 1976), 437.

Ramsthal, August Keine Angaben.
Ebers: Illustrationen zu "Ägypten in Bild".

Reiss, Fritz 1857 (Düsseldorf) - 1916 (Freiburg/Br.), Maler und Illustrator.
Ebers: Illustrationen zu "Ägypten in Bild".
Lit: Thieme-Becker XXVIII (1934), 141.

Richter, Gustav (Karl Ludwig) 1823 (Berlin) - 1884 (ebd.), Portrait-, Genre- u. Orientmaler u. Lithograph. Mitarbeit b.d.Ausmalung des Saales für nord.Alterthümer im Neuen Museum, Berlin, zusammen m. R.Müller u. Heydenreich ("Baldur", "Die Walküren", "Walhalla"), Schwiegersohn von Meyerbeer. 1859 Auftrag von König Maximilian II. v.Bayern für das Gemälde "Bau der ägyptischen Pyramiden" für das Maximilianeum, 1861 Ägyptenreise zur Vorbereitung, Vollendung 1872 unter Ludwig II. Wird dann in Berlin "der bevorzugte Portraitmaler der Aristokratie und des reichen Bürgerstandes", Rosenberg, Geschichte III, 159.
Werke: "Bau der ägyptischen Pyramiden" (Maximilianeum, München, zerstört), ("Richters Hauptwerk", Thieme-Becker XXVIII (1934), 291).
Ebers: Ebers lernt Richter 1876 in Berlin als Gastgeber einer "superben Soirée", die er besucht, um Richter für die Mitarbeit an "Ägypten in Bild" zu gewinnen, kennen (Ebers ist Tischnachbar von Menzel). (Brief von Ebers an seine Mutter vom 28.1.1876 aus Leipzig, SBB). Die "reich gefüllten Mappen" von seiner Ägyptenreise entleert er "allmälig in kleineren Oelbildern, Aquarellen und Zeichnungen.(...) Von den Zeichnungen ist ein Theil in dem Prachtwerke über Aegypten von G.Ebers in Holzschnitt reproduzirt worden", Rosenberg, Geschichte III,

158. Die "Steinwägung" (Aegypten in Bild I, 164) ist z.B. mit "Alexandrien" signiert. Diese Illustrationen sind auch im Thieme-Becker erwähnt. Der Stich in: Ebers, Aegypten in Bild I, 161, ist ein seitenverkehrter Ausschnitt aus dem "Bau der Pyramiden".
Lit.: Thieme-Becker XXVIII (1934), 290f.; ADB XXVIII (1889), 460-464.

Schmoranz, Franz d.J. = **Franz-Bey**, dann: **Franz-Pascha**, 1845 (Slatinau) - 1892 (Prag), Architekt, Kunstgewerbler und Fachschriftsteller. Lebt längere Zeit in Ägypten als kgl.Inspektor aller islamischer Bauten, Erbauer des Khedive-Pavillions auf der Wiener Weltausstellung 1873 (gemeinsam mit J.Machytka). Ebers erwähnt ihn mehrmals als Architekten "Franz Be" des Vizekönigs, der z.B für den Khediven Ismaïl den Gezira-Palast erbaut habe (Cicerone II, 18f.). Auch: Erman, Mein Werden, 209.
Ebers: Illustrationen zu "Ägypten in Bild". Verfasser von Kap.IX "Die Bauwerke der Araber", in: Baedeker I, 189-203.
Lit.: Thieme-Becker XXX (1936), 179.

Schönn, Alois (Friedrich A.) 1826 (Wien) - 1897 (Krumpendorf), 1851, Maler, Radierer u. Lithograph. Reise nach Afrika, später Studienreise nach Tunis.
Werke: "Ägyptischer Hochzeitszug" (Mus. Troppau); "Der orientalische Obstmarkt"; "Türkisches Café".
Ebers: Illustrationen zu "Ägypten in Bild".
Lit.: Thieme-Becker XXX (1936), 232f.; ADB LIV (1908), 158.

Seel, Adolf 1829 (Wiesbaden) - 1907 (Dillenburg), Architektur-, Genre- u.Bildnismaler. Orientreise nach Palästina und Ägypten.
Ebers: Illustrationen zu "Ägypten in Bild".
Lit.: Thieme-Becker XXX (1936), 429.

Seyppel, Carl Maria 1847 (Düsseldorf) - 1913 (ebd.), Genre- u.Bildnismaler, Karikaturist u.Schriftsteller. Zeichnet mehrere "Aegyptische Humoresken" in Comic-Strip-Art.
Ebers: Briefwechsel mit Ebers, SBB; Widmung von "Er, sie, es" an den "hochverehrten Gönner Georg Ebers".
Lit.: Thieme-Becker XXX (1936), 555f.

Simon, Franz keine Angaben
Ebers: Ebers-Gallerie: "Königstochter".

Straßberger, Bruno (Heinrich) 1832 (Leipzig) - 1910 (ebd.), Illustrator in Leipzig, Mitarbeiter der Verlage Brockhaus, Spamer und Hallberger. Sein Sohn Heinrich ist Meisterschüler Kellers.
Ebers: Illustrationen zu "Ägypten in Bild".
Lit.: Thieme-Becker XXXII (1938), 156.

Swoboda, Rudolph d.J. 1859 (Wien) - 1914 (ebd.), Orient- u.Bildnismaler. Schüler seines Onkels L.C.Müller, mit dem er 1879 Kairo besucht, zwischen 1880-91 sechs weitere Ägyptenaufenthalte, 1885-92 wohnt er in London als Hofmaler von Königin Victoria.
Ebers: Illustrationen zu "Ägypten in Bild".
Lit.: Thieme-Becker XXXII (1938), 355; Deutsches Biograph. Jahrbuch I: 1914-16 (1925), 315.

Teschendorf, Emil 1837 (Stettin) - 1894 (Berlin), Historien-, Genre-, Bildnis- u. Landschaftsmaler, 1862 Schüler von Piloty.

Werke: "Kleopatra" (Rät.Mus.Chur).
Ebers: Ebers-Gallerie: "Uarda", "Die Schwestern".
Lit.: Thieme-Becker XXXII (1938), 549.

Theuerkauf, Gottlob (Christian G.Heinrich) 1833 (Kassel) - 1911 (ebd.), Architektur- u. Landschaftsmaler.
Ebers: Illustrationen zu "Ägypten in Bild".
Lit.: Thieme-Becker XXXIII (1939), 16.

Thumann, Paul (Friedrich P.) 1834 (Groß-Tzschackschdorf/ Niederlausitz) - 1908 (Berlin), Historien-, Bildnis- u. Genremaler, Illustrator. "Einer der beliebtesten Illustratoren des letzten Viertels des 19.Jh.s.", Thieme-Becker XXXIII (1939), 113.
Ebers: Briefwechsel mit Ebers über Illustrationen (SBB). "Allgemein ist bedauert worden, daß Sie der Einladung der Studierenden unserer Akademie zu ihrem Aegyptischen Feste nicht nachkommen konnten, Thumann aus Berlin an Ebers vom 19.12.1884 (SBB). Ebers-Gallerie: "Königstochter: Sappho und Bartja"; Illustrierte Ausgabe der "Ägyptischen Königstochter" im Verlag Titze, Leipzig 1886 (Im Thieme-Becker zu den "Illustrativen Hauptwerken" i.Ggs. zu den "Einzelillustrationen," gerechnet; läßt sich nicht nachweisen).
Lit.: Thieme-Becker XXXIII (1939), 113; Bettelheim's Biograph.Jahrb. XIII: 1908 (1910), Totenliste Sp.94 m.Lit.

Weidenbach, Ernst 1818 (Naumburg) - 1882 (Merseburg), Architektur- u. Landschaftsmaler. Zeichner der Lepsius-Expedition 1842-45, 1845-78 Mitarbeiter des Berliner Museums (von Lepsius durchgesetzt), 1866 zweite Ägyptenreise mit Lepsius (nur Delta, der Besuch von Oberägypten wird wegen zu tiefen Nilstandes aufgegeben, Ebers, Richard Lepsius, 316).
Werke: Zeichnung für LD. Bis 1850 Ausmalung der ägyptischen Abteilung des Neuen Museums Berlin nach Lepsius' Wünschen. "Malte für die Wiener Weltausst.1873 unter Aufsicht des Ägyptologen Heinrich Brugsch Aquarellkopien der Wandgemälde von Beni-Hasan (jetzt in d.Ägypt-. orient. Smlg. d. Kst.hist.Mus.Wien)", Thieme-Becker, XXXV, 265.
Ebers: Illustrationen zu "Ägypten in Bild".
Lit.: Thieme-Becker XXXV (1942), 265; WwW ²1972, 299.

Welsch, Charles Feodor (eigentl.Karl Friedrich Christian) 1828 (Wesel) - 1904 (Dresden), Landschaftsmaler. Ägyptenaufenthalt 1875/76.
Ebers: Illustrationen zu "Ägypten in Bild" (erw. i. Thieme-Becker).
Lit.: Thieme-Becker XXXV (1942), 361.

Werner, Carl (auch: Karl, Friedrich Heinrich) 1808 (Weimar) - 1894 (Leipzig), Architektur- u. Landschaftsmaler in Öl und Aquarell. 1862 und 1864 Palästina-Reisen, Mappenwerk: K.Ws. Nilbilder, Wandsbeck 1875.
Ebers: Briefwechsel mit Ebers über viele Jahre, beginnend mit einer Bitte an Ebers um ein Empfehlungsschreiben an Alma Tadema (Werner aus London vom 11.4.1874, SBB), persönliche Freundschaft, Illustrationen zu "Ägypten in Bild". Ein Aufenthalt in Tutzing durch Eintragung im Gästebuch vom 13.9.1891 belegt, letzter überlieferter Brief 1893.
Lit.: Thieme-Becker XXXV (1942), 404; ADB XIIL (1897), 61.

V. 4. UNIVERSITÄT LEIPZIG

V. 4. 1. VERZEICHNIS DER LEHRVERANSTALTUNGEN EBERS'

Die folgende Liste gibt einen Überblick der Lehrveranstaltungen von Ebers. Die Zuordnung zu den übergeordneten Studien des Vorlesungsverzeichnisses ist jeweils angegeben. Alle Veranstaltungen sind täglich nur einstündig.

WS 1870/71　Dauer 17.Oktober - 15. März.
II.Sprachwissenschaften. 2.Morgenländische Sprachen - Aegyptische Sprache: Schrift und Sprache der alten Aegypter, (3-stündig). III.Historische Wissenschaften. 2.Alterthumskunde - Erklärung der Denkmäler des alten Aegypten mit Vorzeigung von Bildern und Plänen, (1-stündig, öffentlich).

SS 1871　Dauer 17.April bis 20.August.
II.2.- Aegyptische Sprache: Altaegyptische Grammatik, (3-stündig, privatissime, aber unentgeltlich) - III.1.Weltgeschichte - Geschichte des alten Aegypten mit Berücksichtigung seiner Nachbarländer, (2-stündig).

WS 1871/72　Dauer 16.Oktober bis 15.März.
II.2. - Aegyptische Sprache: Aegyptische Grammatik, für Anfänger; später Uebungen im Uebersetzen leichterer und schwererer Texte aus dem alten und neuen Reiche sowie der Ptolemäerzeit, (4-stündig, unentgeltlich).

SS 1872　Dauer 15.April bis 20.August.
II.2. - Aegyptische Sprache: Erklärungen altaegyptischer Texte (2.Th. der im vorigen Semester vorgetragenen aegyptischen Grammatik), (o.Stundenangabe, privatissime, aber unentgeltlich) - III.2.Alterthumskunde - Erklärung der Denkmäler des alten Aegypten, mit Vorzeigung der neu angeschafften Cartonnagen, Abgüsse u.s.w., (2-stündig).

WS 1872/73　Dauer 21.Oktober bis 15.März.
II.2. - Aegyptische Sprache: Altaegyptische Grammatik, für Anfänger, mit Zugrundelegung der Grammatik von H.Brugsch, (3-stündig, privatissime, aber unentgeltlich) - III.2.Alterthumskunde: Sachliche Erklärung der auf Aegypten bezüglichen Stellen in Genesis und Exodus, (2-stündig, öffentlich).

SS 1873　Dauer 16.April bis 20.August.
II.2.- Aegyptische Sprache: Aegyptische Grammatik, für Anfänger, (3-stündig, privatissime, aber unentgeltlich) - III.2. Alterthumskunde: Erklärung der Denkmäler des alten Aegypten, mit Vorzeigung von bildlichen und plastischen Nachbildungen der wichtigsten Monumente, (o.Stundenangabe, öffentlich).

WS 1873/74　Dauer 20.Oktober bis 15.März.
II.2.- Aegyptische Sprache: Analyse und Erklärung altägyptischer Texte aus den alten und neuen Reiche, sowie der Ptolemäerzeit, (3-stündig, privatissime, aber unentgeltlich) - III.2. Alterthumskunde: Sachliche Erklärung der auf Aegypten bezüglichen Stellen in Genesis und Exodus, (2-stündig, öffentlich).

SS 1874	Dauer 15.April bis 15.August. II.2.- Aegyptische Sprache: Schrift und Sprache der alten Aegypter. Für Anfänger. Mit Zugrundelegung der hieroglyphischen Grammatik von Brugsch, (3-stündig) - III.1.Weltgeschichte und Specialgeschichte: Aegyptische Geschichte und Archaeologie, mit besonderer Berücksichtigung der auf Aegypten bezüglichen Stellen in den bibl. Büchern, (2-stündig).
WS 1874/75	Dauer 19.Oktober bis 15.März. B.Philologie. b): Orientalische Philologie: Einführung in die hieratische Schrift: Syntax und Analyse hieroglyphischer und hieratischer Texte, (3-stündig, privatissime, aber gratis) - Sitten und Gebräuche der Aegypter im Alterthum und in neuerer Zeit, (2-stündig, öffentlich).
SS 1875	Dauer 15.April bis 15.August. B.b): Fortsetzung der Analyse schwieriger hieratischer und hieroglyphischer Texte, (o.Stundenangabe, privatissime, aber gratis) - Über die Denkmäler der alten Aegypter, mit Demonstration der vorhandenen Abgüsse und Bilder, (2-stündig, publice).
WS 1875/76	Dauer 18.Oktober bis 15.März. B.b): Grammatik der altaegyptischen Sprache für Anfänger, (3-stündig, privatim, aber gratis) - C.Geschichte und Geographie: Geschichte der alten Aegypter, (2-stündig, privatim).
SS 1876	Dauer 20.April bis 19.August. B.b): Einführung in das Hieratische, Syntax und Analyse hieroglyphischer und hieratischer Texte, (2-stündig, privatissime, aber gratis, zweites Semester) - D.Kunstwissenschaft: Die Denkmäler des alten Aegypten, (2-stündig, privatim).
WS 1876/77	Dauer 16.Oktober bis 15.März. B.b): Analyse und Erklärung von hieroglyphischen und hieratischen Texten, (3-stündig, privatissime, aber gratis) - Lectüre, Vergleichung und Erklärung von Todtenbuch-Texten, (o.Stundenangabe, privatissime, aber gratis).
SS 1877	Dauer 16.April bis 18.August. B.b): Analyse ausgewählter schwierigerer hieroglyphischer und hieratischer Texte, (2-stündig, privatissime, aber gratis) - Demotische Grammatik, (2- stündig, privatissime, aber gratis).
WS 1877/78	Dauer 15.Oktober bis 15.März. B.a) Altclassische Philologie: Erklärung des II.Buches des Herodot, (2-stündig, privatim) - B.b): Altaegyptische Grammatik für Anfänger, (3-stündig, privatissime).
SS 1878	Dauer 25.April bis 17.August. *Erstmals erscheint in der "Übersicht der Vorlesungen nach Ordnung der Lehrer in den Fakultäten" die Berufsbezeichnung "Aegyptolog.P.O." hinter dem Namen von Ebers.* B.b): Geschichte des alten Aegypten, (3-stündig, auch Sonnabend, privatim) - Analyse hieroglyphischer und hieratischer Texte, (2-stündig, privatissime, aber gratis).
WS 1878/79	Dauer 16.Oktober bis 15.März. B.b): Einführung in das Hieratische (Lectüre und Erklärung von hieratischen Handschriften), (3-stündig, privatissime, aber gratis) - C.Geschichte (einschl. Culturgeschichte) und Geographie: Sitten und Gebräuche der alten Aegypter, (2-stündig, publice).
SS 1879	Dauer 16.April bis 18.August. B.b): Einführung in das Todtenbuch (Vergleichung und Analyse von funerären Texten), (o.Stundenangabe, privatissime).

WS 1879/80	Dauer 16.Oktober bis 15.März. B.b): Lectüre und Analyse von hieratischen Texten, (4-stündig, privatissime, aber gratis).
SS 1880	Dauer 15.April bis 20.August. B.b): Georg Ebers, Aegyptol.P.O.:ist beurlaubt.
WS 1880/81	Dauer 18.Oktober bis 15.März. B.b): Altaegyptische Grammatik, für Anfänger, (4-stündig, privatim, aber gratis).
SS 1881	Dauer 20.April bis 20.August. B.b): Analyse hieroglyphischer Texte und Einführung in das Hieratische, (4-stündig, privatim, aber gratis).
WS 1881/82	Dauer 17.Oktober bis 15.März. B.b): Über aegyptische Denkmäler, (2-stündig, publice) - Lectüre und Erklärung hieratischer Texte (Fortsetzung), (3-stündig, privatissime, aber gratis).
SS 1882	Dauer 17.April bis 19.August. B.b): Die Denkmäler des alten Aegypten, (2-stündig, publice) - Interpretation von schwierigeren hieroglyphischen und hieratischen Texten, Fortsetzung (für Fortgeschrittene), (o. Stundenangabe, privatim).
WS 1882/83	Dauer 16.Oktober bis 15.März. B.b): Altaegyptische Grammatik (für Anfänger), (4-stündig, privatissime, aber gratis).
SS 1883	Dauer 16.April bis 18.August. B.b): Lectüre und Interpretation von alt- und neuaegyptischen Texten als Fortsetzung der Vorlesung im vorigen Semester), (o. Stundenangabe).
WS 1883/84	Dauer 15.Oktober bis 15.März. B.b): Lectüre und Analyse schwierigerer hieratischer Texte und Einführung in das Todtenbuch (als Fortsetzung des Collegs im vorigen Semester), (o.Stundenangabe, privatissime, aber gratis) - Die Denkmäler des alten Aegypten, (2-stündig, publice).
SS 1884	Dauer 16.April bis 16.August. B.a) Altclassische Philologie: Erklärung des II.Buches des Herodot, (2-stündig, privatim, aber gratis).- b): Demotische Grammatik und Einführung in die Lectüre demotischer Texte, (3-stündig, privatim, aber gratis).
WS 1884/85	Dauer 15.Oktober bis 14.März. B.b): Aegyptische Grammatik (Einführung in die Schrift und Sprache der alten Aegypter, für Anfänger, (2-stündig, privatim, aber gratis), *in der "Übersicht der Vorlesungen nach Ordnung (...)" als 4-stündig angekündigt.*
SS 1885	Dauer 20.April bis 15.August. B.b): Interpretation hieroglyphischer Texte und Syntax des Alt- und Neuaegyptischen, (4-stündig, privatim, aber gratis) - Koptische Grammatik, (3-stündig, privatim, aber gratis).
WS 1885/86	Dauer 15.Oktober bis 15.März. B.b): Schrift und Grammatik aller Sprachstufen des Aegyptischen. Für Anfänger. (Das im vorigen Wintersemester unterbrochene Colleg wird neu begonnen und zu Ende geführt werden), (4-stündig, privatim, aber gratis) - C.Geschichte und Geographie: Geschichte des Pharaonenreiches bis zur Eroberung Aegyptens durch Kambyses, (2-stündig, publice).

SS 1886   Dauer 28.April bis 14.August.
               In: "Übersicht der Vorlesungen nach Ordnung (...)": D.ph.Georg Ebers, Aegyptol.P.O.: ist wegen Krankheit beurlaubt.

WS 1886/87   Dauer 18.Oktober bis 15.März.
               B.b): Altaegyptische Grammatik, I.Semester, für Anfänger: Schriftsystem, Formenlehre, leichtere Beispiele, (4-stündig, privatissime, aber gratis) - Die Denkmäler der alten Aegypter, (2-stündig, publice).

SS 1887   Dauer 18.April bis 13.August.
               In: "Übersicht der Vorlesungen nach Ordnung (...)": D.ph.Georg Ebers, Aegyptol.P.O.: ist wegen Krankheit verhindert zu lesen.

WS 1887/88   Dauer 17.Oktober bis 15.März.
               In: "Übersicht der Vorlesungen nach Ordnung (...)": D.ph.Georg Ebers, Aegyptol.P.O.: ist Krankheitshalber beurlaubt.

SS 1888   Dauer 16.April bis 18.August.
               In: "Übersicht der Vorlesungen nach Ordnung (...)": D.ph.Georg Ebers, Aegyptol.P.O.: ist beurlaubt.

WS 1888/89   Dauer 15.Oktober bis 15.März.
               In: "Übersicht der Vorlesungen nach Ordnung (...)": D.ph.Georg Ebers, Aegyptol.P.O.: ist Krankheitshalber beurlaubt.

SS 1889   Dauer 24.April bis 17.August.
               In: "Übersicht der Vorlesungen nach Ordnung (...)": D.ph.Georg Ebers, Aegyptol.P.O.: ist Krankheitshalber beurlaubt.

WS 1889/90   Dauer 15.Oktober bis 15.März.
               Ebers erscheint ab jetzt als "emeritierter Professor der Aegyptologie, Comthur 2.Cl. des kgl. sächs. Albrechts-Ordens und Ritter des kaiserl. Medschidie-Ordens 3.Cl."

V. 4. 2. GLIEDERUNG DER PHILOSOPHISCHEN FAKULTÄT ZUM AMTSANTRITT VON EBERS IM WS 1871/72

Bei den Sprach- und historischen Wissenschaften sind die Untergliederungen und in Klammern die Anzahl der jeweiligen Lehrveranstaltungen angegeben.

I.   Philosophische Wissenschaften
II.   Sprachwissenschaften (3)
    1. Altklassische Sprachen (1)
       Griechische Sprache (6)
       Lateinische Sprache (10)
       Philologische Uebungen (8)
    2. Morgenländische Sprachen
       Arische Sprachen (4)
       Semitische Sprachen (6)
       Aegyptische Sprache (1, *die Ebers'sche Veranstaltung*)
       Turanische Sprachen (1)
       Sprachuebungen (1)
    3. Neuere Sprachen
       Germanische Sprachen (3)
       Romanische Sprachen (4)
       Slawische Sprachen (1)
       Sprachuebungen (4)
III.   Historische Wissenschaften
    1. Weltgeschichte (4)
       Culturgeschichte (2)
       Literaturgeschichte (4)
       Historische Uebungen (4)
    2. Alterthumskunde (3; *darunter die Ebers'sche Veranstaltung*)
       Archaelogische Uebungen (2)
    3. Historische Hilfswissenschaften (3 Verweise)
IV.   Staats- und Cameralwissenschaften
V.   Mathematische Wissenschaften
VI.   Naturwissenschaften.

V. 4. 3. VERZEICHNIS DER BEURLAUBUNGEN EBERS'

SS 1876	Beurlaubung (UAL PA 427, Bl.26)
SS 1877	Beurlaubung ab 30.Juni zur Kur in Wildbad (UAL PA 427, Bl.27)
SS 1878	Beurlaubung ab 1.Juli zur Kur in Wildbad (UAL PA 427, Bl.28)
SS 1879	Beurlaubung ab 1.Juli für Badkur (UAL PA 427, Bl.29)
WS 1879/80	Beurlaubung ab 1.Januar bis November, d.h. also auch für das SS 1880 einschließlich des Beginns des folgenden WS (UAL PA 427, Bl.30)
SS 1881	Beurlaubung ab 28.Juli für Kur (UAL PA 427, Bl.31)
SS 1882	Beurlaubung (UAL PA 427, Bl.32)
SS 1883	Ende der Vorlesungen aus Gesundheitsgründen bereits am 1.Juli (UAL PA 427, Bl.33)
SS 1884	Beurlaubung bereits ab 4.März, also noch für die letzten Tage des WS 1883/84, das noch bis 15.März geht (UAL PA 427, Bl.34)
WS 1884/85	Beurlaubung ab November (UAL PA 427, Bl.35)
SS 1885	Beurlaubung (UAL PA 427, Bl.36)
WS 1885/86	Beurlaubung auf ein Jahr, also auch für SS 1886 (UAL PA 427, Bl.37)
SS 1887	Beurlaubung am 4.März 1887 auf drei Semester, also auch für WS 1887/88 und SS 1888 (UAL PA 427, Bl.38)
WS 1888/89	Beurlaubung am 8.September 1888 auf zwei Semester, also auch für SS 1889 (UAL PA 427, Bl.39)
WS 1889/90	Dienstunfähigkeit ab 1.Oktober 1889 und Versetzung in den Ruhestand als em.Professor.

V. 5. AKADEMIE

V. 5. 1. WAHLVORSCHLAG VON ERNST KUHN FÜR EBERS AN DIE KGL. BAYERISCHE AKADEMIE DER WISSENSCHAFTEN ZU MÜNCHEN

Personalakte Ebers, ABAW

<u>Wahl</u>
des Herrn <u>Dr.Georg Ebers</u>, früher Professor
in Leipzig, nun Privatgelehrter dahier,
zum <u>ordentlichen</u> Mitglied der philosophisch-
philologischen Klasse.

Georg Ebers, von 1872 bis 1889 Professor an der Universität Leipzig, zählt zu den anerkannten Meistern der ägyptischen Wissenschaft, welcher er sich schon seit seiner Doktordissertation "Disquisitiones de dynastia vicesima sexta regum Aegyptiorum" (1865) zugewandt hatte. 1868 veröffentlichte Ebers das treffliche Buch "Aegypten und die Bücher Mose's", in welchem die für Genesis und Exodus bedeutsamen ägyptologischen Fragen zum ersten Male mit der vollen Competenz eines Fachgelehrten erörtert wurden. Eine Ergänzung und Erweiterung des hier gegebenen gewährt die nicht minder geschätzte Schrift "Durch Gosen zum Sinai. Aus dem Wanderbuch und der Bibliothek" (1872), in welcher Ebers seine eigenen Beobachtungen im Lande selbst mit den Ergebnissen früherer Studien auf das glücklichste zu vereinigen wußte. Während der 1872-1873 ausgeführten Reise nach Aegypten entdeckte er u.a. in dem nach ihm benannten, jetzt der Universität Leipzig gehörenden Papyrus ein einzig dastehendes Denkmal der medizinischen Wissenschaft des alten Aegyptens, das er 1875 in zwei Bänden vollständig mit eingehendem Glossar veröffentlichte, während ein 1889 im 25.Bande der Abhandlungen der Sächsischen Gesellschaft der Wissenschaften abgedruckte Arbeit die metrologischen Grundlagen des Werkes feststellte und das Kapitel über die Augenkrankheiten auf das sorgfältigste commentierte. Im 21.Bande der genannten Abhandlungen besprach Ebers 1884 ebenso gründlich den gleichfalls der Leipziger Universität gehörigen Holzsarg des Hat-bastin, während kleinere Beiträge zur ägyptischen Altertumskunde in der Zeitschrift für ägyptische Sprache, der Zeitschrift der deutschen morgenländischen Gesellschaft und anderwärts veröffentlicht wurden. In dem Lebensbild seines berühmten Lehrers Richard Lepsius und dem daran sich anschließenden Aufsatz "Lepsius als Linguist", in Techmer's "Zeitschrift für allgemeine Sprachwissenschaft" lieferte Ebers 1885 wertvolle (~~unübertroffene~~) Beiträge zur Geschichte der ägyptischen Philologie; auch seine Selbstbiographie 1893 darf in diesem Zusammenhange nicht ganz übergangen werden. Populär gehalten, ohne darum an wissenschaftlichem Wert zu verlieren, ist der von Ebers geschriebene Text zu dem 1878 erschienenen Prachtwerke "Aegypten in Bild und Wort" (1886 unter dem Titel "Cicerone durch das alte und neue Aegypten" auch besonders herausgegeben); dasselbe gilt von Ebers' Anteil an dem 1883/84 gemeinsam mit Professor Guthe in Leipzig publizierten ähnlichen Werke "Palästina in Bild und Wort nebst der Sinai-Halbinsel und dem Lande Gosen", sowie von dem Text der 1894 erschienen Heliogravüren aus Aegypten. Zwei kleinere Arbeiten aus den letzten Jahren, die über die koptische Kunst 1892 und über die antiken Porträte aus dem Fayyum 1893 behandeln in geistvoller Weise den Contakt spätägyptischer mit hellenistischer und byzantinischer Kunstübung. Hervorzuheben ist noch, daß Ebers durch das von ihm gegebene Leitziel sorgfältigster Interpretation der alten Texte nicht wenig zu der Vertiefung beigetragen hat, welche der gegenwärtigen Aegyptologie nachgerühmt werden muß. Auf Grund des Gesagten beehrt sich die philologisch-philosophische Klasse, Professor Ebers hiermit zum ordentlichen Mitglied in Vorschlag zu bringen.

München, den 6.Juli 1895   E.Kuhn

V. 5. 2. Wahlvorschlag von Georg Ebers für Erman an die Kgl. Bayerische Akademie der Wissenschaften zu München

Personalakte Ebers, ABAW

<u>Wahl</u>
des Herrn <u>Dr.Adolf Erman</u>,
o.Professor der Aegyptologie,
Direktor bei den Kgl.Museen
in Berlin zum <u>korrespondieren-
den</u> Mitglied der philosophisch-
philologischen Klasse.

Es ist für den akademischen Lehrer gewiß eine der größten Freuden, wenn er seinen Schüler sich in seinem Sinne entwickeln und endlich über sich selbst hinauswachsen sieht.

Diese Freude dankt der Antragsteller Herrn Adolf Erman, den es ihn zu Leipzig in die Aegyptologie einzuführen vergönnt war. Schon dort sah er den so fleißigen wie scharfsinnigen Schüler mit kleinen, aber so wertvollen Entdeckungen auf dem Gebiete der Grammatik hervortreten, daß er bereits damals ahnte, eine wie hervorragende Stellung es ihm später in der Wissenschaft einzunehmen bestimmt war.

Als Mitglied einer Gelehrtenfamilie von hervorragender Bedeutung - dem Großvater von mütterlicher Seite, dem Astronomen und Mathematiker Fr.Wilh.Bessel, dankt er wohl auch einen Theil seiner feinen Spekulationsgabe und seiner schönen Genauigkeit - wurde Adolf Erman am 31.Oktober 1854 zu Berlin geboren. 1874 bezog er die Universität zu Leipzig und beschloß das Studium in seiner Vaterstadt mit der Dissertation über die <u>Pluralbildung im Aegyptischen</u>.

Bereits in dieser Arbeit betrat er den Weg, dem er treu bleiben sollte und auf dem gegenwärtig die Fachgenossen, die es ernst mit der Vertiefung der grammatischen Studien meinen, in seiner Nachfolge fortschreiten.

Die Aegyptologie ist eine verhältnismäßig jungen Wissenschaft. Wir älteren hatten genug zu thun, die ersten großen Hindernisse aus dem Wege zu räumen und die Hilfsmittel herbeizuschaffen, die zum Verständnis der drei Hauptstufen der ägyptischen Sprache führten. Uns lag es ob, die erhaltenen Texte, wo es anging durch eigene Forschung, zu vermehren, sie durch genaue Publikationen der Wissenschaft zur Verfügung zu stellen und deren Sinn durch immer genauere Analysen zu ermitteln. Für die Chronologie und Mythologie, für die politische, Kultur- und Kunstgeschichte galt es neben den sprachlichen Studien die Fundamente festigen und an der Hand der Denkmäler den neuen methodischen Aufbau selbst beginnen.

Die Grammatik zog uns als Mittel für das genauere Verständnis der Texte zwar lebhaft an, und wir gaben uns diesem Studium auch fleißig hin, es hatte sich indes noch keiner entschlossen, das Aegyptische ausschließlich als sprachliches Objekt ins Auge zu fassen unter Berücksichtigung der Lautgesetze und der nämlichen kritischen Methode die bei der Linguistik und Philologie längst zum Siege gelangten, in die Tiefe zu dringen und der Entwicklung dieser Sprache von Stufe zu Stufe zu folgen.

Wohl hatten wir uns des feinen syntaktischen Baues des Koptischen gefreut und hatten wir die Formen des Altaegyptischen von denen des Demotischen und Koptischen gesondert, die Formenlehre festgestellt und die ersten syntaktischen Regeln auch für die ältere Sprache gefunden; die subtile Verfahrensart, mit der Erman in seiner "Pluralbildung" der Entwicklung der Sprachformen auf dem kleinen Gebiet, das er in's Auge gefaßt hatte, folgte und sie kritisch behandelte, unterscheidet sich aber wesentlich von der früheren Untersuchungsmethode und fand die Anerkennung, die ihr gebührte. Schon in diesem Erstlingswerke erwies er sich als der Pionier, der unserer Wissenschaft neue Wege zu eröffnen bestimmt war.

In seiner "neuägyptischen Grammatik" zeigte er, daß auch die in hieroglyphischer und hieratischer Schrift vorliegenden Texte keineswegs in genau den gleichen Sprachformen verfaßt sind. Sein "neuägyptisch" ist übrigens nichts weniger als "neu"; denn es ist die von der XIX.Dynastie (14.Jahrhund. vor Chr.) an gebräuchliche Schriftsprache, die namentlich für die Niederschrift von profanen Texte gebracht wurde. In einer vollständigen Grammatik legte Erman nun dar, wie sich dies "Neuägyptisch" von der Sprache der älteren Texte unterscheidet. Wo wir nur etliche dialektische oder Schuldifferenzen wahrgenommen hatten, wies er zwei grammatisch geordnete Sprachstufen bis ins Einzelne auf.

Die Erkenntnis der Entwicklung des ägyptischen Sprachorganismus that damit einen großen Schritt vorwärts, und er führte diese Erkenntnis rüstig weiter, indem er die Märchen des Berliner hieratischen Papyrus Westcar publizierte, übersetzte und commentierte.

In diesem mustergültigen Werke hatte er es mit Texten zu thun, die bald nach der Vertreibung der Hyksos des neuen Reiches niedergeschrieben worden waren (Papyrus Westcar und Ebers) und auch für diese Sprachstufe verfaßte er eine vollständige Grammatik unter dem Titel "Die Sprache des Papyrus Westcar".

Vor Kurzem faßte er die Gesamtheit des Altägyptischen in dem praktischen und doch echt wissenschaftlichen Buche "Ägyptische Grammatik" zusammen, das 1894 in den "Portae linguarum orientalium" erschien.

Auch als Koptolog förderte er die Wissenschaft und zwar nicht nur durch die Behandlung von Stücken aus dem oberägyptischen koptischen alten Testament, sondern auch durch die Übersetzung, Erklärung und Herausgabe von koptischen Handschriften des Berliner Museums.

Diese Arbeiten verliehen dem Studium der ägyptischen Grammatik eine ganz neue Gestalt. Sie schufen eine ägyptische Philologie im strengen Sinne des Wortes und und ertheilten auf ihrem Boden der kritischen Methode das Bürgerrecht.

Doch auf einem anderen Gebiete unserer Wissenschaft wußte er diese Methode zur Geltung zu bringen. In seinem "Aegypten und ägyptisches Leben im Alterthum", das die Privatalterthümer Aegyptens zusammenfaßt, hielt er genau wie bei der Sprache an dem Bestreben fest, der Entwicklung nachzugehen, zu differenzieren, und jeder Stufe des ägyptischen Lebens zuzuweisen, was auf ihr erwuchs und sich behauptete. Die Denkmäler und Papyri sind die einzigen Quellen, aus denen er bei der Behandlung der bürgerlichen Alterthümer, der Kunst, Wissenschaft und Poesie schöpfte.

Wenn auch andere schon ähnliches versucht hatten, war doch Erman der erste, der die Aufgabe löste, das Vorhandene nicht nur als Ganzes zu schildern, sondern jeder einzelnen Erscheinung im Leben der Aegypter auch zeitlich den rechten Platz zuzuweisen und ihrer Entwicklung zu folgen.

Die lange Reihe der Abhandlungen und kleineren Monographien, die Erman's Namen tragen, finden sich größtentheils in der von ihm herausgegebenen Zeitschrift für ägyptische Sprache und Alterthumskunde, die Heinrich Brugsch ins Leben rief und Richard Lepsius fortsetzte. Andere finden sich in der Zeitschrift der Deutschen morgenländischen Gesellschaft und in den Schriften der Berliner Akademie der Wissenschaften. Sie behandeln sehr verschiedene Stoffe und sind sämtlich von bleibendem Werth.

Dies alles stellte A.Erman nach dem Tode H.Brugsch's an die Spitze der heutigen Aegyptologen. Aber auch seine Lehrtätigkeit weist ihm diesen Platz an; denn die Reihe seiner Schüler: Steindorff in Leipzig, Sethe, Schäfer, Krebs, Borchardt in Berlin u.a.m. arbeiten im Sinn des Lehrers fort, und ihrer Methode gehört die Zukunft.

Da nun die Frage an mich herantrat, wem unter den meinem Studiengebiet nahe stehenden Orientalisten ich die hohe Ehre gönnen würde, von unserer Sektion zum auswärtigen Mitgliede ernannt zu werden, konnte ich nur an zwei Kollegen denken: an den älteren Gaston Maspero in Paris und an Adolf Erman in Berlin.

Natürlich zog ich den Deutschen dem Franzosen vor, und wenn ich die Leistungen beider gegeneinander halte, gelange ich, soviel wir auch dem feinsinnigen, unermüdlichen und gelehrten Maspero verdanken, zu dem nämlichen Wahlresultate.

Sei es mir darum gestattet, Herrn Dr.Adolf Erman, ordentl.Professor und Direktor des Ägyptischen Museums zu Berlin (Südende b/Berlin - Bahnstraße 21/II), den verehrten Herren Kollegen zu unserem auswärtigen Mitgliede vorzuschlagen.

Tutzing, 2.Juli 1896

Georg Ebers

Es folgt die Aufzählung der "Hauptschriften Ad.Ermans"

V. 6. DICHTUNGEN

V. 6. 1. INHALTSANGABE DER "ÄGYPTISCHEN KÖNIGSTOCHTER"

Aus: Gosche, Georg Ebers, 118-130. Die ausführlichen Inhaltsangaben Richard Gosches von "Königstochter" und "Uarda" aus dessen Ebers-Biographie vermitteln auch stilistisch einen Eindruck von dem des Vorbilds. Über Gosche, den Zeitgenossen Ebers' und dessen Verwandten im Geiste siehe oben 3f., besonders Anm.4.

Der Inhalt des dreibändigen Romans verläuft in seinen Hauptzügen trotz des reichen, in seinen charakteristischen Eigenthümlichkeiten immer sehr anziehenden Beiwerks äußerst klar. Die Dichtung beginnt mit dem Jahre 528 v.Chr. In einer jener schönen Mondnächte, welche mit zauberhaftem Glanze über dem Nilthal zu liegen pflegen, durchschnitt eine Barke von Naukratis aus den beinahe strömungslosen westlichen Arm des Flusses; nach etwa einer halben Stunde war das Ufer erreicht, wo in einem Garten voller Palmen das Haus der vielgenannten Rhodopis stand. Aus der Barke stiegen zwei Soldatengestalten, welche im Dienst des Pharao standen: der elegante junge Athener Phanes und der ältere, derbe Spartaner Aristomachus, der trotz des einen Holzbeines sich sehr rüstig bewegte. Nach des mit den Verhältnissen vertrauten Phanes' Erzählung ist die Griechin Rhodopis ganz jung von phönizischen Seeräubern an der thrazischen Küste geraubt und an einen Jadmon von Samos verkauft worden. In dessen Hause unterrichtete sie Äsopus, der ebenfalls dahin vor längerer Zeit als Sklave verkauft worden war, und sie entwickelte sich geistig wie leiblich so herrlich, daß Jadmon auf Betrieb seiner eifersüchtigen Gattin die vierzehnjährige Schöne an eine gewissen Xanthus um einen sehr bedeutenden Preis verkaufte. In den nun folgenden drei Jahren der Erniedrigung zu Naukratis brachte Rhodopis' Schönheit ihrem Besitzer große Summen, da der Ruf ihrer Reize sich durch ganz Hellas verbreitete. Als zu dieser Zeit der lesbische Adel vor dem zur Herrschaft berufenen weisen Pittakus sich in alle Welt zerstreute und auch zum Theil nach dem internationalen Naukratis kam, fand Charaxus, der Bruder der berühmten Sappho, Gelegenheit, Rhodopis zu sehen. Er wurde so begeistert, daß er sie um einen außerordentlichen Preis erwarb, so sehr auch seine talentvolle Schwester darüber spottete; aber als der damals regierende Pharao Hophra von ihr hörte und sie nach Memphis kommen ließ, da vermochte Charaxus einen neuen Verkauf nur durch ihre Freilassung und Verheirathung mit ihr vorzubeugen. Das Paar blieb mit dem kleinen Töchterchen Kleïs vor der Hand in Naukratis. Bald gestatteten die Verhältnisse die Rückreise nach Lesbos; aber schon auf der Fahrt erkrankte Charaxus und bald, nachdem er seine Heimath wiedergesehen, starb er. Sappho, wie ihr Freund Alcäus, gehörten jetzt zu den Bewunderern der schönen Wittwe, die nach dem Tode der ersteren wieder nach Naukratis zog.

Hier ward sie um ihrer Schönheit und ihres Geistes willen wie eine Göttin verehrt und ihr prächtiges Haus ward ein Sammelplatz bedeutender Persönlichkeiten, besonders Griechenlands. Obgleich sie im Laufe der Jahre alterte, so konnte sie nicht nur als schöne Matrone gelten, sondern sie glänzte ganz besonders durch Geist und Beredsamkeit. Wir haben hier eine griechisch-ägyptische Vorstufe des besten modernen Salons vor uns, etwa der Récamier oder der Rahel: aber Ebers hütet sich, die etwaigen Conversationen über die Gränzen des geschichtlich möglichen hinauszuführen. Jetzt ist Phanes in dies Haus gekommen, um Lebewohl zu sagen. Denn, obgleich Befehlshaber der griechischen Söldner im Dienste des nach Hophra's Sturz zum Throne gelangten Amasis, muß er doch flüchten, aus einem von Ebers glücklich erfundenen und sehr charakteristisch erzählten Grunde: er hat durch einen alten Diener ein Dutzend junger Katzen im Nil ertränken lassen! Das war im ägyptischen Sinne ein Sacrileg. Aber es störte nicht die Stimmung der heiteren geistreichen Gesellschaft, welche den mit komischer Tragik erzählten Bericht des Katzenverbrechens vernahm: doch zuletzt fällt aufregend in diesen Kreis die Nachricht des Athener Kallias, daß die Perser nach Ägypten kämen. Man vermuthet, daß Kambyses, der Nachfolger des großen Cyrus, dem Pharao ein Bündniß werde antragen und sich um des letzteren Tochter bewerben wollen. Als man schließlich aufbricht, ist der sybaritische Zecher Philoinus noch nicht geneigt dazu: er erinnert rücksichtslos an Rhodopis' früheres Sklavenleben, um von dem ehrlichen Spartaner Aristomachus einen zurechtweisenden gewaltigen Faustschlag zu empfangen.

Wir haben schon bei "Uarda" Gelegenheit genommen, Ebers' hervorragendes Talent der Exposition zu rühmen; auch an diesen beiden ersten Capiteln der "Königstochter" zeigt der damals etwa sechsundzwanzigjährigen Gelehrte dies seltene Geschick bereits in dramatischer Frische. Die Fäden sind jetzt geknüpft, so daß wir, ohne irgend welche weitere Direction zu haben, ein reiches Gewebe von Handlungen und Schicksalen erwarten. Unmittelbar hieran lehnt sich die Schilderung der erregten Stimmung der Rhodopis in der Nacht nach diesem Gastmahl, welche bei Scheiden der Gäste schon aufhören will Nacht zu sein; das Ganze ist ein psychologisches Meisterstück. In dem Gespräch der tiefgekränkten Griechin mit Phanes taucht ein großer hellenischer Gedanke in ihrer Seele auf.

Fünf Tage später ist ungeheures Gedränge in dem Hafen von Sais. Amasis' Sohn, Psamtik (als späterer Pharao der Dritte dieses Namens) ist gekommen, die persischen Gesandten zu empfangen. Bartja, (den die Griechen nach ihrer Weise, beginnenden Lippenlauten ein S vorzusetzen, Smerdis nennen) der Bruder des Königs Kambyses, bringt ein großes Gefolge mit sich, darunter sogar den ehemaligen König von Lydien, Crösus, den erfahrungsreichen Mann; er hat den Auftrag, um die ägyptische Königstochter Nitetis für seinen hohen Bruder zu werben. Der alte Amasis, welchen ein späteres Gespräch mit Crösus als ernsten Denker zeigt, genehmigt den Antrag um des Friedens willen, dessen sein Ägypten bedarf; seine andere Tochter Tachot ist für eine Eheschließung noch zu jung *[richtig: Tachot und Nitetis weden als Zwillinge aufgezogen]*. Es mag schon hier bemerkt sein, daß die schöne Nitetis nicht seine eigene Tochter ist, sondern, wie wir später erfahren, die seines von Thron gedrängten Vorgängers Hophra, von ihm aber als sein eigenes Kind ausgegeben, um jede Nachfolgefrage verstummen zu machen. Da Amasis' Gattin Ladice eine Griechin ist, so erfolgt auch die Bewirthung der persischen Gäste in griechischer Weise.

Bei der Stellung, welche Rhodopis' gastliches Haus einnimmt, wird dasselbe auch von den Persern, besonders aber von Crösus besucht. Als eines Abends dieser letztere und seine Genossen die Barke zu einem solchen Besuch besteigen, erscheint plötzlich des Lydiers Sohn Gyges und theilt heimlich mit, daß die Gärten von äthiopischen Kriegern umgegeben und erfüllt seien; durch einen Sklaven hat er erfahren, daß Psamtik sich aufgemacht habe, um sich des Phanes, des Gastes der Rhodopis, zu bemächtigen, wozu er seinem Vater Amasis - nicht etwa wegen jenes Katzensacrilegs, sondern wegen der Mitwissenschaft um ein Staatsgeheimnis, um Nitetis' Abkunft - für sich und die Priesterschaft die Genehmigung abzuringen gewußt hat. Jetzt tauscht Phanes von Gyges die persische Kleidung um und entkommt in dieser unerkannt auf einem bereit gehaltenen Pferde; Gyges wird aber von der untersinkenden, weil angebohrten Barke des Phanes gerettet und auf ein königliches Schiff genommen.

"Die Sonne eines neuen Tages war über Ägypten aufgegangen" - so lautet der Anfang des folgenden Capitels, welches die erste Begegnung des nach Crösus und dessen Sohne fragenden Bartja und der jungen Sappho, der Enkelin Rhodopis', anmuthig erzählt: wir haben hier eine der reizendsten Backfisch-Naturen in dieser Sappho vor uns, welche nach einem unbefangenen Gespräch unbedenklich dem persischen Könissohne die erbetene Rose giebt und von ihm einen Diamantstern an einer Halskette, ihm einst als erstes Siegeszeichen für Überwindung eines Bären verliehen, leis widerstrebend empfängt. Der Augenblick, wo das bisher ganz einsam gehaltene Mädchen vor dem schönen persischen Prinzen durch die Rosenhecken, hinter die es zurückgetreten, entfliehen will, ist für Paul Thumann Motiv eines der lieblichsten Bilder der Ebers-Gallerie geworden. (...) Die beiden haben sich gefunden; Sappho folgt endlich dem wiederholten Rufe der Mutter *[richtig: Großmutter]* in's Haus und Bartja hat sein erstes Liebesglück geerntet. Sie wiederholen ihre morgendlichen Zusammenkünfte, welche das Verlangen des Kambyses unterbrechen zu sollen scheint. Rhodopis giebt den persischen Gesandten ein Abschiedsfest und erfährt mit Genugthuung am anderen Morgen, daß Bartja und Sappho sich gefunden haben: Crösus hat sie über etwaige Zweifel beruhigt. Ihnen beiden scheint ein ganzes Glück in der Ferne zu glänzen; die arme Nitetis zieht aber einem unbestimmten Schicksal entgegen. Hiermit schließt spannend der erste durch seine Grundlegung der kommenden Dinge wichtige Band.

Der zweite Band beginnt mit der Schilderung des langen königlichen Brautzuges, der nach sieben Wochen an der letzten Station vor Babylon angelangt ist: fern am Horizont sieht man den Turm des Bel sich erheben und ehe die Sonne untergeht, wird man bei den ehernen Thoren der Hauptstadt anlangen. Auf dieser letzten Station nimmt die Braut persische Tracht an und empfängt in Auftrage des Königs durch dessen

Eunuchen-Obersten Boges die ersten Huldigungen. Kaum hat sie aber ihren Wagen bestiegen und der Zug sich wieder in Bewegung gesetzt: da bemerkt man schon von Ferne einen Zug von mehr als zweihundert Reitern auf schneeweißen Pferden, ihnen vorauf ein prachtvoll geschmückter gewaltiger Reiter auf einem wilden, aber mit riesiger Kraft gebändigten rabenschwarzen Hengst. Es ist Kambyses. Der Maler hat Mühe gehabt, hier dem Dichter nur gleich zu kommen, wenn er schildert, wie Nitetis den Blick des Königs erträgt, "dessen ganze Haltung den Stempel höchster Kraft und maßlosen Stolzes trug, angesichts dessen sie nicht wußte, ob sie sich also den Vater allen Bösen, den furchtbaren Seth, oder den Geber alles Lichtes, den großen Ra", vorzustellen habe; und dennoch hat der in orientalischen Dingen bewanderte Franz Simon für die Ebers-Gallerie ein wirkungsreiches Bild geliefert, in wechem sich für die zuversichtlich drein schauende Nitetis ein dunkles Schicksal von diesem König her ankündigt: ein leiser aber doch dunkler Schatten fliegt über ihr helles Gesicht. Schon das ist eine Dissonanz in ihrem Schicksal, daß der auf die freudigen Zurufe des Volkes eifersüchtige Kambyses den hierin bevorzugten Bartja sofort an die Landesgränzen in den Kampf schickt. Sonst ist er seiner Braut ganz zugethan, welche sich jedoch in der Fremde bald vereinsamt fühlt und besonders die Eunuchen-wirthschaft verachtet. Eine tiefere Neigung hegt sie zu Cassandane, der blinden Wittwe des Cyrus, und zu Atossa, der Schwester des Kambyses. Hinter Cassandane steht der stumme und schweigsame Nebenchari, welchen Amasis geschickt hatte, der blinden Königin-Wittwe Heilung zu bringen. Nitetis wird durch den persischen Oberpriester Oropastes in der Religion Irans unterrichtet und hier dürfen wir dem Verfasser den Vorwurf nicht ersparen, daß er dem Lehrer wie seiner Schülerin zu hohe religiöse Gesichtspunkte zuschreibt. Die altpersische Religion hatte einzelne universelle Gedanken wie die altägyptische: aber sicher betont der Dichter das Gefühl der Einheit Gottes bei Nitetis zu sehr, welche doch in einem zu mannigfaltigen Polytheismus herangebildet war und jetzt kaum schon in dem neu zu erlernenden zoroastrischen Glauben die verwandten allgemein menschlichen Anschauungen entdeckt haben würde. Dies hindert jedoch nicht, daß der betreffende Abschnitt uns abendländische Leser tief berühre.

    Das Geburtsfest des Kambyses wird gefeiert und acht Tage später die Hochzeitfeier angesetzt, zu welcher die Menschenmassen aus allen Gegenden nach Babylon zusammenströmen. Hierdurch gewinnt der Dichter Gelegenheit zu den buntesten ethnographischen Bildern, von denen einige zwar an sich höchst interessant, im Interesse der Gesammtwirkung aber etwas zu weit ausgeführt erscheinen: so das Auftreten der Juden Josue und Belsazer, welche kommen, um über den neuen Tempelbau zu unterhandeln. Auch Bartja kehrt von seiner Expedition glücklich zurück. Nitetis selbst ist von den widerstreitendsten Empfindungen bewegt. Alle die glänzende Pracht und die Festvorbereitungen können nicht den Gram über die traurigen Nachrichten aus der ägyptischen Heimat, über des Vaters zunehmende Erblindung, über den krankhaften Zustand der Schwester Tachot mindern: der, den diese liebt, Bartja mit seiner Liebe zu Sappho, wird ihr ja nie gehören können. Allerlei Pallastintriguen lassen ihr ihre ganze Lage nur noch trauriger erscheinen, und als beim Festmahl der glückliche König die Verlobung des Bartja mit der jungen Sappho als bevorstehend ausruft, bricht Nitetis ohnmächtig zusammen: sie weiß, was das für ihre leidende Schwester bedeutet. Sie wird nach ihren Gemächern gebracht und hat den Spott des Eunuchen Boges über die Wirkung dieser Verlobungsnachricht zu erfahren.

    Es war leicht, in dem bis zum Krankhaften erregten Kambyses jetzt die Eifersucht auf das Äußerste zu steigern. Der Eunuch Boges übernahm diese Rolle und verstand sie vortrefflich auszunutzen. Die wieder ausbrechende Epilepsie des Königs, der damit verbundene krankhafte Zustand seiner Seele erleichterte dem Eunuchen die Ausführung seiner Pläne. Er weiß es einzurichten, daß Gautama (Bruder des Oropastes) der Verlobte einer der Frauen der Nitetis, der Mandane, mit dieser eine nächtliche Zusammenkunft hat. Bei dessen außerordentlicher Ähnlichkeit mit Bartja und da diese Begegnung in dem Palast der Nitetis statt hat, wird es sehr leicht, hieraus ein Abenteuer des Bartja und der Nitetis zu machen. Der Zorn des Kambyses ist bis zum Wahnsinn gereizt; aber zu den festen Unschulds-Versicherungen Bartja's kommt jetzt das Zeugniß des von Hystaspes zu guter Stunde herbeigeführten Phanes, dessen wir uns von Ägypten her erinnern. Ihm ist es gelungen, Gaumata, der schon einem Überfall von drei Männern in einer Entfernung von einer bis zwei Stationen vor Babylon zu erliegen Gefahr lief, zu retten, und in ihm ein Zeugniß für des ihm so ähnlichen Bartja Unschuld zu gewinnen. Kambyses, der in seiner Seele freier wurde, konnte jetzt noch manches gut machen, was er bereits düster beschlossen hatte: nur Eines nicht. Nitetis hatte, weil Kambyses ganzer Zorn sie treffen sollte und sie für ihre dunklen Gedanken keinen Ausweg mehr wußte, das heimlich mitgebrachte ägyptische Gift genommen. Langsam stirbt sie dahin; selbst die Kunst Nebenchari's vermag die endliche Wirkung dieses Giftes nicht aufzuhalten, wenn auch der König im Paroxysmus ruft: "Sie soll leben! Sie muß leben! Ich befehl' es, der König!"

Einen der schmerzlichen Momente aus Nitetis' Seelenleben hat in dem dritten Bilde der Ebers-Gallerie Ferdinand Keller zum Vorwurf genommen. (...) Auf dem steinernen Sitz, den die Bilder des Löwen und des geflügelten Stier-Menschen umgeben, sitzt im Prachtgewande die arme Königin. Sie starrt in die nur ein klein wenig nach rechts offene Palmenlandschaft. (...)

So beginnt der dritte und letzte Band des Romans, dessen Inhalt wir nur noch in großen Zügen andeuten können. Der endlich eingetretene Tod der Nitetis erschüttert den König auf das Gewaltigste; auf das Schmerzlichste berührt ihn aber die Enthüllung, daß seine Gattin nicht des Amasis, sondern des gestürzten Hophra Tochter gewesen. Der Krieg gegen Ägypten steht dem Getäuschten jetzt fest. Phanes wiegelt arabische Stämme auf; Darius, Bartja und Zopyrus gehen als lydische Soldaten nach Ägypten spionieren: von ihnen ist der glücklichste Bartja, der seine Sappho wiedersieht. In dem Processionszuge der folgenden Tage erkennt ihn die kranke Tachot von ihrer Sänfte herab wieder, und während er dann zu seiner Sappho eilt, um die Hochzeit mit ihr zu feiern, ließ sie sich nach Hause tragen, um den sterbenden Vater vielleicht noch einmal zu sehen, was man ihr der Kranken aber nicht gestattete. Da lagerte sie sich nun halb träumerisch auf dem breiten Altan des Königsschlosses, sah noch einmal hinein in die schöne sonnige Welt, umgeben von hülfreichen Sklavinnen, die kam ihre Mutter Ladice sie grüßen, es war das letzte Mal, und dann hatte die Mutter ihrem sterbenden Gatten Amasis die Augen zuzudrücken ...

Hier ist Ebers' Darstellung von ebenso einfacher als wunderbarer Hoheit. Wer müßte bei Tachot nicht an das Hinsterben der Goethe'schen Mignon denken? und welcher Künstler nicht das Bild der einen wie der anderen in ihrem der Erde Entschweben zu zeichnen sich versucht fühlen? Paul Grot-Johann hat mit der Darstellung "der kranken Tachot auf dem Altan" die Ebers-Gallerie geschmückt. (...)

Jetzt wo die beiden Königstöchter gestorben sind, verfällt das durch Amasis' Tod verwaiste Pharaonenreich wie in einem dumpfen Taumel seinem Schicksal, aber auch Kambyses' Königthum wird davon ergriffen. Die persischen Heeresmassen ergießen sich von Pelusium aus siegreich über das Nilland; Ladice und Psamtik erfahren die rücksichtsloseste Behandlung seitens des immer wahnsinnigeren Kambyses, und Bartja findet auf des von Neuem ergrimmten Königs geheimen Befehl den Tod. Die arme Sappho, welche sammt ihrem Söhnchen *[richtig: Tochter]* Parmys und immer noch an die Wiederkehr des Gatten glaubend Cassandane und Atossa an den persischen Hof begleitet, lebt dort mit ihnen den Erinnerungen an die ägyptische Königstochter. An dieser Stelle könnte der Roman schließen, ja er mußte: nur sehr äußerliches Interesse gewährt das zehnte Capitel, welches uns im Wesentlichen Kambyses' Tod und Darius' Regierungsantritt erzählt. Hier hat der Forscher dem Dichter die Feder aus der Hand genommen; bedeutsamer hätte der Roman vielleicht mit dem prophetischen Worte der Rhodopis gegen Ende des neunten Capitels geendet: "Ich glaube, daß mein Vaterland (sie spricht von Hellas) mit seinen vielen Köpfen, wenn die rohe Eroberungssucht ihre Hand nach ihm ausstreckt, zu einem Riesen werden wird mit einem Haupte voll göttlicher Kraft, von dem die rohe Gewalt so sicher gebeugt werden wird, wie der Geist dem Körper gebietet."

V. 6. 2.   INHALTSANGABE DER "UARDA"

Aus: Gosche, Georg Ebers, 82-108.

Der Roman wird mit einer ungemein charakteristischen Schilderung des Nilthals bei dem hunderthorigen Theben eröffnet. Die Tochter des regierenden Königs Ramses II., Bent-Anat, hatte sich in das Nordwestthal der Nekropole oder Todtenstadt Thebens begeben, um von den neuen Arbeiten Kenntniß zu nehmen. Die Felsenpforte ist schmal, welche in die Schlucht dahin führt, und bei der Rückkehr, als sie selbst statt des wilden Paaker die Zügel führte, hatte sie das Unglück ein junges Mädchen zu überfahren, das mit einem Korb voll Blumen am Wege saß. Nefert, die Gattin des königlichen Rosselenkers Mena, hat die Kleine zunächst verbunden und dann in das Haus ihres Vaters *[richtig: Großvaters]*, des Parschiten (des dem Einbalsamierer vorarbeitenden Leichenöffners) Pinem schaffen lassen. Jetzt, es ist an einem Sonnabend des Jahres 1352 v.Chr., kommt die Königstochter selbst, um aus dem Setihause, zu welchem mit cermonieller Umständlichkeit der Zutritt eingeleitet wird, einen Arzt zu erbitten. Der Oberpriester Ameni hat seine Bedenken gegen die freien Anschauungen des jungen Dichters Pentaur des Setihauses, der für das leidende Mädchen den engherzigen Ansichten seines Meisters ärztliche Hülfe abgewinnt; ja in diesem Ameni tritt schon jetzt schicksalvoll eine Zweitheiligkeit seines Wesen hervor: neben der eifersüchtigen Wahrung der alten Satzungen, welche die Königstochter durch den Verkehr mit der gesetzlich unreinen Uarda selbst als unrein erklären, das sehr bestimmte Gefühl, daß eine andere Anschauung sich vorbereite. Aber er schickt ihn nach ärztlicher Hülfe, und gerade weil er diesen seinen hochbegabten geistigen Sohn liebt, will er ihn nicht aus den Händen lassen, er will, weil ihm eben das fehlt, die Flamme des Ehrgeizes zu seinem und des Priesterstandes Besten noch in ihm entzünden.

Was diese beiden ersten Capitel geben, ist wie die Exposition eines Dramas. Wir fühlen angesichts dieser mit voller Bestimmtheit gezeichneten Persönlichkeiten, daß sich etwas mit Folgerichtigkeit entwickeln müsse, sei es Tragödie oder Schauspiel; auf eine Komödie deutet kaum die rüpelhafte Grobheit des Wagenlenkers Paaker noch die Umständlichkeit des Ceremonienmeisters hin.

Pentaur war nicht im Zweifel, an welchen Arzt er sich um Hülfe für Uarda wenden sollte. Unter den verschiedenen Ärzten des Seti-Hauses war es sein liebster Schulfreund und Altersgenosse Nebsecht, der Enkel eines berühmten längst verstorbenen gleichnamigen Arztes, dem er vertraute. Es ist glücklich erfunden, daß ein Fehler am Sprachorgan dem begabten Arzt das Reden erschwert, aber in der so ihm gewordenen Muße Gelegenheit gegeben hat, das organische Leben in der Natur zu beobachten. Er war eine still in sich zurückgezogene Forschernatur. Da ihm die Natur sogar erschwert hatte, die verschiedenen Formeln und Gebete zu sprechen, wie sie der Papyrus Ebers und andere medicinische Papyrus vorschreiben, so konnte er beharrlicher den Studien selbst leben, Pflanzen und Thiere sammeln, experimentieren, ja sogar Vivisectionen wagen. Bei einer solchen, an einem Kaninchen vorgenommenen, überrascht ihn der Freund, der zwar Laie auf den Gebiete des Chirurgen oder, wie man hier hätte sagen können, des Physiologen war, aber doch einsichtig zu urtheilen wußte. Nebsecht entsprach rasch dem ihm überbrachten Befehl der Königstochter, Uarda zu Hülfe zu kommen, und nahm den blinden Formelsänger Teta mit sich, da er die vorgeschriebenen Litaneien bei seiner ungelenken Zunge nicht singen konnte, vor allem auch nicht wollte. Der rohe Paaker weist ihnen den Weg.

Sie haben die elende Hütte in der engen, nördlichen Schlucht der Stadt *[richtig: auf dem Westufer]* gefunden. Der Arzt Nebsecht hat mit seinem Begleiter das Erste und Nothwendigste gethan. Den niedigen aber nicht engen Raum der Hütte beleuchtet das Licht von der Thür und einer Öffnung der Decke her. "Auf dem staubigen Boden des Gemachs kauerte ein altes Weib mit verwitterten dunklen Zügen und wirren längst ergrauten Haaren. Ihr schwarzblaues, hemdenartiges Baumwollenkleid war geöffnet und ließ auf ihrer verdorrten Brust einen blauen, ihr eintätowirten Stern sehen. In ihrem Schooße lag das von ihren Händen gestützte Haupt eines Mädchens, dessen schlanker Leib auf einer schmalen, zerrissenen Matte regungslos ruhte. Die kleinen weißen Füße der Kranken berührten beinahe die Schwelle der Thür. Neben ihnen hockte ein alter freundlicher Mann, der, nur mit einer groben Schürze bekleidet und in sich zusammengesunken, sich dann und wann vorbeugte, um die Fußsohlen des Mädchens mit den mageren Händen zu reiben und leise Worte vor sich hin zu murmeln. Die Leidende trug nichts als ein kurzes Röckchen von grobem hellblauem Stoff. Ihr im Schooße der Alten ruhendes Antlitz war zart und ebenmäßig geformt, ihre Augen waren halb geschlossen, wie die der Kinder, deren Seele ein süßer Traum umfängt, aber an ihren schön geschnittenen Lippen zeigte sich von Zeit zu Zeit ein schmerzliches, fast krampfhaftes Zucken. Volles weiches, ungeordnetes, rothblondes Haar, in dem verdorrte Blumen hingen, floß von ihrem Scheitel über den Schooß der Alten und die Matte hin, auf der sie lag."

Ihr zur linken Seite wachen hülfreich die beiden ärztlichen Helfer aus dem Setihause. Außer ihnen war vor mehreren Stunden Pentaur auf Befehl des Oberpriesters Ameni gekommen, um die Prinzessin zu warnen, wenn sie erscheine, daß sie sich durch Haus und Familie des Paraschiten beflecke. "An die rechte Wand des Zimmers gelehnt, stand er in seinem langen, schneeweißen Priesterkleide, auf die Prinzessin harrend. Sein Scheitel berührte die Decke des Zimmers und der durch die Öffnung in derselben strömende schmale Lichtstreifen umfloß sein schönes Haupt und seine Brust, während Alles, was ihn umgab, von dämmerndem Dunkel bedeckt war." Er hatte Zeit gehabt, die merkwürdigsten Beobachtungen zu machen. In einem Familienkreise von Geächteten fand er eine Fülle der Liebe und Aufopferungsfähigkeit für einander. Er begann an den hergebrachten Anschauungen zu zweifeln. Er begann, sich innerlich durch die Frage zu befreien, ob das Unglück den Unreinen rein wasche? Freier noch und reiner fühlte er sich, als er neben der Kranken im Gebet niederkniete. Und doch war er nicht ruhig; er sollte der königlichen Prinzessin mit strafender Rede entgegentreten, die er gestern nicht zum ersten Male gesehen, sondern öfter in ihrer stolzen Schönheit bewundert hatte: und bald dünkte es ihm, als ob nicht sie durch die Hütte des Paraschiten, sondern die Heiligen dieses Ortes durch ihr Erscheinen entweiht werden könnten .....

Noch wartete er auf die Rufe der Läufer und das Gerassel der Räder: "da sah er, wie sich die Thüröffnung verdunkelte und eine tiefgebückte Gestalt mit über der Brust gekreuzten Armen das Zimmer betrat, um sich schweigend neben der Kranken niederzulassen. Die Ärzte und die Alten regten sich und wollten sich erheben; sie aber winkte ihnen, ohne die Lippen zu öffnen, mit ausdrucksvollen, feuchten Blicken, an ihrem Platz zu verbleiben, schaute der Kranken lang und liebreich in's Gesicht, streichelte ihren weißen Arm und wandte sich an die Alte, um ihr zuzuflüstern: "Wie schön sie ist!"

Das war Bent-Anat. "Sie hatte kaum ihr neunzehntes Jahr erreicht, und doch breitete sich über ihr Wesen etwas frauenhaft Selbstbewußtes. Ihr hoher Wuchs überragte den ihrer (draußen harrenden) Freundin Nefert beinahe um eines Haupteslänge, ihre Haut war heller, der Blick ihrer guten und klugen blauen Augen ohne Schwärmerei, aber klar und entschieden, ihr Profil war edel, aber scharf geschnitten und dem ihres Vaters so ähnlich, wie eine schöne Landschaft im milden, alle Härten gättenden Scheines des Mondes der gleichen Landschaft im hellen Glanze des Mittags. Ihre kaum merklich gebogene Nase war das Erbtheil ihrer semitischen Voreltern, und das Gleiche galt wohl von der leichtgelockten Fülle ihres braunen Haares."

Aus diesem vollen Haar löste Bent-Anat eine Rose und legte sie der Leidenden auf die Brust, welche die Pferde ihres königlichen Gespanns mit ihren Hufen verwundet hatten. Der schon bei Bent-Anat's Eintritt erregte alte Paraschit nahm das Tuch von der Brust der Kranken und zeigte auf die Wunden wie auf blutige Rosen. Aber indem er schon im Begriff war, die wirkliche Rose durch die Thür seiner Hütte hinauszuschleudern, ergriff Pentaur kräftig seine Hand. Mit gedämpfter Stimme hieß er ihn in sich gehn: "die holde Blume der reinen Menschlichkeit habe diese stolze Fürstin seinem Kindes auf's Herz und ihm zu Füßen gelegt"; schon ist der Alte im Begriff, weich und warm zu werden: da regt ihn alte Erinnerung gewaltsam auf; er denkt seiner sieben Söhne, von denen drei in den Zwangsarbeiten am Suez-Canal Sethi's I., drei andere unter den Aethiopiern verkommen, und der liebste, siebente vielleicht von nordischen Hyänen gefressen sei. Bei dem harten Klagegeschrei, in welches die Weiber ausbrechen, fährt die leidende Uarda auf von ihrem Lager, und hört auf ihre Frage, daß der Jammer ihrem Vater gelte. Jetzt endlich entsinnt sie sich, daß sie ihren Vater in Theben gesehn und geküßt und von ihm einen goldenen Ring in ihr Röckchen eingeknotet habe, als der Wagen auf sie losgebraust sei. Mit zitternden Hand öffnet der greise Paraschit den Knoten des Kleidchens und der Ring rollt zu Boden. Bent-Anat hebt ihn auf, gibt ihn segnend dem Alten, befiehlt dem Arzt die größte Fürsorge und verläßt mit Pentaur die Hütte.

Vielleicht kann man diese Schlußwendung fast theatralisch-überstürzt finden: im Ganzen aber gehört dieses fünfte Kapitel des ersten Bandes, welches den Besuch der Paraschiten-Hütte durch die Prinzessin erzählt, zu den Juwelen aller Romandichtung. Die ungemeine Anschaulichkeit der Darstellung und die psychologische Gewalt der einzelnen Motive sind gleich groß; wir fühlen uns zu der Frage, was hieraus sich ergeben müsse, unwiderstehlich gedrängt. Was wird mit Uarda's Vater sein? was mit ihr selbst werden? Bereitet sich in Bent-Anat's Herzen, in Pentaur's Seele nicht ein bedeutsames Schicksal vor? Sind Paaker und Nefert als gleichgültige Figuren auf der Fahrt nach der Paraschiten-Hütte anzusehen?

Der Dichter eröffnet uns einen lehrreichen Einblick in das altägyptische Zauber- und Hexenwesen, durch welches sich der Wagenlenker *[richtig: Wegeführer]* die Liebe der schönen Nefert, mit der er einstmals verlobt war, wiedergewinnen will; tiefer berührt uns das Stimmungsbild, welches Bent-Anat und Pentaur mit einander zeigt. Als sie darauf mit ihrem Gefolge dem Seti-Hause genaht war und den Vorhof betreten wollte, wehrte Ameni mit seinem priesterlichen Krummstab ihr den Eingang, da sie ihre fürstliche Hand durch die Berührung der Unreinen besudelt habe. Schweigend ertrug Ben-Anat den priesterlich-strengen Blick, dann faßte sie sich, um dem Tempel stolz den Rücken zu kehren. Da begegnete ihr Blick dem Auge Pentaurs. Was sie darin las und wie die beiden groß angelegten Menschen stumme Zwiesprach hielten, konnte dem priesterlichen Scharfblick Ameni's nicht entgehn. Nach kurzem Zaudern rief er Bent-Anat noch einmal an. Als sie vernahm, daß ein Priester, seines Eides vergessend, ihr nicht lange zur Seite stehn könne, sondern verdammt werde: mußte sie von tiefstem Mitgefühl für Pentaur ergriffen werden. Sie unterwarf sich dem oberpriesterlichen Urtheilsspruch und unter geistlichem Gesang und Segen verließ sie den Tempel. Pentaur aber blieb wie gebannt an dem Pfeiler stehn und beachtete nicht das Zeichen, welches sie ihm gab, indem sie die Geißel zur Erde fallen ließ, die jedoch nicht er, sondern ein herzuspringender Läufer aufhob.

Der Dichter hat hier eine Reihe seelisch-interessanter Momente zusammengedrängt, welche die bildende Kunst herausfordern mußten, wie sie jeden Leser durch ihr lebhaftes Kolorit anregen werden. Das fünfte Bild der Ebers-Gallerie von Ferdinand Keller von Karlsruh hat den Augenblick gewählt, da Ameni Bent-Anat den Eintritt in den Tempel verwehrt. *(...)*

Den nach ihrem Abfahren immer noch sinnend an den Pfeiler gelehnten Pentaur ruft der weithin dröhnende Schlag der Erzscheibe zur Vorlesung. Ihn beherrscht jetzt nur der Gedanke, daß die hohe Bent-Anat sich für ihn geopfert habe. Als ob ihm dadurch eine fürstliche Erhöhung zu Theil geworden, handelt er jetzt begeistert vor seinen Schülern über die Frage "Wie erkennen wir die Güte der Gottheit?" so, daß er zwar die Zuhörer entzückt, aber auch den Tadel Ameni's erfährt. Denn dieser sieht es deutlich: dem früheren Schüler Mesu (alttestamentlich Mose), der bereits abgefallen ist, wird Pentaur folgen. Eine solche Kraft darf aber nicht mit dem Hause des Königs Ramses II. verbunden werden; der Oberpriester will vielmehr gegen dies übermüthige Königthum einen "ersten Pfeilschuß" wagen und darum läßt er ein Schreiben an alle Priestercollegien des Landes ergehn, daß "die Tochter dieses Ramses sich gegen das Gesetz schwer vergangen und verunreinigt habe und man für sie in allen Tempeln öffentliche Gebete sprechen möge".

Unterdessen bereiten sich auch von anderer Seite gefährliche Agitationen vor. Der schwache Statthalter Ani, dessen Hand Bent-Anat abgewiesen hat, der Wagenlenker *[richtig: Wegeführer]* Paaker, den die schöne Nefert nicht mochte, deren intrigante Mutter Katuti und der Zwerg Nemu finden sich in dem Plane gegen Ramses zusammen. Seltsam contrastiert damit das schöne Capitel, welches die genesende Uarda zum ersten Mal unter dem von dem alten Großvater und dem heimgekehrten Vater vor dem Parschitenhause bereiteten Zeltdach Licht und Luft genießen läßt: auch Pentaur kommt dazu, wie Uarda schon bestimmt vorher zu wissen meint, und der arme künstlerisch angelegte Scherau, der von der bösen Hexe Hekt zum Zwerg erzogen wird und heut einmal freigelassen war. Der Maler Wilhelm Gentz *(...)* hat auf den sechsten Bilde der Ebers-Gallerie den Augenblick dargestellt, da Uarda zum ersten Male vor die Hütte getragen ist. *(...)*

Ja, mit Recht läßt der Maler Uarda ernster hinausschauen, denn ernste Dinge bereiten sich vor. In dem Tempel der Hathor *[gemeint ist der Hatschepsut-Tempel]*, dessen Leitung Ameni an Pentaur übertragen hat, entsteht Aufruhr gegen diesen. Für die einen ist er zu wahr: für die anderen zu rein, und aus dem tiefsinnigen Gespräche, in welchem wir ihn mit seinem Freunde Nebsecht in zweiten Capitel des zweiten Bandes begriffen finden, ersehen wir auch, daß er nicht im geringsten zu dem priesterlichen Handwerk paßt. Ebenso wenig vermag sich Nebsecht in den Gränzen der hergebrachten Heilkunde zu halten: er hat als Preis für Uarda's Heilung von dem alten Paraschiten ein menschliches Herz und sogar das eines Propheten sich zu verschaffen gewußt. Daß man ein Widderherz in der Brust des Propheten fand, erregte Aufsehen; Trauer aber die Nachricht von dem Tode des heiligen Widders des Amon zu Theben und des Apisstieres von Memphis. Auch das Setihaus war davon erfüllt, dessen Leiter Ameni aus Theben zurück erwartet wurde; er soll auch über die aufrührerischen Zöglinge (unter ihnen Prinz Ramiru) zu Gunsten Pentaurs, diesen selbst und Bent-Anat wegen ihrer Begegnung mit ihm Strafen verhängen: hierfür scheint Ameni Aufschub nöthig zu haben. Er bedarf das Rednertalent Pentaur's für das bevorstehende Fest des Thales, welches auch das wunderbare Widderherz wie die Auffindung eines neuen Apis unter des Statthalters Ani Herden feiern, aber zugleich eine gegen Ramses gerichtete revolutionäre Bedeutung haben soll. An diesem großen Feste nehmen, weil theilweise als unreine ausgeschlossen, Bent-Anat mit ihrer neuen Hofdame und Prinz Rameri nur verkleidet theil. Pentaur's officielle Festrede war bereits unter Beifall geendet, als Bent-Anat mit ihrer Begleitung den Festplatz betrat und nur noch Ausdrücke der Bewunderung aus dem Volke vernahm. Bei dem Umzuge sehen sie auch von Ferne des Paraschiten Pinem Hütte und Rameri kann die Schönheit der hellfarbigen Kranken in ihren Umrissen bewundern, die sich um den Alten zu sorgen scheint. Da, als dem andächtigen Volk das heilige Widderherz gezeigt wurde, stürzte der wahnsinnig lachende Paraschit herbei, noch zur rechten Zeit kommt Pentaur herzu, nicht um den armen Greis, der erschlagen wird, sondern die arme Uarda von den Mißhandlungen der rohen, aber gläubigen Menge zu befreien; doch sie stürmt nach, Pentaur erhält zwar das Schwert eines gefallenen Soldaten gereicht, Rameri schwingt ein Beil: da trifft ein Steinwurf Pentaur und Brände fliegen nach der Hütte: da wie eine erlösende Erscheinung erhebt sich Bent-Anat's hohe Gestalt. Aber obgleich die Menge zurückzuweichen scheint, so wagt es doch Pentaur zu erklären, daß dies nicht Bent-Anat sei, damit sie sich retten könne, und zu rechter Zeit drängt sich der als Arzt bekannte Nebsecht heran, um in Pentaur den Festredner des heutigen Tages zu bezeichnen; doch erst das Nahen des Hauptmanns und seiner Soldaten bringt vollständigere Ruhe und Pentaur, wie die Leiche Pinem's wird mit weggeführt.

Dieser Abschnitt des Romans (es ist das dreizehnte Capitel des zweiten Bandes) ist die bitterste Partie des Ganzen. Tragisch ist der Tod des alten Paraschiten; ihm läßt es keine Ruhe, die Vertauschung eines Widderherzens gegen ein Menschenherz auf dem Gewissen zu haben. Diesem Gewissen des einzelnen armen, als unrein geächteten, für seine Hanthierungen mit Steinwürfen belohnten Leichenöffners gegenüber der gläubige Hochmuth der Masse, die das unächte Herz fromm verehrt und den zweifelnden mordet!

Mit Mühe retten sich aus diesem Gewühl die Königskinder und Nefert. Sie eilen, um noch vor der Überfahrt des Gottes und der ungeheuren Processionsmasse über den Nil zu gelangen; sie erreichen noch das letzte Boot, welches der Oberste der Sicherheitswächter vor jener Überfahrt des Gottes abstoßen lassen kann. Aber Paaker will mit einem größeren Fahrzeug ihnen vorauffahren; der Conflict, der ihm seinen großen Hetzhund kosten wird und seine Hand schwer verwundet, wird nur dadurch beigelegt, daß Bent-Anat sich Paaker zu erkennen gibt: doch murmelt er dieser "Ramsesbrut" einen schweren Fluch nach.

Bei der festlichen Zusammenkunft, welche die vornehme Priesterschaft mit auserwählten Gästen nach der Feier des Tages in dem Seti-Hause hatte, fehlte auch Paaker nicht: er gehörte seinem alten Geschlechte nach hierher; auch bedurfte man seiner; doch im Grunde war er zu roh für diesen Kreis mit seiner conventionellen Bildung und zudem schmerzten ihm die zerschlagenen drei Finger glücklicherweise der linken Hand. Auch der kostbare Ring war zerschlagen, den einst sein Vater von dem regierenden König empfangen hatte; das Stück des flach geschliffenen Siegelsteins mit dem Namen des Königs war herausgeschlagen und wie es schien verloren. Die Schmerzen der Hand nöthigten ihn früher das Fest zu verlassen, um den Arzt Nebsecht aufzusuchen, und bald folgten der Oberpriester Ameni und der Statthalter Ani: denn Pentaur sollte noch diese Nacht vernommen werden; das Zechgelage der Zurückbleibenden dauerte aber noch bis zum Morgengrauen fort.

Pentaur war unterdessen von einer seltsamen Unruhe ergriffen, von der er sich durch inbrünstiges Gebet zu befreien suchte. Das Verhör, so dünkte ihm, würde Entscheidung und Beruhigung bringen. Er legte mit Aufrichtigkeit vor Ameni Zeugniß ab. Vier Menschen hatte er getödtet, doppelt so viele verwundet, nicht pflichtmäßig das weiße priesterliche Gewand außerhalb des Hauses getragen, an die Stelle der ausgleichenden

Ruhe des Priesters die Wildheit des Soldaten gesetzt, verschwiegen, daß Bent-Anat sich in den Kampf gemischt und ihn gerettet. Ameni hatte genug gehört. Dem Statthalter gab Pentaur auf Befragen noch die Auskunft, daß die alte Zauberin Hekt als Nachbarin des Paraschiten die Großmutter mit dem noch nicht ganz genesenen jungen Mädchen zu sich genommen habe: dann wurde Pentaur in das Gefängniß des Seti-Hauses zurückgeführt. Der Oberpriester und der Statthalter geriethen beinahe in Streit, wem von ihnen beiden die Entscheidung über Pentaur zufalle; doch nimmt ihn Ameni in Anspruch. Er deutet zugleich auf die ungemeine Ähnlichkeit, welche im Kampf Pentaur mit dem großen Assa oder seinem Sohn, dem Vater Paaker's gezeigt habe. Der Statthalter räth zur Festnahme der alten Hekt, die das Weib des Paraschiten aufnahm und mehr wissen werde: dann kehrt er zu dem Festgelage zurück.

Wir befinden uns an einer Stelle, deren Bedeutung der gewöhnliche Romanleser leicht übersehen kann; und doch ist sie in der Ökonomie des Ganzen außerordentlich wichtig. Das letzte Capitel des zweiten Bandes hat einen schicksalsvollen Sinn. Weniger, daß Paaker in der furchtbar stürmischen Nacht sich mit Gefahr übersetzen läßt und noch von der ängstlich wachenden Mutter Setchem aufgesucht wird: ihr ist bange vor dem Zorn des Königs wegen des Streites an der Landungstreppe und vor der überraschenden Ähnlichkeit Pentaur's mit Paakers Vater, die selbst dem alten äthiopischen Sklaven des Hauses aufgefallen ist. Aber der Sohn kann nicht mehr zurück von dem, was vorbereitet und beschlossen ist. Ungleich bedeutender ist das Verhör der alten Zauberin Hekt, von deren Ankunft der Oberpriester Ameni, bald nachdem die Gäste des Setihauses sich zur Ruhe begeben, unterrichtet wird. Von köstlicher Komik ist ihr Eintritt in den ersten Momenten. Der Oberpriester nicht weniger als der Statthalter fürchten etwaigen Zauber. Der Mann der weltlichen Herrschaft begehrt den schützenden Segen des Priesters; dieser räth zu einem Raum mit frommen Sprüchen, dessen Schwelle man besprengen möge und von welchem ein Sprachrohr jedes Wort in das Nebengemach trägt, und entfernt sich.

Dies Verhör ist ebenso charakteristisch wie inhaltreich. Die Hexe Hekt ist einstmals die schöne Sängerin Beki gewesen, allein übrig geblieben von einer durch Ramses vernichteten Gouverneurfamilie von Abydos; eine Krankheit, in die sie aus Verzweiflung über die Untreue und Rücksichtslosigkeit eines Verehrers, des ruhmvollen Assa, fiel, raubte ihr Schönheit und Stimme; sie lernte ursprünglich für ihr eigenes Herz, dann auch für andere, Zauberei von einem ausgestoßenen Priester, den man erhängte, als man seiner habhaft wurde. Von da ab wohnte sie allein in der Zauberhöhle. Da brachte ihr eines Tages der Gärtner Sent, der ein Landstück vom Setihause gepachtet hat, ein neugeborenes Kind mir sechs Zehen, dem sie das überflüssige Glied durch ihre Künste entfernen sollte. Am anderen Morgen wird sie von der Dienerin eines vornehmen Hauses geholt; ihre Herrin sei bei dem Besuch ihrer Familiengruft (man vergesse nicht, daß dies bei den Ägyptern ein Akt auch der lebensfreudigen Pietät war) von der Entbindung überrascht worden: sie findet dort Setchem, die Schwiegertochter Assa's! Als dieser selbst kommt, immer noch ungebeugt und stattlich, gibt sie ihm den Sechszehknaben als den neugeborenen Enkel und kann nach einigen Tagen dem Gärtner Setchems Kind als ein durch ihren Zauber normal hergestelltes übergeben. So wird der edel geborenen Pentaur zu einem Gärtnersohne; des Gärtners eigentlicher Sohn Paaker mit der angeborenen derben Handwerkernatur zum Enkel des Assa.

Der Statthalter Ani ist von diesen Mittheilungen erschreckt, wie sie jeden Leser überraschen werden. Paaker darf vor allem nichts von dem wahren Sachverhalt erfahren. Aber wir entnehmen schon aus dem Traume, den seine angebliche Mutter Setchem dem Oberpriester Ameni vorlegt, was sich vollenden wird. Paaker wird nicht aus Syrien zurückkehren, wohin ihn der priesterliche Segen begleitet: wohl aber der jetzt noch gefangene Pentaur, mit dem er einst vertauscht worden ist.

Man steht am Schluß des zweiten Bandes vor einer großen Katastrophe. Die Wetterwolken ballen sich. Unsere Aufmerksamkeit darf sich nicht zerstreuen lassen durch das einzelne Gewölk, welches doch dem großen Zuge folgen wird. Wir glauben einer Peripetie zu nahen, denn dramatischen Charakter tragen selbst die vereinzelt stehenden Scenen mit ihrem Detail; aber wenn auch die hohe Gestalt Ramses' II. noch nicht recht erkennbar im Hintergrunde steht: Pentaur und Bent-Anat sind innerlich so reich angelegt, daß das Schicksal den Keimen ihrer Seele noch einen vollen, fruchtbaren Sonenschein gönnen muß. Der Träger dieser Entscheidung wird jener König trotz aller Ränke der Verschwörer und aller Macht der Chetithen sein.

Aber neben dem dichterischen Priester, den sie nächstens in die Steinbrüche verbannen werden, und der Fürstentochter mit ihren Sorgen für ihn wie für den Krieg ihres Vaters draußen an der syrischen Grenze, wächst in ihrem Bruder Rameri die Leidenschaft für Uarda wie ein schönes Räthsel auf. Trotz des Verbotes hat er ihre wiederhergestellte Hütte aufgesucht. Das dritte Capitel des dritten Bandes, welches diesen Besuch erzählt, ist von unbeschreiblichem seelischem Reiz. Die Geldsumme, welche Nebsecht als seine Schuld an den verstorbenen alten Paraschiten Uarda anbietet, das Geschmeide, welches sie von ihrer verstorbenen Mutter her überkommen hat und welches auf einem ovalen Onyx fremde Schriftzeichen zeigt, lassen sie dem ägyptischen Fürstensohne als eine Prinzessin erscheinen. Die schöne weiße Rose, welche er ihr spendet, und die glühende Granatblüthe, welche sie ihm dafür gedankenvoll bietet von dem selbstgezogenen Strauch, sind wie Anzeichen einer schön sich vorbereitenden Zukunft, so ernst auch die Worte Uarda's von der Glut der Reden Rameri's abstechen. Wie auf der Bühne ein solches Zwiegespräch von hinreißender Gewalt sein würde, so bietet es sich auch der bildenden Kunst als ein anziehender Vorwurf dar und Emil Teschendorff hat ihn auf dem siebenten Blatt der Ebers-Gallerie für seine Darstellung gewählt. (...)

Der Dichter läßt das Gespräch Uarda's und Rameri's durch den herbeieilenden kleinen Scherau unterbrochen werden, den die Hexe Hekt zum Zwerg erzieht. Er hat, auf das Brett gebunden, deren Gespräche mit einem Unbekannten belauscht, den aus seinem Portrait in Thon (denn Scherau hat bildnerisches Talent) Rameri als den Statthalter Ani erkennt. Er eilt daher zur Schwester zurück, um die Pläne Ani's zu kreuzen, der durch den Gefangenentransport Pentaur verderben will. Rameri will unbemerkt Theben verlassen und auf sicheren Umwegen über die Sinaihalbinsel zu seinem Vater und dem ägyptischen Heere gelangen; Ben-Anat übernimmt es dagegen, um jeden Preis Pentaur zu retten.

Auf eine ihm sebst unerklärliche Weise kam dieser in das breite, aber eingeschlossene Thal Dofkah, nordwestlich von dem Serbalgebirge, wo die Schmelzöfen für die grünen Glasflüsse sich befanden, und ebenso unerklärlich war es, daß er auch Nebsecht hier traf. Unzweifelhaft war der Paraschitensohn, der Soldat, hier mit in's Spiel gebracht, der ihnen auch mit gutem Rath zur Seite geht. Da jedoch die Entblößung der Sträflingsstation von militärischer Besatzung anderweitige Sicherheitsmaßregeln nöthig machte, so schmiedete man je einen schwachen und einen starken Sträfling zusammen; auf diese Weise wurden Pentaur und Nebsecht mit einander verbunden. Am anderen Morgen zog man nach der Amalekiter-Oase, um Brennholz für die Schmelzöfen zu holen; in der militärischen Begleitung fand sich auch der Paraschitensohn. Man kam an dem Heiligthum der Smaragden-Hathor verbei, sah ein Zeltlager und erfuhr, daß schon seit drei Wochen hier die Prinzessin Bent-Anat mit ihrem Hofstaat wohne und das Heiligthum der Göttin besuche. Sie hatte alle Ceremonien des priesterlichen Reinigungsprocesses vollendet und wollte jetzt nach Norden zu ihrem Vater aufbrechen, wurde aber daran auf Ani's Befehl durch den ergrauten Feldhauptmann der sie begleitenden Truppe verhindert. Während solcher trüben Stimmung, von der sich die hoffnungsstarke Nefert nicht niederdrücken läßt, entdeckt Uarda, die wir mit Bent-Anat hatten gehen sehen, ihren Vater als Wächter der Gefangenen und unter diesen zwei zusammengeschmiedete Männer, deren einer Pentaur sei. Rasch entschlossen ordnet sie an, Bent-Anat dies alles noch zu verschweigen, den vollen Weinschlauch und aus der Prinzessin Reiseapotheke (wir kennen deren aus dem ägyptischen Alterthum) den Trank gegen Schlaflosigkeit herbeizuholen. Beides mischte sie verstohlen und ließ dann den Schlauch als Geschenk Bent-Anat's den durstigen Treibern übergeben. Sofort aber wandte sie sich an einen sie verehrenden jungen Amalekiter und versicherte sich eines Verstecks in dem Hause seines Vaters für einen Freund Ben-Anat's, der vor seinen Verfolgern einige Tage verborgen sein müsse. Pentaur trank rechtzeitig gewarnt nicht und blieb wach; bei dem ermatteten und darum den Trank ersehnenden Nebsecht war die Mahnung zu spät gekommen.

Das fünfte Capitel des dritten Buches beginnt unter einer fast dramatischen Spannung. Uarda's Vater, der Rothbart, und Pentaur sind von dem Schlaftrunk unberührt geblieben; ein Bad in dem Bache, welchen Uarda bezeichnet hat, ernüchterte und erfrischte auch den Nebsecht und noch vor Mitternacht gelangten sie zu der Hütte des amalekitischen Jägers, den sein Sohn in Uarda's Auftrag um gastliche Aufnahme gebeten hat. Aber Pentaur fand auf dem freundlich gewährten Lager aus Laub und Thierfellen keine Ruh. Er trat hinaus und erfrischte sich in dem Bergquell, der neben der Hütte des Jägers sprudelte; aber noch mehr schien seine tiefbewegte Seele der Erfrischung zu bedürfen. In die Hütte zurückgetreten, ergriff er das Feierkleid des Jägers, zog es an und trat wieder hinaus in's Freie. Mit der Virtuosität eines Landschaftsmalers schildert Ebers Pentaur's Umschau. Dem ägyptischen Priester-Dichter will es nicht gelingen, zu seinen Göttern zu beten, die ihm hier so unendlich klein erschienen: "Hier (so läßt ihn Ebers sagen), wo mein Blick wie der eines Gottes die Ferne umfaßt, hier fühl' ich den Einen, hier ist er mir nah, hier ruf ich ihn an, hier will ich ihm danken ... Als er sich endlich erhob (wir lassen unsern Dichter weiter erzählen), stand neben ihm ein Mann von hohem Wuchs mit gewaltigen Augen und würdevoll wie ein König, trotz seines schlechten Hirtengewandes. »Wohl Dir«, sagte der Fremde mit tiefer, langsamer Stimme. »Du suchst den wahren Gott.« Pentaur schaute dem bärtigen Manne prüfend in's Antlitz. Dann sagte er: »Ich erkenne Dich jetzt; Du bist Mesu <Mose>. Ein Knabe war ich, als Du das Setihaus verließest, aber Deine Züge prägten sich in meine Seele. Wie Dich, so weite Ameni auch mich in die Lehre vom Einen« ... Das Tagesgestirn ward sichtbar, und Pentaur kehrte ihm sein Antlitz zu und betete nach seiner Gewohnheit. Als er sich wieder erhob, kniete auch Mesu am Boden, aber er kehrte der Sonne den Rücken. Nachdem er sein Gebet vollendet, fragte ihn Pentaur: »Warum wandtest Du Dich ab von des Sonnengotts Erscheinung? Es ward uns gelehrt, ihm entgegenzuschauen, wenn er naht.« »Weil ich«, gab sein ernster Gefährte zurück, »zu einem Anderen bete wir ihr. Die Sonne und alle Sterne sind wie Spielbälle der Kinder in seiner Hand, die Erde ist seiner Füße Schemel, der Sturmwind sein Athem und das Meer ist vor seinen Augen wie der Tropfen an diesem Halme«. »Lehre mich den Großen kennen, zu dem Du betest!« rief Pentaur. »Suche ihn! entgegnete der Andere, und Du wirst ihn finden, denn aus Leid und Elend kommst Du, und an dieser Stätte, an einem Morgen wie diesem, ward er mir offenbar.« Der Fremde wandte sich ab, und bald verbarg ihn ein Felsen dem sinnend in die Weite schauenden Dichter."

Diese Begegnung der beiden wäre ein Motiv gewesen für einen Maler von Michelangelos Hoheit und Kraft. Pentaur's Seele erscheint hierdurch wie geadelt und es ist schön vom Dichter, daß er den Gewinn vom rechten Gottesglauben als Ergebniß einer ernsten Lebensarbeit ansieht. Aber noch nach einer anderen Seite hin erscheint Pentaur's Wesen erhöht; er fühlt sich groß genug, als er zu Thale herabsteigend die Königstochter seinen Namen rufen hört, sie an seine Brust zu schließen als sein eigen. Das ist ungleich mehr als eine romanhafte Liebesaffaire. Der Dichter läßt daher Uarda, welche von ferne Zeugin der Begegnung gewesen ist, begeistert ausrufen: "Wie Bent-Anat denk' ich mir die Göttin der Wahrheit, und wie Pentaur ist kein andrer Mann in Ägypten."

Die folgenden Capitel haben nicht den Reiz gleicher innerlicher Thatsachen, sind aber reich an äußerlich bedeutsamen Ereignissen, durch welche sich Momente der Vergangenheit spannend aufklären. Auf der Flucht nach dem königlichen Lager bei Pelusium gelangten Pentaur und der Rothbart durch den zufällig aufgefundenen Bruder Paakers Horus zur Kenntniß des Planes gegen Ramses, und unter der größten Anstrengung kommen sie noch rechtzeitig auf den Kampfplatz, wo Ramses schon Gefahr läuft zu unterliegen. Paakers Verrath ist bereits hervorgetreten; in des Königs Wagenlenker Mena bekämpft dieser seinen Nebenbuhler als Gatten Neferts und den treuen Diener seines Herrn; in dem furchtbaren Handgemenge ist Mena vom Streitwagen gesprungen, der König und sein Sohn Rameri kämpfen unter persönlicher Gefahr; Ramses, selbst von einem Pfeil gestreift, mit gespaltenem Schild und mit leerem Köcher, hat nichts mehr übrig, als ein Gebet zu seinem Gott Amon: da springt hinter ihm ein Ägypter stattlichen Wuchses auf den Wagen, der Kampf beginnt unter seinem Zuspruch von neuem und zurück zu seinen Ägyptern sich wendend, von denen ihn die Kampfeshitze weggeführt hatte, erficht Ramses den Sieg über den Chetafürsten Chetasar und sein zwölf Verbündeten. Getrübt war ihm freilich die Siegesfreunde durch Paaker's Untreue, Ani's und des Priesterthums Unzuverlässigkeit und den Richterspruch über den schwer verwundeten Mena, der, um eigene Rache zu üben, den Streitwagen des Königs verlassen hat und nun seines Amtes entsetzt werden mußte; dazu kam die räthselhafte Erscheinung desjenigen, der im Augenblick der größten Kampfesgefahr wie ein Amon sich hülfreich zu ihm gesellt hatte.

Es war drei Monate nach der Entscheidungsschlacht von Kadesch. In dem festen Pelusium, dem Schlüssel Ägyptens nach Osten, sollte Ramses' Einzug und Triumph gefeiert werden. Unter ungeheurem Jubel zog der König ein; vor allem Volk umarmte er seine Lieblingstochter Bent-Anat und gab auch ihrer Fächerträgerin Nefert den Gatten Mena begnadigt zurück. Am Festabend tritt Pentaur auf Veranlassung Ameni's vor dem Könige auf, um nach dessen Aufforderung den Sieg von Kadesch zur goldenen Harfe zu singen. Unter den begeisterten Zuhörern befindet sich auch Bent-Anat, deren tiefe Bewegung der König kaum bemerkt. Das Heldengedicht ist uns, wie wir schon oben sahen, erhalten und Ebers theilt den Abschnitt, welcher das Gebet zu Amon einleitet, und dieses selbst wörtlich mit, woraus wir diese Zeilen entnehmen:

> "Ich stehe allein; kein Anderer ist bei mir!
> Verlassen bin ich von all' meinem Fußvolk,
> Es sucht mich kein Reiter mit sorgendem Blick,
> Ich rief sie, und Niemand vernahm meine Stimme,
> Doch denk' ich: Der schützende Wille des Amon
> Hat größere Kraft als Millionen Soldaten,
> Als hundert Tausendschaften von Reitern
> Und zehnmal tausend der leiblichen Brüder
> Und blühende Söhne im festesten Bund ...
> So ruf ich Dich an und es halle mein Rufen
> Bis hin zu den äußersten Grenzen der Welt."

Auf den König selbst machte das Lied den tiefsten Eindruck: jetzt wußte er, daß sein Retter am Tage der Schlacht vor ihm stand. Bent-Anat nahm den Kranz, der ihr volles Haar schmückte, und setzte ihn unter lautem Zuruf der Gäste Pentaur auf's Haupt. Anfangs betroffen ladet der über das ganze Fest glückliche Ramses die Gäste auf den folgenden Abend unter Dank gegen Ani, der sie alle so köstlich bewirthet habe, wieder ein und winkt, als auch alle Begleiter sich verabschiedet haben, Bent-Anat zu sich heran, um sie über die Bedeutung des Kranzes zu befragen. Offen bekennt sie ihre Liebe und Ramses bittet seine "brave" Tochter, auf morgen einen neuen Kranz zu bestellen, denn sie werde ihn brauchen.

Man hat diese freie Natürlichkeit der Emfindung, mit welcher der Dichter seine Bent-Anat ausstattet und welche Ramses sofort anerkennt, getadelt, weil sie dem ägyptischen Conventionalismus widerspreche. Es ist aber Ebers' Verdienst, die unverbrüchlichen Rechte des menschlichen Herzens auch für Ägypten nachgewiesen zu haben, denn die Ägypter sind doch ein Bruchtheil der Menschheit wie jedes Volk.

Der zauberische Glanz, der über den ganzen Verlauf dieses Festabends lag, ließ nicht ahnen, was sich im Stillen vorbereitete. Der Holzpalast sollte zur Nacht in Brand gesteckt werden und auf seinen, wie der Ramsesherrschaft Trümmern sich das Königthum Ani's erheben. Der aus der Schlacht verwundet gerettete Paaker, Neferts von ihm für den Plan gewonnene Mutter Katuti und der Zwerg Nemu haben die Brandstiftung übernommen: Aber ihr Geheimniß verräth die Hexe Hekt an den Rothbart und Uarda; den kleinen Scherau befreit sie und läßt ihn in's Lager laufen, um Feuer zu rufen: darauf bricht sie todt zusammen. So ist der Plan der Verschwörer doch noch in seinen Hauptpunkten durch sie vereitelt worden. Zwar der Holzbau geräth in Brand; aber als erstes Opfer der Brandstiftung stürzt Paaker selbst aus der erkletterten Höhe herab; den Zwerg Nemu trifft der Pfeil Mena's, der sich wieder als ganzer Mann bewährt; der König und die Prinzen retten sich, wie Ebers außerordentlich lebhaft schildert, zum Theil durch kühnes Herabspringen; zuletzt Mena, der durch die von dem kleinen Scherau rechtzeitig geweckte Nefert freudig begrüßt wird. Seine Tochter Bent-Anat findet der König in schmerzlichster Aufregung, weil sie Uarda noch vermißt, nachdem sie selbst von ihr und ihrem Vater gerettet worden war: durch die gewaltsame Öffnung eines verschlossenen Ladens im unteren Stockwerk nimmt aber der Rothbart Uarda aus den Armen Nebsechts in Empfang, der seit den Tagen auf dem Sinai sie nicht verlassen; aber bei einem ihm noch gelingenden zweiten kühnen Versuch, auch Nebsecht zu retten, erschlagen den wackeren Rothbart selbst die herabstürzenden Balken. Doch auch Ani hat seinen Tod in dem Brande gefunden, so daß seine Leiche nur noch am Diadem des Festabends kenntlich war; sein und Paakers Tod erschüttern Katuti so mächtig, daß sie bei dem Erscheinen des Oberrichters von Theben, der sie als Mitverschworenen verhaften kommt, sich durch schnellwirkendes Strychnosgift den Tod giebt.

Die letzten vier Capitel des Romans ergeben zwei für alle Theile wichtige Wiedererkennungen, welche nicht als willkürliche Kunstmittel, wie sie Dramen häufig aufweisen, sondern hier als einfache Ergebnisse geschichtlicher Constellationen aufzufassen haben, und wie sie die internationalen und gesellschaftlichen

Verhältnisse Ägyptens leicht mit sich bringen konnten. Pentaur ist, wie wir bereits wissen, der Enkel Assa's; Uarda, welche schon immer durch ihre unägyptisch helle Hautfarbe aufgefallen war, wird, nachdem der kleine Scherau die vor ihr immer sorgfältig aufbewahrte, beim Brande verloren gegangene Schmuckhälfte und damit ein wichtiges Erkennungszeichen wieder gefunden, als die Enkelin des im Kriege hergezogenen alten Danaerfürsten erkannt. Sieben Monate nach dem Brande in Pelusium feierte Pentaur im Pharaonenpalaste zu Theben mit Bent-Anat seine Hochzeit und ward von dem König mit den wichtigsten Geschäften des Landes betraut, vor allem mit der Leitung der neuen hohen Schule, welche später dem Museum von Alexandria als Muster diente. Ameni verblieb nicht in Theben, sondern ward unter Belassung aller Würden und Einkünfte nach der Stadt der heiligen Widder im Delta versetzt, ohne daß dadurch seine nahe Freundschaft zu Pentaur, den er immer hoch gehalten, dadurch erschüttert worden wäre. Den kleinen Scherau ließ Pentaur zum Bildhauer ausbilden und Uarda fand ein Jahr nach dem Brande von Pelusium in dem Danaerlande mit dem ihr folgenden Rameri ein glückliches Heim. Der von seiner stillen Liebe zu Uarda tief bewegte, durch die Katastrophe von Pelusium leiblich geschädigte, vielleicht noch mehr von seinen inneren Kämpfen aufgeriebene Nebsecht war unterdes schon gestorben; seine letzten Worte waren, mehr für ein späteres Forschen prophetisch wahr als dem ägyptischen Naturwissen angemessen: "Ich war Etwas und aus Etwas kann niemals nichts werden. Sparsam und haushälterisch ist die Natur, und auch das kleinste benutzt sie. Auch mich wird sie aufbrauchen nach Bedarf. Nach Maß und Zahl führt sie Alles zum Ziel ... Es giebt kein Entrinnen. Aus jedem Dinge wird das, was daraus werden muß; - Nach unserem Wunsch und Willen fragt Niemand ... Könnt ich nur ergründen - ergründen ..." Damit athmete er aus.

Das ist der Abriß der Geschichte, welche uns der Roman "Uarda" in seinen drei Bänden erzählt, ein geschichtlicher Roman, der als Muster der Gattung gelten kann.

V. 6. 3.   ZENSURAKTE ÜBER "UARDA" ALS THEATERSTÜCK

BLHA, Pr.Br.Rep.30 Bln.C Polizeipräsidium Berlin Th Nr.394. Bl.36, 36 verso.

Acta des Koeniglichen Polizei-Praesidii zu Berlin, betreffend die Anzeigen über die auf dem Victoria-Theater zur Aufführung zu bringenden Theaterstücke, 1864-178.

Berlin, den 14.September 1878

Die Direktion des Victoria-Theater hat heute das Theaterstück "Uarda" Ausstattungsstück in 4 Akten und 8 Bildern hier eingereicht.

1. Die Aufführung wird genehmigt
2. Herr Pr.[unles.] für weitere Veranlassung B. 19/9 78
   kgl.Pol.Präsidium

1. Die Genehmigung ist der Direction des Victoria-Theaters br.m.
   ausgehändigt.
2. Dem 16 Revier zur gefl. Kenntnisnahme
   Berlin, den 20 September 78. A.L.Prinz [?]

Das Stück bringt das Leben der Aegypter unter dem pharaonischen Könige Ramses II zur Anschauung. Das ernste Sujet ist einem Roman von Eggers entnommen, der in der Tagespresse eine außerordentlich günstige Kritik erfahren hat.
Uarda, eine Parasitentochter, kommt mit den Königskindern in Berührung, mit der Prinzessin, welche sie aus einer Lebensgefahr errettet und mit dem Prinzen, welcher an ihren Reizen Wohlgefallen findet. Dadurch

verlieren beide vor den Götzenpriestern ihre Reinheit und haben vielfache Verfolgungen derselben abzuwehren. Nachdem der Oberpriester des Ammon die königlichen Kinder unschädlich gemacht zu haben glaubt, macht er einen Anschlag auf das Leben des aus dem Krieg siegreich zurückkehrenden Königs um die Krone des Landes an sich zu reißen. Ein ihm zu Ehren gebauter Palast soll sein Grab werden. Der König wird rechtzeitig gewarnt und läßt Ameni u. seinen Mitverschworenen den Palast zuerst betreten, der die Verbrecher unter seinen Brandtrümmern begräbt.

Berlin, 18.Sept. 1878. NN *[unles.]*

V. 6. 4. REZENSION DER "UARDA" DES VICTORIA-THEATERS

Aus: Vossische Zeitung (Königlich privilegierte Berlinische Zeitung von Staats- und gelehrten Sachen) vom 24.9.1878

Victoria-Theater. In der Novität des Victoria-Theaters, einer den Zwecken eines Ausstattungsstückes dienenden Dramatisirung des Romans "Uarda" von *Georg Ebers*, ist der Text nicht, wie in den meisten Stücken dieses Genres, ein nothwendiges Uebel, das man zu den decorativen Herrlichkeiten und den Ueberraschungen der Maschinerien mit in den Kauf nehmen muß, sondern bildet einen wesentlichen, ja, den hauptsächlichen Factor des Ganzen. Während der Text sonst ein Nebensächliches ist, auf das man kaum hinzuhören pflegt, wird die Aufmerksamkeit diesmal nicht sowohl durch die Vorgänge des Stücks, als auch - ein gewiß seltener Fall - sogar durch den Dialog in Anspruch genommen. Daß sich ein spekulativer Kopf finden würde, der den zu einem Ausstattungsstück trefflich sich qualificirenden Roman ausnutzen würde, war längst zu erwarten. Das Publikum findet ein besonderes Vergnügen darin, den Romangestalten, für die es bei der Lectüre Interesse gewonnen hat, auf der Bühne wieder zu begegnen. Aus keinem anderen Grunde läßt sich der thatsächliche Erfolg der vielen, meist miserablen Dramatisirungen von Gartenlauben-Romanen erklären. Der Bearbeiter der "Uarda", *Karl Ludwig*, hat die Sache mit entschiedenem Geschick angefaßt. Daß die Bearbeitung für die, welche den Roman nicht kennen, den Werth und die Vorzüge desselben kaum ahnen läßt, versteht sich von selbst. Die wesentlichste Eigenthümlichkeit des Romans: daß er moderne Menschen in antiken Gewändern schildert, mußte sich freilich auch auf das Stück zu seinem Schaden übertragen. Zugleich konnte es nicht ausbleiben, daß das Ganze durch die Zusammendrängung der im Romane breit entwickelten Hauptmomente einen grotesken Charakter erhielt. In den mancherlei religionsphilosophischen Erörterungen, die in den Rahmen des Ausstattungsstückes wenig passen, sollte noch energisch gekürzt werden. Ueberhaupt dürfte es fraglich sein, ob die ernste Stimmung, welche das Stück verlangt, dem Publikum des Victoria-Theaters behagt. Einiges, wie die Liebeserklärung Uarda's, wurde denn auch ganz entschieden von der heiteren Seite genommen. Für die Ausstattung ist durch eine Reihe schöner Prospecte gesorgt: Veranda und Park des ägyptischen Königspalastes, ein Hafenplatz am Nil, ein prunkvoller Festsaal im Palaste des Ramses wurden lebhaft bewundert. Die zahlreichen Massenscenen sind geschmackvoll arragirt. Das Ballet kommt zweimal, im vierten Bilde (das Fest des Nils) und dem achten (das Fest des Königs Ramses) zu seinem Rechte. Die Darstellung ist lobenswerth. Die Damen Fräulein Gräffner (Uarda), Frl.Kirchhöffer (Bent-Anat) und Fräulein Jerrmann (die Zauberin Heckt), die Herren C.van Hell (Pentaur), der sich als Regisseur wie als Darsteller gleich vortheilhaft eingeführt hat, Bringmann (Paaker) und Junker (Rameri) sind mit den bedeutenderen Rollen betraut, während Herr Director Hahn sich damit begnügte, den nur im letzten Bilde erscheinenden König zu spielen. Das Publikum bei der vorgestrigen ersten Wiederholung des Stückes, der wir beiwohnten, wurde von Akt zu Akt animirter und rief den Director Hahn und die Hauptdarsteller wiederholt hervor.

M.R-y.